“十三五”国家重点出版物出版规划项目

经济科学译丛

博弈论与机制设计

Y. 内拉哈里（Y. Narahari） 著

曹乾 译

Game Theory and Mechanism Design

中国人民大学出版社
· 北京 ·

译者序

博弈论与机制设计在现实生活中无处不在且源远流长，但作为独立的学科，它们的历史并不长。“40 年前，博弈论与机制设计还是边缘学科，仅出现在个别大学的专业课程中；然而 40 年后，它们已是经济理论的中心”（摘自诺贝尔奖获得者埃里克·马斯金语录）。一个佐证是自 1994 年以来，已有 11 位博弈论学家获得诺贝尔经济学奖。

传统上使用博弈论和机制设计的学科有经济学、商科、社会学、政治学、生物学、哲学和工程学。在工程学领域，博弈论和机制设计被广泛用于工业工程、存货管理、供应链管理、电子商务以及多智能体系统。最近，博弈论已涉足计算机科学和电子工程学科的很多新兴应用领域。

目前已有一些关于博弈论的优秀教材，但将非合作博弈、合作博弈以及机制设计同时呈现的教材并不多见，而这正是本书的最大特色。本书每一章都以动机和中心思想开篇，以小结和参考文献收尾。每一章的小结主要列举重要概念和知识点，参考文献主要用于指引读者进一步学习。每章结尾处都给出了一组习题，其中个别题目是编程题。

本书的另外一个特点是，尽管取材广泛，但基本素材仍主要来自以下几本伟大的教材：一是安德鲁·马斯-克莱尔、迈克尔·温斯顿与杰里·格林合著的《微观经济理论》；二是罗杰·迈尔森的《博弈论：矛盾冲突分析》。这几本教材的翻译版都已由中国人民大学出版社出版，并被优秀大学广泛使用。这保证了很多读者对本书使用的语言和符号不会陌生。另外，本书源于作者的讲稿，每一章的内容非常紧凑，适合教学使用。

本书的目标读者为微观经济学、管理科学、计算机科学、网络、通信、电子工程、工业工程以及运筹学等专业的高年级本科生、一年级研究生，以及相关领域的研究者。讲授内容的模块安排可以参见本书的“序言”部分。

这本教材的翻译历时大半年，翻译过程还算顺利。绝大多数专业术语都是标准的。这里主要指出两个常用词的翻译：一是 profile。常见翻译有“侧面、剖面、组合”等，我将其翻译为“组”。相应地，strategy profile 的意思就是“策略组”，比如策略组（s_1，s_2）指博弈参与人 1 和 2 的策略分别为 s_1，s_2；类似地，还有收益组（payoff profile），等等。二是 tuple，我将其翻译为“多元组”，至于是几元组，根据具体语境而定。

自从中国人民大学出版社高晓斐老师引领我进入教材翻译领域以来，我已翻译了五六本教材，逐渐成长为一个成熟的翻译者。在翻译每一本教材时，我的第一个角色不是翻译者而是读者兼教师，这样的定位有很多好处，读者在阅读过程中能体会到这种用心。这也是我加入翻译界的初心所在：向读者提供高度可信赖、可使用的优秀教材。然而，正如行为经济学揭示的，大多数人都有盲目自大、过度自信的倾向。作为译者的我，应该也不例外。译者和编辑的用心和谨慎能最大限度地减少错误，但很难做到零错误。我恳请读者在阅读和学习本书的过程中，若发现错误和不足之处能与我联系，我的邮箱为 caoqianseu@163. com。

曹乾
东南大学，江苏南京
2016 年 12 月

献给我敬爱的父母
他们给了我如此美好的生命
他们教会我生活中的博弈常识
他们的榜样机制不断激励着我

以及

献给 2007 年诺贝尔经济学奖获得者
莱昂尼德·赫维奇，埃里克·马斯金，罗杰·迈尔森
他们用博弈论建造了机制设计的宏伟大厦

作者简介

Y. 内拉哈里（Narahari）目前任教于印度科技学院计算机与自动化系。近十年来，他的研究重点是计算机科学与微观经济交叉领域的问题。他尤其关注博弈论和机制设计在拍卖、电子商务、多智能体系统以及社会网络中的应用。在这些领域以及其他领域，内拉哈里写下了大量有影响的学术论文。他的很多学生获得过最佳博士（硕士）论文奖。

他是专著《网络经济学中的博弈论问题与机制设计解》（*Game Theoretic Problems in Network Economics and Mechanism Design Solutions*，Springer，London，2009）的第一作者。他也是《自动化制造系统的绩效模拟》（*Performance Modeling of Automated Manufacturing Systems*，Prentice Hall，USA，1992）这本广受好评的著作的共同作者。

Y. 内拉哈里的工作得到了很多学会的认可，也获得了多项科研基金赞助。他是下列学术机构的会员或院士：IEEE，纽约；印度国家科学院；印度科学院；印度国家工程院；美国国家科学院等。他是《IEEE 自动化科学与工程》期刊的资深编辑，也是若干知名学术期刊的副编辑。他目前是 J. C. Bose 研究员，这是印度科技部精心挑选的国家层面的杰出科学家。2010 年，因为科研工作突出，他获得了印度科技学院的院级奖励。在过去 15 年里，Y. 内拉哈里一直是一位活跃的科学家，他与世界很多公司的研发部门或实验室合作过，比如通用汽车研发部、IBM 研发部、印孚瑟斯科技、英特尔以及施乐研发部。

本书是 Y. 内拉哈里过去 20 年间在博弈论与机制设计领域的教学与科研工作的结晶。

前　言

埃里克·马斯金（2007年诺贝尔经济学奖获得者，哈佛大学经济学讲席教授，哈佛大学文理学院经济学系）

博弈论与机制设计经历了漫长的旅程。35年前，它们是边缘学科，仅出现在个别大学的专业课程中。今天，它们已是经济理论的中心，也是计算机科学与电子商务等工程学科的重要组成部分。

我很高兴Y. 内拉哈里写了本好书，简明扼要地介绍了博弈论与机制设计基础知识。对于工程科学与经济学交叉领域感兴趣的读者，本书非常有用。

埃里克·马斯金

2013年7月16日

序　言

写这本书的想法源于2008年12月，当时正值印度科技学院百年校庆。这所大学是我的母校，我已在此度过35年，它塑造了我的职业生涯以及生活。2008年12月16日，埃里克·马斯金（Eric Maskin）教授［他与莱昂尼德·赫维奇（Leonid Hurwicz）教授以及罗杰·迈尔森（Roger Myerson）一起获得了2007年诺贝尔经济学奖］做了一场生动迷人而又鼓舞人心的报告，报告的题目是《机制设计：如何实施社会目标》（*Mechanism Design*：*How to Implement Social Goals*）。当时听众有1 500人之多，他们绝大多数是科学家、工程师和研究生。在听完报告之后，我立即想到，如果能有一本不仅强调非合作博弈和合作博弈还强调机制设计的教材，那就好了，因为它对工程科学尤其计算机科学的学生很有用。2004年以来，我一直给硕士生和博士生讲授博弈论与机制设计课程。这个经历以及马斯金教授简短但有力的报告让我有了撰写此书的雄心。因此，将这本书献给埃里克·马斯金、莱昂尼德·赫维奇以及罗杰·迈尔森是合适的。这三位诺奖获得者在机制设计方面的开创性的工作为跨学科领域的很多应用开启了大门。

在很多现实环境中（例如互联网广告、电子商务、社会网络货币化、众包甚至碳足迹最优化）理性实体相互作用；研究这些互动实体的行为是我们研究小组（印度科技学院计算机科学与自动化系博弈论实验室）的食粮。事实上，将博弈论建模与机制设计原理运用到互联网和网络经济，是我们近十年来的兴趣所在。

八十多年前，传奇人物约翰·冯·诺依曼（John von Neumann）开创了两个振奋人心的不同学科：一是博弈论，二是计算机科学。令人惊讶的是，在过去的15年（1998—2013年），这两个学科明显靠拢。在这15年间，很多学者开始使用博弈论与机制设计求解工程与计算机科学领域的问题。这个现象当然也激励我们投身于这个领域的研究。

另外，在这个时期，一些合作事项也让我们专注于该领域。2000年，英特尔（印度班加罗尔）建立了一个合作研究项目，旨在用多属性组合采购拍卖方式来解决间接材料采购问题。2002—2007 年，通用汽车研发部（密歇根）与我们合作，共同探索采购拍卖机制。2006—2007 年，印孚瑟斯（Infosys）科技公司与我们合作，研究博弈论与机制设计在网络服务构成问题中的应用。我们与印孚瑟斯公司当前的合作，主要关注博弈论与机制设计技术在碳足迹最优化问题上的应用。IBM（印度）以及 IBM 印度研发实验室资助我们进一步研究这个领域中的问题。这些合作促生了专著《网络经济学中的博弈论问题与机制设计解》（这本书由我和我的研究生 Dinesh Garg，Ramasuri Narayanam，Hastagiri Prakash 共同完成，2009 年出版）以及一系列学术论文。当前，我们还与施乐（Xeror）公司合作，研究机制设计与机器学习在市场绩效评价中的应用。这些项目让我们进一步考察现实应用问题，也对我们在该领域的理论研究工作提供了完美补充。

在博弈论学者和机制设计者获得诺贝尔经济学奖这个具有历史意义的时期，我们很幸运也从事这方面的工作。2005 年，罗伯特·奥曼（Robert Aumann）教授和托马斯·谢林（Thomas Schelling）教授获得了诺贝尔奖，我们感到兴奋。事实上，2007 年 1 月，我们荣幸地邀请奥曼教授拜访了印度科技学院。更加令人振奋的是，仅仅两年后，莱昂尼德·赫维奇教授、埃里克·马斯金教授以及罗杰·迈尔森教授因在机制设计理论方面做出开创性的贡献而获得诺贝尔奖。我们的兴奋劲头还没来得及消失，新的好消息又来了：劳埃德·夏普利（Lloyd Shapley）教授与阿尔文·罗斯（Al Roth）教授获得了 2012 年诺贝尔经济学奖。

本书目标

本书的目标是，在上述背景下，凝练博弈论与机制设计理论中的重要结果，并且以友好的方式介绍，从而使得高年级本科生就能阅读和使用。本书含有大量经过精心选择的说明性例子，这些例子来自计算机科学、网络、工程学以及微观经济学；尽管来源广泛，但它们都具有一般性。

博弈论领域有众多优秀教科书和专著。本书主要受以下教材启发：Mas-Colell，Whinston，and Green[1]；Myerson[2]；Nisan，Roughgarden，Tardos，and Vazirani[3]；Shoham and Leyton Brown[4]；Straffin[5]；Osborne[6]；Maschler，Solan，and Zamir[7]（近年才出版）。这些教材的主题都围绕着社会科学尤其是微观经济学展开。本书在两个方面有所区别。首先，本书主要针对工程科学领域的读者。由于我们正好在计算机系工作，当然也强调基于应用的计算机科学。其次，本书纳入了机制设计板块，而大多数教材着重介绍博弈论。我们的另外一本书，即 Narahari，Garg，Narayanam，and Prakash[8]，可以视为本书的基础。

本书架构

本书分为三个部分：**非合作博弈论**（第 2～13 章）、**机制设计**（第 14～24 章）、**合**

作博弈论（第 25～31 章）。另外，下列三章相对独立：第 1 章是导论，第 32 章是结束语，第 33 章给出了数学知识准备。

每一章都以动机和中心思想开篇，以小结和参考文献收尾。每一章的小结主要列举重要概念和知识点，参考文献主要用于指引读者进一步考察。每章结尾处都给出了一组习题，其中个别题目是编程题。在本书目录之前，我们列出了所使用的（首字母）缩略词和相关符号。本书在相关章节还给出了博弈论和机制设计领域传奇人物的简要传记。现在我们列举每一章的梗概。

□ 章节阅读顺序

图 1 描述了本书各章之间的依赖性。对应第 1 部分（第 2～13 章）、第 2 部分（第 14～24 章）和第 3 部分（第 25～31 章）的矩形框分别用不同阴影表示。这个图不言自喻。由于第 32 章（结束语）和第 33 章（数学知识准备）有各自特殊的目的，它们未出现在此图中。

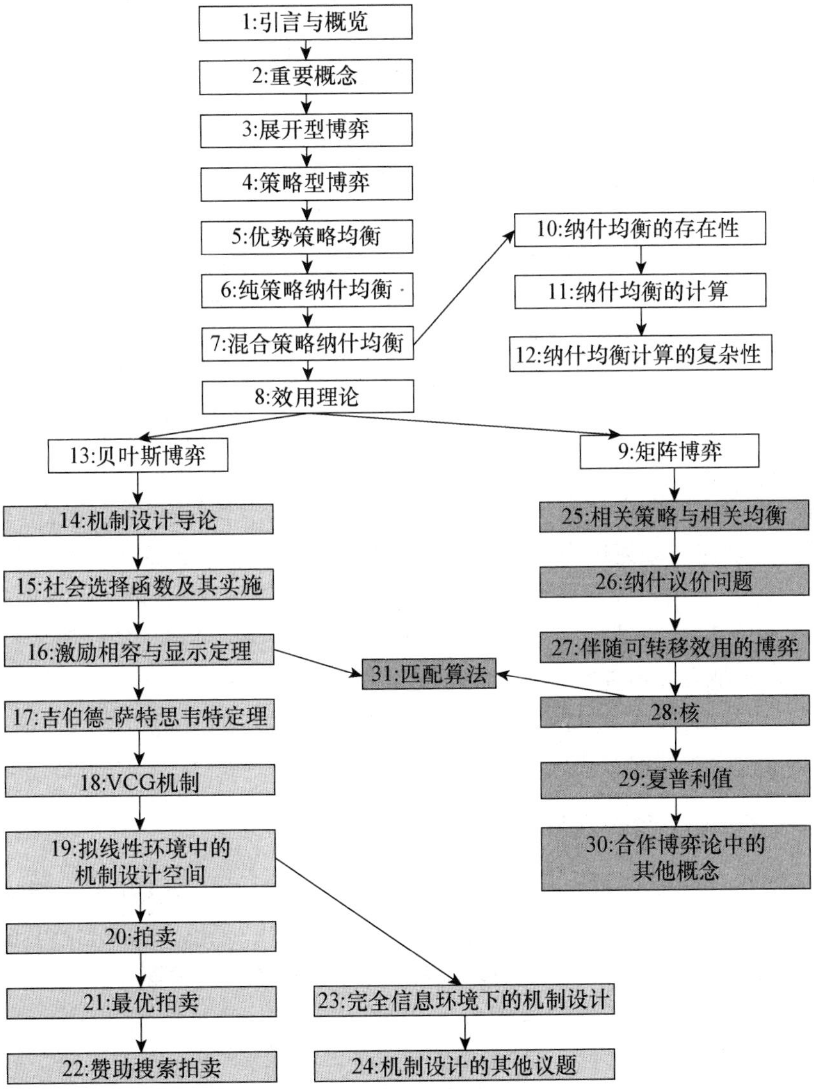

图 1　章节阅读顺序

□ 第 1 部分：非合作博弈论

我们首先介绍了博弈论中的一些重要概念，例如**偏好**、**效用**、**理性**、**智能**和**共同知识**等（第 2 章）。然后，我们考察了非合作博弈的两种表达形式：**展开型表示法**（第 3 章）以及**策略型表示法**（第 4 章）。

在第 5～7 章，我们描述了几个解概念，包括**优势策略均衡**（第 5 章）、**纯策略纳什均衡**（第 6 章）、**混合策略纳什均衡**（第 7 章），这些解概念是策略型博弈分析的基础。在第 8 章，我们介绍了冯·诺依曼和摩根斯坦提出的效用理论，这是博弈论的基础。

第 9～12 章研究纳什均衡的存在性以及纳什均衡的计算。在第 9 章，我们主要考察两人零和博弈。第 10 章详细研究了纳什定理，并且证明在有限策略型博弈中存在混合策略纳什均衡。在第 11 章，我们讨论了计算纳什均衡的算法，第 12 章考察纳什均衡的计算复杂性。

在第 13 章，我们引入了**贝叶斯博弈**，这是**伴随不完全信息的博弈**。这类博弈在机制设计中担当核心角色，我们将在本书第 2 部分研究机制设计。

□ 第 2 部分：机制设计

机制设计是博弈设计艺术，它通过设计博弈从而实现设计者想要的均衡行为。在本部分（第 14～24 章），我们研究机制设计中的基本原理和重要议题。

在第 14 章，我们用简单例子引入了机制议题，并且讨论了**社会选择函数**、**直接机制**、**间接机制**等重要概念。第 15 章考察通过机制实施社会选择函数时需要遵循的原理。在第 16 章，我们定义了激励相容这个重要概念，并且讨论了**优势策略激励相容**（DSIC）与**贝叶斯激励相容**（BIC）的区别。我们证明了**显示原理**，它是一个重要的基本结论。第 17 章主要研究两个重要的不可能性结果：**吉伯德-萨特思韦特定理**以及**阿罗定理**。

第 18～22 章主要考察伴随优势策略激励相容或贝叶斯激励相容的**拟线性机制类**。在第 18 章，我们研究**维克瑞-克拉克-格罗夫斯（VCG）机制**，这个机制目前被学者研究和讨论的最多。第 19 章主要考察拟线性环境下的机制设计空间，包括贝叶斯机制。在第 20 章，我们讨论了最优机制，尤其是迈尔森拍卖。第 22 章详细研究了赞助搜索拍卖问题，这是机制设计在现实中令人信服的应用。

第 23 章考察**纳什均衡中的实施**，此时我们假设完全信息环境。最后，第 24 章简要介绍了机制设计中的其他重要议题。

□ 第 3 部分：合作博弈论

我们从第 25 章开始研究合作博弈论，第 25 章主要讨论了**相关策略**与**相关均衡**。**纳什议价问题**是合作博弈论中早期且最有影响力的结果之一。第 26 章介绍并证明了纳什议价定理。在第 27 章，我们引入了**多人联盟博弈**或称**特征型博弈**。特别地，我们用一些例子说明了**伴随可转移效用的博弈**（TU 博弈）。

第 28～30 章主要讨论合作博弈论中的解概念。在第 28 章，我们研究了**核**，这是合作博弈论的中心概念。**夏普利值**是一个流行的解概念，它对合作博弈中的参与人集提供了唯一解。在第 29 章，我们给出了夏普利公理，证明了夏普利值的存在性和唯一性。在第 30 章，我们简要研究了合作博弈论中其他重要的解概念：**稳定集**、**议价集**、**内核**、**核仁**、**盖特利点**。第 31 章介绍了匹配算法。

第 32 章是结束语，在本章我们提出了如何最优地使用本书思想的建议。除此之外，我们还给出了数学知识准备（第 33 章），这一章回顾了下列数学学科的一些重要概念：概率论、线性代数、线性规划、数学分析、计算复杂性；我们在本书相关章节要用到这些知识。

目标读者

本书面对的主要读者群有：计算机科学、网络、通信、电子工程、工业工程以及运筹学、微观经济学、管理科学等专业的高年级本科生、一年级研究生。如果相关领域的学者和实践者想探索博弈论和机制设计在互联网与网络经济学中的应用，他们也将发现本书有用。我们期望读者在认真学习本书之后，能比较专业且熟练地解决相关问题。我们真心希望本书能满足目标读者群的需求，并且能激发他们对该领域的好奇心。不同类型读者都能从本书受益：

- 计算机科学专业学生能够涉足下列相关领域，例如算法博弈论、算法机制设计、计算社会选择、拍卖与市场设计、电子商务、互联网货币化、社会网络研究、多智能体机制设计。
- 计算机科学、电子学、电子工程专业的学生能够从事下列领域的研究：网络规则设计、网络系统中的动态资源配置、多智能体电网设计以及网络科学等。
- 工业工程和管理科学专业的学生能够从事供应链网络设计、物流工程、电子商务动态定价等方面的研究。
- 交叉科学领域的研究者能够使用本书工具解决信息物理系统、智能交通、服务科学、绿色供应链、人力计算系统（例如众包网络）等领域的问题。

可能的授课内容安排

在印度科技学院，我已讲授博弈论好几年，听众主要是硕士生和博士生。其中 80%的学生是计算机科学专业，其他学生来自通信、电子工程、管理科学等专业。事实上，本书可以认为是我多年上课经验的结果。很多优秀学生已阅读过我的讲稿，事实上，一些同学对讲稿提出了严肃评价和建议，他们对本书也有贡献。我讲授的内容约占本书内容（第 1～3 部分）的 60%。

通过审慎地选择授课内容，教师可以根据本书设计几种不同的授课模块。下面，我们提供三种可能。

□ 本科生层面的博弈论课程

对于三年级或四年级本科生，下列主题是有趣的：

- 非合作博弈论：第 1～7 章，第 9 章。
- 合作博弈论：第 25 章，第 26～29 章，第 31 章。上述章节内容未必全部涉及。
- 机制设计（选修）：第 13～16 章，第 20 章。上述章节内容未必全部涉及。

□ 硕士生层面的博弈论课程

当听众为四年级本科生和一年级研究生时，授课内容应该涉及整本书。然而，在一个学期讲授完本书内容是一个不小的挑战，因此，授课教师有必要选择适当的主题。

□ 博士生层面的博弈论课程

博士生层面的博弈论课程可以使用本书内容的 40%。如果学生已经学过博弈论原理（如上所述），那么本书余下章节（尤其是第 10～13 章，机制设计的全部章节即第 14～24章，合作博弈论的全部章节即第 25～31 章）应该作为主要内容。授课教师还应当从更高级的教材和当前论文中选择合适材料。

常用词使用说明

本书的一些常用词用法值得说明。本书交替使用**参与人**（players）与**智能体**（agents）*。竞价人（竞标人）、买者、卖者通常用于指代拍卖或市场参与人。

补充材料

网址 http://lcm.csa.iisc.ernet.in/hari/book.html 提供了补充材料，材料会不断更新。这些补充材料包括参考文献、额外问题、部分习题答案以及部分章节的梗概图。

欢迎批评指正

不存在十全十美的书，本书也不例外。如果读者发现错误或有任何评价和建议，可与作者联系，电子邮箱为 hari@csa.iisc.ernet.in 。我们将在上面指出的网站上提供更正。

---

* 事实上，在博弈论背景下，本书更多地使用“参与人”这种称呼；在机制设计背景下，则更多地使用“智能体”这种称呼。——译者注

参考文献

[1] Andreu Mas-Colell, Michael D. Whinston, and Jerry R. Green. *Microeconomic Theory*. Oxford University Press, 1995.

[2] Roger B. Myerson. *Game Theory: Analysis of Conflict*. Harvard University Press, Cambridge, Massachusetts, USA, 1997.

[3] Noam Nisan, Tim Roughgarden, Eva Tardos, and Vijay Vazirani (Editors). *Algorithmic Game Theory*. Cambridge University Press, 2007.

[4] Yoam Shoham and Kevin Leyton-Brown. *Multiagent Systems: Algorithmic, Game-Theoretic, and Logical Foundations*. Cambridge University Press, New York, USA, 2009, 2009.

[5] Philip D. Straffin Jr. *Game Theory and Strategy*. The Mathematical Association of America, 1993.

[6] Martin J. Osborne. *An Introduction to Game Theory*. The MIT Press, 2003.

[7] Michael Maschler, Eilon Solan, and Shmuel Zamir. *Game Theory*. Cambridge University Press, 2013.

[8] Y. Narahari, Dinesh Garg, Ramasuri Narayanam, and Hastagiri Prakash. *Game Theoretic Problems in Network Economics and Mechanism Design Solutions*. Springer, London, 2009.

致　谢

在此，我很荣幸地对帮助我的众多个人和组织表示感谢。能在印度科技学院（IISc）学习和工作是我的荣耀。我衷心地感谢这座知识圣殿。我感谢学院教务长 P. Balaram 教授和副教务长 N. Balakrishnan 教授对我的极大支持和鼓励。Balaram 教授鼓励我在他主编的《当今科学》（*Current Science*）期刊上设立博弈论专题，这个期刊已有十几年光辉历史。这个专题发表在 2012 年 11 月出版的《当今科学》期刊上，马斯金教授亲自撰写了前言。这些年，Balakrishnan 教授也对我提供了很大帮助。

类似地，计算机与自动化系是我的天堂。Viswanadham 教授是我的硕士和博士导师（1983—1988），自那时起，他就是我的朋友和导师。当我在学术生涯中挣扎时，是他坚定地支持和鼓励我前行。此书写作风格和内容深受他的影响。

我不会忘记计算机科学与自动化系所有同事的支持和鼓励。特别地，我要感谢下列教授对我的帮助：V. V. S. Sarma，V. Rajaraman，U. R. Prasad，C. E. Veni Madhavan，M. Narasimha Murty，Y. N. Srikant。

我涉足博弈论与机制设计领域，在很大程度上归功于 2000 年与英特尔（印度）的一系列合作项目。我感谢通用汽车研发部门（密歇根）与通用汽车印度科学实验室在过去 8 年中对我的极大支持。我必须感谢以下组织与我的合作：英特尔（印度）（2000—2003）；印孚瑟斯科技（2007—2013）；海军研发部（弗吉尼亚，2007—2008）；IBM（印度）与 IBM 印度研发实验室（2009—2011）；施乐研发部（2009—2013）。还要感谢 Homi Bhabha 基金委员会，我在 2006—2007 年获得了它的基金资助。我还感谢印度科技部，我在 2010—2015 年获得了它的基金资助。这些资助大大鼓舞了我从事学术的积极性。

本书书稿有幸得到以下杰出学者的反馈：Sanjoy Mitter（MIT），Ravi Kannan（MSRI），Peter Luh（康涅狄格大学），Krishna Pattipati（康涅狄格大学），Avrim Blum（CMU），David Parkes（哈佛大学），Preston McAfee（Google），Ram Sriram（美国国家标准与技术研究院），Vivek Borkar（IIT-孟买），Arunava Sen（ISI-新德里），R. Vittal Rao（IISc，班加罗尔），U. R. Prasad（IISc，班加罗尔）。我对他们表示衷心的感谢。下列同事和学者审查了本书书稿，提供了宝贵建议：Rajesh Sundaresan（IISc），Manoj Tiwari（IIT-克勒格布尔），Vanamala Sundar（IIT-坎普尔），K. Gopinath（IISc），Shivani Agarwal（IISc），Balakrishnan Narayanaswamy（IBM IRL），Shashi Mittal（Amazon），Nagarajan Krishnamurthy（IIM-印多尔），Indrajit Bhattacharya（IBM IRL），Ujjwal Maulik（贾达普大学），Madhav Marathe（弗吉尼亚），Jugal Garg（佐治亚理工学院），Chris Dance（施乐研发部），Matthew Jacob（IISc），Ambedkar Dukkipati（IISc）. 我对他们也表示衷心感谢，尤其感谢以下教授：Manoj Tiwari，Rajesh Sundaresan，U. R. Prasad.

本书由 Ashalata 女士排版，她还为本书画了很多图。本书的插图主要来自以下人员的贡献：Ratul Ray，Swaprava Nath，Swapnil Dhamal，Rohith Vallam，Chetan Yadati，Ramasuri Narayanam，Satyanath Bhat，Sujit Gujar。另外，他们还审查了本书书稿，提供了很多评价。特别感谢 Ratul Ray，她为本书涉及的所有博弈论传奇人物提供了插图，这为本书增色不少。

我所在的博弈论实验室的所有成员对本书都有贡献，我感谢他们：L. M. Khan，N. Hemachandra，K. Ravikumar，Venkatapathi Raju，S. Kameshwaran，Shantanu Biswas，Dinesh Garg，T. S. Chandrashekar，Sujit Gujar，Hastagiri Prakash，Ramasuri Narayanam，Rohith Vallam，Swaprava Nath，Moon Chetry，Chetan Yadati，Gujar，Pankaj Dayama，Satyanath Bhat，Swapnil Dhamal，Shweta Jain，Praphul Chandra，Palash Dey，Debmalya Mandal，Shourya Roy，Priyanka Bhatt，Akanksha Meghlan，Arpita Biswas，Arupratan Ray。他们检查了本书书稿，并且提供了很好的建议。

特别感谢 Dinesh Garg，Ramasuri Narayanam，Hastagiri Prakash，他们与我合作出版了专著《网络经济学中的博弈论问题与机制设计解》（2009）。本书的一些章节根据 Dinesh Garg 的博士论文改写。特别感谢 Rohith 和 Swaprava，他们不仅校对了本书的很多章节、贡献了插图，还为本书的编辑建立了计算机环境。当我遇到 Latex 或计算机环境问题时，Rohith 总能救急。我还要感谢 Ratul Ray，Sourav Medya，Ashutosh，Dilpreet Kaur，Gaurav，A. Rajagopal，K. Rajanikanth，Sourav Sen，Karthik Subbian，Ramakrishnan Kannan，Sunil Shelke，Nagaraj，Ashwin，Sriram，Prashanth，Raghav Gautam，Megha，Santosh Srinivas，Nikesh Srivastava，Kalyan Chakravarty，Radhanikanth，Siva Sankar，Soujanya，Durgesh，Mukti Jain，M. D. Srinivasulu，Kalyan，Madhuri，Y. Ravi Shankar，Maria Praveen Kumar，Sharvani，Devansh，Chaitanya，Ananth，Rajesh，Lavanya，Kumar，P. N. Ravi。

印度科技学院的博弈论课程为我提供了原材料。特别地，我感谢下列学生对书稿的检查：Thirumulanathan，Abhijeet，Suprovot，Aadirupa saha，Rohit Vaish，Kundan Kandhway，Bhushan Kotnis，Shiv Ganesh，Surabhi Punjabi，Disha Makhija，Aritra Ghosh，Ankur Gupta，Prabhu Chandran，Chandrashekhar，Aruna，Divya Padmanabhan.

我得到了印度科技学院出版社和世界科技出版社同仁的支持。感谢 Ranjana Rajan 女士和 Steven Patt 先生的大力支持。

在这些努力的背后，有两个永生的长者一直祝福着我，鼓舞我前行。他们是我敬爱的父母 Brahmasri Y. Simhadri Sastry 和 Matrusri Y. Nagavenamma. 尽管他们已经去世，但精神长存，催我奋进。我将此书献给我的父母。我还要感谢我的爱妻 Padmashri，在过去二十多年里她做出了很多牺牲，因为她的丈夫忙于工作。我也感谢我的爱子 Naganand，他在成长的关键时期给予我很多谅解。我还感谢我的兄弟 Y. Sadguru Murthy，Y. Santharam，Y. Rajaram，Y. Raghuram，Y. Ekantharam；嫂子(或弟媳)Y. Niramalamma，Y. Vijaya Lakshmi，Y. Rajeshwari，Y. Paramjyothi，Y. Lalithamma；姐姐 A. T. Lavanya 和姐夫 A. T. Subrahmanyam；以及妹妹 Gunamma and Sujathamma。我的侄子（女）以及他们的孩子也为我提供了很多快乐。

缩略词与符号

首字母缩略词

AE	allocatively efficient（或 allocative efficiency）	配置效率
BB	budget balance	预算平衡
dAGVA	d'Aspremont，Gérard-Varet，and Arrow（mechanism）	dAGVA 机制
DSE	dominant strategy equilibrium	优势策略均衡
DSIC	dominant strategy incentive compatible	优势策略激励相容
EFG	extensive form game	展开型博弈
EPE	ex-post efficient	事后效率
EPIC	ex-post incentive compatible	事后激励相容
EPIR	ex-post individually rational	事后个体理性
GSP	generalized second price（mechanism）	广义第二价格（机制）
GST	Gibbard-Satterthwaite Theorem	吉伯德-萨特思韦特定理
GVA	generalized Vickrey auction	广义维克瑞拍卖
IC	incentive compatible	激励相容
IIR	interim individually rational	事中个体理性
IR	individually rational	个体理性
LP	linear program	线性规划
MSNE	mixed strategy Nash equilibrium	混合策略纳什均衡
NBS	nash bargaining solution	纳什议价解
ND	non-dictatorial（social choice function）	非独裁（社会选择函数）

NE	Nash equilibrium	纳什均衡
NTU	non-transferable utility (game)	不可转移效用（博弈）
PSNE	pure strategy Nash equilibrium	纯策略纳什均衡
SBB	strong budget balance	强预算平衡
SCF	social choice function	社会选择函数
SDSE	strongly dominant strategy equilibrium	强优势策略均衡
SFG	strategic form game	策略型博弈
SGPE	subgame perfect equilibrium	子博弈完美均衡
SSA	sponsored search auction	赞助搜索拍卖
TU	transferable utility (game)	可转移效用（博弈）
VWDSE	very weakly dominant strategy equilibrium	极弱优势策略均衡
WBB	weak budget balance	弱预算平衡
WDSE	weakly dominant strategy equilibrium	弱优势策略均衡
VCG	Vickrey-Clarke-Groves (mechanism)	维克瑞-克拉克-格罗夫斯机制

符　号

一般符号

$\mathbb{R}$	实数集
$\mathbb{R}_+$	非负实数集
$\mathbb{N}$	非负整数集
$\varnothing$	空集
$\|A\|$	集合 A 的基数（cardinality）
2^A	集合 A 的幂集
$d(x, y)$	向量 x 与向量 y 之间的欧几里得（Euclidean）距离
$\forall$	对于所有
$\exists$	存在

策略型博弈

Γ（策略型博弈）	$\langle N, (S_i)_{i\in N}, (u_i)_{i\in N}\rangle$ 或 $\langle N, (S_i), (u_i)\rangle$
n	博弈参与人个数
N	参与人集，$\{1, 2, \cdots, n\}$
S_i	参与人 i 的行动（或称纯策略）集
$(S_i)_{i\in N}$	$(S_1, \cdots, S_n)$ 的缩写
(S_i)	$(S_i)_{i\in N}$的缩写（当不至于混淆时）
S	所有纯策略组构成的集合，$S=S_1\times\cdots\times S_n$
s	一个纯策略组，$s=(s_1, \cdots, s_n)\in S$
$-i$	除了 i 之外的所有其他参与人
s_{-i}	除了 i 之外的所有其他参与人的一个策略组，$s_{-i}=(s_1, \cdots, s_{i-1}, s_{i+1}, \cdots, s_n)$
(s_i, s_{-i})	纯策略组 $(s_1, \cdots, s_n)$ 的另外一种表示法

S_{-i}	除了 i 之外的所有其他参与人的所有策略组构成的集合
u_{-i}（策略型博弈）	参与人 i 的效用函数；$u_i: S \to \mathbb{R}$
$(u_i)_{i \in N}$	$(u_1, \cdots, u_n)$ 的缩写
(u_i)	$(u_i)_{i \in N}$ 的缩写（当不至于混淆时）
s_i^*	参与人 i 的一个均衡策略
$s^* = (s_1^*, \cdots, s_n^*)$	一个均衡策略组
b_i（纯策略）	参与人 i 的最优反应对应（correspondence），$b_i: S_{-i} \to 2^{S_i}$

展开型博弈

Γ（展开型博弈）	$\langle N, (A_i)_{i \in N}, \mathbb{H}, P, (\mathbb{I}_i)_{i \in N}, (u_i)_{i \in N} \rangle$
A_i（展开型博弈）	参与人 i 的行动集
$\mathbb{H}$	所有终止历史（terminal histories）组成的集合
$S_{\mathbb{H}}$	所有终止历史的所有真子历史（proper subhistories）组成的集合
$P: S_{\mathbb{H}} \to N$	将真子历史映射到参与人
$\mathbb{I}_i$	参与人 i 的所有信息集组成的集合
u_i（展开型博弈）	参与人 i 的效用函数；$u_i: \mathbb{H} \to \mathbb{R}$
$s_i(\cdot)$（展开型博弈）	参与人 i 的一个策略；$s_i: \mathbb{I}_i \to A_i$

混合策略博弈

$\Delta(S_i)$	集合 S_i 上的所有概率分布组成的集合
σ_i	参与人 i 的一个混合策略；$\sigma_i \in \Delta(S_i)$
$\sigma = (\sigma_1, \cdots, \sigma_n)$	一个混合策略组
σ_{-i}	除了 i 之外的所有其他参与人的一个混合策略组：$\sigma_{-i} = (\sigma_1, \cdots, \sigma_{i-1}, \sigma_{i+1}, \cdots, \sigma_n)$
(σ_i, σ_{-i})	混合策略组 $(\sigma_1, \cdots, \sigma_n)$ 的另外一种表达法
σ_i^*	参与人 i 的一个均衡混合策略
$\sigma^* = (\sigma_1^*, \cdots, \sigma_n^*)$	一个混合策略纳什均衡
u_i（混合策略）	参与人 i 的效用；$u_i: \Delta(S_1) \times \cdots \times \Delta(S_n) \to \mathbb{R}$
b_i（混合策略）	参与人 i 的最优反应对应
$\delta(\sigma_i)$	混合策略 σ_i 的支撑（support）
$\delta(\sigma)$；$\sigma = (\sigma_1, \cdots, \sigma_n)$	$\delta(\sigma_1) \times \cdots \times \delta(\sigma_n)$；策略组 σ 的支撑

贝叶斯博弈

Γ（贝叶斯博弈）	$\langle N, (\Theta_i), (S_i), (p_i), (u_i) \rangle$
Θ_i	参与人 i 的类型集
Θ	所有参与人的所有类型组构成的集合；$\Theta = \Theta_1 \times \Theta_2 \times \cdots \times \Theta_n$
S	所有参与人的所有行动组构成的集合：$S = S_1 \times S_2 \times \cdots \times S_n$
θ	一个行动组；$\theta = (\theta_1, \cdots, \theta_n) \in \Theta$
Θ_{-i}	除了 i 之外的所有其他参与人的所有类型组构成的集合；$\Theta_{-i} = \Theta_1 \times \cdots \times \Theta_{i-1} \times \Theta_{i+1} \times \cdots \times \Theta_n$
θ_{-i}	$\theta_{-i} \in \Theta_{-i}$；除了 i 之外的所有其他参与人的一个类型组
p_i	参与人 i 的信念函数；p_i：$\Theta_i \to \Delta(\Theta_{-i})$

$\mathbb{P}$（贝叶斯博弈）	一个共同的先验概率分布；$\mathbb{P}\in\Delta(\Theta)$
u_i（贝叶斯博弈）	参与人 i 的效用函数；$u_i:\Theta_i\times S\to\mathbb{R}$
$s_i(\cdot)$（贝叶斯博弈）	参与人 i 的一个策略；$s_i:\Theta_i\to S_i$
$s(\cdot)=(s_1(\cdot),\cdots,s_n(\cdot))$	贝叶斯博弈中的一个策略组
$s^*(\cdot)=(s_1^*(\cdot),\cdots,s_n^*(\cdot))$	一个纯策略贝叶斯纳什均衡

矩阵博弈

Γ	$\langle\{1,2\},S_1,S_2,u_1,-u_1\rangle$
1	参与人 1（行参与人）
2	参与人 2（列参与人）
S_1	$\{s_{11},s_{12},\cdots,s_{1m}\}=\{1,2,\cdots,m\}$
S_2	$\{s_{21},s_{22},\cdots,s_{2n}\}=\{1,2,\cdots,n\}$
a_{ij}	$u_1(i,j)$，其中 $i\in S_1$，$j\in S_2$
A	参与人 1 的收益值矩阵；$A=[a_{ij}]$
$x=(x_1,\cdots,x_m)$	行参与人（参与人 1）的一个混合策略
$y=(y_1,\cdots,y_n)$	列参与人（参与人 2）的一个混合策略
$\underline{v}$	最大最小值或下界值
$\overline{v}$	最小最大值或上界值
v	矩阵博弈值，此时 $\underline{v}=\overline{v}=v$

机制设计

X	备选方案集（或称结果集）
θ_i	参与人 i 的一个偏好或类型
$\hat{\theta}_i$	参与人 i 报告的类型
Θ_i	参与人 i 的类型集
Θ	所有类型组构成的集合；$\Theta=\Theta_1\times\cdots\times\Theta_n$
$\Delta(\Theta)$	Θ 上的所有概率分布构成的集合
$\mathbb{P}\in\Delta(\Theta)$	类型组上的一个共同先验分布
$p_i:\Theta_i\to\Delta(\Theta_{-i})$	参与人 i 的信念分布
$u_i:X\times\Theta_i\to\mathbb{R}$	参与人 i 的效用函数
$f:\Theta_1\times\cdots\times\Theta_n\to X$	一个社会选择函数
$\mathscr{D}=(\Theta_1,\Theta_2,\cdots,\Theta_n,f(\cdot))$	一个直接机制
$g:S_1\times S_2\times\cdots\times S_n\to X$	一个把行动组映到结果上的映射
$\mathscr{M}=(S_1,S_2,\cdots,S_n,g(\cdot))$	一个间接机制
$\succcurlyeq$	结果集上的偏好关系
$\mathscr{R}$	X 上的所有理性偏好关系构成的集合
$\mathscr{P}$	X 上的所有严格理性偏好关系构成的集合
$\succcurlyeq_i(\theta_i)$	由 u_i 与 θ_i 诱导出的一个理性偏好关系
$\mathscr{R}_i$	所有 $\succcurlyeq_i(\theta_i)$ 构成的集合，其中 $\theta_i\in\Theta_i$
K	一个项目配置集（或称项目选择集）
$k\in K$	一个项目选择
$k(\theta)$	类型组为 θ 情形下的项目选择
t_i	转移给参与人 i 的货币

$t_i(\theta)$	类型组为 θ 情形下转移给参与人 i 的货币
$x=(k, t_1, \cdots, t_n)$	拟线性环境下的一个典型结果
$x(\theta)=(k(\theta), t_1(\theta), \cdots, t_n(\theta))$	类型组为 θ 情形下拟线性环境中的结果
$v_i(k, \theta_i)$	当参与人 i 的类型为 θ_i 时配置 k 的值
$h_i: \Theta_{-i} \to \mathbb{R}$	格罗夫斯（Groves）支付规则用到的映射
b_i	参与人 i 在拍卖中的报价

合作博弈论

$C \subseteq N$	参与人联盟（子集）
$S_C = \times_{i \in C} S_i$	联盟 C 成员的策略组构成的集合
$S = S_N = \times_{i \in N} S_i$	N 中所有参与人的策略组构成的集合
$\Delta(S_C)$	S_C 上所有概率分布构成的集合
$\tau_C \in \Delta(S_C)$	联盟 C 成员的一个相关策略
$\tau = (\tau_C)_{C \subseteq N}$	N 中所有参与人签署的一个合同
$\alpha \in \Delta(S)$	一个相关均衡
$F \subseteq \mathbb{R}^2$	议价问题中的可行配置集
$v=(v_1, v_2) \in \mathbb{R}^2$	争议点（违约点）
(F, v)（纳什议价）	伴随可行集 F 与违约点 v 的情形
$f(F, v)$	纳什议价解；$f(F, v)=(f_1(F, v), f_2(F, v))$
$v: 2^N \to \mathbb{R}$	伴随可转移效用的博弈中的价值函数
(N, v)	一个伴随可转移效用的博弈
$\Pi(N)$	$N=\{1, 2, \cdots, n\}$ 中的所有排列（permutations）构成的集合
$\pi \in \Pi(N)$	$N=\{1, 2, \cdots, n\}$ 的一个典型排列
$P(\pi, i)$	在排列 π 中排在 i 之前的所有参与人组成的集合
$S(\pi, i)$	在排列 π 中排在 i 之后的所有参与人组成的集合
$x=(x_1, \cdots, x_n) \in \mathbb{R}^n$	一个收益配置
$\mathbb{C}(N, v)$	可转移效用博弈（N，v）的核
$(\phi_1(N, v), \cdots, \phi_n(N, v))$	可转移效用博弈（N，v）的夏普利值
$(\phi_1(v), \cdots, \phi_n(v))$	夏普利值的另外一种表示法（此时 N 在上下文中已明朗）
$e(C, x)$	联盟 C 关于配置 x 的超额

目　录

第 1 部分　非合作博弈论

第 2 部分　机制设计

第 3 部分　合作博弈论

第 1 章 引言与概览

本章介绍博弈论和机制设计的重要性以及它们在当前的意义。现代社会，信息和通信技术迅猛发展，这蕴含着很多有趣的新东西。对于这些新东西的研发，博弈论和机制设计在很多时候非常有用。本章提供几个启发性的例子，然后介绍该领域当今研究的趋势和前沿。

博弈论和机制设计研究**策略人**（strategic agents）之间的互动。博弈论的主题是**博弈分析**（analysis of games），而机制设计则是**设计博弈**（designing games）以达到合意的结果。当前，博弈论和机制设计是跨学科问题求解的活跃领域。本书的目的在于帮助读者理解博弈论和机制设计背后的科学，看清如何使用它们求解互联网时代的问题。本书内容包含三大领域：**非合作博弈论**（non-cooperative game theory）、**合作博弈论**（co-operative game theory）以及**机制设计**（mechanism design）。

传统使用博弈论和机制设计的学科有经济学、工商管理、社会学、政治学、生物学、哲学和工程学。在工程学领域，博弈论和机制设计被广泛用于工业工程、存货管理、供应链管理、电子商务以及多智能体系统。最近，博弈论已涉足计算机科学和电子工程学科的很多新兴应用领域。

1.1 博弈论：策略互动科学

博弈论（game theory）中的**博弈**（game）一词，是指理性且智能的决策者或参与人之间的互动。大致地说，参与人的**理性**（rationality）意味着他选择策略，以使得他的收益最大（这里的收益需要明确定义），而**智能**（intelligence）则是指参与人能够计算他们的最优策略。

博弈论是逻辑和数学分析的工具之一，它模拟决策者之间的冲突和合作，并且通过使用均衡分析为人们提供了一种预测参与人之间互动结果的理论方法。传统的博弈，例如国际象棋和桥牌，是博弈最自然的例子。博弈论研究的博弈更具一般性，可以视为传统博弈的抽象和延伸。这类抽象和延伸能够包含社会互动的所有复杂性和特征。因此，博弈论已成为社会科学尤其是经济学极其重要的工具。**博弈论**着眼于博弈分析，**机制设计**则强调通过博弈设计来实现合意结果——机制设计可以视为博弈过程的反转。在下文，若非特别指出，我们把博弈论和机制设计统一简称为博弈论。

□ 博弈论和机制设计的价值

我们用四个简单例子说明博弈论和机制设计如何模拟策略人之间的冲突和合作。这些例子是现实一般情形的抽象。

学生协作问题

假设印度科技学院（简称 IISc）的两个学生（学生 1 和 2）是好朋友。这两个学生喜欢待在一起，要么在 IISc 一起学习，要么去学院附近的 MG 路一起玩耍。因此，为了待在一起，他们有两个选择（或称策略）：一是 IISc，二是 MG 路。如果他们在 IISc 一起学习，每人得到的收益（效用）为 100。如果他们一起去 MG 路玩耍，每人得到的收益仅为 10。如果他们中的一个人待在 IISc 而另一个人去 MG 路，那么每人的收益都为 0。两人的收益见表 1—1，意思不言自喻。假设两人必须同时且独自选择自己的策略。作为理性和智能人，每人将选择最优可能策略。显然，两人都选 IISc 是最优可能结果，两人都选 MG 路也比较好，但这个选择明显比前者差。最差的情形出现在两人选择不同的策略，因为每个人最终得到的效用都为零。

表 1—1　两个学生在不同情形下的收益

1	2	
	IISc	MG 路
IISc	100，100	0，0
MG 路	0，0	10，10

博弈论为我们提供了预测这两个学生所选策略的理论方法。在这个例子中，两人都选择 IISc 以及两人都选择 MG 路是所谓的**纳什均衡**（Nash equilibria），纳什均衡是指下面这样的策略组，在这样的策略组中，任何参与人都无法通过独自偏离自己的均衡策略而获得更大的收益。对于这个博弈，博弈理论还提供了另外的预测，尽管这个预测表面上不符合直觉，但它的确是参与人都不会反对的一个均衡结果。这个结果就是所谓的**混合策略纳什均衡**（mixed strategy Nash equilibrium）——每人以 1/11 的概率选择 IISc 且以 10/11 的概率选择 MG 路。它也许能说明如果你想找到某些学生，为何你通常能在 MG 路上而不是 IISc 教室找到他们。

这个博弈通常称为**协调博弈**（coordination game），它是很多现实社会和专业技术情形的抽象。在这里，我们不打算展开讨论，仅给出简要评价：博弈论为决策者的这类互动结果提供了科学预测方法。

布雷斯悖论

我们现在介绍布雷斯悖论（Braess paradox），它以德国数学家迪特里希·布雷斯

(Dietrich Braess）的名字命名。这个悖论通常与交通网络联系在一起，它说明交通网络在增加容量后，可能反而对通行者不利（以交通时间衡量）。这个事实不是那么直观。我们这里介绍的博弈来自 Easley 和 Kleinberg 合著的书。[1]

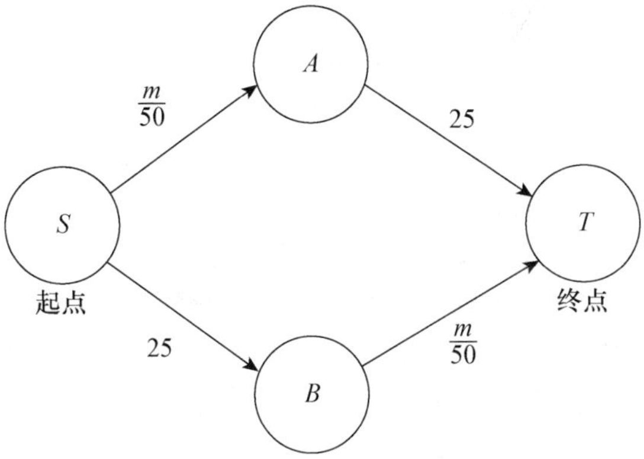

图 1—1　有四个节点的交通网络

图 1—1 中的交通网络由起点 S、终点 T 以及两个中间点 A 和 B 组成。所有从 S 出发的车辆可以经过 A 点或 B 点。假设不管路上的车辆数为多少，从 S 到 B 或者从 A 到 T 都需要 25 分钟。另一方面，从 S 到 A 需要 $m/50$ 分钟，其中 m 是 SA 路上的车辆数。类似地，从 B 到 T 需要 $m/50$ 分钟，其中 m 是 BT 路上的车辆数。

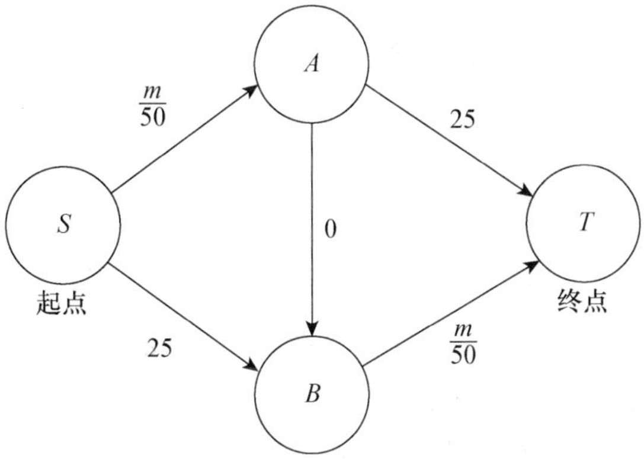

图 1—2　开通 *AB* 路之后的交通网

假设为了缓解交通网的拥挤程度，我们开通 AB 路（为简单起见，我们假设从 A 到 B 所需时间为 0）。图 1—2 画出了开通 AB 路之后的新交通网。现在从 S 到 T 有三条不同的道路可走：(1) $S—A—T$；(2) $S—B—T$；以及 (3) $S—A—B—T$。如果 S 到 T 所需时间变短了，旅客将会更高兴。直觉告诉我们，图 1—2 的交通网即开通 AB 路后的新交通网将会使旅客更高兴。然而，通过使用均衡分析，博弈论已证明：图 1—1 中的交通网对旅客更有利。

布雷斯悖论有很多现实证据。例如，在韩国首尔市，作为清溪川（Cheonggyecheon）改造工程的一部分，在关闭一条高速通道之后，首尔周边的交通拥挤程度大为缓解。在德国斯图加特市（Stuttgart），为了缓解交通拥挤，政府花费巨资修建新路，然而人们发现只有在关闭其中一些新建道路时，交通状况才能得以改善。我们可以使用博弈论，通过模拟交通网使用者的互动情形来预测可能出现的结果。在第 4、5 和 6 章，我们将详细研究这个例子。

维克瑞拍卖

假设某个卖主打算把一件不可分割商品卖给 n 个潜在买主中的一个。比如，政府打算将某个无线电频谱许可证卖给多个服务商中的一个（参见图 1—3）。每个参与人对出售的东西有一定估值或称评价（valuation）。例如，在频谱许可证这个例子中，假设有四个服务商（服务商 1、2、3 和 4），他们对该许可证的评价分别为 4 亿元、5 亿元、7 亿元以及 10 亿元。在频谱拍卖中，政府邀请潜在买主投标并且根据拍卖协议决定谁中标。有两种简单而常用的拍卖方法，即**第一价格密封拍卖**（first price sealed bid auction）和**第二价格密封拍卖**（second price sealed bid auction）。在第一价格密封拍卖中，报价最高的投标人中标，他应按照报价付款。在第二价格密封拍卖中，报价最高的投标人中标，但他仅需要按照第二高的报价付款。

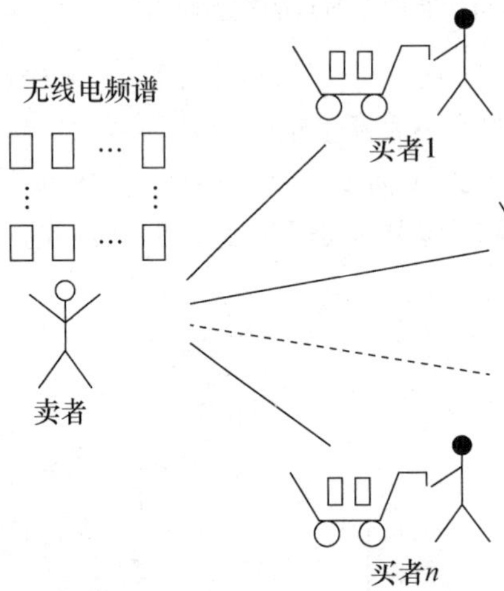

图 1—3　频谱拍卖

上面的每种拍卖都可以模拟为涉及卖主和买主的博弈。在第一价格密封拍卖中，投标人的报价小于他们对拍卖物的估值。在第二价格密封拍卖中，投标人将更大胆，因为他们知道如果他们中标，他们实际支付的钱数小于自己的报价。威廉·维克瑞（William Vickrey）证明，在第二价格密封拍卖中，投标人的报价正好等于各自对拍卖物的估值。这一杰出工作使得维克瑞获得了诺贝尔经济学奖。事实上，维克瑞证明每个投标人的最优选择是，不管其他投标人的报价为多少，他都应该如实报价（报价等于他的估值）。在上面的例子中，如果政府使用第二价格密封拍卖，那么投标人的报价等于各自的估值，服务商 4 将中标并获得许可证。这个服务商将向政府支付 7 亿元，注意，这是第二高的报价。因此，在第二价格密封拍卖中，尽管卖者不知道投标人对拍卖物的评价，但他能够通过投标人的报价获得这个信息。当前广泛使用的各种拍卖协议，其背后的科学正是博弈论和机制设计。

分钱博弈

三人商议如何分 300 元钱。每个参与人都可以提出分配方案，在任何分配方案中，每个人分得的钱数不能为负，三人分得的钱数总和不能大于300。如果两人以上（含两人）提出的方案相同，就按该方案分钱。例如，如果参与人1和2提出的分配方案为（150，150，0），参与人3提出的方案为（100，100，100），则按照（150，150，0）分钱。然而，参与人3可用分配方案（0，225，75）来诱惑参与人2，如果参与人2和3提出这个方案，那么原来的方案即（150，150，0）就被推翻了。注意，分配方案（0，225，75）使得参与人2和3的状况严格变好。然而，参与人1现在可以诱惑参与人3，两人共同提出方案（200，0，100），这个方案使得参与人1和3的状况严格变好。这样的议价永无尽头，联盟不断破裂，新联盟不断形成……这种情形在现实世界（例如，在政治和商业领域）比较常见。

传统方法很难预测这种情形的结果。合作博弈论能以系统且科学的方式帮助我们分析这种情形。例如，通过将上述情形模拟为合作博弈，我们可以证明，这个博弈的**核**（core）是空的，这意味着任何一种分配方案都不是稳定的，它总会被两人合谋推翻。我们也可以证明，这个博弈的**夏普利值**（Shapley value）为（100，100，100），在这个例子中，夏普利值提供了一种公平分配财富的方法。

□ 博弈论：丰富的历史

作为数学分支和建模工具，博弈论有着丰富的历史，它的奠基和发展源于20世纪一批最聪明的人物的贡献。图1—4给出了在博弈论和机制设计领域做出突破性贡献的传奇人物。约翰·冯·诺依曼（John von Neumann）和奥斯卡·摩根斯坦（Oskar Morgenstern）是1920年代、1930年代以及1940年代博弈论的奠基者。他们的杰出合作构建了博弈论基础，并且留下了里程碑式的著作《博弈论与经济行为》（*The Theory of Games and Economic Behavior*）。[2]这本书至今仍是博弈论早期开创结果的权威来源。在冯·诺依曼和摩根斯坦工作的基础上，一些著名博弈论学家将博弈论发展为经济学。博弈论的重要性以及他们的贡献体现在一批博弈论学家先后于1994年、1996年、2005年、2007年和2012年获得瑞典中央银行奖（诺贝尔经济学奖）。事实上，从1994年到2012年，多达11位博弈论学家获得此奖。

约翰·纳什（John Nash）、约翰·海萨尼（John Harsanyi）、莱茵哈德·泽尔腾（Reinhard Selten）于1994年获得诺贝尔奖，因为他们在博弈均衡分析上做出了突破性的工作。威廉·维克瑞（William Vickrey）凭借拍卖理论获得1996年诺贝尔奖。2005年，罗伯特·奥曼（Robert Aumann）和托马斯·谢林（Thomas Schelling）因对博弈参与人之间的冲突和合作分析方面的贡献而获奖。2007年，诺贝尔经济学奖颁给莱昂尼德·赫维奇（Leonid Hurwicz）、埃里克·马斯金（Eric Maskin）、罗杰·迈尔森（Roger Myerson），奖励他们对机制设计理论的原创贡献。2012年，劳埃德·夏普利（Lloyd Shapley）、埃尔文·罗斯（Alvin Roth）因提出稳定配置理论和市场设计实践而获得诺贝尔奖。在所有这些贡献之前，肯尼斯·阿罗（Kenneth Arrow）已凭借社会选择理论这一杰出工作获得1972年诺贝尔奖，他早在1950年代已开展这方面的研究。显然，到现在，博弈论和机制设计已主导社会科学领域几十年。可以说，博弈论的发展是20世纪最杰出的成就之一，因为它表明数学推理可用于研究复杂的人类互动。

图 1—4　博弈论和机制设计领域的传奇人物

[从左到右依次为：约翰·冯·诺依曼，奥斯卡·摩根斯坦，肯尼斯·阿罗，约翰·纳什，约翰·海萨尼，莱茵哈德·泽尔腾，威廉·维克瑞，托马斯·谢林，罗伯特·奥曼，莱昂尼德·赫维奇，埃里克·马斯金，罗杰·迈尔森，劳埃德·夏普利，埃尔文·罗斯]

1.2　当前趋势和现代应用

自 1990 年代以来，两条相关主线使得博弈论成为当今时代问题求解的主要工具。第一条主线是博弈论与多个学科例如计算机科学、网络科学和其他工程学的交叉领域出现的理论研究。第二条主线是博弈论在互联网时代自然的和令人信服的应用。当今时代，博弈论已成为电子商务、互联网广告、社会网络分析和社会网络货币化、无线网络、智能运输、智能电网以及碳足迹（carbon footprint）最优化等诸多领域问题求解的重要工具。我们稍微介绍一下博弈论的当前趋势和现代应用。

□ 当前趋势

为了说明第一条主线，我们以算法博弈论这个崭新领域为例，它是博弈论与计算机科学的交叉地带。这条主线的重要性和闪光点体现在下列事实上。2012 年，理论计算机科学领域中的哥德尔奖（Gödel Prize）颁发给了算法博弈论领域的六位学者（Elias Koutsoupias，Christos Papadimitriou，Tim Roughgarden，Eva Tardos，Noam Nisan，Amir Ronen）。哥德尔奖提到了三篇论文[3,4,5]，它们是算法博弈论的奠基之作。为了快速领略该领域的主题，我们简要回顾一下这三篇论文。

Koutsoupias and Papadimitriou[3]在名为《最差情形均衡》（Worst-case Equilibria）

的论文中引入了**“无政府主义的代价”**（price of anarchy）思想。无政府主义的代价衡量自由个体的自私行为对社会最优状态实现的影响程度。特别地，该论文计算出了在网络没有中央监管者的情形下，网络用户的自私行为造成的效率损失。他们的研究基于互联网博弈理论模型，他们使用纳什均衡的概念来形式化无政府主义代价这个概念。

Roughgarden and Tardos[4]使用无政府主义代价概念来研究大型交通网中的路线（routing）交通问题。他们使用博弈理论模型漂亮地解释了交通科学中的著名的布雷斯悖论（第4章和第5章），并且建立了拥挤网络中的中央最优路线和自私路线之间的关系。通过这些研究，博弈论已变为路线政策和交通网设计的重要工具。

第三篇获得2012年哥德尔奖的论文为Nisan and Ronen[5]，他们在这篇论文中提出了一个迷人的新问题领域，即**算法机制设计**（algorithmic mechanism design）。他们指出了博弈论和机制设计如何用于求解算法问题，在这种情形下，问题的输入数据为理性且智能个体的私人信息。传统计算机科学假设算法一旦设计好，那么计算机将如实执行这些算法。然而，如果在算法执行过程中，自利的参与人被迫提供私人信息，那么提供给算法的这些信息可能为真也可能为假。算法机制设计的主旨正是使得算法对策略型个体的人为控制行为是稳健的。现在，算法博弈论已成为世界很多重要计算机科学部门的一个活跃的研究领域。算法博弈论是博弈论诸多研究趋势的一个代表。

我们现在转而考察第二条主线，它将博弈论推动到问题求解的前沿。这条主线源于博弈论在互联网时代问题求解中的重要性。

□ 现代应用

博弈论的现代应用通常涉及互联网，这是因为互联网的自由性质鼓励上网者的策略行为。另外，博弈论在社会科学、经济学或商学领域中的现代应用，总是涉及有自身利益且能进行策略行动的个人或组织。尽管这些个人或组织都是理性的，但在进行系统设计时，我们仍可以使用博弈论和机制设计提供的方法。正是这方面的应用使得博弈论和机制设计走向前台。为了说明博弈论在现代问题求解中的重要性，我们提供四个例子。

市场匹配

市场匹配问题既传统又现代。匹配（matching）是指将一组资源或个人分配给另一组资源或个人的过程。相关例子有买卖双方的匹配、资源与任务的匹配、医生与医院的匹配、求职者与用人单位的匹配、学生与学校的匹配等（参见图1—5）。其中一些匹配问题有着深远的社会影响，例如肾脏与病人之间的匹配（更一般地，器官供体与受体之间的匹配）。匹配问题通常分为两类，一类称作婚姻问题（marriage problem），另一类是住房配置问题（house allocation problem）。在婚姻问题中，市场**任何**一方的资源对另一方的资源有自己的偏好。在住房配置问题中，这种偏好是单向的，即仅一方的资源对另一方的资源有偏好，毕竟没有生命的住房不可能有偏好。在这两类情形下，匹配都要使个人偏好得到尊重，并且使结果达到最优。

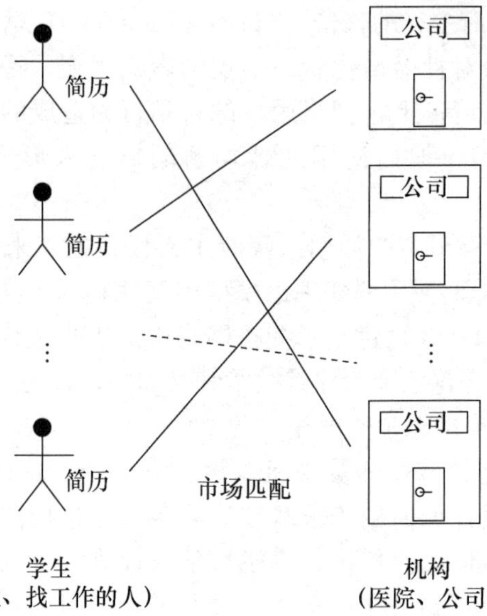

图 1—5　市场匹配

匹配问题的任何解都要满足两个重要要求，一是**稳定性**（stability），二是**激励相容性**（incentive compatibility）。大致地说，如果对于某个解，我们无法通过重新配置使它严格变好，那么这个解就是稳定的。对于某个解，如果所有参与人都如实报告自己的偏好，那么这个解就是激励相容的。在这两个方面，相关学者都用博弈论进行了严格分析。1960 年代以来，博弈论学者在市场匹配领域做出了极大努力和贡献。现实世界已有市场匹配成功的大量例子，这反映了博弈论在市场匹配领域的胜利。事实上，2012 年诺贝尔经济学奖颁给了劳埃德·夏普利和埃尔文·罗斯，正是因为他们在匹配理论和匹配市场方面做出了原创性工作。[6]

在现实生活中，市场匹配的很多例子，例如学生与大学的匹配、医生与医院的匹配等，有着重要的社会意义，它们的匹配使得社会福利最大化。另外一些匹配，例如器官供体与受体的更好、更快匹配，拯救了很多人的宝贵生命。博弈论和机制设计在保证这些市场的成功方面，起着重要作用。

赞助搜索拍卖

付费搜索或称赞助搜索（sponsored search）已成为互联网广告领域极其成功的商业模式。当互联网用户搜索关键词时，搜索引擎提供的网页含有成千上万个与关键词相关的链接，也含有与广告相关的赞助链接。图 1—6 描述了一种常见情形。

当互联网用户点击了赞助链接时，他们就打开了相关广告客户的网页。在常见的点击付费（pay-per-click）模式下，广告客户按照它的网页点击量向搜索引擎支付一定费用。由于互联网用户和关键词都是任意的，搜索引擎面对的问题是将不同广告客户与（有限的）赞助广告位置进行匹配。另外，搜索引擎也需要确定广告客户对每次点击需要支付的费用。目前，大多数搜索引擎使用拍卖机制来解决这个问题，这就是所谓的**赞助搜索拍卖**（sponsored search auction）。互联网巨头例如谷歌（Google）、微软（Microsoft）、雅虎（Yahoo!）等的相当大的一部分收入来自赞助搜索拍卖。在典型赞助搜索拍卖中，搜索引擎让广告客户报出他们对自己喜欢的关

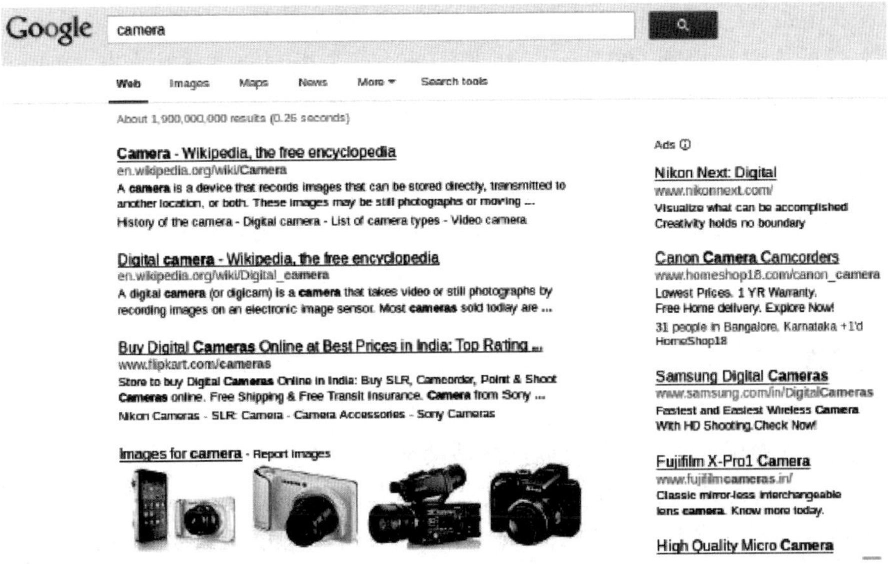

图 1—6　搜索引擎上的关键词拍卖

键词的支付意愿，即当互联网用户点击相应赞助广告位置时广告客户愿意支付的最大钱数。这个支付意愿通常称为**每次点击费用**（cost-per-click）。根据广告客户对特定关键词的报价，搜索引擎确定：（1）让哪些广告出现；（2）不同广告出现的顺序；（3）当客户的广告位置被互联网用户点击时客户需要支付的钱数。广告客户实际支付的钱数取决于他们的报价。决策（1）、（2）和（3）构成了赞助搜索拍卖机制。

搜索引擎通常希望收入最大化，而广告客户希望在给定的预算下实现最大收益。这就构成了博弈，其中搜索引擎和广告客户为博弈参与人。参与人是理性的，因为他们试图使得自己的收益最大化。这促使广告客户在计算最优可能报价之后进行策略型报价。于是，赞助搜索拍卖的设计机制问题变成了博弈设计问题。博弈规则的设计要能使得均衡解实现既定的明确标准。

众包机制

众包（crowdsourcing）是一种近几年兴起的完成工作的方式，它将工作外包给众多个体完成。具体地说，众包以公开形式向大量不定个体发包，让他们完成既定工作。最近几年，众包平台涌现，比较出名的有 Amazon Mechanical Turk、CrowdCloud、CrowdFlower、Elance、Innocentive、Taskcn、Topcoder 等。通过众包完成的任务通常有：图像标记、商标图形设计、营销方案的准备、网站设计、为算法交易问题提供有效率的代码、文件（法律文件、专利等）的分类、语言翻译、回答问题、大区域搜救任务等。

关于众包，美国国防高级研究计划局（DARPA）曾于 2009 年做过一项著名实验，简称红气球挑战赛。实验人员在美国 10 个秘密地点释放 10 个红气球，要求参赛队伍尽快找到这些气球。总奖金为 40 000 美元。获奖队伍为麻省理工学院（MIT）代表队，他们使用的机制如下。首先，招募志愿者（第一层志愿者）组建队伍，每个队员招募第二层志愿者。第二层志愿者再招募第三层志愿者，以此类推。第一个发现并报告红气球的志愿者（比如 X）将得到 2 000 美元，而招募 X 的志愿者（比如 Y）将得到 1 000 美元，招募 Y 的志愿者得到 500 美元，以此类推。这个机制非常成功，麻省理工学院代表队在不到 10 个小时的时间内找到了全部 10 个红气球。获胜机制是博弈论和机制设计在现实应用中的一个极好的例子。

一般来说，成功的众包涉及很多问题。这些问题包括：吸引足够多的参与人；确定激励的形式和额度（现金或实物）；诱使参与人如实报告；保证任务执行的质量、时效以及成本效果。在设计类似的众包活动时，博弈论和机制设计起着重要作用。

社会网络分析

当今，社会网络（social networks）已无处不在。社会网络广泛用于信息扩散、电子商务、搜索等领域。对于基于互联网的活动来说，社会网络分析至关重要，这些基于互联网的活动有病毒营销、影响力最大化、影响力最小化等。

社会网络分析的常规方法和工具有个缺陷：它们不能描述个体节点的行为（例如理性和智能性），也不能模拟这些节点之间的策略性互动。博弈论能够弥补这个缺陷，因为它可以用准确的数学模型模拟自治、智能且理性个体之间的互动，这些个体构成了社会网络的节点。Jackson[7] 以及 Easley and Kleinberg[1] 认为，在预测社会网络图谱、模拟信息扩散等社会网络分析问题中，应该使用博弈论。例如，在图 1—7 所示的社会网络中，我们使用夏普利值找到了四个最有影响力的节点，其中夏普利值是合作博弈论的一个解概念。[8] 博弈论为社会网络分析的可伸缩算法（scalable algorithms）提供了合适的工具。在社会网络货币化领域，机制设计比较有用。近年来，基于社会网络的应用大量出现，部分原因就在于博弈论和机制设计的使用。

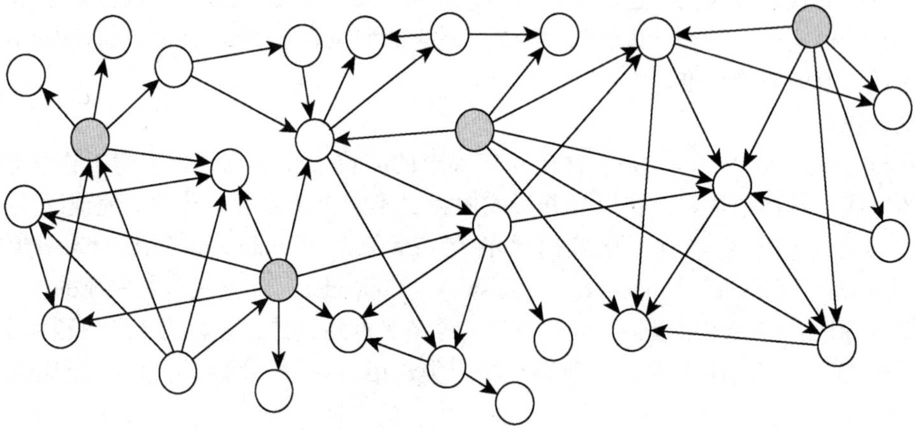

图 1—7　社会网络中有影响力的节点

1.3 本书结构

在前面的讨论中，我们看到博弈论和机制设计在跨学科研究和现代应用领域变得日益重要。为了更好地理解和欣赏博弈论的价值，有必要学习博弈论和机制设计的基础知识。这本教材的目的正在于试图满足这个需求。

在深入阅读本书之后，我们希望读者能够使用博弈论和机制设计来模拟、分析和求解集权或分权设计问题，这些问题通常涉及多个自治个体以理性且智能的方式进行策略性互动。本书只要求读者熟悉微积分和概率论基本知识。当然，熟悉线性代数、数学分析和最优化常识，也有助于本书的学习。数学附录（第 33 章）提供了本书使用的重要的数学概念和结果。

在博弈论方面，目前已有大量优秀教科书和专著。很多博弈论教材基于社会科学尤其是经济学。本书的目的是向工程类专业的研究生或高年级本科生提供博弈论和机制设计的基本内容。

本书内容可以分成三个部分：

（1）非合作博弈论（第 2 章到第 13 章）；

（2）机制设计（第 14 章到第 24 章）；

（3）合作博弈论（第 25 章到第 31 章）

在第 1 部分（非合作博弈论），我们主要介绍：博弈论的重要概念（例如效用、理性、智能以及共同知识）；展开型博弈；策略型博弈；优势策略均衡；纯策略纳什均衡；混合策略纳什均衡；效用理论；两人零和博弈；纳什均衡存在性定理（包括纳什定理）；纳什均衡的计算；纳什均衡计算的复杂性；贝叶斯博弈。

第 2 部分（机制设计）的主题是博弈设计。这一部分的主要议题有：机制的构成元素；社会选择函数及其应用；激励相容的概念；直接机制和间接机制的等价性；吉伯德-萨特思韦特（Gibbard-Satterwaite）定理与阿罗不可能定理；维克瑞-克拉克-格罗夫斯（Vickrey-Clarke-Groves，VCG）机制；机制设计的可能结果与不可能结果；拍卖与收入等价定理；最优拍卖；赞助搜索拍卖案例研究；事后纳什均衡中的机制实施。

第 3 部分讨论合作博弈论。这一部分的主要内容有：相关策略和相关均衡；纳什议价理论；特征型联盟博弈；联盟博弈的核；夏普利值；其他解概念；匹配算法。

第 32 章（结束语）说明了博弈论和机制设计对工程科学研究者的价值。第 33 章是数学附录，这一章复习了本书经常使用的概率论、线性代数、线性规划、数学分析和计算复杂性的重要概念和结果。

本书每一章开篇都辅以启发性的引言，每章结尾是简短总结，并给出了可供读者进一步学习的参考文献。每一章都配有习题。概念和结果都用例子说明。这些例子精心选自计算机科学、网络科学、微观经济学等领域，但它们都具有一般性。本书在某些地方还以人物传记形式介绍了对博弈论和机制设计作出重大贡献的学者。

需要指出，本书受教于也受益于下列优秀教材和专著：Mas-Colell，Whinston，and Green[9]；Myerson[10]；Maschler，Solan，and Zamir[11]；Nisan，Roughgarden，Tardos，and Vazirani[12]；Shoham and Leyton-Brown[13]；Straffin[14]；Osborne[15]。Narahari，Garg，Narayanam，and Prakash[16]的专著可以视为本书的先驱。

对于热情的学生和研究者来说，1997 年的博弈论经典论文合集[17]必不可少。我们也推荐读者阅读 Maschler，Solan，and Zamir[11]，这是一本近期出版且内容全面的教科书。

□ 参考文献

[1] David Easley and Jon Kleinberg. *Networks，Crowds，and Markets：Reasoning About a Highly Connected World*. Cambridge University Press，2010.

[2] John von Neumann and Oskar Morgenstern. *Theory of Games and Economic Behavior*. Princeton University Press，1944.

[3] E. Koutsoupias and C. Papadimitriou. "Worst-case equilibria". In：*Computer Science Review*，3(2) (2009)，pp. 65−69.

[4] T. Roughgarden and E. Tardos. "How bad is selfish routing?" In：*Journal of ACM*，49(2) (2002)，pp. 236−259.

[5] N. Nisan and A. Ronen. "Algorithmic mechanism design". In：*Games and Economic Behavior*，35(1−2) (2001)，pp. 166−196.

[6] The Economic Sciences Prize Committee. *Stable Matching：Theory，Evidence，and Practical Design—The Sveriges Riksbank Prize in Economic Sciences in Memory of Alfred Nobel 2012：Scientic Background*. Tech. rep. The Nobel Foundation，Stockholm，Sweden，2012.

[7] Mathew O. Jackson. *Social and Economic Networks*. Princeton University Press，Princeton，NJ，USA，2007.

[8] Ramasuri Narayanam and Y. Narahari. "A Shapley value approach to discovering influential nodes in social networks". In：*IEEE Transactions on Automation Science and Engineering*，8(1) (2011)，pp. 130−147.

[9] Andreu Mas-Colell，Michael D. Whinston，and Jerry R. Green. *Microeconomic Theory*. Oxford University Press，1995.

[10] Roger B. Myerson. *Game Theory：Analysis of Conflict*. Harvard University Press，Cambridge，Massachusetts，USA，1997.

[11] Michael Maschler，Eilon Solan，and Shmuel Zamir. *Game Theory*. Cambridge University Press，2013.

[12] Noam Nisan，Tim Roughgarden，Eva Tardos，and Vijay Vazirani (Editors). *Algorithmic Game Theory*. Cambridge University Press，2007.

[13] Yoam Shoham and Kevin Leyton-Brown. *Multiagent Systems：Algorithmic，Game-Theoretic，and Logical Foundations*. Cambridge University Press，New York，USA，2009，2009.

[14] Philip D. Straffin Jr. *Game Theory and Strategy*. The Mathematical Association of America, 1993.

[15] Martin J. Osborne. *An Introduction to Game Theory*. The MIT Press, 2003.

[16] Y. Narahari, Dinesh Garg, Ramasuri Narayanam, and Hastagiri Prakash. *Game Theoretic Problems in Network Economics and Mechanism Design Solutions*. Springer, London, 2009.

[17] Harold W. Kuhn (Editor). *Classics in Game Theory*. Princeton University Press, 1997.

第 1 部分

非合作博弈论

大致地说，非合作博弈（non-cooperative games）是指个体参与人的行动构成了基元（primitives）的那些博弈，而合作博弈是指参与人团体的联合行动构成了基元的那些博弈。在该部分，我们用 12 章的篇幅（第 2 章到第 13 章）研究非合作博弈。

- 在第 2 章，我们首先介绍了博弈论中的重要概念，例如**偏好**（preferences）、**效用**（utilities）、**理性**（rationality）、**智能**（intelligence）以及**共同知识**（common knowledge）。然后，我们研究了非合作博弈的两种表达方法：**展开型**（extensive form representation）（第 3 章）和**策略型**（strategic form representation）（第 4 章）。
- 在第 5、6 和 7 章，我们描述了若干不同的解概念：**优势策略与优势策略均衡**（dominant strategy equilibria）（第 5 章）；**纯策略纳什均衡**（pure strategy Nash equilibrum）（第 6 章）；**混合策略纳什均衡**（mixed strategy Nash equilibrum）（第 7 章）。这些解概念对于策略型博弈的分析非常重要。在第 8 章，我们介绍了冯·诺依曼和摩根斯坦提出的**效用理论**（utility theory），它是博弈论的基石。
- 第 9、10、11 和 12 章研究纳什均衡的存在性及其计算。在第 9 章，我们重点考察两人零和博弈。在第 10 章，我们详细讨论了纳什定理，该定理说明有限策略型博弈存在着混合策略纳什均衡解。第 11 章考察纳什均衡的计算，第 12 章讨论纳什均衡计算的复杂性。
- 在第 13 章，我们介绍**贝叶斯博弈**（Bayesian games），这是伴随**不完全信息**（incomplete information）的博弈。这些博弈在机制设计（本书第 2 部分）中起着重要作用。

第 2 章 博弈论中的重要概念

在本章，我们首先讨论一个简单的协调博弈，用以说明策略形博弈的构造。然后，我们介绍了博弈论中的一些重要概念。这些概念有**偏好**、**效用**或**收益**（payoff）、**理性智能**以及**共同知识**。我们还简要讨论了不同博弈类型。

博弈论（game theory）作为一门学科，它用数学模型研究理性且智能的决策者之间如何互动。[1]决策者通常称为参与人（player）。参与人之间的互动可能涉及**冲突**（conflict），也可能涉及**合作**（cooperation）。两人或多人的决策可能影响彼此的福利，博弈论为这类决策分析提供了一般数学工具。我们可将博弈视为数学模型，它模拟下列情形——每个参与人尽力得到最优可能结果，当然他在做此努力时知道所有其他参与人也在尽力实现各自的最优可能结果。

2.1 策略型博弈

在描述博弈论中的重要概念之前，我们首先介绍博弈的一种表达形式，即，**策略型博弈**（strategic form games）或**标准型博弈**（normal form games）。这是最常用的表达法，事实上，本书主要研究这种博弈形式。

例 2.1 考虑第 1 章 1.1 节讨论的学生协调问题。为方便起见，把 IISc 重新命名为 A，把 MG 路称为 B。我们有两个参与人，即学生 1 和学生 2。每个学生都可以从集合 $\{A, B\}$ 中选择任何行动或称策略。他们同时且独立地选择自己的行动。根据两人选择的策略，他们得到的收益如表 2—1 所示。这个情形诱导出了下列定义。□

表 2—1　　　　　　　　　　　　学生在不同结果下的收益

1	2	
	A	B
A	10，10	0，0
B	0，0	1，1

定义 2.1　**（策略型博弈）策略型博弈**是个三元组 $\langle N, (S_i)_{i\in N}, (u_i)_{i\in N}\rangle$，其中

- $N=\{1, 2, \cdots, n\}$ 是参与人集合，它由参与人 1，2，…，n 组成；
- S_1，S_2，…，$\times S_n$ 分别是参与人 1，…，n 的策略集；即 S_1 是参与人 1 的策略集，…，S_n 是参与人 n 的策略集；
- u_i：$S_1\times S_2\times\cdots\times S_n\rightarrow\mathbb{R}$（其中，$i=1, 2, \cdots, n$）是一组映射，称为效用函数或收益函数。

例 2.2　对于我们讨论的例 2.1，显然有

$$N=\{1,2\};S_1=S_2=\{A,B\}$$
$$u_1(A,A)=10;u_1(A,B)=0;u_1(B,A)=0;u_1(B,B)=1$$
$$u_2(A,A)=10;u_2(A,B)=0;u_2(B,A)=0;u_2(B,B)=1$$

注意，每个参与人的效用不仅取决于自己的策略，也取决于其他参与人的策略。□

策略有时也称为**行动**（action），或更具体地，称为**纯策略**（pure strategies）。我们用笛卡儿乘积 $S_1\times S_2\times\cdots\times S_n$ 表示策略，简记为 S。集合 S 由所有参与人的所有策略组（strategy profile）或称策略向量（后文都使用策略组这个说法）组成。在博弈中，每个策略组对应着一个**结果**（outcome）。在本书中，策略组与结果为同义语。另外，参与人、个体、个人、决策者、智能体也是同义语。

策略型博弈是同时行动博弈，它描述了每个参与人在面对其他参与人选择的策略时，如何选择自己的策略。每个参与人都面对着这个问题，因此我们可以认为每个参与人同时从各自的策略集 S_1，…，S_n 选择自己的策略。我们可以认为策略型博弈是按下面方式实施的：每个参与人同时选择自己的一个策略，并将其报告给中立的观察者，然后该观察者计算结果和效用。我们将在第 4 章提供几个关于策略型博弈的例子。

博弈论有一些重要概念。现在我们开始讨论这些概念以及相关议题。

2.2 偏　好

前面介绍过的学生协调博弈有四个结果，即（A，A），（A，B），（B，A）以及（B，B），它们也是四个策略组。每个学生在这些结果上都有一定偏好。显然，在这个例子中，每个学生偏好结果（A，A）胜于（B，B）；偏好结果（B，B）胜于（A，B）或（B，A）；但他们认为结果（A，B）和（B，A）无差异。参与人对结果的偏好可以表达为结果集 S 上的**偏好关系**（preference relation）。我们将在第 8 章正式学习这个内容。然而，在当前背景下，我们有必要知道每个参与人的偏好关系都是反身

的、传递的和完备的（也就是说，每一组结果都被偏好关系所涵盖）。显然，在一般情形下，不同参与人的偏好关系是不同的（尽管在当前例子中，两个参与人有相同的偏好关系）。

2.3 效 用

参与人的效用函数（utility function）或收益函数（payoff function）是一个定义在策略集 S 之上的实值函数。注意，S 由所有参与人的所有结果组（策略组）构成。每个参与人的效用函数将多维信息（策略组）映入实数来描述偏好。需要记住，每个参与人在每个结果上的效用不仅取决于自己的策略，也取决于所有其他参与人的策略。有些读者可能想知道，是否能够做到将偏好映到实数而又不丢失任何偏好信息。冯·诺依曼和摩根斯坦的效用函数以系统而科学的方法考察了这个问题。事实上，他们证明了下列重要结论：必定存在着将实数指定给不同策略组的方法，使得决策者总能选择使其期望效用最大的策略，参见 von Neumann and Morgenstern[3]。这个定理具有一般性，只要对理性决策者的行为作出一些适当假设，就能得到这个结论。我们将该主题的讨论推迟到第 8 章。

2.4 理 性

博弈论中的一个重要假设是参与人都是理性的（rational）。如果某个参与人在追求自己的目标时总能做出决策，那么我们就称他是理性的。特别地，我们假设每个参与人的目标是使得他收益的期望值最大，这里的收益以效用单位衡量。上面的理性概念（期望效用最大化），最初是由伯努利提出的［Bernoulli（1738）］，后来被冯·诺依曼和摩根斯坦形式化［von Neumann and Morgenstern（1944）[3]］。

此处的一个重要观察是，如果参与人的效用函数能描述他的**自我利益**（self-interest），简称自利，那么理性意味着自私。需要注意，自利并不意味着参与人想伤害其他参与人，也不意味着参与人仅关心自己。自利仅意味着每个参与人在结果上有他自己的偏好，而且他一直追求他偏好的结果。一个参与人偏好的结果可能包含着某些其他参与人也偏好的结果。例如，如果某个参与人的效用函数能反映此人的利他本质，那么理性将意味着利他主义。

期望效用最大化未必与期望货币收入相同。一般来说，效用和货币为非线性相关。例如，由于个人拥有的禀赋量不同，一定数量的货币带给不同个人的效用可能是不同的。

当参与人为两人或多人时，每个参与人决策问题的解通常取决于其他参与人的决策问题。当这些理性决策者互动时，他们的决策问题必须放在一起分析，就像方程组的分析一样[1]。博弈论为这种分析提供了灵活而自然的数学架构。

约翰·冯·诺依曼（John von Neumann，1903—1957）是20世纪最伟大的数学家之一，他是博弈论的奠基人。冯·诺依曼1903年12月28日出生于匈牙利首都布达佩斯。他从小就是个数学天才。然而，有意思的是他的第一个学位是苏黎世联邦理工学院的化学工程学位。1926年，他在布达佩斯大学获得了数学博士学位，合作教授为里奥波德·费策（Leopold Fezer）。

1926年到1930年期间，冯·诺依曼在柏林和汉堡教书；1930年到1933年，他任教于普林斯顿大学。1933年，他被任命为普林斯顿高等研究院数学所教授，当时数学所只有六位教授，他是最年青的。阿尔伯特·爱因斯坦和库尔特·哥德尔（Kurt Godël）都是他的同事。在他的光辉科学生涯中，冯·诺依曼创造了若干个智力浪潮，例如博弈论和计算机科学。事实上，在20世纪90年代和21世纪，这两个学科逐渐融合，这时距冯·诺依曼创造它们已大约六十年。这足以说明他的非凡眼光。除了博弈论和计算机科学之外，他还对一系列学科做出了惊人贡献，这些学科包括集合论、泛函分析、量子力学、遍历论（ergodic theory）、连续几何、数值分析、流体力学、统计学等。他最广为人知的结果有最大最小定理、效用理论、冯·诺依曼代数、冯·诺依曼结构、细胞自动机（cellular automata）。对于博弈论，冯·诺依曼的第一个重大贡献就是最大最小定理，这个定理证明了在两人零和博弈中存在着**随机鞍点**（randomized saddle point）。他与高等研究院研究员奥斯卡·摩根斯坦（Oskar Morgenstern）的合作促生了《博弈论与经济行为》这本经典著作，这本书至今仍是早期博弈论结果的可靠来源之一。这本书深入讨论了博弈论中的很多基本概念，例如效用、鞍点、联盟博弈、议价集等。冯·诺依曼在1940年代发明了世界第一台电子计算机。他写了一本广为流传的论文《关于EDVAC的报告草案》，在这篇论文中他描述了一种计算机结构（这就是著名的冯·诺依曼结构）。他在计算机算法和计算复杂性概念方面也有贡献。

奥斯卡·摩根斯坦（Oskar Morgenstern，1902—1977）与约翰·冯·诺依曼的合作广为人知，他们的合作派生了一本杰作，这就是1944年出版的《博弈论与经济行为》。他们在普林斯顿高等研究院的合作传奇而漫长（1928年到1944年）。对博弈论至关重要的效用理论，就是以冯·诺依曼和摩根斯坦的名字命名的。在这本书之前，摩根斯坦还写过另外一本开创性的著作，即《经济预测》（*Economic Prediction*）。

摩根斯坦还写过一本学术著作《经济观察的准确性》（*On the Accuracy of Economic Observations*，1950）。在这本书里，他重点阐述了数据不恰当使用的后果，具体地说，他说明了用国民收入数据来推测远期结论并形成经济政策时可能存在的问题。摩根斯坦还较早地使用博弈论分析经济问题。摩根斯坦 1902 年出生于德国，后来在维也纳学习经济学。当希特勒侵略维也纳时，摩根斯坦幸运地躲过了一劫，因为当时他在普林斯顿，自此以后他一直在普林斯顿工作直到退休。摩根斯坦最初在普林斯顿大学工作，后来到了普林斯顿高等研究院，在那里他开始与冯·诺依曼合作。摩根斯坦于 1977 年去世。

2.5 智　能

博弈论中的另外一个重要概念是参与人的智能（intelligence）。智能意味着每个参与人能像博弈论学家一样知道博弈的方方面面，而且能像博弈论学家一样做出关于博弈的任何推测。特别地，智能参与人是**策略型的**（strategic），也就是说，在做决策时，他能充分考虑其他参与人的可能行为并做出最优反应。我们将这样的策略称为**最优反应策略**（best response strategy）。智能这个假设要求每个参与人在确定最优反应策略时，有足够能力进行相关计算。

迈尔森（Myerson[1]）令人信服地说明了理性和智能这两个假设符合逻辑且合理。所有参与人都是理性和智能的这种假设可能不是那么符合现实。然而，任何不满足理性和智能假设的理论都不可靠，原因如下："如果某个理论预测说参与人能被欺骗从而犯错，那么当参与人更好地了解情况之后，这个理论就不可行了。"另一方面，基于理性和智能假设的理论能站得住脚。

罗伯特·奥曼（Robert Aumann），这位著名的博弈论学家对博弈论的很多主题做出了开创性的贡献，包括重复博弈、相关均衡、议价理论、合作博弈论等。1976 年[4]，奥曼在《统计年刊》杂志上发表了经典论文《求同存异》（*Agreeing to disagree*）；这篇论文为博弈论中的共同知识概念提供了令人信服的解释。1960 年代，奥曼在重复博弈方面的研究说明了有限次重复博弈和无限次重复博弈的区别。

1960 年，奥曼与皮莱格（Bezalel Peleg）将不可转移效用的联盟博弈概念形式化，这是合作博弈论的重大进展之一。1963 年，奥曼与马希勒（Michale Maschler）引入了**议价集**（bargaining set）概念，这是合作博弈论中一个重要的解概念。1974 年，奥曼定义了贝叶斯博弈中的**相关均衡**（correlated equilibrium）概念并将其形式化。1975 年，他证明了夏普利值的一个收敛定理。1976 年，在一篇未发表的论文中，奥曼与夏普利使用均值极限标准提供了完美无名氏定理。所有这些贡献促进了博弈论的发展。奥曼与夏普利合写的《非原子博弈的值》（*Values of Non-Atomic Games*，1984）一书以及他与马希勒合写的《非完全信息重复博弈》（*Repeated Games with Incomplete Information*，1995）一书，都被广泛认为是博弈论方面的经典著作。

奥曼于 1930 年 6 月 8 日出生于德国法兰克福。他于 1952 年获得麻省理工学院数学学士学位，1955 年获得博士学位。他在麻省理工学院的博士生导师为乔治·怀特 (George Whitehead Jr.)，他的博士论文和纽结理论有关。自 1956 年起，他在以色列的耶路撒冷希伯来大学理性研究中心担任教授，他也是美国石溪大学访问教授。2005 年，罗伯特·奥曼与托马斯·谢林因对博弈参与人之间的冲突和合作分析方面的贡献而获得诺贝尔经济学奖。

□ 共同知识

智能蕴含着另外一个重要概念，即共同知识（common knowledge)。奥曼（Aumann[4]）将**共同知识**定义为：对于某个事实，如果每个参与人知道该事实，每个参与人知道每个参与人知道该事实，如此循环下去，那么该事实就是所有参与人通享的共同知识。注意，这里的“如此循环下去”是指，每个形如“每个参与人知道每个参与人知道……每个参与人知道它”的表述永远为真。如果某个事实为所有参与人共知，但不要求“每个参与人知道每个参与人知道……每个参与人知道它”这些循环句成立，那么这个事实称为**相互知识**（mutual knowledge)。在博弈论中，大多数分析通常要求共同知识这个假设；然而，有些分析仅要求相互知识就足够了。参与人的**私人信息**（private information）是指他个人拥有的信息，这样的信息不是共同知识或相互知识。

智能这个假设要求博弈参与人对于博弈的了解要和博弈论学家一样多，也就是说，对于给定的博弈，博弈论学家了解什么，参与人也了解什么。因此，参与人也知道博弈模型。由于所有参与人知道模型而且都是智能的，他们也知道他们都知道模型；他们都知道他们都知道他们都知道模型，如此循环下去。因此，博弈模型是共同知识。

在伴随完全信息的策略型博弈 $\langle N, (S_i), (u_i)\rangle$ 中，集合 N、策略集 S_1，…，S_n 以及效用函数 u_1，…，u_n 都是共同知识，也就是说，每个参与人知道它们，每个参与人知道每个参与人知道它们，如此循环下去。我们将在本章和后面几章学习伴随完全信息的策略型博弈。在第 13 章学习伴随不完全信息的策略型博弈。

例 2.3 （共同知识） 这个例子改编自迈尔森（Myerson[1]）。假设有五位理性且智能的母亲 A、B、C、D 和 E，令 a、b、c、d 和 e 分别表示他们的女儿（或儿子）。孩子们每天都去上学，母亲们负责接送，所以她们每天有机会聊一会儿。聊天话题总是围绕孩子们的表现和行为展开。每天的聊天模式是下面这样的。如果母亲认为自己的孩子表现好，她就会喜形于色，表扬孩子。相反，如果母亲认为自己的孩子表现不好，她就会哭。每个母亲都遵守这个模式。

事实上，每个孩子的表现都不好，但他的母亲不知道此事。然而，当其中一位母亲发现别人的孩子表现不好时，她会立即告知其他所有母亲，但不告诉当事人的母亲。例如，如果 A 发现 b 表现不好，那么 A 会告诉 C、D 和 E，但不告诉 B。这个模式也为所有母亲共知。因此，孩子 a 表现不好这个知识为除了 A 之外的所有母亲所共知（A 相信 a 表现好)。类似的表述也适用其他孩子和母亲（即，在上句话中把 a 和 A 分别换成 b 和 B，等等)。

由于每位母亲不知道她的孩子表现不好，因此每位母亲每天都表扬自己的孩子。有一天，天气较好，班主任召开家长会，他说："至少有一个孩子表现不好。"因此，有个孩子表现不好这个事实现在成为所有母亲的共同知识。后来，当五位母亲见面时，她们开始表扬自己的孩子。第二天，第三天，第四天，她们都这样。然而，到了第五天，所有母亲都哭了，因为她们意识到自己的孩子表现不好。我们问问读者，为什么上述两个论断都为真。

提示：注意班主任的话（至少有一个孩子表现不好）是共同知识，以及注意第五天所有母亲为何都哭了。□

2.6 博弈分类

博弈论已经发展了 80 多年，学者们已定义和研究了很多博弈类型。我们在此只列举一些常见的博弈类型。

□ 非合作博弈与合作博弈

非合作博弈（non-cooperative games）是指个人行动是基元（primitives）的那些博弈；在**合作博弈**（cooperative games）中，参与人团体的联合行动是基元。约翰·海萨尼（John Harsanyi，1966[5]）认为在博弈中，如果参与人之间的誓言（协议、承诺、威胁）可执行，那么该博弈是合作的；如果不可执行，那么该博弈为非合作的。

有人说，非合作博弈仅适用于参与人之间存在冲突或非合作的情形，这是错误的。事实上，判断依据在于博弈的基元是什么。在非合作博弈中，每个参与人及其偏好构成了基本建模单元。相反，在合作博弈中，基本建模单元是参与人团体。如果所有团体都仅含一人，那么这就是非合作博弈。

□ 静态博弈与动态博弈

在**静态博弈**（static games）中，参与人同时选择自己的行动，而且在博弈展开过程中他们接收不到任何信息。例如，在例 2.1 中，两个学生同时选择自己的策略，并且根据相应结果得到一定量收益。这个博弈就是一个静态博弈。静态博弈通常也称为单阶段博弈（single-stage games）。在**动态博弈**（dynamic games）或称多阶段博弈（multi-stage games）中，参与人的行动通常有时间先后顺序。典型地，在多阶段博弈中，既定参与人在其他参与人行动之前先选择自己的行动，而且他知道其他参与人的选择将受到其行动的影响。参与人的行动有先后之分，这使得个人的选择取决于他对其他人的行动的了解。例如，象棋就是一个动态博弈。在动态博弈中，随着博弈的展开，参与人收到信息，他们可以据此选择自己的行动。

□ 不同表达形式

本章介绍的**策略型博弈**［也称为同时行动博弈（simultaneous move game）或标准型博弈］是下面这样的模型或情形：每个参与人一劳永逸地选择自己的行动方案，而且所有参与人同时实施自己的决策。策略型博弈不能描述参与人的行动顺序，而且不能描述参与人在博弈展开过程中得到的信息。因此，策略型适合静态博弈。策略型博弈很难描述动态博弈的动态性。

展开型（extensive form）**博弈**规定了事件的序，而且每当某个参与人决策时他能够考虑自己的行动方案。展开型表达法能够描述参与人的行动顺序，也能够描述参与人在博弈展开过程中得到的信息。因此，展开型适用于动态博弈。策略型可以视为展开型的退化情形即静态情形。

联盟型（coalitional form）**博弈**或**特征型**（characteristic form）**博弈**是指参与人集合的每个子集由相应值表示的博弈。这个形式适用于合作博弈。

□ 完美信息博弈与不完美信息博弈

当参与人充分知道整个过去历史时（在每一步行动之前，每个参与人知道所有其他参与人的历史行动，也知道自己的历史行动），这种博弈称为**完美信息博弈**（games with perfect information）。否则，称为**不完美信息博弈**（games with imperfect information）。

□ 完全信息博弈与不完全信息博弈

在参与人能够开始规划自己行动的最初时点上，有些参与人对博弈有私人信息（这意味着其他参与人拥有上述参与人的私人信息），这样的博弈称为**不完全信息博弈**（games with incomplete information）。在**完全信息博弈**（games with complete information）中，博弈的每个层面都是共同知识。

□ 其他类型

还有很多其他类型的博弈，例如重复博弈、进化博弈、随机博弈、多水平博弈（斯坦克尔伯格博弈）、微分博弈等。本书不详细讨论这些博弈。我们推荐读者参考 Osborne[6] 以及 Maschler，Solan and Zamir[2]。

2.7 小结与参考文献

在本章，我们介绍了几个基本概念和假设，它们对博弈论很重要。这些概念或假设有：偏好、效用或收益、理性、智能以及共同知识。

- 参与人的偏好定性地规定了他对博弈不同结果的排序。
- 效用是参与人实施不同行动时得到的实值收益。参与人的效用不仅取决于他自己的行动，还取决于所有其他参与人的行动。
- 理性是指参与人总是选择自己的行动以便使自己的期望效用最大化。理性的意思可以是自利、利他、无差异等，这取决于效用函数是如何定义的。
- 智能的意思是说参与人和博弈论学家一样富有知识，有足够的能力计算他们的最优反应行动。
- 共同知识蕴含在智能概念之中，它指所有参与人知道博弈的整个结构，所有参与人知道所有参与人知道博弈的整个结构，所有参与人知道所有参与人知道所有参与人知道博弈的整个结构，如此循环下去。

博弈论建立在上面的概念之上。上面的一些假设可能不那么符合现实，然而基于上述假设的博弈论是策略情形的科学考察的完美起点。

本章讨论的内容主要来自 Myerson[1]，Mas-Colell，Whinston，and Green[7]，Osborne[6]，Osborne and Rubinstein[8]，以及 Maschler，Solan，and Zamir[2]。

共同知识概念的详细讨论可以参见 Aumann[4]。Maschler，Solan，and Zamir[2] 为这个概念提供了一些例子。

对于本科生层面的博弈论教材，我们推荐 Osborne[6]，Straffin[9]，以及 Binmore[10]。对于研究生层面的教材，我们推荐 Myerson[1]，Maschler，Solan，and Zamir[2]，以及 Osborne and Rubinstein [8]。

至于更深的著作，我们推荐 Rasmussen[11]，Gibbons[12]，Basar and Olsder[13]，以及 Fudenberg and Tirole[14]。

1944 年出版的经典著作 John von Neumann and Oskar Morgenstern[3]，为博弈论提供了比较全面的基础。直到今天，这本书仍有很高的参考价值。

□ 参考文献

[1] Roger B. Myerson. *Game Theory：Analysis of Conflict*. Harvard University Press，Cambridge，Massachusetts，USA，1997.

[2] Michael Maschler，Eilon Solan，and Shmuel Zamir. *Game Theory*. Cambridge University Press，2013.

[3] John von Neumann and Oskar Morgenstern. *Theory of Games and Economic Behavior*. Princeton University Press，1944.

[4] Robert J. Aumann. "Agreeing to disagree". In：*The Annals of Statistics* 4(6) (1976)，pp. 1236－1239.

[5] John C. Harsanyi. "Games with incomplete information played by Bayesian players. Part I：The basic model". In：*Management Science* 14 (1967)，pp. 159－182.

[6] Martin J. Osborne. *An Introduction to Game Theory*. The MIT Press，2003.

[7] Andreu Mas-Colell，Michael D. Whinston，and Jerry R. Green. *Microeconomic Theory*. Oxford University Press，1995.

[8] Martin J. Osborne and Ariel Rubinstein. *A Course in Game Theory*. Oxford University Press，1994.

[9] Philip D. Straffin Jr. *Game Theory and Strategy*. The Mathematical Association of America，1993.

[10] Ken Binmore. *Fun and Games：A Text On Game Theory*. D. C. Heath & Company，1992.

[11] Eric Rasmussen. *Games and Information*. Blackwell Publishing，Fourth Edition，2007.

[12] Robert Gibbons. *Game Theory for Applied Economists*. Princeton University Press，Princeton，NJ，USA，1992.

[13] Tamer Basar and Geert Jan Olsder. *Dynamic Non-cooperative Game Theory*. SIAM, Second Edition, Philadelphia, PA, USA, 1999.

[14] Drew Fudenberg and Jean Tirole. *Game Theory*. MIT Press, Cambridge and London, 1991.

第 3 章

展开型博弈

在本章，我们研究博弈的展开型表示法，这种方法能详细描述博弈，包括行动顺序以及参与人得到的消息等。我们将解释展开型博弈背后的重要概念。由于本书主要考察策略型博弈，我们在本章给出展开型和策略型之间的联系。我们还将说明如何将任何展开型博弈转换成策略型博弈。

展开型为博弈的描述提供了一种详细且结构丰富的描述方法。这种形式首先由冯·诺依曼和摩根斯坦（von Neumann and Morgenstern[1]）提出，后被库恩（Kuhn[2]）凝练。展开型能描述博弈的序贯行动。具体地说，它能描述：(1) 在任何给定时点，谁做出行动；(2) 每个参与人可能做出什么行动；(3) 在每个阶段，参与人在行动之前，知道些什么；(4) 结果（作为参与人行动的函数）是什么；(5) 参与人从每个结果得到的收益。当参与人为有限个而且每个参与人的行动也为有限个时，可用博弈树描述博弈。

3.1 例子

在正式定义展开型博弈之前，我们首先提供几个例子。

例 3.1 （可观察情形下的硬币配对） 在可观察情形下的硬币配对博弈中，有两个参与人（1 和 2），每个人都有一枚硬币。其中一人将自己的硬币放下，正面向上（以 H 表示）或反面向上（以 T 表示）。另外一人看到这个结果，然后也将自己的硬币放下。如果两枚硬币配对成功（都为正面向上或都为反面向上），那么参与人 2 给 1 一元钱。如果配对不成功，参与人 1 给 2 一元钱。该博弈有两个版本，这取决于参与人 1 还是 2

先放硬币。图 3—1 是参与人 1 先放硬币时的博弈树，图 3—2 是参与人 2 先放硬币时的情形。

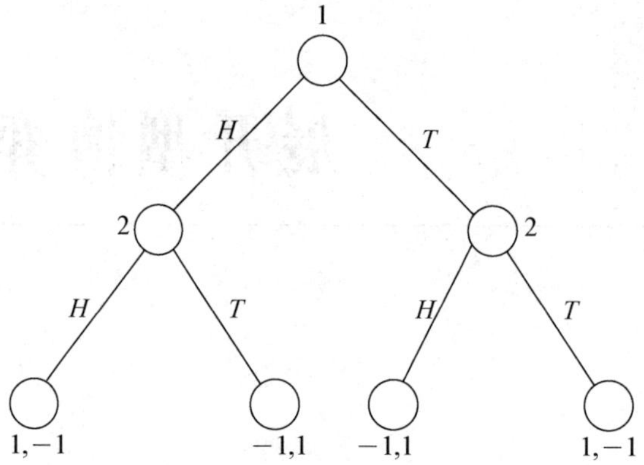

图 3—1　可观察情形下的硬币配对（参与人 1 先行动）

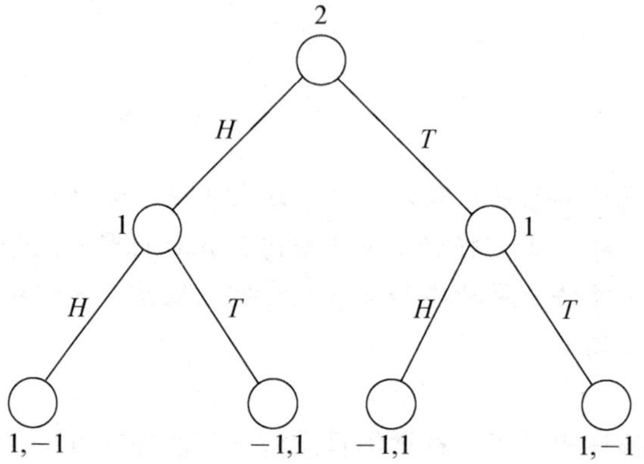

图 3—2　可观察情形下的硬币配对（参与人 2 先行动）

在博弈树中，节点有三类：(1) **根节点**（root node），也叫初始决策节点；(2) **内部节点**（internal nodes），它们是决策节点；(3) **叶节点**（leaf nodes），或称**终止节点**，它们是结果节点。博弈的每一串可能事件都可用始于根节点且终于其中一个终止节点的一条路径描述。当博弈展开时，这样的路径称为**行动路径**（path of play）。每个决策节点旁边都注明了谁在该节点行动。另外，注意，每个决策节点都可以按下列方法找到：从根节点出发，沿着一定路径前进，直到到达该决策节点。从决策节点向外发出的连线（枝）旁边注明了参与人在该节点可能选择的行动。注意，每个节点不仅表示博弈的当前位置，还表示博弈是如何达到这个位置的。终止节点旁边注明了每个参与人从相应结果得到的收益。□

例 3.2　(不可观察情形下的硬币配对) 在这种情形下，其中一个参与人将硬币放下，正面向上或反面向上。另外一个参与人不观察这个结果，随后也将自己的硬币放下。这个博弈也有两个版本，图 3—3 画出了参与人 1 先行动情形下的博弈树，图 3—4 画出了参与人 2 先行动时的情形。注意，图 3—1 和图 3—3 中的博弈树几乎完全相同，只不过在图 3—3 中参与人 2 的两个决策节点被虚线连接在一起。图 3—2 和图 3—4 的关系也是这样的。被虚线连接在一起的节点集称为**信息集**（information set）。当博弈进行到信息集中的某个决策节点且轮到某参与人行动时，他不知道自己位于哪个节点上，原因在于他没有观察到前面发生了什么事情。□

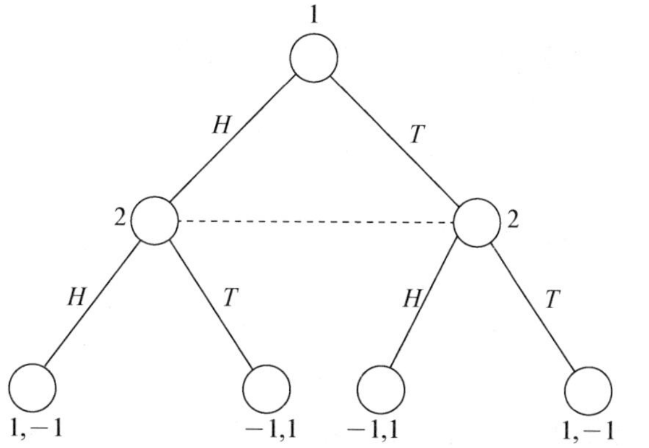

图 3—3　不可观察情形下的硬币配对（参与人 1 先行动）

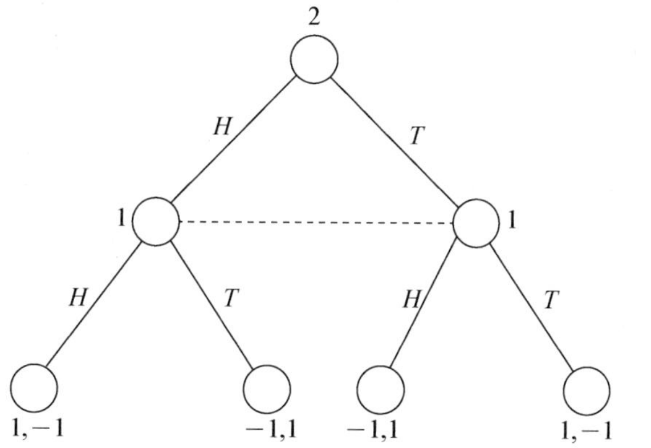

图 3—4　不可观察情形下的硬币配对（参与人 2 先行动）

例 3.3　（同时行动情形下的硬币配对）在这个博弈中，两个参与人同时将硬币放下。显然，每个参与人没有机会观察对方行动的结果。在这里，不涉及谁先行动。因此，图 3—3 和图 3—4 都能描述这个博弈。□

3.2　展开型博弈：定义

我们现在正式给出展开型博弈的定义。这个定义基本来自 Osborne[3]。我们首先定义信息集。

定义 3.1　（信息集）参与人的一个**信息集**（information set）是一个由他无法区分的决策节点组成的集合。

参与人的信息集描述的是当轮到他行动时，他不知道自己位于哪个决策节点上，所有这样的决策节点构成了他的信息集。由于每个决策节点对应着唯一的行动路径（从根节点到该决策节点的路线），因此参与人的每个信息集由他无法区分的所有真子历史（proper subhistories）组成。显然，给定参与人（比如，参与人 1）的信息集，在该信息集内的每个节点上，他必定有相同的可能行动集。

例 3.4 在图 3—3 所示的硬币配对博弈中，参与人 1 的唯一信息集是单点集$\{\varepsilon\}$，它由空历史（empty history）组成。参与人 2 的信息集是集合$\{H, T\}$，它由参与人 2 无法区分的真历史 H 和 T 组成。另一方面，在图 3—1 所示的博弈中，参与人 1 有唯一的信息集，即$\{\varepsilon\}$；而参与人 2 有两个信息集，即$\{H\}$和$\{T\}$，因为他能区分这两个真子历史。□

定义 3.2 （展开型博弈） 展开型博弈是个多元组 $\Gamma=\langle N, (A_i)_{i\in N}, \mathbb{H}, P, (\mathbb{I}_i)_{i\in N}, (u_i)_{i\in N}\rangle$，其中

- $N=\{1, 2, \cdots, n\}$ 是参与人集，这是一个有限集；
- A_i （$i=1, \cdots, n$） 是参与人 i 的行动集；
- $\mathbb{H}$ 是由所有**终止历史**（terminal history）组成的集合，其中一个终止历史是一条从根节点到终止节点的行动路径，使得它不是任何其他终止历史的真子历史；以 $S_{\mathbb{H}}$ 表示由所有终止历史的所有真子历史（包括空历史 ε）组成的集合；
- P：$S_{\mathbb{H}}\to N$ 是一个参与人函数（player function），它将每个真子历史与相应参与人联系在一起；
- $\mathbb{I}_i(i=1, 2, \cdots, n)$ 是由参与人 i 的所有信息集组成的集合；
- u_i：$\mathbb{H}\to\mathbb{R}$ （$i=1, 2, \cdots, n$） 给出了参与人 i 的每个终止历史的效用；

例 3.5 我们用图 3—1 所示的硬币配对博弈说明定义 3.2。

$$N=\{1,2\}$$
$$A_1=A_2=\{H,T\}$$
$$\mathbb{H}=\{(H,H),(H,T),(T,H),(T,T)\}$$
$$S_{\mathbb{H}}=\{\varepsilon,H,T\}$$
$$P(\varepsilon)=1,P(H)=2,P(T)=2$$
$$\mathbb{I}_1=\{\{\varepsilon\}\},\mathbb{I}_2=\{\{H\},\{T\}\}$$
$$u_1(HH)=1,u_1(HT)=-1,u_1(TH)=-1,u_1(TT)=1$$
$$u_2(HH)=-1,u_2(HT)=1,u_2(TH)=1,u_2(TT)=-1$$

显然，不同参与人的行动集可从终止历史和参与人函数推导出来。□

注释 尽管参与人的行动集可从终止历史与参与人函数推导出来，但为了更容易理解展开型博弈的定义，我们还是将其作为这个定义的组成部分。

例 3.6 （进入博弈）进入博弈（entry game）有两个参与人，1 和 2。参与人 1 为挑战者，参与人 2 为在位者（incumbent）。图 3—5 画出了博弈树。

参与人 1（挑战者）可以决定挑战在位者（即参与人 1 选择“进入”），也可以决定不挑战（即不进入）。当挑战者决定进入时，参与人 2（在位者）可以斗争，也可以容忍，即接受。各自的收益在博弈树中已注明。对于这个博弈，我们有

$$N=\{1,2\}$$
$$A_1=\{\text{进入},\text{不进入}\},\ A_2=\{\text{接受},\text{斗争}\}$$

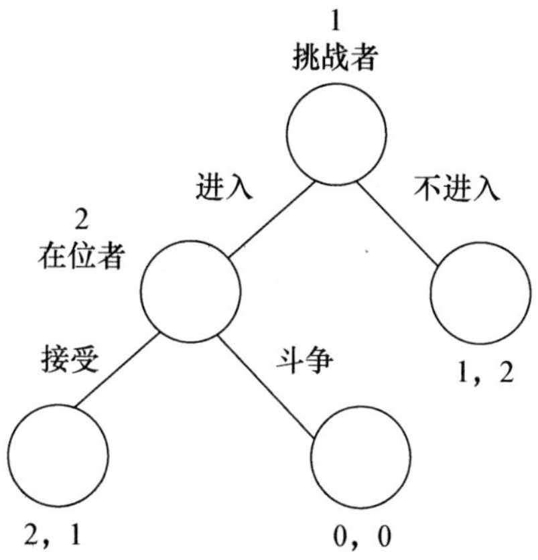

图 3—5　进入博弈的博弈树

$\mathbb{H}=\{(进入,接受),(进入,斗争),(不进入)\}$

$S_{\mathbb{H}}=\{\varepsilon,(进入)\}$

$P(\varepsilon)=1,P(进入)=2$

$\mathbb{I}_1=\{\{\varepsilon\}\},\mathbb{I}_2=\{\{进入\}\}$

$u_1(进入,接受)=2,u_1(进入,斗争)=0,u_1(不进入)=1$

$u_2(进入,接受)=1,u_2(进入,斗争)=0,u_2(不进入)=2$

再次注意到，行动集 A_1 和 A_2 可从终止历史与参与人函数推导出来。□

例 3.7　考虑图 3—6 所示的博弈树。

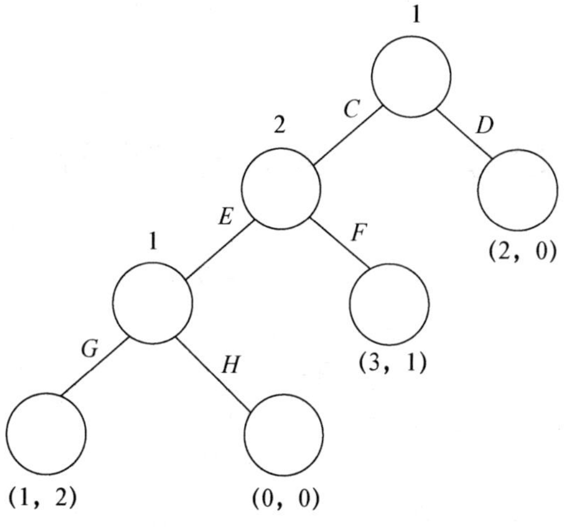

图 3—6　另外一个博弈树

根据这个博弈，可知

$N=\{1,2\}$

$A_1=\{C,D,G,H\},A_2=\{E,F\}$

终止历史为

$\mathbb{H}=\{(C,E,G),(C,E,H),(C,F),(D)\}$

终止历史的真子历史为

$$S_H=\{\varepsilon,(C),(C,E)\}$$

参与人函数为

$$P(\varepsilon)=1;P(C)=2;P(C,E)=1$$

信息集为

$$\mathbb{I}_1=\{\{\varepsilon\},\{(C,E)\}\};\mathbb{I}_2=\{\{(C)\}\}$$

效用函数为

$$u_1(C,E,G)=1,u_1(C,E,H)=0,u_1(C,F)=3,u_1(D)=2$$
$$u_2(C,E,G)=2,u_2(C,E,H)=0,u_2(C,F)=1,u_2(D)=0$$

这样，我们就完整描述了图 3—6 中的博弈。□

定义 3.3 （完美信息博弈与不完美信息博弈） 给定一个展开型博弈，如果它的所有信息集都是单点集，那么它是**完美信息**（perfect information）**博弈**；如果至少一个参与人至少有一个含有两个或多个元素的信息集，那么它是**不完美信息**（imperfect information）**博弈**。

在完美信息博弈中，每个参与人都能看到所有以前行动或到当前位置为止的整个历史。每个参与人准确知道他在哪个节点上，也准确知道如何达到这个节点。

例 3.8 图 3—1、图 3—2、图 3—5 和图 3—6 中的博弈都是完美信息博弈，而图 3—3 和图 3—4 中的博弈都为不完美信息博弈。同时行动的硬币配对博弈显然是不完美信息博弈。□

3.3 将展开型博弈转换为策略型博弈

策略是博弈论中最重要的概念之一。一个**策略**（strategy）就是一个完整的行动方案，它规定了参与人在他的每个信息集上将做什么。

回忆一下，$\mathbb{I}_i$表示由参与人 i 的所有信息集组成的集合。与以前一样，令 A_i 表示参与人 i 的行动集。给定信息集 $J\in\mathbb{I}_i$，令 $C(J)\subseteq A_i$ 为参与人 i 在信息集 J 内的所有可能行动组成的集合。于是，我们可以将参与人的策略正式定义如下。

定义 3.4 （策略） 参与人 i 的**策略**（strategy）s_i 是一个映射 $s_i:\mathbb{I}_i\to A_i$，使得 $s_i(J)\in C(J)$，$\forall J\in\mathbb{I}_i$。

参与人 i 的策略 s_i 是一个完全相机方案，它对此人的每个信息集都规定了相应的行动。因此，在参与人需要行动的每个阶段或历史，策略都规定了参与人选择什么行动。事实上，参与人可准备一张查询表，该表有两列，一列是他的信息集，另一列是相应行动。于是，参与人可让他的代理人代替他博弈，只要代理人按照该查询表行事即可。参与人的不同策略对应着不同的相机行动方案。我们用例子说明策略这个概念。

例 3.9 （可观察情形下硬币配对博弈中的策略） 考虑图 3—1 中的博弈。我们有

$\mathbb{I}_1=\{\{\varepsilon\}\}$；$\mathbb{I}_2=\{\{H\},\{T\}\}$。参与人 1 有两个策略：

$$s_{11}:\{\varepsilon\}\to H$$
$$s_{12}:\{\varepsilon\}\to T$$

参与人 2 有四个策略：

$$s_{21}:\{H\}\to H;\{T\}\to H$$
$$s_{22}:\{H\}\to H;\{T\}\to T$$
$$s_{23}:\{H\}\to T;\{T\}\to H$$
$$s_{24}:\{H\}\to T;\{T\}\to T$$

现在，参与人 1 和 2 的收益可用表 3—1 描述。例如，当参与人 1 的策略为 s_{11} 且参与人 2 的策略为 s_{21} 时，参与人 1 和 2 分别选择 H 和 H，他们的收益分别为 1 和 −1。

表 3—1　　可观察情形下的硬币配对博弈中的收益

1	2			
	s_{21}	s_{22}	s_{23}	s_{24}
s_{11}	1，−1	1，−1	−1，1	−1，1
s_{12}	−1，1	1，−1	−1，1	1，−1

上面的**策略型博弈**等价于原来的展开型博弈。对于图 3—2 中的博弈，参与人 2 有两个策略，参与人 1 有四个策略，表 3—1 所示的收益矩阵不难得到。□

例 3.10　（不可观察情形下的硬币配对博弈中的策略）考虑图 3—3 所示的博弈。容易看出$\mathbb{I}_1=\{\{\varepsilon\}\}$，$\mathbb{I}_2=\{\{H,T\}\}$。在这里，参与人 1 有两个策略，参与人 2 也有两个策略：

$$s_{11}:\{\varepsilon\}\to H$$
$$s_{12}:\{\varepsilon\}\to T$$
$$s_{21}:\{H,T\}\to H$$
$$s_{22}:\{H,T\}\to T$$

根据参与人可能选择的策略，我们可以写出收益矩阵，如表 3—2 所示。

表 3—2　　不可观察情形下的硬币配对博弈中的收益

1	2	
	s_{21}	s_{22}
s_{11}	1，−1	−1，1
s_{12}	−1，1	1，−1

显然，同时行动的硬币配对博弈与上面这个博弈的策略相同，收益矩阵也相同。□

例 3.11　考虑图 3—6 中的博弈。参与人 1 有四个策略：

$$s_{11}:\{\varepsilon\}\to C;\{(C,E)\}\to G$$
$$s_{12}:\{\varepsilon\}\to C;\{(C,E)\}\to H$$

$s_{13}: \{\varepsilon\} \to D; \{(C,E)\} \to G$

$s_{14}: \{\varepsilon\} \to D; \{(C,E)\} \to H$

为简单起见，我们将上面的策略分别记为 CG、CH、DG 和 DH。参与人 2 有两个策略：

$s_{21}: \{C\} \to E$

$s_{21}: \{C\} \to F$

同样地，为简单起见，我们将上面的策略分别记为 E 和 F。如果令 S_1 和 S_2 分别为参与人 1 和 2 的策略集，那么

$$S_1 = \{CG, CH, DG, DH\}$$
$$S_2 = \{E, F\}$$

由所有策略组组成的集合 $S_1 \times S_2$ 为

$$S_1 \times S_2 = \{(CG,E),(CG,F),(CH,E),(CH,F),(DG,E),(DG,F),(DH,E),(DH,F)\}$$

注意，一个策略组决定了唯一的终止历史。例如，策略组（CG，E）对应着终止历史（C，E，G）；策略组（CG，F）对应着终止历史（C，F）；策略组（DH，E）和（DH，F）都对应着终止历史（D）。这个例子让我们得到下列定义。□

定义 3.5 （结果） 给定展开型博弈 G 和它的一个策略组 $s=(s_1, \cdots, s_n)$，则策略组 s 对应着一个终止历史，与该终止历史相伴的结果称为策略组 s 的**结果**（outcome），记为 $O(s)$。

注释 一个展开型博弈对应着唯一的策略型博弈。如果不考虑策略的重新命名或重新编号，那么这个对应是唯一的。然而，我们将看到，一个策略型博弈可能对应着多个展开型博弈。

注释 任何给定的展开型博弈都有等价的策略型博弈。然而，这个等价的策略型博弈未必包含原来展开型博弈的所有策略相关信息。事实上，策略型表示法通常反映不出博弈的动态性，因为策略型是同时行动的。本书主要考察策略型博弈。需要注意，由于在动态博弈中参与人的行动有先后之分，而且参与人在行动过程中能得到信息，因此动态博弈需要使用展开型来表示。

3.4 小结与参考文献

下面我们总结一下本章的重要知识点。

● 博弈的展开型表示法能够详细描述参与人的行动顺序以及他们在博弈过程中得到的信息。有限展开型博弈可用博弈树表示，博弈树由决策节点和终止节点组成。每个决策节点对应着既定参与人，该参与人必须在该决策节点处选择自己的行动。

● 参与人的**信息集**是展开型博弈的一个重要概念。既定参与人的信息集是由他无法区分的决策节点组成的集合，也就是说，在这样的集合中，参与人不知道他位于哪个决策节点上。

● 给定展开型博弈，如果每个参与人的每个信息集都是单点集，那么这个博弈是完美信息的。单点集这句话意味着：在每个决策节点上，对于从根节点到该决策节点的整段历史，相应参与人是了解的。给定展开型博弈，如果至少一个参与人的至少一个信息集不是单点集，那么这个博弈不是完美信息的。

● 给定任何展开型博弈，我们都可以使用策略概念将其转变为等价的策略型博弈。参与人的任何一个策略都是一个完全行动方案，它规定了该参与人在他的每个信息集中应该选择怎样的行动。

● 策略型博弈通常反映不出博弈的动态性。然而，它简化了分析，而且在很多情形下，我们使用策略型表示法就足够了。

● 一个策略型博弈可能对应多个展开型博弈，而一个展开型博弈只对应着一个策略型博弈。

本章的大部分内容改编自 Osborne[3] 以及 Mas-Colell，Whinston，and Green[4]。本书主要考察策略型博弈，很少涉及展开型博弈（第 6 章除外）。在第 6 章我们将短暂回到展开型博弈的讨论，这是为了介绍子博弈完美均衡（subgame perfect equilibrium）概念。对于展开型博弈的详细介绍，我们推荐读者学习 Osborne[3]、Myerson[6] 以及 Maschler，Solan，and Zamir[6]。

□ 参考文献

[1] John von Neumann and Oskar Morgenstern. *Theory of Games and Economic Behavior*. Princeton University Press，1944.

[2] H. W. Kuhn. "Extensive form games and the problem of information". In：*Contributions to the Theory of Games II*. Princeton University Press，1953，pp. 193－216.

[3] Martin J. Osborne. *An Introduction to Game Theory*. The MIT Press，2003.

[4] Andreu Mas-Colell，Michael D. Whinston，and Jerry R. Green. *Microeconomic Theory*. Oxford University Press，1995.

[5] Roger B. Myerson. *Game Theory：Analysis of Conflict*. Harvard University Press，Cambridge，Massachusetts，USA，1997.

[6] Michael Maschler，Eilon Solan，and Shmuel Zamir. *Game Theory*. Cambridge University Press，2013.

3.5 习　题

(1) 你可能听说过"三子连线棋"（Tic-Tac-Toe）游戏（博弈）。画出它的博弈树。

(2) 在某个博弈中，某个参与人有 m 个信息集，记为 $j=1, 2, \cdots, m$。信息集 j 有 k_j 个可能行动。该参与人有多少个策略？

(3) 给定图 3—7 中的博弈，写出终止历史、真子历史、信息集以及该博弈的策略型。

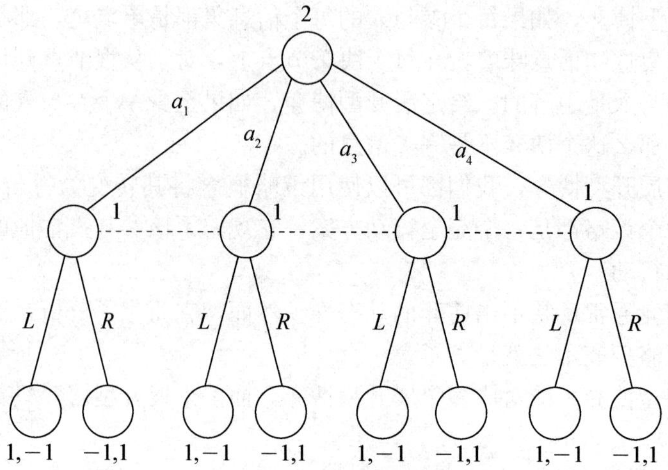

图 3—7　一个展开型博弈

第 4 章 策略型博弈

本书主要讨论策略型博弈。在本章，我们用一些例子帮助读者在直觉上理解策略型博弈。这些例子既有有限博弈，也有无限博弈。这里涉及的博弈主要有硬币配对、石头剪刀布、巴赫或斯特拉文斯基博弈、学生协作、囚徒困境、公司两难、双寡头定价、公地悲剧、带宽共享、密封拍卖、庇古网络博弈、布雷斯悖论。这些例子是现实博弈应用的缩影。

4.1 基本知识

我们已在第 2 章（定义 2.1）看到策略型博弈 Γ 是一个多元组 $\Gamma=\langle N,(S_i)_{i\in N},(u_i)_{i\in N}\rangle$，其中：$N=\{1, 2, \cdots, n\}$ 是参与人集，这是一个有限集；$S_1, S_2, \cdots, S_n$ 分别为参与人 1 到 n 的策略集；$u_i: S_1\times S_2\times\cdots\times S_n\rightarrow\mathbb{R}$（其中 $i=1, 2, \cdots, n$）是效用函数。我们在第 3 章已看到，通过将相机行动方案映入策略，我们可将展开型博弈转变为策略型博弈。在本书中，策略型博弈、策略博弈以及标准型博弈这三个术语是同义的。在不至于混淆的情形下，我们用符号 $\Gamma=\langle N,(S_i),(u_i)\rangle$ 表示策略型博弈。

我们把由所有策略组（或称策略向量）组成的集合记为 S，集合 S 为笛卡儿积 $S_1\times\cdots\times S_n$。典型策略组通常记为 $(s_1, \cdots, s_n)$，其中 s_i 是参与人 i 的策略，这里 $i=1, \cdots, n$。我们将笛卡儿积 $S_1\times\cdots\times S_{i-1}\times S_{i+1}\times\cdots\times S_n$（注意这个积的表达式中不含 S_i）记为 S_{-i}，它由除了参与人 i 之外的所有其他参与人的策略集组成。我们将 S_{-i} 中的典型策略组记为 s_{-i}。当我们关注特定参与人 i 时，使用 (s_i, s_{-i}) 来表示策略组比较方便，其中 $s_i\in S_i$，$s_{-i}\in S_{-i}$。

策略型表示法背后的思想是，参与人的决策问题在本质上是选择一个策略使得该策略能最有效地反击其他参与人选择的策略。这样的策略称为**最优反应策略**（best response strategy），它的正式定义如下。

定义 4.1 **（最优反应策略）** 给定策略型博弈 $\Gamma=\langle N,(S_i),(u_i)\rangle$ 和策略组 $s_{-i}\in S_{-i}$，对于参与人 i 的策略 $s_i\in S_i$，如果 $u_i(s_i, s_{-i})\geqslant u_i(s_i', s_{-i})$ 对于所有 $s_i'\in S_i$ 成立，那么我们说 s_i 是参与人 i 对 s_{-i} 的一个**最优反应策略**。

给定策略组 $s_{-i}\in S_{-i}$，参与人 i 一般有多个最优反应策略。

在策略型博弈中，每个参与人的问题是选择自己的最优策略，而且我们可以认为每个参与人同时从各自的策略集 S_1，S_2，…，S_n 中选择自己的策略。

博弈论文献为策略型博弈提供了很多解释。我们这里提供两种解释，它们都来自 Osborne and Rubinstein[1]。

第一种解释是，策略型博弈模拟的是只发生一次的事件。每个参与人知道博弈的细节，并且知道每个参与人都是理性的。所有参与人同时且独立地选择自己的策略。每个参与人都不知道其他参与人做出的选择。

第二种解释是，每个参与人根据博弈的玩法或者以前类似博弈的玩法猜测其他参与人的行为。策略型博弈模拟的情形是，在参与人彼此的行动不存在策略联系（strategic link）的条件下，参与人是如何先后行动的。所谓不存在策略联系，是指进行多次博弈的参与人关注的仅是自己的瞬时收益，而不用考虑他当前的行动对其他参与人未来行为的影响。注意，如果存在策略联系，那么这就是所谓的**重复博弈**（repeated games）。

展开型表示法（参见第 3 章）比策略型表示法能够更详细地描述博弈。一个策略型博弈可能对应多个展开型博弈。策略型博弈不能反映博弈的动态性，但它简化了一些类型的博弈分析。在很多情形下，使用策略型就足够了。

4.2 同时行动情形下的硬币配对

我们在第 3 章已考察过这个博弈。回忆一下，在这个博弈中，参与人 1 和 2 同时将自己的硬币放下，正面向上或反面向上。如果两个硬币配对成功（同为正面向上或同为反面向上），那么参与人 2 给参与人 1 一元钱。相反，如果未配对，参与人 1 给参与人 2 一元钱。我们用 A 表示正面向上，用 B 表示反面向上。容易看到：

$$N=\{1,2\}$$

$$S_1=S_2=\{A,B\}$$

$$S=S_1\times S_2=\{(A,A),(A,B),(B,A),(B,B)\}$$

收益矩阵为

1	2	
	A	B
A	1，−1	−1，1
B	−1，1	1，−1

这也许是最简单的两人博弈的例子了。它属于两人零和博弈（zero-sum games）类

型（之所以叫零和博弈，是因为在每个结果中，参与人的博弈之和等于零）。在上面的博弈中容易看到：当参与人 2 选择 $A(B)$ 时，参与人 1 的最优反应策略为 $A(B)$。另一方面，当参与人 1 选择 $B(A)$ 时，参与人 2 的最优反应策略为 $A(B)$。

为了理解上面的博弈为何重要，我们考虑下面的情形。有两个公司，称之为公司 1 和公司 2。每个公司都能生产两种产品，A 和 B。然而，在任何给定的时点上，任何一个公司都只能生产一种产品，原因在于开业成本和转换成本很高。相对来说，公司 1 生产的产品质量更高，但公司 2 更擅长营销和广告。因此，如果两个公司生产同一种产品（A 或 B），那么公司 1 赚取了所有利润，公司 2 亏损。这反映在当策略组为（A，A）或(B，B）时，公司 1 的收益为+1，公司 2 的收益为−1。

另一方面，如果一个公司生产 A 而另外一个公司生产 B，那么由于公司 2 更擅长营销和广告，公司 2 占有了整个市场，导致公司 2 的收益为+1，公司 1 的收益为−1。

这两个公司必须同时且独立决定生产哪种产品。这是它们面对的策略决策。这种情形可用策略型博弈 $\Gamma=\langle N, S_1, S_2, u_1, u_2\rangle$ 描述，其中：$N=\{1, 2\}$；$S_1=S_2=\{A, B\}$；效用函数参见上表。

4.3 石头剪刀布

石头剪刀布是另外一个两人零和博弈的例子，在这个博弈中，每个参与人有三个策略。事实上，这是一个非常流行的游戏。石头、剪刀和布是三种手势，参与人同时且独立地做出其中一种手势。游戏规则为石头砸烂（击败）剪刀，剪刀切破布，布包住石头。这个博弈的收益矩阵如下：

1	2		
	石头	布	剪刀
石头	0，0	−1，1	1，−1
布	1，−1	0，0	−1，1
剪刀	−1，1	1，−1	0，0

4.4 BOS 博弈

BOS（Bach or Stravinsky）博弈的名字来自著名音乐家巴赫和斯特拉文斯基。这个博弈也叫做**性别大战**（Battle of Sexes）博弈。在这个博弈中，参与人希望协作；然而，在哪个结果更好的问题上，他们的意见不一致。比如，两个参与人（1 和 2）希望一起做事（A 或 B）。参与人 1 喜欢做 A，参与人 2 喜欢做 B。收益矩阵如下：

1	2	
	A	B
A	2，1	0，0
B	0，0	1，2

显然，这个博弈描述的是参与人希望协作但彼此利益冲突的情形。两个参与人都不喜欢结果（A，B）以及结果（B，A）。他们的选择要么是（A，A），要么是（B，B）。下面考察这个博弈的公司版本。假设有两个公司 1 和 2。每个公司都能生产两种产品（A 和 B），但在任何时点上，每个公司只能生产一种产品。假设 A 是公司 1 的利基（niche）产品，B 是公司 2 的利基产品。如果两个公司都生产 A，那么消费者只能购买 A，而且多数愿意从公司 1 而不是从公司 2 购买。假设公司 1 占有 2/3 的市场。我们可将这个事实描述为公司 1 的收益是公司 2 的两倍。如果两个公司都生产 B，情形正好相反，公司 2 的收益是公司 1 的两倍。

另外一方面，如果两个公司决定生产不同产品，那么市场被分割，每个公司都试图通过增大广告支出来击败对方。事实上，它们竞争的结果可能使得第三方（其他公司）得利，从而使得公司 1 和公司 2 的收益都为零。上页最后一个表描述了这个博弈的收益结构。

4.5 协作博弈

我们已在第 1 章介绍过这个博弈（学生协作博弈）。该博弈类似 BOS 博弈，但在这个博弈中，两个参与人都偏好同一个选择，即事件 A。收益矩阵见下表；注意，参与人偏好结果（A，A）胜于结果（B，B）。

1	2	
	A	B
A	10，10	0，0
B	0，0	1，1

这个博弈的公司版本是，两公司生产相同产品且每个公司市场份额相同。产品 A 的市场份额是 B 的 10 倍。另一方面，如果这两个公司生产不同产品，那么第三个公司将占有全部市场份额，从而使得公司 1 和公司 2 的收益都为零。

由于在每个结果中参与人的收益都相同，这样的博弈也称为**相同收益博弈**（common payoff games）。

4.6 囚徒困境博弈

这是博弈论中被最广泛研究的问题，它有很多版本，也有很多解释。常见的版本如下：警察逮捕了两个人，他们涉嫌共同作案。这两个人被关在不同牢房，被分别审问。他们被告知，如果只有一个人坦白（记为 C），那么此人只需坐牢 1 年，而另外一人要坐牢 10 年。如果两人都坦白，那么每人坐牢 5 年。如果两人都不坦白（记为 NC），每人需要坐牢 2 年。每个囚徒知道对方也知道这些规则。因此，收益矩阵是一个共同知识。

1	2	
	NC	*C*
NC	−2，−2	−10，−1
C	−1，−10	−5，−5

在这种情形下，囚徒应该怎么办？参与人 1 选择的策略对参与人 2 选择的最优反应策略来说应是最优反应，参与人 2 选择的策略对参与人 1 选择的最优反应策略来说应是最优反应。首先，注意到，不管对方如何选择，C（即坦白）都是每个人的最优反应策略：

$$u_1(C,C)=-5>u_1(NC,C)=-10;\ u_1(C,NC)=-1>u_1(NC,NC)=-2$$
$$u_2(C,C)=-5>u_2(C,NC)=-10;\ u_2(NC,C)=-1>u_2(NC,NC)=-2$$

因此，(C，C) 是这个博弈的自然结果。然而，对于这两个人来说，(NC，NC) 这个结果最好。在囚徒困境中，理性且智能的行为并未导致最好结果，这里的最好结果是指参与人的效用之和最大。另外，每个人对其他人有负的影响或说负的外部性，因为当其中一人偏离（NC，NC）而选择策略 C 时，尽管他的收益增加了（少坐牢一年），但他的这个行为使得对方坐牢年数增加了 8 年。

囚徒策略的另外一种解释也比较流行。在这种解释中，每个囚徒有两个策略：一是**合作**（cooperate），二是**背叛**（defect）。合作策略意味着参与人不坦白从而与对方合作，因此，合作等价于上面的 NC 策略。背叛策略意味着参与人坦白从而背叛了对方，因此，背叛等价于上面的 C 策略。以后，我们仍使用 C 和 NC 策略，而不用合作和背叛这样的说法。

4.7 公司两难博弈

根据囚徒的困境问题，我们提供它的公司版本博弈。假设有两个公司 1 和 2，每个公司都能生产两种竞争产品 A 和 B，但在既定的时点上只能生产一种。消费者普遍认为产品 A 比 B 好。然而，环保主义者抵制产品 A 的生产，他们认为 A 的生产污染了环境。

如果两个公司都生产 A，那么尽管有抵制运动，它们的收益仍然很高，因为产品 A 正好是两个公司的利基产品。另一方面，如果两个公司都生产 B，那么它们都能赚取一些利润，但不如都生产 A 那么高。

另一方面，如果一个公司生产 A，另外一个公司生产 B，那么由于环保主义者抵制产品 A，生产 A 的那个公司的收益为零，生产 B 的公司占有了整个市场，赚取了很高的收益。这个博弈的收益矩阵见下表。

1	2	
	A	*B*
A	6，6	0，8
B	8，0	3，3

4.8 公司两难博弈：非对称版本

我们到目前为止考察的博弈，例如硬币配对、石头剪刀布、BOS、协作博弈、囚徒困境以及公司两难等，都是**对称博弈**（symmetric games）。给定一个两人博弈，如果对于所有 $s_1 \in S_1$ 和所有 $s_2 \in S_2$，我们都有 $S_1 = S_2$ 以及 $u_1(s_1, s_2) = u_2(s_1, s_2)$，那么这个博弈是**对称的**。我们现在提供一个非对称博弈。假设有两个竞争公司 1 和 2。在这个博弈中，每个公司必须同时且独立决定生产 A 和 B 中的一种。公司 1 生产的产品 A 更好，如果两个公司都生产 A，那么公司 1 占优。如果两个公司都生产 B，那么它们平分利润。如果其中一个公司生产 A，另外一个生产 B，那么公司 2 占优（也许因为它的营销更激进）。下面的收益矩阵描述了两个公司面对的策略。

1	2	
	A	B
A	4，1	0，4
B	1，5	1，1

4.9 双寡头定价博弈

这是 Bertrand（1883）提出的。有两个公司 1 和 2，它们试图使自己的利润最大。需求 $x(p)$ 是价格的函数；这是一个连续且严格递减的函数。每单位产品的生产成本为 c，这里 $c>0$。两个公司同时且独立选择自己的价格 p_1 和 p_2。每个公司的销量为

$$
\begin{aligned}
x_1(p_1,p_2) &= x(p_1) && 若\ p_1<p_2 \\
&= \frac{x(p_1)}{2} && 若\ p_1=p_2 \\
&= 0 && 若\ p_1>p_2 \\
x_2(p_1,p_2) &= x(p_2) && 若\ p_2<p_1 \\
&= \frac{x(p_2)}{2} && 若\ p_1=p_2 \\
&= 0 && 若\ p_2>p_1
\end{aligned}
$$

这个博弈假设企业仅在产量等于销量时才发生生产成本。给定价格 p_1 和 p_2，两个公司的效用分别为

$$
\begin{aligned}
u_1(p_1,p_2) &= (p_1-c)x_1(p_1,p_2) \\
u_2(p_1,p_2) &= (p_2-c)x_2(p_1,p_2)
\end{aligned}
$$

注意，对于这个博弈，$N=\{1, 2\}$，$S_1=S_2=[0, \infty)$。这是一个无限博弈，因为策略集是无限的。

4.10 公地悲剧

公地悲剧（tragedy of the commons）代表一类社会悖论或社会悲剧。这个博弈涉及个人和社会在资源使用上的利益冲突问题。一个村庄有 n 个农民，记为集合 $N=\{1, 2, \cdots, n\}$。每个农民可以养羊（一只）或不养。令 1 表示养一只羊，0 表示不养羊，则策略集为

$$S_1=S_2=\cdots=S_n=\{0,1\}$$

养一只羊的效用（效用来自羊奶、羊毛等）为 1 单位。该村庄的草地有限，当农民放牧一只羊时，羊对环境的破坏等于 5 单位。这个代价由所有农民均摊。

令 s_i 为每个农民的策略。于是，$s_i\in\{0, 1\}$。农民 i 的收益为

$$u_i(s_1,\cdots,s_i,\cdots,s_n)=s_i-\left[\frac{5(s_1+\cdots+s_n)}{n}\right]$$

对于 $n=2$ 的情形，收益矩阵为

1	2	
	0	1
0	0，0	−2.5，−1.5
1	−1.5，−2.5	−4，−4

如果 $n>5$，那么每个农民养一只羊比不养的效用高；如果 $n<5$，那么每个农民养一只羊比不养的效用低；如果 $n=5$，那么每个农民对养与不养羊无差异。

现在，如果政府对每个农民养一只羊征收 5 单位污染税，那么收益变为

$$u_i(s_1,\cdots,s_i,\cdots,s_n)=s_i-5s_i-\frac{5(s_1+\cdots+s_n)}{n}$$

于是，每个农民宁可不养羊。为了更深入地分析这个社会问题，我们将在第 5 章和第 6 章研究该博弈。

4.11 带宽共享博弈

带宽共享（bandwidth sharing）问题来自 Tardos and Vazirani[2]。某共享信道的最大容量为 1。有 n 个人使用这个信道，用户 i 希望传递 x_i 单位的流量，其中 $x_i\in[0, 1]$。我们有

$$N=\{1,2,\cdots,n\}$$
$$S_1=S_2=\cdots=S_n=[0,1]$$

如果 $\sum_{i\in N} x_i\geqslant 1$，那么信息无法传递，因为超容了；在这种情形下，每个参与人的收益

为零。如果 $\sum_{i \in N} x_i < 1$，那么假设用户 i 的收益为

$$u_i(x_1, \cdots, x_n) = x_i\left(1 - \sum_{j \in N} x_j\right) \quad 对于所有\ i \in N$$

上面的表达式模拟的事实是，参与人的收益与他传递的流量正相关但与总流量负相关。上式右侧第二项（即括号内的项）说明传递质量随着所用总带宽的增加而下降。注意，这个博弈是个无限博弈（因为策略集为实数区间）。我们将在第 6 章证明，站在社会角度看，这个博弈的均衡结果不是最优的。

4.12 密封拍卖

有个人想把一件不可分割的东西卖给 n 个潜在买者中的一个。这里，$N=\{1, 2, \cdots, n\}$ 表示买者集（参与人集）。令 v_1，v_2，…，v_n 表示参与人对拍卖物的评价（valuation）。n 个买者递交密封报价（bid），每个买者的报价不需要等于评价。假设参与人 i（$i=1, \cdots, n$）的密封报价可为任何正实数。于是，参与人的策略集为 $S_i=(0, \infty)$，$i=1$，…，n。谁的报价高，谁就得到拍卖物；假设如果多人报出了相同的最高价，那么谁的标号小，谁就得到拍卖物。令这 n 个参与人的报价分别为 b_1，b_2，…，b_n。于是，配置函数（allocation function）为

$$y_i(b_1, \cdots, b_n) = \begin{cases} 1, & 若对于\ j=1, \cdots, i-1, b_i > b_j;对于\ j=i+1, \cdots, n, b_i \geqslant b_j \\ 0, & 其他情形 \end{cases}$$

在第一价格密封拍卖中，中标者支付的钱数等于他的报价，未中标者不需要付钱。在第二价格密封拍卖中，中标者支付的钱数等于未中标者所出的最高报价，未中标者不需要付钱。在这两种拍卖中，参与人的收益或效用为下列形式：

$$u_i(b_1, \cdots, b_n) = y_i(b_1, \cdots, b_n)(v_i - t_i(b_1, \cdots, b_n))$$

其中 $t_i(b_1, \cdots, b_n)$ 是当参与人 i 的报价为 b_i（$i=1, \cdots, n$）时，他（指参与人 i）支付的钱数。假设 $n=4$，再假设参与人的评价分别为 $v_1=20$，$v_2=20$，$v_3=16$，$v_4=16$，报价为 $b_1=10$，$b_2=12$，$b_3=8$，$b_4=14$。于是，对于第一价格拍卖和第二价格拍卖，配置函数为 $y_1(b)=0$，$y_2(b)=0$，$y_3(b)=0$，$y_4(b)=1$，其中 $b=(b_1, b_2, b_3, b_4)$。对于第一价格拍卖，参与人支付的钱数分别为 $t_1(b)=0$，$t_2(b)=0$，$t_3(b)=0$，$t_4(b)=14$；对于第二价格拍卖，参与人支付的钱数分别为 $t_1(b)=0$，$t_2(b)=0$，$t_3(b)=0$，$t_4(b)=12$。根据参与人对拍卖物的评价及其支付的钱数，不难算出各自的效用。

4.13 庇古网络博弈

这个例子描述了参与人各自独立行动情形下的自私线路（selfish routing）问题。图 4—1 是一个有向图，它由两个节点 S 和 T 以及两条独立路线 A 和 B 组成。一定交通

量需要从 S 到达 T。每条线路都伴随着成本函数 $c(\cdot)$，它描述了用户从 S 到达 T 所需的成本（例如交通时间）。每条线路的成本取决于该线路上的交通量占总交通量的比例。假设 $x\in[0, 1]$ 表示交通路线占比。在线路 A，对于所有 $x\in[0, 1]$，成本函数为$c(x)=x$。在线路 B，成本函数固定且等于 1，即对于所有 $x\in[0, 1]$，$c(x)=1$。上面这种路由网络称为庇古网络（Pigou network）。[3]

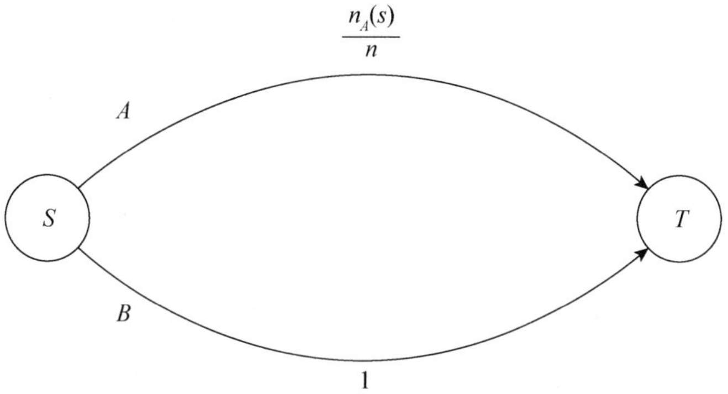

图 4—1　庇古网络

我们考虑上述网络的简化版本，这个网络有两个用户，即 $N=\{1, 2\}$。每个用户（参与人）有两个策略 A 和 B，它们分别对应路线 A 和 B。因此，$S_1=S_2=\{A, B\}$。参与人同时且独立选择自己的路线。面对给定的策略组，参与人的收益有一种自然的定义方法，即令其等于交通成本的相反数。例如，假设策略组为 (A, B)，即参与人 1 选择线路 A，参与人 2 选择线路 B。参与人 1 的交通成本为$\frac{1}{2}$，这是因为线路 A 的交通量占总交通量的比例为$\frac{1}{2}$。因此，参与人的收益为$-\frac{1}{2}$。参与人 2 的交通成本为 1，因为他选择了线路 B；他的收益为-1。因此，这个路由（即线路）博弈的收益矩阵为

1	2	
	A	B
A	$-1, -1$	$-\frac{1}{2}, -1$
B	$-1, -\frac{1}{2}$	$-1, -1$

如果有 n 个用户，则 $N=\{1, \cdots, n\}$，$S_1=\cdots=S_n=\{A, B\}$。令 $s=(s_1, \cdots, s_n)$ 为所有参与人选择的一个策略组。为了定义收益函数，我们首先将 $n_A(s)$ 定义为在策略组 s 中选择线路 A 的人数。类似地，$n_B(s)$ 定义为在策略组 s 中选择线路 B 的人数。显然，对于每个策略组 s，我们都有 $n_A(s)+n_B(s)=n$。于是，收益函数为

$$
\begin{aligned}
u_i(s)&=-\frac{n_A(s)}{n} \quad \text{若 } s_i=A\\
&=-1 \quad\quad\;\; \text{若 } s_i=B
\end{aligned}
$$

我们将在第 6 章分析这个博弈。

4.14 布雷斯悖论博弈

这个博弈改编自 Easley and Kleinberg[4]。它说明了布雷斯悖论，后者的名字来自德国数学家迪特里希·布雷斯。这个悖论通常与交通网络联系在一起，它说明了一个不符合直觉的事实——给定一个交通网，在增加额外容量后，结果反而变差（以交通时间衡量）。图 4—2 中的交通网由起点 S、终点 T 以及两个中间枢纽 A 和 B 组成。要求从 S 点到达 T 点。一条线路经过 A 点，另外一条经过 B 点。

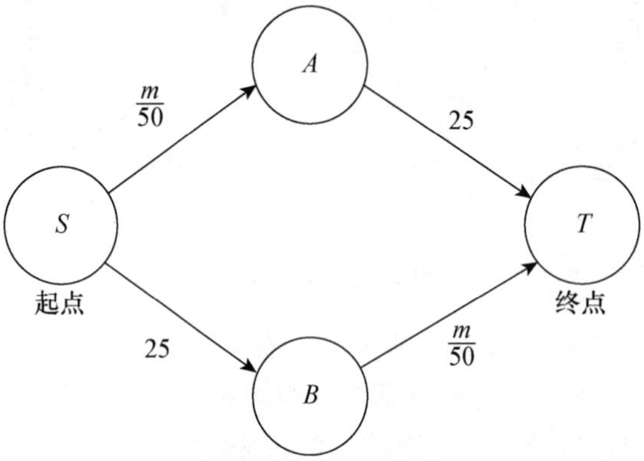

图 4—2　有 4 个节点的交通网

不管线路上有多少辆车，从 S 到 B 或从 A 到 T 都需要 25 分钟。另一方面，从 S 到 A 需要$\frac{m}{50}$分钟，其中 m 是 SA 路段上的车辆数。类似地，从 B 到 T 需要$\frac{m}{50}$分钟，其中 m 是 BT 路段上的车辆数。假设有 $n=1\,000$ 辆车想从 S 点到达 T 点。这意味着 $N=\{1, 2, \cdots, 1\,000\}$。策略集为 $S_1=\cdots=S_n=\{A, B\}$。给定策略组 $(s_1, \cdots, s_n)$，令 $n_A(s_1, \cdots, s_n)$ 表示经过 A 点（即选择 SAT 线路）的车辆数，$n_B(s_1, \cdots, s_n)$ 表示经过 B 点的车辆数。注意，$n_A(s_1, \cdots, s_n)+n_B(s_1, \cdots, s_n)=n$。由于我们希望使得从 S 到 T 的交通时间最小，因此，参与人的效用可以自然定义为他从 S 到 T 所需交通时间的相反数。容易看到，

$$u_i(s_1,\cdots,s_n)=-25-\frac{n_A(s_1,\cdots,s_n)}{50} \quad 若\ s_i=A$$

$$=-25-\frac{n_B(s_1,\cdots,s_n)}{50} \quad 若\ s_i=B$$

这定义了一个策略型博弈。注意到

$$u_i(A,A,\cdots,A)=u_i(B,B,\cdots,B)=-45$$

$$u_i(s_1,\cdots,s_n)=-35 \quad 当\ n_A(s_1,\cdots,s_n)=n_B(s_1,\cdots,s_n)=500$$

现在，为了缓解交通网的拥挤程度，我们打通从 A 到 B 的道路，这是一条单向路段（作为一种退化情形，假设从 A 到 B 的交通时间为零）。图 4—3 描述了增加 AB 路

段后的新交通网。

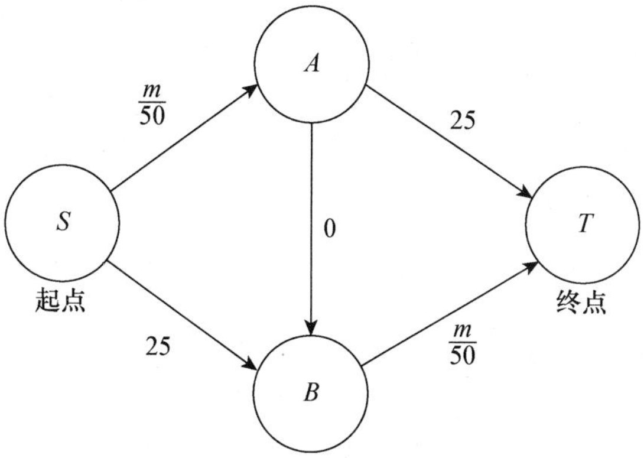

图 4—3　打通单行道 *AB* 后的交通网

现在，每辆车可用的策略有：从 S 到 A 到 T（称为策略 A）；从 S 到 B 到 T（称为策略 B）；从 S 到 A 到 B 到 T（称为策略 AB）。因此，我们有 $S_1=\cdots=S_n=\{A, B, AB\}$。在按照以前的方法定义 $n_A(s_1, \cdots, s_n)$、$n_B(s_1, \cdots, s_n)$ 以及 $n_{AB}(s_1, \cdots, s_n)$ 之后，我们有

$$
\begin{aligned}
&u_i(s_1,\cdots,s_n)\\
&=-25-\frac{n_A(s_1,\cdots,s_n)+n_{AB}(s_1,\cdots,s_n)}{50} && \text{若 } s_i=A\\
&=-25-\frac{n_B(s_1,\cdots,s_n)+n_{AB}(s_1,\cdots,s_n)}{50} && \text{若 } s_i=B\\
&=-\frac{n_A(s_1,\cdots,s_n)+n_{AB}(s_1,\cdots,s_n)}{50}-\frac{n_B(s_1,\cdots,s_n)+n_{AB}(s_1,\cdots,s_n)}{50} && \text{若 } s_i=AB
\end{aligned}
$$

我们将在第 5 章和第 6 章分析上面两个博弈，并且说明布雷斯悖论。

4.15　小结与参考文献

在本章，我们提供了一些策略型博弈（也称为标准型博弈）的例子，以便让读者看到如何将现实世界中的策略情形抽象为博弈。我们提供的例子包括：

- 硬币配对博弈，这是一个两人零和博弈；石头剪刀布博弈，这是另外一个两人零和博弈。这些博弈被称为零和博弈的原因在于，在每个博弈结果中，两个参与人的效用之和等于零。它们也被称为**严格竞争博弈**（strictly competitive games）。
- BOS 博弈，也称为性别大战博弈，描述的是两个参与人想协作但对结果又有不同偏好的情形。
- 协作博弈或学生协作博弈。在这个博弈中，两个参与人只有待在一起时各自的收益才为正；然而，他们待在一起时的各自收益取决于他们选择的行动。
- 囚徒困境。这是一个经典二人博弈，它说明了策略冲突和合作的很多微妙变化。在这个博弈中，理性且智能的行为没有导致社会最优结果。

● 公司两难博弈说明了囚徒困境博弈如何用于模拟两公司试图击败对方的策略情形。

● 非对称公司的两难描述的是两个公司的收益结构不对称时的策略情形。

● 双寡头定价博弈。这个博弈描述两个竞争公司如何对特定产品定价。

● 公地悲剧。这是一个多人博弈，它说明了在资源使用上存在利益冲突时的情形，这是一个常见的社会难题。

● 带宽共享博弈。在这个博弈中，参与人为多人，而且策略集是无限的；这个博弈说明了公共资源使用上的冲突。

● 密封拍卖。在第一价格密封拍卖和第二价格密封拍卖中引入了策略型博弈。

● 庇古网络博弈说明了参与人各自独立行动情形下的自私路由问题。

● 布雷斯悖论博弈描述了参与人的策略冲突如何导致了交通线路博弈中的著名悖论。

上面的例子代表了本书所要讨论的主要情形。需要指出，除此之外，还有众多有趣且流行的博弈例子，但本书未涉及。事实上，本书只讨论了很少一部分流行的例子。下列文献提供了更多策略型博弈的例子：Osborne[1]，Straffin[5]，Binmore[6]，以及Maschler，Solan，and Zamir[7]。

本章讨论的内容主要来自下列三本书：Myerson[8]，Mascolell，Whinston，and Green[9]，以及 Osborne and Rubinstein[1]。Tardos and Vazirani[2]的论文很好地介绍了博弈论中的概念，我们的很多例子取自他们的论文。

□ 参考文献

[1] Martin J. Osborne and Ariel Rubinstein. *A Course in Game Theory*. Oxford University Press，1994.

[2] E. Tardos and V. Vazirani. "Introduction to game theory：Basic solution concepts and computational issues". In：*Algorithmic Game Theory*. Ed. by Noam Nisan，Tim Roughgarden，Eva Tardos，and Vijay Vazirani. Cambridge University Press，2007，pp. 3-28.

[3] T. Roughgarden and E. Tardos. "How bad is selfish routing?" In：*Journal of ACM* 49 (2) (2002)，pp. 236-259.

[4] David Easley and Jon Kleinberg. *Networks，Crowds，and Markets：Reasoning About a Highly Connected World*. Cambridge University Press，2010.

[5] Philip D. Straffin Jr. *Game Theory and Strategy*. The Mathematical Association of America，1993.

[6] Ken Binmore. *Fun and Games：A Text On Game Theory*. D. C. Heath & Company，1992.

[7] Michael Maschler，Eilon Solan，and Shmuel Zamir. *Game Theory*. Cambridge University Press，2013.

[8] Roger B. Myerson. *Game Theory：Analysis of Conflict*. Harvard University Press，Cambridge，Massachusetts，USA，1997.

[9] Andreu Mas-Colell, Michael D. Whinston, and Jerry R. Green. *Microeconomic Theory*. Oxford University Press, 1995.

[10] Noam Nisan, Tim Roughgarden, Eva Tardos, and Vijay Vazirani (Editors). *Algorithmic Game Theory*. Cambridge University Press, 2007.

[11] Martin J. Osborne. *An Introduction to Game Theory*. The MIT Press, 2003.

4.16 习　题

(1) 本章介绍了一些博弈，但限于篇幅，未能纳入一些有趣的博弈例子。请考察其他一些博弈，例如鹰鸽博弈、冷战、污染控制、古诺定价博弈、ISP 路由博弈等，读者可参考文献[10,11,5,6,7]。

(2) 有 n 个参与人。每个人在集合 $\{1, \cdots, K\}$ 中选择一个数，其中 K 是一个既定的正整数。然后计算被选中那些数的平均数，谁选中的数最接近这个平均数的 2/3，谁就获胜，从而得到 1 元奖金；如果出现多人获胜的局面，则这些获胜人均分 1 元奖金。将这个问题表达为一个策略型博弈。

(3) 对于庇古网络博弈，写出 $n=3$ 和 $n=4$ 时的策略型。

(4) 考虑下列策略型博弈（网络构型博弈）。网络节点为参与人：$N=\{1, 2, \cdots, n\}$。参与人 i 的策略集 S_i 是由 $N\setminus\{i\}$ 的所有子集组成的集合。参与人在给定节点上的一个策略是决定他所希望链接的其他节点。一个策略组对应着一个特定的网络或图。假设 δ 是一个链接（link）上的每个节点得到的利益（其中 $0<\delta<1$），而 c 是每个节点为维持该链接而承担的成本（其中 $c>0$）。另外，假设 δ^k 是一个 k 跳（k-hop）关系得到的利益，其中 k 是所涉两个节点之间最短路径的长度。一个链接只有在双方都同意时才能建立，但可单方面终止。给定一个策略组形成的一个图 g，令节点 i 的效用 $u_i(g)$ 为

$$u_i(g)=\sum_{j\neq i}\delta^{l_{ij}(g)}-c.\,d_i(g)$$

而 $l_{ij}(g)$ 是节点 i 和 j 之间最短路径中链接的个数，$d_i(g)$ 是节点 i 的阶(degree)。假设节点数为 n，写出对应于下列图形的策略组并计算所有单个节点的效用。

- 完全图（complete graph）；
- 直线图；
- 星形图。

第 5 章 优势策略均衡

在上一章，我们提供了一些策略型博弈的例子，但未进行分析。自本章起，我们开始分析策略型博弈。我们将定义以下术语：劣势策略，优势策略，优势策略均衡。我们考察三类优（劣）势：强、弱以及极弱。我们将用囚徒困境、布雷斯悖论和第二价格密封拍卖说明这些概念。

我们首先介绍强优（劣）势，然后介绍它的弱版本和更弱版本的概念。

5.1 强优（劣）势

定义 5.1 **（强劣势策略）** 给定策略型博弈 $\Gamma=\langle N,(S_i),(u_i)\rangle$，以及参与人 i 的两个不同策略 $s_i\in S_i$ 和 $s_i'\in S_i$，若

$$u_i(s_i',s_{-i})>u_i(s_i,s_{-i})\quad \text{对于所有 } s_{-i}\in S_{-i}$$

则相对于策略 s_i' 来说 s_i 是**强劣势的**（strongly dominated），或说，s_i **强劣于** s_i'。我们也说 s_i' **强优于** s_i。

容易看出，参与人总是偏爱选择策略 s_i' 而不是 s_i。

定义 5.2 **（强优势策略）** 给定参与人 i 的一个策略 $s_i^*\in S_i$，若 s_i^* **强优于**此人的每个其他策略 $s_i\in S_i$，即若对于所有 $s_i\neq s_i^*$，都有

$$u_i(s_i^*,s_{-i})>u_i(s_i,s_{-i})\quad \text{对于所有 } s_{-i}\in S_{-i}$$

则称 s_i^* 是参与人 i 的**强优势策略**（strongly dominant strategy）。

定义 5.3 **（强优势策略均衡）** 给定博弈 $\Gamma=\langle N,(S_i),(u_i)\rangle$ 及其一个策略组

$(s_1^*, \cdots, s_n^*)$，若对于所有 $i=1, 2, \cdots, n$，策略 s_i^* 都是参与人 i 的强优势策略，则称 $(s_1^*, \cdots, s_n^*)$ 为该博弈的**强优势策略均衡**（strongly dominant strategy equilibrium）。

例 5.1 回忆一下，在囚徒困境问题中，$N=\{1, 2\}$，$S_1=S_2=\{C, NC\}$，收益矩阵为

1	2	
	NC	*C*
NC	−2，−2	−10，−1
C	−1，−10	−5，−5

注意，对于参与人 1，策略 *NC* 强劣于 *C*，这是因为

$$u_1(C,NC)>u_1(NC,NC)$$
$$u_1(C,C)>u_1(NC,C)$$

类似地，对于参与人 2，策略 *NC* 强劣于 *C*，原因在于

$$u_2(NC,C)>u_2(NC,NC)$$
$$u_2(C,C)>u_2(C,NC)$$

因此，对于参与人 1 和 2，*C* 都是强优势策略。因此，(*C*，*C*) 是这个博弈的强优势策略均衡。□

注意，如果（理性）参与人有强优势策略，那么我们应该预期他选择该策略。另一方面，如果参与人有强劣势策略，那么我们应该预期他不选择这个策略。

5.2 弱优（劣）势

定义 5.4 （弱劣势策略） 给定策略型博弈 $\Gamma=\langle N, (S_i), (u_i)\rangle$，以及参与人 i 的两个不同策略 $s_i\in S_i$ 和 $s_i'\in S_i$，若

$$u_i(s_i', s_{-i})\geqslant u_i(s_i, s_{-i}) \quad 对于所有\ s_{-i}\in S_{-i}$$

且

$$u_i(s_i', s_{-i})>u_i(s_i, s_{-i}) \quad 对于某个\ s_{-i}\in S_{-i}$$

则相对于策略 s_i' 来说 s_i 是**弱劣势的**（weakly dominated），或说，s_i **弱劣于** s_i'。我们也说，s_i' **弱优于** s_i。

注意到，这里要求严格不等式至少对一个 s_{-i} 成立。

定义 5.5 （弱优势策略） 给定参与人 i 的一个策略，如果 s_i^* 弱优于此人的每个其他策略 $s_i\in S_i$，则称 s_i^* 为参与人 i 的**弱优势策略**（weakly dominant strategy）。

定义 5.6 （弱优势策略均衡） 给定博弈 $\Gamma=\langle N, (S_i), (u_i)\rangle$ 及其一个策略组 $(s_1^*, \cdots, s_n^*)$，若对于所有 $i=1, 2, \cdots, n$，策略 s_i^* 都是参与人 i 的弱优势策略，则称 $(s_1^*, \cdots, s_n^*)$ 为该博弈的**弱优势策略均衡**（weakly dominant strategy equilibrium）。

例 5.2 将囚徒困境问题稍微修改，得到下列收益矩阵

1	2	
	NC	*C*
NC	−2，−2	−10，−2
C	−2，−10	−5，−5

容易看出，对于参与人 1 和 2，C 都是一个弱优势策略。因此，策略组（C，C）是一个弱优势策略均衡。□

5.3 极弱优（劣）势

定义 5.7 （极弱劣势策略） 给定策略型博弈 $\Gamma=\langle N,(S_i),(u_i)\rangle$，以及参与人 i 的两个不同策略 $s_i \in S_i$ 和 $s_i' \in S_i$，若

$$u_i(s_i',s_{-i}) \geqslant u_i(s_i,s_{-i}) \quad 对于所有\ s_{-i}\in S_{-i}$$

则相对于策略 s_i' 来说 s_i 是**极弱劣势的**（very weakly dominated），或者说，s_i 极弱劣于 s_i'。我们也说，s_i'**极弱优于** s_i。

注意，与弱劣势策略不同，这里不要求严格不等式对至少一个 s_{-i} 成立。

定义 5.8 （极弱优势策略） 给定参与人 i 的一个策略，如果 s_i^* 极弱优于此人的每个其他策略 $s_i \in S_i$，则称 s_i^* 为参与人 i 的**极弱优势策略**（very weakly dominant strategy）。

定义 5.9 （极弱优势策略均衡） 给定博弈 $\Gamma=\langle N,(S_i),(u_i)\rangle$ 及其一个策略组（s_1^*，…，s_n^*），若对于所有 $i=1,2,\cdots,n$，策略 s_i^* 都是参与人 i 的极弱优势策略，则称（s_1^*，…，s_n^*）为该博弈的**极弱优势策略均衡**（very weakly dominant strategy equilibrium）。

注意，每个弱优势策略均衡都是一个极弱优势策略均衡。在机制设计中，我们经常使用极弱优（劣）势概念。特别地，这个概念通常被用于定义**优势策略激励相容**（dominant strategy incentive compatibility），我们将在本书第 2 部分学习激励相容。

例 5.3 稍微修改一下囚徒困境问题，得到下列收益矩阵

1	2	
	NC	*C*
NC	−2，−2	−5，−2
C	−2，−10	−5，−10

容易看出，对于参与人 1 和 2，策略 C 和 NC 都是极弱优势策略。因此，这四个策略组中的每一个都是极弱优势策略均衡。□

5.4 优势策略均衡的例子

例 5.4 （公地悲剧） 我们考察第 4 章讨论过的公地悲剧。回忆一下，在这个博弈中，

$N=\{1,2,\cdots,N\}$为参与人(农民)集合

$S_1=S_2=\cdots=S_n=\{0,1\}$

策略 1 对应着养一只羊，策略 0 对应着不养羊。养一只羊的收益为 1，但它对环境的破坏（代价）为 5。这个代价由所有农民均摊。对于 $i=1$，2，…，n，我们有

$$u_i(s_1,\cdots,s_n)=s_i-\frac{5}{n}\sum_{j=1}^{n}s_j=\left(\frac{n-5}{n}\right)s_i-\frac{5}{n}\sum_{j\neq i}s_j$$

- 情形 1：$n<5$。给定任何 $s_{-i}\in S_{-i}$

$$u_i(0,s_{-i})=-\frac{5}{n}\sum_{j\neq i}s_j$$

$$u_i(1,s_{-i})=\left(\frac{n-5}{n}\right)-\frac{5}{n}\sum_{j\neq i}s_j$$

由于 $n<5$，$\left(\frac{n-5}{n}\right)<0$，因此，对于所有 $s_{-i}\in S_{-i}$，$u_i(0,\ s_{-i})>u_i(1,\ s_{-i})$。明显可以看出，(0，0，…，0) 是一个强优势策略均衡。也就是，任何农民都没有激励养羊。

- 情形 2：$n=5$。在这里我们看到

$$u_i(0,s_{-i})=u_i(1,s_{-i})=-\frac{5}{n}\sum_{j\neq i}s_j$$

因此，对于所有 $s_{-i}\in S_{-i}$，$u_i(0,\ s_{-i})=u_i(1,\ s_{-i})$。

容易看到，在这里，任何一个策略都不是弱优势策略或强优势策略。另一方面，对于每个参与人来说，每个策略显然都是一个极弱优势策略。因此，在这里，每个策略组都是一个极弱优势策略均衡。

- 情形 3：$n>5$。在这里，

$$u_1(0,s_{-i})=-\frac{5}{n}\sum_{j\neq i}s_j$$

$$u_i(1,s_{-i})=\frac{n-5}{n}-\frac{5}{n}\sum_{j\neq i}s_j$$

由于 $n>5$，$\left(\frac{n-5}{n}\right)>0$，因此，对于所有 $s_{-i}\in S_{-i}$，$u_i(0,\ s_{-i})<u_i(1,\ s_{-i})$。因此，(1，1，…，1) 是一个强优势策略均衡。因此，如果 $n>5$，每个农民都会养一只羊。现在，如果政府决定对每只羊征收 5 单位的污染税，我们有

$$u_i(s_1,\cdots,s_n)=s_i-5s_i-\frac{5}{n}\sum_{j=1}^{n}s_j=-4s_i-\frac{5}{n}s_i-\frac{5}{n}\sum_{j\neq i}s_j$$

在这里注意：

$$u_i(0,s_{-i})=-\frac{5}{n}\sum_{j\neq i}s_j$$

$$u_i(1,s_{-i})=-4-\frac{5}{n}-\frac{5}{n}\sum_{j\neq i}s_j$$

这意味着不管 n 的值为多少，(0，0，…，0）是一个强优势策略均衡。这的确是农民的悲剧。□

例 5.5 （布雷斯悖论博弈） 回忆一下第 4 章的布雷斯悖论博弈，其中从 A 到 B 的单向道路被打通。在这个博弈中，可以证明，对于每个参与人 i，

$$u_i(AB,s_{-i})>u_i(A,s_{-i}) \quad \text{对于所有 } s_{-i}\in S_{-i}$$
$$u_i(AB,s_{-i})>u_i(B,s_{-i}) \quad \text{对于所有 } s_{-i}\in S_{-i}$$

这表明（AB，AB，…，AB）是一个强优势策略均衡。注意，上面的均衡策略导致每辆车的总交通时间为 40 分钟。另一方面，如果 500 辆车使用策略 A，另外 500 辆车使用策略 B，那么每辆车的总交通时间为 35 分钟。这里的悖论在于打通道路 AB 后使得策略 AB 强加在每辆车上（AB 为每辆车的强优势策略），从而导致交通时间比非均衡策略多。□

例 5.6 （第二价格密封拍卖） 考虑第 4 章的价格密封拍卖，拍卖物只有一件。令 b_1，b_2，…，b_n 为报价（策略），我们将把策略组记为 $b=(b_1, b_2, \cdots, b_n)$。假设 v_i，$b_i\in(0, \infty)$，$i=1, 2, \cdots, n$。回忆一下，拍卖物获得者为出价最高者中标号最小的（以防有多个出价最高者的情形），配置函数的定义为：

$$\begin{aligned} y_i(b_1,\cdots,b_n)&=1 \quad \text{若 } b_i>b_j,\ j=1,2,\cdots,i-1 \\ &\qquad\qquad b_i\geqslant b_j,\ j=i+1,\cdots,n \\ &=0 \quad \text{其他情形} \end{aligned}$$

每个报价人的收益为

$$u_i(b_1,\cdots,b_n)=y_i(b_1,\cdots,b_n)(v_i-t_i(b_1,\cdots,b_n))$$

其中 $t_i(b_1, \cdots, b_n)$ 是参与人 i 支付的钱数（若他中标）。由于这是第二价格密封拍卖，中标者仅支付次高的报价。现在我们知道策略组 $(b_1, \cdots, b_n)=(v_1, \cdots, v_n)$ 是这个博弈的弱优势策略均衡。

为了说明这一点，考虑报价人 1。他对拍卖物的评价为 v_1，报价为 b_1。其他参与人的报价为 b_2，…，b_n，评价为 v_2，…，v_n。我们考虑下面情形。

情形 1：$v_1\geqslant\max(b_2, \cdots, b_n)$。这里又有两种情形：一是 $b_1\geqslant\max(b_2, \cdots, b_n)$，二是 $b_1<\max(b_2, \cdots, b_n)$。

情形 2：$v_1<\max(b_2, \cdots, b_n)$。这里也有两种情形：一是 $b_1\geqslant\max(b_2, \cdots, b_n)$，二是 $b_1<\max(b_2, \cdots, b_n)$。

下面我们分别分析这几种情形。

情形 1：$v_1\geqslant\max(b_2, \cdots, b_n)$。

我们考察下列情形。

- 令 $b_1\geqslant\max(b_2, \cdots, b_n)$。这意味着报价人 1（即参与人 1）中标，这意味着 $u_1=v_1-\max(b_2, \cdots, b_n)\geqslant 0$。
- 令 $b_1<\max(b_2, \cdots, b_n)$。这意味着参与人 1 没有中标，又意味着 $u_1=0$。
- 令 $b_1=v_1$，于是由于 $v_1\geqslant\max(b_2, \cdots, b_n)$，我们有 $u_1=v_1-\max(b_2, \cdots, b_n)$。

因此，如果 $b_1=v_1$，那么效用 u_1 等于参与人 1 能得到的最大效用。因此，不管 b_2，…，b_n 的数值为多少，参与人 1 的最优反应是选择报价 v_1。因此，$b_1=v_1$ 是参与人 1的极弱优势策略。

情形 2：$v_1<\max(b_2, \cdots, b_n)$。

与前面类似，我们考察下面的情形。

- 令 $b_1 \geqslant \max(b_2, \cdots, b_n)$。这意味着参与人 1 中标，他的收益为：$u_1=v_1-\max(b_2, \cdots, b_n)<0$。
- 令 $b_1<\max(b_2, \cdots, b_n)$。这意味着参与人 1 没有中标。因此 $u_1=0$。
- 如果 $b_1=v_1$，那么参与人 1 没有中标，因此 $u_1=0$。

根据上面的分析可知，$b_1=v_1$ 在情形 2 下也是参与人 1 的最优反应策略。综合对情形 1 和情形 2 的分析，我们有

$$u_1(v_1, b_2, \cdots, b_n) \geqslant u_1(\hat{b}_1, b_2, \cdots, b_n) \quad \text{对于所有 } \hat{b}_1 \in S_1$$
$$\text{对于所有}(b_2, \cdots, b_n) \in S_2 \times \cdots \times S_n$$

另外，我们可以证明（留作习题），对于任何 $b_1' \neq v_1$，我们总能找到 $b_2 \in S_2$，$b_3 \in S_3$，…，$b_n \in S_n$，使得

$$u_1(v_1, b_2, \cdots, b_n) \geqslant u_1(b_1', b_2, \cdots, b_n)$$

因此，$b_1=v_1$ 是参与人 1 的弱优势策略。使用类似的论证，我们可以证明 $b_i=v_i$ 是参与人 i 的弱优势策略，其中 $i=2, 3, \cdots, n$。因此，$(v_1, \cdots, v_n)$ 是一个弱优势策略均衡。□

5.5 小结与参考文献

在本章，我们介绍了优势策略和优势策略均衡的概念。我们介绍了这个概念的三个不同版本：强、弱以及极弱。需要注意以下几点。

- 参与人的强优势策略表示当他选择该策略时，这个策略比其他任何策略严格好，不管所有其他参与人选择什么策略。
- 参与人的极弱优势策略表示当他选择该策略时，这个策略至少与任何其他策略一样好，不管其他参与人选择什么策略。
- 参与人的弱优势策略表示当他选择该策略时，这个策略至少与任何其他策略一样好，不管其他参与人选择什么策略。另外，对于其他参与人选择的至少一个策略组，该策略严格比他的其他每个策略好。
- 优势策略可能存在，也可能不存在。对于严格优势策略来说，若存在，则唯一。
- 如果优势策略（尤其是严格优势策略）存在，参与人将乐意选择它。
- 任何优势策略均衡都是一个纯策略纳什均衡（参见第 6 章）。

本章讨论的材料主要来自 Myerson[1]；Mas-Colell，Whinston，and Green[2]；Shoham and Leyton-Brown[3]。

□ 参考文献

[1] Roger B. Myerson. *Game Theory：Analysis of Conflict*. Harvard University Press，Cambridge，Massachusetts，USA，1997.

[2] Andreu Mas-Colell，Michael D. Whinston，and Jerry R. Green. *Microeconomic*

Theory. Oxford University Press, 1995.

[3] Yoam Shoham and Kevin Leyton-Brown. *Multiagent Systems: Algorithmic, Game-Theoretic, and Logical Foundations*. Cambridge University Press, New York, USA, 2009, 2009.

5.6 习　题

(1) 证明：对于策略型博弈的一个参与人来说，如果存在强优势策略，那么它是唯一的。这适用于弱优势策略吗？适用于极弱优势策略吗？

(2) 考虑下面囚徒困境问题的例子。

1	2	
	NC	*C*
NC	$-4, -4$	$-2, -x$
C	$-x, -2$	$-x, -x$

分别找出下列情形下的 x 值：

(a) 策略组（*C*，*C*）是一个强优势策略均衡。

(b) 策略组（*C*，*C*）是一个弱优势策略均衡，但不是一个强优势策略均衡。

(c) 策略组（*C*，*C*）甚至不是弱优势策略均衡。

对于每种情形，说明是否存在 x 值。验证每种情况的答案。

(3) **第一价格密封拍卖**。假设两个报价人对拍卖物的评价分别为 v_1 和 v_2。他们的报价是某个单位的整数部（即为离散的）。谁报价高，谁中标，中标者按自己的报价付款。如果两人报价相同，那么每人以 1/2 的概率得到拍卖物。在这个博弈中，

(a) 存在强劣势策略吗？

(b) 存在弱劣势策略吗？

(c) 存在极弱劣势策略吗？

(4) **第二价格密封拍卖**。我们已经看到在第二价格密封拍卖中如实报价（即报价等于各自对拍卖物的评价）是一个极弱优势策略均衡。证明：如实报价事实上是一个弱优势策略均衡。

(5) 在例 5.5 中的布雷斯博弈中，计算当数 25 被换成 20 的情形下的强优势策略均衡或弱优势策略均衡。

(6) 某组织有 n 个部门。每个部门能够说服该组织的中央当局分配一定预算给它。如果 h_i 是部门 i 做出提议需要花费的时间，令 $c_i = w_i h_i^2$ 是该行为的成本，其中 w_i 是一个常数。当各部门为提议所花费的时间为（h_1，h_2，…，h_n）时，分配给所有部门的总预算为

$$\alpha \sum_{i=1}^{n} h_i + \beta \prod_{i=1}^{n} h_i$$

其中 α 和 β 都是常数。把各个部门同时且独立决定花费的时间作为一个博弈。证明强优势策略均衡存在当且仅当 $\beta=0$。算出这个均衡。

第 6 章 纯策略纳什均衡

优势策略均衡（强优势、弱优势、极弱优势策略均衡），若存在，当然好，然而，它们很难存在，原因在于它们要求的条件比较严格。优势策略均衡要求每个参与人的策略对于其他参与人的所有可能策略都是一个最优反应。如果我们仅要求每个参与人的策略对其他参与人的纳什均衡策略构成最优反应，我们就能得到博弈论中的一个核心概念，即**纳什均衡**（Nash equilibrium）。这个解概念是以约翰·纳什的名字命名的，他是当代最著名的博弈论学家之一。我们用几个例子来说明这个概念。我们将证明**纯策略纳什均衡**（pure strategy Nash equilibrium）未必总存在。如果存在，也通常存在多个纳什均衡。我们还将证明，在纳什均衡中，参与人的效用之和可能不是最大的。我们对纳什均衡提供了几种可能的解释。我们还介绍了策略型博弈中的**最大最小值**（maxmin value）、**最小最大值**（minmax value）、**最大最小策略**（maxmin strategy）、**最小最大策略**（minmax strategy），以及它们与纯策略纳什均衡的关系。另外，我们还介绍了展开型博弈的**子博弈完美均衡**（subgame perfect equilibrium）概念。

6.1 纳什均衡概念

定义 6.1 （纯策略纳什均衡） 给定策略型博弈 $\Gamma=\langle N,(S_i),(u_i)\rangle$ 及其策略组 $s^*=(s_1^*, s_2^*, \cdots, s_n^*)$，若

$$u_i(s_i^*, s_{-i}^*)\geqslant u_i(s_i, s_{-i}^*) \quad 对于所有\ s_i\in S_i,\ i=1,2,\cdots,n$$

那么我们说 s^* 是 Γ 的一个**纯策略纳什均衡**（简记为 PSNE）。

上述条件的另外一种表达方式为

$$u_i(s_i^*, s_{-i}^*)=\max_{s_i\in S_i} u_i(s_i, s_{-i}^*) \quad 对于\ i=1,2,\cdots,n$$

也就是说，每个参与人的纳什均衡策略是其他参与人纳什均衡策略的最优反应。

注释 在上面的定义中，我们隐含地假设参与人的效用代表利益或利润，因此，参与人总是追求效用最大化。然而，在个别情形下，使用成本或惩罚来表达效用更为自然。在这种情形下，参与人追求效用最小化。对此，上述定义中的不等式符号将变为$\leqslant$，而不再是$\geqslant$。在本书中，除非特别指明，效用总代表着利润或利益。当使用成本表示效用更为自然时，我们总是在成本前面加个负号来定义效用。

我们现在提供纯策略纳什均衡（PSNE）的另外一种描述方法。

定义 6.2 （最优反应对应） 给定策略型博弈 $\Gamma=\langle N,(S_i),(u_i)\rangle$，参与人 i 的**最优反应对应**（best response correspondence）是映射 $b_i:S_{-i}\rightarrow 2^{S_i}$，它的定义为

$$b_i(s_{-i})=\{s_i\in S_i:u_i(s_i,s_{-i})\geqslant u_i(s_i',s_{-i})\quad 对于所有\ s_i'\in S_i\}$$

也就是说，给定所有其他参与人的策略组 s_{-i}，$b_i(s_{-i})$ 给出了由参与人 i 的所有最优反应策略组成的集合。

可以看出，策略组（s_1^*，s_2^*，…，s_n^*）是一个纯策略纳什均衡当且仅当

$$s_i^*\in b_i(s_{-i}^*)\quad 对于所有\ i=1,\cdots,n$$

例 6.1 （BOS 博弈） 回忆一下两个参与人的 BOS 博弈，它的收益矩阵如下：

1	2	
	A	B
A	2，1	0，0
B	0，0	1，2

这里有两个纳什均衡，即（A，A）和（B，B）。策略组（A，A）是一个纳什均衡，因为

$$u_1(A,A)>u_1(B,A)$$
$$u_2(A,A)>u_2(A,B)$$

策略组（B，B）也是一个纳什均衡，因为

$$u_1(B,B)>u_1(A,B)$$
$$u_2(B,B)>u_2(B,A)$$

最优反应集为

$$b_1(A)=\{A\};b_1(B)=\{B\};b_2(A)=\{A\};b_2(B)=\{B\}$$

由于 $A\in b_1(A)$ 而且 $A\in b_2(A)$，因此（A，A）是一个纳什均衡。类似地，由于 $B\in b_1(B)$ 而且 $B\in b_2(B)$，因此（B，B）也是一个纳什均衡。策略组（A，B）不是一个纳什均衡，这是因为 $A\notin b_1(B)$；$B\notin b_2(A)$。□

例 6.2 （囚徒困境） 我们考虑囚徒困境问题，它的收益矩阵如下

1	2	
	NC	C
NC	−2，−2	−10，−1
C	−1，−10	−5，−5

注意到（C，C）是这个博弈唯一的纳什均衡。为了看清这一点，我们只需要看看最优反应集即可：

$$b_1(C)=\{C\};b_1(NC)=\{C\};b_2(C)=\{C\};b_2(NC)=\{C\}$$

由于（s_1^*，s_2^*）是一个纯策略纳什均衡当且仅当 $s_1^* \in b_1(s_2^*)$ 而且 $s_2^* \in b_2(s_1^*)$，因此，这个博弈的唯一可能纯策略纳什均衡就是（C，C）。事实上，正如我们看到的，这是一个强优势策略均衡。

对于有着下列收益矩阵的公司两难问题，类似的分析也成立。

1	2	
	A	B
A	6，6	0，8
B	8，0	3，3

在下面的注释中，我们把结论推广。□

注释　给定策略型博弈 $\Gamma=\langle N,(S_i),(u_i)\rangle$，强（弱、极弱）优势策略均衡（$s_1^*$，$s_2^*$，…，$s_n^*$）也是一个纳什均衡。这个证明比较直观（参见习题中的问题 1）。它的直觉解释如下。在优势策略均衡中，每个参与人的均衡策略都是最优反应，不管其他参与人选择什么策略。在纯策略纳什均衡中，每个参与人的均衡策略都是针对所有其他参与人的纳什均衡策略的最优反应。因此，纳什均衡是一个比优势策略均衡弱得多的均衡概念。

注释　纳什均衡未必是优势策略均衡。例如例 6.1。策略组（A，A）和（B，B）都是纯策略纳什均衡，然而，它们都不是优势策略均衡。读者可以轻松验证此事。

约翰·纳什（John F. Nash，Jr.）是 20 世纪最有原创力的数学家之一。他于 1928 年出生于美国西弗吉尼亚州布鲁菲尔德。他于 1948 年获得卡内基梅隆大学理学本科学位，同年获得该校理学硕士学位，专业都为数学。随后，纳什到普林斯顿大学跟随阿尔伯特·塔克（Albert Tucker）教授学习，并于 1950 年获得数学博士学位。他的博士论文（全文仅 28 页）提出了纳什均衡这个著名概念，从而使得博弈论范围不再局限于两人零和博弈。

纳什的博士论文的核心在于它解决了有限策略型博弈的混合策略均衡解的存在性问题。在他攻读博士学位期间，纳什也写过一篇关于两人议价问题的杰出论文。他使用虚拟原子方法证明了两人议价问题存在着唯一解。

纳什在麻省理工学院担任数学系教授期间，在代数几何领域取得了突破性的进展。他还以纳什嵌入定理而闻名，该定理证明了任何抽象黎曼流形都可等距嵌入欧几里得空间。另外，他对非线性抛物线偏微分方程也有重大贡献。

纳什的生活和成就生动地体现在他的传记《美丽心灵》（*A Beautiful Mind*）之中，

作者为纳萨（Sylvia Nasar）。这后来被拍摄成为同名电影。纳什教授现在任职于普林斯顿大学。*

1994 年，约翰·纳什（John Nash）与约翰·海萨尼（John Harsanyi）以及莱茵哈德·泽尔腾（Reinhard Selten）因在非合作博弈的均衡分析上做出的突破性工作共同获得了诺贝尔经济学奖。

6.2 纯策略纳什均衡的例子

有些博弈存在纯策略纳什均衡，有些博弈不存在。在本节，我们各举一些例子来说明。

例 6.3 （双寡头定价博弈） 回忆一下第 4 章的双寡头定价博弈。两个公司 1 和 2 希望通过分别选择价格 p_1 和 p_2 使得各自利润最大。这两个公司的效用分别为：

$$u_1(p_1,p_2)=(p_1-c)x_1(p_1,p_2)$$
$$u_2(p_1,p_2)=(p_2-c)x_2(p_1,p_2)$$

其中 $x_1(p_1, p_2)$ 和 $x_2(p_1, p_2)$ 分别代表公司 1 和 2 选择价格 p_1 和 p_2 时的销量（参见 4.9 节）。注意，$u_1(c, c)=0$，$u_2(c, c)=0$。另外，容易看出

$$u_1(c,c)\geqslant u_1(p_1,c)\quad 对于所有\ p_1\in S_1$$
$$u_2(c,c)\geqslant u_2(c,p_2)\quad 对于所有\ p_2\in S_2$$

因此，策略组（c，c）是纯策略纳什均衡。这意味着均衡时，每个公司的定价都等于边际成本。这个结论的背后直觉比较简单，设想一下，如果两个公司的定价都高于边际成本将会出现什么结果。在这种情形下，每个公司都以高于边际成本的价格得到一半市场份额。然而，只要其中一个公司稍微把价格降低一点，它就将占领整个市场，因此，两个公司都尽可能降价。当然，价格不能降低到小于边际成本，因为这样公司会亏损。因此，两个公司会不停降价直到达到边际成本水平为止。□

例 6.4 （公地悲剧） 我们已经知道，在公地悲剧问题中，$N=\{1, 2, \cdots, n\}$ 是一组农民，策略集为 $S_1=S_2=\cdots=S_n=\{0, 1\}$，其中 1 代表养一只羊，0 代表不养羊。养一只羊的收益为 1。然而，一只羊对环境的破坏为 5。这个代价由所有农民平摊。注意

$$u_i(s_1,\cdots,s_n)=s_i-\frac{5}{n}\sum_{j=1}^{n}s_j=\left(\frac{n-5}{n}\right)s_i-\frac{5}{n}\sum_{j\neq i}s_j \qquad (i=1,2,\cdots,n)$$

在上一章我们已证明，当 $n<5$ 时，（0，0，…，0）是一个强优势策略均衡。也就是说，每个农民都没有激励去养羊；当 $n>5$ 时，（1，1，…，1）是一个强优势策略均衡。也就是说，养一只羊是每个农民的强优势策略。下面我们考察 $n=5$ 的情形。这里，

$$u_i(0,s_{-i})=-\frac{5}{n}\sum_{j\neq i}s_j$$

* 2015 年 5 月 23 日，约翰·纳什夫妇遭遇车祸，一同逝世。——译者注

$$u_i(1,s_{-i})=-\frac{5}{n}\sum_{j\neq i}s_j$$

因此，

$$u_i(0,s_{-i})=u_i(1,s_{-i})\quad 对于所有\ s_{-i}\in S_{-i},\quad i\in N$$

这意味着

$$b_i(s_{-i})=\{0,1\}\quad 对于所有\ s_{-i}\in S_{-i},\quad i\in N$$

可以看到，在这里，所有策略组都是纳什均衡。另外，注意，它们不是弱优势策略均衡，也不是强优势策略均衡。

如果政府决定对每只羊征收 5 单位污染税，我们有

$$u_i(s_1,\cdots,s_n)=s_i-5s_i-\frac{5}{n}\sum_{j=1}^{n}s_j=-4s_i-\frac{5}{n}s_i-\frac{5}{n}\sum_{j\neq i}s_j$$

在这里，注意

$$u_i(0,s_{-i})=-\frac{5}{n}\sum_{j\neq i}s_j$$

$$u_i(1,s_{-i})=-4-\frac{5}{n}-\frac{5}{n}\sum_{j\neq i}s_j$$

这意味着

$$b_i(s_{-i})=\{0\}\quad 对于所有\ i\in N$$

这表示不管 n 的值为多大，策略组（0，0，…，0）都是一个强优势策略均衡。□

例 6.5 （带宽共享博弈） 考虑文献[1]讨论的带宽共享博弈（也可参见第 4 章）。我们按照下列方法计算纳什均衡。令 x_i 为参与人 i 想传递的流量，这里 $i=1$，…，n；假设

$$\sum_{i\in N}x_i<1$$

回忆一下，

$$u_i(x_1,\cdots,x_n)=x_i\Big(1-\sum_{j\in N}x_j\Big)\quad 对于所有\ i\in N$$

考虑参与人 i 并且定义

$$t_i=\sum_{j\neq i}x_j$$

参与人 i 的收益为

$$x_i(1-t_i-x_i)$$

为了使上述收益最大化，我们必须选择

$$x_i^*=\underset{x_i\in[0,1]}{\operatorname{argmax}}\,x_i(1-t_i-x_i)=\frac{1-t_i}{2}=\frac{1-\sum_{j\neq i}x_j^*}{2}$$

如果这必须对所有 $i\in N$ 成立，那么我们得到一个方程组，它由下列 n 个方程组成

$$x_i^* = \frac{1-\sum_{j\neq i} x_j^*}{2}, \quad i=1,\cdots,n$$

我们知道策略组（x_1^*，…，x_n^*）是一个纳什均衡当且仅当

$$u_i(x_i^*, x_{-i}^*) = \max_{x_i \in S_i} u_i(x_i^*, x_{-i}^*) \quad 对于所有\ i=1,\cdots,n$$

可以证明上面的方程组有唯一解：

$$x_i^* = \frac{1}{n+1}, \quad i=1,\cdots,n$$

因此，策略组$\left(\frac{1}{n+1}, \cdots, \frac{1}{n+1}\right)$是一个纳什均衡。在上面的纳什均衡中，参与人 i 的收益等于

$$\left(\frac{1}{n+1}\right)\left(\frac{1}{n+1}\right)$$

因此，所有参与人的总收益为

$$\frac{n}{(n+1)^2}$$

下面我们将说明，这不是一个让人高兴的情形。考虑下列策略组

$$\left(\frac{1}{2n}, \frac{1}{2n}, \cdots, \frac{1}{2n}\right)$$

容易证明，上面的策略组不是均衡组合，该策略组带给每个参与人的收益为

$$\frac{1}{2n}\left(1-\frac{n}{2n}\right) = \frac{1}{4n}$$

因此，所有参与人的总收益

$$= \frac{1}{4} > \frac{n}{(n+1)^2}$$

因此，非均衡策略组$\left(\frac{1}{2n}, \frac{1}{2n}, \cdots, \frac{1}{2n}\right)$提供的收益大于纳什均衡收益。一般来说，正如囚徒困境问题的情形一样，对于个人或整体来说，均衡收益未必是最好的可能结果。这是纳什均衡收益通常伴随的局限。□

例 6.6 （庇古交通网络博弈） 回顾第 4 章的庇古交通网络博弈。首先考察两个参与人的情形，他们的收益矩阵为

1	2	
	A	B
A	-1，-1	$-\frac{1}{2}$，-1
B	-1，$-\frac{1}{2}$	-1，-1

容易看到，策略组（A，A）、（A，B）和（B，A）都是纯策略纳什均衡。剩下的那个策略组即（B，B），不是纯策略纳什均衡，因为每个参与人只要单方面偏离该策略组，即用策略 A 替换策略 B，那么他将获益。纳什均衡（A，A）带给两个参与人的收益之和（总效用）为-2，而另外两个均衡带给两个参与人的总效用为$-3/2$。

现在考察 $n>2$ 的情形。在这种情形下，策略组（A，A，…，A）是一个纯策略纳什均衡，它带来的总效用为$-n$。如果 n 是偶数，那么带来最高总效用的策略组是任何下面这样的策略组——一半参与人选择策略 A，另一半参与人选择策略 B。这个总效用的值为$-\left(\frac{n}{2}\cdot\frac{1}{2}+\frac{n}{2}\right)$，即$-\frac{3n}{4}$。注意，一半参与人选择策略 A 而另外一半人选择策略 B 这样的策略组，不是均衡组合。然而，它带来的总效用大于纳什均衡组合带来的总效用。这种糟糕表现的原因在于参与人的理性，算法博弈论用无政府主义的代价（price of anarchy）这个术语讨论了该问题。这个主题方面的进一步讨论可参见 Nisan，Roughgarden，Tardos，and Vazirani[2]。□

例 6.7 （布雷斯悖论博弈） 现在我们讨论第 4 章和第 5 章介绍过的布雷斯悖论。首先考虑不打通 AB 路（见图 4—2）的情形。假设（s_1，…，s_n）是任何一个使得

$$n_A(s_1,\cdots,s_n)=n_B(s_1,\cdots,s_n)=500$$

的策略组。

也就是说，给定 1 000 辆车，恰有 500 辆选择经过 A 点的路线，另外 500 辆选择经过 B 点的路线。显然，对于这样的策略组，对于每辆车 $i\in N$，u_i（s_1，…，s_n）都等于-35。假设车辆 i 偏离策略 s_i 但所有其他车辆都仍选择原来的策略。现在车辆 i 的效用变为$\left(-25-\frac{501}{50}\right)$，它小于$-35$。（注意，其绝对值大于 35，这意味着车辆 i 的交通时间增加了。）事实上，由于车辆 i 单方面偏离原来的策略，比如它从策略 A 偏离到 B，那么选择策略 A 的那 499 辆车的状况变好了，而车辆 i 和选择策略 B 的另外 500 辆车的状况变差了。因此，所有满足上面条件的策略组都是纯策略纳什均衡。

现在考虑打通 AB 路后的情形（见图 4—3）。我们已在第 5 章证明策略组（AB，AB，…，AB）是一个强优势策略均衡。在这里，它也是一个纯策略纳什均衡。注意，上面的均衡策略导致了每辆车的总交通时间为 40 分钟。

另一方面，考虑 500 辆车使用策略 A 而另外 500 辆车使用策略 B 的策略组。这样的策略组不是优势策略均衡，也不是纳什均衡，但每辆车的交通时间只有 35 分钟。正如我们在第 5 章看到的，这里出现悖论的原因在于，打通 AB 路的做法使得策略 AB 强加在每辆车上（对于每辆车来说，策略 AB 都是强优势策略），从而导致了均衡策略组情形的交通时间比非均衡策略组情形的交通时间长。□

6.3 不存在纯策略纳什均衡的博弈

给定策略型博弈，我们无法保证它一定存在纯策略纳什均衡。下面提供一些例子。

例 6.8 （硬币配对博弈） 回顾第 3 章讨论的硬币配对博弈，它的收益矩阵为

1	2	
	A	B
A	1，−1	−1，1
B	−1，1	1，−1

容易看到，这个博弈不存在纯策略纳什均衡。这说明我们无法保证纯策略纳什均衡总是存在。在第 10 章，我们将证明策略型博弈存在纯策略纳什均衡解的充分条件。在下一章（第 7 章），我们将引入混合策略纳什均衡，并且证明这个博弈有混合策略纳什均衡。□

例 6.9 考察石头剪刀布博弈，它的收益矩阵如下：

1	2		
	石头	布	剪刀
石头	0，0	−1，1	1，−1
布	1，−1	0，0	−1，1
剪刀	−1，1	1，−1	0，0

显然，这个博弈也不存在纯策略纳什均衡。

接下来，我们考察非对称公司（指两公司地位不对称）的两难问题，它的收益矩阵如下：

1	2	
	A	B
A	4，1	0，4
B	1，5	1，1

这个博弈也不存在纯策略纳什均衡。□

下面我们提供一个无限博弈，它也不存在纯策略纳什均衡。

例 6.10 （采购博弈） 这个博弈改编自 Tardos and Vazirani[1]。给定某种特定商品，买者向卖者采购，买者和卖者都可为多个，这里卖者为博弈参与人。为具体起见，假设有两个卖者 1 和 2，三个买者 A、B 和 C。由于存在着诸如物流的约束，再假设

- A 只能向 1 采购。
- C 只能向 2 采购。
- B 可向 1 采购，也可向 2 采购。
- 每个买者的最大支付意愿为 1，而且都只想买 1 单位。
- 每个卖者的供货都很充足。
- 每个卖者都在区间 [0，1] 内报价。

令卖者 1 和 2 的报价分别为 s_1 和 s_2。容易看出，A 以价格 s_1 向 1 采购，C 以价格 s_2 向 2 采购。如果 $s_1<s_2$，那么 B 将向 1 采购；如果 $s_1>s_2$，那么 B 将向 2 采购。假设当 $s_1=s_2$ 时，B 将向 1 采购。现在，我们可将这个博弈定义如下：

$$N=\{1,2\};$$
$$S_1=S_2=[0,1];$$

$$
\begin{aligned}
u_1(s_1,s_2)&=2s_1 \quad 若\ s_1\leqslant s_2\\
&=s_1 \quad 若\ s_1>s_2\\
u_2(s_1,s_2)&=2s_2 \quad 若\ s_1>s_2\\
&=s_2 \quad 若\ s_1\leqslant s_2
\end{aligned}
$$

容易看出，当 $0\leqslant s_2\leqslant 1$ 时，$u_2(1, s_2)$ 的值为 $2s_2$。因此，当 s_2 从 0 开始增加时，$u_2(1, s_2)$ 变大；当 s_2 逐渐增至 1 时，$u_2(1, s_2)$ 突然降为 1。显然，对于任何 $s_2\in[0, 1]$，$(1, s_2)$ 这样的策略组都不可能是一个纳什均衡。类似地，对于 $s_1\in[0, 1]$，任何 $(s_1, 1)$ 这样的策略组也不可能是纳什均衡。

我们现在考察这个博弈是否存在纳什均衡 (s_1^*, s_2^*)，其中 $s_1^*, s_2^*\in[0, 1)$（注意，这是一个左闭右开的区间，它意味着价格 1 不在报价区间）。这里有两种情形。

情形 1：如果 $s_1^*\leqslant\frac{1}{2}$，那么卖者 2 的最优报价为 $s_2=1$，因为这能带给它最大收益。然而，报价 $s_2=1$ 不可行，因为 s_2 的取值区间为 $[0, 1)$。

情形 2：如果 $s_1^*>\frac{1}{2}$，那么这又有两种情形：(1) $s_1^*\leqslant s_2^*$；(2) $s_1^*>s_2^*$。

首先，假设 $s_1^*\leqslant s_2^*$。于是，

$$
\begin{aligned}
u_1(s_1^*,s_2^*)&=2s_1^*\\
u_2(s_1^*,s_2^*)&=s_2^*
\end{aligned}
$$

选择 s_2 使得 $\frac{1}{2}<s_2<s_1^*$。于是，

$$
\begin{aligned}
u_2(s_1^*,s_2)&=2s_2\\
&>s_2^* \quad 因为\ 2s_2>1\ 且\ s_2^*<1\\
&=u_2(s_1^*,s_2^*)
\end{aligned}
$$

因此，参与人可改进 (s_1^*, s_2^*)，这意味着 (s_1^*, s_2^*) 不是一个纳什均衡。

现在，假设 $s_1^*>s_2^*$。于是，

$$
\begin{aligned}
u_1(s_1^*,s_2^*)&=s_1^*\\
u_2(s_1^*,s_2^*)&=2s_2^*
\end{aligned}
$$

现在假设我们选择 s_1 使得 $1>s_1>s_1^*$。于是，

$$
u_1(s_1,s_2^*)=s_1>s_1^*=u_1(s_1^*,s_2^*)
$$

因此，参与人总是可以改进 (s_1^*, s_2^*)。这意味着 (s_1^*, s_2^*) 不是一个纳什均衡。

综上可知，这个博弈不存在纯策略纳什均衡。□

6.4 纳什均衡的解释

在博弈论中，纳什均衡是一个被广泛讨论的主题。对于纳什均衡，博弈论学家已提

供了很多解释。注意，纳什均衡是指 n 个参与人的一个策略组，使得每个参与人的选择对所有其他参与人的纳什均衡策略来说都是最优反应。任一参与人单方面偏离纳什均衡策略，都不能使他自己的状况变好，这里的单方面是指除了他之外其他所有参与人都不偏离纳什均衡策略。下面是博弈论学家对纳什均衡提供的几种解释。

第一种常见的解释将纳什均衡视为一种**处方**（prescription）或指示。假设这 n 个参与人有一个咨询师。咨询师将纳什均衡策略组作为处方提供给他们。如果这个策略组不是一个纳什均衡，那么至少有一个参与人将发现不遵守处方能让自己状况变好。如果这个策略组的确是一个纳什均衡，那么每个参与人都会很高兴，因为给定其他所有参与人都选择处方提供的策略，那么他选择处方提供的策略的这种做法是最优的。因此，富有逻辑且理性的咨询师会开出纳什均衡策略组这种处方。然而，需要注意：纳什均衡保证的是参与人不会单方面偏离纳什均衡（单方面偏离是指在给定的时点上只有一个参与人偏离）。如果两个或更多参与人偏离纳什均衡，那么他们的状况可能变好。例如，在囚徒困境的问题中，(C, C) 是一个纳什均衡。如果两人都决定偏离，策略组将变为 (NC, NC)，这使得这两人的状况都变好。注意，(NC, NC) 不是一个纳什均衡。

纳什均衡的第二种常见解释是**预测**（prediction）。如果参与人都是理性且智能的，那么纳什均衡为博弈提供了一种可能的科学预测。例如，参与人系统地删去强劣势策略之后，就得到了简化型博弈，它存在纳什均衡（参见第 7 章）。通常，一次又一次地删去强劣势策略的做法，能得到唯一预测结果，该结果是一个纳什均衡。

纳什均衡的另外一种合意解释，是将其视为一种**自我实施的协议**（self-enforcing agreement）。这种协议可以是参与人之间的一种默契，也可以是明确的合约。在合作博弈中，一旦协议达成，不需要外力保证协议的履行，因为每个参与人遵守协议对自己有利，当然前提是其他所有参与人也遵守协议。在非合作博弈中，参与人无法实施协议，所以在仅允许参与人单方面偏离均衡策略这个假设条件下，这种解释也能讲得通，因为在这个假设下，纳什均衡是稳健的。

纳什均衡的一种自然且易于理解的解释涉及**演化**（evolution）与**稳态**（steady-state）。纳什均衡是动态调整过程的可能收敛点，这里的动态调整过程是指每个参与人根据其他参与人的策略选择而调整自己的策略选择的互动过程，这个过程一直持续下去直至达到稳态。这种说法已被用于解释生物进化。在这个解释下，纳什均衡是重复博弈在长期得到的结果。这样，纳什均衡类似历史悠久的社会惯例，而且人们愿意维持下去。

上面的说法对纳什均衡提供了广为人们接受的解释。对于纳什均衡的概念，已有一些学者提出了更有洞察力的观点，参见 Holt and Roth[3]。

注释 对于寻找纳什均衡，共同知识（common knowledge）通常是一个标准假设。然而，共同知识的要求太强，可以稍微放松。假设每个参与人都是理性的，知道他自己的收益函数，而且知道其他人的策略选择。这个条件比共同知识弱，它被称为相互知识（mutual knowledge）。对于寻找纳什均衡，相互知识的假设已足够。这些概念的详细讨论，可参见 Aumann[4]。这个主题方面的更广泛的讨论和例子可参见 Maschler，Solan，and Zamir[5]。

托马斯·谢林（Thomas Schelling），与罗伯特·奥曼（Robert Aumann）一起，获得了 2005 年诺贝尔经济学奖，因为他们通过博弈论分析，对冲突和合作提供了明确解释。谢林对博弈论的贡献主要体现在他的著作上。他于 1960 年写的书《冲突的策略》（*The Strategy of Conflict*）是一个经典之作，它引发了人们研究议价和策略行为的浪潮。此书曾入选 1945 年以来最有影响的 100 本书。谢林在这本书中引入了焦点（focal point）概念，用来解释博弈存在多个均衡时参与人是如何互动的，现在博弈论中的焦点已被称为**谢林点**（Schelling point）。

谢林的另外一本书《武器与影响》（*Arms and Influence*）也被广泛引用。谢林的最大特点是他能用简单博弈模型，以富有想象力的方法，深入说明一些全球问题，例如冷战、核武器竞赛、战争与和平等。

谢林出生于 1921 年 4 月 14 日。1951 年，他获得了哈佛大学经济学博士学位。1950—1953 年间，谢林为美国总统政策顾问团成员。从那时起，他在公共服务领域担任了很多职位。他在全球变暖辩论中也扮演了重要角色。1958—1990 年，他任职于哈佛大学。自 1990 年起，他在马里兰大学经济系和公共政策学院担任教授，成绩卓著。

6.5 存在多个纳什均衡的情形

在前面，我们已经看到，一些博弈存在多个纳什均衡。如果一个博弈有多个纳什均衡，那么一个基本问题出现了——哪个均衡将得以实施？这个问题已被很多博弈论学家尤其是谢林解决。谢林提出了**焦点效应**（focal point effect）。谢林认为，任何能让参与人聚焦到某个均衡的事情，都能使他们预期这个均衡将发生，从而实施这个均衡，这类似自我实现的预言。这样的均衡有着区别于其他所有均衡的性质，它有自己的名称，叫做**焦点均衡**（focal equilibrium）或**谢林点**（Schelling point）。

例 6.11 考察 BOS 博弈，它的收益矩阵如下：

1	2	
	A	*B*
A	2，1	0，0
B	0，0	1，2

这里，(*A*，*A*) 和 (*B*，*B*) 都是纳什均衡。如果参与人因为某事对产品 *A* 感兴趣，那么 (*A*，*A*) 可能变为焦点均衡。另一方面，如果参与人对产品 *B* 展开营销闪电战，那么 (*B*，*B*) 可能变为焦点均衡。□

6.6 最大最小值和最小最大值

给定一个纳什均衡，我们已看到每个参与人的均衡策略为他提供了最优反应策略，当然前提是他乐观地假设其他参与人不会偏离他们的均衡策略。如果参与人担心其他参与人的任何非理性行为，那么他必须做好最坏打算。这样的情形导致了最大最小策略。

□ 最大最小值和最大最小策略

参与人的最大最小策略（maxmin strategy）是指当其他参与人自由选择任何策略这种最坏情形出现时，能使他的收益最大的策略。我们用例子说明这个概念。

例 6.12 （最大最小值） 考虑 4.8 节的非对称公司的两难问题，该博弈的收益矩阵如下：

1	2	
	A	B
A	4，1	0，4
B	1，5	1，1

这个博弈没有纯策略纳什均衡。如果参与人 1 选择策略 A，那么他能得到的最小收益为 0（当参与人 2 选择策略 B 时）。另一方面，如果参与人 1 选择 B，那么他能得到的最小收益为 1（当参与人 2 选择 A 或 B 时）。因此，参与人 1 将决定选择策略 B，不管参与人 2 选择什么策略，因为这样参与人 1 能保证自己的最小收益为 1。这个收益称为**最大最小值**（maxmin value）或**安全值**（security value），能带给他这个收益的策略 B 称为**最大最小策略**（maxmin strategy）或**安全策略**（security strategy）。

类似地，如果参与人 2 选择策略 A，那么他能得到的最小收益为 1（当参与人 1 选择策略 A 时）。另一方面，如果参与人 2 选择策略 B，那么他能得到的最小收益仍为 1（当参与人 1 选择策略 B 时）。因此，不管参与人 2 选择策略 A 还是 B，他总能得到最小收益 1，不管参与人 1 选择什么策略。在这里，收益 1 称为参与人 2 的最大最小值或安全值，策略 A 或 B 称为参与人 2 的最大最小策略或安全策略。□

假设 $\Gamma=\langle N, (S_i), (u_i)\rangle$ 是任何策略型博弈。如果参与人 i 选择策略 s_i，那么他的最小收益为

$$\min_{s_{-i}\in S_{-i}} u_i(s_i, s_{-i})$$

参与人 i 可以在 S_i 中选择策略使得上述最小收益最大化，从而不管其他参与人选择什么策略，他都能保证自己得到这个可能的最大收益。由此，我们得到了下面的定义。

定义 6.3 （最大最小值和最大最小策略） 给定策略型博弈 $\Gamma=\langle N, (S_i), (u_i)\rangle$，参与人 i（$i=1, \cdots, n$）的**最大最小值**或称**安全值**为

$$\underline{v_i}=\max_{s_i\in S_i}\min_{s_{-i}\in S_{-i}}u_i(s_i,s_{-i})$$

任何能保证参与人 i 得到该收益的策略都称为他的**最大最小策略**或称**安全策略**。

例 6.13 对于非对称公司两难博弈，参与人 1 的最大最小值为 1，策略 B 是参与人 1 的最大最小策略，但策略 A 不是。参与人 2 的最大最小值也为 1，策略 A 和 B 都是参与人 2 的最大最小策略。这说明参与人可能有多个最大最小策略。□

注释 如果参与人 i 选择最大最小策略，而且其他所有参与人任意选择策略，那么参与人 i 得到的收益不会小于$\underline{v_i}$。因此，最大最小策略也被称为**不后悔策略**（no-regret strategy)。注意，对于给定的参与人，纳什均衡策略未必是一个不后悔策略；其他参与人偏离均衡策略的行为能导致参与人 i 的收益小于他在均衡时的收益。

下面的命题说明参与人 i 在纳什均衡策略组（若该均衡策略组存在）中的收益至少为他的最大最小值。

命题 6.1 假设策略型博弈 $\Gamma=\langle N,(S_i),(u_i)\rangle$ 有纯策略纳什均衡（s_1^*，…，s_n^*）。那么

$$u_i(s_1^*,\cdots,s_n^*)\geq\underline{v_i}\quad 对于所有\ i\in N$$

证明：首先，注意到，对于所有 $i\in N$，

$$u_i(s_1^*,\cdots,s_n^*)=\max_{s_i\in S_i}u_i(s_i,s_{-i}^*)$$

然后，注意到对于所有 $i\in N$，

$$u_i(s_i,s_{-i}^*)\geq\min_{s_{-i}\in S_{-i}}u_i(s_i,s_{-i})$$

综合上面两个不等式，显然可知，对于所有 $i\in N$，$u_i(s_1^*,\cdots,s_n^*)\geq\underline{v_i}$。■

注释 给定策略型博弈，最大最小策略组可以视为该博弈的另外一个解概念。这样的策略组可能有多个。显然，这些策略组一般不同于纳什均衡策略组。在第 9 章，我们将看到，在两人零和博弈这种特定环境下，每个纯策略纳什均衡策略组（若存在），也是最大最小策略组。

□ 最小最大值

大致地说，参与人 i 的最小最大值（minmax value）是指当其他参与人选择的策略对参与人 i 最不利时，参与人 i 被迫得到的最小收益。它的正式定义如下。

定义 6.4 （最小最大值和最小最大策略） 给定策略型博弈 $\Gamma=\langle N,(S_i),(u_i)\rangle$，参与人 i（$i=1,\cdots,n$）的**最小最大值**（minmax value）为

$$\overline{v}_i=\min_{s_{-i}\in S_{-i}}\max_{s_i\in S_i}u_i(s_i,s_{-i})$$

能把 $\overline{v}_i$ 强加给参与人 1 的任何策略组 $s_{-i}^*\in S_{-i}$ 都是其他参与人针对参与人 i 的**最小最大策略组**（minmax strategy profile)。

例 6.14 在非对称公司两难博弈中，假设我们想计算参与人 1 的最小最大值。如果参与人 2 选择策略 A，那么参与人 1 能得到的最大收益为 4（当参与人 1 选择策略 A 时）。

如果参与人 2 选择策略 B，那么参与人 1 能得到的最大收益为 1（当参与人 1 选择策略 A 或 B 时）。因此，如果参与人 2 选择策略 B，那么参与人 1 被迫得到的最大收益为 1，因此，参与人 1 的最小最大值为 1。参与人 2 针对参与人 1 的最小最大策略显然为 B。类似地，参与人 2 的最小最大值为 4，参与人 1 针对参与人 2 的最小最大策略为 A。□

注意，参与人 i 的最小最大值 $\overline{v}_i$ 意味着其他参与人迫使参与人 i 得到的收益不会超过 $\overline{v}_i$。或者说，最小最大值衡量当其他参与人选择对参与人 i 最不利的策略时，参与人 i 的最大反抗程度。注意，最小最大值 $\overline{v}_i$ 与最大最小值 $\underline{v}_i$ 的区别。参与人 i 的最大最小值 $\underline{v}_i$ 是他能保证自己得到的最小收益。在直觉上，参与人的最小最大值 $\overline{v}_i$ 必定大于或等于他的最大最小值 $\underline{v}_i$。下列命题正式说明了这个事实。

命题 6.2 给定策略型博弈 $\Gamma=\langle N, (S_i), (u_i)\rangle$，总有

$$\overline{v}_i \geqslant \underline{v}_i \quad 对于所有\ i \in N$$

证明： 假设 s_{-i}^* 是其他参与人针对参与人 i 的一个最小最大策略组。这意味着

$$\overline{v}_i = \max_{s_i \in S_i} u_i(s_i, s_{-i}^*) \quad 对于所有\ i \in N$$

注意，对于所有 $i \in N$，

$$u_i(s_i, s_{-i}^*) \geqslant \min_{s_{-i} \in S_{-i}} u_i(s_i, s_{-i}) \quad 对于所有\ s_i \in S_i$$

使用上面的两个不等式，可得

$$\overline{v}_i = \max_{s_i \in S_i} u_i(s_i, s_{-i}^*) \geqslant \max_{s_i \in S_i} \min_{s_{-i} \in S_{-i}} u_i(s_i, s_{-i}) = \underline{v}_i \quad 对于所有\ i \in N$$

因此，任何参与人的最小最大值 $\overline{v}_i$ 都不会小于他的最大最小值 $\underline{v}_i$。■

下面的命题说明，参与人在纳什均衡策略组（若这样的策略组存在）中的收益至少等于他的最小最大值。

命题 6.3 假设策略型博弈 $\Gamma=\langle N, (S_i), (u_i)\rangle$ 有纯策略纳什均衡 $(s_1^*, \cdots, s_n^*)$。那么

$$u_i(s_1^*, \cdots, s_n^*) \geqslant \overline{v}_i \quad 对于所有\ i \in N$$

证明： 首先，注意，对于所有 $i \in N$，

$$u_i(s_1^*, \cdots, s_n^*) = \max_{s_i \in S_i} u_i(s_i, s_{-i}^*)$$

然后，注意

$$\max_{s_i \in S_i} u_i(s_i, s_{-i}^*) \geqslant \min_{s_{-i} \in S_{-i}} \max_{s_i \in S_i} u_i(s_i, s_{-i}) \quad 对于所有\ i \in N$$

由上面的两个不等式可知，

$$u_i(s_1^*, \cdots, s_n^*) \geqslant \overline{v}_i \quad 对于所有\ i \in N \ ■$$

注释 上面的讨论表明参与人在纯策略纳什均衡（若这样的均衡存在）中的收益大于或等于他的最小最大值 $\overline{v}_i$，而 $\overline{v}_i$ 又大于或等于他的最大最小值 $\underline{v}_i$。

6.7 展开型博弈的均衡

我们已在第 3 章简要研究了展开型博弈。现在我们再次考察这种重要的博弈类型，并且引入所谓子博弈完美均衡这个解概念。我们仅讨论完美信息展开型博弈。

定义 6.5 （子博弈） 给定展开型博弈 Γ 以及它的一个非终止历史（non-terminal history）h，h 之后的**子博弈**（the subgame following h）是指历史 h 发生后仍存在的那部分博弈。

例 6.15 考虑图 6—1（a）中的进入市场博弈。图 6—1（b）画出了该博弈唯一的真子博弈（proper subgame）。图 6—2（a）画出了另外一个展开型博弈。图 6—2（b）和图 6—2（c）分别画出了这个博弈的两个真子博弈。

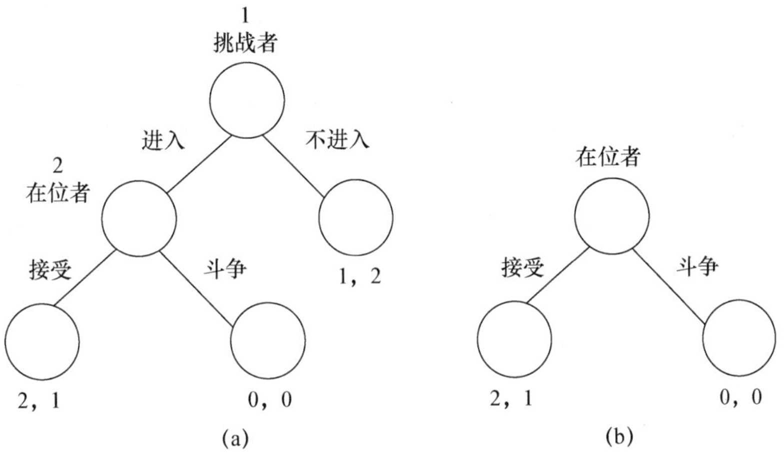

图 6—1 进入博弈及其对应于历史（进入）的子博弈

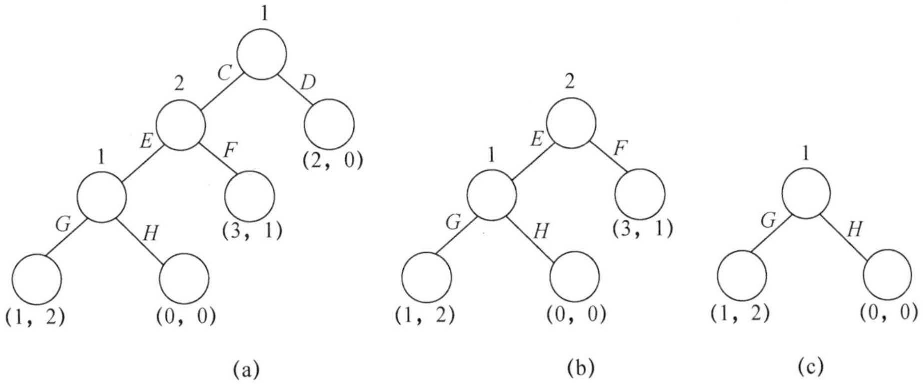

图 6—2 另外一个博弈及其他两个子博弈，图（b）中的子博弈对应历史（C），图（c）中的子博弈对应历史（C，E）

□ 展开型博弈的纯策略纳什均衡

展开型博弈的纳什均衡概念类似于策略型博弈的纳什均衡。它的正式定义如下。

定义 6.6 给定展开型博弈 $\Gamma=\langle N,(A_i),\mathbb{H},P,(\mathbb{I}_i),(u_i)\rangle$ 及其一个策略组 $s^*=(s_1^*,\cdots,s_n^*)$，若对于所有 $i\in N$，

$$u_i(O(s_i^*,s_{-i}^*))\geqslant u_i(O(s_i,s_{-i}^*)) \quad 对于所有 s_i\in S_i$$

则 s^* 是该博弈的一个**纯策略纳什均衡**。其中：S_i 是参与人 i（$i=1,2,\cdots,n$）的所有策略组成的集合；$O(\cdot)$ 表示对应于策略组的结果。

例 6.16 考虑进入博弈（见图 6—1 (a)）。等价于该博弈的策略型博弈的收益矩阵为

1	2	
	接受	斗争
进入	2，1	0，0
不进入	1，2	1，2

显然，(进入，接受）和（不进入，斗争）都是纯策略纳什均衡。注意，参与人 1 偏好（进入，接受）这个均衡，因为它带给参与人 1 的效用更大；参与人 2 偏好（不进入，斗争）这个均衡，因为它带给参与人 2 的效用更大。

另外，注意，纳什均衡（进入，接受）符合直觉，这是因为策略“接受”是参与人 2 在他的决策节点上的有效和最优反应。均衡（不进入，斗争）多少不符合直觉，因为参与人 1 选择“不进入”策略将使参与人 1 停留在博弈树的枝叶上，因此参与人 2 不需要选择任何策略。然而，我们可以将均衡（不进入，斗争）解释为参与人 2 对参与人 1 的下列威胁：“如果你进入，我将斗争。”这样的威胁未必是**可信威胁**（credible threat），但它的确描述了当博弈参与人偏离理性行为时出现的最差情形。子博弈完美均衡（稍后讨论）以符合逻辑的方法解决了这个问题。

展开型博弈的纯策略纳什均衡概念没有考虑参与人在展开型博弈中的行动顺序。纳什均衡仅将策略视为参与人在博弈进行之前做出的一劳永逸的选择。□

例 6.17 回忆一下，在图 6—2 (a) 中的展开型博弈中，参与人 1 和 2 的策略集分别为：

$$S_1=\{CG,CH,DG,DH\}$$
$$S_2=\{E,F\}$$

等价策略型博弈的收益矩阵为

1	2	
	E	F
CG	1，2	3，1
CH	0，0	3，1
DG	2，0	2，0
DH	2，0	2，0

它有三个纯策略纳什均衡，即 (DH,E)，(DG,E) 以及 (CH,F)。□

□ 子博弈完美均衡

子博弈完美纳什均衡（subgame perfect equilibrium，SGPE）考虑到了博弈的每个可能

历史，并且保证在给定其他参与人策略的情形下每个参与人的策略都是最优的，这里的最优是指不仅从博弈一开始就是最优，每个可能历史之后仍为最优。下面给出正式定义。

定义 6.7 （子博弈完美均衡） 给定展开型博弈 $\Gamma=\langle N, (A_i), \mathbb{H}, P, (\mathbb{I}_i), (u_i)\rangle$ 及其一个策略组 $s^*=(s_1^*, \cdots, s_n^*)$，若对于所有 $i\in N$，

$$u_i(O_h(s_i^*, s_{-i}^*))\geqslant u_i(O_h(s_i, s_{-i}^*)) \quad \text{对于所有 } h\in\{x\in s_{\mathbb{H}}: P(x)=i\};$$
$$\text{对于所有 } s_i\in S_i$$

则 s^* 是一个**子博弈完美均衡**（subgame perfect equilibrium，SGPE），其中 $O_h(s_i^*, s_{-i}^*)$ 表示对应于历史 h 的结果，这里的 h 是策略组（s_i^*，s_{-i}^*）中的历史。

例 6.18 在进入市场博弈（见图 6—1（a））中，我们已经看到（进入，接受）和（不进入，斗争）都是纳什均衡。然而，策略组（不进入，斗争）不是一个子博弈完美均衡，因为在对应于历史（进入）的子博弈中，“斗争”不是参与人 2 的最优策略。它背后的道理在于，如果挑战者偏离（不进入，斗争）而选择了“进入”策略，那么参与人 2 将处于不利地位，因为“斗争”不是他的最优反应。

在图 6—2（a）所示的展开型博弈中，我们已经看到（DH，E）、（DG，E）和（CH、F）这三个策略组都是纳什均衡。然而，只有（DG，E）是一个子博弈完美均衡。□

□ 纳什均衡与子博弈完美均衡

由子博弈完美均衡的定义可知，子博弈完美均衡是一个能在每个子博弈中都诱导出纳什均衡的策略组。因此，子博弈完美均衡总是纳什均衡，但纳什均衡未必是子博弈完美均衡，前面的例子已说明了这一点。

在展开型博弈的纳什均衡中，给定其他参与人的策略，每个参与人的策略对于整个博弈来说都是最优的。它未必对于每个子博弈都是最优的。然而，如果参与人使用纳什均衡策略，那么对于它所到达的任何子博弈来说，它都是最优的。另一方面，每个参与人的子博弈完美均衡策略对于每个可能的历史（只要参与人使用子博弈完美均衡策略，无论这些历史发生与否）都是最优的。

在纳什均衡中，每个参与人都有着与其他参与人博弈的长期经验，他对其他参与人的行动有正确的信念。他相信其他参与人不会偏离他们的行动。给定这些信念，纳什均衡策略是最优的。

子博弈完美均衡对其他参与人的行动没有做出这样的假设要求。子博弈完美均衡概念考虑了每个参与人偏离子博弈完美均衡行为的可能性，即使是很少出现的可能性。每个参与人对其他参与人的策略有着正确的信念，并且知道与纳什均衡相比，子博弈完美均衡对其他参与人的偏离行为提供了更强的保障，也就是说，其他参与人更不愿意偏离均衡策略。

6.8 小结与参考文献

在本章，我们引入了纯策略纳什均衡（PSNE）这个核心概念。一个纯策略纳什均

衡就是一个策略组（s_1^*，…，s_n^*），它使得任何参与人单方面偏离自己的均衡策略都无利可图（单方面偏离是指仅有某个参与人偏离而其他参与人不偏离他们的均衡策略）。我们也可将纯策略纳什均衡定义为一个策略组（s_1^*，…，s_n^*），它使得每个参与人的策略 s_i^* 都是对其他参与人均衡策略 s_{-i}^* 的最优反应。下列要点值得特别注意。

- 纯策略纳什均衡仅保证每个参与人不单方面偏离自己的行动。
- 纯策略纳什均衡可能不能向参与人保证其他参与人不会单方面偏离。例如，在囚徒困境博弈中，(C, C) 是一个纯策略纳什均衡。如果参与人 1 坚持使用策略 C，但参与人 2 偏离 C 而改为使用策略 NC，那么参与人 1 的效用从－5 增加到－1。
- 纯策略纳什均衡不能保证参与人的多边偏离（或说共同偏离）。例如，在囚徒困境博弈中，如果两个参与人都偏离（C, C）而改用（NC, NC），那么他们的状况都变好。
- 纯策略纳什均衡可能不对应着社会最优结果。再次以囚徒困境为例，均衡策略（C, C）带来的总效用为－10，而非均衡策略（NC, NC）的总效用为－4。
- 策略型博弈未必有纯策略纳什均衡（例如，硬币配对博弈，或者采购博弈）。
- 策略型博弈可能有多个纯策略纳什均衡，而且既定参与人在不同纯策略纳什均衡中的收益可能不同。
- 每个优势策略均衡也是一个纯策略纳什均衡。

纯策略纳什均衡有多种解释方法：(a) 作为咨询师提供的每个参与人都愿意接受的指示；(b) 作为重复博弈的自然而然的预测结果；(c) 作为参与人达成的自我实施协议；(d) 作为演化过程的稳态结果。在使用这些解释时，读者要根据具体模拟环境，选择合适的那种。

我们介绍了参与人的最大最小值或称安全值概念，它描述了当其他参与人自由选择任何策略而导致的最差情形出现时，他能保证自己得到的最小收益。我们还介绍了参与人的最小最大值概念，这是其他参与人能强加给他的最小收益。如果纯策略纳什均衡存在，那么任何参与人在该均衡下的收益大于或等于他的最小最大值，他的最小最大值又大于或等于他的最大最小值。

我们还考察了展开型博弈的纳什均衡概念和子博弈完美均衡概念。在本书中，我们主要关注策略型博弈。因此，对于展开型博弈和子博弈完美均衡，我们不再进一步研究。

本章讨论的材料主要来自 Myerson[6] 以及 Osborne and Rubinstein[7]。由 Tardos and Vazirani[1] 所写的论文，很好地介绍了博弈论中的概念。事实上，我们从该论文中摘取了很多例子。

关于纳什均衡的有趣讨论，可参见 Osborne[8]，Straffin[9]，Maschler，Solan，and Zamir[5]，以及 Binmore[10]。

众所周知，纳什均衡的概念是由约翰·纳什在其博士论文中提出的，它发表于参考文献 [11，12]。关于纳什均衡的深层洞见可参考 Holt and Roth[3]。

本章关于子博弈完美均衡的大多数材料，要归功于 Osborne[8]。关于子博弈完美均衡的更多细节，读者可参考此文献。关于展开型博弈的详细讨论，读者可参考 Myerson[6] 以及 Maschler，Solan，and Zamir[5]。

□ 参考文献

[1] E. Tardos and V. Vazirani. "Introduction to game theory: Basic solution concepts and computational issues". In: *Algorithmic Game Theory*. Ed. by Noam Nisan, Tim Roughgarden, Eva Tardos, and Vijay Vazirani. Cambridge University Press, 2007, pp. 3−28.

[2] Noam Nisan, Tim Roughgarden, Eva Tardos, and Vijay Vazirani (Editors). *Algorithmic Game Theory*. Cambridge University Press, 2007.

[3] Charles A. Holt and Alvin E. Roth. "The Nash equilibrium: A perspective". In: *Proceedings of the National Academy of Sciences* 101 (2004), pp. 3999−4002.

[4] Robert J. Aumann. "Agreeing to disagree". In: *The Annals of Statistics* 4(6) (1976), pp. 1236−1239.

[5] Michael Maschler, Eilon Solan, and Shmuel Zamir. *Game Theory*. Cambridge University Press, 2013.

[6] Roger B. Myerson. *Game Theory: Analysis of Conflict*. Harvard University Press, Cambridge, Massachusetts, USA, 1997.

[7] Martin J. Osborne and Ariel Rubinstein. *A Course in Game Theory*. Oxford University Press, 1994.

[8] Martin J. Osborne. *An Introduction to Game Theory*. The MIT Press, 2003.

[9] Philip D. Straffin Jr. *Game Theory and Strategy*. The Mathematical Association of America, 1993.

[10] Ken Binmore. *Fun and Games: A Text On Game Theory*. D. C. Heath & Company, 1992.

[11] John F. Nash Jr. "Equilibrium points in *n*-person games". In: *Proceedings of the National Academy of Sciences* 36 (1950), pp. 48−49.

[12] John F. Nash Jr. "Non-cooperative games". In: *Annals of Mathematics* 54 (1951), pp. 286−295.

6.9 习　题

(1) 证明在策略型博弈中，任何强（弱）（极弱）优势策略均衡也是纯策略纳什均衡。

(2) 我们已经看到两人对称策略型博弈的形式为 $S_1=S_2$，$u_1(s_1, s_2)=u_2(s_2, s_1)$，对于所有 $s_1\in S_1$ 以及 $s_2\in S_2$。证明在这样的博弈中，策略组 (s_1^*, s_2^*) 是纯策略纳什均衡当且仅当策略组 (s_2^*, s_1^*) 也是纯策略纳什均衡。

(3) 找出下列博弈的纳什均衡、最大最小值、最小最大值、最大最小策略以及最小最大策略。

1	2	
	A	*B*
A	0，1	1，1
B	1，1	1，0

（4）对于第 4 章讨论但未在本章讨论的那些博弈，分别找出它们的纯策略纳什均衡、最大最小值、最小最大值、最大最小策略以及最小最大策略。

（5）找到下列博弈的纯策略纳什均衡、最大最小值、最小最大值、最大最小策略以及最小最大策略。

	X	*Y*	*Z*
A	6，6	8，20	0，8
B	10，0	5，5	2，8
C	8，0	20，0	4，4

（6）找到下列两人博弈的纯策略纳什均衡、最大最小值、最小最大值、最大最小策略以及最小最大策略。

	A	*B*	*C*	*D*
A	5，2	2，6	1，4	0，4
B	0，0	3，2	2，1	1，1
C	7，0	2，2	1，5	5，1
D	9，5	1，3	0，2	4，8

（7）证明在策略型博弈中，参与人的强优势策略也是他的最大最小策略。类似的结论对弱优势策略成立吗，对极弱优势策略成立吗？

（8）对于布雷斯悖论博弈（其中，*AB* 路未打通），我们已得到了纳什均衡（即满足 500 辆车走路线 *A*，另外 500 辆车走路线 *B* 的那些策略组）。除此之外，还有没有其他纳什均衡？在 *AB* 路打通的情形下，除了对应于所有车辆都走路线 *AB* 这样的均衡之外，还有其他均衡吗？

（9）对于下列情形，分别举出两人纯策略博弈的例子。

（a）这个博弈有唯一的纳什均衡，但它不是弱优势策略均衡。

（b）这个博弈有唯一的纳什均衡，它是一个弱优势策略均衡但不是一个强优势策略均衡。

（c）这个博弈有两个均衡，其中一个为强优势策略均衡或弱优势策略均衡，但另外一个均衡仅是纳什均衡。

（10）（关于**第一价格密封拍卖**）假设两个参与人 1 和 2 对拍卖物的估价分别为 v_1 和 v_2。他们的报价是某个单位的整数倍（即为离散的）。谁报价高谁中标，并按照自己的报价付款。如果两人报价相同，则每人以 1/2 的概率得到拍卖物。计算这个博弈的纯策略纳什均衡。

（11）计算下列两人博弈的纳什均衡。在这个博弈中，

$$S_1=\{0,1\}, \quad S_2=\{3,4\}$$
$$u_1(x,y)=-u_2(x,y)=|x-y| \quad 对于所有(x,y)\in\{0,1\}\times\{3,4\}$$

（12）考虑策略型博弈：$N=\{1, 2\}$；$S_1=S_2=[a, b]\times[a, b]$，其中 a 和 b 都是正实数且 $a<b$。也就是说，每个参与人同时在矩形 $[a, b]\times[a, b]$ 中选择一点。将受益函数定义为：

$$u_1(s_1,s_2)=-u_2(s_1,s_2)=d(s_1,s_2)$$

其中 $d(s_1, s_2)$ 是点 s_1 和 s_2 之间的欧几里得距离。请计算这个博弈的所有纯策略纳什均衡。

（13）考虑博弈 $\langle N, (S_i), (u_i)\rangle$，其中 $N=\{1, \cdots, n\}$，$s_i=N$，对于所有 $i\in N$。

$$u_i(s_1,\cdots,s_n)=a_{ik}>0 \quad 若\ s_1=\cdots=s_n=k$$
$$=0 \quad 其他$$

计算这个博弈的所有纯策略纳什均衡。

（14）在庇古网络博弈中，计算当 $n=3$ 和 $n=4$ 时的所有纯策略纳什均衡。将你的发现推广，写出对于一般 n 值的所有纯策略纳什均衡。

（15）在庇古网络博弈中，当 n 为偶数时，证明任何满足下列条件的策略组都能使社会福利最大，即选择策略 A 的参与人个数等于选择 B 的参与人个数。考察当 n 为奇数时的情形。

（16）在庇古网络博弈中，假设路线 A 的成本函数为，对于所有 $x\in[0, 1]$，$c(x)=x^p$，其中 $p>0$ 是一个实常数。确定这个博弈的纳什均衡。

（17）考虑下列策略型博弈（网络构型博弈）。网络的节点为参与人：$N=\{1, 2, \cdots, n\}$。参与人 i 的策略集 S_i 是由 $N\setminus\{i\}$ 的所有子集组成的集合。节点的策略是确定它想与哪些节点链接。一个策略组对应着一个特定的网络或图。假设 δ（$0<\delta<1$）是一条链接上的每个节点得到的收益，而 $c>0$ 是每个节点为维持该链接而承担的成本。另外，假设 δ^k 是 k 跳（k-hop）关系带来的收益，其中 k 是两个相关节点之间的最短路径的长度。一个链接只有相互都同意时才能建立，但可以单方面终止。给定由策略组形成的图 g，令节点 i 的效用 $u_i(g)$ 为

$$u_i(g)=\sum_{j\neq i}\delta^{l_{ij}(g)}-c.\,d_i(g)$$

其中 $l_{ij}(g)$ 是 i 和 j 之间的最短路径上的链接个数，$d_i(g)$ 是节点的阶（degree）。给定一个网络，若它能使所有可能网络上的所有节点的效用之和最大，那么我们说该网络是有效率的。给定一个网络，如果任何一对未链接的节点都没有激励建立彼此间的链接，而且任何节点都没有激励终止现有链接，那么称这个网络为成对稳定的（pairwise stable）。对于这个博弈，证明下列两个结果。

- 若 $c<\delta-\delta^2$，则唯一有效率的网络是完全网络（complete network）。
- 若 $c<\delta-\delta^2$，则唯一成对稳定网络是完全网络。

（18）考虑所谓的最后通牒博弈。在这个博弈中，有两个参与人 1 和 2。参与人 1 向 2提供数额为 $0\leqslant x\leqslant c$ 的钱，其中 c 是一个常数。参与人 2 要么接受，要么拒绝。如

果参与人 2 接受，那么参与人 2 得到的钱数为 x，而参与人 1 得到 $c-x$。如果参与人 2 拒绝，那么这两人的收益都为零。画出博弈树，计算所有纳什均衡，计算所有子博弈完美均衡。

（19）对于可观察的硬币配对博弈，计算所有纳什均衡以及所有子博弈完美均衡。

（20）考虑囚徒困境博弈的序贯版本，其中参与人 1 先行动，参与人 2 后行动。计算这个博弈的所有纳什均衡和所有子博弈完美均衡。

（21）找出下列博弈的所有纳什均衡和所有子博弈完美均衡。

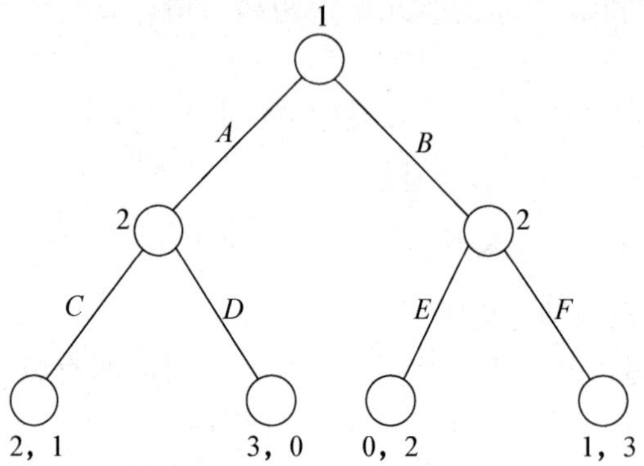

（22）（编程题）给定一个有限的 n 人策略型博弈，编程使之能产生：

- 所有强优势策略；
- 所有弱优势策略；
- 所有极弱优势策略；
- 强优势策略均衡（若存在）；
- 所有弱优势策略均衡（若存在）；
- 所有极弱优势策略均衡（若存在）；
- 所有纯策略纳什均衡（若存在）；
- 每个参与人的最大最小值及其所有最大最小策略；
- 每个参与人的最小最大值以及针对每个参与人的所有最小最大策略组。

第 7 章 混合策略与混合策略纳什均衡

混合策略是纯策略的一种自然推广。参与人的一个混合策略将概率分布与他的纯策略联系在一起。混合策略为参与人的现实世界策略行为提供了很好的抽象，而且丰富了可能性空间。在本章，我们引入混合策略和混合策略纳什均衡的概念。我们给出并且证明了一个重要且有用的定理，它为混合策略构成为混合策略纳什均衡提供了必要充分条件。我们提供了一些例子来帮助读者理解这些重要概念。接下来，我们讨论了混合策略中的最大最小值和最小最大值。我们也讨论了混合策略中的优（劣）势，并且说明了反复删去强劣势策略的做法。

7.1 混合策略

考虑策略型博弈 $\Gamma=\langle N,(S_i),(u_i)\rangle$。回忆一下，$S_i$ 的元素称为参与人 i（$i=1,\cdots,n$）的**行动**（actions）或**纯策略**（pure strategies）。如果参与人 i 根据既定概率分布选择 S_i 中的策略，我们就得到了混合策略或称随机策略。在下面的讨论中，我们假设对于每个$i=1,\cdots,n$，S_i 都是一个有限集。

定义 7.1 （混合策略） 给定参与人 i 及其纯策略集 S_i，他的一个**混合策略**（mixed strategy）或称**随机策略**（randomized strategy）σ_i 是 S_i 上的一个概率分布。也就是说，$\sigma_i:S_i\rightarrow[0,1]$ 是一个映射，它对每个纯策略 $s_i\in S_i$ 都指定一个概率$\sigma_i(s_i)$，使得

$$\sum_{s_i\in S_i}\sigma_i(s_i)=1$$

参与人的纯策略，比如 $s_i\in S_i$，可以视为参与人 i 的一个混合策略——对策略 s_i 指定概率 1，并且对所有其他策略指定概率 0。这样的混合策略称为**退化混合策略**（degenerate mixed strategy)，记为 $e(s_i)$ 或更简单地记为 s_i。

如果 $S_i=\{s_{i1}, s_{i2}, \cdots, s_{im}\}$，那么显然参与人 i 的所有混合策略构成的集合是集合 S_i 上的所有概率分布构成的集合。换句话说，它是集合：

$$\Delta(S_i) = \left\{(\sigma_{i1},\cdots,\sigma_{im}) \in \mathbb{R}^m : \sigma_{ij} \geqslant 0 \text{ 对于 } j=1,\cdots,m \text{ 且} \sum_{j=1}^{m}\sigma_{ij} = 1\right\}$$

上面的集合 $\Delta(S_i)$ 称为 S_i 的**混合扩展**（mixed extension）。使用策略集的混合扩展，我们可将纯策略博弈 $\Gamma=\langle N, (S_i), (u_i)\rangle$ 的一个混合扩展定义为

$$\Gamma_{ME}=\langle N,(\Delta(S_i)),(U_i)\rangle$$

注意，对于 $i=1, \cdots, n$，U_i 是一个映射，它将混合策略组映到实数上：

$$U_i:\Delta(S_1)\times\cdots\times\Delta(S_n)\to\mathbb{R}$$

给定 $\sigma_i\in\Delta(S_i)$（$i=1, \cdots, n$），$U_i(\sigma_1, \cdots, \sigma_n)$ 的一种自然定义和计算方法如下。首先，我们做出标准假设：单个参与人的随机化是相互独立的。这意味着给定混合策略组 $(\sigma_1, \cdots, \sigma_n)$，随机变量 $\sigma_1, \cdots, \sigma_n$ 是相互独立的。因此，纯策略组 $(s_1, \cdots, s_n)$ 的联合概率为

$$\sigma(s_1,\cdots,s_n) = \prod_{i\in N}\sigma_i(s_i)$$

收益函数 U_i 的定义为

$$U_i(\sigma_1,\cdots,\sigma_n) = \sum_{(s_1,\cdots,s_n)\in S}\sigma(s_1,\cdots,s_n)u_i(s_1,\cdots,s_n)$$

注意，$U_i(\sigma_1, \cdots, \sigma_n)$（$i=1, \cdots, n$）是参与人根据联合分布 σ 选择策略组 $(s_1, \cdots, s_n)$ 所带来的期望收益。下面，当不至于出现混淆时，我们将用 u_i 替换 U_i。也就是说，我们不再写成 $U_i(\sigma_1, \cdots, \sigma_n)$，而是简单地写为 $u_i(\sigma_1, \cdots, \sigma_n)$。

例 7.1 （BOS 问题中的混合策略） 回忆一下第 4 章和第 6 章讨论的 BOS 博弈，它的收益矩阵如下：

1	2	
	A	B
A	2，1	0，0
B	0，0	1，2

假设 (σ_1, σ_2) 是一个混合策略组。这意味着 σ_1 是集合 $S_1=\{A, B\}$ 上的一个概率分布，而 σ_2 是集合 $S_2=\{A, B\}$ 上的一个概率分布。我们将 σ_1 和 σ_2 分别表示为

$$\sigma_1=(\sigma_1(A),\sigma_1(B)); \quad \sigma_2=(\sigma_2(A),\sigma_2(B))$$

我们有 $S=S_1\times S_2=\{(A, A), (A, B), (B, A), (B, B)\}$。现在我们将计算收益函数 u_1 和 u_2。注意，对于 $i=1, 2$，

$$u_i(\sigma_1,\sigma_2) = \sum_{(s_1,s_2)\in S}\sigma(s_1,s_2)u_i(s_1,s_2)$$

函数 u_1 可以计算为

$$\begin{aligned}u_1(\sigma_1,\sigma_2)=&\sigma_1(A)\sigma_2(A)u_1(A,A)+\sigma_1(A)\sigma_2(B)u_1(A,B)+\sigma_1(B)\sigma_2(A)u_1(B,A)\\&+\sigma_1(B)\sigma_2(B)u_1(B,B)\\=&2\sigma_1(A)\sigma_2(A)+\sigma_1(B)\sigma_2(B)\\=&2\sigma_1(A)\sigma_2(A)+(1-\sigma_1(A))(1-\sigma_2(A))\end{aligned}$$

整理可得，

$$u_1(\sigma_1,\sigma_2)=1+3\sigma_1(A)\sigma_2(A)-\sigma_1(A)-\sigma_2(A) \tag{7.1}$$

类似地，我们也可得

$$u_2(\sigma_1,\sigma_2)=2+3\sigma_1(A)\sigma_2(A)-2\sigma_1(A)-2\sigma_2(A) \tag{7.2}$$

假设 $\sigma_1=\left(\frac{2}{3},\ \frac{1}{3}\right)$，$\sigma_2=\left(\frac{1}{3},\ \frac{2}{3}\right)$。于是，容易算出

$$u_1(\sigma_1,\sigma_2)=\frac{2}{3};\ u_2(\sigma_1,\sigma_2)=\frac{2}{3}$$

上面两个值相等，原因体现在收益函数的结构上。□

7.2 混合策略纳什均衡

我们现在定义混合策略纳什均衡，它是纯策略纳什均衡的自然推广。

定义 7.2 （混合策略纳什均衡） 给定策略型博弈 $\Gamma=\langle N,(S_i),(u_i)\rangle$ 以及它的一个混合策略组（σ_1^*，…，σ_n^*），若对于所有 $i\in N$，

$$u_i(\sigma_i^*,\sigma_{-i}^*)\geqslant u_i(\sigma_i,\sigma_{-i}^*)\quad 对于所有\ \sigma_i\in\Delta(S_i)$$

则（σ_1^*，…，σ_n^*）是一个**混合策略纳什均衡**（mixed strategy Nash equilibrum）。

定义最优反应函数（best response functions）$b_i(\cdot)$ 如下：

$$b_i(\sigma_{-i})=\{\sigma_i\in\Delta(S_i):u_i(\sigma_i,\sigma_{-i})\geqslant u_i(\sigma_i',\sigma_{-i})\quad 对于所有\ \sigma_i'\in\Delta(S_i)\}$$

给定 σ_{-i}，$b_i(\sigma_{-i})$ 是参与人 i 的所有混合策略构成的集合，其中每个混合策略都是他针对其他参与人选择 σ_{-i} 行为的最优反应。于是，显然，混合策略组（σ_1^*，…，σ_n^*）是一个纳什均衡当且仅当

$$\sigma_i^*\in b_i(\sigma_{-i}^*)\quad 对于所有\ i\in N$$

例 7.2 （BOS 博弈的混合策略纳什均衡） 令（σ_1^*，σ_2^*）是 BOS 博弈的一个混合策略均衡。于是，

$$u_1(\sigma_1^*,\sigma_2^*)\geqslant u_1(\sigma_1,\sigma_2^*)\quad 对于所有\ \sigma_1\in\Delta(S_1)$$
$$u_2(\sigma_1^*,\sigma_2^*)\geqslant u_2(\sigma_1^*,\sigma_2)\quad 对于所有\ \sigma_2\in\Delta(S_2)$$

任何满足上面两组式子的解都是混合策略纳什均衡。若使用上面的表达方法表述式

(7.1) 和式 (7.2)，则这两个式子分别等价于

$$3\sigma_1^*(A)\sigma_2^*(A)-\sigma_1^*(A)\geqslant 3\sigma_1(A)\sigma_2^*(A)-\sigma_1(A)\quad 对于所有\ \sigma_1\in\Delta(S_1)$$

$$3\sigma_1^*(A)\sigma_2^*(A)-2\sigma_2^*(A)\geqslant 3\sigma_1^*(A)\sigma_2(A)-2\sigma_2(A)\quad 对于所有\ \sigma_2\in\Delta(S_2)$$

整理可知，上面两个式子分别等价于：

$$\sigma_1^*(A)\{3\sigma_2^*(A)-1\}\geqslant\sigma_1(A)\{3\sigma_2^*(A)-1\}\quad 对于所有\ \sigma_1\in\Delta(S_1)$$

$$\sigma_2^*(A)\{3\sigma_1^*(A)-2\}\geqslant\sigma_2(A)\{3\sigma_1^*(A)-2\}\quad 对于所有\ \sigma_2\in\Delta(S_2)$$

这里有三种情形：

- 情形 1：$3\sigma_2^*(A)>1$。由此得到纯策略纳什均衡 (A, A)。
- 情形 2：$3\sigma_2^*(A)<1$。由此得到纯策略纳什均衡 (B, B)。
- 情形 3：$3\sigma_2^*(A)=1$。由此得到混合策略纳什均衡 (σ_1^*, σ_2^*)：

$$\sigma_1^*(A)=\frac{2}{3},\sigma_1^*(B)=\frac{1}{3}$$

$$\sigma_2^*(A)=\frac{1}{3},\sigma_2^*(B)=\frac{2}{3}$$

容易验证 $\sigma_1^*\in b_1(\sigma_2^*)$，$\sigma_2^*\in b_2(\sigma_1^*)$。□

7.3 混合策略的性质

博弈论与机制设计

现在我们证明混合策略的一些有趣性质和结果。首先，我们回顾一下凸组合的定义。

定义 7.3 **(凸组合)** 给定实数 y_1，y_2，…，y_n，这些数的一个**凸组合** (convex combination) 是一个形如 $\lambda_1 y_1+\lambda_2 y_2+\cdots+\lambda_n y_n$ 的加权平均数，其中

$$0\leqslant\lambda_i\leqslant 1,\ i=1,2,\cdots,n;\quad \sum_{i=1}^{n}\lambda_i=1$$

命题 7.1 令 $\Gamma=\langle N, (S_i), (u_i)\rangle$ 是一个策略型博弈。则 $u_i(\sigma_i, \sigma_{-i})$ 可以表示为下列凸组合：

$$u_i(\sigma_i,\sigma_{-i})=\sum_{s_i\in S_i}\sigma_i(s_i)u_i(s_i,\sigma_{-i})$$

其中

$$u_i(s_i,\sigma_{-i})=\sum_{s_{-i}\in S_{-i}}\Big(\prod_{j\neq i}\sigma_j(s_j)\Big)u_i(s_i,s_{-i})$$

证明： 首先注意到

$$\begin{aligned}u_i(\sigma_i,\sigma_{-i})&=\sum_{(s_1,\cdots,s_n)\in S}\Big(\prod_{j\in N}\sigma_j(s_j)\Big)u_i(s_i,s_{-i})\\&=\sum_{s_1\in S_1}\sum_{s_2\in S_2}\cdots\sum_{s_n\in S_n}\Big(\prod_{j\in N}\sigma_j(s_j)\Big)u_i(s_i,s_{-i})\end{aligned}$$

$$= \sum_{s_i \in S_i} \sum_{s_{-i} \in S_{-i}} \left(\prod_{j \neq i} \sigma_j(s_j)\right) \sigma_i(s_i) u_i(s_i, s_{-i})$$

$$= \sum_{s_i \in S_i} \sigma_i(s_i) \left\{ \sum_{s_{-i} \in S_{-i}} \left(\prod_{j \neq i} \sigma_j(s_j)\right) u_i(s_i, s_{-i}) \right\}$$

由此立即可得：

$$u_i(\sigma_i, \sigma_{-i}) = \sum_{s_i \in S_i} \sigma_i(s_i) u_i(s_i, \sigma_{-i})$$ ■

这个结果的含义是，任何参与人 i 在任一混合策略下的收益都可以视为当他选择纯策略 s_i 而其他参与人选择混合策略 σ_{-i} 时的收益的凸组合。

现在我们用简单的例子说明凸组合在混合策略环境中的一些重要观察。

例 7.3 假设 $N=\{1, 2\}$，$S_1=\{x_1, x_2, x_3, x_4, x_5\}$，

$$u_1(\sigma_1, \sigma_2) = \sum_{s_1 \in S_1} \sigma_1(s_1) u_1(s_1, \sigma_2)$$

$$= \sigma_1(x_1) u_1(x_1, \sigma_2) + \sigma_1(x_2) u_1(x_2, \sigma_2) + \sigma_1(x_3) u_1(x_3, \sigma_2) + \sigma_1(x_4) u_1(x_4, \sigma_2) + \sigma_1(x_5) u_1(x_5, \sigma_2)$$

假设 S_2 是一个有限集。令 $u_1(x_1, \sigma_2)=5$；$u_1(x_2, \sigma_2)=u_1(x_3, \sigma_2)=10$；$u_1(x_4, \sigma_2)=u_1(x_5, \sigma_2)=20$。首先，注意到上述凸组合的最大值为 20，这个最大值是当 $\sigma_1(x_4)=1$ 或 $\sigma_1(x_5)=1$ 或更一般地 $\sigma_1(x_4)+\sigma_1(x_5)=1$ 时得到的。也就是说，这个最大值是当 $\sigma_1(x_1)+\sigma_1(x_2)+\sigma_1(x_3)=0$，或等价地，当 $\sigma_1(x_1)=\sigma_1(x_2)=\sigma_1(x_3)=0$ 时得到的。另外，注意到

$$\max_{\sigma_1 \in \Delta(S_1)} u_1(\sigma_1, \sigma_2)=20; \quad \max_{\sigma_1 \in \Delta(S_1)} u_1(\sigma_1, \sigma_2)=\max_{s_1 \in S_1} u_1(s_1, \sigma_2)$$

令 $\rho \in \{\sigma_1 \in \Delta(S_1): u_1(\sigma_1, \sigma_2) \geqslant u_1(\sigma_1', \sigma_2) \quad \forall \sigma_1' \in \Delta(S_1)\}$

$$\Leftrightarrow \rho(x_4)+\rho(x_5)=1$$
$$\Leftrightarrow \rho(x_1)+\rho(x_2)+\rho(x_3)=0$$
$$\Leftrightarrow \rho(x_1)=\rho(x_2)=\rho(x_3)=0$$
$$\Leftrightarrow \rho(y)=0 \quad \forall y \notin \operatorname*{argmax}_{s_1 \in S_1} u_1(s_1, \sigma_2)$$

根据这个例子，可得到下列重要结果。□

命题 7.2 给定策略型博弈〈N，(S_i)，(u_i)〉，于是，对于任何 $\sigma \in \times_{i \in N} \Delta(S_i)$ 以及对于任何参与人 $i \in N$，

$$\max_{\sigma_i \in \Delta(S_i)} u_i(\sigma_i, \sigma_{-i})=\max_{s_i \in S_i} u_i(s_i, \sigma_{-i})$$

而且

$$\rho_i \in \operatorname*{argmax}_{\sigma_i \in \Delta(S_i)} u_i(\sigma_i, \sigma_{-i})$$

当且仅当

$$\rho_i(x)=0 \quad \forall x \notin \operatorname*{argmax}_{s_i \in S_i} u_i(s_i, \sigma_{-i})$$

证明：第一步是将 $u_i(\sigma_i, \sigma_{-i})$ 表示为一个凸组合：

$$u_i(\sigma_i,\sigma_{-i}) = \sum_{s_i \in S_i} \sigma_i(s_i) u_i(s_i,\sigma_{-i})$$

凸组合值中的最大者就是最大值。因此，

$$\max_{\sigma_i \in \Delta(S_i)} u_i(\sigma_i,\sigma_{-i}) = \max_{s_i \in S_i} u_i(s_i,\sigma_{-i})$$

混合策略 $\rho_i \in \Delta(S_i)$ 将实现这个最大值当且仅当

$$\sum_{x \in X} \rho_i(x) = 1, \text{其中 } X = \underset{s_i \in S_i}{\operatorname{argmax}}\, u_i(s_i,\sigma_{-i})$$

上式等价于：$\rho_i(x)=0$，$\forall x \notin \underset{s_i \in S_i}{\operatorname{argmax}}\, u_i(s_i, \sigma_{-i})$。■

7.4 策略组成为混合策略纳什均衡的必要充分条件

我们现在证明混合策略纳什均衡策略组的一个极其有用的特征。首先，我们定义混合策略的支撑这个概念。

定义 7.4 （混合策略的支撑） 令 σ_i 为参与人 i 的任一混合策略。σ_i 的**支撑**（support）（记为 $\delta(\sigma_i)$）是由 σ_i 中所有伴随非零概率的纯策略构成的集合，即：

$$\delta(\sigma_i) = \{s_i \in S_i : \sigma_i(s_i) > 0\}$$

定义 7.5 （混合策略组的支撑） 令 $\sigma=(\sigma_1, \cdots, \sigma_n)$ 是一个混合策略组，而且 $\delta(\sigma_i)$ 是 σ_i 的支撑，$i=1, \cdots, n$。于是，**混合策略组 σ 的支撑** $\delta(\sigma)$ 是所有单个支撑的笛卡儿积，即 $\delta(\sigma_1)\times\cdots\times\delta(\sigma_n)$。

定理 7.1 混合策略组 $(\sigma_1^*, \cdots, \sigma_n^*)$ 是一个混合策略纳什均衡当且仅当

(1) $u_i(s_i, \sigma_{-i}^*)$ 都相等，$\forall s_i \in \delta(\sigma_i^*)$；

(2) $u_i(s_i, \sigma_{-i}^*) \geqslant u_i(s_i', \sigma_{-i}^*)$，$\forall s_i \in \delta(\sigma_i^*)$ 且 $\forall s_i' \notin \delta(\sigma_i^*)$。

在本章余下的内容中，我们将上面的 (1) 和 (2) 分别称为条件 (1) 和条件 (2)。这个定理意味着参与人的任何伴随正概率的纯策略，带给他的收益都相等，而且这个收益不会小于任何伴随零概率的纯策略带给他的收益（当然前提是所有其他参与人选择他们的纳什均衡混合策略）。这个定理在很多情形下都非常有用，比如纳什均衡的计算。我们现在证明这个定理。

证明（必要性）

假设 $(\sigma_1^*, \cdots, \sigma_n^*)$ 是一个纳什均衡。我们必须证明这个策略组满足条件 (1) 和 (2)。由纳什均衡的定义可知，对于所有 $i \in N$，

$$u_i(\sigma_i^*,\sigma_{-i}^*) \geqslant u_i(\sigma_i,\sigma_{-i}^*) \quad \forall \sigma_i \in \Delta(S_i)$$

这意味着

$$u_i(\sigma_i^*,\sigma_{-i}^*) = \max_{\sigma_i \in \Delta(S_i)} u_i(\sigma_i,\sigma_{-i}^*)$$

使用前面的命题（7.2），我们可以写出

$$u_i(\sigma_i^*,\sigma_{-i}^*)=\max_{s_i\in S_i} u_i(s_i,\sigma_{-i}^*)$$

根据命题（7.1）立即可知

$$\sum_{s_i\in S_i}\sigma_i^*(s_i)u_i(s_i,\sigma_{-i}^*)=\max_{s_i\in S_i} u_i(s_i,\sigma_{-i}^*)\quad 对于所有\ i\in N$$

由于对于所有 $s_i\notin\delta(\sigma_i)$，我们都有 $\sigma_i^*(s_i)=0$，因此上式变为

$$\sum_{s_i\in\delta(\sigma_i^*)}\sigma_i^*(s_i)u_i(s_i,\sigma_{-i}^*)=\max_{s_i\in S_i} u_i(s_i,\sigma_{-i}^*)\quad 对于所有\ i\in N$$

假设给定数 x_1，…，x_k，我们有凸组合 $\pi_1x_1+\cdots+\pi_kx_k$，其中 $\pi_i\neq 0$ 对于所有 $i=1,\cdots,k$，使得 $\pi_1+\cdots+\pi_k=1$ 以及 $\pi_1x_1+\cdots+\pi_kx_k=\max(x_1,\cdots,x_k)$，于是，容易看到

$$x_1=x_2=\cdots=x_k=\max(x_1,\cdots,x_k)$$

使用上面的性质，我们得到

$$u_i(s_i,\sigma_{-i}^*)=\max_{s_i\in S_i} u_i(s_i,\sigma_{-i}^*),\ \forall s_i\in\delta(\sigma_i^*),\forall i\in N$$

这立即意味着

$$u_i(s_i,\sigma_{-i}^*)=u_i(\sigma_i^*,\sigma_{-i}^*),\ \forall s_i\in\delta(\sigma_i^*),\forall i\in N$$

由上式容易看出

$$u_i(s_i,\sigma_{-i}^*)\geqslant u_i(s_i',\sigma_{-i}^*),\ \forall s_i\in\delta(\sigma_i^*),\forall s_i'\notin\delta(\sigma_i^*),\ \forall i\in N$$

这就证明了必要性。

（充分性）

假设：

（1）$u_i(s_i,\sigma_{-i}^*)$ 有相同的值，比如 w_i，对于所有 $s_i\in\delta(\sigma_i^*)$，$\forall i\in N$。

（2）$u_i(s_i,\sigma_{-i}^*)\geqslant u_i(s_i',\sigma_{-i}^*)$，$\forall s_i\in\delta(\sigma_i^*)$，$\forall s_i'\notin\delta(\sigma_i^*)$，$\forall i\in N$。

为了证明充分性，我们必须证明（σ_1^*，…，σ_n^*）是一个混合策略纳什均衡。考虑对于任何 $i\in N$，

$$\begin{aligned}
u_i(\sigma_1^*,\sigma_{-i}^*)&=\sum_{s_i\in S_i}\sigma_i^*(s_i)u_i(s_i,\sigma_{-i}^*)\quad（命题 7.1）\\
&=\sum_{s_i\in\delta(\sigma_i^*)}\sigma_i^*(s_i)u_i(s_i,\sigma_{-i}^*)\quad（由于\ \sigma_i^*(s_i)=0,\ \forall s_i\notin\delta(\sigma_i^*)）\\
&=\sum_{s_i\in\delta(\sigma_i^*)}\sigma_i^*(s_i)\cdot w_i\quad（条件 1）\\
&=w_i\\
&=\sum_{s_i\in S_i}\sigma_i(s_i)w_i\quad（\forall\sigma_i\in\Delta(S_i)）\\
&\geqslant\sum_{s_i\in S_i}\sigma_i(s_i)u_i(s_i,\sigma_{-i}^*)\quad（条件 2）
\end{aligned}$$

$$= u_i(\sigma_i, \sigma_{-i}^*)$$

因此，上面的不等式可以写为

$$u_i(\sigma_i^*, \sigma_{-i}^*) \geqslant u_i(\sigma_i, \sigma_{-i}^*) \quad \forall \sigma_i \in \Delta(S_i), \forall i \in N$$

因此，(σ_1^*，…，σ_n^*) 是一个混合策略纳什均衡。■

□ 必要和充分条件的含义

上面的必要和充分条件有着下列含义：

- 给定一个混合策略纳什均衡，每个参与人在他的均衡混合策略中选择**任何**伴随正概率的**纯策略**所带来的收益是相等的（等于均衡时他的收益）。
- 上面这个结果意味着参与人对选择哪个纯策略（指在他的均衡混合策略中伴随正概率的那些纯策略）是无差异的。当然，如果该参与人仅选择其中一个纯策略，那么对于其他参与人选择的纳什均衡策略来说，它可能不是一个最优反应。
- 为了验证一个混合策略组是否为纳什均衡，只要考虑参与人偏离纯策略（其他参与人仍选择他们的均衡策略）所带来的效应就足够了。

另外一个重要含义体现在下列结果上。

命题 7.3 给定 $s_i \in S_i$，令 $e(s_i)$ 表示退化的混合策略，它将概率 1 指定给 s_i 并且将概率 0 指定给 S_i 中其他所有策略。策略组 (s_1^*，…，s_n^*) 是博弈 ⟨N，(S_i)，(u_i)⟩ 的一个纯策略纳什均衡当且仅当混合策略组 ($e(s_1^*)$，…，$e(s_n^*)$) 是博弈 ⟨N，($\Delta(S_i)$)，(u_i)⟩ 的一个混合策略纳什均衡。

证明： 我们首先证明充分性。令 ($e(s_1^*)$，…，$e(s_n^*)$) 是一个混合策略纳什均衡。这

$$\Rightarrow u_i(e(s_i^*), e(s_{-i}^*)) \geqslant u_i(\sigma_i, e(s_{-i}^*)) \ \forall \sigma_i \in \Delta(S_i), \forall i \in N$$

$$\Rightarrow u_i(s_i^*, s_{-i}^*) \geqslant u_i(\sigma_i, s_{-i}^*) \ \forall \sigma_i \in \Delta(S_i), \forall i \in N$$

$$\Rightarrow u_i(s_i^*, s_{-i}^*) \geqslant u_i(e(s_i), s_{-i}^*) \ \forall s_i \in S_i, \forall i \in N$$

$$\Rightarrow u_i(s_i^*, s_{-i}^*) \geqslant u_i(s_i, s_{-i}^*) \ \forall s_i \in S_i, \forall i \in N$$

$$\Rightarrow (s_1^*, \cdots, s_n^*) \text{是一个纯策略纳什均衡。}$$

上面我们证明了充分性。现在我们证明必要性。给定 (s_1^*，…，s_n^*) 是一个纯策略纳什均衡。这

$$\Rightarrow u_i(s_i^*, s_{-i}^*) \geqslant u_i(s_i, s_{-i}^*) \ \forall s_i \in S_i, \forall i \in N$$

$$\Rightarrow u_i(e(s_i^*), e(s_{-i}^*)) \geqslant u_i(s_i, e(s_{-i}^*)) \ \forall s_i \in S_i, \forall i \in N$$

$$\Rightarrow u_i(e(s_i^*), e(s_{-i}^*)) = \max_{s_i \in S_i} u_i(s_i, e(s_{-i}^*)) \ \forall i \in N$$

$$\Rightarrow u_i(e(s_i^*), e(s_{-i}^*)) = \max_{\sigma_i \in \Delta(S_i)} u_i(\sigma_i, e(s_{-i}^*)) \ \forall i \in N (\text{根据命题 7.2})$$

$$\Rightarrow u_i(e(s_i^*), e(s_{-i}^*)) \geqslant u_i(\sigma_i, e(s_{-i}^*)) \ \forall \sigma_i \in \Delta(S_i), \forall i \in N$$

$$\Rightarrow (e(s_1^*), \cdots, e(s_n^*)) \text{是一个混合策略纳什均衡。}$$

这个命题意味着，若想找出博弈 ⟨N，($\Delta(S_i)$)，(u_i)⟩ 的纯策略均衡，只要考察纯策略博弈 ⟨N，(S_i)，(u_i)⟩ 就足够了。■

□ BOS 博弈的混合策略纳什均衡

我们再次考虑 BOS 博弈，它的收益矩阵如下：

1	2	
	A	B
A	2，1	0，0
B	0，0	1，2

我们首先验证（A，A）是一个纳什均衡。对于这个策略组，我们记

$$\sigma_1^*(A)=1, \sigma_1^*(B)=0$$
$$\sigma_2^*(A)=1, \sigma_2^*(B)=0$$
$$u_1(A,\sigma_2^*)=2, u_1(B,\sigma_2^*)=0$$

定理（7.1）的条件（1）显然为真。条件（2）也为真，因为

$$u_1(A,\sigma_2^*)>u_1(B,\sigma_2^*)$$

类似地，参与人 2 也满足这些条件。因此，（A，A）是一个纳什均衡。类似地，（B，B）也是一个纳什均衡。现在我们考察可能的纳什均衡：$\left(\left(\frac{2}{3}, \frac{1}{3}\right), \left(\frac{1}{3}, \frac{2}{3}\right)\right)$。我们记

$$\sigma_1^*(A)=\frac{2}{3}, \sigma_1^*(B)=\frac{1}{3}$$
$$\sigma_2^*(A)=\frac{1}{3}, \sigma_2^*(B)=\frac{2}{3}$$

我们首先考察参与人 1。下面验证条件（1）。

$$u_1(A,\sigma_2^*)=\frac{1}{3}(2)+\frac{2}{3}(0)=\frac{2}{3}$$
$$u_1(B,\sigma_2^*)=\frac{1}{3}(0)+\frac{2}{3}(1)=\frac{2}{3}$$

因此，条件（1）得以满足。现在考察条件（2）。条件（2）显然满足，这是因为 $\delta(\sigma_1^*)$ 等于整个策略集 $\{A, B\}$。

现在考察参与人 2。我们首先验证条件（1）。

$$u_2(\sigma_1^*,A)=\frac{2}{3}, u_2(\sigma_1^*,B)=\frac{2}{3}$$

因此，条件（1）得以满足。与以前一样，条件（2）显然得以满足。

下面考察是否还存在着其他纳什均衡。均衡（A，A）对应着支撑 $\{A\}\times\{A\}$。均衡（B，B）对应着支撑 $\{B\}\times\{B\}$。均衡 $\left(\left(\frac{2}{3}, \frac{1}{3}\right), \left(\frac{1}{3}, \frac{2}{3}\right)\right)$ 对应着支撑 $\{A, B\}\times\{A, B\}$。我们注意到下列事实：

- 不存在对应着支撑 $\{A\}\times\{A, B\}$ 的纳什均衡。如果参与人 1 选择 A，那么参与人 2 必须选择 A，这导致了纯策略纳什均衡 (A, A)。参与人无法以非零概率选择 B。
- 类似地，不存在对应着下列任何一个支撑的纳什均衡：

$$\{B\}\times\{A,B\}$$
$$\{A,B\}\times\{A\}$$
$$\{A,B\}\times\{B\}$$
$$\{B\}\times\{A\}$$
$$\{A\}\times\{B\}$$

- 我们考察是否还存在着其他纳什均衡对应着支撑 $\{A, B\}\times\{A, B\}$。为了看清这一点，将 (σ_1^*, σ_2^*) 定义为

$$\sigma_1^*(A)=x, \ \sigma_1^*(B)=1-x$$
$$\sigma_2^*(A)=y, \ \sigma_2^*(B)=1-y$$

令这个 (σ_1^*, σ_2^*) 为满足 $x\neq0$，$x\neq1$，$y\neq0$ 以及 $y\neq1$ $(0<x<1; \ 0<y<1)$ 的纳什均衡。于是，根据定理（1）的条件，我们有：

$$u_1(A,\sigma_2^*)=u_1(B,\sigma_2^*)$$
$$u_2(\sigma_1^*,A)=u_2(\sigma_1^*,B)$$

这意味着 $2y=1-y$ 以及 $x=2(1-x)$。这又意味着 $y=\frac{1}{3}$；$x=\frac{2}{3}$。由此得到了纳什均衡

$$\sigma_1^*=\left(\frac{2}{3},\frac{1}{3}\right), \quad \sigma_2^*=\left(\frac{1}{3},\frac{2}{3}\right)$$

上面的均衡与我们以前讨论的均衡相同。因此，这个博弈不存在任何其他均衡。

□ 协作博弈的混合策略纳什均衡

我们考虑协作博弈，它的收益矩阵为

1	2	
	A	B
A	10，10	0，0
B	0，0	1，1

我们可以将这个博弈解释如下：两个参与人为同在一所大学的两个学生，策略 A 对应着在大学学习，策略 B 对应着看电影。我们已经看到 (A, A) 和 (B, B) 都是纯策略纳什均衡。它们分别对应着支撑 $\{A\}\times\{A\}$ 和 $\{B\}\times\{B\}$。可以证明，支撑 $\{A\}\times\{B\}$；$\{B\}\times\{A\}$；$\{A\}\times\{A, B\}$；$\{B\}\times\{A, B\}$；$\{A, B\}\times\{A\}$；$\{A, B\}\times\{B\}$ 不能产生任何纳什均衡。我们现在考察是否存在纳什均衡对应着支撑 $\{A, B\}\times\{A, B\}$。令 $\sigma_1^*=(x, 1-x)$ 与 $\sigma_2^*=(y, 1-y)$（其中 $x\neq0$，$x\neq1$，$y\neq0$ 以及 $y\neq1$）构成了一个纳什均衡。于是条件（2）自然满足（因为在每种情形下，支撑都是整个策略集）。验证条件（1）

可得：

$$u_1(A,\sigma_2^*)=u_1(B,\sigma_2^*)$$
$$u_2(\sigma_1^*,A)=u_2(\sigma_1^*,B)$$

上面的式子等价于

$$10y=1-y$$
$$10x=1-x$$

由此可得：$y=\frac{1}{11}$，$x=\frac{1}{11}$。这表示$\left(\sigma_1^*=\left(\frac{1}{11},\frac{10}{11}\right),\sigma_2^*=\left(\frac{1}{11},\frac{10}{11}\right)\right)$也是一个纳什均衡。这个均衡多少有些不符合直觉，然而仔细考察定理 7.1 中的条件（1）和（2）就能知道为何它必定是一个纳什均衡。注意，参与人对他们选择策略的概率没有真正的偏好。真正决定这些概率的是纳什均衡的要求，它要求其他参与人对于他们支撑集中的纯策略是无差异的。学生们看电影的概率更高而不是在大学学习的概率更高，这难道不常见吗？这里有趣的事情是，尽管在大学学习能给参与人提供更高的收益，但他们更可能在电影院相聚（如果这是他们选择的（焦点）均衡）。

7.5 混合策略中的最大最小值与最小最大值

我们已在 6.6 节讨论了纯策略背景下的最大最小值和最小最大值概念。现在我们在混合策略背景下讨论这些概念。为了方便起见，与以前一样，我们仍用$\underline{v_i}$表示最大最小值，用 $\overline{v}_i$ 表示最小最大值。需要指出，既定参与人在混合策略中的最大最小值未必等于他在纯策略中的最大最小值。类似的结论也适用于最小最大值。

□ 混合策略中的最大最小值

给定策略型博弈，参与人的最大最小值是在其他参与人自由选择任何混合策略而导致的最坏情形下，他仍能保证自己得到的最大收益。这个概念正式定义如下。

定义 7.6 （混合策略中的最大最小值） 给定策略型博弈 $\Gamma=\langle N,(S_i),(u_i)\rangle$，参与人 i（$i=1,\cdots,n$）在他的**混合策略中的最大最小值**或称**安全值**为：

$$\underline{v_i}=\max_{\sigma_i\in\Delta(S_i)}\min_{\sigma_{-i}\in\times_{j\neq i}\Delta(S_j)}u_i(\sigma_i,\sigma_{-i})$$

任何能保证参与人 i 得到这个收益的混合策略$\sigma_i\in\Delta(S_i)$ 都是他的**最大最小混合策略**或称**安全混合策略**。

注释 参与人可能有多个最大最小混合策略。

下面的命题说明，参与人在混合策略纳什均衡中的收益至少等于他在混合策略中的最大最小值。证明类似 6.6 节中命题 6.1 的证明。

命题 7.4 假设策略型博弈 $\Gamma=\langle N,(S_i),(u_i)\rangle$ 有混合策略纳什均衡（$\sigma_1^*,\cdots,\sigma_n^*$）。那么

$$u_i(\sigma_1^*,\cdots,\sigma_n^*)\geqslant \underline{v_i}\quad \forall i\in N$$

其中$\underline{v_i}$是参与人i的混合策略的最大最小值。

□ 混合策略中的最小最大值

在直觉上，参与人i的混合策略的最小最大值是当其他参与人选择对参与人i最不利的混合策略时他们能施加给参与人i的最小收益。它的正式定义如下。

定义 7.7 （混合策略中的最小最大值） 给定策略型博弈$\Gamma=\langle N,(S_i),(u_i)\rangle$，参与人$i(i=1,\cdots,n)$在他的**混合策略中的最小最大值**为：

$$\overline{v}_i=\min_{\sigma_{-i}\in\times_{j\neq i}\Delta(S_j)}\max_{\sigma_i\in\Delta(S_i)}u_i(\sigma_i,\sigma_{-i})$$

任何能把这个收益强加给参与人i的混合策略组σ_{-i}都是其他参与人针对参与人i的一个**最小最大混合策略组**。

与纯策略背景类似，在直觉上，参与人在他的混合策略中的最大最小值必定小于或等于他在混合策略中的最小最大值。下面的命题形式化了这个事实。证明过程类似6.6节命题6.2的证明。

命题 7.5 给定策略型博弈$\Gamma=\langle N,(S_i),(u_i)\rangle$。我们有：

$$\overline{v}_i\geqslant\underline{v_i}\quad\forall i\in N$$

其中：$\underline{v_i}$是参与人i在混合策略中的最大最小值；$\overline{v}_i$是参与人i在混合策略中的最小最大值。

注释 事实上，在两人策略型博弈中，混合策略中的最大最小值等于混合策略中的最小最大值。值得注意的是，这个结论不适用于纯策略背景。

下列命题说明参与人在混合策略纳什均衡（若存在）中的收益至少等于他的最小最大值。这个命题的证明类似6.5节命题6.3的证明。

命题 7.6 假设策略型博弈$\Gamma=\langle N,(S_i),(u_i)\rangle$有混合策略纳什均衡$(\sigma_1^*,\cdots,\sigma_n^*)$，那么

$$u_i(\sigma_1^*,\cdots,\sigma_n^*)\geqslant\overline{v}_i\quad\forall i\in N$$

其中$\overline{v}_i$是参与人i在混合策略中的最小最大值。

注释 上面的讨论表明，参与人在混合策略纳什均衡（若存在）中的收益大于或等于他在混合策略中的最小最大值，而他在混合策略中的最小最大值又大于或等于他在混合策略中的最大最小值。

7.6 混合策略中的优（劣）势

在本节，我们定义混合策略背景下的优（劣）势概念，并且说明如何用删去劣势策略的做法来简化博弈分析。

□ 优势策略与劣势策略

假设 $\langle N, (S_i), (u_i)\rangle$ 是一个策略型博弈。我们已在第 5 章讨论了纯策略背景下的优（劣）势概念。现在，我们将其推广到混合策略背景。

定义 7.8 （混合策略中的优（劣）势） 给定参与人 i 的两个混合策略 σ_i，$\sigma_i' \in \Delta(S_i)$，若

$$u_i(\sigma_i, \sigma_{-i}) > u_i(\sigma_i', \sigma_{-i}) \quad \forall \sigma_{-i} \in \times_{j\neq i}\Delta(S_j)$$

则称 σ_i **强优于** σ_i'（σ_i strongly dominates σ_i'）。*

若

$$u_i(\sigma_i, \sigma_{-i}) \geqslant u_i(\sigma_i', \sigma_{-i}) \quad \forall \sigma_{-i} \in \times_{j\neq i}\Delta(S_j)$$
$$u_i(\sigma_i, \sigma_{-i}) > u_i(\sigma_i', \sigma_{-i}) \quad \text{对于某个 } \sigma_{-i} \in \times_{j\neq i}\Delta(S_j)$$

则称 σ_i **弱优于** σ_i'（σ_i weakly dominates σ_i'）。

若

$$u_i(\sigma_i, \sigma_{-i}) \geqslant u_i(\sigma_i', \sigma_{-i}) \quad \forall \sigma_{-i} \in \times_{j\neq i}\Delta(S_j)$$

则称 σ_i **极弱优于** σ_i'（σ_i very weakly dominates σ_i'）。

对于上面各个情形，我们也说：σ_i'强劣于σ_i，σ_i'弱劣于σ_i，σ_i'极弱劣于σ_i。

定义 7.9 （优势混合策略均衡） 若混合策略 σ_i^* 强优于（弱优于）（极弱优于）所有其他策略 $\sigma_i' \in \Delta(S_i)$，则称 σ_i^* 是参与人 i 的一个强（弱）（极弱）优势策略。给定策略组（σ_1^*，…，σ_n^*），若 σ_i^* 是参与人 i（$i=1$，…，n）的一个强（弱）（极弱）优势策略，则（σ_1^*，…，σ_n^*）称为一个**强（弱）（极弱）优势混合策略均衡**。

注释 显然，任何优势混合策略均衡也是混合策略纳什均衡。

注释 任一参与人的强优势混合策略（若存在）是唯一的。因此，强优势混合策略均衡（若存在）也是唯一的。

例 7.4 考虑囚徒困境博弈，它的收益矩阵见图 7—1（a）。

(a)

1	2: *NC*	2: *C*
NC	−2, −2	−10, −1
C	−1, −10	−5, −5

(b)

1	2: *C*
NC	−10, −1
C	−5, −5

(c)

1	2: *C*
C	−5, −5

图 7—1 囚徒困境问题以及删去强劣势策略

由于对于参与人 2 来说，策略 *NC* 强劣于策略 *C*，他永远都不会选择 *NC*。因此，可将参与人 2 的策略 *NC* 删去，从而得到图 7—1（b）中的简化收益矩阵。现在，对于参与人 1 来说，策略 *NC* 也强劣于*C*，删去 *NC*，即可得到图 7—1（c）中的简化收益矩

* 在本节中，原书作者将强优（劣）势与严格优（劣）势交叉使用，但为了与第 5 章一脉相承，译者统一使用强优（劣）势这种称呼。——译者注

阵，它只有一个元素（−5，−5），这对应于策略组（C，C），而（C，C）正好是一个强优势策略均衡。□

例 7.5 考虑图 7—2 所示的两人博弈（这个博弈来自 Shoham and Leyton-Brown[1]，我们稍微做了一些修改）。

1	2		
	X	Y	Z
A	3，1	0，1	0，0
B	0，1	4，1	0，0
C	1，1	1，1	5，0

图 7—2 以两人博弈说明如何删去强劣势策略

注意，参与人 2 的策略 Z 强劣于 X，也强劣于 Y。因此，参与人 2 永远不会选择策略 Z（不管参与人 1 选择什么策略），因此，策略 Z 可以删去，从而得到图 7—3 所示的简化博弈。

1	2	
	X	Y
A	3，1	0，1
B	0，1	4，1
C	1，1	1，1

图 7—3 删去参与人 2 的策略 Z 后得到的博弈

现在注意，参与人 1 的任何纯策略都不劣于他的其他纯策略。然而，策略 C 强劣于对 A 和 B 指定相等的正概率的那个混合策略。还要注意，在原来的博弈中，策略 C 不劣于任何混合策略。当删去一个强劣势策略之后，原来不劣势的策略现在可能变得劣势。还需要注意，既定纯策略可能不劣于任何其他纯策略，但可能劣于这些纯策略的混合（mixture）。

1	2	
	X	Y
A	3，1	0，1
B	0，1	4，1

图 7—4 删去策略 C 之后得到的博弈

图 7—4 画出了删去参与人 1 的策略 C 之后得到的博弈。到此，已没有其他策略可进一步删去。□

□ 反复删去劣势策略

我们已经看到，删去强劣势策略的做法能简化博弈分析。我们将其如下形式化。考虑一个有限策略型博弈 $\langle N, (S_i), (u_i)\rangle$。令 $k=1, 2, \cdots, K$ 表示删去强劣势策略的轮次。对于每个参与人 $i\in N$，将策略集 S_i^k 定义如下：

- $S_i^1=S_i$。
- $S_i^{k+1}\subseteq S_i^k$，$k=1$，2，…，$K-1$。
- 对于 $k=1$，2，…，$K-1$，所有策略 $s_i\in S_i^k\setminus S_i^{k+1}$ 都是第 k 轮从 $i\in N$ 的策略集 S_i^k 中删去的强劣势策略。
- 在 $i\in N$ 的策略集为 S_i^K 的博弈中，S_i^K 中的任何策略都不是强劣势策略。

上面的步骤定义了反复删去强劣势策略这个过程。我们将策略组构成的集合

$$\{(s_1,s_2,\cdots,s_n):s_i\in S_i^K,\ i=1,\cdots,n\}$$

称为经过反复删除强劣势策略之后剩下的策略。

例 7.6 考虑图 7—2 中的两人博弈，其中 $S_1=\{A, B, C\}$，$S_2=\{X, Y, Z\}$。对于这个博弈，

- $S_1^1=S_1=\{A, B, C\}$；$S_2^1=S_2=\{X, Y, Z\}$。
- $S_1^2=\{A, B, C\}$；$S_2^2=\{X, Y\}$。
- $S_1^3=\{A, B\}$；$S_2^3=\{X, Y\}$。

因此，策略组 $\{(A, X), (A, Y), (B, X), (B, Y)\}$ 是经过反复删去强劣势策略之后剩下的策略。□

注释 假设我们在反复删去强劣势策略过程之后已删去了所有伴随 $\sigma_i(s_i)=0$ 的纯策略 $s_i\in S_i$（$i=1$，…，n），从而得到由剩下的所有策略组（σ_1，σ_2，…，σ_n）构成的集合。可以证明这个集合包含所有混合策略纳什均衡。如果我们运气好（例如囚徒困境情形），那么这个集合中的每个元素（σ_1，σ_2，…，σ_n）都是纳什均衡。在另外一种极端情形下，这个集合可能包含原来的所有策略组！因此，反复删去强劣势策略有时能够简化纳什均衡的计算。当然，在更多时候，这种做法起不到任何简化作用。

注释 如果博弈是一个有限博弈，那么反复删去劣势策略过程的轮次也是有限的，也就是说，经过一定轮次的删除之后，这个过程就终止了。可以证明，删去强劣势策略的先后顺序（先删去哪个，后删去哪个）不会影响这个过程的最终结果。然而，对于弱（极弱）劣势策略来说，删去劣势策略的先后顺序，的确会影响这个过程的最终结果。还需要注意，删去弱（极弱）劣势策略之后得到的简化博弈比删去强劣势策略之后得到的简化博弈小。

7.7 小结与参考文献

给定参与人 i，他的一个混合策略是指他的纯策略集上的一个概率分布；混合策略是参与人将纯策略随机化的一种自然表示方法。下列知识点值得注意。

- 当计算参与人在混合策略组下的期望收益时，我们假设参与人纯策略随机化过程彼此独立。
- 一个混合策略纳什均衡就是参与人的一个混合策略组（σ_1^*，σ_2^*，…，σ_n^*）（其中 σ_i^* 是参与人 i 的混合策略），它使得任何参与人单方面偏离自己的均衡混合策略都无利可图（单方面偏离是指其他参与人不偏离他们的均衡混合策略）。我们也可以将混合策

略纳什均衡定义为一个混合策略组（σ_1^*，σ_2^*，…，σ_n^*），使得任何参与人 i（$i=1$，…，n）的混合策略 σ_i^* 都是针对其他参与人均衡混合策略 σ_{-i}^* 的一个最优反应。

● 给定一个有限策略型博弈，它的任一混合策略纳什均衡都可以用下面两个条件描述：(a) 任何参与人 i，在所有其他参与人选择他们的均衡混合策略 σ_{-i}^* 情形下的期望效用都等于参与人 i 在他的均衡混合策略中选择任何伴随非零概率的纯策略所得到的效用。(b) 上面这个期望效用大于或等于参与人 i 在他的均衡混合策略中选择任何伴随零概率纯策略所得到的效用（前提是所有其他参与人选择他们的均衡混合策略）。上面的特征对于计算有限博弈的混合策略纳什均衡非常有用。

在考察了混合策略纳什均衡之后，我们讨论了混合策略背景下的最大最小值和最小最大值概念。我们得到的重要结果是，参与人在混合策略纳什均衡中的收益不会小于他在混合策略中的最小最大值，而这个最小最大值又不会小于他在混合策略中的最大最小值。另外，在两人博弈中，参与人在混合策略中的最大最小值等于他在混合策略中的最小最大值。

我们还讨论了混合策略背景下的优（劣）势概念，以及反复删去劣势策略的做法。

本章讨论的材料主要来自 Myerson[2]，Osborne and Rubinstein[3]，以及 Maschler，Solan，and Zamir[4]。

在本章，我们隐含地假设策略集都是有限集，而且我们对混合策略所下的定义仅针对这种有限博弈。然而，通过对无限策略集指定概率分布，混合策略也可以自然地推广到无限策略集的情形。

约翰·纳什的著名结果表明每个有限策略型博弈必定存在至少一个混合策略纳什均衡，这一点我们将在第 10 章详细讨论。无限博弈未必存在着混合策略纳什均衡。计算纳什均衡是一个很有趣的议题。我们将在第 11 章考察这个问题。在第 12 章，我们讨论与纳什均衡计算相关的计算复杂性问题。

本章关于混合策略背景下的优（劣）势材料主要来自 Osborne[5]，Shoham and Leyton-Brown[1]，以及 Myerson[2]。上面一些问题的证明也可以在这些参考文献中找到。

□ 参考文献

[1] Yoam Shoham and Kevin Leyton-Brown. *Multiagent Systems: Algorithmic, Game-Theoretic, and Logical Foundations*. Cambridge University Press, New York, USA, 2009.

[2] Roger B. Myerson. *Game Theory: Analysis of Conflict*. Harvard University Press, Cambridge, Massachusetts, USA, 1997.

[3] Martin J. Osborne and Ariel Rubinstein. *A Course in Game Theory*. Oxford University Press, 1994.

[4] Michael Maschler, Eilon Solan, and Shmuel Zamir. *Game Theory*. Cambridge University Press, 2013.

[5] Martin J. Osborne. *An Introduction to Game Theory*. The MIT Press, 2003.

7.8 习　题

（1）令 S 是任一有限集，它有 n 个元素。证明由 S 上的所有概率分布构成的集合 $\Delta(S)$是一个凸集。

（2）给定策略型博弈〈N，(S_i)，(u_i)〉，证明对于任何两个混合策略 σ_i^* 和 σ_i，

$$u_i(\sigma_i^*,\sigma_{-i})>u_i(\sigma_i,\sigma_{-i})\quad \forall \sigma_{-i}\in\Delta(S_{-i})$$

当且仅当

$$u_i(\sigma_i^*,s_{-i})>u_i(\sigma_i,s_{-i})\quad \forall s_{-i}\in S_{-i}。$$

（3）证明博弈〈N，(S_i)，(u_i)〉中的任何强优势策略必定是一个纯策略。

（4）找出下列硬币配对博弈的混合策略纳什均衡：

	H	T
H	1，−1	−1，1
T	−1，1	1，−1

另外，计算混合策略中的最大最小值和最小最大值。确定每个参与人的最大最小混合策略，以及其他参与人用于对付每个参与人的最小最大混合策略。

（5）找出下列“石头剪刀布”博弈的混合策略纳什均衡：

1	2		
	石头	布	剪刀
石头	0，0	−1，1	1，−1
布	1，−1	0，0	−1，1
剪刀	−1，1	1，−1	0，0

另外，计算混合策略中的最大最小值和最小最大值。确定每个参与人的最大最小混合策略，以及其他参与人用于对付每个参与人的最小最大混合策略。

（6）考虑下列两人零和博弈，其中 a，b，c，d 都是实数，而且 $a>b$，$d>c$，$d>b$，$a>c$。计算这个博弈的所有混合策略纳什均衡。另外，计算混合策略中的最大最小值和最小最大值。确定每个参与人的最大最小混合策略，以及其他参与人用于对付每个参与人的最小最大混合策略。

1	2	
	A	B
A	a，$-a$	b，$-b$
B	c，$-c$	d，$-d$

（7）找出下列博弈的混合策略纳什均衡：

第7章　混合策略与混合策略纳什均衡

	A	B
A	2，2	1，2
B	2，1	1，1

另外，计算混合策略中的最大最小值和最小最大值。确定每个参与人的最大最小混合策略，以及其他参与人用于对付每个参与人的最小最大混合策略。

（8）找出下列博弈的混合策略纳什均衡：

	A	B
A	6，2	0，0
B	0，0	2，6

如果上表中的每个数字都乘以 2，均衡会变化吗？

（9）考虑如下的任何两人博弈（其中 a，b，c，d 是任意实数）：

	A	B
A	a，a	b，c
B	c，b	d，d

已知该博弈有一个强优势策略均衡。对于下列论断，判断对错并证明：上面的强优势策略均衡是该博弈的唯一可能的混合策略均衡。

（10）这个博弈称为猜平均数博弈。有 n 个参与人。每个参与人在集合 $\{1, \cdots, K\}$ 中选一个数。谁选的数越接近于平均数的 2/3，谁就获胜，从而获得 1 元奖金，若出现平局，这 1 元奖金就由那些获胜的所有参与人平分。将这个问题形式化为策略型博弈。证明该博弈有唯一混合策略纳什均衡，在这个均衡中，每个参与人都选择了纯策略。

（11）给定下列两人博弈，其中

$$S_1=[0,1], S_2=[3,4]$$
$$u_1(x,y)=-u_2(x,y)=|x-y| \quad \forall (x,y)\in[0,1]\times[3,4]$$

计算这个博弈的混合策略纳什均衡。

（12）给定策略型博弈，其中：$N=\{1, 2\}$；$S_1=S_2=[a, b]\times[a, b]$，这里 a，b 都是正实数，而且 $a<b$。也就是说，每个参与人同时在矩形 $[a, b]\times[a, b]$ 中选择一点。将收益函数定义为

$$u_1(s_1,s_2)=-u_2(s_1,s_2)=d(s_1,s_2)$$

其中 $d(s_1, s_2)$ 是 s_1 点和 s_2 点之间的欧几里得距离。计算这个博弈的所有混合策略纳什均衡。

（13）对于庇古网络博弈（参见第 4 章和第 6 章），分别计算 $n=2$ 和 $n=3$ 时的所有混合策略纳什均衡。你能将这个结果一般化吗？

（14）一种商品，两个卖者 1 和 2，三个买者 A、B 和 C。

- A 只能向 1 购买。
- C 只能向 2 购买。

- B 可以向 1 购买，也可以向 2 购买。
- 每个买者的预算（最大支付意愿）为 1，希望购买 1 单位。
- 每个卖者的供货都充足。
- 每个卖者在实数区间 [0，1] 选择一个报价。令 s_1 和 s_2 分别为卖者 1 和 2 的报价。
- 显然，A 以价格 s_1 买 1 的商品，C 以价格 s_2 买 2 的商品。
- 对于买者 B，如果 $s_1 \leqslant s_2$，B 会买 1 的商品；否则，他会向 2 购买。

我们已在第 6 章证明了这个博弈没有纯策略纳什均衡。请问它有混合策略纳什均衡吗？

（15）考虑单人博弈，其中 $N=\{1\}$，$S_1=[0,1]$。注意，集合 [0，1] 是紧的（compact）。将效用函数定义为一个不连续的映射：

$$u_1(s_1)=s_1 \quad 若\ 0\leqslant s_1<1$$
$$=0 \quad 若\ s_1=1$$

证明这个博弈不存在混合策略均衡。

（16）考虑单人博弈，其中 $N=\{1\}$，$S_1=[0,1)$，注意集合 [0，1) 不是紧的。将效用函数定义为一个连续映射：

$$u_1(s_1)=s_1 \quad \forall s_1\in[0,1]$$

证明这个博弈也不存在混合策略均衡。

（17）使用混合策略纳什均衡的必要和充分条件，计算下列博弈的所有混合策略纳什均衡：

	A	B
A	20，0	0，10
B	0，90	20，0

（18）证明下列命题：

- 假设策略型博弈 $\Gamma=\langle N,(S_i),(u_i)\rangle$ 有混合策略纳什均衡 $(\sigma_1^*,\cdots,\sigma_n^*)$。那么

$$u_i(\sigma_1^*,\cdots,\sigma_n^*)\geqslant \underline{v}_i \quad \forall i\in N$$

其中 $\underline{v}_i$ 是参与人 i 在混合策略中的最大最小值。

- 考虑策略型博弈 $\Gamma=\langle N,(S_i),(u_i)\rangle$。那么

$$\bar{v}_i\geqslant \underline{v}_i \quad \forall i\in N$$

其中 $\underline{v}_i$ 是参与人 i 在混合策略中的最大最小值，$\bar{v}_i$ 是参与人 i 在混合策略中的最小最大值。

- 假设策略型博弈 $\Gamma=\langle N,(S_i),(u_i)\rangle$ 有混合策略纳什均衡 $(\sigma_1^*,\cdots,\sigma_n^*)$。那么

$$u_i(\sigma_1^*,\cdots,\sigma_n^*)\geqslant \bar{v}_i \quad \forall i\in N$$

其中 $\bar{v}_i$ 是参与人 i 在混合策略中的最小最大值。

• 给定一个两人策略型博弈，参与人在混合策略中的最大最小值等于他在混合策略中的最小最大值。

(19) 给定博弈（资料来源：Myerson[2]）

1	2		
	X	Y	Z
A	2, 3	3, 0	0, 1
B	0, 0	1, 6	4, 2

对其使用反复删去强劣势策略过程。

(20) 给定博弈（资料来源：Myerson[2]）

1	2	
	X	Y
A	3, 2	2, 2
B	1, 1	0, 0
C	0, 0	1, 1

对于这个博弈使用下列删去弱势策略的步骤，观察结果。你能从其中推断出什么？

• 删去 C（然后删去 Y）；

• 删去 B（然后删去 X）；

• 同时删去 B 和 C。

(21) 给定博弈（资料来源：Osborne[5]）

1	2		
	X	Y	Z
A	1, 1	1, 1	0, 0
B	0, 0	1, 2	1, 2

使用这个博弈说明反复删去弱劣势策略而得到的最终结果取决于删去弱劣势策略的先后顺序。

(22) 给定策略型博弈 $\langle N, (S_i), (u_i)\rangle$，假设我们在反复删去强劣势策略过程之后，已删去了所有伴随 $\sigma_i(s_i)=0$ 的纯策略 $s_i \in S_i$（$i=1, \cdots, n$），从而得到由剩下的所有策略组（σ_1，σ_2，…，σ_n）构成的集合。证明这个集合包含所有混合策略纳什均衡。

第 8 章

效用理论

效用理论在博弈论中占有核心地位。它们以实数描述了参与人对不同结果的偏好，从而使得我们可以在博弈理论分析中使用实值函数。到目前为止，我们隐含地假设效用函数能够正确描述参与人对不同结果的偏好。冯·诺依曼和摩根斯坦发展出的效用函数为这个假设提供了科学依据。本章介绍他们的公理性的效用理论（utility theory）。本章还说明任何仿射变换都能保留效用函数的性质。我们还介绍了计算冯·诺依曼-摩根斯坦效用的方法。最后，根据参与人对风险的态度，我们将他们划分为风险中性、风险厌恶和风险喜好三类。

8.1 为何需要效用理论

策略型博弈中的结果（outcomes）通常是 n 维策略向量，其中 n 表示参与博弈的人数。例如，给定有着下列收益矩阵的 BOS 博弈

1	2	
	A	B
A	2，1	0，0
B	0，0	1，2

该博弈的结果集为

$$X=\{(A,A),(A,B),(B,A),(B,B)\}$$

每个参与人对不同结果都有偏好，这些偏好可用二元关系表示，在经济学背景下，这样

的二元关系就是定义在结果集 X 上的**偏好关系**（preference relation）。参与人的效用函数将结果映到实数，从而反映了他对这些结果的偏好。参与人 1 的效用函数为

$$u_1(A,A)=2; u_1(A,B)=0; u_1(B,A)=0; u_1(B,B)=1$$

上面的实数 2，0，0，1 分别描述了参与人对四个结果的偏好。参与人 2 的效用函数为

$$u_2(A,A)=1; u_2(A,B)=0; u_2(B,A)=0; u_2(B,B)=2$$

注意，效用函数将多维信息映入实数，从而以实数描述偏好。这里自然产生一个问题：我们能否描述参与人的所有偏好但又不损失任何信息？效用理论以系统且科学的方法解决了这个问题。20 世纪，人们发展出了很多效用理论。冯·诺依曼和摩根斯坦（von Neumann and Morgenstern[1]）发展出的效用理论是最有影响的一种，而且它与博弈论的关系最为密切。在本章，我们循序渐进地定义博弈背景下的效用，在这个过程中我们将解决一系列小问题。这里的思想源自下列文献：Straffin[2]，Maschler，Solan，and Zamir[3]，Shoham and Leyton-Brown[4]，以及 Myerson[5]。

□ 序数效用

我们用一个简单的例子来说明序数效用思想。

例 8.1 （**序数效用**）某个博弈有两个参与人 1 和 2，以及四个结果 $X=\{x, y, z, w\}$。假设参与人 1 最偏好 x，接下来分别为 y，z 和 w。我们将其记为 $x \succ y \succ z \succ w$。假设参与人 2 对这些结果的偏好正好与参与人 1 相反，即参与人 2 的偏好为 $w \succ z \succ y \succ x$。如果我们对这些结果指定不同实数来反映这种偏好序，那么这样的赋值方法有很多。一种可能的赋值方法为：

参与人 1：$x:4; y:3; z:2; w:1$；

参与人 2：$x:2; y:4; z:6; w:9$。

现在考虑另外一种能描述参与人 1 偏好的赋值：

参与人 1：$x:100; y:50; z:10; w:0$。

注意，在对参与人 1 偏好的上述两种赋值中，他的偏好程度不同，数值差之比也不同。然而，在序数效用背景下，这两种赋值方法是等价的，因为它们都能描述参与人的偏好序。□

显然，存在着不可数的无穷多个效用函数 $u_1: X \to \mathbb{R}$ 和 $u_2: X \to \mathbb{R}$，它们都能描述参与人 1 和 2 的偏好。特别地，如果 $\succeq_i (i=1, 2)$ 表示参与人 i 的偏好关系，那么我们主要关注满足

$$x_1 \succeq_i x_2 \Leftrightarrow u_i(x_1) \geq u_i(x_2)$$

的效用函数 $u_i (i=1, 2)$。

给定一种测量方法（scale），若更大的数表示更受参与人偏好的结果，从而使得只有数的顺序起作用，而数的绝对或相对大小无关紧要，那么这种测量方法称为**定序测量**（ordinal scale）。按照这种方法得到的效用值称为**序数效用**（ordinal utilities）。注意，这里的效用值描述的仅是参与人的偏好序，而不是他的偏好强度。

□ 彩票上的偏好

当描述不确定环境下参与人将选择哪个结果时，人们通常使用彩票（或概率分布）这个概念。假设 $X=\{x_1, x_2, \cdots, x_m\}$。那么 X 上的一种彩票就是一个概率分布

$$\sigma=[p_1:x_1;p_2:x_2;\cdots;p_m:x_m]$$

注意，

$$p_j \geqslant 0,\ j=1,2,\cdots,m \text{ 且} \sum_{j=1}^{m} p_j = 1$$

我们需要考察不同彩票上的偏好，效用函数定义在由所有彩票组成的集合 $\Delta(X)$ 上。我们用简单的例子来说明。

例 8.2 令结果集与例 1 一样，仍为 $X=\{x, y, z, w\}$。考虑下面两种可能性。在第一种情形下，结果 x，y，z，w 发生的概率分别为 0.5，0.2，0.2，0.1。在第二种情形下，x，y，z，w 发生的概率分别为 0.4，0.3，0.15，0.15。我们用 X 上的两种彩票 σ_1 和 σ_2 来表示上述两种可能性：

$$\sigma_1=[0.5:x;\ 0.2:y;\ 0.2:z;\ 0.1:w];\ \sigma_2=[0.4:x;\ 0.3:y;\ 0.15:z;\ 0.15:w]$$

现在我们关注的问题是，在上面两种彩票中，参与人更偏好哪种。为了找到这个问题的答案，我们需要在 X 上定义效用函数。□

定义 X 上的效用函数，应该使得一种彩票比另外一种更受偏好，当且仅当前者的赋值大于或等于后者的赋值。对此，冯·诺依曼和摩根斯坦提出了一种优雅的理论。事实上，他们证明在一定公理条件下，只要效用函数**关于彩票的概率为线性**（linear in the probabilities of the lottery），那么这样的效用函数就能满足要求。

8.2 冯·诺依曼-摩根斯坦效用理论公理

与以前一样，令 X 表示结果集。考虑参与人 i，假设我们关注他在 X 中结果上的偏好。这些偏好可用 X 上的二元关系$\succcurlyeq$表示。给定 $x_1, x_2 \in X$，对于既定参与人 i，我们定义：

- $x_1 \succcurlyeq x_2$：结果 x_1 弱偏好于 x_2。
- $x_1 \succ x_2$：结果 x_1 严格偏好于 x_2。
- $x_1 \sim x_2$：结果 x_1 和 x_2 无差异。

由此立即可注意到：

- $x_1 \succ x_2 \Leftrightarrow x_1 \succcurlyeq x_2$ 且$\neg(x_2 \succcurlyeq x_1)$，其中$\neg(x_2 \succcurlyeq x_1)$ 表示 $x_2 \succcurlyeq x_1$ 不成立。
- $x_1 \sim x_2 \Leftrightarrow x_1 \succcurlyeq x_2$ 且 $x_2 \succcurlyeq x_1$。

显然，关系$\succcurlyeq$是反身的（reflexive）。

我们希望将二元关系$\succ$、$\succcurlyeq$和$\sim$扩展到彩票集上，以便描述参与人对彩票的偏好。为了做此事，我们提供六个公理，它们代表了偏好需要满足的一些自然且合意的性质。

这些公理为：完备性、传递性、可替代性、可分解性、单调性以及连续性。这些公理都是冯·诺依曼和摩根斯坦明确说明的。前两个公理（完备性和传递性）用于单个结果之间的比较。后面四个公理为我们将偏好关系扩展到彩票上提供了架构。

□ 公理 1 （完备性）

完备性（completeness）公理表示每一对结果都被偏好关系联系起来。而且，偏好关系$\succeq$诱导出了 X 上的序，它允许平局结果的出现。完备性的正式表示为

$$x_1 \succ x_2；或\ x_2 \succ x_1；或\ x_1 \sim x_2 \quad \forall x_1, x_2 \in X$$

□ 公理 2 （传递性）

传递性（transitivity）是说

$$x_1 \succeq x_2\ 且\ x_2 \succeq x_3 \Rightarrow x_1 \succeq x_3 \quad \forall x_1, x_2, x_3 \in X$$

为了看清为何传递性是一个自然而然的要求，我们设想一下如果不满足传递性将会出现什么后果。假设 $x_1 \succeq x_2$ 且 $x_2 \succeq x_3$ 然而 $x_3 \succ x_1$。假设如果允许参与人将当前结果换成他更偏好的结果，他愿意支付一定的钱数。于是上面的三个关系意味着，为了将 x_3 换成 x_3（注意这是同一个结果），他愿意支付一笔非零的钱！这样的情形通常称为**货币泵**（money pump），它显然是有问题的。

□ 公理 3 （可替代性）

可替代性（substitutability）公理通常称为**独立性**（independence）。如果 $x_1 \sim x_2$，那么对于满足

$$p + \sum_{j=3}^{m} p_j = 1$$

的结果 x_3，…，x_m 以及概率 p，p_3，…，p_m，参与人对于彩票 $\sigma_1 = [p: x_1;\ p_3: x_3;\ \cdots;\ p_m: x_m]$ 和 $\sigma_2 = [p: x_2;\ p_3: x_3;\ \cdots;\ p_m: x_m]$ 是无差异的。我们将其写为 $\sigma_1 \sim \sigma_2$ 或者

$$[p: x_1; p_3: x_3; \cdots; p_m: x_m] \sim [p: x_2; p_3: x_3; \cdots; p_m: x_m]$$

可替代性意味着在这种情形下，结果 x_1 总可以换成 x_2，结果 x_2 总可以换成 x_1。

例 8.3 假设某个比赛获胜选手面对的奖品是以下两个选择。

- 选项 1：以概率 0.3 得到一台平板电脑，以概率 0.7 得到一辆摩托车；
- 选项 2：以概率 0.3 得到一台笔记本电脑，以概率 0.7 得到一辆摩托车。

如果他认为平板电脑和笔记本电脑无差异，那么可替代性意味着他对选项 1 和 2 是无差异的，其中选项 1 为彩票［0.3：平板电脑；0.7：摩托车］，选项 2 为彩票［0.3：笔记本电脑；0.7：摩托车］。□

□ 公理 4 （可分解性）

可分解性（decomposability）公理通常称为**彩票的简化**（simplification of lotteries)。假设σ是X上的一种彩票，令$P_\sigma(x_i)$表示x_i被σ选中的概率。分解性公理是说

$$P_{\sigma_1}(x_i)=P_{\sigma_2}(x_i)\quad \forall x_i\in X\Rightarrow \sigma_1\sim\sigma_2\quad \forall \sigma_1,\sigma_2\in\Delta(X)$$

例 8.4 令$X=\{x_1, x_2, x_3\}$，则X上的一种彩票σ可以为

$$\sigma=[0.6: x_1;0.4:[0.4: x_1;0.6: x_2]]。$$

上面这种彩票称为**复合彩票**（compound lottery），因为它身体里嵌入了另外一种彩票。作为可分解性公理的结果，对于参与人来说，下列彩票都是等价的：

$$\sigma_1=[0.76: x_1;0.24: x_2]$$
$$\sigma_2=[0.6: x_1;0.4:[0.4: x_1;0.6: x_2]]$$
$$\sigma_3=[0.4: x_1;0.6:[0.6: x_1;0.4: x_2]]$$
$$\sigma_4=[0.5:[0.8: x_1;0.2: x_2];0.5:[0.72: x_1;0.28: x_2]]$$

注意，可分解性使得我们可将复合彩票化简为简单彩票。□

□ 公理 5 （单调性）

假设对于既定参与人，结果x_1严格偏好于x_2，即$x_1\succ x_2$。假设σ_1和σ_2是$\{x_1, x_2\}$上的两种彩票。单调性（monotonicity）意味着参与人偏好对x_1指定更高概率的那种彩票。更正式地说，$\forall x_1, x_2\in X$，

$$x_1\succ x_2 \text{ 且 } 1\geqslant p>q\geqslant 0\Rightarrow[p: x_1;1-p: x_2]\succ[q: x_1;1-q: x_2]$$

在直觉上，单调性意味着好东西多多益善。

例 8.5 假设某个比赛获胜选手面对的奖品是以下两个选项：

- 选项 1：以 0.2 的概率得到一台笔记本电脑，以 0.8 的概率得到一辆摩托车；
- 选项 2：以 0.3 的概率得到一台笔记本电脑，以 0.7 的概率得到一辆摩托车。

如果该选手更偏好摩托车而不是笔记本电脑，那么单调性意味着他更偏好选项 1 而不是选项 2，其中选项 1 对应着彩票 [0.2：笔记本电脑；0.8：摩托车]，选项 2 对应着彩票 [0.3：笔记本电脑；0.7：摩托车]。□

□ 公理 6 （连续性）

连续性（continuity）公理是说$\forall x_1, x_2, x_3\in X$，

$$x_1\succ x_2 \text{ 且 } x_2\succ x_3\Rightarrow \exists p\in[0,1] \text{ 使得 } x_2\sim[p: x_1;1-p: x_3]$$

连续性公理意味着，给定任一结果x_2使得结果x_1严格偏好于x_2且x_2严格偏好于结果x_3，则对于某个概率p，我们有x_2与$[p: x_1; 1-p: x_3]$无差异。

例 8.6 假设某个比赛获胜选手面对的奖品是一辆摩托车（x_1）、一台笔记本电脑（x_2）或一部手机（x_3）。假设对他来说，摩托车严格比笔记本电脑好，笔记本电脑严格比手机好。于是，连续性公理断言，存在着概率$p\in[0, 1]$使得该获胜选手对笔记本电脑和彩票$[p: x_1; 1-p: x_3]$无差异，其中这种彩票表示他能以p的概率得到摩托车，以$(1-p)$的概率得到手机。□

现在我们不加证明地给出一个引理，然后给出并证明一个重要定理。

引理 8.1 假设关系$\succeq$满足完备性、传递性、可分解性以及单调性。那么若 $x_1 \succ x_2$ 且 $x_2 \succ x_3$ 则存在着概率 p 使得

$$x_2 \succ [q : x_1; 1-q : x_3] \quad \forall 0 \leqslant q < p$$
$$[r : x_1; 1-r : x_3] \succ x_2 \quad \forall 1 \geqslant r > p$$

这个证明留作习题（参见本章课后习题）。使用公理（1）到（6），以及上面的引理，我们现在已做好准备来证明冯・诺依曼和摩根斯坦（von Neumann and Morgenstern[1]）的重要结果了。

8.3 冯・诺依曼-摩根斯坦定理

定理 8.1 给定结果集 $X=\{x_1, \cdots, x_m\}$，以及定义在 X 上而且满足完备性、传递性、可替代性、可分解性、单调性和连续性的偏好关系$\succeq$，则存在满足下列两个性质的效用函数 $u: X \to [0, 1]$：

（1）$u(x_1) \geqslant u(x_2)$ 当且仅当 $x_1 \succeq x_2$，$\forall x_1, x_2 \in X$；

（2）$u([p_1 : x_1; p_2 : x_2; \cdots; p_m : x_m]) = \sum_{j=1}^{m} p_j u(x_j)$ 。

注释 上面定理中的条件（2）显然说明了如何定义彩票上的效用函数。注意，条件（2）的右侧关于概率 $p_1, \cdots, p_m$ 为**线性**。这是冯・诺依曼-摩根斯坦效用函数的显著性质。满足上面条件（1）和（2）的效用函数称为**冯・诺依曼-摩根斯坦效用函数**。

证明： 首先我们考察 $x_i \sim x_j$，$\forall x_i, x_j \in X$ 这种退化情形。这种退化情形意味着参与人对所有 $x_i \in X$ 都是无差异的。考虑函数 $u(x_i)=0$，$\forall x_i \in X$。定理的第 1 部分显然为真。第 2 部分可使用可分解性和可替代性推出，我们将其留作习题。

如果不是退化情形，那么根据完备性可知，必定至少存在着一个最好结果以及至少存在着一个最差结果，而且这两个结果不同。假设 $\overline{x} \in X$ 是一个最好结果，$\underline{x} \in X$ 是一个最差结果。显然，$\overline{x} \succ \underline{x}$。现在，给定任何 $x_i \in X$，根据连续性可知，存在着唯一概率 p_i 使得

$$x_i \sim [p_i : \overline{x}; 1-p_i : \underline{x}]$$

将 $u: X \to [0, 1]$ 定义为 $u(x_i)=p_i$，$\forall x_i \in X$。对于这个 u，我们将证明定理的第 1 部分和第 2 部分。

□ 第 1 部分的证明

假设 $x_1, x_2 \in X$。我们按照下列方法定义两种彩票 σ_1 和 σ_2，使其分别对应 x_1 和 x_2：

$$x_1 \sim \sigma_1 = [u(x_1) : \overline{x}; 1-u(x_1); \underline{x}]$$
$$x_2 \sim \sigma_2 = [u(x_2) : \overline{x}; 1-u(x_2); \underline{x}]$$

我们将证明 $u(x_1) \geqslant u(x_2) \Leftrightarrow x_1 \succeq x_2$。

我们首先证明 $u(x_1)\geqslant u(x_2)\Rightarrow x_1\succcurlyeq x_2$。假设 $u(x_1)>u(x_2)$。由于 $\overline{x}\succ\underline{x}$，根据单调性可知，

$$x_1\sim\sigma_1\succ\sigma_2\sim x_2$$

利用传递性、可替代性以及可分解性，可得 $x_1\succ x_2$。

现在假设 $u(x_1)=u(x_2)$。于是，σ_1 和 σ_2 是相同的彩票，这意味着

$$x_1\sim\sigma_1\equiv\sigma_2\sim x_2$$

根据传递性可知，$x_1\sim x_2$。这样，我们就证明了 $u(x_1)\geqslant u(x_2)\Rightarrow x_1\succcurlyeq x_2$。

接下来，我们证明另外一个方向也为真，即 $x_1\succcurlyeq x_2\Rightarrow u(x_1)\geqslant u(x_2)$。

对于这一部分，我们的方法是证明其逆否命题成立，即证明

$$u(x_1)<u(x_2)\Rightarrow x_2\succ x_1$$

注意，上面这个逆否命题可根据完备性写出。事实上，这个命题在我们证明

$$u(x_1)>u(x_2)\Rightarrow x_1\succ x_2$$

时，已得到了证明。只不过在这里，我们互换了 x_1 和 x_2 的位置。

□ 第 2 部分的证明

首先，我们定义

$$u^*=u([p_1:x_1;p_2:x_2;\cdots;p_m:x_m])$$

根据效用函数 u 的定义，对于每个 $x_j\in X$，我们有

$$x_j\sim[u(x_j):\overline{x};1-u(x_j):\underline{x}]$$

利用可替代性，我们可以将（u^* 定义中的）每个 x_j 换成相应的彩票。由此可得，

$$u^*=u([p_1:[u(x_1):\overline{x};1-u(x_1):\underline{x}];\cdots;p_m:[u(x_m):\overline{x};1-u(x_m):\underline{x}])$$

注意，上面的复合彩票仅在 $\overline{x}$ 和 $\underline{x}$ 这两个结果之间进行选择。使用可分解性，可得

$$u^*=u\left(\left[\left(\sum_{j=1}^{m}p_ju(x_j)\right):\overline{x};\left(1-\sum_{j=1}^{m}p_ju(x_j)\right):\underline{x}\right]\right)$$

利用效用函数 u 的定义，立即可得

$$u^*=\sum_{j=1}^{m}p_ju(x_j)$$

这样，我们就证明了定理的第 2 部分，从而完成了整个定理的证明。■

例 8.7 假设某个比赛获胜选手面对的奖品为以下两个选项。

- 选项 1：以 0.3 的概率得到一台平板电脑，以 0.7 的概率得到一辆摩托车。
- 选项 2：以 0.3 的概率得到一部手机，以 0.2 的概率得到一台笔记本电脑，以 0.5 的概率得到一辆摩托车。

假设该选手的效用函数 $u(\cdot)$ 对手机、平板电脑、笔记本电脑、摩托车这四个结果的赋值分别为 100、200、300 和 400。于是，冯·诺依曼-摩根斯坦效用函数对选项 1

的赋值为 (0.3)(200)+(0.7)(400)，对选项 2 的赋值为 (0.3)(100)+(0.2)(300)+(0.5)(400)。因此，选项 1 的期望效用为 340，而选项 2 的期望效用为 290。作为理性人，显然他会选择选项 1。□

8.4 仿射变换

在上面的定理中，效用函数的值域为 [0，1]。如果能有值域不限于 [0，1] 的效用函数就好了。下面的结果将效用函数扩展到更广的值域。

命题 8.1 给定满足定理 8.1 性质（1）和（2）的效用函数 $u(x)$，那么 $u(x)$ 的每个正仿射变换（positive affine transformation）

$$U(x)=au(x)+b$$

都是一个满足定理 8.1 性质（1）和（2）的新效用函数，其中 a，b 都是常数而且 $a>0$。

我们将这个结果的证明留作习题。这个命题的一个有趣结果是，有些两人博弈似乎不是零和博弈，但事实上是，比如下面的例子。

例 8.8 **（收益之和为常数的博弈）** 在图 8—1 所示的两人博弈中，两个参与人的效用之和为常数 1。如果我们将其中一个参与人（比如参与人 2）的效用减去常数 1，那么我们就得到了如图 8—2 所示的零和博弈。□

1	2	
	A	B
A	2，−1	5，−4
B	−6，7	−1，2

图 8—1 收益之和为常数的博弈

1	2	
	A	B
A	2，−2	5，−5
B	−6，6	−1，1

图 8—2 零和博弈，它等价于图 8—1 中的博弈

例 8.9 **（非零和博弈）** 图 8—3 所示的博弈是一个两人非零和博弈，而且参与人的收益之和不是常数。对参与人 1 的效用使用仿射变换 $g(x)=\frac{1}{2}(x-17)$，我们就得到了图 8—4 所示的零和博弈。□

1	2	
	A	B
A	27，−5	17，0
B	19，−1	23，−3

图 8—3 非零和博弈

1	2	
	A	B
A	5，−5	0，0
B	1，−1	3，−3

图 8—4　零和博弈，它等价于图 8—3 中的博弈

8.5　计算冯·诺依曼-摩根斯坦效用

给定结果集 X，冯·诺依曼-摩根斯坦效用提供了一种在这些结果上构建效用的方法。这里的重要结果是，我们可以通过向参与人问询一些关于彩票的问题来构建效用。我们用一个例子来说明此事。(这个例子是文献[2]的第 9 章的一个简化版本。)

假设 $X=\{x_1, x_2, x_3\}$，不失一般性，假设参与人的偏好序为 $x_1 \succ x_2 \succ x_3$。我们现在对最受偏好的结果 x_1 和最不受偏好的结果 x_3 赋值，显然，这样的赋值方法是任意的，只要满足前者的赋值大于后者的赋值即可。假设我们对 x_1 和 x_3 的赋值分别为 200 和 100，即 $u(x_1)=200$，$u(x_3)=100$。现在我们对 x_2 赋值。为了做此事，我们问参与人：对于下面两个选择，你更偏好哪个？一是以概率 1 得到 x_2；二是彩票（以概率 1/2 得到 x_1，以概率 1/2 得到 x_3）。如果参与人认为 x_2 比彩票更好，那么这意味着 x_2 比 x_1 和 x_3 的中点好，这意味着我们对 x_2 的赋值必须大于 150。图 8—5 描述了这种情形。

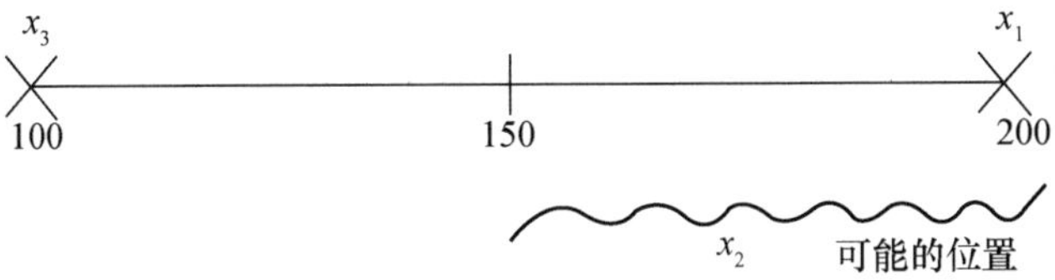

图 8—5　情形 1

我们问参与人的第二个问题，比如为：对于下面两个选择，你更偏好哪个？一是以概率 1 得到 x_2；二是彩票（以概率 0.75 得到 x_1，以概率 0.25 得到 x_3）。如果参与人更偏好彩票，那么我们可用图 8—6 描述这种情形。

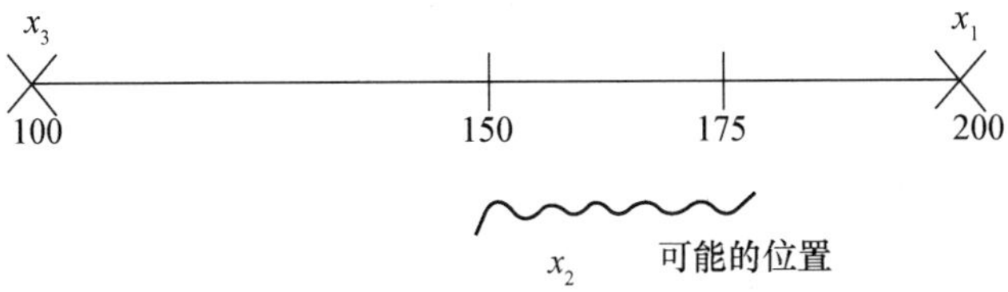

图 8—6　情形 2

经过向参与人问询一系列这样的问题，我们最终可以找到一种彩票使得他对 x_2 和该彩票无差异。假设该彩票为 $[0.7 : x_1; 0.3 : x_3]$。这意味着我们对 x_2 赋值 170，如图 8—7 所示。

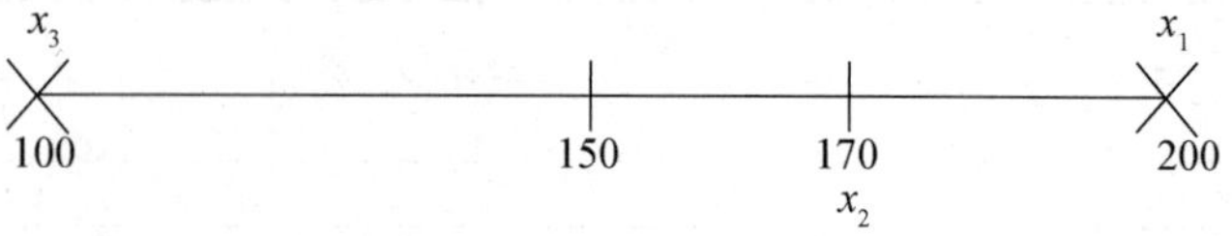

图 8—7　最终的赋值

冯·诺依曼-摩根斯坦效用理论保证了只要我们在他们的公理架构内考察，这样的问题存在着唯一解。

8.6　参与人的风险态度

在经典经济文献中，个体的风险态度分为三类：风险厌恶、风险中性、风险喜好（或者，风险追求）。这些风险态度可用效用理论刻画。我们先看一个例子。

例 8.10　（风险态度） 假设某个比赛获胜选手面对的奖品为一辆摩托车（x_1）、一台笔记本电脑（x_2）或一部手机（x_3）。假设他的效用函数为

$$u(x_1)=1\,000;\quad u(x_2)=200;\quad u(x_3)=0$$

根据效用理论，我们知道，存在概率 $p\in[0,1]$ 使得参与人对（1）确定性的结果 x_2 与（2）彩票 $[p:x_1;\ (1-p):x_3]$ 无差异。这个概率为多大？答案取决于该选手对待风险的态度。如果他是风险中性的，那么这个概率为 0.2（注意，$200=(0.2)(1\,000)+(0.8)(0)$）。如果他厌恶风险，那么他将偏向确定性的结果，因此，概率 p 将小于或等于 0.2。如果他喜好风险，那么他愿意赌一下看看能否得到更高的收益，因此，概率 p 将大于或等于 0.2。我们将这些概念形式化如下。□

假设结果集为 $X=[-R,R]$，其中 R 是一个正实数；假设 $x\in X$ 表示博弈参与人得到的货币报酬。令 $u_i(\cdot)$ 是一个定义在彩票上的冯·诺依曼-摩根斯坦效用函数，这些彩票又定义在该参与人的 X 的有限子集上。正如我们已看到的，$u_i(\cdot)$ 可根据参与人在不同结果下的效用得到，比如，$U_i:X\to\mathbb{R}$。注意，

$$U_i(x)=u_i([1:x])\quad\forall x\in X$$

假设 $\sigma=[p_1:x_1;\ \cdots;\ p_m:x_m]$ 是一个定义在结果集 $\{x_1,\cdots,x_m\}$ 上的彩票，其中 $x_j\in X$，$\forall j=1,\cdots,m$。由于 $u_i(\cdot)$ 是一个冯·诺依曼-摩根斯坦效用函数，我们有

$$u_i(\sigma)=\sum_{j=1}^{m}p_jU_i(x_j)$$

将对应于 σ 的期望货币报酬记为

$$\mu_\sigma=\sum_{j=1}^{m}p_jx_j$$

于是，给定参与人 i，若对于定义在 X 的有限子集上的所有彩票 σ，都有

$$u_i(\sigma)=u_i([1:\mu_\sigma])$$

则参与人 i 是风险中性的（risk neutral）；

如果

$$u_i(\sigma) \leqslant u_i([1:\mu_\sigma])$$

则参与人 i 是风险厌恶的（risk averse）；

如果

$$u_i(\sigma) \geqslant u_i([1:\mu_\sigma])$$

则参与人 i 是风险喜好的（risk loving）。

在理论上，我们可以使用上面的定义来确定给定的效用函数是风险中性、风险厌恶还是风险喜好的；这要求我们对每个 σ 进行验证，这在实践中显然不可行。下面的定理为我们确定参与人的风险态度提供了更有效率的方法。我们不加证明地给出这个有用的定理。

定理 8.2 假设 x_1，$x_2 \in \mathbb{R}$ 表示参与人 i 的任何一对货币报酬。

若 $\forall p \in [0, 1]$，

$$u_i([p_1 : x_1; (1-p) : x_2]) = u_i([1 : px_1 + (1-p)x_2]) \quad \forall x_1, x_2 \in \mathbb{R}$$

则他是风险中性的；

若 $\forall p \in [0, 1]$，

$$u_i([p_1 : x_1; (1-p) : x_2]) \leqslant u_i([1 : px_1 + (1-p)x_2]) \quad \forall x_1, x_2 \in \mathbb{R}$$

则他是风险厌恶的；

若 $\forall p \in [0, 1]$，

$$u_i([p_1 : x_1; (1-p) : x_2]) \geqslant u_i([1 : px_1 + (1-p)x_2]) \quad \forall x_1, x_2 \in \mathbb{R}$$

则他是风险喜好的。

注释 上面的定理意味着风险厌恶者的效用函数是凹的，而风险喜好者的效用函数是凸的。显然，风险中性者的效用函数是线性的。图 8—8 和图 8—9 分别画出了风险厌恶者和风险喜好者的效用函数。

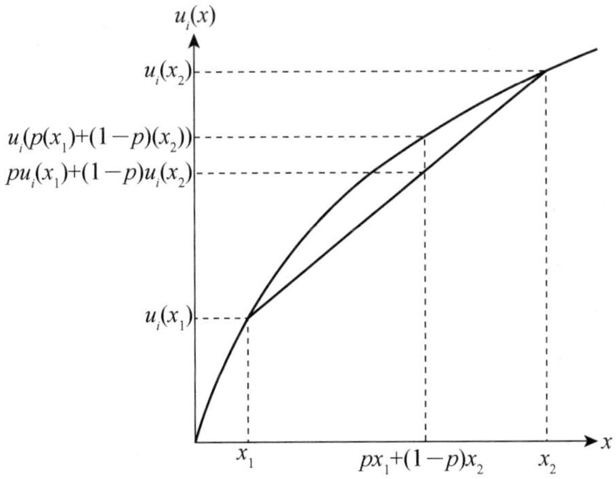

图 8—8 风险厌恶者的效用函数

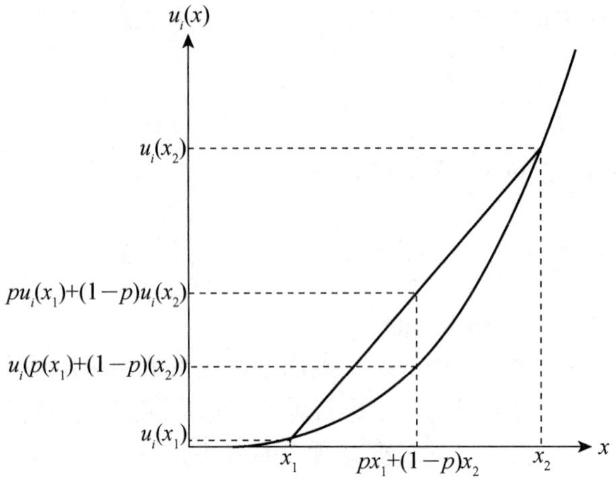

图 8—9　风险喜好者的效用函数

8.7　小结与参考文献

博弈背景下的效用函数将多维策略组映入实数，由此产生的问题是，这样的映射能否全面地描述偏好而不遗漏信息？冯·诺依曼和摩根斯坦用他们的效用函数回答了这个问题。本章的重要知识点如下。

- 冯·诺依曼和摩根斯坦提出了六个公理，它们都是结果集和偏好需要满足的合意性质。这六个公理分别为：完备性、传递性、可替代性、可分解性、单调性以及连续性。
- 为了描述在伴随不确定性的偏好的情形下，参与人将选择哪个结果，效用理论使用定义在结果集上的彩票这个概念。
- 冯·诺依曼和摩根斯坦发展出的效用理论，在上述六个公理得以满足的前提下，保证了效用函数的存在，使得该函数能完全描述定义在彩票上的偏好（这些彩票又定义在结果集上）。值得注意的是，这个效用函数关于概率为线性。
- 冯·诺依曼-摩根斯坦效用函数的任何正仿射变换也是一个冯·诺依曼-摩根斯坦效用函数。
- 给定结果集，冯·诺依曼-摩根斯坦效用的计算有着系统性的方法。
- 根据参与人对待风险的态度，我们可以将他们分为三类：风险中性、风险厌恶以及风险喜好。这三类人的效用函数分别为线性的、凹的、凸的。
- 有时，人们喜欢用货币解释效用。然而，这种做法通常不合适。原因有很多。首先，个人的效用未必仅取决于钱数。其次，在交易中，货币未必总是出现。例如，肾脏交换、以物易物等。即使在货币出现的情形下，效用也未必线性地取决于货币量。效用如何取决于货币量，还与个人的风险态度有关。

本章的材料整合了以下文献：[4]，[3]，[2]，以及[5]。为了更深入地了解这些议题，读者必须参考这些文献。文献[5]和[3]的处理更为严格和全面。详尽表述当然要参考 von Neumann and Morgenstern [1]这部原始经典著作。

□ 参考文献

[1] John von Neumann and Oskar Morgenstern. *Theory of Games and Economic Behavior*. *Princeton University Press*, 1944.

[2] Philip D. Straffin Jr. *Game Theory and Strategy*. The Mathematical Association of America, 1993.

[3] Michael Maschler, Eilon Solan, and Shmuel Zamir. *Game Theory*. Cambridge University Press, 2013.

[4] Yoam Shoham and Kevin Leyton-Brown. *Multiagent Systems*: *Algorithmic*, *Game-Theoretic*, *and Logical Foundations*. Cambridge University Press, New York, USA, 2009.

[5] Roger B. Myerson. *Game Theory*: *Analysis of Conflict*. Harvard University Press, Cambridge, Massachusetts, USA, 1997.

8.8 习　题

(1) 完成引理 8.1 的证明（文献[4]提供了证明）。

(2) 证明效用函数的仿射变换不会影响冯·诺依曼-摩根斯坦效用的性质（1）和（2）（参见定理 8.1）。

(3) 文献[2]提供了一种使用图形来考察给定的两人非零和博弈是否等价于零和博弈的方法。这涉及将参与人 1 和 2 的效用画在 $X-Y$ 平面上。请阅读之（没错，这是阅读练习）。

(4) 定理 8.2 为刻画参与人的风险态度（风险中性、风险厌恶以及风险喜好）提供了简便方法。请证明这个定理。

第9章

矩阵博弈

两人零和博弈描述了两人严格竞争情形。矩阵博弈（matrix games）是伴随有限策略集的两人零和博弈。矩阵博弈在很多方面都很有趣，而且它们比较容易分析，原因在于它们比较简单而且结构特殊。冯·诺依曼和摩根斯坦证明，可用线性规划求这些博弈的解。在本章，我们首先提供几个矩阵博弈的例子。然后，我们在纯策略背景下分析矩阵博弈，在这个过程中，我们引入安全水平、安全策略、鞍点等概念。我们将证明，纯策略纳什均衡（若存在）正好是鞍点。接下来，我们在混合策略背景下分析矩阵博弈。我们将证明，两个参与人的最优策略可用线性规划描述，它们互为对偶。由此，我们得到本章的主要结果，即最小最大值定理（minimax theorem），它表明每个矩阵博弈都有混合策略纳什均衡。

两人零和博弈是一个策略型博弈 $\langle\{1, 2\}, (S_1, S_2), (u_1, u_2)\rangle$，它满足 $u_1(s_1, s_2)+u_2(s_1, s_2)=0$，$\forall s_1\in S_1$，$\forall s_2\in S_2$。我们也使用符号 $\langle\{1, 2\}, S_1, S_2, u_1, -u_1\rangle$ 表示两人零和博弈。这里值得注意的是，参与人使得自己的收益最大，等价于使得对手的收益最小。因此，这些博弈也称为**严格竞争博弈**（strictly competitive games）。根据惯例，参与人1称为**行参与人**（row player），参与人2称为**列参与人**（column player）。

在本章，我们仅讨论伴随有限策略集的两人零和博弈。假设 $S_1=\{s_{11}, s_{12}, \cdots, s_{1m}\}$，$S_2=\{s_{21}, s_{22}, \cdots, s_{2n}\}$。在不至于混淆的情形下，我们从现在起使用符号 $S_1=\{1, 2, \cdots, m\}$，$S_2=\{1, 2, \cdots, n\}$［注意，不要将这里的 n 与本书其他地方的 n（代表参与博弈的人数）相混淆］。由于一个参与人的收益正好是另外一人收益的相反数，这些博弈可用含有 m 行和 n 列的矩阵 A 表示，其中 $a_{ij}=u_1(i, j)$，$\forall i\in S_1$，$\forall j\in S_2$。a_{ij} 这个数是当参与人1（行参与人）选择策略 i 且参与人2（列参与人）选择策略 j 时的收益，此时参与人2的收益为 $-a_{ij}$。因此，这样的博弈也称为**矩阵博弈**（matrix games）。为简单起见，我们直接称 A 是一个矩阵博弈。

9.1 矩阵博弈的例子

例 9.1 （硬币配对） 考虑硬币配对博弈的标准版本。它的收益矩阵见下表，假设策略 1 对应着硬币正面，策略 2 对应着反面：

1	2	
	1	2
1	1，−1	−1，1
2	−1，1	1，−1

这个博弈可用下列矩阵 A 描述，它仅包含参与人 1 的收益：

$$A=\begin{bmatrix} 1 & -1 \\ -1 & 1 \end{bmatrix}$$ □

例 9.2 （石头剪刀布） 我们已在 4.3 节介绍了石头剪刀布博弈，这个博弈有两个参与人，每个参与人有三个可能的策略：策略 1（石头），策略 2（布），策略 3（剪刀）。这是一个伴随下列矩阵的矩阵博弈：

$$A=\begin{bmatrix} 0 & -1 & 1 \\ 1 & 0 & -1 \\ -1 & 1 & 0 \end{bmatrix}$$ □

例 9.3 （产品预测博弈） 假设有两个竞争公司 1 和 2，它们在既定的时点上只能生产 X、Y 和 Z 这三种产品中的一种。每个公司在既定的时点上只能生产一种产品，该公司的收益取决于这两个公司所选择的产品。假设当一个公司获得利润时，另外一个公司得到等额亏损。假设 X、Y、Z 分别为策略 1、2 和 3，我们有 $S_1=S_2=\{1, 2, 3\}$。一个可能的收益矩阵为：

$$A=\begin{bmatrix} 100 & 200 & 100 \\ 0 & -100 & 200 \\ -100 & 0 & -200 \end{bmatrix}$$

每个公司必须同时决定生产哪种产品。我们需要预测均衡时两公司生产的产品类型。□

例 9.4 （收益之和为常数的一个博弈） 零和博弈的一个直接推广就是收益之和为常数的博弈：$\langle\{1, 2\}, S_1, S_2, u_1, u_2\rangle$ 使得 $u_1(s_1, s_2)+u_2(s_1, s_2)=C$，$\forall s_1\in S_1$，$\forall s_2\in S_2$，其中 C 是一个已知常数。给定任何一个收益之和为常数的博弈，我们都可以通过简单变换（比如，将每个参与人的每个收益减去该常数），把它变为一个零和博弈，从而将其作为零和博弈进行分析。□

9.2 矩阵博弈中的纯策略

在本节，我们分析仅允许纯策略情形的矩阵博弈。首先注意到，一个参与人收益的最大化等价于另外一个参与人收益最小化。当行参与人选择策略 i，列参与人选择能使行参与人收益最小的策略：

$$\min_{j\in S_2} a_{ij}$$

上面的收益是当行参与人选择策略 i 时，他能保证自己得到的最小收益。因此，行参与人希望选择能使上述收益最大的纯策略 i。也就是说，他希望选择策略 i 使得

$$\max_{i\in S_1}\min_{j\in S_2} a_{ij}$$

换句话说，行参与人的最优策略是**最大最小化**（maxminimization）。注意，这里隐含地假设不管行参与人怎么做，列参与人总是选择能使得他（行参与人）损失尽可能大的策略。行参与人在这个背景下选择能带给他最大收益的纯策略。行参与人的这种策略，称为他的**最大最小策略**（maxmin strategy）或**安全策略**（security strategy）。

类似地，当列参与人选择纯策略 j 时，他保证他的收益等于

$$\min_{i\in S_1}(-a_{ij})=-\max_{i\in S_1} a_{ij}$$

也就是说，列参与人保证自己的损失不大于

$$\max_{i\in S_1} a_{ij}$$

于是，列参与人的最优策略是使得这个损失最小：

$$\min_{j\in S_2}\max_{i\in S_1} a_{ij}$$

这称为**最小最大化**（minmaximization）。列参与人的这种策略称为他的**安全策略**（security strategy）。

因此，最大最小值和最小最大值在描述矩阵博弈参与人的最优策略时起着自然而然的作用。我们已在第 6 章定义了最大最小值和最小最大值，现在我们重温这些概念。

定义 9.1 （最大最小值） 给定矩阵博弈 A，**最大最小值**（maxmin value）的定义为

$$\underline{v}=\max_{i\in S_1}\min_{j\in S_2} a_{ij}$$

注释 最大最小值 $\underline{v}$ 是行参与人在列参与人能自由选择任何策略时保证自己得到的最小收益。若行参与人的策略能给他带来收益 $\underline{v}$，则称其为他的一个最大最小策略。

注释 最大最小值 $\underline{v}$ 也称为行参与人的**安全水平**（security level）或**下限值**（lower value）。最大最小策略也称为行参与人的**安全策略**（security strategy）或**最优策略**（optimal strategy）。

定义 9.2 （最小最大值） 给定矩阵博弈 A，**最小最大值**（minmax value）的定义为

$$\bar{v}=\min_{j\in S_2}\max_{i\in S_1}a_{ij}$$

注释 最小最大值 $\bar{v}$ 是列参与人在行参与人能自由选择任何策略时遭受的最大可能的损失。$\bar{v}$ 也称为上限值（upper value）。若列参与人的策略能给他带来收益 $-\bar{v}$，则称其为他的**安全策略**或**最优策略**。

注释 我们已经在 6.5 节证明 $\underline{v}\leqslant\bar{v}$。如果 $\underline{v}=\bar{v}$，那么我们有下列定义。

定义 9.3 （纯策略的值） 给定矩阵博弈 A，若 $\underline{v}=\bar{v}$，则数 $v=\underline{v}=\bar{v}$ 称为矩阵博弈**纯策略的值**。

例 9.5 （最大最小值与最小最大值） 考虑硬币配对博弈。如果行参与人选择策略 1，那么他的收益可能为 1（若列参与人选择策略 1），也可能为 -1（若列参与人选择策略 2），因此，行参与人的最小收益为 -1。类似地，如果行参与人选择策略 2，最小收益为 -1。因此，最大最小值为

$$\underline{v}=\max_{i}\min_{j}a_{ij}=\max\{-1,-1\}=-1$$

策略 1 和 2 都是行参与人的安全策略。最小最大值为

$$\bar{v}=\min_{j}\max_{i}a_{ij}=\min\{1,1\}=1$$

类似的分析可知，策略 1 和 2 都是列参与人的安全策略。这个博弈没有值，因为 $\underline{v}\neq\bar{v}$。

下面我们考虑石头剪刀布博弈。我们有：

$$\underline{v}=\max_{i}\min_{j}a_{ij}=\max\{-1,-1,-1\}=-1$$
$$\bar{v}=\min_{j}\max_{i}a_{ij}=\min\{1,1,1\}=1$$

与上面的硬币配对博弈一样，这个博弈也没有值，因为 $\underline{v}\neq\bar{v}$。

最后，我们考虑产品预测博弈。我们有

$$\underline{v}=\max_{i}\min_{j}a_{ij}=\max\{100,-100,-200\}=100$$
$$\bar{v}=\min_{j}\max_{i}a_{ij}=\min\{100,200,200\}=100$$

注意，$\underline{v}=\bar{v}$，而且收益 $v=100$，这是纯策略组（1，1）带来的收益，因此这个博弈的值为 100。策略 1 是行参与人的安全策略，也是列参与人的安全策略。□

9.3 鞍点与纯策略纳什均衡

正如上面例子所指出的，给定矩阵博弈 A，最大最小值 $\underline{v}$ 与最小最大值 $\bar{v}$ 总存在，但未必相等。如果它们相等，那么矩阵至少有一个鞍点。我们现在给出矩阵的鞍点定义。

定义 9.4 （矩阵的鞍点） 给定矩阵 $A=[a_{ij}]$ 及其任一元素 a_{ij}，如果

$$a_{ij}\geqslant a_{kj}\quad \forall k=1,\cdots,m \text{ 而且}$$
$$a_{ij}\leqslant a_{il}\quad \forall l=1,\cdots,n$$

即若 a_{ij} 是它所在列的最大元素，同时又是它所在行的最小元素，那么 a_{ij} 称为 A 的一个**鞍点**（saddle point）。给定矩阵 A，策略 i 称为行参与人的**鞍点策略**（saddle point strategy），策略 j 称为列参与人的**鞍点策略**。

我们现在对鞍点做出几个重要的观察性结论。首先，我们给出两个例子。

例 9.6 （鞍点） 考虑产品预测博弈。我们已经看到这个博弈的值为 $v=100$，它对应于策略组（1，1）。注意，a_{11} 是它所在列的最大元素，同时又是它所在行的最小元素，因此它是一个鞍点。我们还能注意到以下重要结论。

- 行参与人的鞍点策略 1 是对列参与人鞍点策略 1 的最优反应，列参与人的鞍点策略 1 是对行参与人鞍点策略 1 的最优反应。因此，策略组（1，1）是一个纯策略纳什均衡。策略组（1，1）显然满足纳什均衡的性质，即当对手坚持使用均衡策略时，任一参与人选择任何其他策略的做法不能使自己的状况变得更好。

- 鞍点策略组（1，1）显然满足下列性质：当对手偏离自己的鞍点策略时，任一参与人坚持使用鞍点策略的做法不会使自己的状况变得更差。

- 通过选择鞍点策略 1，行参与人能保证自己的收益**至少**为 100。通过选择鞍点策略 1，列参与人能保证行参与人的收益**至多**为 100。

- 如果行参与人得到的收益小于 100，那么他总可以通过选择鞍点策略 1 来改善自己的状况。如果行参与人得到的收益大于 100，那么列参与人可通过选择鞍点策略 1 和迫使行参与人得到收益 100 来改善他自己（列参与人）的状况。

上面的这些观察描述了鞍点策略满足的很多性质。□

例 9.7 我们考察伴随下列矩阵的矩阵博弈：

$$A=\begin{bmatrix}5 & 3 & 5 & 3\\ 2 & 1 & -1 & -2\\ 4 & 3 & 5 & 3\end{bmatrix}$$

$$\underline{v}=\max_{i}\min_{j} a_{ij}=\max\{3,-2,3\}=3$$

$$\overline{v}=\min_{j}\max_{i} a_{ij}=\min\{5,3,5,3\}=3$$

对于这个博弈，注意 $\underline{v}=\overline{v}=3$。该博弈有四个鞍点，即 a_{12}，a_{14}，a_{32} 以及 a_{34}，它们产生的收益相同，都为 3。另外，所有四个策略组（1，2），（1，4），（3，2）和（3，4）都是纯策略纳什均衡。事实上，它们是这个博弈仅有的纯策略纳什均衡。□

上面的两个例子促使我们得到下列结果。首先，下列定理说明了何时存在鞍点（必要且充分条件）。

定理 9.1 矩阵 A 有鞍点当且仅当 $\underline{v}=\overline{v}$。

我们把这个定理的证明留作习题。下列命题断言矩阵博弈的纯策略纳什均衡实际上就是鞍点。

命题 9.1 对于伴随收益矩阵 A 的矩阵博弈，a_{ij} 为鞍点当且仅当策略组（i，j）是一个纯策略纳什均衡。

证明： 假设 a_{ij} 是 A 的一个鞍点。我们证明结果（i，j）是一个纯策略纳什均衡。由于 a_{ij} 是一个鞍点，因此 a_{ij} 是第 j 列的最大元素，同时又是第 i 行的最小元素（这意味着 $-a_{ij}$ 是第 i 行的最大元素）。这又意味着列参与人对行参与人选择的策略 i 做出了最优反应，行参与人对列参与人选择的策略 j 做出了最优反应。这意味着 (i, j) 是一个纯策略纳什均衡。因此，如果 a_{ij} 是一个鞍点，那么策略组 (i, j) 是一个纯策略纳什均衡。

现在证明另一个方向。假设策略组 (i, j) 是一个纯策略纳什均衡，那么不难证明 a_{ij} 是 A 的鞍点，只要反转上面的证明过程即可。■

注释 上面的命题意味着与其他矩阵相比，在矩阵博弈中，纯策略纳什均衡的功能更强大。具体地说，在矩阵博弈中，参与人的纯策略纳什均衡策略也正好是他的安全策略或最大最小策略。当然，对于除了两人零和博弈之外的其他博弈，这未必为真。

下面的命题说明了矩阵博弈鞍点的可互换性。

命题 9.2 给定伴随收益矩阵 A 的矩阵博弈，若 a_{ij} 与 a_{hk} 都是鞍点，那么 a_{ik} 与 a_{hj} 也都是鞍点。另外，所有鞍点带给同一个参与人的收益相同。

这个命题的另外一种表达方法是，若 (i, j) 与 (h, k) 都是纯策略纳什均衡，那么 (i, k) 与 (h, j) 也都是纯策略纳什均衡。我们将证明留作习题。这个命题意味着如果存在多个鞍点，那么它们在下列意义上是**可互换的**（interchangeable）：参与人使用任一鞍点策略来对付对手的任何鞍点策略，也会产生一个鞍点。而且，所有鞍点在下列意义上是**等价的**，即它们带给同一个参与人的收益是相同的。

9.4 矩阵博弈中的混合策略

我们已经看到，矩阵博弈可能没有鞍点或纯策略纳什均衡。然而，当我们允许混合策略时，均衡必定存在。令 $x=(x_1, \cdots, x_m)$ 表示行参与人的混合策略，$y=(y_1, \cdots, y_n)$ 为列参与人的混合策略。注意，a_{ij} 是当行参与人以概率 1 选择第 i 行且列参与人以概率 1 选择第 j 列时行参与人的收益。此时，列参与人的收益为 $-a_{ij}$。在伴随上述混合策略 x 和 y 的情形下，行参与人的期望收益：

$$= u_1(x,y) = \sum_{i=1}^{m}\sum_{j=1}^{n} x_i y_j a_{ij} = xAy$$

其中 $x=(x_1, \cdots, x_m)$；$y=(y_1, \cdots, y_n)$；$A=[a_{ij}]$。在上面的表达式中，我们稍微滥用了符号，因为我们本来应该用向量 y 的转置（即 y^{T}）但用了 y 本身（出于简单目的，我们在本章都这么做，因为这不会导致混淆）。此时，列参与人的期望收益为 $-xAy$。当行参与人选择 x 时，他保证自己的期望收益为

$$\min_{y\in\Delta(S_2)} xAy$$

因此，行参与人应该选择使得上述收益最大的混合策略 x。也就是说，他应该选择 x 使得

$$\max_{x\in\Delta(S_1)}\min_{y\in\Delta(S_2)} xAy$$

换句话说，行参与人的最优策略是**最大最小化**（maxminimization）策略。注意，这里隐含地假设不管行参与人怎么选择，列参与人都会选择对他（行参与人）最不利的策

略。行参与人在这样的背景下选择最优策略。行参与人选择的这种策略也称为行参与人的**安全策略**。

类似地，当列参与人选择 y 时，他保证自己的收益

$$= \min_{x\in\Delta(S_1)} -xAy$$
$$= -\max_{x\in\Delta(S_1)} xAy$$

也就是说，列参与人保证自己的损失不超过

$$\max_{x\in\Delta(S_1)} xAy$$

列参与人的最优策略应该使这个损失最小，即

$$\min_{y\in\Delta(S_2)}\max_{x\in\Delta(S_1)} xAy$$

这称为**最小最大化**（minmaximization）。列参与人的这种策略也称为列参与人的**安全策略**。

我们现在陈述和证明一个重要引理，它断言若行参与人选择 x，则在列参与人的最优反应策略 y 中至少存在一个纯策略。

引理 9.1 给定矩阵博弈 A 以及混合策略 $x=(x_1, \cdots, x_m)$ 和 $y=(y_1, \cdots, y_n)$，

$$\min_{y\in\Delta(S_2)} xAy = \min_j \sum_{i=1}^{m} a_{ij}x_i$$

证明：对于给定的 j，

$$\sum_{i=1}^{m} a_{ij}x_i$$

这个加和给出了当行参与人选择 $x=(x_1, \cdots, x_m)$ 且列参与人选择纯策略 j 时，行参与人的收益。因此，

$$\min_j \sum_{i=1}^{m} a_{ij}x_i$$

给出了当行参与人选择 x 但列参与人能自由选择任何纯策略时行参与人的最小收益。由于纯策略是混合策略的一种特殊情形，我们有

$$\min_j \sum_{i=1}^{m} a_{ij}x_i \geqslant \min_{y\in\Delta(S_2)} xAy \tag{9.1}$$

另一方面，

$$xAy = \sum_{j=1}^{n} y_j\Big(\sum_{i=1}^{m} a_{ij}x_i\Big) \geqslant \sum_{j=1}^{n} y_j\Big(\min_j \sum_{i=1}^{m} a_{ij}x_i\Big) = \min_j \sum_{i=1}^{m} a_{ij}x_i \text{（因为} \sum_{j=1}^{n} y_j = 1\text{）}$$

因此，我们有：

$$xAy \geqslant \min_j \sum_{i=1}^{m} a_{ij}x_i \quad \forall x\in\Delta(S_1), \ \forall y\in\Delta(S_2)$$

这意味着

$$\min_{y\in\Delta(S_2)} xAy \geqslant \min_j \sum_{i=1}^{m} a_{ij}x_i \tag{9.2}$$

根据式（9.1）和式（9.2），我们有

$$\min_{y\in\Delta(S_2)} xAy = \min_j \sum_{i=1}^{m} a_{ij}x_i$$

这样，我们就完成了这个引理的证明。■

作为上面引理的一个直接推论，可以证明

$$\max_{x\in\Delta(S_1)} xAy = \max_i \sum_{j=1}^{n} a_{ij}y_j$$

使用上面的结果，我们可以将行参与人以及列参与人的最优化问题描述如下。

□ 行参与人的最优化问题（最大最小化）

行参与人面对的最优化问题可以表示为

$$\max \min_j \sum_{i=1}^{m} a_{ij}x_i$$

s. t .

$$\sum_{i=1}^{m} x_i = 1$$

$$x_i \geqslant 0,\ i = 1,\cdots,m$$

将上面这个问题称为问题 P_1。注意，这个问题可以简练地表示为

$$\max_{x\in\Delta(S_1)} \min_{y\in\Delta(S_2)} xAy。$$

□ 列参与人的最优化问题（最小最大化）

列参与人面对的最优化问题可以表示为

$$\min \max_i \sum_{j=1}^{n} a_{ij}y_j$$

s. t .

$$\sum_{j=1}^{n} y_j = 1$$

$$y_j \geqslant 0,\ j = 1,\cdots,n$$

将上面的问题称为问题 P_2。注意，这个问题可以简练地写为

$$\min_{y\in\Delta(S_2)} \max_{x\in\Delta(S_1)} xAy$$

下列命题说明问题 P_1 和 P_2 分别等价于适当的线性规划（linear program，LP）。

命题 9.3 问题 P_1 等价于下列线性规划（我们将其称为线性规划 LP_1）：

$$\max z$$

s. t.

$$z-\sum_{i=1}^{m}a_{ij}x_i\leqslant 0,\ j=1,\cdots,n$$

$$\sum_{i=1}^{m}x_i=1$$

$$x_i\geqslant 0,\ i=1,\cdots,m$$

证明：注意，P_1 是一个最大化问题，因此，我们考察约束条件

$$z-\sum_{i=1}^{m}a_{ij}x_i\leqslant 0,\ j=1,\cdots,n$$

任何最优解（z^*，x^*）将满足上述 n 个不等式中的一个。也就是，

$$z^*=\sum_{i=1}^{m}a_{ij}x_i^*\quad \text{对于某个 } j\in\{1,\cdots,n\}$$

令 j^* 就是满足上式的 j 值。于是

$$z^*=\sum_{i=1}^{m}a_{ij^*}x_i^*$$

由于 z^* 是线性规划 LP_1 的一个可行解，我们有

$$\sum_{i=1}^{m}a_{ij^*}x_i^*\leqslant\sum_{i=1}^{m}a_{ij}x_i^*\quad \forall j=1,\cdots,n$$

这意味着

$$\sum_{i=1}^{m}a_{ij^*}x_i^*=\min_j\sum_{i=1}^{m}a_{ij}x_i^*$$

如若不然，我们有

$$z^*<\sum_{i=1}^{m}a_{ij}x_i\quad \forall j=1,\cdots,n\ \blacksquare$$

因此，下列两个线性规划分别描述了行参与人与列参与人面对的最优化问题。

行参与人的线性规划（LP_1）

$$\max z$$

s. t.

$$z-\sum_{i=1}^{m}a_{ij}x_i\leqslant 0,\ j=1,\cdots,n$$

$$\sum_{i=1}^{m}x_i=1$$

$$x_i\geqslant 0\quad \forall i=1,\cdots,m$$

列参与人的线性规划（LP_2）

$$\min w$$

s. t.

$$w-\sum_{j=1}^{n} a_{ij} y_j \geqslant 0,\ i=1,\cdots,m$$

$$\sum_{j=1}^{n} y_j = 1$$

$$y_j \geqslant 0 \quad \forall j=1,\cdots,n$$

例 9.8 （石头剪刀布博弈） 对于石头剪刀布博弈，回忆一下，行参与人的收益矩阵为

$$A=\begin{bmatrix} 0 & -1 & 1 \\ 1 & 0 & -1 \\ -1 & 1 & 0 \end{bmatrix}$$

行参与人的最优化问题 P_1 为：

$$\max \min\{x_2-x_3, -x_1+x_3, x_1-x_2\}$$

s. t.

$$x_1+x_2+x_3=1$$

$$x_1\geqslant 0; x_2\geqslant 0; x_3\geqslant 0$$

上面的这个问题等价于线性规划 LP_1：

$$\max z$$

s. t.

$$z\leqslant x_2-x_3; z\leqslant -x_1+x_3; z\leqslant x_1-x_2$$

$$x_1+x_2+x_3=1; x_1\geqslant 0; x_2\geqslant 0; x_3\geqslant 0$$

列参与人的最优化问题 P_2 为

$$\min \max\{-y_2+y_3, y_1-y_3, -y_1+y_2\}$$

s. t.

$$y_1+y_2+y_3=1$$

$$y_1\geqslant 0; y_2\geqslant 0; y_3\geqslant 0$$

上面这个问题等价于线性规划 LP_2：

$$\min w$$

s. t.

$$w\geqslant -y_2+y_3; w\geqslant y_1-y_3; w\geqslant -y_1+y_2$$

$$y_1+y_2+y_3=1; y_1\geqslant 0; y_2\geqslant 0; y_3\geqslant 0$$

上面的线性规划问题使我们能够计算混合策略均衡。□

9.5 最小最大定理

最小最大定理（minimax theorem）是博弈论发展初期的一个重要里程碑。冯·诺依曼于 1928 年使用布劳威尔（Brouwer）不动点定理证明了这个结论。后来，他与摩根斯坦使用线性规划对偶性给出了这个定理的漂亮证明。这个定理的重要寓意在于任何矩阵博弈都存在着混合策略纳什均衡。

定理 9.2 **（最小最大定理）** 对于每个伴随 $m\times n$ 阶矩阵 A 的矩阵博弈，存在着行参与人的混合策略 $x^*=(x_1^*, \cdots, x_m^*)$ 以及列参与人的混合策略 $y^*=(y_1^*, \cdots, y_n^*)$ 使得

$$\max_{x\in\Delta(S_1)} xAy^* = \min_{y\in\Delta(S_2)} x^*Ay。$$

而且，策略组 (x^*, y^*) 是一个混合策略纳什均衡。

证明： 给定矩阵 A，我们在上一节已定义了线性规划 LP_1 与 LP_2。线性规划 LP_1 描述了行参与人的最优策略，而线性规划 LP_2 描述了列参与人的最优策略。首先，我们看到线性规划 LP_2 是 LP_1 的对偶。我们现在引用下面的强对偶定理：**如果某个线性规划（称为原问题）有最优解，那么它的对偶（称为对偶问题）也有最优解；而且，对偶问题的最优值与原问题的最优值相同**（参见第 33 章数学附录）。

为了在当前情形下使用强对偶定理，我们首先注意到，根据问题 P_1 的本质可知，P_1 有最优解。由于线性规划 LP_1 等价于问题 P_1，这立即意味着 LP_1 有最优解。因此，我们有两个线性规划 LP_1 与 LP_2，它们互为对偶，而且 LP_1 有最优解。于是，根据强对偶定理可知，LP_2 也有最优解，而且 LP_2 的最优值与 LP_1 的最优值相同。

令 z^*，x_1^*，…，x_m^* 为线性规划 LP_1 的一个最优解。于是，我们有

$$z^* = \sum_{i=1}^{m} a_{ij^*} x_i^* \quad 对于某个\ j^* \in \{1,\cdots,n\}$$

根据 LP_1 最优解的可行性可知，我们有

$$\sum_{i=1}^{m} a_{ij^*} x_i^* \leqslant \sum_{i=1}^{m} a_{ij} x_i^* \quad 对于\ j=1,\cdots,n$$

这意味着

$$\sum_{i=1}^{m} a_{ij^*} x_i^* = \min_j \sum_{i=1}^{m} a_{ij} x_i^* = \min_{y\in\Delta(S_2)} x^*Ay \quad（根据引理\ 9.1）。$$

因此，

$$z^* = \min_{y\in\Delta(S_2)} x^*Ay$$

类似地，令 w^*，y_1^*，…，y_n^* 为线性规划 LP_2 的一个最优解。于是，

$$w^* = \sum_{j=1}^{n} a_{i^*j} y_j^* \quad 对于某个\ i^* \in \{1,\cdots,m\}$$

根据 LP_2 最优解的可行性，我们有

$$\sum_{j=1}^{n} a_{i^*j} y_j^* \geqslant \sum_{j=1}^{n} a_{ij} y_j^* \quad 对于\ i=1,\cdots,m$$

这意味着

$$\sum_{j=1}^{n} a_{i^*j} y_j^* = \max_i \sum_{j=1}^{n} a_{ij} y_j^* = \max_{x\in\Delta(S_1)} xAy^* \quad (根据引理 9.1)$$

因此，

$$w^* = \max_{x\in\Delta(S_1)} xAy^*$$

根据强对偶定理可知，原问题的最优值与对偶问题的最优值相同，因此 $z^*=w^*$。这表明

$$\min_{y\in\Delta(S_2)} x^*Ay = \max_{x\in\Delta(S_1)} xAy^* \tag{9.3}$$

这样，我们就证明了最小最大定理的主要部分。

我们现在证明对于伴随矩阵 A 的矩阵博弈来说，混合策略组（x^*，y^*）是它的一个混合策略纳什均衡。为了证明这一点，考虑

$$x^*Ay^* \geqslant \min_{y\in\Delta(S_2)} x^*Ay = \max_{x\in\Delta(S_1)} xAy^* \geqslant xAy^* \quad \forall x\in\Delta(S_1) \quad (根据式(9.3))$$

也就是说，$x^*Ay^* \geqslant xAy^*$，$\forall x\in\Delta(S_1)$。这意味着

$$u_1(x^*,y^*) \geqslant u_1(x,y^*) \quad \forall x\in\Delta(S_1) \tag{9.4}$$

另外，

$$x^*Ay^* \leqslant \max_{x\in\Delta(S_1)} xAy^* = \min_{y\in\Delta(S_2)} x^*Ay \leqslant x^*Ay \quad \forall y\in\Delta(S_2)(根据式(9.3))$$

也就是说，$x^*Ay^* \leqslant x^*Ay$，$\forall y\in\Delta(S_2)$。这意味着

$$u_2(x^*,y^*) \geqslant u_2(x^*,y) \quad \forall y\in\Delta(S_2)$$

式（9.4）和式（9.5）立即意味着（x^*，y^*）是一个混合策略纳什均衡。这说明最小最大定理保证了任何矩阵博弈都存在着混合策略纳什均衡。■

例 9.9 对于石头剪刀布博弈，容易看到线性规划 LP_1 与 LP_2 互为对偶。而且，可以看出 LP_1 的最优解为

$$x_1^* = \frac{1}{3};\ x_2^* = \frac{1}{3};\ x_3^* = \frac{1}{3};\ z^* = 0$$

LP_2 的最优解为

$$y_1^* = \frac{1}{3};\ y_2^* = \frac{1}{3};\ y_3^* = \frac{1}{3};\ w^* = 0$$

因此，$\left(\left(\frac{1}{3},\frac{1}{3},\frac{1}{3}\right),\left(\frac{1}{3},\frac{1}{3},\frac{1}{3}\right)\right)$是这个博弈的一个混合策略纳什均衡。□

□ 均衡解存在的必要充分条件

我们现在给出一个重要定理，它为矩阵博弈的一个混合策略组成为混合纳什均衡提供了必要充分条件。我们将这个定理的证明留作习题。这个定理的证明关键依赖最小最大定理。

定理 9.3 给定矩阵博弈 $\langle\{1, 2\}, S_1, S_2, u_1, -u_1\rangle$，混合策略组 (x^*, y^*) 是一个纳什均衡当且仅当

$$x^* \in \operatorname*{argmax}_{x\in\Delta(S_1)} \min_{y\in\Delta(S_2)} xAy$$

$$y^* \in \operatorname*{argmin}_{y\in\Delta(S_2)} \max_{x\in\Delta(S_1)} xAy$$

而且

$$u_1(x^*, y^*) = -u_2(x^*, y^*) = x^*Ay^* = \max_{x\in\Delta(S_1)} \min_{y\in\Delta(S_2)} xAy = \min_{y\in\Delta(S_2)} \max_{x\in\Delta(S_1)} xAy$$

注释 对于矩阵博弈，必须注意下列重要事实。纳什均衡和最大最小策略组一般是两个不同的概念，但在矩阵博弈背景下，它们是相同的。另外，在矩阵博弈背景下，纳什均衡不仅保证了每个参与人不单方面偏离均衡策略，也保证了另外一个参与人不偏离均衡策略。

9.6 小结与参考文献

两人零和博弈是一种策略型博弈，它已被深入研究和理解。如果策略集是有限的，那么这样的博弈可以用矩阵 A 表示，其中元素 a_{ij} 是当行参与人选择纯策略 i 且列参与人选择纯策略 j 时行参与人的效用；此时，列参与人的效用为 $-a_{ij}$。本章主要涵盖了以下重要结果：

- 当我们只允许参与人选择纯策略时行参与人的最优策略是选择能最大化他在每个纯策略得到最小收益的那个策略。列参与人的最优策略是选择能最小化行参与人在他（列参与人）的每个纯策略得到最大收益的那个策略（这等价于列参与人最小化他在其每个纯策略可能遭受的最大损失）。这些策略也称为参与人的安全策略。
- 最大最小值或称下限值以 $\underline{v}$ 表示，最小最大值或称上限值以 $\bar{v}$ 表示。可以证明，$\underline{v} \leqslant \bar{v}$。如果 $\underline{v} = \bar{v} = v$，那么 v 称为值。如果我们仅允许参与人选择纯策略，那么值可能存在，也可能不存在。
- 给定矩阵 A 及其任一元素 a_{ij}，若 a_{ij} 是它所在行的最小元素，同时又是它所在列的最大元素，那么 a_{ij} 是矩阵 A 的一个鞍点。给定矩阵 A，鞍点存在当且仅当 $\underline{v} = \bar{v}$。给定矩阵 A，它可能没有鞍点也可能有多个鞍点，而且如果存在鞍点，那么它们正好就是该博弈的纯策略纳什均衡。
- 如果存在多个鞍点，那么它们都对应着相同值（这是博弈的值）。另外，鞍点策略可互换；也就是说，给定矩阵博弈 A，如果 a_{ij} 与 a_{hk} 都是鞍点，那么 a_{ik} 与 a_{hj} 也都是鞍点。

● 在矩阵博弈中，参与人的鞍点策略（也称为最优策略）不仅保证参与人自身不单方面偏离自己的策略，还能保证对方不单方面偏离自己的策略。

● 在矩阵博弈中，我们已经知道纯策略纳什均衡（或等价地，鞍点）可能存在，也可能不存在。然而，混合策略纳什均衡总存在，这个事实是冯·诺依曼和摩根斯坦的最小最大定理的一个结果。

● 最小最大定理可用线性规划对偶性证明。行参与人的最优策略可用线性规划计算，该线性规划的对偶给出了列参与人的最优策略。在证明最小最大定理时，我们使用了强对偶定理。

● 矩阵博弈的混合策略纳什均衡可用线性规划计算，因此这个问题的最坏情形的计算复杂性可以用多项式时间表达（这在纳什均衡的计算中比较罕见）。

关于矩阵博弈的详细阐述（包括使用线性规划对偶性证明最小最大定理），可参见 von Neumann and Morgenstern[1] 这本经典著作。另外一本优秀参考书为 Luce and Raiffa[2]。

本章行文方式受博弈论著作 Myerson[3] 以及线性规划著作 Chvatal[4] 启发。读者还可以参考以下文献：Maschler，Solan，and Zamir[5]，Osborne[6]，Rapoport[7]，以及 Straffin[8]。

□ 参考文献

[1] John von Neumann and Oskar Morgenstern. *Theory of Games and Economic Behavior*. Princeton University Press，1944.

[2] R. D. Luce and H. Raiffa. *Games and Decisions*. Wiley，New York，1957.

[3] Roger B. Myerson. *Game Theory*：*Analysis of Conflict*. Harvard University Press，Cambridge，Massachusetts，USA，1997.

[4] Vasek Chvatal. *Linear Programming*. W. H. Freeman & Company，1983.

[5] Michael Maschler，Eilon Solan，and Shmuel Zamir. *Game Theory*. Cambridge University Press，2013.

[6] Martin J. Osborne. *An Introduction to Game Theory*. The MIT Press，2003.

[7] Anatol Rapoport. *Two Person Game Theory*. Dover Publications，Inc.，New York，USA，1966.

[8] Philip D. Straffin Jr. *Game Theory and Strategy*. The Mathematical Association of America，1993.

9.7 习　题

(1) 给定矩阵 $A=[a_{ij}]$，回顾下列定义：

$$\underline{v}=\max_i \min_j a_{ij}$$

$$\overline{v}=\min_j \max_i a_{ij}$$

(a) 证明 $\underline{v} \leqslant \overline{v}$；

(b) 证明 A 有鞍点当且仅当 $\underline{v}=\overline{v}$。

(2) 给定矩阵 $A=[a_{ij}]$，如果元素 a_{ij} 与 a_{hk} 都是鞍点，证明 a_{ik} 与 a_{hj} 也都是鞍点。这个命题的等价表示为：如果 (i, j) 与 (h, k) 都是纯策略纳什均衡，那么 (i, k) 与 (h, j) 也都是纯策略纳什均衡。

(3) 给定 $m \times m$ 矩阵 A，如果它的每一行与每一列都是 $(1, \cdots, m)$ 的一个排列 (permutation)，那么 A 称为一个拉丁方（latin square）。对于矩阵博弈 A，如果它的收益矩阵是一个拉丁方，请比较它的纯策略纳什均衡（若存在）。

(4) 考虑某个矩阵博弈，其中 $|S_1|=|S_2|$，使得矩阵 A 是反对称的。证明混合策略的值等于零。

(5) 考虑下面的博弈

$$A=\begin{bmatrix} a & b \\ c & d \end{bmatrix}$$

问：为了保证这个博弈有鞍点，a，b，c，d 应该满足什么条件？另外，计算这个博弈的所有混合策略纳什均衡。

(6) 在某矩阵博弈中，每个参与人都有 3 个纯策略。这个博弈的**纯**策略纳什均衡个数不可能是 $\{0, 1, \cdots, 9\}$ 中的哪些？为什么？

(7) 分别给出满足下列条件的矩阵博弈的例子：

- 只存在纯策略纳什均衡；
- 正好存在一个纳什均衡；
- 正好存在两个纳什均衡；
- 存在无限个纳什均衡；
- 存在强优势策略均衡。

(8) 对于下列矩阵博弈，写出原线性规划和对偶线性规划并计算所有纳什均衡：

$$A=\begin{bmatrix} 2 & 3 \\ 4 & 1 \end{bmatrix}$$

(9) 对于下列矩阵博弈

$$A=\begin{bmatrix} 2 & 3 & 1 \\ 4 & 1 & 2 \\ 4 & 1 & 3 \end{bmatrix}$$

- 计算纯策略上的最大最小值和最小最大值；
- 计算所有纯策略纳什均衡；
- 计算混合策略上的最大最小值和最小最大值；
- 计算所有混合策略纳什均衡。

(10) 对于上面的博弈，写出原线性规划和对偶线性规划并计算所有纳什均衡。

(11) 对于下列矩阵博弈，构造合适的线性规划并计算所有混合策略均衡：

$$A=\begin{bmatrix} 0 & 1 \\ \frac{1}{2} & 0 \\ -\frac{1}{2} & 1 \\ 0 & 0 \end{bmatrix}$$

（12）定理 9.3 为矩阵博弈的混合策略组（x^*，y^*）成为纳什均衡提供了必要充分条件，请证明。

（13）（编程题）给定矩阵博弈，写出用来求解混合策略纳什均衡的线性规划程序。线性规划的解可被用于确定均衡。

第 10 章

纳什均衡的存在性

纳什均衡的存在性是博弈论中被广泛考察的一个重要议题。在上一章，我们已经看到，对于伴随有限策略集的两人零和博弈，**最小最大定理**保证了它存在着至少一个混合策略均衡。约翰·纳什在他的伟大著作[1,2]中将均衡概念推广到三人或三人以上博弈，而且证明了每个有限策略型博弈都存在着至少一个混合策略纳什均衡。可以证明，纳什均衡是适当定义的映射的不动点。事实上，博弈均衡的存在性与不动点(fixed points) 定理紧密相伴，这样的不动点定理有**布劳威尔**（Brouwer）**不动点定理**[3]、**角谷**（Kakutani）**不动点定理**等[4]。本章将学习这些重要结果。我们还给出了组合理论中的一个著名结果，即**施佩纳**（Sperner）**引理**。这个引理可被用于证明不动点定理和纳什定理。第 33 章（数学附录）给出了理解本章内容所要求的数学知识。

本章结构如下。我们首先定义对应和不动点，然后给出布劳威尔不动点定理和角谷不动点定理。接下来，我们证明纯策略纳什均衡和混合策略纳什均衡都是适当定义的对应的不动点。*

其次，我们考察策略型博弈中纯策略纳什均衡的存在性，给出并证明了保证这种均衡存在的充分条件。这一点的证明关键依赖角谷不动点定理。接下来，我们再次使用角谷不动点定理证明纳什定理。

再次，我们提供了纳什定理的另外一种证明方法，即使用施佩纳引理证明它。在这一部分，我们首先给出并证明了施佩纳引理。然后，我们说明如何使用布劳威尔不动点

---

* 注意，这里的“对应”(correspondence) 是类似“映射”“函数”的概念，为了与一般口语中的“对应着”或“对应于”区别开，我们会把后面这样的表达写全，尽管根据上下文也能知道这一点。——译者注

定理证明纳什定理。

最后，我们简要回顾了无限博弈的纳什均衡的存在性问题。

10.1 对应以及不动点定理

假设 n 和 k 都是正整数。给定集合 $X \subset \mathbb{R}^n$ 以及另外一个集合 $Y \subset \mathbb{R}^k$，一个从 X 映到 Y 的**对应**（correspondence）或称**集函数**（set function），对每个 $x \in X$ 都指定了 Y 的一个子集（包括 Y 本身），即对于每个 $x \in X$，$f(x) \subseteq Y$。我们将这个对应记为：$f: X \rightrightarrows Y$。这样的函数也称为集值函数（set-valued function）。

注意，当对于每个 x，$f(x)$ 恰好含有一个元素时，f 就变成了普通函数。

对应的图

令 $X \subset \mathbb{R}^n$，令 $Y \subset \mathbb{R}^k$ 是一个闭集。$f: X \rightrightarrows Y$ 这个对应的**图**（graph）是集合$\{(x, y): x \in X, y \in f(x)\}$。

闭图对应

给定 $X \subset \mathbb{R}^n$ 以及闭集 $Y \subset \mathbb{R}^k$，对于对应 $f: X \rightrightarrows Y$，若对于任何两个序列 $x^m \rightarrow x \in X$ 以及 $y^m \rightarrow y \in Y$（其中对于每个 m，$x^m \in X$ 且 $y^m \in f(x^m)$），我们都有 $y \in f(x)$，则称 $f: X \rightrightarrows Y$ 有一个**闭图**（closed graph）。

上半连续

给定 $X \subset \mathbb{R}^n$ 以及闭集 $Y \subset \mathbb{R}^k$，若 $f: X \rightrightarrows Y$ 这个对应有闭图，而且在 f 这个对应下，紧集的像是有界的，则称 f 是**上半连续的**（upper hemicontinuous）。

上面这个定义也意味着在 f 这个对应下，紧集的像事实上也是紧的。对应的上半连续性是函数的连续性这个概念的自然推广。

□ 不动点定理

不动点定理为证明均衡方程组的解的存在性提供了非常有用的结果。这里涉及的思想是，将问题视为寻找适当构造的函数或对应的不动点。

函数的不动点

令 $X \subset \mathbb{R}^n$，令 $f: X \rightarrow X$ 是一个映射。给定点 $x \in X$，若 $f(x)=x$，则称点 x 是映射 f 的一个**不动点**（fixed point）。

我们立即给出一个例子，假设 $f:[0, 1] \rightarrow [0, 1]$ 并且 $f(x)=x^2$。f 有两个不动点即 0 和 1，因为 $f(0)=0$，$f(1)=1$。

布劳威尔不动点定理

这个著名的定理可以追溯到 1912 年（Brouwer[3]），我们可用它证明每个两人零和博弈存在着至少一个混合策略纳什均衡。这个定理的内容如下。

定理 10.1 ［**布劳威尔（Brouwer）不动点定理**］令 $X \subset \mathbb{R}^n$ 非空、紧且凸。若 $f: X \rightarrow X$ 连续，则 f 有不动点。

对应的不动点

令 $X\subset\mathbb{R}^n$，令 $f:X\rightrightarrows X$ 是一个对应。给定点 $x\in X$，若 $x\in f(x)$，则称 x 是 f 的一个不动点。

角谷不动点定理

这个著名的定理来自 Kakutani[4]，它广泛用于博弈论范畴。事实上，约翰·纳什在他的博士论文中使用这个定理证明了有限策略型博弈存在着混合策略纳什均衡。这个定理也被用于证明有限博弈存在纯策略纳什均衡的充分条件。

定理 10.2 ［角谷（Kakutani）不动点定理］ 假设 $X\subset\mathbb{R}^n$ 是 $\mathbb{R}^n$ 的一个非空、紧且凸的子集。令 $f:X\rightrightarrows X$ 是一个满足下列条件的对应：

（a）f 是上半连续的，

（b）$f(x)\subset X$，$\forall x\in X$ 为非空且凸的，

则 f 在 X 中有不动点。

10.2 纳什均衡是不动点

在本节，我们证明策略型博弈的纯策略纳什均衡和混合策略纳什均衡，是适当定义的对应的不动点。

□ 纯策略纳什均衡是不动点

考虑策略型博弈 $\Gamma=\langle N,(S_i),(u_i)\rangle$。我们已经知道，策略组（$s_1^*$，…，$s_n^*$）是一个纯策略纳什均衡当且仅当

$$s_i^*\in b_i(s_{-i}^*)\quad\forall i\in N$$

其中 b_i 是最优反应对应［对于每个 $s_{-i}\in S_{-i}$，最优反应对应 b_i 都给出了参与人 i（针对 s_{-i}）的所有最优策略］：

$$b_i(s_{-i})=\{s_i\in S_i:u_i(s_i,s_{-i})\geqslant u_i(s_i',s_{-i})\quad\forall s_i'\in S_i\}$$

令复合对应（composite correspondence）b：$S\rightrightarrows S$ 的定义如下：

$$b(s_1,\cdots,s_n)=b_1(s_{-1})\times\cdots\times b_n(s_{-n})$$

我们知道 $s^*=(s_1^*,\cdots,s_n^*)$ 是一个纳什均衡当且仅当 $s_i^*\in b_i(s_{-i}^*)$，$\forall i\in N$。这等价于

$$(s_1^*,\cdots,s_n^*)\in b_1(s_{-1}^*)\times\cdots\times b_n(s_{-n}^*)$$

这又意味着

$$(s_1^*,\cdots,s_n^*)\in b(s_1^*,\cdots,s_n^*)$$

这等价于说 s^* 是对应 $b(\cdot)$ 的一个不动点。

例 10.1 考虑囚徒困境博弈，它的收益矩阵如下

1	2	
	NC	C
NC	−2，−2	−10，−1
C	−1，−10	−5，−5

注意，$S_1=S_2=\{C, NC\}$，以及 $b_1(C)=b_1(NC)=b_2(C)=b_2(NC)=\{C\}$。下面我们给出不同策略组的最优反应对应：

$$b(NC,NC)=b_1(C)\times b_2(C)=\{(C,C)\}$$
$$b(NC,C)=b_1(C)\times b_2(NC)=\{(C,C)\}$$
$$b(C,NC)=b_1(NC)\times b_2(C)=\{(C,C)\}$$
$$b(C,C)=b_1(NC)\times b_2(NC)=\{(C,C)\}$$

显然，最后一个等式意味着（C，C）是一个纳什均衡。□

□ 混合策略纳什均衡是一个不动点

现在考虑混合策略。我们已经知道，混合策略组（σ_1^*，…，σ_n^*）是一个纳什均衡当且仅当

$$\sigma_i^* \in b_i(\sigma_{-i}^*) \quad \forall i \in N,$$

其中 b_i 是最优反应对应，b_i 的定义如下

$$b_i(\sigma_{-i})=\{\sigma_i\in\Delta(S_i): u_i(\sigma_i,\sigma_{-i})\geqslant u_i(\sigma_i',\sigma_{-i}) \quad \forall\sigma_i'\in\Delta(S_i)\}。$$

类似纯策略情形下的复合对应，我们将混合策略情形下的复合对应

$$b: \Delta(S_1)\times\cdots\times\Delta(S_n)\rightrightarrows\Delta(S_1)\times\cdots\times\Delta(S_n)$$

定义为

$$b(\sigma_1,\cdots,\sigma_n)=b_1(\sigma_{-1})\times\cdots\times b_n(\sigma_{-n})。$$

显然，混合策略组 $\sigma^*=(\sigma_1^*，\cdots，\sigma_n^*)$ 是一个纳什均衡当且仅当 $\sigma^*\in b(\sigma^*)$，即当且仅当 σ^* 是最优反应对应 b 的一个不动点。

10.3 纯策略纳什均衡存在性的充分条件

在本节，我们将阐述和证明 Debreu（1952）[5]给出的一个重要结果。这个结果为纯策略纳什均衡的存在性提供了充分条件。我们首先给出并证明一个重要引理。

引理 10.1 假设集合 S_1，S_2，…，S_n 都是某个欧几里得空间的非空、紧且凸的子集。再假设 $u_i: S_1\times\cdots\times S_n\to\mathbb{R}$ 关于（s_1，…，s_n）是连续的，而且 $u_i(s_i, s_{-i})$ 关于 s_i 是拟凹的（quasi-concave）。将参与人 i 的最优反应对应定义为

$$b_i(s_{-i})=\{s_i\in S_i: u_i(s_i,s_{-i})\geqslant u_i(s_i',s_{-i})\quad \forall s_i'\in S_i\}$$

则：

(a) 对于每个 $s_{-i}\in S_{-i}$，$b_i(s_{-i})$ 是非空的；

(b) 对于每个 $s_{-i}\in S_{-i}$，$b_i(s_{-i})$ 是凸值的；

(c) $b_i(s_{-i})$ 是上半连续的。

证明：我们首先证明 $b_i(s_{-i})$ 非空。根据定义，$b_i(s_{-i})$ 是紧集 S 上的连续函数 u_i 的最大化算子集（注意，集合 $S=S_1\times\cdots\times S_n$ 是紧的，这是因为 S_1，S_2，…，S_n 都是紧的)。因此，根据魏尔斯特拉斯（Weierstrass）定理，函数 u_i 达到最大值，因此 $b_i(s_{-i})$非空。

接下来，我们证明 $b_i(s_{-i})$ 是凸值的。根据题设，u_i 关于 s_i 拟凹。这表示 $u_i(\cdot, s_{-i})$ 在 S_i 上是拟凹的。固定 s_{-i}并且记 $u_i(x, s_{-i})=u_i(x)$。根据拟凹的定义可知，对于 $\forall a\in\mathbb{R}$，每个集合 $U_u(a)=\{x\in S_i: u_i(x)\geqslant a\}$ 都是凸的（其中 $U_u(a)$ 是 u_i 在 a 点的上轮廓集，参见第 33 章数学附录)。令

$$a=\max_{x\in S_i} u_i(x)$$

(根据魏尔斯特拉斯定理可知，$\max_{x\in S_i} u_i(x)$ 一定存在，所以我们可以令 $a=\max_{x\in S_i} u_i(x)$。）于是，根据定义可知，由一个拟凹函数的所有最大化算子组成的集合是一个凸集。因此，$b_i(s_{-i})$ 是一个凸集。

现在，我们证明 b_i 是上半连续的。为此，我们必须证明：

(1) b_i 有闭图。也就是说，对于任何满足 $s_i^n\in b_i(s_{-i}^n)$，$\forall n$ 的序列 $(s_i^n, s_{-i}^n)\to(s_i, s_{-i})$，我们都有 $s_i\in b_i(s_{-i})$。

(2) b_i 将紧集映入有界集。容易看到，集合 $U_c=b_i(s_{-i})$ 是有界的。

为了证明 (1)，注意给定 $(s_i^n, s_{-i}^n)\to(s_i, s_{-i})$，其中 $s_i^n\in b_i(s_{-i}^n)$，$\forall n$。这意味着 $u_i(s_i^n, s_{-i}^n)\geqslant u_i(s_i', s_{-i}^n)$，$\forall s_i'\in S_i$，$\forall n$。由于 u_i 是连续的，我们有

$$u_i(s_i^n,s_{-i}^n)\to u_i(s_i,s_{-i})$$
$$u_i(s_i',s_{-i}^n)\to u_i(s_i',s_{-i})$$

这意味着

$$u_i(s_i,s_{-i})\geqslant u_i(s_i',s_{-i}),\ \forall s_i'\in S_i$$

这又意味着 $s_i\in b_i(s_{-i})$。这说明 b_i 有闭图。■

定理 10.3 给定策略型博弈 $\Gamma=\langle N, (S_i), (u_i)\rangle$，如果对于 $\forall i\in N$，

(1) S_i 是（某个欧几里得空间的）非空、凸且紧的子集；

(2) $u_i(s_1, \cdots, s_n)$ 关于 $(s_1, \cdots, s_n)$ 是连续的；

(3) $u_i(s_i, s_{-i})$ 关于 s_i 为拟凹的。

那么这个博弈 Γ 有纯策略纳什均衡。

证明：我们已经知道，纯策略纳什均衡是最优反应 $b: S\rightrightarrows S$的不动点，其中 $b: S\rightrightarrows S$的定义为

$$b(s_1,\cdots,s_n)=b_1(s_{-1})\times\cdots\times b_n(s_{-n})$$

注意，$S=S_1\times\cdots\times S_n$ 为非空、紧且凸的，这是因为每个 S_i 都是非空、紧且凸的。另外，注意，根据引理 10.1 可知，$b(\cdot)$ 是一个非空、凸值且上半连续的对应。由于 $b(\cdot)$ 满足角谷不动点定理的所有条件，因此根据这个定理我们断言：b 这个对应有不动点，这个不动点正好是一个纯策略纳什均衡。这样，我们就完成了该定理的证明。■

现在，我们做出以下观察：

- 对于伴随有限策略集（每个策略集含有两个或两个以上元素，即不是单点集）的博弈而言，由于这些策略集不是凸的，因此不适用上面的结果。
- 上面的结果仅提供了充分条件。我们已经看到很多有限博弈有纯策略纳什均衡。这些例子说明这些条件不是必要条件。
- 这个结果没有说明纳什均衡何时是唯一的。
- 在上面的定理中，拟凹条件不可放松，下面的例子说明了这一点。

例 10.2 在某个博弈中：$N=\{1, 2\}$；两个参与人同时在边长为 1 的正方形中各选一点；收益矩阵为

$$u_1(s_1,s_2)=d(s_1,s_2)\quad \forall s_1,s_2\in[1,2]\times[1,2]$$
$$u_2(s_1,s_2)=-d(s_1,s_2)\quad \forall s_1,s_2\in[1,2]\times[1,2]$$

其中 $d(s_1, s_2)$ 是 s_1 点到 s_2 点的欧几里得距离。在这个博弈中，如果两个参与人选择了同一个点，那么参与人 1 有激励偏离这一点。另一方面，如果他们选择了不同的点，那么参与人 2 有激励偏离自己选择的点。因此，这个博弈不存在任何纯策略纳什均衡。□

10.4 纳什定理

现在，我们终于做好证明纳什定理的准备了。

定理 10.4 **（纳什定理）** 每个有限策略型博弈 $\Gamma=\langle N, (S_i), (u_i)\rangle$ 存在至少一个混合策略纳什均衡。

证明： 我们分若干步骤证明这个定理。令 $S_i=\{s_{i1}, \cdots, s_{im_i}\}$。注意，

$$\Delta(S_i)=\left\{(x_1,\cdots,x_{m_i})\in\mathbb{R}^{m_i}:0\leqslant x_j\leqslant 1,\forall j=1,\cdots,m_i;\sum_{j=1}^{m_i}x_j=1\right\}$$

因此，$\Delta(S_i)\subset\mathbb{R}^{m_i}$。实际上，$\Delta(S_i)\subset[0, 1]^{m_i}$，这意味着

$$\Delta(S_1)\times\cdots\times\Delta(S_n)\subset[0,1]^{m_1}\times\cdots\times[0,1]^{m_n}$$

（1）证明 $\Delta(S_i)$ 非空。

注意，$\Delta(S_i)$ 是由 S_i 上的所有概率分布组成的集合，因此对于 $\forall i=1, \cdots, n$，

$\Delta(S_i)$ 是非空的。

(2) 证明 $\Delta(S_i)$ 为凸。

令 $\lambda\in(0,1)$ 为任意数。考虑 $\Delta(S_i)$ 的任意两个元素 $x=(x_1,\cdots,x_{m_i})$ 与 $y=(y_1,\cdots,y_{m_i})$ 的凸组合：

$$\begin{aligned}\lambda x+(1-\lambda)y&=\lambda(x_1,\cdots,x_{m_i})+(1-\lambda)(y_1,\cdots,y_{m_i})\\&=(\lambda x_1+(1-\lambda)y_1,\cdots,\lambda x_{m_i}+(1-\lambda)y_{m_i})\end{aligned}$$

显然，$0\leqslant\lambda x_j+(1-\lambda)y_j\leqslant 1$，$\forall j=1,\cdots,m_i$，$\forall\lambda\in(0,1)$。考虑

$$\sum_{j=1}^{m_i}[\lambda x_j+(1-\lambda)y_j]=\sum_{j=1}^{m_i}\lambda x_j+\sum_{j=1}^{m_i}(1-\lambda)y_j=\lambda+(1-\lambda)=1$$

因此，$\lambda x+(1-\lambda)y\in\Delta(S_i)$；因此，$\Delta(S_i)$ 是凸的。

(3) 证明对于 $i=1,\cdots,n$，$\Delta(S_i)$ 是紧的。

由于 $\Delta(S_i)\subset\mathbb{R}^{m_i}$，因此证明 $\Delta(S_i)$ 是紧的，等价于证明它是闭且有界的。注意，$\Delta(S_i)\subset[0,1]^{m_i}$，因此立即可知 $\Delta(S_i)$ 是有界的。至于证明 $\Delta(S_i)$ 是闭的，我们将其作为习题。

(4) 证明 $u_i(\sigma_1,\cdots,\sigma_n)$ 关于 $(\sigma_1,\cdots,\sigma_n)$ 是连续的。

我们已经知道

$$u_i(\sigma_1,\cdots,\sigma_n)=\sum_{(s_1,\cdots,s_n)\in S}\Big(\prod_{j=1}^{n}\sigma_j(s_j)\Big)u_i(s_1,\cdots,s_n)$$

使用上面的式子，可以证明 $u_i(\sigma_1,\cdots,\sigma_n)$ 是连续的。我们将其作为习题。

(5) 证明 $u_i(\sigma_1,\cdots,\sigma_n)$ 关于 σ_i 是拟凹的。我们将其留作习题。

(1) 到 (5) 使得角谷不动点定理的条件得以满足，因此，对应 b 有不动点，这样我们就证明了纳什定理。■

注意，上面的定理仅为均衡的存在性提供了充分条件。它们不是必要条件，这意味着即使这些条件未得以满足，纳什均衡仍可能存在。作为一个直接例子，注意，我们在第 5 章讨论维克瑞拍卖（即第二价格密封拍卖）这个有着无限策略集的博弈时，已经证明策略型博弈存在着纳什均衡（实际上为弱优势策略均衡）。

10.5 施佩纳引理

施佩纳引理是组合学中一个迷人的结果，这要归功于 20 世纪著名德国数学家伊曼纽尔·施佩纳（Emanuel Sperner）。对于不动点理论和博弈论中的重要定理的证明，这个引理非常有用。特别地，我们可以使用这个引理证明布劳威尔不动点定理、角谷不动点定理以及纳什定理。为了阐述施佩纳引理，我们需要下面的构造。本节的内容基于 Vohra[6] 在这个主题上的讨论。

□ 施佩纳引理需要的构造

考虑顶点为 A、B 和 C 的三角形，然后将其分成更小的三角形（称为三角化），分法如下。分别找到 AC、BC 以及 AB 的中点 X、Y、Z。然后连接这三个中点。这样，我们就得到了 4 个更小的三角形。如果我们再按上面的方法继续细分这 4 个三角形，我们就得到了 16 个三角形，如图 10—1 所示（我们将每个更小的三角形都称为**子三角形**）。这样的分法可以一直持续下去，从而得到 64 个、256 个、……子三角形。

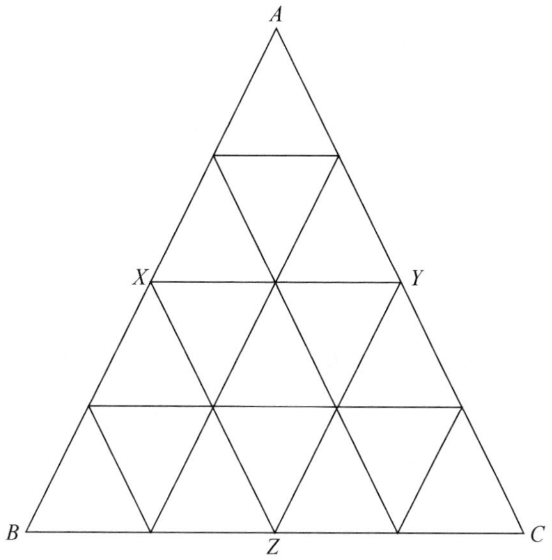

图 10—1 将三角形 *ABC* 三角化成 16 个子三角形

假设我们按照下列规则，对所有子三角形的顶点做**标示**（labeling）或**染色**（coloring）：

（1）AB 边上的顶点只能标示为 A 或 B，不能标示为 C。

（2）AC 边上的顶点只能标示为 A 或 C，不能标示为 B。

（3）BC 边上的顶点只能标示为 B 或 C，不能标示为 A。

（4）完全位于原来大三角形内的顶点可以标示为 A、B 或 C。

我们重点关注的子三角形是顶点分别为 A、B 和 C 的三角形（也就是说我们不关注 AAB、AAC、AAA 这类具有相同标示的三角形），我们就把这样的子三角形全部找出来，并且加上阴影。这些阴影子三角形可以分为两类：一是顶点 A、B 和 C 呈顺时针方向；二是顶点 A、B 和 C 呈逆时针方向。为了区分这两类子三角形，我们给它们加上不同阴影。

例如，我们对图 10—1 按照上述法则进行标记。图 10—2 给出了其中一种情形。对于顶点 A、B 和 C 按照顺时针方向排列的子三角形，我们用斜线来加阴影（称为浅阴影）；对于顶点 A、B 和 C 按照逆时针方向排列的子三角形，我们把它们涂黑（称为深阴影）。注意，顺时针方向的子三角形（已加上浅阴影）有 2 个，逆时针方向的子三角形（已加上深阴影即涂黑）有 3 个。令 N_C 表示顺时针方向子三角形的个数，N_{AC} 表示逆时针方向子三角形的个数，那么在图 10—2 中，$N_C=2$，$N_{AC}=3$。

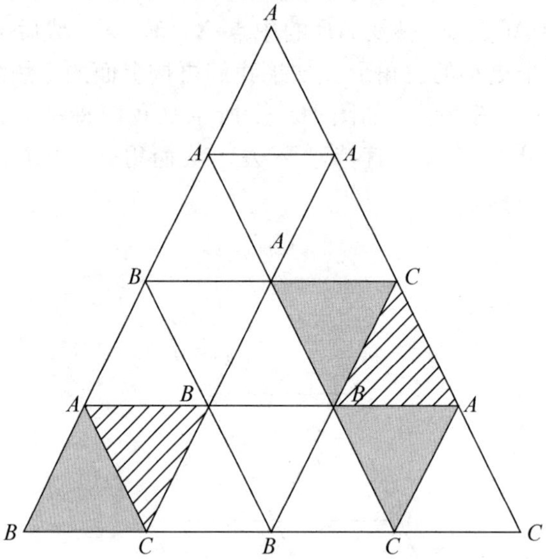

图 10—2　含有 $N_C=2$ 以及 $N_{AC}=3$ 的三角化

图 10—3 和图 10—4 分别给出了三角化的另外两种情形。图 10—3 只含有一个阴影子三角形（其中顺时针 0 个，逆时针 1 个）；图 10—4 含有 3 个阴影子三角形（其中顺时针 1 个，逆时针 2 个）。

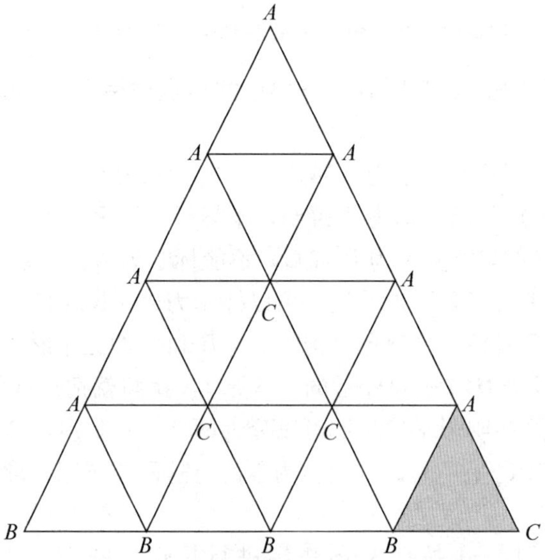

图 10—3　含有 16 个子三角形以及 $N_C=0$ 且 $N_{AC}=1$ 的三角化

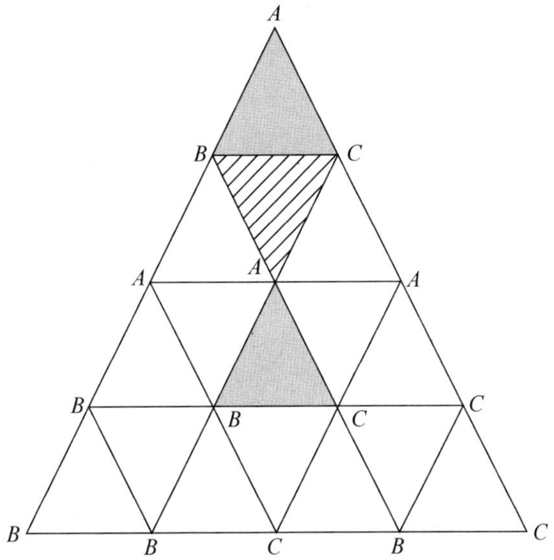

图 10—4　含有 16 个子三角形以及 $N_C=1$ 且 $N_{AC}=2$ 的三角化

□ 施佩纳引理及其证明

施佩纳引理说明按照上述规则标示的子三角形 ABC 的个数（等于 N_C+N_{AC}）总是奇数。事实上，该引理断言 $N_{AC}=N_C+1$。这个著名结论的证明方法如下。这个证明依赖于我们按照下列方法对边和三角形进行标示：

- 如果一条边上的两个顶点有相同的标示（比如 AA），那么我们将这条边标记为 0。
- 如果一条边上的两个顶点有不同的标示（比如 BA），而且这些标示按逆时针方向排列（与原来的大三角形顶点排列方向相同），那么我们将这条边标记为 1。
- 如果一条边上的两个顶点有不同的标示（比如 AB），而且这些标示按顺时针方向排列，那么我们将这条边标记为 −1。
- 对于每个子三角形，将它的每条边标记的数字加起来，把这个加和写在这个子三角形的内部并用小圆圈将这个数圈起来。将这个和称为该子三角形的**施佩纳数**（Sperner number）。

对于图 10—2 中的三角化，我们可以计算每个子三角形的施佩纳数，并且将这个数记在每个子三角形内。一般来说，施佩纳数有四种情形：

（1）三个顶点不同且为逆时针（施佩纳数＝3）；

（2）三个顶点不同且为顺时针（施佩纳数＝−3）；

（3）三个顶点有相同的标示比如都为 A（施佩纳数＝0）；

（4）三个顶点中有且仅有两个顶点的标示相同比如 AAB（施佩纳数＝0）。

我们分析这个大三角形的一条边。假设我们关注 AB 边。在这条边上，有更短的边（这是子三角形的边）。注意，

- 短边上的数字 1，表示从 A 变化到 B；

- 短边上的数字-1，表示从 B 变化到 A；
- 短边上的数字 0，表示没有变化。

图 10—5 画出了上面这些情形。

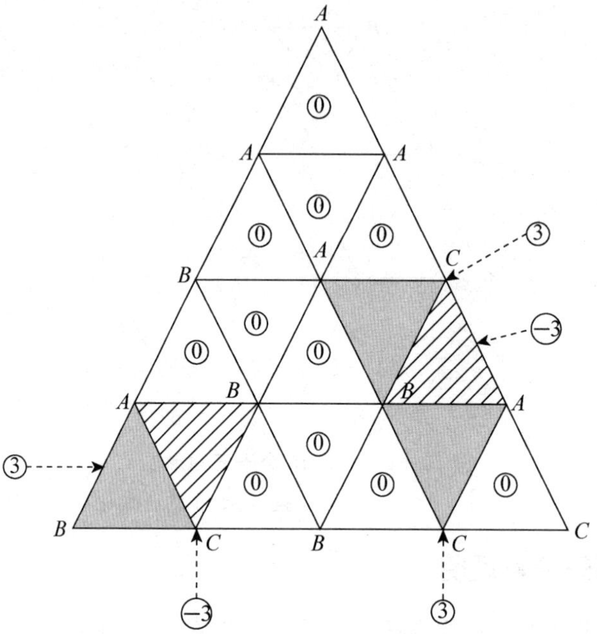

图 10—5 （对图 10—2 的三角化）计算每个子三角形的施佩纳数

在大三角形的 AB 边上，整体变化是从 A 变为 B。因此，AB 边上的各条短边的数字之和等于 1。类似地，BC 边上的各条短边上的数字之和为 1，AC 边上的也为 1。因此，在大三角形三条边上的各条短边的数字之和等于 3。

现在我们分析大三角形内部各条短边上的数字。注意，每条短边都是两个子三角形的一条公共边，而且在这两个子三角形中，这条公共边上的数字要么都是 0，要么在一个子三角形中为 1 且在另外一个子三角形中为-1。因此，所有这些内部短边上的数字之和等于零。因此，所有子三角形的所有边上的所有数字之和等于 3。

注意，标示在所有子三角形内部的施佩纳数（即圆圈里的数）之和必定等于它们所有边上的数字之和，因此等于 3。显然，每个阴影子三角形的施佩纳数要么为 3（逆时针情形），要么为-3（顺时针情形），而且每个其他子三角形（即未加阴影的三角形）的施佩纳数为 0。这意味着 $N_{AC}=1+N_C$，因此（N_C+N_{AC}）必定是一个奇数。

10.6 从施佩纳引理到布劳威尔不动点定理

□ 布劳威尔不动点定理

我们回忆一下布劳威尔不动点定理[3]。这个定理的内容为：若 $X\subset\mathbb{R}^n$ 是$\mathbb{R}^n$ 的一个紧且凸的子集，而且函数 $f:X\rightarrow X$ 是一个连续函数，则 f 有不动点，也就是说，存在$x\in X$ 使得 $f(x)=x$。为了证明布劳威尔不动点定理，我们首先给出并证明它的一个支撑引理。这里的证明源自文献[6]。我们首先定义 n 单纯形。

定义 10.1 （n 单纯形） n 单纯形（n-simplex）是集合

$$\Delta^n = \left\{x \in \mathbb{R}^n : x_i \geqslant 0, i = 1,2,\cdots,n; \sum_{i=1}^{n} x_i = 1\right\}$$

可以立即注意到，Δ^n 就是由所有概率分布（x_1，x_2，…，x_n）组成的集合。可以证明，这个集合是凸且紧的（我们将这个事实的证明留作习题）。

引理 10.2 若 $f:\Delta^n \to \Delta^n$ 是一个连续函数，则 f 有不动点。也就是说，存在着 $x \in \Delta^n$ 使得 $f(x)=x$。

证明： 当 $n=1$ 和 $n=2$ 时，这个引理的证明比较容易。$n=2$ 时的证明可参考文献[6]。在这里，我们使用施佩纳引理证明 $n=3$ 的情形。这个证明可以自然地推广到 $n>3$ 的情形。

下面我们证明：若函数 $f:\Delta^3 \to \Delta^3$ 是连续的，则它有不动点。假设 f 没有不动点。令 $f(x)=(f_1(x)，f_2(x)，f_3(x))$。集合 Δ^3 是一个平面三角形，这样我们可以按照标准方法将其分成更小的子三角形。第一次细分，我们得到了 4 个三角形；第二次细分，我们得到了 16 个三角形，以此类推。我们重点关注第 m 次细分。假设我们按照下列规则对顶点（1，2 或 3）进行标示（或染色）：

$$c(x)=\min\{i : f_i(x) < x_i\}$$

如果 f 没有不动点，那么上述规则是一个明确定义的规则。为了证明这一点，假设它不是一个明确定义的规则。这意味着

$$f_i(x) \geqslant x_i, i=1,2,3, \text{对于某个}(x_1,x_2,x_3) \in \Delta^3$$

由于 x，$f(x) \in \Delta^3$，我们有 $x_1+x_2+x_3=1$ 以及 $f_1(x)+f_2(x)+f_3(x)=1$，这意味着

$$f_i(x)=x_i,\ i=1,2,3$$

这与我们的假设（f 没有不动点）矛盾。

上面的标示（或说染色）规则满足施佩纳引理要求的构造。原因如下：

- 注意，$c(1，0，0)=1$；$c(0，1，0)=2$；$c(0，0，1)=3$。也就是说，大三角形的三个顶点的标示都不相同（或说大三角形的三个角有三种颜色）。
- 假设 x 点位于三角形 Δ^3 的一条边上。例如，假设 x 位于（1，0，0）和（0，1，0）之间的边上。注意，对于某个合适的 λ 值（其中 $\lambda \in [0，1]$），$x=\lambda(1，0，0)+(1-\lambda)(0，1，0)=(\lambda，(1-\lambda)，0)$。使用我们的标示（染色）规则可知，$c(\lambda，(1-\lambda)，0)=1$ 或 2。这意味着 Δ^3 边界上的点有着施佩纳引理要求的标示（染色）。

将施佩纳引理运用到当前情形，我们断言，在 Δ^3 的第 m 次细分中，必定存在着一个下面这样的子三角形：它的三个角（v_1^m，v_2^m，v_3^m）的颜色各不相同。参见图 10—6。不失一般性，我们有

$$c(v_1^m)=1; c(v_2^m)=2; c(v_3^m)=3$$

令 $m \to \infty$，考虑无穷序列

$$\{v_1^m\}_{m \geqslant 1}$$

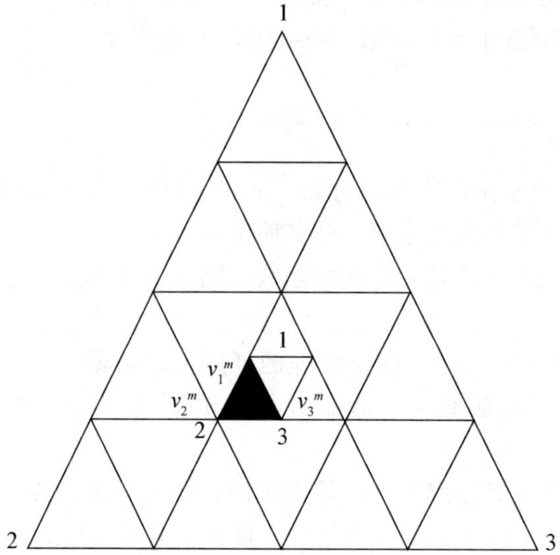

图 10—6　在大三角形的第 *m* 次细分中，存在着一个子三角形，它的三个角的颜色都不同（或者说它的三个顶点的标示不同）

这个序列可能没有极限，但由于 Δ^3 是一个紧集，因此该序列有收敛的子序列。因此，对于适当的子序列 $\{v_1^l\}_{l\geqslant 1}$，我们有

$$v_1^l \rightarrow x \in \Delta^3 \quad \text{对于某个 } x$$

类似地，我们可以证明 $v_2^l \rightarrow x$ 以及 $v_3^l \rightarrow x$。由于函数 $f:\Delta^3 \rightarrow \Delta^3$ 是一个连续函数，我们有

$$f(v_1^l) \rightarrow f(x)$$
$$f(v_2^l) \rightarrow f(x)$$
$$f(v_3^l) \rightarrow f(x)$$

由于 $c(v_1^l)=1$，因此 $f_1(v_1^l)$ 严格小于 v_1^l 的第一个元素。由于 $c(v_2^l)=2$，因此 $f_2(v_2^l)$ 小于 v_2^l 的第二个元素。由于 $c(v_3^l)=3$，因此 $f_3(v_3^l)$ 严格小于 v_3^l 的第三个元素。这意味着

$$f_1(x) \leqslant x_1; f_2(x) \leqslant x_2; f_3(x) \leqslant x_3$$

上面这些式子意味着

$$\sum_{i=1}^{3} f_i(x) \leqslant \sum_{i=1}^{3} x_i$$

然而，由于 $f:\Delta^3 \rightarrow \Delta^3$，我们有

$$\sum_{i=1}^{3} f_i(x) = \sum_{i=1}^{3} x_i = 1$$

这个式子成立当且仅当

$$f_i(x)=x_i \quad 对于\ i=1,2,3$$

这与我们最初的假设（f 没有不动点）矛盾。这样，我们就证明了这个引理。■

根据这个引理，我们现在可以证明布劳威尔不动点定理。

□ 布劳威尔不动点的证明

这个证明主要使用了紧且凸的集合在拓扑上的等价性，即如果 X 是紧且凸的集合，其中 X 是（$n-1$）维的，那么 X 和 Δ^n 在下列意义上是拓扑等价的：存在着映射 $g:X\to\Delta^n$ 与 $g^{-1}:\Delta^n\to X$ 使得 g 与 g^{-1} 都是连续的。现在我们如下定义 $h:\Delta^n\to\Delta^n$。

$$h(x)=g(f(g^{-1}(x)))$$

由于 f 与 g 都是连续的，因此 h 也是连续的；根据引理 10.2 可知，h 有不动点，不妨称其为 x^*。也就是说，

$$h(x^*)=g(f(g^{-1}(x^*)))=x^*$$

这立即意味着

$$f(g^{-1}(x^*))=g^{-1}(x^*)$$

这意味着 $g^{-1}(x^*)$ 是 $f:X\to X$ 的不动点。这样，我们就证明了布劳威尔不动点定理。■

10.7 使用布劳威尔不动点定理证明纳什定理

考虑有限策略型博弈 $\Gamma=\langle N,\ (S_i),\ (u_i)\rangle$，其中 $N=\{1,\ 2,\ \cdots,\ n\}$。我们使用下列符号

$$S_i=\{s_{ij}:j=1,2,\cdots,m_i\},其中\ m_i=|S_i|;i=1,\cdots,n$$

我们现在利用布劳威尔不动点定理，证明上面这样的有限策略型博弈存在至少一个混合策略均衡（纳什定理）。与以前一样，令 $\Delta(S_i)$ 表示由 S_i 上的所有概率分布组成的集合，并且定义

$$M=\Delta(S_1)\times\cdots\times\Delta(S_n)$$

每个 $\sigma\in M$ 都是向量，σ 含有 $\sum\limits_{i\in N}|S_i|$ 个分量。假设 s_{ik} 是参与人 i 的某个特定纯策略，令 σ_{ik} 是 σ 中对应于 s_{ik} 的分量。定义映射 $f:M\to M$，它将 M 中的向量映入自身。给定 $\sigma\in M$，$f(\sigma)$ 的分量个数与 σ 的分量个数相同；令 $f_{ik}(\sigma)$ 为 $f(\sigma)$ 中对应于纯策略 s_{ik} 的分量。回忆一下，我们可以将 σ 记为 $\sigma=(\sigma_i,\ \sigma_{-i})$。考虑

$$f_{ik}(\sigma)=\frac{\sigma_{ik}+\max(0,u_i(s_{ik},\sigma_{-i})-u_i(\sigma_i,\sigma_{-i}))}{\sum\limits_{s_{ij}\in S_i}[\sigma_{ij}+\max(0,u_i(s_{ij},\sigma_{-i})-u_i(\sigma_i,\sigma_{-i}))]}$$

注意，上式中的分母必定大于或等于 1，这是因为

$$\sum_{s_{ij} \in S_i} \sigma_{ij} = 1$$

另外，我们有

$$\sum_{j=1}^{|S_i|} f_{ij}(\sigma) = 1, i = 1, 2, \cdots, n$$

显然，$f: M \to M$ 是一个明确定义的映射。可以证明 f 是一个连续函数，因此，根据布劳威尔不动点定理，f 有不动点。也就是说，存在 $\sigma^* \in M$ 使得 $f(\sigma^*) = \sigma^*$。这意味着，$\forall i \in N$，$\forall s_{ik} \in S_i$，我们有

$$\sigma_{ik}^* = f(\sigma_{ik}^*) = \frac{\sigma_{ik}^* + \max(0, u_i(s_{ik}, \sigma_{-i}^*) - u_i(\sigma_i^*, \sigma_{-i}^*))}{\sum_{s_{ij} \in S_i} [\sigma_{ij}^* + \max(0, u_i(s_{ij}, \sigma_{-i}^*) - u_i(\sigma_i^*, \sigma_{-i}^*))]}$$

我们现在考虑两种情形。在第一种情形下，

$$\sum_{s_{ij} \in S_i} [\max(0, u_i(s_{ik}, \sigma_{-i}^*) - u_i(\sigma_i^*, \sigma_{-i}^*))] = 0, \forall i \in N$$

在第二种情形下，对于至少某个 $i \in N$，上式大于零。

在第一种情形下，我们有

$$u_i(s_{ij}, \sigma_{-i}^*) - u_i(\sigma_i^*, \sigma_{-i}^*) \leqslant 0, \forall s_{ij} \in S_i, \forall i \in N$$

这立即意味着 $(\sigma_i^*, \sigma_{-i}^*)$ 是一个纳什均衡。

在第二种情形下，至少存在着一个参与人 i 和策略 $s_{ik} \in S_i$，使得

$$\max(0, u_i(s_{ik}, \sigma_{-i}^*) - u_i(\sigma_i^*, \sigma_{-i}^*)) > 0$$

这意味着

$$\sigma_{ik}^* = \frac{\max(0, u_i(s_{ik}, \sigma_{-i}^*) - u_i(\sigma_i^*, \sigma_{-i}^*))}{\sum_{s_{ij} \in S_i} [\max(0, u_i(s_{ij}, \sigma_{-i}^*) - u_i(\sigma_i^*, \sigma_{-i}^*))]}$$

这又意味着 $\sigma_{ik}^* \neq 0$，由此可知 $\sigma_{ik}^* > 0$。基于以上事实，我们可以证明

$$u_i(s_{ik}, \sigma_{-i}^*) > u_i(\sigma_i^*, \sigma_{-i}^*) \text{当且仅当} \sigma_{ik}^* > 0, \forall s_{ik} \in S_i$$

这样，我们就得到了一个矛盾，这是因为 $u_i(\sigma_i^*, \sigma_{-i}^*)$ 是 $u_i(s_{ik}, \sigma_{-i}^*)$ 的一个凸组合，其中 $s_{ik} \in S_i$，$\sigma_{ik}^* > 0$。注意：

$$u_i(\sigma_i^*, \sigma_{-i}^*) = \sum_{s_{ik} \in \delta(\sigma_i^*)} u_i(s_{ik}, \sigma_{-i}^*) > \sum_{s_{ik} \in \delta(\sigma_i^*)} u_i(\sigma_i^*, \sigma_{-i}^*) = u_i(\sigma_i^*, \sigma_{-i}^*)$$

因此，只有第一种情形能够发生；因此，$(\sigma_i^*, \sigma_{-i}^*)$ 是一个纳什均衡。■

10.8 无限博弈的纳什均衡的存在性

考虑策略型博弈，但现在策略集为无限的。在这种背景下，混合策略以及均衡的定义需要更具技术性的处理。特别地，我们要求策略集为紧的度量空间，目的在于便于数学分析。Myerson[7]描述了这里涉及的技术议题。Glicksberg[8]证明了该背景下存在着混合策略纳什均衡。在给出这个结果之前，我们先定义一些概念。

□ 连续博弈

给定策略型博弈 $\Gamma=\langle N,(S_i),(u_i)\rangle$，其中参与人个数 N 为有限的，若 $\forall i\in N$，策略集 S_i 是一个非空且紧的度量空间，而且 u_i 是一个连续函数，则 Γ 是一个**连续博弈**(continuous game)。

□ ε 纳什均衡

给定策略型博弈 $\langle N,(S_i),(u_i)\rangle$ 及其一个策略组 $(\sigma_1^*,\cdots,\sigma_n^*)$，给定实数 $\varepsilon>0$，若 $\forall i\in N$，

$$u_i(\sigma_i^*,\sigma_{-i}^*)\geqslant u_i(\sigma_i,\sigma_{-i}^*)-\varepsilon\quad \forall\sigma_i\in\Delta(S_i)$$

则 $(\sigma_1^*,\cdots,\sigma_n^*)$ 称为该博弈的一个**ε 纳什均衡**(ε-Nash equilibrium)。

□ 格里克斯伯格的结果

我们现在给出源于 Glicksberg[8]的两个结果。

(1) 每个连续博弈都有纳什均衡。

(2) 对于所有 $\varepsilon>0$，每个连续博弈都有 ε 纳什均衡。注意，(2) 是 (1) 的直接推论。

下面我们提供两个例子来说明连续性和紧性对于上面的结果是必要的。

例 10.3 (效用函数必须是连续的) 考虑下面这个博弈：$N=\{1\}$；$S_1=[0,1]$（这是一个紧集）。将效用函数定义为下列非连续映射：

$$\begin{aligned}u_1(s_1)&=s_1\quad 对于\ 0\leqslant s_1<1\\&=0\quad 对于\ s_1=1\end{aligned}$$

可以证明，这个博弈没有混合策略纳什均衡。□

例 10.4 (策略集必须是紧的) 考虑下面这个博弈：$N=\{1\}$；$S_1=[0,1)$（这不是紧集）。将效用函数定义为下列连续映射：

$$u_1(s_1)=s_1\quad \forall s_1\in[0,1)$$

可以证明，这个博弈没有混合策略纳什均衡。□

□ 一些重要结果

Dasgupta and Maskin[9,10]为非连续博弈存在纳什均衡提供了充分条件。Simon[11]，Renny[12]，Carmona[13]进一步考察了非连续博弈的存在性。Myerson[7]详细说明了连续博弈涉及的技术性议题。Moon[14]提供了综述。

10.9 小结与参考文献

在本章，我们讨论了纯策略纳什均衡（PSNE）和混合策略纳什均衡（MSNE）。我们依次讨论了下列结果：

- 策略型博弈的 PSNE 和 MSNE 是适当定义的最优反应对应的不动点。
- 策略型博弈未必有纯策略纳什均衡。我们已经给出了保证 PSNE 存在的充分条件。
- 纳什均衡存在性定理：每个有限策略型博弈有至少一个混合策略纳什均衡。这个定理的证明主要使用了角谷不动点定理。
- 我们给出和证明了组合学中的一个著名结果，即施佩纳引理。这个引理可用于证明布劳威尔不动点定理和纳什均衡存在性定理。
- 对于参与人为有限但策略集为无限的博弈，我们讨论了一些纳什均衡存在性结果。

纳什均衡的存在性这个经典结果最早出现于文献［1，2］。本章材料基于 Myerson[7]，Mas-Colell，Whinston，and Green[15]，以及 Vohra[6]。另外，以下书籍也提供了纳什定理的完美证明：Shoham and Leyton-Brown[16]，Maschler，Solan，and Zamir[17]。

□ 参考文献

[1] John F. Nash Jr. “Equilibrium points in n-person games”. In：*Proceedings of the National Academy of Sciences* 36 (1950)，pp. 48-49.

[2] John F. Nash Jr. “Non-cooperative games”. In：*Annals of Mathematics* 54 (1951)，pp. 286-295.

[3] L. E. J. Brouwer. “Uber abbildung von mannig-faltigkeiten”. In：*Mathematishche Annalen* 71 (1912)，pp. 97-115.

[4] Shizuo Kakutani. “A generalization of Brouwers fixed point theorem”. In：*Duke Mathematical Journal* 8(3) (1941)，pp. 457-459.

[5] Gerard Debreu. “A social equilibrium existence theorem”. In：*Proceedings of the National Academy of Sciences* 38(10) (1952)，pp. 886-893.

[6] Rakesh Vohra. *Advanced Mathematical Economics*. Cambridge University Press，2009.

[7] Roger B. Myerson. *Game Theory*：*Analysis of Conflict*. Harvard University

Press, Cambridge, Massachusetts, USA, 1997.

[8] I. Glicksberg. "A further generalization of the Kakutani fixed point theorem with applications to Nash equilibrium points". In: *Proceedings of the National Academy of Sciences* 3 (1952), pp. 170-174.

[9] P. Dasgupta and E. Maskin. "The existence of equilibrium in discontinuous economic games, I: Theory". In: *The Review of Economic Studies* 53(1) (1986), pp. 1-26.

[10] P. Dasgupta and E. Maskin. "The existence of equilibrium in discontinuous economic games, II: Applications". In: *The Review of Economic Studies* 53(1) (1986), pp. 27-42.

[11] L. K. Simon. "Games with discontinuous payoffs". In: *The Review of Economic Studies* 54(4) (1987), pp. 569-597.

[12] P. J. Reny. "On the existence of pure and mixed strategy Nash equilibria in discontinuous games". In: *Econometrica* 67(5) (1999), pp. 1029-1056.

[13] Guilherme Carmona. "An existence result for discontinuous games". In: *Journal of Economic Theory* 144(3) (2009), pp. 1333-1340.

[14] Moon Chetry. *A survey on computational methods for Nash equilibrium*. Tech. rep. 2010.

[15] Andreu Mas-Colell, Michael D. Whinston, and Jerry R. Green. *Microeconomic Theory*. Oxford University Press, 1995.

[16] Yoam Shoham and Kevin Leyton-Brown. *Multiagent Systems: Algorithmic, Game-Theoretic, and Logical Foundations*. Cambridge University Press, New York, USA, 2009.

[17] Michael Maschler, Eilon Solan, and Shmuel Zamir. *Game Theory*. Cambridge University Press, 2013.

10.10 习 题

(1) 回忆一下 n 单纯形的定义

$$\Delta^n = \left\{x \in \mathbb{R}^n : x_i \geqslant 0, i = 1,2,\cdots,n; \sum_{i=1}^{n} x_i = 1\right\}$$

注意，Δ^n 是由所有概率分布（x_1，x_2，…，x_n）组成的集合。证明这个集合是凸且紧的。

(2) 证明 10.5 节纳什定理中的下列结果：对于每个 $i \in N$，$\Delta(S_i)$ 是闭的。

(3) 根据题目 (1) 中关于 Δ^n 的定义，证明若 $f:\Delta \to \Delta$ 是一个连续函数，则 f 有不动点。类似地，若 $f:\Delta^2 \to \Delta^2$ 是一个连续函数，则 f 有不动点。

(4) 考虑下列策略型博弈：

$$N=\{1,2\}$$
$$u_1(s_1,s_2)=d(s_1,s_2) \quad \forall s_1,s_2\in[1,2]\times[1,2]$$
$$u_2(s_1,s_2)=-d(s_1,s_2) \quad \forall s_1,s_2\in[1,2]\times[1,2]$$

其中 $d(s_1, s_2)$ 是 s_1 点和 s_2 点之间的欧几里得距离。我们已经证明，这个博弈没有纯策略纳什均衡。那么，这个博弈有混合策略纳什均衡吗?

(5) 考虑下面这个博弈：$N=\{1\}$；$S_1=[0, 1]$。将效用函数定义为下列非连续映射：

$$u_1(s_1)=s_1 \quad 对于 0\leqslant s_1<1$$
$$=0 \quad 对于 s_1=1$$

证明这个博弈没有混合策略纳什均衡。

(6) 考虑下面这个博弈：$N=\{1\}$；$S_1=[0, 1]$。将效用函数定义为下列连续映射：

$$u_1(s_1)=s_1 \quad \forall s_1\in[0,1]$$

证明这个博弈没有混合策略纳什均衡。

第 11 章 纳什均衡的计算

纳什均衡的计算是博弈论中一个基本的计算问题。事实上，这是当前理论计算机科学的活跃领域之一。在本章，我们用一些例子说明这个问题蕴含的一些思想。在第 7 章，我们说明了特定策略组成为混合策略均衡的必要和充分条件；在本章，我们说明如何根据这些条件建立计算混合策略纳什均衡的算法程序。在下一章，我们将考察这个问题的计算复杂性。

11.1 支撑与纳什均衡

□ 混合策略组的支撑

考虑策略型博弈 $\Gamma=\langle N, (S_i), (u_i)\rangle$。给定参与人 i 的一个混合策略 σ_i，我们已经知道，σ_i 的支撑（记为 $\delta(\sigma_i)$）是一个集合，它由 σ_i 中概率为正的所有纯策略 s_i 组成：

$$\delta(\sigma_i)=\{s_i\in S_i:\sigma_i(s_i)>0\}$$

给定一个混合策略组 $\sigma=(\sigma_1, \cdots, \sigma_n)$，我们可以将 σ 的支撑自然地定义为 $\delta(\sigma_i)$（其中 $i=1, \cdots, n$）的乘积：

$$\delta(\sigma_1,\cdots,\sigma_n)=\delta(\sigma_1)\times\cdots\times\delta(\sigma_n)$$

这个集合包含了当参与人根据 σ 选择他们的策略时所有伴随正概率的纯策略组。我们立即注意到，每个混合策略纳什均衡必定伴随着一个支撑。对于有限博弈，由于支撑个数是有限的，因此我们可以考察每个支撑，看看哪个支撑产生了纳什均衡。

在进一步讨论之前，我们回忆一下第 7 章考察的必要和充分条件：给定策略型博弈

$\langle N, (S_i), (u_i)\rangle$，混合策略组 $(\sigma_1, \cdots, \sigma_n)$ 是一个纳什均衡当且仅当 $\forall i\in N$，

(1) 对于所有 $s_i\in\delta(\sigma_i)$，$u_i(s_i, \sigma_{-i})$ 都相等；

(2) $u_i(s_i, \sigma_{-i})\geqslant u_i(s_i', \sigma_{-i})$，$\forall s_i\in\delta(\sigma_i)$，$\forall s_i'\in S_i\setminus\delta(\sigma_i)$。

在本章余下的内容中，我们将上面两个条件分别称为条件（1）和条件（2）。

例 11.1 考虑下列版本的 BOS 博弈：

1	2	
	A	*B*
A	3，1	0，0
B	0，0	1，3

对于这个博弈，列举所有可能的支撑：$\{A\}\times\{A\}$，$\{A\}\times\{B\}$，$\{B\}\times\{A\}$，$\{B\}\times\{B\}$，$\{A\}\times\{A, B\}$，$\{B\}\times\{A, B\}$，$\{A, B\}\times\{A\}$，$\{A, B\}\times\{B\}$，$\{A, B\}\times\{A, B\}$。对于这个博弈，我们已经看到 (A, A) 和 (B, B) 都是纯策略纳什均衡，它们分别对应于支撑 $\{A\}\times\{A\}$ 和 $\{B\}\times\{B\}$。我们现在计算第三个均衡，这个均衡对应于支撑 $\{A, B\}\times\{A, B\}$。为此，我们使用条件（1）和（2）。如果 (σ_1^*, σ_2^*) 是一个对应于支撑 $\{A, B\}\times\{A, B\}$ 的纳什均衡，那么条件（1）意味着

$$u_1(A,\sigma_2^*)=u_1(B,\sigma_2^*)$$
$$u_2(\sigma_1^*,A)=(\sigma_1^*,B)$$

注意，

$$u_1(A,\sigma_2^*)=3\sigma_2^*(A)$$
$$u_1(B,\sigma_2^*)=\sigma_2^*(B)$$
$$u_2(\sigma_1^*,A)=\sigma_1^*(A)$$
$$u_2(\sigma_1^*,B)=3\sigma_1^*(B)$$

因此，我们有

$$3\sigma_2^*(A)=\sigma_2^*(B)$$
$$\sigma_1^*(A)=3\sigma_1^*(B)$$

由于 $\sigma_1^*(A)+\sigma_1^*(B)=\sigma_2^*(A)+\sigma_2^*(B)=1$，我们有

$$\sigma_1^*=\left(\frac{3}{4},\frac{1}{4}\right),\sigma_2^*=\left(\frac{1}{4},\frac{3}{4}\right)$$

注意，上面的策略组显然满足条件（2）；因此，这个策略组是一个纳什均衡。我们现在将上述寻找纳什均衡的过程推广。□

11.2 有限策略型博弈纳什均衡的一般算法

首先注意，尽管混合策略组有无限多（事实上，有不可数之多），但 $S_1\times$

$S_2 \times \cdots \times S_n$仅有有限多个子集能成为纳什均衡的支撑。注意，参与人 i 的一个混合策略的支撑个数正好是 S_i 的非空子集个数，这等于 $2^{|S_i|}-1$。因此，所有混合策略组的支撑个数为

$$(2^{|S_1|}-1)\times(2^{|S_2|}-1)\times\cdots\times(2^{|S_n|}-1)$$

我们可以每次考察一个支撑，寻找这个支撑对应的纳什均衡。在做此事时，我们严重依赖于条件（1）和（2）。

□ 待解方程

令 $X_i \subseteq S_i$ 是 S_i 的一个非空子集，它代表着我们当前的猜测：在纳什均衡中，参与人 i 的哪些策略有正的概率。也就是说，我们当前猜测纳什均衡的一个支撑为 $X_1 \times X_2 \times \cdots \times X_n$。如果存在着对应于这个支撑的纳什均衡，那么根据上面的结果，必定存在数 w_1，…，w_n 和混合策略 σ_1，…，σ_n 使得

$$w_i = u_i(s_i, \sigma_{-i}) \quad \forall s_i \in X_i, \forall i \in N$$

展开可得：

$$w_i = \sum_{s_{-i} \in S_{-i}} \left(\prod_{j \neq i} \sigma_j(s_j)\right) u_i(s_i, s_{-i}) \tag{11.1}$$

上面的条件断言，如果每个参与人 i 选择混合策略 σ_i 中的任何伴随正概率的纯策略，那么每个人得到的收益必定相等，这个收益以 w_i 表示。接下来，我们还需要满足

$$w_i \geqslant u_i(s_i, \sigma_{-i}) \quad \forall s_i \in S_i \backslash X_i, \forall i \in N$$

上式展开，可得

$$w_i \geqslant \sum_{s_{-i} \in S_{-i}} \left(\prod_{j \neq i} \sigma_j(s_j)\right) u_i(s_i, s_{-i}) \quad \forall s_i \in S_i \backslash X_i, \forall i \in N \tag{11.2}$$

上面的条件保证了 X_i 中的纯策略产生的收益不小于 $S_i \setminus X_i$ 中的纯策略产生的收益。接下来，我们有

$$\sigma_i(x_i) > 0 \quad \forall x_i \in X_i, \forall i \in N \tag{11.3}$$

上面的条件表明参与人 $i(\forall i \in N)$ 混合策略的支撑中的每个纯策略都有正的概率。接下来的一组约束为：

$$\sigma_i(x_i) = 0 \quad \forall x_i \in S_i \backslash X_i, \forall i \in N \tag{11.4}$$

上面的条件断言，任给参与人 $i(\forall i \in N)$ 的一个纯策略，若该策略不在他的混合策略的支撑之中，则该纯策略的概率为零。最后，我们需要

$$\sum_{x_i \in S_i} \sigma_i(x_i) = 1 \quad \forall i \in N \tag{11.5}$$

上面的条件保证了每个 σ_i 都是 S_i 上的一个概率分布。

我们需要找到 w_1，w_2，…，w_n 以及 $\sigma_1(s_1)\ \forall s_1 \in S_1$，$\sigma_2(s_2)\ \forall s_2 \in S_2$，…，$\sigma_n(s_n)\ \forall s_n \in S_n$ 使得式（11.1）到式（11.5）都得以满足。于是，$(\sigma_1, \cdots, \sigma_n)$ 是一个纳什均衡，w_i 是参与

人 i 在该纳什均衡中的期望收益。另一方面，如果不存在满足式（11.1）到式（11.5）的解，那么没有解对应着支撑 $X_1\times\cdots\times X_n$。这里涉及的未知数个数为$n+|S_1|+\cdots+|S_n|$，其中第一项（$n$）对应着变量 w_1，…，w_n，而$|S_i|$对应着变量$\sigma_i(s_i)$，$s_i\in S_i$。

- 式（11.1）涉及$|X_1|+|X_2|+\cdots+|X_n|$个方程；
- 式（11.2）涉及$|S_1\setminus X_1|+|S_2\setminus X_2|+\cdots+|S_n\setminus X_n|$个方程；
- 式（11.3）涉及$|X_1|+|X_2|+\cdots+|X_n|$个方程；
- 式（11.4）涉及$|S_1\setminus X_1|+|S_2\setminus X_2|+\cdots+|S_n\setminus X_n|$个方程；
- 式（11.5）涉及 n 个方程。

因此，我们一共有 $(n+\sum_{i\in N}|S_i|)$个变量，$(n+2\sum_{i\in N}|S_i|)$ 个方程。例如，如果我们有 2 个参与人，而且每个参与人有 3 个策略，那么我们有 8 个变量和 14 个方程。我们做出以下观察。

注释　由式（11.1）和式（11.2）可知，我们面对的方程一般不是线性的，因为它们含有

$$\prod_{j\neq i}\sigma_j(s_j)$$

这一项。

注释　如果只有两个参与人，那么我们面对的方程是线性的。这些方程的个数为$2+2|S_1|+2|S_2|$，变量的个数为$2+|S_1|+|S_2|$。这些数对应着每个支撑。我们需要考察的最大支撑个数为：

$$\prod_{i\in N}(2^{|S_i|}-1)$$

因此，即使对于两人博弈，待解方程的个数也太多了，难以求解。

注释　如果参与人个数大于 2，那么我们不仅面对更多的方程，而且必须处理非线性。对于两人博弈，这些方程构成了所谓的**线性互补问题**（linear complementarity problem，LCP）。当参与人为 3 人或 3 人以上时，这些方程构成了所谓的**非线性互补问题**（nonlinear complementarity problem，NLCP）。我们在这里不提供关于这两个问题的更多细节；感兴趣的读者可以参考 Murty[1]。

11.3　计算纳什均衡：一个例子

这个例子源自 Myerson[2]。这是一个两人博弈，它的收益矩阵如下。

1	2		
	L	M	R
T	7，2	2，7	3，6
B	2，7	7，2	4，5

显然，$S_1=\{T,B\}$；$S_2=\{L,M,R\}$。这个博弈的支撑形式为 $X_1\times X_2$，其中 $X_1\subseteq$

S_1，$X_2 \subseteq S_2$，$X_1 \neq \varnothing$，$X_2 \neq \varnothing$。这样的支撑个数等于 $(2^2-1)(2^3-1)=21$。我们将这 21 个支撑分为三组：

第一组：$\{T\}\times\{L\}$，$\{T\}\times\{M\}$，$\{T\}\times\{R\}$，$\{T\}\times\{L, M\}$，$\{T\}\times\{L, R\}$，$\{T\}\times\{M, R\}$，$\{T\}\times\{L, M, R\}$；

第二组：$\{B\}\times\{L\}$，$\{B\}\times\{M\}$，$\{B\}\times\{R\}$，$\{B\}\times\{L, M\}$，$\{B\}\times\{L, R\}$，$\{B\}\times\{M, R\}$，$\{B\}\times\{L, M, R\}$；

第三组：$\{T, B\}\times\{L\}$，$\{T, B\}\times\{M\}$，$\{T, B\}\times\{R\}$，$\{T, B\}\times\{L, M\}$，$\{T, B\}\times\{L, R\}$，$\{T, B\}\times\{M, R\}$，$\{T, B\}\times\{L, M, R\}$。

分析步骤如下：

- 我们寻找一个纳什均衡，使得均衡时参与人 1 选择纯策略 T。当参与人 1 选择 T 时，参与人 2 的最优反应是选择纯策略 M。如果参与人 2 选择 M，那么参与人 1 的最优反应为 B。因此，不存在任何纳什均衡使得均衡时参与人 1 选择纯策略 T。这样，我们可以排除第一组的全部 7 个支撑。
- 接下来，我们寻找一个纳什均衡，使得均衡时参与人 1 选择纯策略 B。如果参与人 1 选择 B，那么参与人 2 将选择 L。当参与人 2 选择 L 时，参与人 1 的最优反应是 T。这立即意味着，不存在任何纳什均衡使得均衡时参与人 1 选择纯策略 B。因此，我们可以排除第二组的全部 7 个支撑。
- 上面的两个事实意味着，在任何纳什均衡中，参与人 1 必须将 T 和 B 随机化，而且必须分别对 T 和 B 指定正的概率。
- 现在，我们考察当参与人 2 选择纯策略时可能出现什么结果。如果参与人 2 选择 L，那么参与人 1 将选择 T；如果参与人 2 选择 M，那么参与人 1 将选择 B；如果参与人 2 选择 R，那么参与人 1 将选择 B。因此，当参与人 2 选择纯策略时，参与人 1 的最优反应也是选择纯策略。然而，我们已经看到，在任何纳什均衡中，参与人 1 必须对策略 T 与 B 都指定正的概率。因此，不存在任何纳什均衡使得均衡时参与人 2 选择纯策略。这样，我们可以排除第三组中的前 3 个支撑，即排除 $\{T, B\}\times\{L\}$，$\{T, B\}\times\{M\}$，$\{T, B\}\times\{R\}$。

上面的讨论表明，这个博弈不存在任何纯策略纳什均衡。另外，这个博弈也不存在任何纳什均衡使得其中一个参与人只选择纯策略。这样，我们只需要进一步考察下列四个支撑即可：

- 备选支撑 1：$\{T, B\}\times\{L, M, R\}$；
- 备选支撑 2：$\{T, B\}\times\{M, R\}$；
- 备选支撑 3：$\{T, B\}\times\{L, M\}$；
- 备选支撑 4：$\{T, B\}\times\{L, R\}$。

下面我们依次考察这些备选支撑。

□ 备选支撑 1：$\{T, B\}\times\{L, M, R\}$

参与人 1 选择 T 得到的收益必须等于他选择 B 得到的收益。由此可得

$$w_1=7\sigma_2(L)+2\sigma_2(M)+3\sigma_2(R) \tag{11.6}$$

$$w_1=2\sigma_2(L)+7\sigma_2(M)+4\sigma_2(R) \tag{11.7}$$

类似地，参与人 2 从 L，M，R 上得到的收益必须都相等：

$$w_2=2\sigma_1(T)+7\sigma_1(B) \tag{11.8}$$

$$w_2=7\sigma_1(T)+2\sigma_1(B) \tag{11.9}$$

$$w_2=6\sigma_1(T)+5\sigma_1(B) \tag{11.10}$$

另外，我们有

$$\sigma_1(T)+\sigma_1(B)=1 \tag{11.11}$$

$$\sigma_2(L)+\sigma_2(M)+\sigma_2(R)=1 \tag{11.12}$$

我们有 7 个方程以及 7 个未知数。然而，注意，

$$式(11.8),式(11.9),式(11.10)\Rightarrow\sigma_1(T)=\sigma_1(B)=\frac{1}{2}$$

$$式(11.9),式(11.10),式(11.11)\Rightarrow\sigma_1(T)=\frac{3}{4};\sigma_1(B)=\frac{1}{4}$$

因此，这个方程组连解都没有，这肯定不能产生纳什均衡策略组。

□ 备选支撑 2：$\{T, B\}\times\{M, R\}$

在这种情形下，我们得到下列方程

$$w_1=2\sigma_2(M)+3\sigma_2(R)$$

$$w_1=7\sigma_2(M)+4\sigma_2(R)$$

$$w_2=7\sigma_1(T)+2\sigma_1(B)$$

$$w_2=6\sigma_1(T)+5\sigma_1(B)$$

$$\sigma_1(T)+\sigma_1(B)=1$$

$$\sigma_2(L)+\sigma_2(M)+\sigma_2(R)=1$$

$$\sigma_2(L)=0$$

这个方程组的解为

$$\sigma_1(T)=\frac{3}{4};\sigma_1(B)=\frac{1}{4}$$

$$\sigma_2(M)=-\frac{1}{4};\sigma_2(R)=\frac{5}{4}$$

由于解出现了负数，因此不存在对应于这个支撑的纳什均衡。

□ 备选支撑 3：$\{T, B\}\times\{L, M\}$

在这种情形下，我们得到的方程为

$$w_1=7\sigma_2(L)+2\sigma_2(M)$$

$$w_1=2\sigma_2(L)+7\sigma_2(M)$$

$$w_2=2\sigma_1(T)+7\sigma_1(B)$$

$$w_2=7\sigma_1(T)+2\sigma_1(B)$$

$$\sigma_1(T)+\sigma_1(B)=1$$
$$\sigma_2(L)+\sigma_2(M)=1$$
$$\sigma_2(R)=0$$

这个方程组有唯一解：

$$\sigma_1(T)=\sigma_1(B)=\frac{1}{2};\sigma_2(L)=\sigma_2(M)=\frac{1}{2};\sigma_2(R)=0;w_1=w_2=4.5$$

在断言这是一个纳什均衡之前，我们还需要验证一下。注意，$\sigma_2(R)=0$。因此，我们必须检验对于参与人 2 来说 L 与 M 是否都优于 R。我们必须检验当参与人 2 选择 R 来对付参与人 1 的策略 σ_1 时，参与人 2 的收益是多少。

$$u_2(\sigma_1,R)=\sigma_1(T)u_2(T,R)+\sigma_1(B)u_2(B,R)=\frac{1}{2}\times 6+\frac{1}{2}\times 5=5.5>4.5。$$

这意味着当参与人 1 选择 σ_1 时，参与人 2 不愿意选择 σ_2 而宁愿选择纯策略 R。因此，这个解也不是一个纳什均衡。

□ 备选支撑 4：{T，B}×{L，R}

在这种情形下，我们得到的方程为

$$w_1=7\sigma_2(L)+3\sigma_2(R)$$
$$w_1=2\sigma_2(L)+4\sigma_2(R)$$
$$w_2=2\sigma_1(T)+7\sigma_1(B)$$
$$w_2=6\sigma_1(T)+5\sigma_1(B)$$
$$\sigma_1(T)+\sigma_1(B)=1$$
$$\sigma_2(L)+\sigma_2(R)+\sigma_2(M)=1$$
$$\sigma_2(M)=0$$
$$\sigma_1(T),\sigma_1(B),\sigma_2(L),\sigma_2(R)\geqslant 0$$
$$w_2\geqslant\sigma_1(T)u_2(T,M)+\sigma_2(B)u_2(B,M)$$

这个方程组的唯一解为

$$\sigma_1(T)=\frac{1}{3};\sigma_1(B)=\frac{2}{3}$$

$$\sigma_2(L)=\frac{1}{6};\sigma_2(M)=0;\sigma_2(R)=\frac{5}{6}$$

$$w_1=\frac{8}{3};w_2=\frac{16}{3}$$

而且

$$u_2(\sigma_1,M)=7\left(\frac{1}{3}\right)+2\left(\frac{2}{3}\right)=\frac{11}{3}\leqslant\frac{16}{3}$$

这当然是一个纳什均衡。因此，混合策略组

$$\left(\left(\frac{1}{3},\frac{2}{3}\right),\left(\frac{1}{6},0,\frac{5}{6}\right)\right)$$

是这个博弈唯一的混合策略纳什均衡。注意，

$$u_2(\sigma_1,M)=\sigma_1(T)u_2(T,M)+\sigma_1(B)u_2(B,M)=\frac{11}{3}$$

$$u_2(\sigma_1,L)=u_2(\sigma_1,R)=\frac{16}{3}$$ □

11.4 小结与参考文献

在本章，我们在第7章介绍的策略组成为混合策略纳什均衡的基础上，说明了如何计算有限博弈的混合策略纳什均衡。对于两人博弈，上面的问题是一个线性互补问题，而在三人及其以上博弈中，上面的问题是一个非线性互补问题。

在过去的五十多年间，博弈论学家一直在探索有限博弈纳什均衡的有效率的算法，近来，理论计算机学家也加入了这个队伍。1964年，Lemke and Howson[3]为双矩阵博弈（即两人非零和博弈）提供了**互补主元算法**（complementary pivot algorithm）。随后，出现了双矩阵的曼格萨里安（Mangasarian）算法。1967年，Scarf[5]发展出了三人及以上博弈的算法。1971年，Rosenmuller[6]将Lemke-Howson算法推广到三人及以上博弈。同年，Wilson[7]提出了一种求三人及以上博弈均衡的新算法。所有这些算法都给出了最坏情形运行时间，这个时间与策略集大小和参与人个数呈指数关系。

1996年，McKelvey and McLennan[8]很好地综述了均衡计算算法。Murty[1]以一种综合方法处理互补性问题。在过去的十年间，很多人继续致力于研发更有效率的算法。比较有代表性的有：Govindan and Wilson[9]，他们使用了全局牛顿法（global Newton method）；Porter，Nudelman，and Shoham[10]；Sandholm，Gilpin，and Conitzer[11]。2010年，著名期刊《经济理论》（*Economic Theory*）发表了由冯·斯腾格尔（von Stengel）作为主编的关于有限博弈纳什均衡计算的论文专辑[12]。这个专辑总结了著名学者在这个问题上的最新探索。由Nisan，Roughgarden，Tardos，and Vazirani主编的书籍[13]也有关于这个问题的综述文章。

□ 软件工具

令人惊讶的是，用于算法博弈的软件工具并不多。最著名的软件是GAMBIT[14]，这个软件功能强大、容易使用而且免费下载。该软件主要用于有限非合作博弈（展开型和策略型均可）。软件GAMUT[15]也非常有用，而且是免费下载的。印度科技学院正在研发NECTAR[16]（纳什均衡计算算法和资源）。

□ 参考文献

[1] K. G. Murty. *Linear Complementarity, Linear and Nonlinear Programming*.

Helderman-Verlag，1988.

[2] Roger B. Myerson. *Game Theory：Analysis of Conflict*. Harvard University Press，Cambridge，Massachusetts，USA，1997.

[3] C. E. Lemke and J. T. Howson Jr. “Equilibrium points of bi-matrix games”. In：*Journal of the Society for Industrial and Applied Mathematics* 12 (1964)，pp. 413－423.

[4] O. L. Mangasarian. “Equilibrium points of bimatrix games”. In：*Journal of the Society for Industrial and Applied Mathematics* 12 (1964)，pp. 778－780.

[5] Herbert E. Scarf. “The core of an *n*-person game”. In：*Econometrica* 35 (1967)，pp. 50－69.

[6] J. Rosenmuller. “On a generalization of the Lemke-Howson algorithm to noncooperative *n*-person games”. In：*SIAM Journal on Applied Mathematics* 21 (1971)，pp. 73－79.

[7] R. Wilson. “Computing equilibria of *n*-person games”. In：*SIAM Journal on Applied Mathematics* 21 (1971)，pp. 80－87.

[8] R. D. McKelvey and A. McLennan. “Computation of equilibria in finite games”. In：*Handbook of Computational Economics*. Ed. by J. Rust，H. Amman，and D. Kendrick. Elsevier，1996，pp. 87－142.

[9] S. Govindan and R. Wilson. “A global Newton method to compute Nash equilibria”. In：*Journal of Economic Theory* 110 (1) (2003)，pp. 65－86.

[10] R. Porter，E. Nudelman，and Y. Shoham. “Simple Search Methods for Finding a Nash Equilibrium”. In：*Games and Economic Behavior* 63 (2) (2008)，pp. 642－662.

[11] T. Sandholm，A. Gilpin，and V. Conitzer. “Mixed-integer programming methods for finding Nash equilibria”. In：*Proceedings of the American Association of Artificial Intelligence，AAAI-2005*. 2005，pp. 495－501.

[12] Bernard Von Stengel. “Special Issue on Computation of Nash Equilibria in Finite Games”. In：*Economic Theory* 42 (1) (2010).

[13] Noam Nisan，Tim Roughgarden，Eva Tardos，and Vijay Vazirani (Editors). *Algorithmic Game Theory*. Cambridge University Press，2007.

[14] The GAMBIT Project. *GAMBIT：Software*. www. gambit-project. org，2005.

[15] E. Nudelman，J. Wortman，Y. Shoham，and K. Leyton-Brown. “Run the GAMUT：A comprehensive approach to evaluating game—Theoretic algorithms”. In：*Proceedings of the Third International Joint Conference on Autonomous Agents and Multiagent Systems，AAMAS 2004. 2004*，pp. 880－887.

[16] Game Theory Laboratory. *NECTAR：Software*. Department of Computer Science and Automation，Indian Institute of Science，Bangalore，India. http://lcm. csa. iisc. ernet. in/nectar，2010.

11.5 习　题

(1) 找出下列博弈的混合策略纳什均衡。

	H	T
H	1，1	0，1
T	1，0	0，0

(2) 找出下列博弈的混合策略纳什均衡。

	A	B
A	6，2	0，0
B	0，0	2，6

(3) 找出下列博弈的混合策略纳什均衡。

	A	B	C
A	−3，−3	−1，0	4，0
B	0，0	2，2	3，1
C	0，0	2，4	3，3

(4) 证明纯策略组（a_2，b_2）是下列博弈唯一的混合策略纳什均衡。

1	2			
	b_1	b_2	b_3	b_4
a_1	0，7	2，5	7，0	0，1
a_2	5，2	3，3	5，2	0，1
a_3	7，0	2，5	0，7	0，1
a_4	0，0	0，−2	0，0	10，−1

(5) 找出下列博弈的纳什均衡。

1	2			
	LL	L	M	R
U	100，2	−100，1	0，0	−100，−100
D	−100，−100	100，49	1，0	100，2

(6) 对于每个 $a\in(1,\infty)$，计算下列博弈的所有纳什均衡。

	2	
A	a，0	1，$2-a$
B	1，1	0，0

(7) 在下列博弈中，数 a，b，c，d，k_1，k_2 都是严格大于零的实数。

	H_1	H_2
P_1	a，$-k_1a$	b，$-k_1b$
P_2	c，$-k_2c$	d，$-k_2d$

对于上面的两人非零和博弈，写出混合策略纳什均衡的必要和充分条件，并且计算所有混合策略纳什均衡。

（8）在某个三人博弈中，$S_1=S_2=S_3=\{1, 2, 3, 4\}$。如果对于每个 $i=1, 2, 3$，$u_i(x, y, z)=x+y+z+4i$，证明这个博弈有唯一的纳什均衡。

（9）假设

$$u_1(x,y,z)=10 \quad \text{若 } x=y=z$$
$$=0 \quad \text{其他}$$

描述所有纯策略纳什均衡，证明混合策略纳什均衡的收益小于纯策略纳什均衡的收益。

第 12 章

纳什均衡计算的复杂性

近年来，理论计算机科学家非常关注的一个中心问题是，有限策略型博弈的（混合策略）纳什均衡计算的复杂性。根据纳什定理，我们已经知道，有限策略型博弈肯定存在至少一个纳什均衡。因此，寻找纳什均衡问题属于总搜寻问题范畴（在这类问题中，解必定存在，研究者的问题是找到解）。在这个问题上，已有大量文献；本章试图阐述这个问题上的一些主要结果。本章内容基于文中列举的论文，尤其是综述文章 Daskalakis，Goldberg，and Papadimitriou[1]。

12.1 纳什问题与布劳威尔问题

我们首先介绍两个重要的总搜寻问题（total search problem）：一是纳什问题（NASH）；另一个是布劳威尔问题（BROUWER）。

- 纳什问题：给定策略型博弈，找出它的混合策略纳什均衡。混合策略纳什均衡解可能有多个，但我们只要找出一个即可。
- 布劳威尔问题：给定集合$[0, 1]^m$（这是一个紧且凸的集合）上的连续函数 f，找到函数 f 的不动点，也就是说，找到 $x\in[0, 1]^m$ 使得 $f(x)=x$。注意，这里的 m 是一个有限正整数，而且 f 可能有多个不动点，但我们只要找到一个即可。

一般来说，我们不是找到一个确切的纳什均衡或确切的不动点，而是找到一个近似的纳什均衡或近似的不动点。给定实数 $\varepsilon>0$（无论 ε 多么小），**ε 纳什均衡**（ε-Nash equilibrium）是一个混合策略组，使得任何参与人企图通过使用任何其他策略来增大他自己的期望收益，**至多**仅能增加 ε。类似地，函数 $f:[0, 1]^m\to[0, 1]^m$ 的 ε 不动点，是满足

$$d(f(x),x)\leqslant\varepsilon$$

的点 $x \in [0,1]^m$，其中 d 是定义在 $[0,1]^m$ 上的度量（或称距离函数）。我们现在阐述 ε 纳什问题以及 ε 布劳威尔问题。

- ε 纳什问题：给定一个有限策略型博弈以及一个实数 $\varepsilon > 0$，计算这个博弈的 ε 纳什均衡。
- ε 布劳威尔问题：给定能估算连续函数 $f:[0,1]^m \to [0,1]^m$ 的有效率的算法，合意的准确度（估计值与真实值的接近程度）ε 以及 $[0,1]^m$ 上的距离函数 d，计算点 $x \in [0,1]^m$ 使得 $d(f(x),x) \leqslant \varepsilon$。

在上面的定义中，出于表达上的方便，我们忽略了一些技术上比较微妙的细节，感兴趣的读者可以参考[1]。显然，ε 纳什问题（ε 布劳威尔问题）没有纳什问题（布劳威尔问题）复杂，因为后者要计算出确切值。因此，ε 纳什问题（ε 布劳威尔问题）遇到的困难将自动传递到纳什问题（布劳威尔问题）。为方便阐述，我们将 ε 纳什问题（ε 布劳威尔问题）称为纳什问题（布劳威尔问题）。

本章说明了纳什问题是PPAD 完全的（PPAD-complete）。* 在这里，PPAD 是总搜寻问题的一个复杂类；PPAD 是 "Polynomial Parity Argument for Directed graphs"（有向图的多项式奇偶性论据）的首字母缩写。我们现在描述PPAD 类问题，以及被称为 EOL［线之终点（End of Line Problem）］的问题，EOL 是一个PPAD-complete 问题。

12.2 PPAD 类

□ P 类NP 类以及NPC 类

我们首先回忆一下P 类与NP 类问题（参见第 33 章）。P 类问题是指所有能用确定型图灵机在多项式时间内求解的决策问题或搜寻问题。NP 类问题是指所有能用非确定型图灵机在多项式时间内求解的问题。给定问题 X，如果每个属于NP 类的问题都可以化简到问题 X，那么我们说问题 X 是NP 难的（NP-hard）。问题 Y 能化简为问题 X，意味着存在有效率的算法（即能用确定型图灵机在多项式时间内求解的算法），该算法将 Y 的实例（instance）作为输入，将 X 的实例作为输出，因此，X 的实例的任何解都可以经有效率的算法转化为 Y 的原来实例的解。最后，我们指出，一个NP-complete 问题 X，不仅是NP-hard 的，还属于NP 类。为了说明问题 Y 是NP-complete 的，我们只要证明一个NP-complete 问题 X 能被化简为问题 Y 就足够了。另外，注意，NP 类问题包含了所有能被化简到任何NP-complete 问题的问题。也就是说，任何给定的问题，只要它能被化简为NP-complete 问题，则它属于NP 类。

□ TFNP 类与PPAD 类

计算机学家帕帕季米特里乌（Papadimitriou）提出了TFNP 这一复杂类（比如参见

* 鉴于在中文文献中 "PPAD-complete" 这种称呼已经比 "PPAD 完全的" 更普遍，我们仅在这些称呼首次出现时给出中文翻译，类似情形的处理也是类似的，比如NP-hard，我们仅在它首次出现时翻译为 "NP 难的"。——译者注

文献[2])，用于描述所有下列这样的搜寻问题：在这样的搜寻问题中，它的每个实例都有解。也就是说，给定任一搜寻问题，若它的每个实例都有解，则它属于TFNP类。例如，FACTOR（分解质因数）问题，它将整数作为输入，确定它的所有质因数。一个直接相关的例子是纳什问题：找到有限策略型博弈的确切纳什均衡或ε纳什均衡。帕帕季米特里乌还对总搜寻问题进行了分类，他的分类标准是一些“论据”（arguments），这些论据在证明总搜寻问题的每个实例都有解的过程中担当了非构建性的步骤角色。这样，他将总搜寻问题分为以下几类。

- PPA（多项式奇偶性论据）：如果给定的图有一个奇数度（odd degree）节点，那么它必定至少有另外一个奇数度节点。这称为奇偶性论据（parity argument，PA），使用这个论据的总搜寻问题属于 PPA（Polynomial Parity Argument）类。正式地，如果给定的问题能够在多项式时间内化简为下列问题——能以多项式规模环路（polynomial sized circuit）表示的图含有一个奇数度节点，请找到此图的另外一个奇数度节点，那么这个问题属于 PPA 类。
- PPAD（有向图的多项式奇偶性论据）：给定一个有向图，任一节点的入度（出度）是它的传入弧（传出弧）的个数。如果这个节点的入度（in-degree）不等于出度（out-degree），那么该节点是不平衡的。PPAD 论据是说，如果一个有向图有一个不平衡节点，那么它必定至少存在着另外一个不平衡节点。

图 12—1 描述了各类总搜寻问题之间的关系（这个图假设$\mathbb{P} \not\subseteq \mathbb{NP}$。如果$\mathbb{P} = \mathbb{NP}$，那么所有类别都退化为一类）。

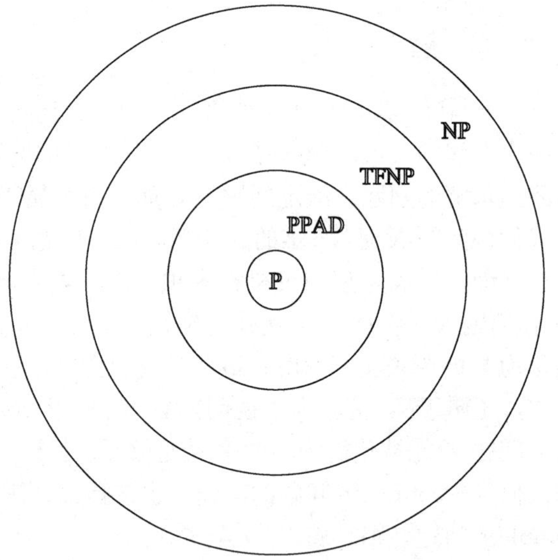

图 12—1　不同复杂类之间的关系

PPAD 中的问题有多么难？这是一个有趣的问题。如果$\mathbb{P} = \mathbb{NP}$，那么这个议题得以解决，这是因为PPAD（作为NP的子集）本身将等于P。如果$\mathbb{P} \neq \mathbb{NP}$（大多数人这么认为），那么我们有很强的证据认为PPAD包含难问题。几十年来，理论计算机科学家试图为PPAD中的一些问题（例如，布劳威尔问题、纳什问题、EOL 问题）设计有效率的算法，但都徒劳无功。因此，除非$\mathbb{P} = \mathbb{NP}$，我们才能确信PPAD包含难问题。

□ EOL 问题

EOL 问题是最著名的PPAD -complete 问题。它是下列总搜寻问题的一种特殊情形：给定有向图 G 以及已指定的不平衡节点，找到 G 的另外一个不平衡节点。EOL 问题假设 G 的每个节点至多有一条传入边，至多有一条传出边。在这个限制下，给定的图必定是一组路径和环路。图 12—2 提供了这种图形的几个具有代表性的例子。

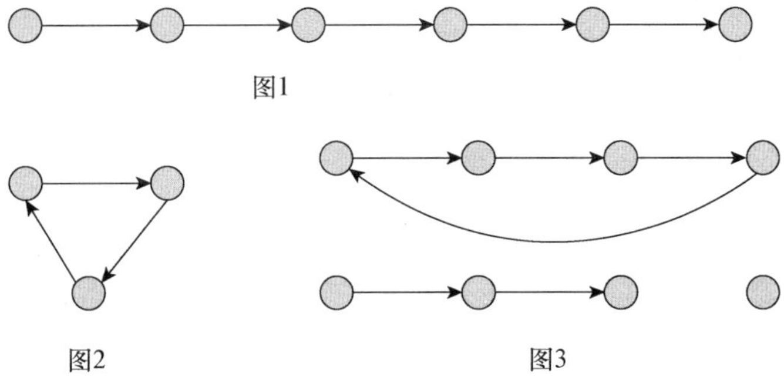

图 12—2　EOL 问题的一些例子

EOL 问题进一步假设某个图（比如，含有 2^n 个节点的图）中的每个节点都可用长度为 n 的唯一**二进制串**进行标记。图中的边用定义在节点集上的先驱函数（predecessor function）p 与后继函数（successor function）s 描述。如果（v，v'）是图中的一条边，那么 $s(v)=v'$ 以及 $p(v')=v$ 有明显的含义。注意，通过使用二进制串以及先驱函数和后继函数，整个图都可以表达出来。有了这个表达之后，EOL 问题就是在给定不平衡节点的情形下寻找另外一个不平衡节点。

计算机学者已经证明 EOL 问题是PPAD -complete 的。由这个事实可立即得到下列两个结果：

- 若 EOL 问题可以化简为问题 X，则问题 X 是PPAD -complete 的。
- 若问题 Y 可以简化为 EOL 问题，则问题 $Y \in$ PPAD 。

近年来，理论计算机学者得到的主要结果之一是，他们证明了纳什问题是一个PPAD -complete 问题。这个结果的证明花费了学者数年努力（参见章末参考文献），它的最后一步证明是由达斯卡拉凯斯（Daskalakis）在他的博士论文中给出的，他的博士论文因此获得 2008 年美国计算机学会（ACM）博士论文奖。

12.3　纳什问题是PPAD -complete 问题

我们仅提供这个结果的证明梗概。证明分两步。

- 首先，证明纳什问题**属于**PPAD 。证明方法是将纳什问题化简为 EOL 问题。
- 其次，证明纳什问题**是**PPAD -complete 问题。证明方法是将 EOL 问题化简为纳什问题。

上述两个方向上的证明使用了布劳威尔问题。

□ 纳什问题属于PPAD

理论计算机学家已经证明，布劳威尔问题可以简化为 EOL 问题，这个过程使用了施佩纳（Sperner）引理。我们推荐读者参考文献[1]以获得更多细节。因此，布劳威尔问题属于PPAD 。学者们还证明了纳什问题可以化简为布劳威尔问题（参见文献[1]）。由于纳什问题可以化简为布劳威尔问题，因此纳什问题可以化简为 EOL 问题，这意味着纳什问题属于PPAD 。

□ 纳什问题是PPAD -complete 问题

首先，学者们证明了布劳威尔问题是PPAD -complete 问题。证明思路是使用连续、易于计算的函数将有向图编码，证明 EOL 问题可以化简为布劳威尔问题。通过使用有趣的论据（参见文献[1]），可以证明布劳威尔问题可以化简为纳什问题。由于布劳威尔问题是PPAD -complete 问题，而且布劳威尔问题可以化简为纳什问题，因此纳什问题是PPAD -complete 问题。

对于上面所有结果的证明，我们推荐读者参见文献[1]以及章末参考文献中的相关论文。

12.4 一些观察

纳什问题是PPAD -complete 问题，因此，在计算上，NP -hard 问题提出了一些议题（除非P =NP ）：将其用作解概念可行吗？纳什均衡的有效率的计算在很多方面都很重要[3]：

- 在诸如博弈、多智能体推理、拍卖等很多实践情形下，快速计算均衡极其重要。
- 如果博弈中的参与人只能进行多项式计算，那么在多项式时间内计算纳什均衡或任何选定的解就很重要。

纳什问题是PPAD -complete 问题，这个事实集合排除了在多项式时间内计算纳什均衡的可能性。尽管如此，由于纳什均衡概念符合直觉而且是自然而然和被严格发展出来的，因此纳什均衡的首要地位不可能动摇。我们现在总结与纳什均衡计算相关的一些重要结果：

- 尽管纳什问题是PPAD -complete 问题，但它不可能是NP -complete 问题（Nimrod Megiddo[1]）：假设我们把NP -complete 问题 SAT 化简为纳什问题。由于纳什问题是一个总搜寻问题，而 SAT 不是，因此上面的简化将意味着纳什的任何实例的解都会告诉我们 SAT 实例是否有解。这样，我们就能够设计一种非确定型算法来验证 SAT 的实例没有解。复杂理论学家认为 SAT 的这种算法不可能像P =NP 那样。
- Chen，Deng，and Teng[4]证明了在计算有限策略型博弈的 ε 纳什均衡问题上，不存在完全多项式时间近似方案（fully polynomial time approximation scheme，FPTAS)。这意味着在 ε 纳什均衡的计算问题上，不存在任何算法使得它的运行时间关于博弈大小（参与人数和策略数）为多项式以及关于 $1/\varepsilon$ 为多项式。
- 另一方面，在 ε 纳什均衡的计算问题上，是否存在多项式时间近似方案

(PTAS)？也就是说，在 ε 纳什均衡的计算问题上，是否存在某种算法使得运行时间关于博弈大小为多项式但任意地取决于 $1/\varepsilon$？这个问题尚未有答案。

- Lipton，Markakis，and Mehta[5]证明了在 ε 纳什均衡的计算问题上，存在着次指数（sub-exponential）算法。

- 我们已经知道，矩阵博弈（两人零和博弈）的纳什均衡的计算的复杂性是多项式时间的，这要归功于冯·诺依曼和摩根斯坦发展的线性规划表达法。两人非零和博弈以及其他博弈问题的复杂性不可能是多项式时间的，除非我们考察的是非常特殊的情形。在最近 50 年里，计算机学家已经提出了很多算法，然而这些算法要么有着最坏情形指数时间复杂性，要么它们的复杂性甚至未知。对于这些算法的综述，读者可以参见 McKelvey and McLennan[6]。

对于更多细节和更深层次的认识，读者可以参见 Daskalakis，Goldberg，and Papadimitriou[1]。

12.5 小结与参考文献

在本章，我们说明了有限策略型博弈的混合策略纳什均衡的计算问题是PPAD-complete 问题，其中PPAD 包含了所有下列这样的总搜寻问题：这种总搜寻问题的每个实例都有解，而且解的存在性的证明基于PPAD 论据。PPAD 的意思是有向图的多项式奇偶性论据（polynomial parity argument for directed graphs），PPAD 论据是说，如果某个有向图有一个不平衡的节点（即该节点的入度不等于出度），那么这个图必定至少存在另外一个不平衡的节点。

我们已经说过，本章的大部分内容来自综述文章 Daskalakis，Goldberg，and Papadimitriou[1]。相关结果的证明细节可参见文献［7，1，4］。在 Nisan，Roughgarden，Tardos，and Vazirani[8]这本算法博弈论的专辑中，还有很多关于复杂性和算法议题的综述文章。论文 Conitzer and Sandholm[9]和 Roughgarden[3]也提供了相关综述。对于这些议题的比较详细的讨论，读者也可以参见 Shoham and Leyton-Brown[10]。其他有用的参考文献还有文献［5，11］。

□ 参考文献

［1］C. Daskalakis，P. W. Goldberg，and C. H. Papadimitriou. "The complexity of computing a Nash equilibrium". In：*Communications of the ACM* 52（2）（2009），pp. 89－97.

［2］C. H. Papadimitriou. "The complexity of finding Nash equilibria". In：*Algorithmic Game Theory*. Ed. by Noam Nisan，Tim Roughgarden，Eva Tardos，and Vijay Vazirani. Cambridge University Press，2007，pp. 29－52.

［3］T. Roughgarden. "Algorithmic game theory". In：*Communications of the ACM* 53（7）（2010），pp. 78－86.

［4］Xi Chen，Xiaotie Deng，and Shang-Hua Teng. "Settling the complexity of two-player Nash equilibrium". In: *Journal of ACM* 56 (3) (2009).

[5] R. J. Lipton, E. Markakis, and A. Mehta. "Playing large games using simple strategies". In: *Proceedings of the 4th ACM Conference on Electronic Commerce*, *EC-2003*. ACM. 2003, pp. 36-41.

[6] R. D. McKelvey and A. McLennan. "Computation of equilibria in finite games". In: *Handbook of Computational Economics*. Ed. by J. Rust, H. Amman, and D. Kendrick. Elsevier, 1996, pp. 87-142.

[7] C. Daskalakis. "The complexity of computing a Nash equilibrium". In: *Proceedings of the 38th Annual ACM Symposium on Theory of Computing*, *STOC-2006*. ACM. 2006, pp. 71-78.

[8] Noam Nisan, Tim Roughgarden, Eva Tardos, and Vijay Vazirani (Editors). *Algorithmic Game Theory*. Cambridge University Press, 2007.

[9] Vincent Conitzer and Tuomas Sandholm. "Complexity Results about Nash Equilibria". In: *Proceedings of the Eighteenth International Joint Conference on Artificial Intelligence*, *IJCAI-2003*, *Acapulco*, *Mexico*. 2003, pp. 765-771.

[10] Yoam Shoham and Kevin Leyton-Brown. *Multiagent Systems*: *Algorithmic*, *Game—Theoretic*, *and Logical Foundations*. Cambridge University Press, New York, USA, 2009, 2009.

[11] K. Etessami and M. Yannakakis. "On the complexity of Nash equilibria and other fixed points". In: *48th Annual IEEE Symposium on Foundations of Computer Science*, *FOCS-2007*. IEEE. 2007, pp. 113-123.

第 13 章 贝叶斯博弈

到目前为止，我们已考察了伴随完全信息的策略型博弈，在这种博弈中，整个博弈都是所有参与人的共同知识。现在，我们将开始研究伴随不完全信息的博弈，在这种博弈中，至少有一个参与人有关于博弈的**私人信息**（而其他参与人没有这个信息）。尽管完全信息博弈是策略情形的方便且有用的抽象，然而不完全信息博弈更符合现实。不完全信息博弈对于机制设计非常重要。在本章，我们考察这类博弈的一种特殊形式，即**贝叶斯博弈**，并且介绍了**贝叶斯纳什均衡**这个重要概念。

13.1 伴随不完全信息的博弈

伴随**不完全信息**（incomplete information）的博弈是指下面这样的博弈，当参与人准备行动时，至少有一个参与人有关于该博弈的**私人信息**（private information），而其他参与人没有该信息。参与人在其开始行动前拥有的初始私人信息，称为参与人的**类型**（type）。例如，拍卖某件物品时，每个参与人（竞标人）对该物品都有自己的评价，通常参与人确切知道自己的评价，但对于前述参与人的评价，其他参与人可能仅有概率方面的信息。

定义 13.1 （伴随不完全信息的策略型博弈）

伴随不完全信息的策略型博弈是一个多元组 $\Gamma=\langle N,(\Theta_i),(S_i),(p_i),(u_i)\rangle$，其中

- $N=\{1,2,\cdots,n\}$ 是参与人集。
- Θ_i 是参与人 i 的类型集，其中 $i=1,2,\cdots,n$。
- S_i 是参与人 i 的纯策略集（或称行动集），其中 $i=1,2,\cdots,n$。

● 信念函数（belief function）p_i 是一个从 Θ_i 映入 $\Delta(\Theta_{-i})$ 的映射，其中 $\Delta(\Theta_{-i})$ 是 Θ_{-i}上的概率分布集。也就是说，对于任何可能的类型 $\theta_i \in \Theta_i$，信念函数 p_i 都在集合 Θ_{-i}上为其指定了一个概率分布 $p_i(\cdot|\theta_i)$，其中 $p_i(\cdot|\theta_i)$ 是指当参与人 i 的自身类型为 θ_i 时他对其他参与人类型的信念。

● 收益函数 u_i：$\Theta_1 \times \cdots \times \Theta_n \times S_1 \times \cdots \times S_n \to \mathbb{R}$ 对参与人的每个类型组与每个纯策略组指定了参数人 i 能得到的收益。

当研究这种博弈时，我们假设：

（1）每个参与人 i 知道如上定义的整个博弈结构。

（2）每个参与人 i 知道他自己的类型 $\theta_i \in \Theta_i$。参与人通过某些信号来了解自己的类型，他的类型集中的每个元素都是他从这些信号中得到的信息的一种概括。

（3）上面的事实对于每个参与人 i 都是共同知识。

（4）参与人 i 的真实类型不为其他参与人所知，尽管他们知道参与人 i 为该类型的概率有多大。信念函数 p_i 描述了这些条件概率。注意，信念函数 p_i 也是每个参与人 i 的共同知识。

□ 贝叶斯博弈

约翰·海萨尼（John Harsanyi）于 1968 年提出了**贝叶斯博弈**（Bayesian games）概念来描述不完全信息博弈［海萨尼在博弈论领域做出了很多贡献，他与约翰·纳什（John Nash）和莱茵哈德·泽尔腾（Reinhard Selten）一起获得了 1994 年诺贝尔经济学奖］。我们首先定义一致性，它是不完全信息博弈情形下的一个自然而合理的假设。

定义 13.2 （信念的一致性） 对于参与人的信念$(p_i)_{i\in N}$，如果参与人类型组（type profiles）集合 Θ 上存在着某个共同先验分布，使得每个参与人（在给定他自己的类型的前提下）关于其他参与人类型的信念正好是能从上述先验分布计算出的条件概率分布，那么我们说信念$(p_i)_{i\in N}$是**一致的**（consistent）。

对于有限博弈，如果存在某个概率分布$\mathbb{P} \in \Delta(\Theta)$ 使得

$$p_i(\theta_{-i}|\theta_i) = \frac{\mathbb{P}(\theta_i, \theta_{-i})}{\sum\limits_{t_{-i} \in \Theta_{-i}} \mathbb{P}(\theta_i, t_{-i})} \qquad \forall \theta_i \in \Theta_i; \forall \theta_{-i} \in \Theta_{-i}; \forall i \in N$$

那么信念是一致的。如果模型是一致的，那么不同参与人的信念上的差异在逻辑上可以用信息差异进行解释。如果模型不是一致的，那么不同参与人的信念上的差异只能用意见（opinion）差异进行解释，上述意见不能用信息差异解释，必须事先假定好。[1] 对于给定的博弈，若信念的一致性条件得以满足，我们就把它们称为**贝叶斯博弈**（Bayesian games）。

在贝叶斯博弈背景下，**行动**（actions）与**策略**（strategies）的意思不再相同。在贝叶斯博弈中，参与人 i 的每个策略都是从 Θ_i 到 S_i 的映射。因此，参与人 i 的策略 s_i，对参与人 i 的每个类型规定了一个纯行动（pure action）；对于给定的 $\theta_i \in \Theta_i$，$s_i(\theta_i)$ 规定了当参与人 i 的类型为 θ_i 时他应该采取哪个纯行动。符号 $s_i(\cdot)$ 用来表示对应于参与人 i 的任一类型的纯行动。在必要时，我们将使用 $a_i \in S_i$ 表示参与人 i 的某个特定行动。

1994 年，约翰·查尔斯·海萨尼（John Charles Harsanyi）获得了诺贝尔经济学奖，与他一起获奖的还有约翰·纳什和莱茵哈德·泽尔腾。获奖原因在于他们对非合作博弈的均衡做出了开创性的分析。海萨尼的贡献主要体现在他在不完全信息博弈尤其是贝叶斯博弈上的工作。1967 年和 1968 年，他在《管理科学》（*Management Science*）期刊上连续发表了同一系列的三篇著名论文，题目为《基于贝叶斯参与人的不完全信息博弈》（*Games with incomplete information played by Bayesian players*）。

海萨尼在贝叶斯博弈上的分析工作对机制设计具有重要价值，因为机制设计严重依赖于不完全信息博弈架构。海萨尼在功用伦理（utilitarian ethics）方面的有趣工作也受到广泛赞誉，他将博弈论和经济推理用于政治和道德哲学分析。海萨尼与泽尔腾在均衡分析上进行了合作，著作《博弈均衡选择通论》（*A General Theory of Equilibrium Selection in Games*，MIT Press，1988）就是这一合作的成果。

约翰·海萨尼于 1920 年 5 月 29 日出生于匈牙利首都布达佩斯。他获得过两个博士学位。1947 年，他获得了布达佩斯大学哲学博士学位；1959 年，他得到了斯坦福大学经济学博士学位。海萨尼在斯坦福大学的导师是肯尼斯·阿罗（Kenneth Arrow），阿罗于 1972 年得到了诺贝尔经济学奖。从 1964 年起，海萨尼就在加利福尼亚大学（伯克利分校）工作，直到 1990 年退休。他于 2000 年 8 月 9 日在加利福尼亚伯克利去世。

莱茵哈德·泽尔腾（Reinhard Selten）与约翰·纳什以及约翰·海萨尼一起获得 1994 年诺贝尔经济学奖。与海萨尼一样，泽尔腾也在不完全信息博弈理论上做出了重要贡献。事实上，海萨尼把以类型代理（type agent）表示的贝叶斯博弈称为泽尔腾博弈（Selten game）。泽尔腾的贡献主要体现在他在展开型博弈以及将展开型博弈转化为策略型博弈的基础性工作上。在上述博弈转化过程中，他使用了所谓的代理人标准型表示法。泽尔腾在有限理性方面的贡献也广为人知。

泽尔腾还被认为是实验经济学的开创者之一。海萨尼与泽尔腾在他们的著作《博弈均衡选择通论》中发展出了一个一般性的架构，用来识别唯一均衡并将其作为给定的有限策略型博弈的解。它们的解可以视为进化过程的极限。

泽尔腾于 1930 年 10 月 5 日出生于弗罗茨瓦夫（现属于波兰，以前属于德国）。他获得过法兰克福大学数学博士学位，他的导师是伯格（Ewald Burger）教授和弗兰兹（Wolfgang Franz）教授。他现在是德国波恩大学的荣誉退休教授。

13.2 贝叶斯博弈的例子

例 13.1 （两人议价博弈） 这个例子源自 Myerson[1]。有两个参与人，参与人 1（卖者）和参与人 2（买者）。参与人 1 想卖某件不可分割的商品，参与人 2 想买。每个参与人都知道他自己对该商品的评价，而且认为对手的评价可能是 1 到 100 之间的任一整数，概率都为 1/100。卖者的类型可以自然地解释为销售意愿（卖者能够忍受的最低价格），买者的类型可以自然地解释为支付意愿（买者能忍受的最高价格）。假设每个参与人必须同时报价，报价为 0 到 100 之间的任一整数。如果买者的报价大于或等于卖者的报价，那么他们按照这两个报价的平均数成交；如果买者的报价小于卖者的报价，交易不会发生。

对于这个博弈：

$$N=\{1,2\}$$

$$\Theta_1=\Theta_2=\{1,2,\cdots,100\}$$

$$S_1=S_2=\{0,1,2,\cdots,100\}$$

$$p_1(\theta_2|\theta_1)=\frac{1}{100}\quad \forall\,\theta_1\in\Theta_1;\forall\,\theta_2\in\Theta_2$$

$$p_2(\theta_1|\theta_2)=\frac{1}{100}\quad \forall\,\theta_1\in\Theta_1;\forall\,\theta_2\in\Theta_2$$

$$\begin{aligned}u_1(\theta_1,\theta_2,s_1,s_2)&=\frac{s_1+s_2}{2}-\theta_1 && \text{若 } s_2\geqslant s_1\\ &=0 && \text{若 } s_2<s_1\end{aligned}$$

$$\begin{aligned}u_2(\theta_1,\theta_2,s_1,s_2)&=\theta_2-\frac{s_1+s_2}{2} && \text{若 } s_2\geqslant s_1\\ &=0 && \text{若 } s_2<s_1\end{aligned}$$

注意，信念 p_1 以及 p_2 与先验概率分布是一致的：

$$\mathbb{P}(\theta_1,\theta_2)=\frac{1}{10\,000}\quad \forall\,\theta_1\in\Theta_1;\forall\,\theta_2\in\Theta_2$$

其中

$$\Theta_1\times\Theta_2=\{1,\cdots,100\}\times\{1,\cdots,100\}。\square$$

例 13.2 （密封拍卖） 某个卖者希望拍卖掉某件不可分割的商品。假设买者（竞标人）有两个。每个买者都知道自己对该拍卖物的评价。这些评价可以视为买者的类型。这个博弈含有两个参与人（竞标人），因此 $N=\{1,2\}$。这两个参与人递交的报价分别记为 b_1 和 b_2。中标规则为：谁报价高，谁就中标；若报价相同，则参与人 1 中标。因此，中标者确定函数（winner determination function）为：

$$\begin{aligned}f_1(b_1,b_2)&=1 && \text{若 } b_1\geqslant b_2\\ &=0 && \text{若 } b_1<b_2\end{aligned}$$

$$f_2(b_1,b_2)=1 \quad 若\ b_1<b_2$$
$$=0 \quad 若\ b_1\geqslant b_2$$

假设每个买者的评价集为实区间［0，1］，假设每个买者的策略集也为［0，1］。这意味着 $\Theta_1=\Theta_2=[0,1]$，$S_1=S_2=[0,1]$。如果我们假设每个参与人相信另外一个参与人的评价是根据独立均匀分布而选定的，那么注意，

$$p_1([x,y]|\theta_1)=y-x \quad \forall 0\leqslant x\leqslant y\leqslant 1;\forall \theta_1\in\Theta_1$$
$$p_2([x,y]|\theta_2)=y-x \quad \forall 0\leqslant x\leqslant y\leqslant 1;\forall \theta_2\in\Theta_2$$

在第一价格密封拍卖中，中标者支付的钱数等于他的报价，因此，参与人的效用函数为

$$u_i(\theta_1,\theta_2,b_1,b_2)=f_i(b_1,b_2)(\theta_i-b_i);i=1,2$$

这样，我们就完成了贝叶斯博弈背景下的基于两个竞标人的第一价格密封拍卖的定义。类似地，读者可以发展出第二价格密封拍卖的定义。注意，在第二价格密封拍卖情形下，上述关于第一价格密封拍卖的表达式，除了收益函数（u_i 和 u_2）之外，都可以保留。□

13.3 类型代理表示法与泽尔腾博弈

这是贝叶斯博弈的一种表示法，它能让我们把贝叶斯博弈转化为（伴随完全信息的）策略型博弈。给定贝叶斯博弈

$$\Gamma=\langle N,(\Theta_i),(S_i),(p_i),(u_i)\rangle$$

泽尔腾博弈（Selten game）是与其等价的一个策略型博弈

$$\Gamma^S=\langle N^S,(S_{\theta_i})_{\substack{\theta_i\in\Theta_i\\ i\in N}},(U_{\theta_i})_{\substack{\theta_i\in\Theta_i\\ i\in N}}\rangle$$

上述博弈转化或者说泽尔腾博弈的表达，使用了**类型代理**（type agents）这种思想。原贝叶斯博弈中的每个参与人，现在被换成一组类型代理；事实上，参与人 i 原来有多少个类型，泽尔腾博弈就出现多少个类型代理；也就是说，将参与人 i 的每个类型都视为一个代理人。我们可以安全地假设参与人类型集之间彼此独立。于是，泽尔腾博弈中的参与人集：

$$N^S=\bigcup_{i\in N}\Theta_i$$

注意，参与人 i 的每个类型代理人选择的行动正好就是参与人 i 自己选择的行动。这意味着，对于每个 $\theta_i\in\Theta_i$，

$$S_{\theta_i}=S_i$$

对于每个 $\theta_i\in\Theta_i$，收益函数 U_{θ_i} 是贝叶斯博弈中参与人 i 的条件期望效用，这里（条件期望效用中）的"条件"是指参与人 i 的类型为 θ_i。这是一个伴随下列定义域和值域的映射：

$$U_{\theta_i}:(\underset{i\in N}{\times}\underset{\theta_i\in\Theta_i}{\times}S_i)\rightarrow\mathbb{R}$$

我们将用例子说明如何得到 U_{θ_i}。这个例子源自 Myerson[1]。

例 13.3 （贝叶斯定价博弈的泽尔腾博弈） 考虑两个企业，企业 1 和企业 2。企业 1 生产产品 x_1，而企业 2 要么生产产品 x_2，要么生产产品 y_2。产品 x_2 在一定程度上类似产品 x_1，而产品 y_2 与它们不是同类产品。企业 2 生产哪种产品，这是一个机密，因此，这可以视为企业 2 的私人信息。于是，我们有 $N=\{1, 2\}$，$\Theta_1=\{x_1\}$，$\Theta_2=\{x_2, y_2\}$。

每个企业都必须为其产品定价，这是企业的策略决策。企业 1 可以选择定低价 a_1，也可以选择定高价 b_1；企业 2 可以选择定低价 a_2，也可以选择定高价 b_2。于是，我们有 $S_1=\{a_1, b_1\}$，$S_2=\{a_2, b_2\}$。企业 1 的类型是一个共同知识，这是因为 Θ_1 是一个单点集。因此，企业 2 关于企业 1 的信念概率为 $p_2(x_1|x_2)=1$，$p_2(x_1|y_2)=1$。假设企业 1 关于企业 2 的信念概率为 $p_1(x_2|x_1)=0.6$，$p_1(y_2|x_1)=0.4$。令 $(\theta_1=x_1, \theta_2=x_2)$ 与 $(\theta_1=x_1, \theta_2=y_2)$ 这两个可能的类型组的效用函数分别如表 13—1 和表 13—2 所示。

表 13—1　　　　$\theta_1=x_1$，$\theta_2=x_2$ 的 u_1 和 u_2

1	2	
	a_2	b_2
a_1	1，2	0，1
b_1	0，4	1，3

表 13—2　　　　$\theta_1=x_1$，$\theta_2=y_2$ 的 u_1 和 u_2

1	2	
	a_2	b_2
a_1	1，3	0，4
b_1	0，1	1，2

这样，我们就完成了这个贝叶斯博弈的描述。现在，我们推导与其等价的泽尔腾博弈。我们有

$$N^S=\Theta_1\cup\Theta_2=\{x_1, x_2, y_2\}$$
$$S_{x_1}=S_1=\{a_1, b_1\}$$
$$S_{x_2}=S_{y_2}=S_2=\{a_2, b_2\}$$

注意，

$$U_{\theta_i}:S_1\times S_2\times S_2\rightarrow\mathbb{R}\quad\forall\theta_i\in\Theta_i, \forall i\in N$$
$$S_1\times S_2\times S_2=\{(a_1,a_2,a_2),(a_1,a_2,b_2),(a_1,b_2,a_2),(a_1,b_2,b_2),(b_1,a_2,a_2),(b_1,a_2,b_2),(b_1,b_2,a_2),(b_1,b_2,b_2)\}$$

上面的式子 $S_1\times S_2\times S_2$ 给出了所有类型代理人的所有策略组。一个典型的策略组可以记为 $(s_{x_1}, s_{x_2}, s_{y_2})$。这也可以记为 $(s_1(\cdot), s_2(\cdot))$，其中策略 s_1 是一个从 Θ_1 到 S_1 的映射，策略 s_2 是一个从 Θ_2 到 S_2 的映射。一般来说，对于含有 n 个参与人的贝叶斯博弈，一个纯策略组可记为

$$((s_{\theta_1})_{\theta_1\in\Theta_1},(s_{\theta_2})_{\theta_2\in\Theta_2},\cdots,(s_{\theta_n})_{\theta_n\in\Theta_n})$$

我们也可以等价地将其记为$(s_1(\cdot),\ s_2(\cdot),\ \cdots,\ s_n(\cdot))$，其中 s_i 是一个从 Θ_i 到 S_i 的映射，$i=1,\ 2,\ \cdots,\ n$。（泽尔腾博弈中的）类型代理人的收益是一个定义在所有其他代理人的类型组之上的条件期望。以收益 $U_{x_1}(a_1,\ a_2,\ b_2)$ 的计算为例。$U_{x_1}(a_1,\ a_2,\ b_2)$ 是指类型代理人 x_1（属于参与人 1）的期望收益；具体地说，这是当类型代理人 x_1 选择行动 a_1 并且参与人 2 的类型代理人 x_2 和 y_2 分别选择行动 a_2 和 b_2 时，类型代理人 x_1 得到的期望收益。在这种情形下，参与人 1 的类型已知，但参与人 2 的类型可能为 x_2 也可能为 y_2，相应概率由信念函数 $p_1(\cdot\mid x_1)$ 给出。下列条件期望给出了我们想计算的收益。

$$\begin{aligned}U_{x_1}(a_1,a_2,b_2)&=p_1(x_2\mid x_1)u_1(x_1,x_2,a_1,a_2)+p_1(y_2\mid x_1)u_1(x_1,y_2,a_1,b_2)\\&=0.6\times1+0.4\times0\\&=0.6\end{aligned}$$

类似地，可以计算出

$$\begin{aligned}&U_{x_1}(b_1,a_2,b_2)=0.4\\&U_{x_2}(a_1,a_2,b_2)=2\\&U_{x_2}(a_1,b_2,b_2)=1\\&U_{y_2}(a_1,a_2,b_2)=4\\&U_{y_2}(a_1,a_2,a_2)=3\end{aligned}$$

由上面的结果可知，

$$\begin{aligned}&U_{x_1}(a_1,a_2,b_2)>U_{x_1}(b_1,a_2,b_2)\\&U_{x_2}(a_1,a_2,b_2)>U_{x_2}(a_1,b_2,b_2)\\&U_{y_2}(a_1,a_2,b_2)>U_{y_2}(a_1,a_2,a_2)\end{aligned}$$

由此立即可知，行动组（a_1，a_2，b_2）是泽尔腾博弈的一个纳什均衡。这个行动组的另外一种表示方法为（s_1^*，s_2^*），其中 $s_1^*(x_1)=a_1$，$s_2^*(x_2)=a_2$，$s_2^*(y_2)=b_2$。□

□ 泽尔腾博弈的收益计算

从现在起，在不至于出现混淆的情形下，我们用 u 代替 U。一般来说，给定贝叶斯博弈 $\Gamma=\langle N,\ (\Theta_i),\ (S_i),\ (p_i),\ (u_i)\rangle$，假设（$s_1$，…，$s_n$）是一个纯策略组，其中 s_i 是一个从 Θ_i 到 S_i 的映射，$i=1,\ \cdots,\ n$。假设参与人 i 的当前类型为 θ_i。于是，参与人 i 的期望效用为

$$u_i((s_i,s_{-i})\mid\theta_i)=\mathbb{E}_{\theta_{-i}}[u_i(\theta_i,\theta_{-i},s_i(\theta_i),s_{-i}(\theta_{-i}))]$$

对于有限贝叶斯博弈，上式立即变为

$$u_i((s_i,s_{-i})\mid\theta_i)=\sum_{t_{-i}\in\Theta_{-i}}p_i(t_{-i}\mid\theta_i)u_i(\theta_i,t_{-i},s_i(\theta_i),s_{-i}(t_{-i}))$$

有了这个建构之后，我们就可以定义贝叶斯纳什均衡的概念了。

13.4 贝叶斯纳什均衡

定义 13.3 **（纯策略贝叶斯纳什均衡）** 给定贝叶斯博弈 $\Gamma=\langle N, (\Theta_i), (S_i), (p_i), (u_i)\rangle$，它的纯策略贝叶斯纳什均衡可以自然地定义为与 Γ 等价的泽尔腾博弈的纯策略纳什均衡。也就是说，给定 Γ 的策略组 $(s_1^*, \cdots, s_n^*)$，若 $\forall i\in N$；$\forall s_i: \Theta_i\to S_i$；$\forall \theta_i\in\Theta_i$，

$$u_i((s_i^*, s_{-i}^*)\mid\theta_i)\geqslant u_i((s_i, s_{-i}^*)\mid\theta_i)$$

即若 $\forall i\in N$；$\forall a_i\in S_i$；$\forall \theta_i\in\Theta_i$，

$$\mathbb{E}_{\theta_{-i}}[u_i(\theta_i,\theta_{-i},s_i^*(\theta_i),s_{-i}^*(\theta_{-i}))]\geqslant\mathbb{E}_{\theta_{-i}}[u_i(\theta_i,\theta_{-i},a_i,s_{-i}^*(\theta_{-i}))],$$

则 $(s_1^*, \cdots, s_n^*)$ 是 Γ 的一个**纯策略贝叶斯纳什均衡**。

例 13.4 **（贝叶斯定价博弈）** 考虑例 13.3 中的贝叶斯定价博弈。我们注意以下几点：

- 当 $\theta_2=x_2$ 时，策略 b_2 强劣于 a_2。因此，当 $\theta_2=x_2$ 时，参与人 2 选择 a_2。
- 当 $\theta_2=y_2$ 时，策略 a_2 强劣于 b_2。因此，当 $\theta_2=y_2$ 时，参与人 2 选择 b_2。
- 当行动组为 (a_1, a_2) 或 (b_1, b_2) 时，无论参与人 2 是什么类型，参与人 1 的收益都为 1。在所有其他行动组情形下，参与人 1 的收益为零。
- 由于 $p_1(x_2\mid x_1)=0.6$ 以及 $p_1(y_2\mid x_1)=0.4$，参与人 1 认为参与人 2 的类型更可能为 x_2 而不是 y_2。

上面的论证意味着该贝叶斯定价博弈的一个纯策略贝叶斯纳什均衡为

$$(s_{x_1}^*=a_1, s_{x_2}^*=a_2, s_{y_2}^*=b_2),$$

这与我们前面得到的结果相同。在上面这个均衡中，企业 1 的策略是定低价，而企业 2 的策略是若它生产 x_2 则定低价，若生产 y_2 则定高价。可以看到，上面这个均衡是该博弈唯一的纯策略贝叶斯纳什均衡。

上面的例子清楚地说明了如果单独分析每个矩阵将会出现什么后果。如果参与人 2 的类型为 x_2 是一个共同知识，那么唯一的纳什均衡为 (a_1, a_2)。如果参与人 2 的类型为 y_2 是一个共同知识，那么唯一的纳什均衡为 (b_1, b_2)。然而，在贝叶斯博弈中，参与人 2 的类型不是共同知识，因此，基于单个矩阵的分析得到的结果是错误的。□

例 13.5 **（第一价格密封拍卖）** 再次考虑例 13.2 中的博弈。在这个博弈中，两个参与人为竞标人（买者）。每个竞标人递交密封报价 $b_i\geqslant 0$ $(i=1, 2)$。密封报价单被打开，报价最高者中标。如果报价相同，参与人 1 中标。中标者支付的钱数等于他自己的报价。未中标者不需要付钱。

我们做出以下假设：

(1) θ_1，θ_2 是从 $[0, 1]$ 上的均匀分布独立抽取出来的。

(2) 参与人 i 的密封报价的形式为 $b_i(\theta_i)=\alpha_i\theta_i$，其中 $\alpha_i\in(0, 1)$。这个假设意味着参与人 i 的报价是他的评价的 α_i 倍；这个合理的假设意味着报价关于评价是线性的。每个买者知道报价都是上面给出的形式。买者 1（买者 2）的任务是计算 $\alpha_1(\alpha_2)$ 的合适值。

于是，买者 1 的问题是选择合适的报价使自己的期望收益最大：

$$\max_{b_1\geqslant 0}(\theta_1-b_1)P\{b_2(\theta_2)\leqslant b_1\}$$

由于买者 2 的报价为 $b_2(\theta_2)=\alpha_2\theta_2$，其中 $\theta_2\in[0,1]$，因此买者 2 的最高报价为 α_2。买者 1 知道这个事实，因此 $b_1\in[0,\alpha_2]$。另外，

$$\begin{aligned}P\{b_2(\theta_2)\leqslant b_1\}&=P\{\alpha_2\theta_2\leqslant b_1\}=P\left\{\theta_2\leqslant\frac{b_1}{\alpha_2}\right\}\\&=\frac{b_1}{\alpha_2}\quad(\text{因为 }\theta_2\text{ 是}[0,1]\text{上的均匀分布})\end{aligned}$$

因此，买者 1 的问题为

$$\max_{b_1\in[0,\alpha_2]}(\theta_1-b_1)\frac{b_1}{\alpha_2}$$

这个问题的解为

$$b_1(\theta_1)=\begin{cases}\dfrac{\theta_1}{2} & \text{若}\dfrac{\theta_1}{2}\leqslant\alpha_2\\[2ex] \alpha_2 & \text{若}\dfrac{\theta_1}{2}>\alpha_2\end{cases}$$

根据类似逻辑，可知

$$b_2(\theta_2)=\begin{cases}\dfrac{\theta_2}{2} & \text{若}\dfrac{\theta_2}{2}\leqslant\alpha_1\\[2ex] \alpha_1 & \text{若}\dfrac{\theta_2}{2}>\alpha_1\end{cases}$$

令 $\alpha_1=\alpha_2=\dfrac{1}{2}$。于是，我们有

$$b_1(\theta_1)=\frac{\theta_1}{2}\ \ \forall\,\theta_1\in\Theta_1=[0,1]$$

$$b_2(\theta_2)=\frac{\theta_2}{2}\ \ \forall\,\theta_2\in\Theta_2=[0,1]$$

如果 $b_2(\theta_2)=\dfrac{\theta_2}{2}$，那么买者 1 的最优反应为 $b_1(\theta_1)=\dfrac{\theta_1}{2}$，这是因为 $\alpha_1=\dfrac{1}{2}$。类似地，如果 $b_1(\theta_1)=\dfrac{\theta_1}{2}$，那么买者 2 的最优反应为 $b_2(\theta_2)=\dfrac{\theta_2}{2}$，这是因为 $\alpha_2=\dfrac{1}{2}$。这意味着策略组 $\left(\dfrac{\theta_1}{2},\ \dfrac{\theta_2}{2}\right)$，$\forall\,\theta_1\in\Theta_1$，$\forall\,\theta_2\in\Theta_2$ 是这个第一价格密封拍卖的贝叶斯纳什均衡。□

13.5 优势策略均衡

贝叶斯博弈的优势策略也可以用泽尔腾博弈表示。我们仅定义**极弱优势策略均衡**

(very weakly dominant strategy equilibrium)，而将**弱优势策略均衡**（weakly dominant strategy equilibrium）以及**强优势策略均衡**（strongly dominant strategy equilibrium）的定义留给读者完成。

定义 13.4 （极弱优势策略均衡） 给定贝叶斯博弈

$$\Gamma=\langle N,(\Theta_i),(S_i),(p_i),(u_i)\rangle$$

及其一个策略组（s_1^*，…，s_n^*），若 $\forall i\in N$；$\forall s_i:\Theta_i\to S_i$；$\forall s_{-i}:\Theta_{-i}\to S_{-i}$；$\forall\theta_i\in\Theta_i$，

$$u_i((s_i^*,s_{-i})|\theta_i)\geqslant u_i((s_i,s_{-i})|\theta_i)$$

即若 $\forall i\in N$；$\forall a_i\in S_i$；$\forall\theta_i\in\Theta_i$；$\forall s_{-i}$：$\Theta_{-i}\to S_{-i}$

$$\mathbb{E}_{\theta_{-i}}[u_i(\theta_i,\theta_{-i},s_i^*(\theta_i),s_{-i}(\theta_{-i}))]\geqslant\mathbb{E}_{\theta_{-i}}[u_i(\theta_i,\theta_{-i},a_i,s_{-i}(\theta_{-i}))]$$

则（s_1^*，…，s_n^*）称为 Γ 的一个极弱优势策略均衡。

仔细考察上述定义（注意，s_{-i} 出现在不等式的左侧，也出现在右侧）可知，优势策略均衡概念与信念函数无关，正是这一点使得这个均衡概念功能强大而且有着很强的性质。优势策略均衡在机制设计理论中被用于定义**优势策略实施**（dominant strategy implementation)。这些背景下通常要用到极弱优势策略均衡。

例 13.6 （第二价格密封拍卖） 在前面，我们已经说明第一价格密封拍卖有贝叶斯纳什均衡。现在，我们考虑基于两个买者的第二价格密封拍卖，并且说明它有弱优势策略均衡。令买者 2 宣布他的报价为 b_2。这里有两种情形：

（1）$\theta_1\geqslant b_2$。

（2）$\theta_1<b_2$。

情形 1：$\theta_1\geqslant b_2$。

令 b_1 为买者 1 的报价。这里有两种情形：

- 如果 $b_1\geqslant b_2$，那么买者 1 的收益为 $\theta_1-b_2\geqslant 0$。
- 如果 $b_1<b_2$，那么买者 1 的收益为 0，因为他未中标。
- 因此，在 $\theta_1\geqslant b_2$ 这种情形下，买者 1 的最大可能收益为 $\theta_1-b_2\geqslant 0$。

如果 $b_1=\theta_1$（即买者 1 的报价等于其评价），那么买者 1 的收益为 θ_1-b_2，这正好是上面说过的最大可能收益。因此，无论买者 2 的报价是多少，买者 1 报价 θ_1 是他的最优反应。

情形 2：$\theta_1<b_2$。

这里又有两种情形：$b_1\geqslant b_2$ 以及 $b_1<b_2$。

- 如果 $b_1\geqslant b_2$，那么买者 1 的收益为 $\theta_1-b_2<0$。
- 如果 $b_1<b_2$，那么买者 1 的收益为零，因为他未中标。
- 因此，在 $\theta_1<b_2$ 这种情形下，买者 1 的最大可能收益为 0。

如果 $b_1=\theta_1$，那么买者 1 的收益为零。通过如实报价，即 $b_1=\theta_1$，买者 1 得到了零收益，这是 $\theta_1<b_2$ 的情形下买者 1 的最优反应。

现在，对于这个博弈，我们可以做出以下观察：

- 无论买者 2 的报价是多少，如实报价（即报价等于评价）是买者 1 的最优反应。
- 类似地，无论买者 1 的报价是多少，如实报价是买者 2 的最优反应。
- 这意味着如实报价对于每个参与人来说都是一个极弱优势策略，（$s_1^*(\theta_1)=\theta_1$，

$s_2^*(\theta_2)=\theta_2$）是一个极弱优势策略均衡。

读者可以证明，这个均衡事实上也是一个弱优势策略均衡。□

13.6 小结与参考文献

在本章，我们考察了伴随不完全信息的策略型博弈。我们将这一章的主要知识点总结如下：

- 在不完全信息博弈中，每个参与人除了有策略（行动）之外，还有私人信息，这称为参与人的类型。每个参与人都有自己的类型集。另外，每个参与人以一定的概率猜测其他参与人的类型。效用（收益）不仅取决于参与人选择的行动，还取决于参与人的类型。贝叶斯博弈是伴随不完全信息的策略型博弈的一种常见的表示方法。
- 海萨尼与泽尔腾发展出了一种贝叶斯博弈理论。这种力量的核心思想在于将贝叶斯博弈转化为伴随完全信息的策略型博弈，这个转化过程使用了所谓的类型代理人表示法。由此得到的伴随完全信息的策略型博弈，称为泽尔腾博弈。
- 在贝叶斯博弈中，任一参与人的任一策略都是一个从他的类型集到他的行动集的映射。利用这些映射，我们可以定义不同的均衡概念。贝叶斯纳什均衡是纯策略纳什均衡的一种自然推广（推广到贝叶斯博弈的情形）。
- 我们使用第一价格密封拍卖的例子说明了如何计算贝叶斯纳什均衡，使用第二价格密封拍卖的例子说明了如何计算优势策略均衡。

本章讨论的内容主要源自 Myerson[1]。约翰·海萨尼同系列的三篇经典论文[2,3,4]对贝叶斯博弈的概念、形式化等问题进行了详细说明。这些论文[2,3,4]发表于 1967 年和 1968 年。

□ 参考文献

[1] Roger B. Myerson. *Game Theory: Analysis of Conflict*. Harvard University Press, Cambridge, Massachusetts, USA, 1997.

[2] John C. Harsanyi. "Games with incomplete information played by Bayesian players. Part I: The basic model". In: *Management Science* 14 (1967), pp. 159-182.

[3] John C. Harsanyi. "Games with incomplete information played by Bayesian players. Part II: Bayesian equilibrium points". In: *Management Science* 14 (1968), pp. 320-334.

[4] John C. Harsanyi. "Games with incomplete information played by Bayesian players. Part III: The basic probability distribution of the game". In: *Management Science* 14 (1968), pp. 486-502.

13.7 习　题

（1）写出贝叶斯博弈的弱优势策略均衡以及强优势策略均衡的定义。

(2) 考虑本章讨论的基于两个参与人的第一价格密封拍卖。我们说两个参与人的信念关于共同先验是一致的，这里的共同先验是指什么？

(3) 我们已经说明，在第二价格密拍卖中，如实报价是一个极弱优势策略均衡。证明这个均衡也是一个弱优势策略均衡。另外，证明这个均衡不是强优势策略均衡。

(4) 考虑参与人 1 和参与人 2。参与人 1 是某件不可分割商品的卖者，参与人 2 是可能的买者。参与人 1（卖者）的类型 θ_1 可以视为他的销售意愿（他能忍受的最低价格）。参与人 2（买者）的类型 θ_2 自然可以视为他的支付意愿（他能忍受的最高价格）。假设$\Theta_1=\Theta_2=[0, 1]$，而且假设每个参与人认为另外一个参与人的类型在实区间 $[0, 1]$ 上均匀分布。交易规则如下。卖者和买者分别独立地递交报价 b_1 和 b_2。如果 $b_1 \leqslant b_2$，交易发生；如果 $b_1 > b_2$，交易不会发生。如果交易发生，买者支付的钱数为 $(b_1 + b_2)/2$。计算这个贝叶斯博弈的贝叶斯纳什均衡。

(5)（编程题）给定有限贝叶斯博弈，写出合适的程序将这个博弈转化为泽尔腾博弈，并且计算出所有贝叶斯纳什均衡（若存在）以及所有优势策略均衡（若存在）。

第 2 部分

机制设计

机制设计考察如何设计博弈才能使它们产生合意的均衡行为。在这一部分（第 14 章到第 24 章），我们研究机制设计的基本原理和重要议题。

- 在第 14 章，我们用简单直观的例子引入机制议题，讨论**社会选择函数**（social choice functions）、**直接机制**（direct mechanisms）、**间接机制**（indirect mechanisms）等重要概念。在第 15 章，我们介绍了社会选择函数实施背后的机制原理。在第 16 章，我们定义了激励相容这个重要概念，并且介绍了优势策略激励相容性（dominant strategy incentive compatibility，DSIC）以及贝叶斯激励相容性（Bayesian incentive compatibility，BIC）。我们证明了**显示原理**（revelation theorem），这是一个重要的基本结论。第 17 章主要考察了两个重要的可能性定理：吉伯德-萨特思韦特定理以及阿罗定理。
- 第 18 章到第 22 章主要考察几类拟线性机制，它们要么是优势策略激励相容的（DSIC），要么是贝叶斯激励相容的（BIC）。在第 18 章，我们研究了 VCG 机制（维克瑞-克拉克-格罗夫斯机制），这是目前探讨最多的机制。第 19 章介绍了拟线性环境下的机制设计空间，包括贝叶斯机制。在第 20 章，我们讨论了拍卖，它们是机制的常见例子。在第 21 章，我们研究最优机制，尤其是迈尔森（Myerson）拍卖。在第 22 章，我们详细考察付费搜索拍卖问题，用来说明机制设计在现实中的重要应用。
- 在第 23 章，我们讨论完全信息情形下的**纳什均衡实施**（implementation in Nash equilibrium）。最后，第 24 章简要描述了机制设计中重要的前沿议题。

第 14 章 机制设计导论

机制设计可以视为博弈的**逆向工程**（reverse engineering），或等价地，视为**博弈规则的设计艺术，其目标是实现特定的合意结果**。机制设计的核心在于创造满足一定合意目标的制度或规则，以引导在制度中互动的智能体（参与人）实施策略性行动，并能保留与决策相关的私人信息。从本章开始，我们进入机制设计板块。我们用简单的例子引入机制议题，考察发端于 1960 年代的机制设计理论是如何演化的。机制对策略型参与人引入了博弈，以便在博弈均衡时实现系统视角的目标或社会选择函数。机制可以是直接的，也可以是间接的。在本章，我们定义**社会选择函数**、**直接机制**、**间接机制**等重要概念。我们还提供了一些关于社会选择函数的说明性的例子。

14.1 机制设计：常见例子与历史

机制设计涉及的环境是下面这样的：政策制定者（或社会计划者）试图将多个智能体的**已表偏好**（announced preferences）加总为一个集体的（或社会的）基于系统视角的决策，在这个过程中，智能体的**实际偏好**（actual preferences）不为他人所知。* 因此，机制设计要求设计者求解**伴随不完全信息的决策或最优化问题**。机制设计的核心技术在于向智能体之间引入博弈，使得博弈均衡实现了合意的基于系统视角的结果。大致地说，机制就是设计者让智能体做设计者想让他们做的事。

* 也许读者已经注意到，在机制设计语境中，博弈参与人（player）已被称为代理人（agent），尽管二者是同义的。鉴于国内通常将其翻译为“智能体”，所以我们也遵守惯例，使用智能体这种称呼。——译者注

□ 机制：两个常见例子

机制在现实中的应用由来已久。例如，作为机制常见例子的拍卖，已流行几个世纪了。

□ 分饼问题

下面两个流行的故事很好地说明了机制背后的思想（见图 14—1）。第一个故事是妈妈设计机制让两个孩子分饼。在这种情形下，妈妈是社会计划者。如果她把饼均等地分为两块，分给孩子，那么孩子们未必接受，因为每个孩子都认为他得到的那块饼比对方小。另一方面，考虑下列机制：（1）其中一个孩子将饼切成两块；（2）另外一个孩子有机会先选择，他可以选择任何一块，而将另外一块留给对方（切饼者）。在这种情形下，切饼者即孩子 1，将尽可能地把饼切成（他认为）均等的两块，因为任何其他切法都会让他自己得到较小的那一块（这是因为孩子 2 将选择较大的）。孩子 2 很高兴，因为他有机会选择并且选择了他认为的较大的那块饼。这个机制实现了孩子均分大饼问题的合意结果，而且每个孩子有理由赞同这个机制。

图 14—1　分饼问题的机制设计

□ 谁是婴儿的母亲

第二个故事来自古人的智慧。这个故事涉及几个智者，尤其是所罗门国王。在印度，这个故事有两个流行的版本。（a）第一个版本涉及的智者叫作伯宝（Birbal），他是 1500 年代晚期印度国王阿克巴（Akbar）的顾问；（b）第二个版本涉及的智者叫作罗玛（Tenali Rama），他是 1500 年代早期印度国王克里希那（Sri Krishna Devaraya）的法庭顾问。在这个故事中（见图 14—2），两个妇女带着一个婴儿拜见国王，每个人都宣称自己才是婴儿的母亲。国王的顾问提出了下列机制：将婴儿劈成两半，每个妇女各得一半。听到这，其中一个妇女（真正的母亲）立即请求国王不要分割婴儿。顾问和国王在观察两人的反应之后，立即命令将婴儿归还真正的母亲。这是一个真相诱导机制的例子。

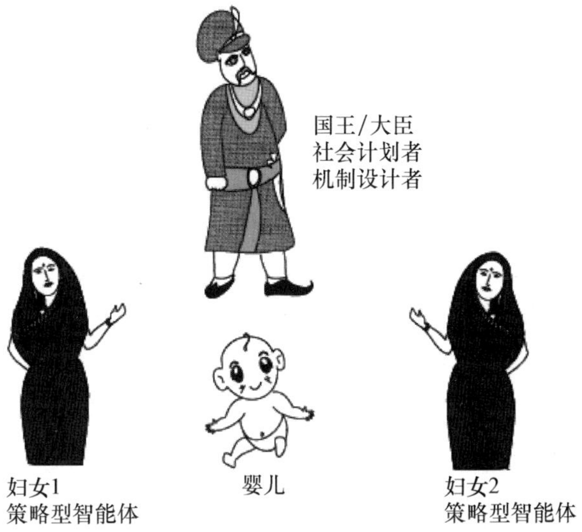

图 14—2　真相诱导的机制设计

上面这样的机制在现实生活中比比皆是。我们在日常生活中，比如家庭、工作或社会中的很多活动，都或明或暗地使用了机制。1940 年代和 1950 年代出现的博弈论，帮助学者发展出了正式的机制设计理论（始于 1960 年代）。

□ 机制设计：简史

莱昂尼德·赫维奇（Leonid Hurwicz）在 1960 年代首先引入了机制概念[1]（赫维奇获得了 2007 年诺贝尔经济学奖）。他将机制定义为一种通信系统，在这个系统中，参与人互相发信息而且很有可能采取发给**信息中心**（message center）的形式，然后，事先制定好的规则对每一轮（接收到的）信息分配一个结果（例如商品分配或者支付的钱数等）。威廉·维克瑞（William Vickrey；1996 年诺贝尔奖获得者）于 1961 年写了一篇关于第二价格密封拍卖（维克瑞拍卖）的论文[2]，这已成经典。直到今天，维克瑞拍卖仍在机制设计领域占有特殊地位，可以视为机制设计的一个早期里程碑。约翰·海萨尼（John Harsanyi；他与纳什和泽尔腾一起获得了 1994 年诺贝尔奖）发展了不完全信息博弈理论，尤其是贝叶斯理论，这主要体现在他于 1967—1968 年发表的同系列的三篇原创论文上[3,4,5]。人们后来发现海萨尼的工作是机制设计的基础。赫维奇[6]于 1972 年引入了激励相容这个重要概念。激励相容概念让设计者把理性参与人的激励纳入机制设计之中，从而开启了机制设计时代[6]。稍后，爱德华·克拉克（Edward Clarke）[7]以及西奥多·格罗夫斯（Theodore Groves）[8]将维克瑞机制一般化，并且定义了更具一般性的激励相容，这就是拟线性环境下的优势策略激励相容机制。

1970 年代，机制设计有两个主要进展。第一个进展是**显示原理**（revelation principle），它说明直接机制在本质上与间接机制相同。这意味着机制理论学家只需要研究直接机制即可；换句话说，学者们可将现实世界中的机制（主要为间接机制）留给机制设计者和参与者完成。艾伦·吉伯德（Alan Gibbard）[10]提出了优势策略激励相容机制的显示原理。后来，它被扩展为贝叶斯激励相容机制[11]，在这个过程中，埃里克·马斯金（Eric Maskin）、罗杰·迈尔森（Roger Myerson）起到了重要作用，这两位学者与莱昂尼德·赫维奇一起获得了 2007 年诺贝尔奖。事实上，迈尔森将显示原理的一般性发展到了极致。[11]机制设计理论在这一时期的第二个进展是**实施理论**（implementation theory），它考察了下列问题：设计者能否设计机制使得所有均衡都是最优的？马斯金[9]首先给出了这个问题的一般解。

1980 年代、1990 年代、2000 年代以及近来，机制设计取得了一些显著进展。机制设计被应用到很多学科。这些领域包括拍卖、市场和交易制度的设计[11,12,13,14]，法规与审计[11]，社会选择理论[11]，计算机科学[15]，在策略型智能体之间配置资源，电子商务以及基于网络的应用[16]，等等。这样的列举绝不是穷尽的。

莱昂尼德·赫维奇（Leonid Hurwicz）、埃里克·马斯金、罗杰·迈尔森共同获得了 2007 年诺贝尔经济学奖，因为他们奠定了机制设计理论的基础。赫维奇（出生于 1917 年）获奖时已是 100 岁高龄，是有史以来年纪最大的诺贝尔奖获得者。赫维奇于 1960 年首先提出了机制概念。[1]他把机制定义为一种通信系统，在这个系统中参与人相互发送信息，而且很有可能采取发送给信息中心的形式，然后，事先规定好的规则对每轮（接收到的）信息指定一个结果（例如，商品的分配，支付的钱数等）。

赫维奇于 1972 年引入了激励相容这个重要概念。[6]这个概念让设计者把理性参与人的激励纳入机制设计之中，从而正式开启了机制设计领域的大门。激励相容概念在显示原理中起着核心作用，而显示原理是机制设计理论的一个基本结论。赫维奇还对机制设计领域贡献了很多重要的可能性结果和不可能性结果。例如，他证明，在标准交换经济中不存在满足个人理性的激励相容机制，使得该机制得到的结果是帕累托最优的。赫维奇在博弈论和机制设计领域的工作，毫无疑问地说明：在模拟经济制度时使用解析方法很有价值。

赫维奇于 2008 年 6 月 24 日去世，在此之前，他是（美国）明尼苏达大学经济学荣誉退休教授。他在该大学教授福利经济学、公共经济学、机制与制度以及数理经济学。

埃里克·马斯金（Eric Maskin）在机制设计领域做出了很多开创性的贡献。其中一个最具原创性的贡献是他提出了实施理论（implementation theory），这解决了下列问题：给定社会目标，我们能设计一个机制使得它的均衡结果与该目标想要的结果相同吗？马斯金给出了这个问题的一般解。[9]他天才般地证明了如果社会目标是可实施的，那么它们必须满足某种**单调性**（monotonicity，后被称为马斯金单调性）。马斯金还证明了在一定条件（至少三个参与人以及不存在否决权）下，单调性能保证机制的实施。他也对动态博弈做出了很多重要贡献。马斯金的早期贡献之一是提出了贝叶斯相容机制下的显示原理。

马斯金于1950年12月12日出生于纽约市。他获得了哈佛大学数学学士学位，并于1976年获得了哈佛大学应用数学博士学位。1977—1984年，马斯金任教于麻省理工学院；1985—2000年供职于哈佛大学。2000—2011年，他是高等研究所（位于美国新泽西州普林斯顿市）的社会科学首席教授。从2011年起，他担任哈佛大学经济系首席教授。

罗杰·布鲁斯·迈尔森（Roger Bruce Myerson）在博弈论和机制设计的多个领域都做出了重要贡献，他的贡献深深影响了这些领域。迈尔森推动了贝叶斯实施背景下的显示原理的最具一般性的定义和证明。1981年他的最优拍卖工作是一个里程碑式结果，并引发了最优拍卖研究浪潮。在伴随不完全信息的议价理论和伴随不完全信息的合作博弈等领域，迈尔森也做出了重要贡献。

迈尔森所写的教科书《博弈论：矛盾冲突分析》(*Game Theory*：*Analysis of Conflict*）是一本严肃且被广泛推荐的著作，它包含了博弈论几乎所有的重要结果，这些结论推导严格且富有洞察力。迈尔森还对政治制度的经济分析感兴趣，他在这个领域也有几篇重要论文，包括近期关于民主和伊拉克战争的论文。

迈尔森出生于1951年3月29日，他在哈佛大学获得了应用数学学士、硕士和博士学位。他于1976年获得博士学位，导师是传奇人物阿罗。1976—2001年，迈尔森是西北大学管理学院经济学教授。自2001年起，他在芝加哥大学担任经济学首席教授。

14.2 机制设计环境

我们在下面一般环境中提出、分析和解决机制设计问题。

- 有 n 个代理人（智能体）$i=1, 2, \cdots, n$，这样，$N=\{1, 2, \cdots, n\}$。这些代理人都是理性、智能的，并且进行策略互动从而逐渐达成集体决策。
- X 是一个**备选方案集**（set of alternatives）或称**结果集**（set of outcomes）。智能体要在集合 X 上做出集体选择。
- 在做出集体选择之前，每个智能体知道自己对 X 的元素的偏好。这可以视为智能体 i 私下观察到决定其偏好的参数或信号 θ_i。智能体 i 知道 θ_i 的值，但其他职能体不知道 θ_i 的值。θ_i 称为智能体 i 的**私人值**（private value）或**类型**。
- 我们将智能体 i（$i=1, 2, \cdots, n$）的类型（私人值）集合记为 Θ_i。这样，由所有类型组构成的集合为 $\Theta=\Theta_1\times\cdots\times\Theta_n$。一个典型的类型组可以记为 $\theta=(\theta_1, \cdots, \theta_n)$。
- 我们假设存在着共同的先验概率分布 $\mathbb{P}\in\Delta(\Theta)$。为了保证信念的一致性，个体信念函数 $p_i:\Theta_i\rightarrow\Delta(\Theta_{-i})$（其中 Θ_{-i} 是由所有其他智能体的类型组构成的集合）都必须能从这个共同的先验推导出来。

- 单个智能体对结果有偏好，他的偏好可用效用函数 $u_i: X\times\Theta_i\to\mathbb{R}$ 描述。给定 $x\in X$ 以及 $\theta_i\in\Theta_i$，$u_i(x, \theta_i)$ 这个值表示当智能体 i 的类型为 $\theta_i\in\Theta_i$ 时，智能体 i 从结果 $x\in X$ 身上得到的收益。在更一般的情形下，u_i 不仅取决于结果与智能体 i 的类型，还取决于其他智能体的类型，因此 $u_i: X\times\Theta\to\mathbb{R}$。本书仅关注前面这种情形，因为本书讨论的大多数例子的类型都属于前者。
- 假设结果集 X、智能体集 N、类型集 Θ_i（$i=1, 2, \cdots, n$）、共同先验概率分布 $\mathbb{P}\in\Delta(\Theta)$ 以及收益函数 u_i（$i=1, 2, \cdots, n$）都是所有智能体的**共同知识**。智能体 i 观察到的特定类型 θ_i 是智能体 i 的私人信息。

□ 社会选择函数

由于智能体的偏好取决于类型 $\theta=(\theta_1, \cdots, \theta_n)$ 的实现，我们自然可以合乎逻辑地假设集体决策取决于 θ。这样，我们就得到了社会选择函数的定义。

定义 14.1 （社会选择函数） 假设 $N=\{1, 2, \cdots, n\}$ 是一个智能体集，这些智能体的类型分别为 Θ_1，Θ_2，…，Θ_n。给定结果集 X，**社会选择函数**（social choice function）是一个映射 $f:\Theta_1\times\Theta_2\times\cdots\times\Theta_n\to X$，这个映射对每个可能的类型组（$\theta_1$，$\theta_2$，…，$\theta_n$）都指定了集合 X 中的一个结果。对应于特定类型组的结果，称为该类型组的**社会选择**（social choice）或**集体选择**（collective choice）。

本章将提供几个社会选择函数。下面这个例子的表达不是那么正式。

例 14.1 （伴随不完全信息的最短路径问题） 考虑一个连通的有向图，它有一个原点和一个终点。令此图有 n 条边，每条边为一个理性的智能体所拥有。令智能体集合为 $N=\{1, 2, \cdots, n\}$。假设边的成本是拥有这条边的智能体的私人信息，并且记为 θ_i（$i=1, 2, \cdots, n$）。假设社会计划者试图找到原点和终点之间的最短路径。社会选择函数将每个类型组（θ_1，…，θ_n）（事实上，这是一组边的成本）映到对应于这些边的成本的最短路径。除了边的成本信息之外，社会计划者知道此图的一切其他信息。因此，社会计划者首先需要从每个智能体身上提取这个信息，然后找到原点和终点之间的最短路径。因此，社会计划者面对着两个问题，分别介绍如下。□

□ 偏好诱导问题

考虑社会选择函数 $f:\Theta_1\times\Theta_2\times\cdots\times\Theta_n\to X$。智能体的个体类型 θ_1，…，θ_n 是智能体自己的私人信息。因此，当智能体个体类型为 θ_1，…，θ_n，社会计划者试图为其选择社会选择函数 $f(\theta_1, \cdots, \theta_n)$ 时，每个智能体应该向社会计划者报告自己的真实类型。然而，给定社会选择函数 f，给定的智能体可能发现如实报告自己的类型不符合自己的最大利益。这称为**偏好诱导**（preference elicitation）问题或**信息显示**（information revelation）问题。

□ 偏好加总问题

一旦所有智能体报告了他们的类型，这个报告类型组必须经由社会选择函数转化为一个结果。对于智能体 i（$i=1, \cdots, n$），令 θ_i 为他的真实类型，$\hat{\theta}_i$ 为他报告的类型。

计算 $f(\hat{\theta}_1, \cdots, \hat{\theta}_n)$ 的过程，称为**偏好加总**（preference aggregation）问题。

例 14.2 在例 14.1 中的伴随不完全信息的最短路径问题中，偏好诱导问题是从各个边的拥有者身上诱导出边的真实成本值。偏好加总问题是在图的结构和各条边的（报告）成本给定的情形下，计算原点和终点之间的最短路径。偏好加总问题通常是类似此例的最优化问题。□

图 14—3 给出了机制环境中的所有元素。

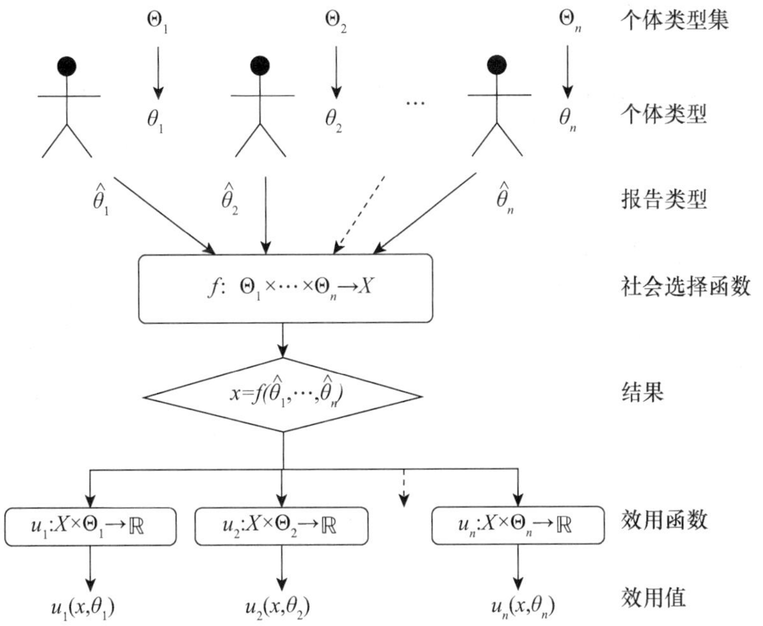

图 14—3 机制设计环境

14.3 直接机制与间接机制

我们可以将机制设计问题视为求解非完全表达最优化问题的过程，此时，设计者要首先诱导出这个表达，然后求解该最优化问题或决策问题。规格诱导（specification elicitation）在本质上是偏好诱导或类型诱导问题。为了能从智能体诱导出真实的类型信息，学者们设计了两类方法，一是**直接机制**（direct mechanisms），一是**间接机制**（indirect mechanisms）。我们将它们定义如下。在这些定义中，我们假设智能体集合 N、结果集 X、类型集 Θ_i（$i=1, \cdots, n$）、共同先验概率分布 $\mathbb{P}\in\Delta(\Theta)$、效用函数 $u_i: X\times\Theta_i\rightarrow\mathbb{R}$ 都是给定的，而且都是共同知识。

定义 14.2 **（直接机制）** 假设 $f: \Theta_1\times\cdots\times\Theta_n\rightarrow X$ 是一个社会选择函数。对应于 f 的**直接机制**（也称为直接显示机制）是一个多元组（Θ_1, Θ_2, $\cdots$, Θ_n, $f(\cdot)$）。

直接机制的思想是通过让智能体报告自己的真实类型，**直接**获得类型信息。

定义 14.3 **（间接机制）** **间接机制**（也称为间接显示机制）是一个多元组（S_1, S_2, $\cdots$, S_n, $g(\cdot)$）。其中，S_i 是智能体 i（$i=1, \cdots, n$）的一个可能的行动集；g:

$S_1 \times S_2 \times \cdots \times S_n \rightarrow X$ 是一个函数，它将每个行动组映射到一个结果。

直接机制的思想是为每个智能体提供行动的选择，然后对每个行动组指定一个结果。这在智能体之间引入了博弈，博弈均衡时各个智能体选择的策略，将间接反映他们原来的真实类型。在下一章（第 15 章），当我们讨论由机制实施社会选择函数时，直接机制与间接机制背后的思想及其区别将会变得明朗。

注意，对应于 $f:\Theta_1 \times \cdots \times \Theta_n \rightarrow X$ 的直接机制是间接机制（S_1，S_2，…，S_n，$g(\cdot)$）的一种特殊情形，此时：$S_i=\Theta_i$，$\forall i \in N$；而且 $g=f$。

14.4 社会选择函数的例子

在本节，我们用几个例子说明社会选择函数的概念。

例 14.3（供应商的选择） 假设有个买者想买一定量的某种商品，供应商有两个，即供应商 1 和供应商 2。这样，我们有 $N=\{1, 2\}$。已知供应商 1 使用技术 a_1 生产，而供应商 2 使用下列两种技术中的一种：(1) 高端技术 a_2；(2) 低端技术 b_2。技术元素可以视为供应商的类型，因此，我们有 $\Theta_1=\{a_1\}$，$\Theta_2=\{a_2, b_2\}$。参见图 14—4。

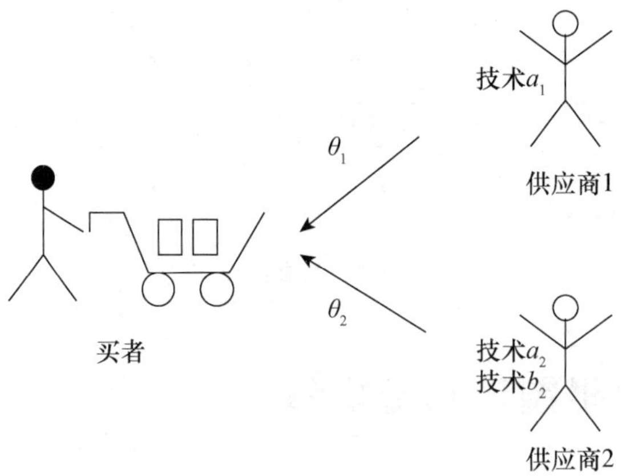

图 14—4 两个供应商情形下的采购问题

我们对这种情形定义三个结果（备选方案）x，y，z。备选方案 x 表示这宗商品全部来自供应商 1，备选方案 z 表示全部来自供应商 2。备选方案 y 表示一半商品量采购自供应商 1，另一半采购自供应商 2。

假设买者与供应商 1 已有长期友好关系，他更偏好供应商 1。然而，由于技术 a_2 优于技术 a_1 以及技术 b_2，因此，如果供应商 2 使用技术 a_2，那么买者可能向供应商 2 采购一部分。下面的收益函数描述了这些事实：

$$u_1(x,a_1)=100; u_1(y,a_1)=50; u_1(z,a_1)=0$$

$$u_2(x,a_2)=0; u_2(y,a_2)=50; u_2(z,a_2)=100$$

$$u_2(x,b_2)=0; u_2(y,b_2)=50; u_2(z,b_2)=25$$

注意，$\Theta=\{(a_1, a_2), (a_1, b_2)\}$。考虑由 $f(a_1, a_2)=y$ 以及 $f(a_1, a_2)=x$ 定义的社

会选择函数。这意味着当供应商 2 使用技术 a_2 时，买者将向供应商 1 和 2 采购；而如果供应商 2 使用技术 b_2，买者将只向供应商 1 采购。注意，供应商 2 使用的技术信息是私人信息，买者不知道。

类似地，我们也可以定义八个其他的社会选择函数：

$$f(a_1,a_2)=x;f(a_1,b_2)=x$$
$$f(a_1,a_2)=x;f(a_1,b_2)=y$$
$$f(a_1,a_2)=x;f(a_1,b_2)=z$$
$$f(a_1,a_2)=y;f(a_1,b_2)=y$$
$$f(a_1,a_2)=y;f(a_1,b_2)=z$$
$$f(a_1,a_2)=z;f(a_1,b_2)=x$$
$$f(a_1,a_2)=z;f(a_1,b_2)=y$$
$$f(a_1,a_2)=z;f(a_1,b_2)=z$$

读者可以考察这些选择函数的实际含义。□

例 14.4 （销售一件商品） 典型的销售情形涉及一个卖者、一组买者以及待售商品。我们考虑这个问题的简单情形：一个卖者（称为智能体 0），两个买者（称为智能体 1 和 2），因此，我们有 $N=\{0,1,2\}$。参见图 14—5。

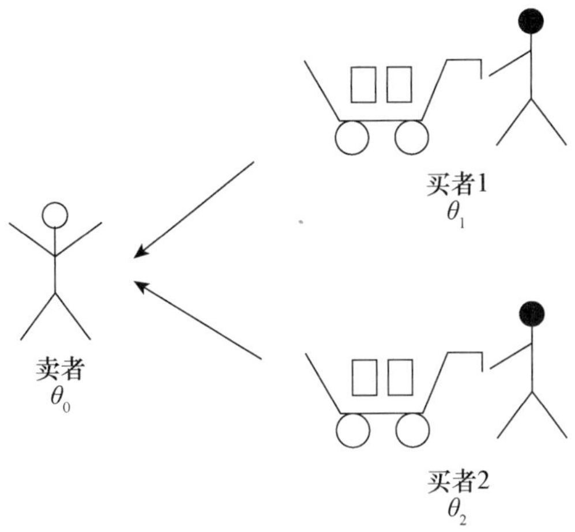

图 14—5　两个买者情形下的销售问题

卖者想把他的一件不可分割的商品卖给其中一个买者。在这里，典型结果可以表示为 $x=(y_0, y_1, y_2, t_0, t_1, t_2)$，其中 (y_0, y_1, y_2) 表示该商品的配置，(t_0, t_1, t_2) 表示转移给智能体的钱数。对于 $i=0, 1, 2$，如果这件商品配置给智能体 i，那么 y_i 取值 1，否则 y_i 取值 0；t_i 是转移给智能体 i 的钱数，如果 $t_i>0$，表示智能体得到的钱数为 t_i，如果 $t_i<0$，表示智能体 i 支出的钱数为 $|t_i|$。由所有可行结果组成的集合 X 为

$$X=\{(y_0,y_1,y_2,t_0,t_1,t_2):y_i\in\{0,1\},\sum_{i=0}^{2}y_i=1,t_i\in\mathbb{R},i=0,1,2\}$$

对于 $x=(y_0, y_1, y_2, t_0, t_1, t_2)$，我们可以将买者 1 以及买者 2 的效用自然地定义为：

$$u_i(x,\theta_i)=u_i((y_0,y_1,y_2,t_0,t_1,t_2),\theta_i)=y_i\theta_i+t_i,\quad i=1,2$$

其中 $\theta_i\in\mathbb{R}_+$ 可以视为智能体 i 对商品的评价。这样的效用函数是**拟线性**（quasi-linear）形式的（因为它关于某些变量是线性的，关于另外一些变量可能不是线性的）。自第18章起，我们将频繁遇到这样的效用形式。关于智能体对商品的评价，我们做出以下假设。

- 卖者对商品的评价 θ_0 是**已知的**。也就是说，$\Theta_0=\{\theta_0\}$。
- 令 $\Theta_i\subseteq\mathbb{R}_+$ 为买者 i（$i=1$，2）对商品的所有可能评价组成的集合。类型集是共同知识。在博弈开始之前，买者的确切类型是该买者的私人信息。买者的类型可以视为他的**支付意愿**（willingness to pay，他能忍受的最高价格，或者说，使得他在买和不买之间无差异的价格）。

考虑下列社会选择函数：

- 卖者将商品卖给支付意愿最高的买者。如果两个买者的类型相同，则卖者将商品卖给买者1。
- 获得该商品的买者，比如说买者 i，向卖者支付的钱数等于 θ_i。

上面的社会选择函数 $f(\theta)=(y_0(\theta)，y_1(\theta)，y_2(\theta)，t_0(\theta)，t_1(\theta)，t_2(\theta))$（从现在起，我们将其称为SCF1，即社会选择函数1），可以确切地写为：$\forall\theta=(\theta_0，\theta_1，\theta_2)\in\Theta_0\times\Theta_1\times\Theta_2$，

$$\begin{aligned}
y_0(\theta)&=0\\
y_1(\theta)&=1\quad 若\ \theta_1\geqslant\theta_2\\
&=0\quad 若\ \theta_1<\theta_2\\
y_2(\theta)&=1\quad 若\ \theta_1<\theta_2\\
&=0\quad 若\ \theta_1\geqslant\theta_2\\
t_1(\theta)&=-y_1(\theta)\theta_1\\
t_2(\theta)&=-y_2(\theta)\theta_2\\
t_0(\theta)&=-(t_1(\theta)+t_2(\theta))
\end{aligned}$$

假设我们考虑另外一个社会选择函数，配置规则与上面的社会选择函数相同，但支付规则不同。获胜的买者现在支付给卖者的钱数等于第二高的支付意愿（与以前一样，失败的买者不需要付钱）。这个新的社会选择函数（我们将其称为SCF2）将为：对于任意 $\theta=(\theta_0，\theta_1，\theta_2)\in\Theta_0\times\Theta_1\times\Theta_2$，

$$\begin{aligned}
y_0(\theta)&=0\\
y_1(\theta)&=1\quad 若\ \theta_1\geqslant\theta_2\\
&=0\quad 若\ \theta_1<\theta_2\\
y_2(\theta)&=1\quad 若\ \theta_1<\theta_2\\
&=0\quad 若\ \theta_1\geqslant\theta_2\\
t_1(\theta)&=-y_1(\theta)\theta_2\\
t_2(\theta)&=-y_2(\theta)\theta_1\\
t_0(\theta)&=-(t_1(\theta)+t_2(\theta))
\end{aligned}$$

读者可以试着写出三个及其以上买者的社会选择函数。□

我们现在定义一个补充社会选择函数，它描述了销售的反面，即购买。我们这里的情形包括一个买者和两个卖者。

例 14.5 （采购一件商品） 我们现在考虑一个买者（称为智能体 0）和两个卖者（称为智能体 1 和 2）的情形。这样，我们有三个智能体。因此，我们有 $N=\{0, 1, 2\}$。参见图 14—6。买者向其中一个卖者购买一件不可分割的商品。在这里，典型结果可以记为 $x=(y_0, y_1, y_2, t_0, t_1, t_2)$。数 y_0，y_1，y_2 表示商品的配置，数 t_0，t_1，t_2 表示转移给智能体的钱数。y_i （$i=1, 2$）的取值规则为：如果商品采购自卖者 i，那么 y_i 取值 1，否则取值 0。y_0 的取值规则为：如果买者购买（得到）了商品，则 y_0 取值 0，否则取值 1。t_i （$i=0, 1, 2$）是智能体 i 得到的钱数（或者说，转移给智能体 i 的钱数）。

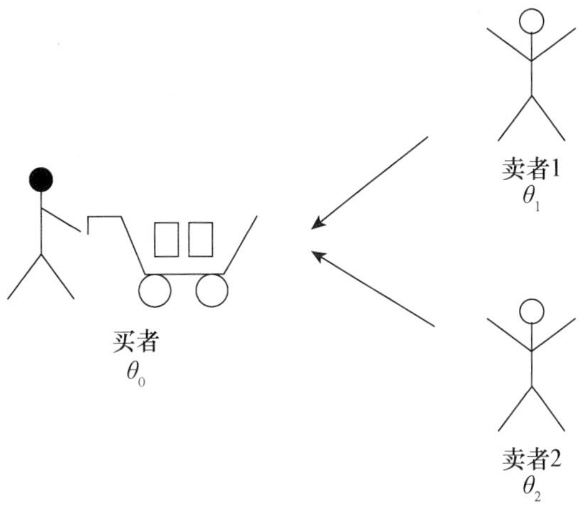

图 14—6 两个卖者情形下的采购问题

由所有可行结果组成的集合 X 为

$$X=\{(y_0,y_1,y_2,t_0,t_1,t_2):y_i\in\{0,1\},\sum_{i=0}^{2}y_i=1,t_i\in\mathbb{R},i=0,1,2\}$$

对于 $x=(y_0, y_1, y_2, t_0, t_1, t_2)$，我们可以将卖者 1 以及卖者 2 的效用自然地定义为：

$$u_i(x,\theta_i)=u_i((y_0,y_1,y_2,t_0,t_1,t_2),\theta_i)=-y_i\theta_i+t_i,i=1,2$$

其中 $\theta_i\in\mathbb{R}_+$ 可以视为卖者 i 对商品的评价或成本（也称为出售意愿）。关于智能体对商品的评价，我们做出下列假设。

- 买者对商品的评价 θ_0 是**已知的**。也就是说，$\Theta_0=\{\theta_0\}$。这个评价与买者向哪个卖者购买无关。
- 令 $\Theta_i\subseteq\mathbb{R}_+$ 为卖者 i （$i=1, 2$）所有类型组成的集合。这些集合是共同知识。然而，在博弈开始之前，θ_i 的确切值是卖者 i （$i=1, 2$）的私人信息。卖者的类型可以视为**出售意愿**（willingness to sell，他能忍受的最低价格，或者说，使得他在卖与不卖之间无差异的价格）。

考虑下列社会选择函数：

• 买者向出售意愿（即成本）最低的卖者购买。如果两个卖者的类型相同，买者将向卖者 1 购买。

• 买者向获胜卖者比如卖者 i （$i=1$，2）支付的钱数等于 θ_i。

上面的社会选择函数 $f(\theta)=(y_0(\theta), y_1(\theta), y_2(\theta), t_0(\theta), t_1(\theta), t_2(\theta))$ 可以确切地写为：$\forall \theta=(\theta_0, \theta_1, \theta_2)\in\Theta_0\times\Theta_1\times\Theta_2$，

$$
\begin{aligned}
y_0(\theta)&=0\\
y_1(\theta)&=1 \quad 若\ \theta_1\leqslant\theta_2\\
&=0 \quad 若\ \theta_1>\theta_2\\
y_2(\theta)&=1 \quad 若\ \theta_1>\theta_2\\
&=0 \quad 若\ \theta_1\leqslant\theta_2\\
t_1(\theta)&=y_1(\theta)\theta_1\\
t_2(\theta)&=y_2(\theta)\theta_2\\
t_0(\theta)&=-(t_1(\theta)+t_2(\theta))
\end{aligned}
$$

假设我们考虑另外一个社会选择函数，配置规则与上面的社会选择函数相同，但支付规则不同。买者现在支付给获胜卖者的钱数等于第二低的支付意愿（与以前一样，失败的卖者得不到钱）。这个新的社会选择函数（我们将其称为 SCF2）将为：对于任何 $\theta=(\theta_0, \theta_1, \theta_2)\in\Theta_0\times\Theta_1\times\Theta_2$，

$$
\begin{aligned}
y_0(\theta)&=0\\
y_1(\theta)&=1 \quad 若\ \theta_1\leqslant\theta_2\\
&=0 \quad 若\ \theta_1>\theta_2\\
y_2(\theta)&=1 \quad 若\ \theta_1>\theta_2\\
&=0 \quad 若\ \theta_1\leqslant\theta_2\\
t_1(\theta)&=y_1(\theta)\theta_2\\
t_2(\theta)&=y_2(\theta)\theta_1\\
t_0(\theta)&=-(t_1(\theta)+t_2(\theta))
\end{aligned}
$$

读者可以试着写出三个及其以上卖者的社会选择函数。□

例 14.6 （双边交易） 考虑两个智能体 1 和 2，其中智能体 1 是某件不可分割商品的卖者，智能体 2 是潜在买者。参见图 14—7。

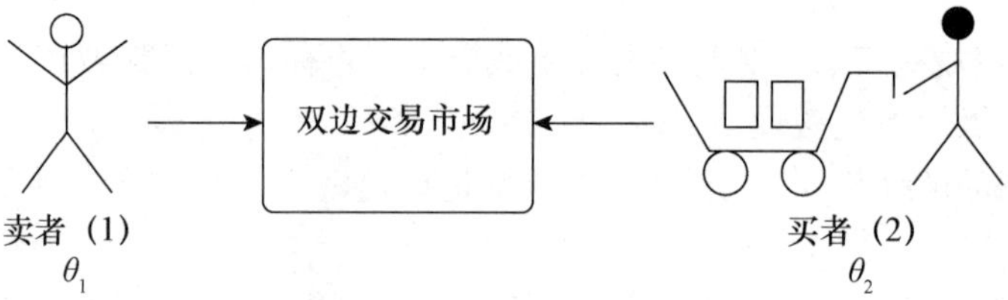

图 14—7 双边交易环境

对此，典型结果可以记为 $x=(y_1, y_2, t_1, t_2)$。在这里，y_i 的取值规则为：如果智能体 i 得到商品，则 $y_i=1$，否则 $y_i=0$；t_i 表示转移给智能体 i （$i=1$，2）的钱数。我们可以自然地将结果集写为

$$X=\{(y_1,y_2,t_1,t_2):y_1+y_2=1;y_1,y_2\in\{0,1\}\}$$

智能体 i（$i=1$，2）的效用具有下列形式：

$$u_i((y_1,y_2,t_1,t_2),\theta_i)=y_i\theta_i+t_i$$

智能体 1（卖者）的类型 θ_1 可以视为他的出售意愿（他能忍受的最低价格）。智能体 2（买者）的类型 θ_2 可以视为他的支付意愿（他能忍受的最高价格）。在这里，社会选择函数将是 $f(\theta)=(y_1(\theta),\ y_2(\theta),\ t_1(\theta),\ t_2(\theta))$，其中

$$\begin{aligned}
y_1(\theta_1,\theta_2)&=1\quad 若\ \theta_1>\theta_2\\
&=0\quad 若\ \theta_1\leqslant\theta_2\\
y_2(\theta_1,\theta_2)&=1\quad 若\ \theta_1\leqslant\theta_2\\
&=0\quad 若\ \theta_1>\theta_2\\
t_1(\theta_1,\theta_2)&=y_2(\theta_1,\theta_2)\left(\frac{\theta_1+\theta_2}{2}\right)\\
t_2(\theta_1,\theta_2)&=-y_2(\theta_1,\theta_2)\left(\frac{\theta_1+\theta_2}{2}\right)
\end{aligned}$$

注意，如果交易发生，那么买者支付的钱数（等于卖者得到的钱数）等于 $(\theta_1+\theta_2)/2$。□

例 14.7 （公共项目筹资） 假设一组智能体 $N=\{1,\ 2,\ \cdots,\ n\}$ 在某公共基础设施上有利害关系。这样的公共设施可以为桥梁、社区活动中心、互联网基础设施等。例如，这些智能体可以是形成商业集群的一组企业，它们希望建造共享的基础设施。这个公共项目的成本由这些智能体分担，因为它们无法借入外部资金。令 $k=1$ 表示项目上马，令 $k=0$ 表示项目流产。令 $t_i\in\mathbb{R}$ 表示转移给智能体 i 的钱数（这意味着 $-t_i$ 表示智能体 i 支付的钱数为 t_i）。令项目的成本为 C。由于这些智能体必须自己出钱（因无法向外融资），

$$\begin{aligned}
C&\leqslant-\sum_{i\in N}t_i\quad 若\ k=1\\
0&\leqslant-\sum_{i\in N}t_i\quad 若\ k=0
\end{aligned}$$

合并上面两种可能性，我们得到条件

$$\sum_{i\in N}t_i\leqslant-kC;\quad k=0\in\{0,1\}$$

因此，这个问题的结果集为

$$X=\left\{(k,t_1,\cdots,t_n):k\in\{0,1\},t_i\in\mathbb{R},\forall i\in N,\sum_{i\in N}t_i\leqslant-kC\right\}$$

我们假设对于智能体 i，当他的类型为 θ_i 以及结果为（k，t_1，t_2，…，t_n）时，他（智能体 i）的效用为

$$u_i((k,t_1,t_2,\cdots,t_n),\theta_i)=k\theta_i+t_i$$

智能体 i 的类型 θ_i 可以自然地解释为他对该项目的支付意愿（他准备支付的最大钱数）。在这种情形下，社会选择函数为 $f(\theta)=(k(\theta),\ t_1(\theta),\ \cdots,\ t_n(\theta))$，其中

$$k(\theta)=\begin{cases}1 & \text{若}\sum_{i\in N}\theta_i\geqslant C\\ 0 & \text{其他情形}\end{cases}$$

$$t_i(\theta)=-\left(\frac{k(\theta)C}{n}\right)$$

$k(\theta)$ 的定义方式保证了项目上马仅当所有智能体的支付意愿之和不小于项目成本。$t_i(\theta)$ 的上述定义遵循平等主义原则，也就是说所有智能体平均分担项目成本。□

所有上面的例子说明了如何在给定的环境下定义有意义的社会选择函数。

14.5 小结与参考文献

在本章，我们用例子和定义介绍了机制设计的构成要素。特别地：

- 我们以两个常见例子（分饼问题以及确定婴儿的母亲问题）引入机制议题，并且简单介绍了机制设计发展历史。
- 我们介绍了机制设计环境的构成要素，例如社会选择函数、偏好诱导、偏好加总、直接机制、间接机制等。
- 然后，我们用一些例子说明了社会选择函数的概念。这些例子有选择供应商、出售一件不可分割的商品、购买一件不可分割的商品、双边交易以及公共项目筹资。

下一章的主要任务是说明社会选择函数是如何被直接机制和间接机制实施的。

本章讨论的例子主要来自 Mas-Colell，Whinston，and Green[12] 以及 Narahari，Garg，Ramasuri，and Hastagiri[16]。诺贝尔奖网站上的科学背景资料[11] 提供了很好的介绍和概括。

□ 参考文献

[1] L. Hurwicz. “Optimality and informational efficiency in resource allocation processes”. In：*Mathematical Methods in the Social Sciences*. Ed. by K. J. Arrow and S. Karlin. Stanford University Press，Palo Alto，California，USA，1960.

[2] William Vickrey. “Counterspeculation，auctions，and competitive sealed tenders”. In：*Journal of Finance* 16（1）（1961），pp. 8-37.

[3] John C. Harsanyi. “Games with incomplete information played by Bayesian players. Part I：The basic model”. In：*Management Science* 14（1967），pp. 159-182.

[4] John C. Harsanyi. “Games with incomplete information played by Bayesian players. Part II：Bayesian equilibrium points”. In：*Management Science* 14（1968），pp. 320-334.

[5] John C. Harsanyi. “Games with incomplete information played by Bayesian players. Part III：The basic probability distribution of the game”. In：*Management Science* 14（1968），pp. 486-502.

[6] L. Hurwicz. “On informationally decentralized systems”. In：*Decision and Organi-*

zation. Ed. by C. B. McGuire and R. Radner. North-Holland, Amsterdam, 1972.

[7] E. Clarke. "Multi-part pricing of public goods". In: *Public Choice* 11 (1971), pp. 17–23.

[8] T. Groves. "Incentives in teams". In: *Econometrica* 41 (1973), pp. 617–631.

[9] Eric Maskin. "Nash equilibrium and welfare optimality". In: *Review of Economic Studies* 66 (1999), pp. 23–38.

[10] A. Gibbard. "Manipulation of voting schemes". In: *Econometrica* 41 (1973), pp. 587–601.

[11] The Nobel Foundation. *The Sveriges Riksbank Prize in Economic Sciences in Memory of Alfred Nobel 2007: Scientifc Background*. Tech. rep. The Nobel Foundation-Stockholm, Sweden, 2007.

[12] Andreu Mas-Colell, Michael D. Whinston, and Jerry R. Green. *Microeconomic Theory*. Oxford University Press, 1995.

[13] Paul Milgrom. *Putting Auction Theory to Work*. Cambridge University Press, Cambridge, UK, 2004.

[14] The Economic Sciences Prize Committee. *Stable Matching: Theory, Evidence, and Practical Design—The Sveriges Riksbank Prize in Economic Sciences in Memory of Alfred Nobel 2012: Scientific Background*. Tech. rep. The Nobel Foundation, Stockholm, Sweden, 2012.

[15] Noam Nisan, Tim Roughgarden, Eva Tardos, and Vijay Vazirani (Editors). *Algorithmic Game Theory*. Cambridge University Press, 2007.

[16] Y. Narahari, Dinesh Garg, Ramasuri Narayanam, and Hastagiri Prakash. *Game Theoretic Problems in Network Economics and Mechanism Design Solutions*. Springer, London, 2009.

14.6 习 题

(1) 在分饼问题中，如果有三个孩子而不是两个，那么什么机制能让他们公平分饼?

(2) 写出分饼问题中的类型集、结果以及社会选择函数。

(3) 写出确定婴儿母亲问题中的类型集、结果以及社会选择函数。

(4) 在销售一件不可分割的商品的问题中，假设有一个卖者智能体和 n 个买者智能体，写出社会选择函数 SCF1 和 SCF2。

(5) 在购买一件不可分割的商品的问题中，假设有一个买者智能体和 n 个卖者智能体，写出社会选择函数 SCF1 和 SCF2。

第 15 章 通过机制实施社会选择函数

在上一章，我们介绍了几个重要概念：社会选择函数、直接机制、间接机制。在本章，我们使用例子解释如何通过直接机制或间接机制实施社会选择函数。主要例子是一个卖者试图将一件不可分割的商品卖给两个买者中的一个。我们首先定义三个自然社会选择函数 SCF1、SCF2 和 SCF3，考察它们在直接机制下的可实施性。然后，我们考察这些社会选择函数（第一价格密封拍卖和第二价格密封拍卖）在间接机制下的可实施性，从而说明间接机制背后的思想。在直接机制和间接机制讨论的基础上，我们得到了**优势策略实施**（dominant strategy implementation）、**贝叶斯纳什实施**（Bayesian Nash implementation）、**优势策略激励相容**（dominant strategy incentive compatibility）、**贝叶斯激励相容**（Bayesian incentive compatibility）等概念。

15.1 通过直接机制实施社会选择函数

我们使用上一章中的供应商选择问题来说明通过直接机制实施社会选择函数的过程。

□ 供应商选择问题

例 15.1 （供应商选择）在例 14.3 中，$N=\{1, 2\}$，$X=\{x, y, z\}$，$\Theta_1=\{a_1\}$，$\Theta_2=\{a_2, b_2\}$，$\Theta=\{(a_1, a_2), (a_1, b_2)\}$。收益函数为

$$u_1(x,a_1)=100; u_1(y,a_1)=50; u_1(z,a_1)=0$$
$$u_2(x,a_2)=0; u_2(y,a_2)=50; u_2(z,a_2)=100$$
$$u_2(x,b_2)=0; u_2(y,b_2)=50; u_2(z,b_2)=25$$

假设社会计划者（在这种情形下，为买者）试图实施社会选择函数 f，其中：$f(a_1, a_2)=y$，$f(a_1, b_2)=x$。将 f 作为社会选择函数后，社会计划者让智能体报告自

己的类型。智能体 1 不需要报告，因为他的类型是共同知识（因为他的类型集是一个单点集）。我们现在验证智能体 2 是否愿意如实报告自己的类型。

- 如果 $\theta_2=a_2$，那么由于 $f(a_1, a_2)=y$，$f(a_1, b_2)=x$ 而且 $u_2(y, a_2)>u_2(x, a_2)$，智能体 2 将如实报告自己的类型 a_2。
- 然而，如果 $\theta_2=b_2$，那么由于 $u_2(y, b_2)>u_2(x, b_2)$ 以及 $f(a_1, b_2)=x$，智能体 2 将有激励撒谎，谎称自己的类型为 a_2，而不是如实报告自己的类型 b_2。

因此，尽管社会计划者希望实施社会选择函数 $f(\cdot)$，但他无法实施上面的社会选择函数，这是因为其中一个智能体（在这种情形下，为智能体 2）不愿意如实报告自己的类型。

另外一方面，假设社会计划者想要实施社会选择函数 f，其中 $f(a_1, a_2)=z$，$f(a_1, b_2)=y$。读者可以验证，在这种情形下，社会选择函数是可实施的。表 15—1 给出了所有 9 个社会选择函数及其可实施性。□

表 15—1　　社会选择函数及其可实施性

社会选择函数		可实施性
$f(a_1, a_2)$	$f(a_1, b_2)$	
x	x	√
x	y	×
x	z	×
y	x	×
y	y	√
y	z	×
z	x	×
z	y	√
z	z	√

□ 销售一件不可分割的商品

现在考察下列问题：一个卖者（智能体 0）想将一件不可分割的商品卖给两个买者（智能体 1 和 2）中的一个。参见图 15—1。对于这个问题，我们考虑三个社会选择函数。

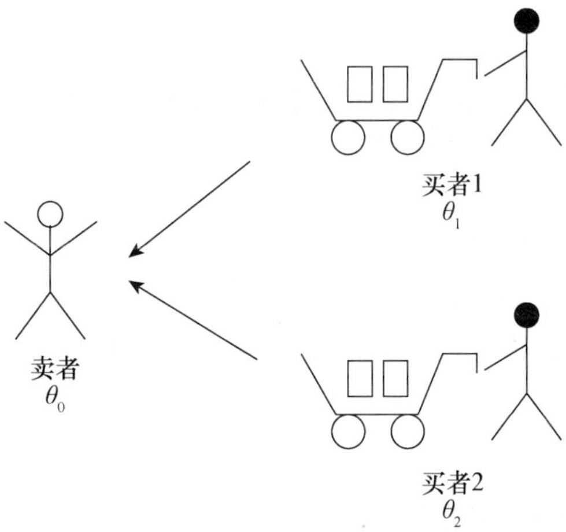

图 15—1　两个买者情形下的销售问题

在上一章我们已经定义了两个这样的社会选择函数 SCF1 和 SCF2。我们回顾这两个函数，并且定义第三个社会选择函数 SCF3。我们首先考虑 SCF1。注意，$\Theta=\Theta_0\times\Theta_1\times\Theta_2$。社会选择函数 $f(\theta)=(y_0(\theta), y_1(\theta), y_2(\theta), t_0(\theta), t_1(\theta), t_2(\theta))$，$\forall\theta=(\theta_0, \theta_1, \theta_2)\in\Theta$ 的定义为

$$y_0(\theta)=0$$
$$y_1(\theta)=1 \quad 若\ \theta_1\geqslant\theta_2$$
$$\quad=0 \quad 若\ \theta_1<\theta_2$$
$$y_2(\theta)=1 \quad 若\ \theta_1<\theta_2$$
$$\quad=0 \quad 若\ \theta_1\geqslant\theta_2$$
$$t_1(\theta)=-y_1(\theta)\theta_1$$
$$t_2(\theta)=-y_2(\theta)\theta_2$$
$$t_0(\theta)=-(t_1(\theta)+t_2(\theta))$$

注意，商品卖给对其评价最高的买者；若两个买者对商品的评价相同，则卖给买者 1；而且，获胜买者支付的钱数等于他对商品的评价。我们注意到，社会选择函数 SCF1 对卖者有吸引力，这是因为卖者能够攫取商品产生的所有利益。

下面我们考察社会选择函数 SCF2。SCF2 与 SCF1 的不同之处在于在 SCF2 下买者支付的钱数等于第二高的评价。因此，与 SCF1 相比，SCF2 仅有以下两项与其不同：

$$t_1(\theta)=-y_1(\theta)\theta_2$$
$$t_2(\theta)=-y_2(\theta)\theta_1$$

接下来，我们定义第三个社会选择函数 SCF3。SCF3 的商品配置规则与 SCF1 和 SCF2 相同，但支付规则变为：获胜买者支付的钱数等于他对商品评价的一半。这可以表示为：

$$t_1(\theta)=-y_1(\theta)\frac{\theta_1}{2}$$

$$t_2(\theta)=-y_2(\theta)\frac{\theta_2}{2}$$

我们现在考察这三个社会选择函数在直接机制下的可实施性。

例 15.2 （SCF1 的可实施性） 假设 θ_1 和 θ_2 是从 $[0, 1]$ 上的均匀分布独立抽取出来的。下列分析表明 SCF1 不可实施。

假设买者 2 报告自己的真实评价 θ_2。买者 1 的评价为 θ_1，假设其报价 $\hat{\theta}_1$。如果 $\theta_2\leqslant\hat{\theta}_1$，那么买者 1 获胜，他的效用将为 $\theta_1-\hat{\theta}_1$。如果 $\theta_2>\hat{\theta}_1$，那么买者 2 获胜，买者 1 的效用为零。由于买者 1 希望使得自己的期望效用最大，他面对的问题是

$$\max_{\hat{\theta}_1}(\theta_1-\hat{\theta}_1)P(\theta_2\leqslant\hat{\theta}_1)$$

由于 θ_2 在 $[0, 1]$ 上均匀分布，

$$P(\theta_2\leqslant\hat{\theta}_1)=\hat{\theta}_1$$

因此，买者 1 的问题为

$$\max_{\hat{\theta}_1}(\theta_1-\hat{\theta}_1)\hat{\theta}_1$$

这个问题的解为

$$\hat{\theta}_1=\frac{\theta_1}{2}$$

因此，如果买者 2 如实报价，那么买者 1 的最优反应是报价 $\theta_1/2$。

类似地，如果买者 1 总是报告自己的真实评价 θ_1，那么当买者 2 的真实类型为 θ_2 时，他的最优反应是报价 $\theta_2/2$。因此，每个买者都没有激励如实报价。试图实施上述社会选择函数的计划者将会发现，理性智能体不会显示他们真实的私人评价。因此，SCF1 不可实施。□

例 15.3 （SCF2 的可实施性） 我们现在说明社会选择函数 SCF2 是可实施的。假设 θ_i 是买者 i（$i=1$，2）对商品的真实评价。令买者 2 的报价为 $\hat{\theta}_2$。这里有两种情形：（1）$\theta_1\geqslant\hat{\theta}_2$；（2）$\theta_1<\hat{\theta}_2$。

情形 1： $\theta_1\geqslant\hat{\theta}_2$。

令 $\hat{\theta}_1$ 为买者 1 的报价。这里又有两种情形。

- 如果 $\hat{\theta}_1\geqslant\hat{\theta}_2$，那么买者 1 获胜，他的收益为 $\theta_1-\hat{\theta}_2\geqslant0$。
- 如果 $\hat{\theta}_1<\hat{\theta}_2$，那么买者 1 落败，他的收益为零。
- 因此，在 $\theta_1\geqslant\hat{\theta}_2$ 的情形下，买者 1 的最大可能收益为 $\theta_1-\hat{\theta}_2\geqslant0$。

如果 $\hat{\theta}_1=\theta_1$（也就是说，买者 1 报告自己的真实评价），那么买者 1 的收益为 $\theta_1-\hat{\theta}_2$，这正好就是上面的最大可能收益。因此，当 $\theta_1\geqslant\hat{\theta}_2$ 时，买者 1 的最优反应是（如实）报价 θ_1。

情形 2： $\theta_1<\hat{\theta}_2$。

这里也有两种情形：$\hat{\theta}_1\geqslant\hat{\theta}_2$ 和 $\hat{\theta}_1<\hat{\theta}_2$。

- 如果 $\hat{\theta}_1\geqslant\hat{\theta}_2$，那么买者 1 获胜，他的收益为 $\theta_1-\hat{\theta}_2<0$。
- 如果 $\hat{\theta}_1<\hat{\theta}_2$，那么买者 1 落败，他的收益为零。
- 因此，在 $\theta_1<\hat{\theta}_2$ 的情形下，买者 1 的最大可能收益为零。

如果 $\hat{\theta}_1=\theta_1$，买者 1 的收益为零。通过如实报价 $\hat{\theta}_1=\theta_1$，买者 1 得到了零收益，这是他在 $\theta_1<\hat{\theta}_2$ 的情形下的最优反应。

我们可以对这个例子做出如下观察。不管买者 2 如何报价，买者 1 如实报价（报价等于他对商品的评价）是最优的。类似地，不管买者 1 如何报价，买者 2 如实报价是最优的。更正式地说，报告真实类型是每个智能体的弱优势策略。因此，这个社会选择函数是可实施的，尽管智能体对商品的评价（智能体的类型）是私人信息。□

例 15.4 （SCF3 的可实施性） 再一次地，假设 θ_1 和 θ_2 分别为买者 1 和 2 对商品的真实评价。假设买者 2 报告了自己的真实类型 θ_2。买者 1 的类型为 θ_1，令其报价为 $\hat{\theta}_1$，则他的最大化问题为

$$\max_{\hat{\theta}_1}\left(\theta_1-\frac{\hat{\theta}_1}{2}\right)P(\theta_2\leqslant\hat{\theta}_1)$$

再一次地，由于 θ_2 在 [0，1] 上均匀分布，

$$P(\theta_2\leqslant\hat{\theta}_1)=\hat{\theta}_1$$

因此，买者 1 的问题为

$$\max_{\hat{\theta}_1}\left(\theta_1-\frac{\hat{\theta}_1}{2}\right)\hat{\theta}_1$$

由此可知 $\hat{\theta}_1=\theta_1$。因此，如果买者 2 报告自己的真实评价，买者 1 的最优反应是报告自己的真实评价。同样的情形也适用于买者 2。因此，给定对方如实报告自己的真实类型，每个智能体的最优反应是报告自己的真实类型。这意味着 SCF3 是可实施的。□

注释　SCF2 可实施性与 SCF3 可实施性的区别值得注意。在 SCF2 情形下，不管对方如何报价，如实报价是每个智能体的最优反应。也就是说，这个最优反应（如实报价）不以另外一个智能体的报价为条件。在 SCF3 情形下，如果对方如实报价，那么如实报价是每个智能体的最优反应。也就是说，这个最优反应（如实报价）以另外一个智能体的报价为条件。我们说 SCF2 在优势策略均衡中可实施，SCF3 在贝叶斯纳什均衡中可实施。另外，我们再次强调，SCF1 不可实施。

15.2　通过间接机制实施社会选择函数

上面的那些例子为我们指明了一种实施社会选择函数的可能方法。在上述这些情形下，我们在实施社会选择函数时遵守的规则为：

- 宣布社会选择函数 $f:\Theta_1\times\cdots\times\Theta_n\to X$。
- 让每个智能体 i 报告自己的类型 θ_i。
- 给定报告类型（$\hat{\theta}_1$，…，$\hat{\theta}_n$），选择结果 $x=f(\hat{\theta}_1,\cdots,\hat{\theta}_n)\in X$。

我们自然可以将这种实施社会选择函数的方法，称为**直接显示机制**（direct revelation mechanism）或简称为**直接机制**。另外一种实施社会选择函数的方法是**间接方法**（indirect way）。在这种情形下，机制让智能体在下列制度架构内互动：这个架构规定了个体能够采取的行动，并且能将这些行动转化为结果。机制设计要能使智能体选择的行动总是取决于自己的私人评价，并且变为他们的策略。拍卖是间接机制的常见例子，下面我们将说明两种常用的拍卖，即第一价格密封拍卖（first price auction，FPA）和第二价格密封拍卖（second price auction ，SPA）。

例 15.5　（第一价格密封拍卖）与以前一样，考虑一个卖者（智能体 0）和两个可能的买者（智能体 1 和 2）。卖者的角色为拍卖人，买者的角色为竞标人。每个买者递交一个密封报价 $b_i\geqslant 0$（$i=1$，2）。密封被打开，报价最高者获胜。如果最高报价相同，令买者 1 获胜。获胜买者支付给卖者的钱数等于他自己的报价。失败的竞标人不需要付钱。

我们需要强调例 15.2 与本例的微妙区别。在例 15.2（直接机制）中，每个买者需要（直接）报告自己的类型（他对商品的评价），而在本例（间接机制）中，每个买者需要递交密封报价。这里的含义是，买者递交的报价取决于他自己的类型。根据买者类型，买者有报价策略。因此，它变成了博弈，而且在均衡时，策略可能间接显示博弈参与人的类型。

我们做出以下假设：

（1）θ_1，θ_2 是从 [0，1] 上的均匀分布独立抽取出来的。

（2）买者 i 递交的密封报价采取的形式为 $b_i(\theta_i)=\alpha_i\theta_i$，其中 $\alpha_i\in(0,1]$。报价采取的这种形式为所有买者共知。然而，α_1，α_2 的值未知，买者（竞标人）必须计算出它们以便确定自己的最优报价。

于是，买者 1 的问题是确定最优报价使得他的收益最大，他的最大化问题为

$$\max_{b_1\geqslant 0}(\theta_1-b_1)P\{b_2(\theta_2)\leqslant b_1\}$$

由于买者 2 的报价为 $b_2(\theta_2)=\alpha_2\theta_2$ 而且 $\theta_2\in[0,1]$，因此买者 2 的最大报价为 α_2。买者 1知道这一点，因此 $b_1\in[0,\alpha_2]$。另外，

$$P\{b_2(\theta_2)\leqslant b_1\}=P\{\alpha_2\theta_2\leqslant b_1\}=P\left\{\theta_2\leqslant\frac{b_1}{\alpha_2}\right\}=\frac{b_1}{\alpha_2}\quad\text{（因为 }\theta_2\text{ 在}[0,1]\text{上均匀分布）。}$$

这样，买者 1 的问题变为：

$$\max_{b_1\in[0,\alpha_2]}(\theta_1-b_1)\frac{b_1}{\alpha_2}$$

这个问题的解为

$$b_1(\theta_1)=\begin{cases}\dfrac{\theta_1}{2} & \text{若}\dfrac{\theta_1}{2}\leqslant\alpha_2\\[2ex] \alpha_2 & \text{若}\dfrac{\theta_1}{2}>\alpha_2\end{cases}$$

类似地，我们可以得到

$$b_2(\theta_2)=\begin{cases}\dfrac{\theta_2}{2} & \text{若}\dfrac{\theta_2}{2}\leqslant\alpha_1\\[2ex] \alpha_1 & \text{若}\dfrac{\theta_2}{2}>\alpha_1\end{cases}$$

令 $\alpha_1=\alpha_2=\dfrac{1}{2}$。于是，我们得到

$$b_1(\theta_1)=\frac{\theta_1}{2}\quad\forall\,\theta_1\in\Theta_1=[0,1]$$

$$b_2(\theta_2)=\frac{\theta_2}{2}\quad\forall\,\theta_2\in\Theta_2=[0,1]$$

注意，如果 $b_2(\theta_2)=\frac{\theta_2}{2}$，我们有 $\alpha_2=\frac{1}{2}$ 以及 $\frac{\theta_1}{2}\leqslant\alpha_2$，因此，买者 1 的最优反应为 $b_1(\theta_1)=\frac{\theta_1}{2}$。类似地，如果 $b_1(\theta_1)=\frac{\theta_1}{2}$，我们有 $\alpha_1=\frac{1}{2}$ 以及 $\frac{\theta_2}{2}\leqslant\alpha_1$，所以，买者 2 的最优反应为 $b_2(\theta_2)=\frac{\theta_2}{2}$。因此，报价组 $\left(\frac{\theta_1}{2}, \frac{\theta_2}{2}\right)$ 是潜在的贝叶斯博弈的一个贝叶斯纳什均衡。理性且智能的买者（竞标人）能够计算出这个均衡。

这意味着潜在的贝叶斯博弈（由间接显示机制即第一价格密封拍卖诱导出的博弈）有贝叶斯纳什均衡，而且该均衡产生了结果 $f(\theta)=(y_0(\theta), y_1(\theta), y_2(\theta), t_0(\theta), t_1(\theta), t_2(\theta))$ 使得 $\forall\theta=(\theta_0, \theta_1, \theta_2)\in\Theta$，

$$
\begin{aligned}
y_0(\theta)&=0\\
y_1(\theta)&=1 \quad 若\ \theta_1\geqslant\theta_2\\
&=0 \quad 若\ \theta_1<\theta_2\\
y_2(\theta)&=1 \quad 若\ \theta_1<\theta_2\\
&=0 \quad 若\ \theta_1\geqslant\theta_2\\
t_1(\theta)&=-y_1(\theta)\frac{\theta_1}{2}\\
t_2(\theta)&=-y_2(\theta)\frac{\theta_2}{2}\\
t_0(\theta)&=-(t_1(\theta)+t_2(\theta))
\end{aligned}
$$

注意，上面被实现的社会选择函数是 SCF3。它不是 SCF1 也不是 SCF2，这一点值得再次强调。□

例 15.6 （第二价格密封拍卖） 在这个间接机制中，每个买者需要递交一个密封报价 $b_i\geqslant 0$。密封被打开，报价最高者获胜。如果出现相同最高报价，买者 1 获胜。获胜买者支付给卖者的钱数等于第二高的报价。落败买者（竞标者）不需要付钱。

在这种情形下，我们可以证明 $b_i(\theta_i)=\theta_i$ $(i=1, 2)$ 是每个参与人的弱优势策略。论证逻辑与例 15.3 相同。

因此，第二价格密封拍卖这种间接机制诱导的博弈有弱优势策略均衡，此时，社会选择函数 SCF2 被实施。□

□ 小结

我们总结一下目前已讨论的内容。

- 在直接机制下，社会选择函数 SCF1 不可实施。我们还没有考察在间接机制下 SCF1 是否可实施。
- 在直接机制下，社会选择函数 SCF2 可在优势策略中实施。另外，在第二价格密封拍卖这种间接机制下，SCF2 可在优势策略中实施。
- 在间接机制下，社会选择函数 SCF3 可在贝叶斯纳什均衡中实施。另外，在第一价格密封拍卖这种间接机制下，SCF3 可在贝叶斯纳什均衡中实施。

15.3 机制诱导出的贝叶斯博弈

我们已经知道，机制是一个含有一组规则的制度或架构，这些规则规定了参与人能够实施的行动，以及规定了这些行动组如何转化成结果。机制规定了每个参与人的行动集。结果函数规定了如何从行动组得到结果。

给定：

(1) 智能体集 $N=\{1, 2, \cdots, n\}$；

(2) 类型集 $\Theta_1, \cdots, \Theta_n$；

(3) 共同的先验概率分布 $\mathbb{P} \in \Delta(\Theta)$ 以及能从 $\mathbb{P}$ 推导出的信念函数 $p_i: \Theta_i \to \Delta(\Theta_{-i})$ $(i=1, \cdots, n)$；

(4) 结果集 X；

(5) 效用函数 $u_1, \cdots, u_n$，其中 $u_i: X \times \Theta_i \to \mathbb{R}$；

机制 $\mathscr{M}=(S_1, \cdots, S_n, g(\cdot))$ 在参与人之间诱导出了一个贝叶斯博弈 $\langle N, (\Theta_i), (S_i), (p_i), (U_i)\rangle$，其中

$$U_i(\theta_1, \cdots, \theta_n, s_1, \cdots, s_n) = u_i(g(s_1, \cdots, s_n), \theta_i)$$

在不至于混淆的情形下，我们使用符号 u_i 代替 U_i。

□ 诱导贝叶斯博弈中的策略

对于 $i=1, 2, \cdots, n$，智能体 i 在诱导贝叶斯博弈中的策略 s_i 是一个映射 $s_i: \Theta_i \to S_i$。因此，给定类型 $\theta_i \in \Theta_i$，$s_i(\theta_i)$ 规定了参与人 i 在其类型为 θ_i 时的行动。策略 $s_i(\cdot)$ 规定了对应于智能体类型的行动。在拍卖情形下，参与人 i 的报价 b_i 是其对拍卖物评价 θ_i 的函数。例如，$b_i(\theta_i)=\alpha_i\theta_i$ 是参与人 i 的一个特定策略。

例 15.7 (第一价格密封拍卖诱导出的贝叶斯博弈) 首先，注意到 $N=\{0, 1, 2\}$。类型集为 $\Theta_0, \Theta_1, \Theta_2$，共同的先验概率分布是某个已知分布 $\mathbb{P} \in \Delta(\Theta)$。结果集为

$$X=\{(y_0, y_1, y_2, t_0, t_1, t_2): y_i \in \{0,1\}, y_0+y_1+y_2=1, t_i \in \mathbb{R}, \forall i \in N\}$$

买者 1 和 2 的效用函数为

$$u_i((y_0, y_1, y_2, t_0, t_1, t_2), \theta_i) = y_i\theta_i + t_i; i=1,2$$

策略集为

$$S_0=\{\theta_0\}; S_1=\mathbb{R}_+; S_2=\mathbb{R}_+$$

注意，θ_0 是卖者对商品的评价，这是已知的。由于 S_0 是一个单点集，因此卖者的报价是一个共同知识。我们将其纳入下式中仅是出于完整性角度的考虑。报价组 $b=(b_0, b_1, b_2) \in S_0 \times S_1 \times S_2$ 的结果规则 $g(\cdot)$ 为

$$g(b)=(y_0(b), y_1(b), y_2(b), t_0(b), t_1(b), t_2(b))$$

使得对于所有 $(b_0, b_1, b_2) \in S_0 \times S_1 \times S_2$，

$$y_0(b_0,b_1,b_2)=0$$

$$y_1(b_0,b_1,b_2)=1 \quad 若\ b_1 \geqslant b_2$$
$$=0 \quad 若\ b_1 < b_2$$

$$y_2(b_0,b_1,b_2)=1 \quad 若\ b_1 < b_2$$
$$=0 \quad 若\ b_1 \geqslant b_2$$

$$t_1(b_0,b_1,b_2)=-y_1(b_0,b_1,b_2)b_1$$

$$t_2(b_0,b_1,b_2)=-y_2(b_0,b_1,b_2)b_2$$

$$t_0(b_0,b_1,b_2)=-(t_1(b_0,b_1,b_2)+t_2(b_0,b_1,b_2))$$

如果我们规定了共同的先验概率$\mathbb{P}$以及信念函数，那么我们就完成了对第一价格密封拍卖诱导出的贝叶斯博弈的描述。□

15.4 通过机制实施社会选择函数

我们现在把“通过机制实施社会选择函数”这个概念形式化。

定义 15.1 （社会选择函数的实施） 给定机制 $\mathcal{M}=((S_i)_{i\in N}, g(\cdot))$（其中 $g: S_1\times\cdots\times S_n \to X$）以及社会选择函数 $f(\cdot)$，如果 $\mathcal{M}$ 诱导出的贝叶斯博弈 Γ 存在着纯策略均衡 $s^*(\cdot)=(s_1^*(\cdot), \cdots, s_n^*(\cdot))$ 使得

$$g(s_1^*(\theta_1),\cdots,s_n^*(\theta_n))=f(\theta_1,\cdots,\theta_n), \forall (\theta_1,\cdots,\theta_n)\in\Theta$$

那么我们说机制 $\mathcal{M}$ 实施了社会选择函数 $f(\cdot)$。

图 15—2 描述了通过间接机制实施社会选择函数涉及的所有要素。

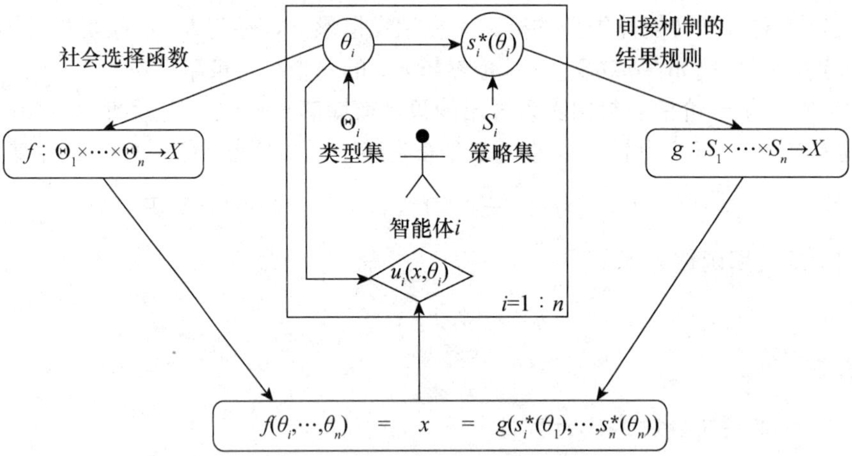

图 15—2 通过间接机制实施社会选择函数背后的思想

注意，对应于社会选择函数 $f(\cdot)$ 的直接机制是间接机制的一种特殊情形，此时策略集与类型集相同，结果规则 $g(\cdot)$ 与社会选择函数 $f(\cdot)$ 相同。因此，我们自然也可以说，贝叶斯博弈是由间接机制诱导出的。

根据潜在均衡的性质，在文献中，机制实施社会选择函数 $f(\cdot)$ 的方法有两种

（参见定义 15.2 和定义 15.3）。

定义 15.2 （在优势策略均衡中实施社会选择函数） 给定机制 $\mathcal{M}=((S_i)_{i\in N}, g(\cdot))$ 以及社会选择函数 $f(\cdot)$，如果 $\mathcal{M}$ 诱导出的贝叶斯博弈 Γ 存在着弱优势策略均衡 $s^*(\cdot)=(s_1^*(\cdot), \cdots, s_n^*(\cdot))$ 使得

$$g(s_1^*(\theta_1),\cdots,s_n^*(\theta_n))=f(\theta_1,\cdots,\theta_n),\forall(\theta_1,\cdots,\theta_n)\in\Theta$$

那么我们说机制 $\mathcal{M}$ 在优势策略均衡中实施了社会选择函数 $f(\cdot)$。

由于强优势策略均衡自动是弱优势策略均衡，因此上面的定义也适用于强优势策略情形。此时，我们说在强优势策略均衡中实施了社会选择函数。这个定义也适用于极弱优势策略均衡，这是最常见的实施情形。

注意，第二价格密封拍卖在弱优势策略均衡中实施了 SCF2。我们还说明了直接机制可在（弱）优势策略中实施 SCF2。后面这种论断通常被称为：SCF2 是优势策略激励相容的（下一章讨论）。

定义 15.3 （在贝叶斯纳什均衡中实施社会选择函数） 给定机制 $\mathcal{M}=((S_i)_{i\in N}, g(\cdot))$ 以及社会选择函数 $f(\cdot)$，如果 $\mathcal{M}$ 诱导出的博弈 Γ 存在着纯策略贝叶斯纳什策略均衡 $s^*(\cdot)=(s_1^*(\cdot), \cdots, s_n^*(\cdot))$ 使得

$$g(s_1^*(\theta_1),\cdots,s_n^*(\theta_n))=f(\theta_1,\cdots,\theta_n),\forall(\theta_1,\cdots,\theta_n)\in\Theta$$

那么我们说机制 $\mathcal{M}$ 在贝叶斯纳什均衡中实施了社会选择函数 $f(\cdot)$。

注意，第一价格密封拍卖在贝叶斯纳什均衡中实施了 SCF3。我们还说明了直接机制可在贝叶斯纳什均衡中实施 SCF3。后面这种论断通常被称为：SCF3 是贝叶斯激励相容的（下一章讨论）。

最后，注意到 SCF1 不能通过直接机制实施。事实上，我们将在下一章说明，不存在能实施 SCF1 的间接机制。

□ 关于实施社会选择函数的事实

注意定义 15.3 要求 $\mathcal{M}$ 诱导出的博弈 Γ 存在着纯策略贝叶斯纳什均衡。自然地，我们也必须注意这样的均衡可能不存在。

另一方面，博弈 Γ 可能存在着一个以上的均衡，但上面的定义仅要求**其中一个**均衡诱导出的结果与社会选择函数 $f(\cdot)$ 一致。于是，上面的定义隐含地假设，如果博弈 Γ 存在着多个均衡，那么智能体将选择机制设计者（社会计划者）想要的那个均衡。

上面定义隐含的另外一个假设是，机制诱导出的博弈是一个同时行动博弈，也就是说，所有智能体在获知自己的类型后，同时选择自己的行动。

我们已经讨论了两大类实施：优势策略实施（dominant strategy implementation，DSI）和贝叶斯纳什实施（Bayesian Nash implementation，BNI）。容易看到，DSI 意味着 BNI，但 BNI 未必意味着 DSI。除了这两大类实施之外，我们可以考虑博弈的其他解概念并且定义这些解之中的实施。这样的例子包括：纳什均衡（完全信息）、子博弈完美均衡等。第 24 章将详细考察纳什均衡中的实施。在这里，我们仅指出，纳什均衡中的实施比 BNI 强但比 DSI 弱。

显示原理（revelation theorem）是机制设计中的一个基本结果，它表明直接机制与

间接机制是等价的。间接机制（例如拍卖）合意而且有用，因为它们向我们说明了社会选择函数是如何在现实中实施的。直接机制提供的抽象环境对于发展机制设计理论具有重要价值。我们将在下一章讨论显示原理。

15.5 小结与参考文献

在本章，我们考察了通过直接机制或间接机制实施社会选择函数的过程。下列知识点值得注意。

● 直接机制试图直接从智能体提取他们的真实私人信息（智能体的类型）。间接机制（例如拍卖）提取真实信息的方法是间接的，具体地说，它通过诱导智能体选择一定策略来显示他们的私人信息。

● 不是所有社会选择函数都能通过直接机制实施，例如社会选择函数 SCF1。

● 社会选择函数比如 SCF2，可被直接机制在优势策略均衡中实施。

● 社会选择函数比如 SCF3，不能被直接机制在优势策略均衡中实施，但可能被间接机制在贝叶斯纳什均衡中实施。

●（对应于某个社会选择函数的）间接机制，在智能体之间诱导出一个贝叶斯博弈，这个博弈可能有优势策略均衡或贝叶斯纳什均衡或没有均衡。如果报告真实类型是一个均衡，那么我们说直接机制实施了社会选择函数，或者说 SCF 是激励相容的。

● 给定一个间接机制和一个社会选择函数（SCF），如果此机制诱导的贝叶斯博弈有个均衡，使得均衡时这个间接机制正好产生了该 SCF 的结果，那么我们说这个间接机制可以实施该 SCF。

在下一章，我们将证明直接机制和间接机制是等价的。这是显示原理的核心思想。下一章也定义了激励相容这个重要概念。

第 24 章介绍了社会选择函数在纳什均衡（完全信息情形）中的实施。这一章还讨论了**强实施**（strong implementation）概念，它的意思是说社会选择函数的结果重复出现在诱导贝叶斯博弈的每个均衡之中。

本章的内容，尤其是 SCF1、SCF2 和 SCF3 基于 Mas-Colell，Whinston，and Green[1]讨论的例子。采购情形下的 SCF1、SCF2 和 SCF3 源于 Narahari，Garg，Narayanam，and Prakash[2]的详细讨论。

□ 参考文献

[1] Andreu Mas-Colell，Michael D. Whinston，and Jerry R. Green. *Microeconomic Theory*. Oxford University Press，1995.

[2] Y. Narahari，Dinesh Garg，Ramasuri Narayanam，and Hastagiri Prakash. *Game Theoretic Problems in Network Economics and Mechanism Design Solutions*. Springer，London，2009.

15.6 习　题

（1）考察供应商选择问题中的 8 个社会选择函数的可实施性（参见表 15—1）。

（2）对于供应商选择问题中的社会选择函数类型，什么间接机制能实施它？

（3）考虑采购问题，它有一个买者（智能体 0）以及两个卖者（智能体 1 和 2）。修改社会选择函数 SCF1、SCF2 和 SCF3 使得它们适用于这个购买问题，我们将这些新的社会选择函数分别称为 BUY1、BUY2 和 BUY3。以常用符号写出这三个新的社会选择函数。

（4）证明社会选择函数 BUY1 不能被直接机制实施。

（5）证明 BUY2 和 BUY3 可被适当的直接机制实施。

（6）证明**最低价格采购拍卖**（lowest price procurement auction）机制能够在贝叶斯纳什均衡中实施 BUY3（提示：参见文献[2]）。

（7）证明**第二低价格采购拍卖**（second lowest price procurement auction）能在优势策略均衡中实施 BUY2。

（8）在本章讨论的一些例子中，我们假设当智能体 1 和智能体 2 出现平局情形时，令智能体 1 获胜。对于这些例子，使用伯努利（Bernoulli）随机变量考察如果出现平局则令智能体 1 或智能体 2 获胜，将会出现什么结果。

（9）考虑两个智能体，即 1 和 2；其中，智能体 1 是某件不可分割的商品的卖者，智能体 2 是可能的买者。在这里，典型结果的形式记为 $x=(y_1, y_2, t_1, t_2)$，其中：y_i 的取值规则为如果智能体 i 得到商品则 $y_i=1$，否则 $y_i=0$；t_i 表示智能体 i（$i=1, 2$）得到的钱数。我们可以自然地将结果集写为

$$X=\{(y_1,y_2,t_1,t_2):y_1+y_2=1;y_1,y_2\in\{0,1\}\}。$$

适当定义智能体 i（$i=1, 2$）的效用函数。智能体 1（卖者）的类型 θ_1 可以视为他的出售意愿（他能忍受的最低价格）。智能体 2（买者）的类型 θ_2 可以视为他的支付意愿（他能忍受的最高价格）。假设 $\Theta_1=\Theta_2=[0, 1]$，而且每个智能体认为另外一个智能体的类型在实区间 $[0, 1]$ 上均匀分布。将社会选择函数 $f(\theta)=(y_1(\theta), y_2(\theta), t_1(\theta), t_2(\theta))$ 定义为

$$\begin{aligned}
y_1(\theta_1,\theta_2)&=1 \quad 若\ \theta_1>\theta_2\\
&=0 \quad 若\ \theta_1\leqslant\theta_2\\
y_2(\theta_1,\theta_2)&=1 \quad 若\ \theta_1\leqslant\theta_2\\
&=0 \quad 若\ \theta_1>\theta_2\\
t_1(\theta_1,\theta_2)&=y_2(\theta_1,\theta_2)\left(\frac{\theta_1+\theta_2}{2}\right)\\
t_2(\theta_1,\theta_2)&=-y_2(\theta_1,\theta_2)\left(\frac{\theta_1+\theta_2}{2}\right)
\end{aligned}$$

现在定义下列间接机制。卖者和买者需要各自递交一个报价，分别记为 b_1 和 b_2。如果 $b_1\leqslant b_2$，那么交易发生；否则，交易不发生。如果交易发生，买者向卖者支付的钱数为 $(b_1+b_2)/2$。这个间接机制能实施上面的社会选择函数吗？

第 16 章 激励相容与显示原理

在机制设计中，激励相容这个概念非常重要，显示原理是一个核心结果。本章首先正式给出了**优势策略激励相容**（DSIC）和**贝叶斯激励相容**（BIC）的定义。然后，本章研究优势策略均衡显示原理和贝叶斯纳什均衡显示原理。最后，我们描述了社会选择函数的两个重要性质：**事后效率**（ex-post efficiency）和**非独裁性**（non-dictatorship）。社会计划者可能关注这些性质。

16.1 激励相容

我们已经看到机制设计涉及偏好诱导问题以及偏好加总问题。偏好诱导问题试图从智能体身上收集关于他们类型的真实信息。为了诱导出真实信息，社会计划者要使得理性且智能的个体愿意如实显示自己的类型，也就是说，使得如实显示成为智能体的最优反应。提供激励是实现这一目的的一种方法；激励相容（incentive compatibility）在本质上就是指提供正确的激励使得智能体如实显示自己的类型。激励相容有两类：（1）如实显示是每个智能体的最优反应，不管其他智能体如何报告自己的类型；（2）如实显示是每个智能体的最优反应，但这取决于其他智能体如何报告自己的类型。（也就是说，给定所有其他智能体是如实报告的，那么你的最优反应也是如实报告。）第一种类型称为优势策略激励相容，第二种称为贝叶斯纳什激励相容。由于如实显示总是涉及类型的显示，因此当我们形式化激励相容概念时，只使用直接显示机制就足够了。激励相容概念由莱昂尼德·赫维奇（Leonid Hurwicz）首先提出。[1]

定义 16.1 **（激励相容）**给定社会选择函数 $f:\Theta_1\times\cdots\times\Theta_n\rightarrow X$ 以及直接显示机制

$\mathcal{D}=((\Theta_i)_{i\in N},\ f(\cdot))$，如果 $\mathcal{D}$ 诱导出的贝叶斯博弈有纯策略均衡 $s^*(\cdot)=(s_1^*(\cdot),\ \cdots,\ s_n^*(\cdot))$，其中 $s_i^*(\theta_i)=\theta_i$，$\forall\theta_i\in\Theta_i$，$\forall i\in N$，那么我们说社会选择函数 f 是**激励相容的**（incentive compatible），或说**可如实实施的**（truthfully implementable）。

也就是说，每个智能体的如实显示，构成了 $\mathcal{D}$ 诱导出的博弈的一个均衡。容易推知：如果社会选择函数 $f(\cdot)$ 是激励相容的，那么直接显示机制 $\mathcal{D}=((\Theta_i)_{i\in N},\ f(\cdot))$ 能够实施它。这意味着通过让智能体报告他们的类型并且使用 $f(\cdot)$ 中的类型信息来确定社会结果，社会计划者就能实现社会选择函数 $f(\cdot)$。

我们再次强调，诱导贝叶斯博弈可能没有均衡、恰好有一个均衡或有两个以及两个以上的均衡。上面的定义要求至少存在着一个均衡使得它诱导的结果与社会选择函数的结果相同。因此，上面的定义假设，如果存在多个均衡，那么智能体将选择社会计划者（机制设计者）想要的那个均衡。

根据相关均衡类型，激励相容可分为两类：优势策略激励相容和贝叶斯激励相容。

□ 优势策略激励相容

定义 16.2 **（优势策略激励相容）** 给定社会选择函数 $f:\Theta_1\times\cdots\times\Theta_n\to X$ 以及直接显示机制 $\mathcal{D}=((\Theta_i)_{i\in N},\ f(\cdot))$，如果 D 诱导出的博弈有弱优势策略均衡 $s^*(\cdot)=(s_1^*(\cdot),\ \cdots,\ s_n^*(\cdot))$，其中 $s_i^*(\theta_i)=\theta_i$，$\forall\theta_i\in\Theta_i$，$\forall i\in N$，那么我们说社会选择函数 f 是**优势策略激励相容的**（DSIC），或说**可在优势策略中如实实施**。

也就是说，每个智能体的如实显示构成了 $\mathcal{D}$ 诱导出的博弈的一个弱优势策略均衡。在一些文献中，DSIC 也被称为**防策略的**（strategy-proof）、**防欺骗的**（cheat-proof）、**坦率的**（straightforward）、**如实的**（truthful），等等。在一些情形下，弱优势策略均衡也是强优势策略均衡。另外，在很多情形下，更方便的做法是将弱优势策略均衡放松为极弱优势策略均衡。

例 16.1 **（SCF2 的优势策略激励相容）** 在上一章我们已经看到，直接机制可在优势策略中实施社会选择函数 SCF2。因此，可以证明，对于每个 $\theta=(\theta_1,\ \cdots,\ \theta_n)\in\Theta$，类型组 $(\theta_1,\ \cdots,\ \theta_n)$ 是诱导贝叶斯博弈的一个（弱）优势策略均衡。这意味着 SCF2 是优势策略激励相容的（DSIC）。另外，SCF2 可由第二价格拍卖（这是一种间接机制）在优势策略均衡中实施。□

DSIC 的必要和充分条件

使用贝叶斯博弈的弱优势策略均衡定义（参见第 13 章），可以推知社会选择函数 $f(\cdot)$ 是优势策略激励相容的（DSCI）当且仅当

$$u_i(f(\theta_i,\theta_{-i}),\theta_i)\geqslant u_i(f(\theta_i',\theta_{-i}),\theta_i)$$
$$\forall\theta_i'\in\Theta_i,\forall\theta_i\in\Theta_i,\forall\theta_{-i}\in\Theta_{-i},\forall i\in N \tag{16.1}$$

上面的条件是说社会选择函数 $f(\cdot)$ 是 DSIC 当且仅当每个智能体 i（$i=1,\ \cdots,\ n$）报告自己的真实类型 θ_i 总是他自己的最优反应，不管其他智能体如何报告。

□ 贝叶斯激励相容

定义 16.3 **（贝叶斯激励相容）** 给定社会选择函数 $f:\Theta_1\times\cdots\times\Theta_n\to X$ 以及直接显

示机制 $\mathscr{D}=((\Theta_i)_{i\in N},\ f(\cdot))$，如果 $\mathscr{D}$ 诱导出的博弈有贝叶斯纳什均衡 $s^*(\cdot)=(s_1^*(\cdot),\ \cdots,\ s_n^*(\cdot))$，其中 $s_i^*(\theta_i)=\theta_i$，$\forall\theta_i\in\Theta_i$，$\forall i\in N$，那么我们说社会选择函数 f 是**贝叶斯激励相容的**（BIC），或说**可在贝叶斯纳什均衡中如实实施**。

也就是说，每个智能体的如实显示构成了 $\mathscr{D}$ 诱导出的博弈的一个贝叶斯纳什均衡。

例 16.2 （SCF3 的贝叶斯激励相容） 在上一章，我们已经看到，直接机制可在贝叶斯纳什意义上实施社会选择函数 SCF3。因此，可以证明，对于每个 $\theta=(\theta_1,\ \cdots,\ \theta_n)\in\Theta$，类型组（$\theta_1$，…，$\theta_n$）是诱导贝叶斯博弈的一个贝叶斯纳什均衡。这意味着 SCF3 是贝叶斯激励相容的。另外，第一价格密封拍卖（这是一种间接机制）可在贝叶斯纳什均衡中实施 SCF3。□

BIC 的必要和充分条件

利用贝叶斯博弈的贝叶斯纳什均衡定义（参见第 14 章），可知社会选择函数 $f(\cdot)$ 是贝叶斯激励相容的（BIC）当且仅当

$$E_{\theta_{-i}}[u_i(f(\theta_i,\theta_{-i}),\theta_i)\,|\,\theta_i]\geqslant E_{\theta_{-i}}[u_i(f(\theta_i',\theta_{-i}),\theta_i)\,|\,\theta_i]$$
$$\forall\theta_i'\in\Theta_i,\forall\theta_i\in\Theta_i,\forall i\in N \tag{16.2}$$

其中期望取自所有其他智能体的类型组的分布。回忆一下，我们在第 14 章用 $p_i:\Theta_i\to\Delta(\Theta_{-i})$ 表示智能体 i 关于其余智能体类型组的信念概率分布。也就是说，$p_i(\theta_i)$ 表示当智能体 i 的类型为 θ_i 时，他对所有其他智能体类型组的信念的概率分布。另外，我们也已经知道，$p_i(\cdot)$ 是从共同的先验概率分布 $\mathbb{P}\in\Delta(\Theta)$ 推导出来的。

上面的条件是说，社会选择函数 $f(\cdot)$ 是贝叶斯激励相容的当且仅当对于每个智能体 i（$i=1,\ 2,\ \cdots,\ n$），每当所有其他智能体如实报告他们的类型时，智能体 i 的最优反应也是如实报告自己的类型 θ_i。

注释 如果社会选择函数 $f(\cdot)$ 是优势策略激励相容的，那么它也是贝叶斯激励相容的。这个结论的证明很简单，因为弱优势策略均衡显然也是贝叶斯纳什均衡。

16.2 优势策略均衡的显示原理

显示原理说明对于给定的社会选择函数 $f(\cdot)$，间接机制 $\mathscr{M}$ 与直接机制 $\mathscr{D}$ 有什么关系。这个结果表明我们仅考察直接显示类机制对社会选择函数的可实施性就足够了。

定理 16.1 给定社会选择函数 $f(\cdot)$，假设存在着能在优势策略均衡中实施 $f(\cdot)$ 的间接机制 $\mathscr{M}=(S_1,\ \cdots,\ S_n,\ g(\cdot))$，那么 $f(\cdot)$ 是优势策略激励相容的。

证明：由于 $\mathscr{M}=(S_1,\ \cdots,\ S_n,\ g(\cdot))$ 可在优势策略中实施社会选择函数 $f(\cdot)$，因此潜在的贝叶斯博弈存在着弱优势策略均衡 $s^*(\cdot)=(s_1^*(\cdot),\ \cdots,\ s_n^*(\cdot))$ 使得

$$g(s_1^*(\theta_1),\cdots,s_n^*(\theta_n))=f(\theta_1,\cdots,\theta_n)\quad\forall(\theta_1,\cdots,\theta_n)\in\Theta \tag{16.3}$$

上面的均衡条件意味着

$$u_i(g(s_i^*(\theta_i),s_{-i}(\theta_{-i})),\theta_i)\geqslant u_i(g(a_i,s_{-i}(\theta_{-i})),\theta_i)$$
$$\forall a_i\in S_i,\forall\theta_i\in\Theta_i,\forall\theta_{-i}\in\Theta_{-i},\forall s_{-i}(\cdot)\in S_{-i},\forall i\in N \tag{16.4}$$

特别地，条件式（16.4）意味着

$$u_i(g(s_i^*(\theta_i),s_{-i}^*(\theta_{-i})),\theta_i)\geqslant u_i(g(s_i^*(\theta_i'),s_{-i}^*(\theta_{-i})),\theta_i)$$
$$\forall\,\theta_i'\in\Theta_i,\forall\,\theta_i\in\Theta_i,\forall\,\theta_{-i}\in\Theta_{-i},\forall i\in N \tag{16.5}$$

条件式（16.3）与式（16.5）一起意味着

$$u_i(f(\theta_i,\theta_{-i}),\theta_i)\geqslant u_i(f(\theta_i',\theta_{-i}),\theta_i)$$
$$\forall\,\theta_i'\in\Theta_i,\forall\,\theta_i\in\Theta_i,\forall\,\theta_{-i}\in\Theta_{-i},\forall i\in N$$

但这正好是条件式（16.1），我们已经知道这个条件是 $f(\cdot)$ 可在优势策略中被实施的必要充分条件。这样，我们就完成了显示原理的证明。■

我们可用图 16—1 来帮助我们理解显示原理背后的思想。在此图中，DSI 代表由可在优势策略中实施的所有社会选择函数组成的集合，DSIC 代表由所有优势策略激励相容的社会选择函数组成的集合。此图说明了 DSIC 是 DSI 的一个子集；此图还说明了显示原理，因为这两个集合的差是空集，因此，这意味着 DSIC 正好就是 DSI。

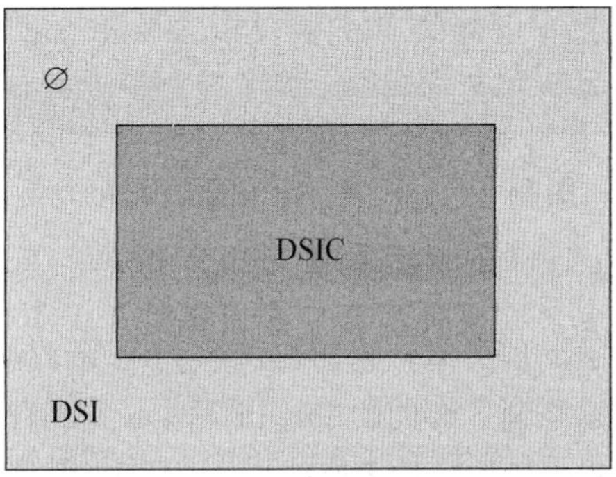

图 16—1　优势策略的显示原理

DSI：可在优势策略中实施；DSIC：优势策略激励相容；DSI \ DSIC=∅。

16.3　贝叶斯纳什均衡的显示原理

定理 16.2　给定社会选择函数 $f(\cdot)$，假设存在着能在贝叶斯纳什均衡中实施 $f(\cdot)$ 的间接机制 $\mathscr{M}=(S_1, \cdots, S_n, g(\cdot))$，那么 $f(\cdot)$ 是贝叶斯激励相容的。

证明：由于 $\mathscr{M}=(S_1, \cdots, S_n, g(\cdot))$ 可在贝叶斯纳什均衡中实施 $f(\cdot)$，因此潜在的贝叶斯博弈存在着贝叶斯纳什均衡 $s^*(\cdot)=(s_1^*(\cdot), \cdots, s_n^*(\cdot))$ 使得

$$g(s_1^*(\theta_1),\cdots,s_n^*(\theta_n))=f(\theta_1,\cdots,\theta_n)\quad\forall\,(\theta_1,\cdots,\theta_n)\in\Theta \tag{16.6}$$

贝叶斯纳什均衡条件意味着

$$E_{\theta_{-i}}[u_i(g(s_i^*(\theta_i),s_{-i}^*(\theta_{-i})),\theta_i)\mid\theta_i]\geqslant E_{\theta_{-i}}[u_i(g(a_i,s_{-i}^*(\theta_{-i})),\theta_i)\mid\theta_i]$$
$$\forall\,a_i\in S_i,\forall\,\theta_i\in\Theta_i,\forall i\in N \tag{16.7}$$

特别地，式（16.7）意味着

$$E_{\theta_{-i}}[u_i(g(s_i^*(\theta_i),s_{-i}^*(\theta_{-i})),\theta_i)|\theta_i]\geqslant E_{\theta_{-i}}[u_i(g(s_i^*(\theta_i'),s_{-i}^*(\theta_{-i})),\theta_i)|\theta_i]$$
$$\forall\theta_i'\in\Theta_i,\forall\theta_i\in\Theta_i,\forall i\in N \qquad (16.8)$$

条件式（16.6）与式（16.8）一起意味着

$$E_{\theta_{-i}}[u_i(f(\theta_i,\theta_{-i}),\theta_i)|\theta_i]\geqslant E_{\theta_{-i}}[u_i(f(\theta_i',\theta_{-i}),\theta_i)|\theta_i]$$
$$\forall\theta_i'\in\Theta_i,\forall\theta_i\in\Theta_i,\forall i\in N$$

但这正好是条件式（16.2），我们已经知道该条件是 $f(\cdot)$ 的贝叶斯激励相容性的必要充分条件。这样，我们就完成了该定理的证明。■

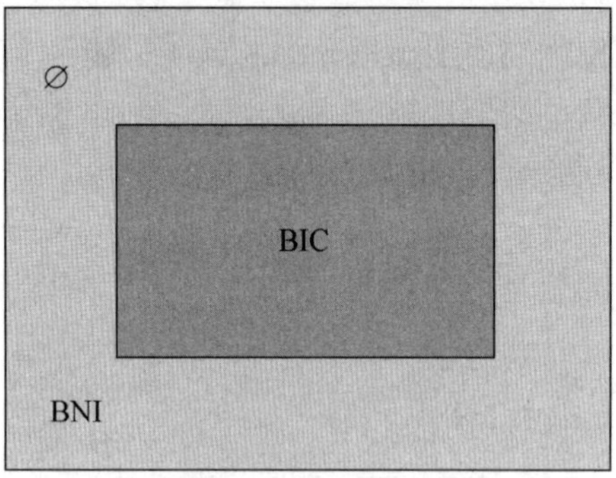

图 16—2　贝叶斯纳什均衡的显示原理

BNI：可在贝叶斯均衡中实施；BIC：贝叶斯激励相容；BNI \ BIC＝∅。

与优势策略均衡的显示原理类似，我们也可以利用图（参见图 16—2）来帮助我们理解贝叶斯纳什均衡的显示原理。在此图中，BNI 表示由所有可在贝叶斯纳什均衡中实施的社会选择函数组成的集合，BIC 是由所有贝叶斯激励相容的社会选择函数组成的集合。此图表明 BIC 是 BNI 的一个子集；此图还说明了显示原理，因为这两个集合的差为空集。因此，这意味着 BIC 正好与 BNI 相同。

图 16—3 给出了本章两个显示原理的鸟瞰图。显示原理在本质上意味着在可实施社会选择函数集合的角度上，间接机制与直接机制相同。显示原理使得机制设计理论学家在发展理论结果时仅关注直接机制即可。需要间接机制的是实践者，因为他们需要设计可行方法来实现社会选择函数的结果。

16.4　社会选择函数的性质

我们已经看到，给定一个机制，如果它能实施合意的社会选择函数 $f(\cdot)$，那么它可以作为偏好诱导问题和偏好加总问题的解。显然，一些社会选择函数可实施，而另外一些不可实施。在考察可实施社会选择函数空间的特征之前，我们有必要知道社会计划者希望社会选择函数具有哪些性质。在本节，我们说明了社会选择函数的两个合意性质：事后效率以及非独裁性。在以后章节，我们将适当介绍社会选择函数的其他重要性质。

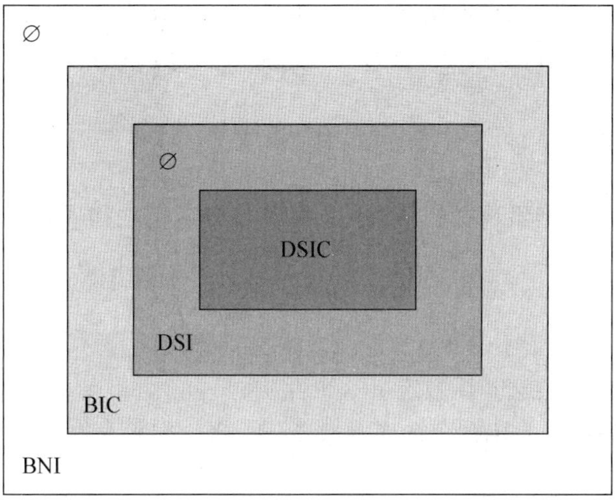

图 16—3　两个显示原理的综合图

DSI：可在优势策略中实施；DSIC：优势策略激励相容；DSI \ DSIC＝∅。
BNI：可在贝叶斯均衡中实施；BIC：贝叶斯激励相容；BNI \ BIC＝∅。

□ 事后效率

定义 16.4　（事后效率） 给定社会选择函数 $f:\Theta\rightarrow X$，如果对于智能体的每个类型组 $\theta\in\Theta$，结果 $f(\theta)$ 是一个帕累托最优结果，那么我们说 f 有**事后效率**或是**事后帕累托的**（ex-post Paretian）。其中帕累托最优结果的定义为：给定结果 $f(\theta)$，如果不存在任何 $x\in X$ 使得

$$u_i(x,\theta_i)\geqslant u_i(f(\theta),\theta_i)\quad \forall i\in N \text{ 而且对于某个 } i\in N u_i(x,\theta_i)>u_i(f(\theta),\theta_i)$$

那么结果 $f(\theta)$ 是帕累托最优的（Pareto optimal）。

例 16.3　（供应商选择问题） 考虑例 14.3 中的供应商选择问题。令社会选择函数 f 为

$$f(a_1,a_2)=x$$
$$f(a_1,b_2)=x$$

读者需要注意，不要将上面的结果 x 与定义 16.4 中的符号 x 混淆。结果 $f(a_1,\ a_2)=x$ 是帕累托最优的，这是因为结果 y 和 z 使得

$$u_1(y,a_1)<u_1(x,a_1)$$
$$u_1(z,a_1)<u_1(x,a_1)$$

结果 $f(a_1,\ b_2)=x$ 是帕累托最优的，这是因为结果 y 和 z 使得

$$u_1(y,a_1)<u_1(x,a_1)$$
$$u_1(z,a_1)<u_1(x,a_1)$$

因此，上面定义的社会选择函数有事后效率。■

例 16.4　（销售一件不可分割的商品） 在上一章，我们已考察了三个社会选择函数 SCF1、SCF2 和 SCF3。读者可以验证这三个函数都有事后效率。□

下面我们给出一个有用的命题，这个命题可用反证法证明。我们将其留作习题。

命题 16.1 假设 $f:\Theta \to X$ 是一个社会选择函数，使得 $\forall \theta \in \Theta$，

$$\sum_{i=1}^{n} u_i(f(\theta), \theta_i) \geqslant \sum_{i=1}^{n} u_i(x, \theta_i) \quad \forall x \in X$$

也就是说，如果每个类型组选择的结果使得智能体的效用之和最大，那么社会选择函数 $f(\cdot)$ 有事后效率。

□ 非独裁性

我们使用独裁的社会选择函数定义这个性质。

定义 16.5 （独裁） 给定社会选择函数 $f:\Theta \to X$，如果存在着一个智能体 $d \in N$ 使得 $\forall \theta \in \Theta$，

$$u_d(f(\theta), \theta_d) \geqslant u_d(x, \theta_d) \quad \forall x \in X$$

那么我们说社会选择函数 $f(\cdot)$ 是**独裁的**（dictatorial）。这样的智能体称为独裁者。不含有独裁者的社会选择函数称为**非独裁的**。

在直觉上，独裁者是下面这样的智能体：对他来说，社会选择函数的所有结果都是最受欢迎的结果。注意，一个给定的社会选择函数可能存在多个独裁者。

例 16.5 （供应商选择问题） 令例 14.3 中的社会选择函数 f 为

$$f(a_1, a_2) = x;\ f(a_1, b_2) = x$$

容易看出，智能体 1 是一个独裁者，因此这是一个独裁的社会选择函数。另一方面，考虑下列社会选择函数：

$$f(a_1, a_2) = x;\ f(a_1, b_2) = y$$

可以验证，这不是一个独裁的社会选择函数。□

16.5 小结与参考文献

本章主要考察机制设计理论中的一个基本结果，即显示原理。在直觉上，显示原理是说直接机制与间接机制等价。下面的知识点值得注意。

- 给定一个社会选择函数（SCF），如果智能体报告的真实类型构成了（对应于该 SCF 的）直接机制诱导出的贝叶斯博弈的一个均衡，则该 SCF 是激励相容的。如果均衡是优势策略均衡，那么我们说 SCF 是优势策略激励相容的（DSIC）。如果均衡仅是一个贝叶斯纳什均衡，那么我们说 SCF 是贝叶斯激励相容的（BIC）。
- 在直觉上，DSIC 意味着报告真实类型是每个智能体的最优反应，不管其他智能体如何报告。BIC 表示当所有其他智能体报告真实类型时，如实报告是每个智能体的最优反应。显然，DSIC 意味着 BIC，但 BIC 未必意味着 DSIC。
- 优势策略均衡的显示原理是说，如果存在着能在优势策略中实施给定 SCF 的间

接机制，那么也存在着能在优势策略中实施该 SCF 的直接机制（也就是说，该 SCF 是优势策略激励相容的）。贝叶斯纳什均衡的显示原理是说，如此存在着能在贝叶斯纳什均衡中实施给定 SCF 的间接机制，那么也存在着能在贝叶斯纳什均衡中实施该 SCF 的直接机制（也就是说，该 SCF 是贝叶斯激励相容的）。

● 我们定义了 SCF 的两个重要性质，即事后效率和非独裁性。事后效率意味着 SCF 的所有结果都是帕累托最优的，这是合意的。SCF 中的独裁者是一个智能体使得 SCF 的每个结果都是该独裁者最喜欢的结果。不含有独裁者的 SCF 称为非独裁的。下一章的很多结果都使用了这两个性质。

本章提供的显示原理的证明源于 Mas-Colell，Whinston，and Green[2]。我们也推荐读者参考 Narahari，Garg，Narayanam，and Prakash[3]。

□ 参考文献

[1] L. Hurwicz. “On informationally decentralized systems”. In：*Decision and Organization*. Ed. by C. B. McGuire and R. Radner. North-Holland，Amsterdam，1972.

[2] Andreu Mas-Colell，Michael D. Whinston，and Jerry R. Green. *Microeconomic Theory*. Oxford University Press，1995.

[3] Y. Narahari，Dinesh Garg，Ramasuri Narayanam，and Hastagiri Prakash. *Game Theoretic Problems in Network Economics and Mechanism Design Solutions*. Springer，London，2009.

16.6 习　题

(1) 回顾第 14 章中的分饼问题。妈妈想把饼均等地分给她的两个孩子。她设计了下列机制：孩子 1 把饼切成两块，孩子 2 先选择。这个机制保证了社会选择函数（两人均等分饼）在优势策略中可实施。现在假设有 3 个孩子而不是 2 个。对于这个问题，(i) 给出一种能在优势策略中实施社会选择函数的机制；(ii) 给出能在贝叶斯均衡但不能在优势策略中实施社会选择函数的机制。用简明逻辑证明你的结果。

(2) 证明第 15 章定义的社会选择函数 SCF1 和 SCF2 有事后效率。SCF3 有事后效率吗？

(3) 假设一个卖者面对着一个买者。买者的类型集为 $\Theta=\{0, 1, 2\}$。结果集为 $X=\{a, b, c\}$。买者对商品的评价函数为 $v(a, \theta)=0$，$\forall \theta\in\Theta$；$v(b, \theta)=\frac{\theta}{2}$，$\forall \theta\in\Theta$；$v(c, \theta)=\theta$，$\forall \theta\in\Theta$。写出这个问题的所有激励相容的社会选择函数。注意，这里仅有一个智能体。

(4) 令 $N=\{1, 2\}$；$\Theta_1=\{a_1, b_1\}$；$\Theta_2=\{a_2, b_2\}$；$X=\{x, y, z\}$；以及

$$u_1(x,a_1)=100;u_1(y,a_1)=50;u_1(z,a_1)=0$$
$$u_1(x,b_1)=50;u_1(y,b_1)=100;u_1(z,b_1)=40$$
$$u_2(x,a_2)=0;u_2(y,a_2)=50;u_2(z,a_2)=100$$

$$u_2(x,b_2)=50;u_2(y,b_2)=30;u_2(z,b_2)=100$$

对于上面的环境，对下列每种情形给出一个社会选择函数（其中，EPE：事后效率；BIC：贝叶斯激励相容；DSIC：优势策略激励相容；D：独裁的；ND：非独裁的）。

- 一个满足 EPE、DSIC 和 D 的社会选择函数。
- 一个满足 EPE、DSIC 和 ND 的社会选择函数。
- 一个不满足 EPE 但满足 DSIC 和 ND 的社会选择函数。
- 一个满足 EPE、BIC（在合适的先验概率分布下）但不满足 DSIC 的社会选择函数。
- 一个满足 EPE，但不满足 BIC（在某个先验概率分布下）和 DSIC 的社会选择函数。

（5）证明代表下列情形的社会选择函数有事后效率。有 n 个智能体，一件不可分割的商品配置给其中一个智能体。评价最高者获胜，而且所有智能体得到的钱数之和为零。

（6）推导社会选择函数 $f(\cdot)$ 为 DSIC 的必要充分条件，即推导

$$u_i(f(\theta_i,\theta_{-i}),\theta_i)\geqslant u_i(f(\theta_i',\theta_{-i}),\theta_i)\quad \forall\,\theta_i'\in\Theta_i,\forall\,\theta_i\in\Theta_i,\forall\,\theta_{-i}\in\Theta_{-i},\forall i\in N$$

（7）推导社会选择函数 $f(\cdot)$ 为 BIC 的必要充分条件，即推导

$$E_{\theta_{-i}}[u_i(f(\theta_i,\theta_{-i}),\theta_i)\,|\,\theta_i]\geqslant E_{\theta_{-i}}[u_i(f(\theta_i',\theta_{-i}),\theta_i)\,|\,\theta_i]\,\forall\,\theta_i'\in\Theta_i,\forall\,\theta_i\in\Theta_i,\forall i\in N$$

（8）一个给定的社会选择函数能存在两个及其以上的独裁者吗？证明你的结果。

（9）假设 $f:\Theta\to X$ 是一个社会选择函数，使得 $\forall\,\theta\in\Theta$，

$$\sum_{i=1}^{n}u_i(f(\theta),\theta_i)\geqslant\sum_{i=1}^{n}u_i(x,\theta_i)\quad\forall x\in X$$

也就是说，如果每个类型组选择的结果使得智能体的效用之和最大，那么社会选择函数 $f(\cdot)$ 有事后效率。请证明之。

（10）考虑两个智能体，即 1 和 2；其中，智能体 1 是某件不可分割商品的卖者，智能体 2 是可能的买者。在这里，典型结果的形式为 $x=(y_1, y_2, t_1, t_2)$，其中 y_i 的取值规则为：如果智能体 i 得到商品则 $y_i=1$，否则 $y_i=0$；t_i 表示智能体 i（$i=1, 2$）得到的钱数。我们可以自然地将结果集写为

$$X=\{(y_1,y_2,t_1,t_2):y_1+y_2=1;y_1,y_2\in\{0,1\}\}$$

适当定义智能体 i（$i=1, 2$）的效用函数。智能体 1（卖者）的类型 θ_1 可以视为他的出售意愿（他能忍受的最低价格）。智能体 2（买者）的类型 θ_2 可以视为他的支付意愿（他能忍受的最高价格）。假设 $\Theta_1=\Theta_2=[0, 1]$，而且每个智能体认为另外一个智能体的类型在实区间 $[0, 1]$ 上均匀分布。将社会选择函数 $f(\theta)=(y_1(\theta), y_2(\theta), t_1(\theta), t_2(\theta))$ 定义为

$$\begin{aligned}y_1(\theta_1,\theta_2)&=1\quad 若\ \theta_1>\theta_2\\&=0\quad 若\ \theta_1\leqslant\theta_2\\y_2(\theta_1,\theta_2)&=1\quad 若\ \theta_1\leqslant\theta_2\end{aligned}$$

$$= 0 \quad \text{若 } \theta_1 > \theta_2$$

$$t_1(\theta_1, \theta_2) = y_2(\theta_1, \theta_2)\left(\frac{\theta_1 + \theta_2}{2}\right)$$

$$t_2(\theta_1, \theta_2) = -y_2(\theta_1, \theta_2)\left(\frac{\theta_1 + \theta_2}{2}\right)$$

这个社会选择函数是优势策略激励相容的吗？是贝叶斯激励相容的吗？

（11）（编程题）给定参与人集、他们的有限类型集、一个有限结果集、效用值、一个社会选择函数，编程确定给定的社会选择函数是否有事后效率、是否为优势策略激励相容的以及独裁的。另外，给定信念概率分布，考察给定的社会选择函数是否为贝叶斯激励相容的。

第 17 章

吉伯德-萨特思韦特不可能性定理

在本章，我们讨论两个不可能性定理，它们指引了机制设计理论的研究和发展方向。第一个定理是**吉伯德-萨特思韦特定理**（Gibbard-Satterthwaite theorem），它说明在某些技术条件下，优势策略激励相容只能被独裁的社会选择函数实现。另外，这个定理也意味着在一些现实环境例如拟线性环境下，存在着实施有趣且有用的机制的可能。我们给出了这个定理的证明。本章还介绍了著名的**阿罗不可能性定理**（Arrow's impossibility theorem），这是社会选择理论中重要的早期结果。在本章，我们还提供了理解这两个定理所需要的知识准备。

17.1 引　言

我们在上一章已经看到，优势策略激励相容（DSIC）是社会选择函数极其合意的性质。然而 DSIC 是一个很强的条件，它阻碍了社会选择函数满足其他合意性质的可能。在本节，我们讨论吉伯德-萨特思韦特不可能性定理（我们将其简称为 GS 定理），它表明在不受限制的效用环境下，DSIC 性质将迫使社会选择函数是独裁的。事实上，在这个过程中，即使事后效率这个性质也被迫放弃。GS 定理指引了社会机制理论在 1970 年代及其以后的研究方向，因此，它是这一领域的早期里程碑。GS 定理由吉伯德和萨特思韦特独立提出，参见 Gibbard[1] 以及 Satterthwaite[2]。GS 定理部分基于著名的阿罗不可能性定理（本章也讨论这个定理）。我们用启发性的例子开始 GS 定理的讨论。

例 17.1　（供应商选择问题） 回顾例 14.3。在这个例子中，$N=\{1, 2\}$，$X=\{x, y, z\}$，$\Theta_1=\{a_1\}$，$\Theta_2=\{a_2, b_2\}$。考虑下列效用函数（注意，效用函数 $u_1(\cdot, a_1)$ 和 $u_2(\cdot, a_2)$ 与例 14.3 相同，但效用函数 $u_2(\cdot, b_2)$ 不同）。

$u_1(x,a_1)=100;u_1(y,a_1)=50;u_1(z,a_1)=0$

$u_2(x,a_2)=0;u_2(y,a_2)=50;u_2(z,a_2)=100$

$u_2(x,b_2)=30;u_2(y,b_2)=60;u_2(z,b_2)=20$

我们看到，对于这个例子，优势策略激励相容（DSIC）和贝叶斯激励相容（BIC）是相同的，这是因为参与人 1 的类型是共同知识，因此参与人 1 总是报告真实类型（因为他的类型集是一个单点集）。考虑由 $f(a_1, a_2)=x$ 以及 $f(a_1, b_2)=x$ 定义的社会选择函数 f。可以看到，这个社会选择函数有事后效率。

为了考察 DSIC，假设参与人 2 的类型为 a_2。如果参与人 2 报告自己的真实类型，那么结果为 x。如果参与人 2 谎称自己的类型为 b_2，那么结果也为 x。因此，参与人 2 没有激励来谎报。这样的逻辑也适用于参与人 2 的真实类型为 b_2 的情形。因此，社会选择函数 f 是优势策略激励相容的（DSIC）。

对于类型组（a_1，a_2）和类型组（a_1，b_2），结果碰巧都是参与人 1 最喜欢的结果，即 x。因此，参与人 1 是一个独裁者，f 是独裁的。因此，上面的社会效用函数 f 有事后效率而且是优势策略激励相容的（DSIC），但它是独裁的。

现在，我们考虑由 $h(a_1, a_2)=y$ 以及 $h(a_1, b_2)=x$ 定义的另外一个社会选择函数 h，按照前面类似逻辑，可以证明 h 有事后效率而且为非独裁的，但不是优势策略激励相容的。表 17—1 列出了本例所有九个可能的社会选择函数及其性质。

表 17—1　　社会选择函数及其性质

i	$f_i(a_1, a_2)$	$f_i(a_1, b_2)$	EPE	DSIC	NON-DICT
1	x	x	√	√	×
2	x	y	√	×	√
3	x	z	×	×	√
4	y	x	√	×	√
5	y	y	√	√	√
6	y	z	×	×	√
7	z	x	√	√	√
8	z	y	√	√	×
9	z	z	×	√	√

EPE：事后效率；DSIC：优势策略激励相容；NON-DICT：非独裁。

注意，如果社会选择函数是社会选择函数 5 或者社会选择函数 7，即

$$f_5(a_1,a_2)=y,f_5(a_1,b_2)=y$$

或

$$f_7(a_1,a_2)=z,f_7(a_1,b_2)=x$$

那么情形是非常合意的。原因在于上面的这些社会选择函数是有事后效率的、优势策略激励相容的以及非独裁的。然而，遗憾的是，这样的合意情形一般不会出现。在本例中，合意情形的确出现了，原因稍后介绍。□

在一般环境中，事后效率、优势策略激励相容（DSIC）以及非独裁性很难同时得以满足。事实上，即使 DSIC 与非独裁性也难以共存。这是强大的吉伯德-萨特思韦特定理所揭示的。

艾伦·吉伯德（Allan Gibbard）现在为密歇根大学心理学讲席教授。他的经典论文《操纵投票方案：一个一般结果》（Manipulation of Voting Schemes: A General Result）发表在1973年的《计量经济》（*Econometrica*）期刊上（第41卷第4期）。该论文提供了著名的不可能性结果，这也是本章讨论的主题。马克·萨特思韦特（Mark Satterthwaite）也独立地提出了这个结果。吉伯德教授当前的研究兴趣是伦理理论。他写过两本广为流行的书《思考如何活下去》（*Thinking How to Live*, Harvard University Press, 2003）以及《明智的选择与灵敏的感觉》（*Wise Choices, Apt Feelings*, Harvard University Press and Oxford University Press, 1990）。

马克·萨特思韦特（Mark Satterthwaite）现为西北大学管理学院的医院和健康服务管理方向的讲席教授，他也是策略管理和管理经济学方向的教授。萨特思韦特是一个微观理论学者，他的主要研究兴趣是考察医疗服务市场是如何运作的。他的论文《防策略与阿罗条件：投票程序与社会选择函数的存在性与对应定理》（Strategy-proofness and Arrow's Conditions: Existence and Correspondence Theorems for Voting Procedures and Social Welfare Functions）发表在《经济理论》（*Journal of Economic*）期刊（第10卷，1975年4月）。这篇论文为阿罗不可能性定理提供了出色的重新解释，这就是现在所谓的吉伯德-萨特思韦特定理。他写了很多学术论文，涉及市场动态匹配、组织动态和机制设计等领域。

17.2 吉伯德-萨特思韦特定理

在给出这个定理之前，我们需要介绍一些定义。

□ 理性偏好关系

我们已经看到，当智能体 i 的类型为 θ_i 时，他在结果集 X 上的偏好可用**效用函数** $u_i(\cdot, \theta_i): X \to \mathbb{R}$ 描述，这个函数对 X 中的每个元素都指定了一个实数。效用函数 $u_i(\cdot, \theta_i)$ 总能诱导出 X 上**唯一**的偏好关系$\succcurlyeq$，该偏好关系可以描述为：

$$x \succcurlyeq y \Leftrightarrow u_i(x, \theta_i) \geqslant u_i(y, \theta_i)$$

上面的偏好关系称为**理性偏好关系**（rational preference relation），它的正式定义如下。

定义 17.1 （理性偏好关系） 给定集合 X 上的关系$\succeq$，如果它满足下列三个性质：

（1）自反性：$\forall x \in X$，我们有 $x \succeq x$。

（2）完备性：$\forall x, y \in X$，我们有 $x \succeq y$ 或 $y \succeq x$（或二者都成立）。

（3）传递性：$\forall x, y, z \in X$，若 $x \succeq y$ 且 $y \succeq z$，则 $x \succeq z$。

那么，我们说$\succeq$是一个**理性偏好关系**。

下列命题给出了理性偏好关系与效用函数的关系。

命题 17.1

（1）若集合 X 上的偏好关系$\succeq$是由某个效用函数 $u_i(\cdot, \theta_i)$ 诱导出的，那么$\succeq$是一个理性偏好关系。

（2）对于集合 X 上任何给定的理性偏好关系$\succeq$，可能不存在能诱导出它的效用函数。然而，若集合 X 是有限的，给定任何理性偏好关系，肯定存在着能诱导出的效用函数。

（3）对于集合 X 上任一给定的理性偏好关系$\succeq$，可能存在着能诱导出它的多个效用函数。事实上，如果效用函数 $u_i(\cdot, \theta_i)$ 诱导出了$\succeq$，那么 $u_i'(x, \theta_i)=f(u_i(x, \theta_i))$ 是另外一个能诱导出$\succeq$的效用函数，其中 $f: \mathbb{R} \to \mathbb{R}$ 是一个严格递增的函数。

□ 严格全偏好关系

我们现在定义一类特殊的理性偏好关系，它们还满足反对称（antisymmetry）性质。

定义 17.2 （严格全偏好关系） 给定理性偏好关系$\succeq$，如果除了自反性、完备性和传递性之外，它还具有反对称性，那么我们说$\succeq$是**严格全偏好关系**（strict-total preference relation）。反对称是指，对于任何 $x, y \in X$，若 $x \succeq y$ 且 $y \succeq x$，则结果 x 与 y 相同。

严格全偏好关系也称为**线性偏好关系**，因为它在实直线上满足常见的**大于**或**等于**关系。我们将 X 上的所有理性偏好关系组成的集合记为 $\mathcal{R}$，将 X 上的所有严格全偏好关系组成的集合记为 $\mathcal{P}$。显然，$\mathcal{P} \subset \mathcal{R}$。

□ 序数偏好关系

在机制设计问题中，对于智能体 i，集合 X 上的偏好是以效用函数 $u_i: X \times \Theta_i \to \mathbb{R}$ 描述的。也就是说，对于智能体 i 的每个可能类型 $\theta_i \in \Theta_i$，我们可以在集合 X 上定义一个效用函数 $u_i(\cdot, \theta_i)$。令这个效用诱导出了集合 X 上的理性偏好关系 $\succeq_i(\theta_i)$。集合 $\mathcal{R}_i = \{\succeq_i(\theta_i): \theta_i \in \Theta_i\}$ 称为智能体 i 的序数偏好关系集。显然，$\mathcal{R}_i \subset \mathcal{R}$，$\forall i \in N$。

在介绍完了上面这些定义之后，我们终于可以给出吉伯德-萨特思韦特定理了。

定理 17.1 （吉伯德-萨特思韦特不可能性定理） 考虑社会选择函数 $f: \Theta \to X$。假设

（1）结果集 X 是有限的，而且 $|X| \geq 3$；

（2）$\mathcal{R}_i = \mathcal{P}$，$\forall i \in N$；

（3）f 是一个满射，也就是说，社会选择函数 $f(\cdot)$ 的像是集合 X。

那么社会选择函数 $f(\cdot)$ 是优势策略激励相容的当且仅当它是独裁的。

在这个定理中，条件（2）的含义是每个智能体通过他的不同类型展示他对结果的所有可能的严格全偏好关系。因此，偏好结构已尽可能丰富。条件（3）的含义是在社会选择函数 $f(\cdot)$ 下，X 中的每个结果都是可能的。图 17—1 描述了吉伯德-萨特思韦特定理（GS 定理）。在此图中，F_1 和 F_2 代表两类社会选择函数（SCF）。F_1 类由所有满足条件（1）和（2）的社会选择函数组成；F_2 类由所有满足条件（3）的社会选择函数组成。GS 类是 F_1 和 F_2 的交集，这个交集是优势策略激励相容的（DSIC）。GS 类中的函数必定是独裁的。

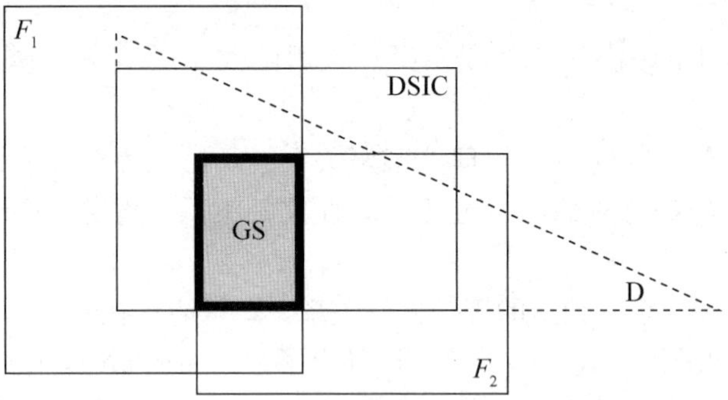

图 17—1　吉伯德-萨特思韦特定理的图示

F_1：所有满足 $|X|\geqslant 3$ 而且 $\mathscr{R}_i=\mathscr{P}$，$\forall i\in N$ 的 SCF 组成的集合；F_2：所有满射 SCF 组成的集合；DSIC：所有优势策略激励相容的 SCF 组成的集合；D：所有独裁的 SCF 组成的集合；GS：$F_1\cap F_2\cap$DSIC。

□ 吉伯德-萨特思韦特定理的含义

一种绕开 GS 定理描述的不可能情形的方法是希望定理条件（1）、（2）和（3）至少有一个不成立。下面，我们依次讨论每种可能性。

- 条件（1）要求 $|X|\geqslant 3$。这个条件不成立仅当 $|X|=1$ 或 $|X|=2$。情形 $|X|=1$ 是平凡的，没有什么意义。情形 $|X|=2$ 比较有趣，但意义有限。对应于 $|X|=2$ 的情形是下面这样的：一个公共项目，决策只有两个（上马和不上马该项目），而且不涉及支付问题。
- 条件（2）要求 $\mathscr{R}_i=\mathscr{P}$，$\forall i\in N$。这表示每个智能体的偏好覆盖了 X 上的严格全偏好关系的整个空间。也就是说，每个智能体有尽可能丰富的偏好集。如果我们能在某种程度上限制智能体的偏好，我们希望放弃这个条件。读者立即可以注意到，例 17.1（供应商选择问题）放弃了这个条件。在著名的维克瑞-克拉克-格罗夫斯（Vickrey-Clarke-Groves，VCG）机制中，偏好被限定在拟线性定义域，这也是对条件（2）的放松。第 18 章将讨论这类机制。
- 条件（3）要求社会选择函数 f 是一个满射。注意，例 17.1 也违背了这个条件。这为我们绕开 GS 定理提供了另外一种途径。

另外一种避开 GS 定理的不合意结果的方法是寻求比 DSIC 弱的激励相容性。我们已经讨论了贝叶斯激励相容（BIC）；BIC 仅保证当所有其他智能体报告他们的真实类型时智能体 i 的最优反应也是报告自己的真实类型。由此我们得到了贝叶斯激励相容机制。第 19 章将详细讨论这类机制。

GS 定理是机制设计理论的一个重要的早期结果，它影响了该领域在 1970 年代和 1980 年代的发展路径。

17.3 吉伯德-萨特思韦特定理

我们先介绍一些概念和定义：下轮廓集、弱偏好反转性以及单调性。

定义 17.3 （下轮廓集） 给定结果 $x\in X$、智能体 $i\in N$ 及其一个类型 $\theta_i\in\Theta_i$，**下轮廓集**（lower contour set）$L_i(x,\theta_i)$ 的定义为*

$$L_i(x,\theta_i)=\{y\in X: u_i(x,\theta_i)\geqslant u_i(y,\theta_i)\}$$

用文字表达，智能体 i 在他的类型为 θ_i 且结果为 x 时的下轮廓集 $L_i(x,\theta_i)$ 包含所有效用不大于 $u_i(x,\theta_i)$ 的那些结果。

□ 弱偏好反转性质

回顾社会选择函数 $f(\cdot)$ 是优势策略激励相容（DSIC）的必要充分条件：

$$u_i(f(\theta_i,\theta_{-i}),\theta_i)\geqslant u_i(f(\hat{\theta}_i,\theta_{-i}),\theta_i)\quad \forall\,\theta_i\in\Theta_i,\forall\,\hat{\theta}_i\in\Theta_i,\forall\,\theta_{-i}\in\Theta_{-i},\forall i\in N$$

考虑智能体 $i\in N$，令 θ_i'，$\theta_i''\in\Theta_i$ 是智能体 i 的任意两个可能类型。如果社会选择函数 $f(\cdot)$ 是优势策略激励相容的，那么上面的必要充分条件意味着下列两个不等式：

$$u_i(f(\theta_i',\theta_{-i}),\theta_i')\geqslant u_i(f(\theta_i'',\theta_{-i}),\theta_i')\ \ \forall\theta_{-i}\in\Theta_{-i}$$
$$u_i(f(\theta_i'',\theta_{-i}),\theta_i'')\geqslant u_i(f(\theta_i',\theta_{-i}),\theta_i'')\ \ \forall\theta_{-i}\in\Theta_{-i}$$

显然，当类型从 θ_i' 变为 θ_i'' 时，结果 $f(\theta_i',\theta_{-i})$ 和结果 $f(\theta_i'',\theta_{-i})$ 之间的偏好序被**弱反转**（weakly reverse）。由此，我们得到了下列定义。

定义 17.4 （弱偏好反转性质） 考虑智能体 $i\in N$，令 θ_i'，$\theta_i''\in\Theta_i$ 是智能体 i 的任意两个可能类型。给定 $\theta_{-i}\in\Theta_{-i}$，如果下列两个不等式成立

$$u_i(f(\theta_i',\theta_{-i}),\theta_i')\geqslant u_i(f(\theta_i'',\theta_{-i}),\theta_i')$$
$$u_i(f(\theta_i'',\theta_{-i}),\theta_i'')\geqslant u_i(f(\theta_i',\theta_{-i}),\theta_i'')$$

那么我们说，对于智能体 i 及其类型 θ_i' 和 θ_i''，社会选择函数 $f(\cdot)$ 满足**弱偏好反转性质**（weak preference reversal property）。**

可以证明，如果对于所有可能的类型对（type pairs）θ_i'，$\theta_i''\in\Theta_i$ 以及对于所有 $\theta_{-i}\in\Theta_{-i}(i\in N)$，社会选择函数 $f(\cdot)$ 都满足上面的弱偏好反转性质，那么 $f(\cdot)$ 是优势策略激励相容的。[3] 因此，优势策略激励相容也可以等价地描述为：对于所有智能体 $i\in N$，对于所有 θ_i'，$\theta_i''\in\Theta_i$，以及对于所有 $\theta_{-i}\in\Theta_{-i}$，弱偏好反转性质都成立。使用下轮廓集的表达，上面这个结果可以总结为下列命题。

---

* 下轮廓集，也称为下等值集、下水平集等。——译者注

** 这个性质的正确解读是偏好序的弱反转，“弱”体现在不等式为弱不等式（$\geqslant$）而不是严格不等式（$>$）。——译者注

命题 17.2 社会选择函数 $f: \theta \to X$ 是优势策略激励相容的当且仅当 $\forall i \in N$，$\forall \theta_{-i} \in \Theta_{-i}$ 以及对于所有类型对（type pairs）θ_i'，$\theta_i'' \in \Theta_i$，我们有：

$$f(\theta_i'', \theta_{-i}) \in L_i(f(\theta_i', \theta_{-i}), \theta_i') \text{ 以及 } f(\theta_i', \theta_{-i}) \in L_i(f(\theta_i'', \theta_{-i}), \theta_i'')$$

□ 单调性

单调性是社会选择函数的重要性质，它在机制设计理论中起着关键作用。假设 $\theta \in \Theta$ 以及 $f(\theta) = x \in X$。令类型组从 θ 变化为 $\theta' \in \Theta$，并且假设：每个智能体 $i \in N$ 发现，在这个新类型组 θ' 中，那些在 θ 下弱劣于 x 的结果仍弱劣于 x。也就是说，对任意一个智能体 i，给定类型 θ 情形下（弱）劣于 x 的结果 $y \in X$，那么在类型 θ' 下，y 不会严格优于 x。社会选择函数 $f(\cdot)$ 的单调性意味着，在类型 θ' 下，x 仍是社会选择，也就是说，$f(\theta') = x$。我们将其形式化于下列定义。

定义 17.5 （单调性） 给定社会选择函数 $f: \Theta \to X$，如果 $\forall \theta \in \Theta$，$\forall \theta' \in \Theta$ $(\theta \neq \theta')$，

$$L_i(f(\theta), \theta_i) \subset L_i(f(\theta), \theta_i') \quad \forall i \in N \Rightarrow f(\theta') = f(\theta)$$

那么这个社会选择函数 $f(\cdot)$ 是**单调的**（monotonic）。

这意味着，对于每个智能体 i，当他的类型为 θ_i 时，那些弱劣于 $f(\theta)$ 的结果在他的类型变为 θ_i' 时仍弱劣于 $f(\theta)$。

□ 吉伯德-萨特思韦特定理的证明

必要条件（当…）方向上的证明比较简单：假设条件（1）到（3）都得以满足，而且 $f(\cdot)$ 是独裁的，那么 $f(\cdot)$ 是优势策略激励相容的。我们将这个证明留作习题。

充分条件（仅当…）方向上的证明是，给定条件（1）到（3）都得以满足，而且 $f(\cdot)$ 是优势策略激励相容的，那么 $f(\cdot)$ 是独裁的。这个证明分为三步。此处证明参考了 Mas-Colell，Whinston，and Green[3]。

第 1 步：证明 $f(\cdot)$ 是单调的

我们已知 $f(\cdot)$ 是优势策略激励相容的。考虑两个类型组 $\theta = (\theta_1, \theta_2, \cdots, \theta_n)$ 和 $\theta' = (\theta_1', \theta_2', \cdots, \theta_n')$ 使得

$$L_i(f(\theta), \theta_i) \subset L_i(f(\theta), \theta_i') \quad \forall i \in N$$

考虑结果 $f(\theta_1', \theta_2, \cdots, \theta_n)$。根据弱偏好反转性质，我们有

$$f(\theta_1', \theta_2, \cdots, \theta_n) \in L_1(f(\theta_1, \theta_2, \cdots, \theta_n), \theta_1)$$

上面两个式子意味着

$$f(\theta_1', \theta_2, \cdots, \theta_n) \in L_1(f(\theta_1, \theta_2, \cdots, \theta_n), \theta_1')$$

上面的包含关系意味着

$$f(\theta_1, \theta_2, \cdots, \theta_n) \succeq_1 (\theta_1') f(\theta_1', \theta_2, \cdots, \theta_n)$$

根据弱偏好反转性质，我们再次有

$$f(\theta_1, \theta_2, \cdots, \theta_n) \in L_1(f(\theta_1', \theta_2, \cdots, \theta_n), \theta_1')$$

这意味着

$$f(\theta_1',\theta_2,\cdots,\theta_n)\succcurlyeq_1(\theta_1')f(\theta_1',\theta_2,\cdots,\theta_n)$$

由于 $\mathcal{R}_i=\mathcal{P}$，$\forall i\in N$，因此，在偏好关系 $\succcurlyeq_1(\theta_1')$ 中，任意两个备选方案都不可能无差异。因此，我们必定有

$$f(\theta_1',\theta_2,\cdots,\theta_n)=f(\theta_1,\theta_2,\cdots,\theta_n)$$

类似地，可以证明

$$f(\theta_1',\theta_2',\cdots,\theta_n)=f(\theta_1,\theta_2,\cdots,\theta_n)$$

将上面的论证迭代下去，可得

$$f(\theta_1',\theta_2',\cdots,\theta_n')=f(\theta_1,\theta_2,\cdots,\theta_n)$$

这正是单调性的定义，因此，社会选择函数 $f(\cdot)$ 是单调的。

第 2 步：证明 $f(\cdot)$ 有事后效率

这里我们证明如果：$|X|\geqslant 3$；$\mathcal{R}_i=\mathcal{P}$，$\forall i\in N$；$f(\Theta)=X$ 以及 $f(\cdot)$ 是单调的，那么：$f(\cdot)$ 有事后效率。我们用反证法。假设 $f(\cdot)$ 没有事后效率。于是，存在着一个类型组 $\theta\in\Theta$ 和结果集 $y\in X$，$y\neq f(\theta)$ 使得

$$u_i(y,\theta_i)>u_i(f(\theta),\theta_i)\quad\forall i\in N$$

上式是严格不等式，这是因为对于任何智能体来说，任意两个备选方案都不可能无差异（因为 $\mathcal{R}_i=\mathcal{P}$，$\forall i\in N$）。由于社会选择函数 $f(\cdot)$ 是一个满射，因此存在着一个类型组 $\theta'\in\Theta$ 使得 $f(\theta')=y$。因此，我们有

$$u_i(f(\theta'),\theta_i)>u_i(f(\theta),\theta_i)\quad\forall i\in N$$

选择 $\theta''\in\Theta$ 使得 $\forall i\in N$，

$$u_i(f(\theta'),\theta_i'')>u_i(f(\theta),\theta_i'')>u_i(z,\theta_i'')\quad\forall z\neq f(\theta),f(\theta')$$

上面的选择肯定做得到，因为 $\mathcal{P}$ 中所有的偏好都有可能发生而且 $|X|\geqslant 3$。我们现在使用单调性证明

$$L_i(f(\theta'),\theta_i')\subset L_i(f(\theta'),\theta_i'')\quad\forall i\in N$$

为了证明此事，我们证明

$$x\in L_i(f(\theta'),\theta_i')\Rightarrow x\in L_i(f(\theta'),\theta_i'')\quad\forall x\in X$$

首先，注意，如果 $x=f(\theta)$ 或 $x=f(\theta')$，那么显然 $x\in L_i(f(\theta'),\theta_i'')$。如果 $x\neq f(\theta)$，$f(\theta')$，那么

$$x\in L_i(f(\theta'),\theta_i')\Rightarrow u_i(x,\theta_i')\leqslant u_i(f(\theta'),\theta_i')$$

我们知道 $u_i(x,\theta_i'')\leqslant u_i(f(\theta'),\theta_i'')$，这立即意味着 $x\in L_i(f(\theta'),\theta_i'')$。

现在使用单调性，可得

$$f(\theta'')=f(\theta')$$

我们还可以证明 $L_i(f(\theta), \theta_i) \subset L_i(f(\theta), \theta_i')$，$\forall i \in N$。再一次使用单调性，可得

$$f(\theta') = f(\theta)$$

这样我们就得到了一个矛盾，因为 $f(\theta') \neq f(\theta)$。这意味着社会选择函数 f 必定有事后效率。

第 3 步：证明 $f(\cdot)$ 是独裁的

我们已知 $f(\cdot)$ 是优势策略相容的以及有事后效率的，我们要证明 $f(\cdot)$ 是独裁的。这个结果是阿罗不可能性定理的一个推论（参见下一节）。

到此，我们就完成了吉伯德-萨特思韦特定理的证明。■

□ 一些注释与观察

对于吉伯德-萨特思韦特定理，我们做出以下重要观察。

注释 注意，吉伯德-萨特思韦特定理不要求 X 是有限的。然而，如果 X 不是有限的，那么智能体为期望效用最大化者这个假设可能与条件 $\mathcal{R}_i = \mathcal{P}$，$\forall i \in N$ 不相容。[3] 如果 X 不是有限的，那么当 $\mathcal{R}_i$，$\forall i \in N$ 是 X 上的所有连续偏好组成的集合时，吉伯德-萨特思韦特定理仍然成立。[3]

注释 如果 $|X| = 2$，那么吉伯德-萨特思韦特定理不成立。我们在讨论例 17.1 时已经看到这一点。

注释 当 $\mathcal{R}_i = \mathcal{P}$，$\forall i \in N$，可以注意到，任何有事后效率的社会选择函数必定满足 $f(\Theta) = X$。

注释 即使条件（2）放松为 $\mathcal{P} \subset \mathcal{R}_i$，$\forall i \in N$，吉伯德-萨特思韦特定理仍成立。

注释 我们已经注意到（定义 16.5）$f: \Theta \to X$ 在 $Y \subset X$ 上是独裁的，如果存在着智能体 $d \in N$ 使得 $\forall \theta \in \Theta$，

$$u_d(f(\theta), \theta_d) \geqslant u_d(y, \theta_d) \quad \forall y \in Y$$

吉伯德-萨特思韦特定理在下列特殊情形下也成立：假设 X 是有限的，$|f(\Theta)| \geqslant 3$，$\mathcal{P} \subset \mathcal{R}_i$，$\forall i \in N$。于是，$f(\cdot)$ 是优势策略激励相容的当且仅当 $f(\cdot)$ 在 $f(\Theta)$ 上是独裁的。

肯尼斯·约瑟夫·阿罗（Kenneth Joseph Arrow）获得了 1972 年诺贝尔经济学奖，与他一起获奖的还有约翰·R. 希克斯（John R. Hicks）。获奖原因在于他们对一般均衡理论和福利理论作出了开创性的贡献。阿罗被誉为人类有史以来最有影响力的经济学家之一。阿罗在社会选择理论、一般均衡分析、内生经济增长以及信息经济学等领域都做出了开创性的贡献，这使得他成为经济学界的传奇人物。在他指导的博士研究生中，已有三位获得诺贝尔奖：约翰·海萨尼（John Harsanyi）、迈克尔·斯宾塞（Michael Spencer）、罗杰·迈尔森（Roger Myerson）。

著名的阿罗不可能性定理是他的经典著作《社会选择与个人价值》（*Social Choice*

and Individual Values，1951）中的一个著名结果，这本书是他博士论文的延伸。这个定理首次发表于《政治经济学》（*Journal of Political Economy*）期刊（1950）。阿罗定理也许是福利经济学中最重要的结果，它深刻地影响了机制设计理论。

肯尼斯·阿罗于1921年8月23日出生于纽约市。他于1951年获得哥伦比亚大学博士学位，导师为哈罗德·霍特林（Harold Hotelling）教授。他于1986年获得冯·诺依曼理论奖，2004年获得国家科学奖章，这是美国最高科学荣誉。阿罗与吉拉德·德布鲁（Gerard Debreu）在一般均衡理论上的合作成果也是一个里程碑式的结果，这一点在德布鲁获得诺贝尔奖时被特别指出。阿罗现为斯坦福大学经济学讲席教授以及运筹学荣誉退休教授。

17.4 阿罗不可能性定理

很多情形都涉及将个人偏好序加总为社会偏好序。阿罗定理是这方面的里程碑，它说明当至少存在着三个结果并且给定一些合意的假设条件时，不存在能将个人偏好序加总为社会偏好序的方法。这些合意的假设有：

- **一致同意性**（unanimity）：如果每个参与人偏好备选方案 x 胜于 y，那么社会序也偏好 x 胜于 y。
- **配对独立性**（pairwise independence）：如果每个参与人关于 x 和 y 的偏好维持不变，那么在社会偏好序中社会关于 x 和 y 的偏好也维持不变［即使参与人关于其他备选方案对（pairs）比如（x，z）、（y，z）、（z，w）的偏好发生了变化］。
- **不存在独裁者**（no dictator）：没有哪个参与人有能力完全控制社会偏好序。

阿罗不可能性定理在很多方面塑造了社会选择理论。它被广泛用于证明微观经济学的很多重要结果包括吉伯德-萨特思韦特定理。

在讨论这个结果之前，我们首先介绍一些概念。考虑智能体集 $N=\{1, 2, \cdots, n\}$ 以及结果集 X。令$\succcurlyeq_i$是智能体 i（$i\in N$）的一个理性偏好关系。例如，$\succcurlyeq_i$ 可以是效用函数 $u_i(\cdot, \theta_i)$ 诱导出的关系，其中 θ_i 是智能体 i 的某个类型。因此，每个智能体自然地与理性偏好集 $\mathscr{R}_i$ 联系在一起，其中 $\mathscr{R}_i$ 是效用函数 $u_i(\cdot, \theta_i)$ 诱导出来的，这里 $\theta_i\in\Theta_i$。

给定理性偏好关系$\succcurlyeq_i$，以$\succ_i$表示下列关系

$$(x,y)\in\succ_i \quad \text{当且仅当} \quad (x,y)\in\succcurlyeq_i \text{ 且} (y,x)\notin\succcurlyeq_i$$

我们说关系$\succ_i$是从$\succcurlyeq_i$得到的**严格全偏好关系**（strict total preference relation）。注意，如果$\succcurlyeq_i$本身是一个严格全偏好关系，那么$\succ_i=\succcurlyeq_i$。给定结果集 X，严格全偏好关系可以表示为 X 的元素的一个有序多元组。

与以前一样，令 $\mathscr{R}$ 表示 X 上的所有理性偏好关系组成的集合，$\mathscr{P}$ 表示集合 X 上所有严格全偏好关系组成的集合。令 $\mathscr{A}$ 表示 $\mathscr{R}^n$ 的任何非空子集。我们将**社会福利泛函**（social welfare functional）定义为一个从 $\mathscr{A}$ 映到 $\mathscr{R}$ 的映射。

定义 17.6（社会福利泛函） 给定 $N=\{1, 2, \cdots, n\}$、结果集 X 以及智能体的理

性偏好关系组 $\mathscr{A}$ 构成的集合，其中 $\mathscr{A}\subset\mathscr{R}^n$，**社会福利泛函**是一个映射 $W:\mathscr{A}\to\mathscr{R}$。

注意到，社会福利泛函 W 将给定的理性偏好关系组（$\succcurlyeq_1$，…，$\succcurlyeq_n$）$\in\mathscr{A}$ 加总为一个单一的理性偏好关系 $\succcurlyeq$。

例 17.2 （社会福利泛函） 在例 17.1 讨论的供应商选择问题中，$N=\{1,2\}$，$X=\{x,y,z\}$，$\Theta_1=\{a_1\}$，$\Theta_2=\{a_2,b_2\}$。效用函数为

$$u_1(x,a_1)=100;u_1(y,a_1)=50;u_1(z,a_1)=0$$
$$u_2(x,a_2)=0;u_2(y,a_2)=50;u_2(z,a_2)=100$$
$$u_2(x,b_2)=30;u_2(y,b_2)=60;u_2(z,b_2)=20$$

效用函数 u_1 导致了下列严格偏好关系

$$\succcurlyeq_{a_1}=\{x,y,z\}$$

效用函数 u_2 导致了下列严格全偏好关系：

$$\succcurlyeq_{a_2}=\{z,y,x\};\quad \succcurlyeq_{b_2}=\{y,x,z\}$$

令集合 $\mathscr{A}$ 的定义为

$$\mathscr{A}=\{(\succcurlyeq_{a_1},\succcurlyeq_{a_2}),(\succcurlyeq_{a_1},\succcurlyeq_{b_2})\}$$

这里的一个社会福利泛函是由下列式子定义的映射 W_1：

$$W_1(\succcurlyeq_{a_1},\succcurlyeq_{a_2})=(x,y,z);W_1(\succcurlyeq_{a_1},\succcurlyeq_{b_2})=(y,x,z)$$

另外一个社会福利泛函是由下列式子定义的映射 W_2：

$$W_2(\succcurlyeq_{a_1},\succcurlyeq_{a_2})=(x,y,z);W_2(\succcurlyeq_{a_1},\succcurlyeq_{b_2})=(z,y,x)$$

这里还可以定义其他几个这样的社会福利泛函，读者可以试试。□

注意，社会选择函数和社会福利泛函的区别。在社会选择函数情形下，偏好信息总结在智能体的类型中，每个类型组映射到一个社会选择函数上。另一方面，社会福利泛函将个体偏好组映射到一个社会偏好关系上。记住，智能体的类型通过效用函数确定了集合 X 上的偏好关系。

我们现在定义社会福利泛函的三个性质：一致同意性（也称为帕累托性质），配对独立性（也称为不相关方案的无关性），以及独裁性。

定义 17.7 （一致同意性） 给定社会福利泛函 $W:\mathscr{A}\to\mathscr{R}$，如果 $\forall$（$\succcurlyeq_1$，…，$\succcurlyeq_n$）$\in\mathscr{A}$ 以及 $\forall x$，$y\in X$，

$$(x,y)\in\succcurlyeq_i,\forall i\in N\Rightarrow(x,y)\in W_p(\succcurlyeq_1,\cdots,\succcurlyeq_n)$$

那么我们说社会福利函数 W 是**一致同意的**（unanimous），其中 W_p（$\succcurlyeq_1$，…，$\succcurlyeq_n$）是从 W（$\succcurlyeq_1$，…，$\succcurlyeq_n$）得到的严格偏好关系。

上面的定义意味着，对于所有备选方案对 x，$y\in X$，当每个智能体偏好 x 胜于 y 时，那么社会也（严格）偏好 x 胜于 y。

例 17.3 （一致同意性） 对于例 17.2 中的情形，回忆一下：

$$W_1(\succcurlyeq_{a_1},\succcurlyeq_{a_2})=W_1((x,y,z),(z,y,x))=(x,y,z)$$

$$W_1(\succcurlyeq_{a_1},\succcurlyeq_{b_2})=W_1((x,y,z),(y,x,z))=(y,x,z)$$

为了验证一致同意性，我们仅需要验证下列备选方案对（因为两个参与人对这些给定的方案对有相同的偏好序）：

- $(y,\ z)\in\succcurlyeq_{a_1}$，$(y,\ z)\in\succcurlyeq_{b_2}$，以及 $(y,\ z)\in W_1(\succcurlyeq_{a_1},\ \succcurlyeq_{b_2})$；
- $(x,\ z)\in\succcurlyeq_{a_1}$，$(x,\ z)\in\succcurlyeq_{b_2}$，以及 $(x,\ z)\in W_1(\succcurlyeq_{a_1},\ \succcurlyeq_{b_2})$。

因此，W_1 是一致同意的。另一方面，考虑

$$W_2((x,y,z),(z,y,x))=(x,y,z);W_2((x,y,z),(y,x,z))=(z,y,x)$$

这里，$(y,\ z)\in\succcurlyeq_{a_1}$，$(y,\ z)\in\succcurlyeq_{b_2}$，然而 $(y,\ z)\notin W_1(\succcurlyeq_{a_1},\ \succcurlyeq_{b_2})$。因此，$W_2$ 不是一致同意的。□

我们现在介绍配对独立性（pairwise independence）或称不相关方案的无关性（independence of irrelevant alternatives，IIA)。这个性质意味着社会对 x 和 y 的偏好仅取决于个人对 x 和 y 的偏好。更具体地说，给定两个偏好关系组（$\succcurlyeq_1$，…，$\succcurlyeq_n$）和（$\succcurlyeq'_1$，…，$\succcurlyeq'_n$）使得对于所有参与人 $i\in N$，方案 x 和 y 在 $\succcurlyeq_i$ 和 $\succcurlyeq'_i$ 中有相同的偏好序，那么方案 x 和 y 在 $W(\succcurlyeq_1,\ \cdots,\ \succcurlyeq_n)$ 和 $W(\succcurlyeq'_1,\ \cdots,\ \succcurlyeq'_n)$ 中也有相同的偏好序。注意，其他方案对例如（x，z）、（y，z）以及（z，w）等在这里无关紧要（这就是该性质也称为不相关方案的无关性的原因)。这个重要概念的定义如下。

定义 17.8 （配对独立性） 给定社会福利泛函 $W:\mathscr{A}\rightarrow\mathscr{R}$，如果：

$$\forall x,y\in X,\forall(\succcurlyeq_1,\cdots,\succcurlyeq_n),(\succcurlyeq'_1,\cdots,\succcurlyeq'_n)\in A \text{ 满足}$$
$$(x,y)\in\succcurlyeq_i\Leftrightarrow(x,y)\in\succcurlyeq'_i \text{ 而且} (y,x)\in\succcurlyeq_i\Leftrightarrow(y,x)\in\succcurlyeq'_i\quad\forall i\in N$$

我们有

$$(x,y)\in W(\succcurlyeq_1,\cdots,\succcurlyeq_n)\Leftrightarrow(x,y)\in W(\succcurlyeq'_1,\cdots,\succcurlyeq'_n);\text{而且}$$
$$(y,x)\in W(\succcurlyeq_1,\cdots,\succcurlyeq_n)\Leftrightarrow(y,x)\in W(\succcurlyeq'_1,\cdots,\succcurlyeq'_n)$$

那么我们说社会福利泛函 W 满足**配对独立性**（pairwise independence）或称**不相关方案的无关性**（independence of irrelevant alternatives，IIA)。

例 17.4 （配对独立性） 考虑前面的例子，令

$$W_3(\succcurlyeq_{a_1},\succcurlyeq_{a_2})=W_3((x,y,z),(z,y,x))=(x,y,z)$$
$$W_3(\succcurlyeq_{a_1},\succcurlyeq_{b_2})=W_3((x,y,z),(y,x,z))=(y,z,x)$$

在这里，智能体 1 在两个偏好关系组中都偏好 x 胜于 y，但智能体在这两个偏好关系组中都偏好 y 胜于 x。然而，在第一种情形下，社会偏好 x 胜于 y；在第二种情形下，社会偏好 y 胜于 x。因此，社会对 x 和 y 的偏好不仅仅取决于个人对 x 和 y 的偏好。这表明社会福利泛函 W_3 不是配对独立的。另一方面，考虑

$$W_4((x,y,z),(z,y,x))=(x,y,z)$$
$$W_4((x,y,z),(y,x,z))=(z,x,y)$$

所定义的社会福利泛函 W_4。可以验证，W_4 满足配对独立性。□

配对独立性是一个非常合意的性质，因为它保证了社会对任何一对方案 x 和 y 的

偏好序，不以任何方式取决于 x 和 y 之外的方案，也不以任何方式取决于 x 和 y 之外方案在个人偏好中的相对位置。其次，配对独立性与本章前面介绍的弱偏好反转性质相连。记住，弱偏好反转性质对于保证社会选择函数的优势策略激励相容性至关重要。最后，配对独立性导致了社会排序问题的一种自然分解。例如，如果我们想确定社会对 Y（这里 $Y \subset X$）中方案的偏好序，那么我们不需要考虑个人对集合 $X \setminus Y$ 中方案的偏好。

接下来，我们介绍独裁性，也就是说，存在着一个操纵一切的参与人（称为独裁者）：社会偏好序总是与独裁者的偏好序相同。换句话说，独裁者的偏好总是压倒性的。显然，我们希望社会福利泛函不是独裁的。

定义 17.9 （独裁） 给定社会福利泛函 $W: \mathscr{A} \to \mathscr{R}$，如果存在着一个智能体 $d \in N$（称为独裁者）使得 $\forall x$，$y \in X$ 以及 $\forall (\succcurlyeq_1, \cdots, \succcurlyeq_n) \in \mathscr{A}$，我们有

$$(x,y) \in \succcurlyeq_d \Rightarrow (x,y) \in W_p(\succcurlyeq_1, \cdots, \succcurlyeq_n)$$

那么我们说社会福利泛函 W 是**独裁的**（dictatorship）。

这表示当独裁者偏好 x 胜于 y 时，社会也偏好 x 胜于 y，无论其他智能体的偏好是怎样的。不存在独裁者的社会福利泛函称为非独裁的。

例 17.5 （独裁） 考虑社会福利泛函

$$W_5((x,y,z),(z,y,x)) = (x,y,z)$$
$$W_5((x,y,z),(y,x,z)) = (x,y,z)$$

显然，智能体 1 是一个独裁者。另一方面，社会福利泛函

$$W_3((x,y,z),(z,y,x)) = (x,y,z)$$
$$W_3((x,y,z),(y,x,z)) = (y,z,x)$$

不是独裁的。□

社会计划者的梦想是实施一个满足一致同意性、配对独立性和非独裁性的社会福利泛函。遗憾的是，当智能体的偏好关系组是**丰富的**（rich），这个梦想属于不可能情形范畴。这就是阿罗不可能性定理的本质。我们现在给出这个定理。

定理 17.2 （阿罗不可能性定理） 假设

（1） $|X| \geqslant 3$，

（2） $\mathscr{A} = \mathscr{R}^n$ 或 $\mathscr{A} = \mathscr{P}^n$，

那么每个满足一致同意性和配对独立性的社会福利泛函 $W: \mathscr{A} \to \mathscr{R}$ 是独裁的。

阿罗在文献[4]中提出了这个定理，后来在文献[5]中给出了详尽证明。对于阿罗定理的证明，我们推荐读者参考 Mas-Colell，Whinston，and Green[3] 中的命题 21. C. 1。阿罗不可能性定理可用图 17—2 表示。集合 P 表示所有帕累托或称一致同意的社会福利泛函组成的集合。集合 IIA 表示所有满足不相关方案无关性（或称配对独立性）的社会福利泛函组成的集合。此图表明集合 P 与 IIA 的交集必然是 D 的子集，这里 D 表示所有社会福利泛函组成的集合。

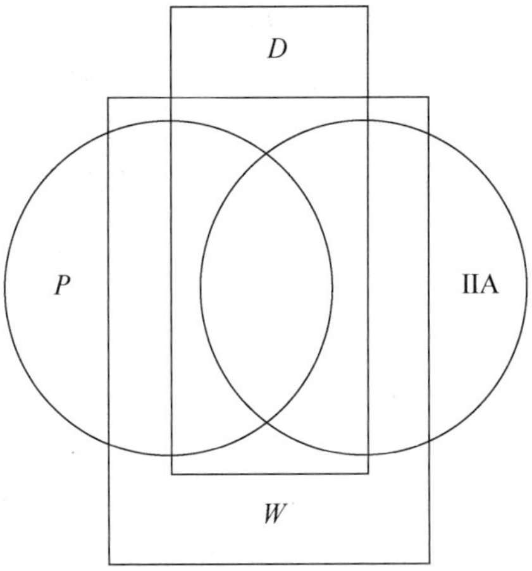

图 17—2　阿罗不可能性定理的图示

$\mathscr{W}$：$\mathscr{A}=\mathscr{R}^n$ 或 $\mathscr{A}=\mathscr{P}^n$ 的所有社会福利泛函组成的集合；P：所有帕累托的或称一致同意的社会福利泛函组成的集合；IIA：所有满足不相关方案无关性或称配对独立性的社会福利泛函组成的集合；D：独裁社会福利泛函。

吉伯德-萨特思韦特定理与阿罗不可能性定理紧密相连。社会福利泛函的一致同意性与社会选择函数的事后效率紧密相连。社会福利泛函的独裁性与社会选择函数的独裁性紧密相连。社会福利泛函的配对独立性通过弱偏好反转性质和单调性与社会选择函数的优势策略相容性紧密相连。我们不再详细讨论这些议题。感兴趣的读者可以参考 Mas-Colell，Whinston，and Green[3]（第 21 章和第 23 章）。

在本节最后，我们给出阿罗不可能性定理的一个推论，这个推论在证明吉伯德-萨特思韦特定理时非常有用。这个推论就是 Mas-Colell，Whinston，and Green[3] 中的命题 21. E. 1。

命题 17. 3　假设 $|X|\geqslant 3$ 而且可行偏好定义域为 $\mathscr{A}=\mathscr{R}^n$ 或 $\mathscr{A}=\mathscr{P}^n$。于是，每个弱帕累托的且单调的社会选择函数 $f:\mathscr{A}\to X$ 是独裁的。

17. 5　小结与参考文献

吉伯德-萨特思韦特定理表明当（a）结果集为有限集而且至少含有三个元素，（b）结果上的所有可能的严格偏好对每个智能体都是可及的，（c）社会选择函数产生了每个可能结果时，优势策略激励相容只能通过独裁的社会选择函数实现。在表面上，这个定理显然给了机制设计者当头一棒。然而，通过仔细考察该定理成立所要求的条件，机制设计研究者已经挖掘出很多有趣的可能性：

- 将偏好限制在拟线性环境，可得到著名的维克瑞-克拉克-格罗夫斯（Vickrey-Clarke-Groves，VCG）机制，这种机制能在一般的现实情形下实施优势策略激励相容性和配置效率性。
- 将优势策略激励相容（DSIC）放松为贝叶斯激励相容（BIC），可得到多种贝叶斯机制，例如 dAGVA 机制，该机制满足贝叶斯激励相容性、配置效率性以及严格预算平衡性。

阿罗不可能性定理比吉伯德-萨特思韦特定理早出现了将近二十年，它为吉伯德-萨特思韦特定理的证明提供了技术工具。阿罗不可能性定理广泛存在于社会选择理论中，它表明在类似条件下，一致同意性与不相关方案的无关性不可能与非独裁性共存。

吉伯德-萨特思韦特定理和阿罗不可能性定理有多种证明方法。本章提供的证明参考了 Mas-Colell，Whinston，and Green[3]。关于吉伯德-萨特思韦特定理简练而直接的证明，读者可以参考 Sen[6]。

□ 参考文献

[1] A. Gibbard. "Manipulation of voting schemes". In：*Econometrica* 41 (1973)，pp. 587–601.

[2] M. A. Satterthwaite. "Strategy-proofness and Arrow's conditions：Existence and correspondence theorem for voting procedure and social welfare functions". In：*Journal of Economic Theory* 10 (1975)，pp. 187–217.

[3] Andreu Mas-Colell，Michael D. Whinston，and Jerry R. Green. *Microeconomic Theory*. Oxford University Press，1995.

[4] Kenneth J. Arrow. "A difficulty in the concept of social welfare". In：*Journal of Political Economy* 58 (4) (1950)，pp. 328–346.

[5] Kenneth J. Arrow. *Social Choice and Individual Values*. Yale University Press，1951.

[6] Arunava Sen. "Another direct proof of the Gibbarad-Satterthwaite theorem". In：*Economics Letters* 70 (2001)，pp. 381–385.

第 18 章 维克瑞-克拉克-格罗夫斯机制

维克瑞-克拉克-格罗夫斯机制（Vickrey-Clarke-Groves mechanisms，VCG）是一类被广泛研究的伴随**货币的机制**。这类机制是在放松吉伯德-萨特思韦特定理其中一个必要条件的基础上得到的。VCG 机制使用了限制性较强的环境，即**拟线性环境**（quasilinear environment），在这种情形下，任何社会选择函数都不是独裁的，而且机制可以漂亮地分解为配置规则和支付规则。另外，事后效率性质可以分解为两个性质：一是**配置效率**（allocative efficiency，配置规则的性质）；二是**严格预算平衡**（strict budget balance，支付规则的性质）。VCG 机制是合意的，因为它们满足配置效率以及优势策略激励相容。本章首先讨论拟线性环境，然后讨论**格罗夫斯机制**（Groves mechanisms，这是 VCG 机制类中最具一般性的机制）。接下来，我们讨论**克拉克机制**（Clarke mechanism，也称关键人机制），维克瑞机制是克拉克机制的一种特殊情形。我们还用一些例子说明 VCG 机制。

18.1 拟线性环境

在拟线性环境中，结果 $x\in X$ 是一个向量形式，$x=(k, t_1, \cdots, t_n)$，其中 k 是集合 K 的元素，集合 K 称为**项目选择集**（set of project choices）或**项目配置集**（set of project allocations）。通常假设集合 K 为有限的。$t_i\in \mathbb{R}$ 项代表转移给智能体 i 的钱数。如果 $t_i>0$，按照惯例，这表示智能体 i 得到了 t_i 的钱数；如果 $t_i<0$，这表示智能体 i 支付 $|t_i|$ 的钱数。需要注意，任一结果 x 都被分成两个部分：一是配置部分，即 k；二是支付部分，即 t_1，…，t_n。因此，备选方案集 X 为

$$X=\{(k,t_1,\cdots,t_n):k\in K;t_i\in \mathbb{R};\forall i\in N\}$$

通常，在我们考察的系统中，智能体没有外部融资渠道，而且我们隐含地假设：

$$\sum_{i\in N} t_i \leqslant 0$$

这个条件称为**弱预算平衡**（weak budget balance）。在这个条件下，备选方案集变为

$$X = \left\{(k,t_1,\cdots,t_n):k \in K;t_i \in \mathbb{R};\forall i \in N;\sum_{i\in N} t_i \leqslant 0\right\}$$

在拟线性环境下，社会选择函数 $f:\Theta \to X$ 的结果采取如下形式：$f(\theta)=(k(\theta), t_1(\theta), \cdots, t_n(\theta))$。其中，对于每个 $\theta\in\Theta$，我们有 $k(\theta)\in K$。如果弱预算平衡得以满足，我们还有 $\sum_i t_i(\theta) \leqslant 0, \forall \theta \in \Theta$。

注释　我们说明符号 k 和 $k(\theta)$ 以及 t_i 和 $t_i(\theta)$ 的用法。如果类型组 θ 是隐含但又是明确的，我们使用 k 和 t_i。然而，当 θ 必须出现时，我们使用 $k(\theta)$ 和 $t_i(\theta)$。注意，$k(\cdot)$ 是一个从 Θ 到 K 的映射，而 $t_i(\cdot)$ 是一个从 Θ 到 $\mathbb{R}$ 的映射，$i=1$，…，n。

对于这种环境下的直接显示机制 $\mathscr{D}=((\Theta_i)_{i\in N}, f(\cdot))$，智能体 i 的效用函数取拟线性形式

$$u_i(x,\theta_i)=u_i((k,t_1,\cdots,t_n),\theta_i)=v_i(k,\theta_i)+m_i+t_i$$

其中，m_i 是智能体 i 的初始货币禀赋，函数 $v_i(\cdot, \cdot)$ 称为智能体 i 的价值函数或**评价函数**（valuation function）。

回顾我们对机制设计环境的讨论（第 16 章）：我们假设效用函数 $u_i(\cdot)$ 是共同知识。在拟线性环境下，这意味着对于任何智能体 i 的任何给定类型 θ_i，社会计划者和每个其他智能体 j 能设法知道函数 $v_i(\cdot, \theta_i)$、$t_i(\theta)$ 以及 m_i。

拟线性环境的直接例子包括我们以前讨论过的很多例子，例如第一价格密封拍卖和第二价格密封拍卖（例 14.4）、双边交易（例 14.6）以及公共项目问题（例 14.7），等等。在拟线性环境下，我们可以定义社会选择函数的两个重要性质，即配置效率和预算平衡。

□ 配置效率

配置效率是拟线性环境下配置函数 $k(\cdot)$ 的性质。

定义 18.1　（配置效率） 给定社会选择函数 $f(\cdot)=(k(\cdot), t_1(\cdot), \cdots, t_n(\cdot))$，如果对于每个 $\theta\in\Theta$，$k(\theta)$ 满足下列条件

$$k(\theta) \in \underset{k\in K}{\operatorname{argmax}} \sum_{i=1}^{n} v_i(k,\theta_i)$$

或等价地满足

$$\sum_{i=1}^{n} v_i(k(\theta),\theta_i) = \max_{k\in K} \sum_{i=1}^{n} v_i(k,\theta_i)$$

那么我们说社会选择函数 $f(\cdot)$ 有**配置效率**（allocative efficiency，AE）。

上面的定义意味着对于每个 $\theta\in\Theta$，配置 $k(\theta)$ 使得智能体的价值之和最大。换句话说，每个配置都是价值最大化的配置，或者说，商品配置给对该商品评价最高的智能体。这个性质对于任何社会选择函数来说都是极其合意的。通常，我们用符号 $k^*(\cdot)$ 表示满足式（18.1）的函数 $k(\cdot)$，用来表明它使得所有配置的总评价最大。

注释 上面的定义隐含地假设对于任何给定的 $\theta \in \Theta$，函数 $\sum_{i=1}^{n} v_i(\cdot, \theta_i): K \to \mathbb{R}$ 在集合 K 上实现了一个最大值。

例 18.1 （公共项目问题） 在某公共项目问题中，$N=\{1, 2\}$。令公共项目的成本为 50 元。令两个智能体的类型集为 $\Theta_1=\Theta_2=\{20, 60\}$。每个智能体要么有低的支付意愿（20 元），要么有高的支付意愿（60 元）。令项目选择集为 $K=\{0, 1\}$，其中 1 表示项目上马，0 表示项目不上马。

假设如果 $K=1$，那么这两个智能体均摊项目成本，即每个人支付 25 元。如果 $K=0$，由于项目不上马，智能体不需要支付钱。考虑价值函数（评价函数）

$$v_i(k, \theta_i) = k(\theta_i - 25)$$

这表示，若 $k=0$，则智能体 i 得到零价值；若 $k=1$，则智能体 i 得到的价值是他的支付意愿减去 25。定义下列配置函数：

$$\begin{aligned} k(\theta_1, \theta_2) &= 0 \quad 若\ \theta_1=\theta_2=20 \\ &= 1 \quad 其他情形 \end{aligned}$$

这表示项目上马仅当至少其中一个智能体有高支付意愿。这个社会选择函数是有配置效率的，这一点可从表 18—1 看出。表 18—1 给出了智能体在不同类型组情形下得到的价值，其中第二列给出了 k 的实际值。□

表 18—1　　当 $v_i(k, \theta_i)=k(\theta_i-25)$ 时，各个不同类型组得到的价值

(θ_1, θ_2)	k	$v_1(k, \theta_1)$ 当 $k=0$ 时	$v_2(k, \theta_2)$ 当 $k=0$ 时	$v_1(k, \theta_1)$ 当 $k=1$ 时	$v_2(k, \theta_2)$ 当 $k=1$ 时
(20，20)	0	0	0	−5	−5
(20，60)	1	0	0	−5	35
(60，20)	1	0	0	35	−5
(60，60)	1	0	0	35	35

例 18.2 （没有配置效率的社会选择函数） 令评价函数 v 的定义为

$$v_i(k, \theta_i) = k\theta_i, i=1,2$$

对于上面的函数，例 18.1 中的配置函数 k 没有配置效率。各个类型组下的价值如表 18—2 所示。

表 18—2　　当 $v_i(k, \theta_i)=k\theta_i$ 时，各个不同类型组得到的价值

(θ_1, θ_2)	k	$v_1(k, \theta_1)$ 当 $k=0$ 时	$v_2(k, \theta_2)$ 当 $k=0$ 时	$v_1(k, \theta_1)$ 当 $k=1$ 时	$v_2(k, \theta_2)$ 当 $k=1$ 时
(20，20)	0	0	0	20	20
(20，60)	1	0	0	20	60
(60，20)	1	0	0	60	20
(60，60)	1	0	0	60	60

如果类型组为（20，20），配置为 $k=0$，因此配置的总价值为 0。然而，当配置为 $k=1$ 时，总价值为 40。这立即表明 k 没有配置效率。□

□ 预算平衡

预算平衡是拟线性环境下支付函数 $t_1(\cdot)$，…，$t_n(\cdot)$ 的性质。

定义 18.2 （预算平衡） 给定社会选择函数 $f(\cdot)=(k(\cdot), t_1(\cdot), \cdots, t_n(\cdot))$，如果对于每个 $\theta\in\Theta$，$t_1(\theta)$，…，$t_n(\theta)$ 满足下列条件

$$\sum_{i\in N} t_i(\theta) = 0 \tag{18.1}$$

那么，我们说社会选择函数 $f(\cdot)$ 是**预算平衡的**（budget balanced，BB）。

按照惯例，这个性质称为**强预算平衡**（strong budget balance，SBB）。类似地，**弱预算平衡**（weak budget balance，WBB）是指

$$\sum_{i\in N} t_i(\theta) \leqslant 0$$

在本书中，我们所说的预算平衡（BB）是指强预算平衡。

预算平衡保证了总收入等于总支出。这表示系统是封闭的，没有盈余也没有亏损。弱预算平衡性质表示总支出大于或等于总收入。假设我们有一个双边交易系统，这个系统有一组卖者和一组买者，买者用钱换卖者的物。假设 $t_i(\theta)$ 是智能体 i（$i=1, 2, \cdots, n$）在其类型为 θ 时得到的钱数。这里有三种可能性。

严格预算平衡

严格预算平衡或称强预算平衡，是指所有智能体在所有类型组中的所有货币转移之和等于零。这表示智能体得到的钱数之和等于智能体支付的钱数之和。这是一个合意的情形，因为在这种情形下，没有盈余也没有亏损。这样的交易制度能独立运行（事实上，它以完全自治的方式运行）。

弱预算平衡

弱预算平衡是指所有智能体在所有类型组中的所有货币转移之和小于或等于零。这表示智能体支付的钱数之和不大于他们得到的钱数之和。此时，这个系统有盈余。这个盈余可由运营该系统（交易制度）的市场创立者或经纪人获得。

预算不平衡

预算不平衡指至少在一个类型组下，智能体支付的钱数之和严格小于智能体得到的钱数之和。因此，这个系统有亏损。在这种情形下，为了维持预算平衡，必须有外部机构弥补这个亏损。这是我们试图避开的情形。一般来说，预算平衡性质必须根据具体制度架构进行详细解释。

注释 在本章，我们假设可行结果集为

$$X = \left\{(k, t_1, \cdots, t_n): k \in K; t_i \in \mathbb{R}; \forall i \in N; \sum_{i\in N} t_i \leqslant 0\right\}$$

因此，本章讨论的所有社会选择函数都是弱预算平衡的。在下一章（第 19 章），我们讨论的社会选择函数未必是弱预算平衡的。

□ 拟线性的重要结果

我们现在证明拟线性的两个结果：

- 在拟线性环境下不存在独裁的社会选择函数。
- 在拟线性环境下，事后效率等价于有预算平衡的配置效率。

第一个引理给出了拟线性环境下关于社会选择函数的一个重要事实。这个事实让我们能够绕开吉伯德-萨特思韦特定理（定理17.1）中条件（2）造成的不可能情形。

引理 18.1 在拟线性环境下，任何含有至少两个智能体的社会选择函数都不是独裁的。

证明： 反证法。假设在拟线性环境下，社会选择函数 $f(\cdot)$ 是独裁的。这意味着存在一个独裁者比如 $d\in N$，使得对于每个 $\theta\in\Theta$，我们有

$$u_d(f(\theta),\theta_d)\geqslant u_d(x,\theta_d)\quad \forall x\in X$$

由于环境是拟线性的，我们有

$$u_d(f(\theta),\theta_d)=v_d(k(\theta),\theta_d)+t_d(\theta)$$

由于我们当前假设社会选择函数是弱预算平衡的（参见前面的注释），因此给定$\theta\in\Theta$，这里只有两种可能：智能体的支付之和要么等于零，要么小于零。考虑下列备选方案 $x\in X$：

$$x=\begin{cases}\left(k(\theta),(t_i=t_i(\theta))_{i\neq d},t_d=t_d(\theta)-\sum_{i=1}^{n}t_i(\theta)\right):\sum_{i=1}^{n}t_i(\theta)<0\\ (k(\theta),(t_i=t_i(\theta))_{i\neq d,j},t_d=t_d(\theta)+\varepsilon,t_j=t_j(\theta)-\varepsilon):\sum_{i=1}^{n}t_i(\theta)=0\end{cases}$$

其中：$\varepsilon>0$ 是任一实数，j 是独裁者 d 之外的任何智能体。容易验证，对于上面的结果 x，我们有 $u_d(x,\theta_d)>u_d(f(\theta),\theta_d)$，这与我们一开始的假设（$d$ 是一个独裁者）矛盾。■

我们再次强调，配置效率是配置函数的性质，而预算平衡是支付函数的性质。如果环境是拟线性的，那么这两个性质一起等价于事后效率。下面的引理说明了这个结果。

引理 18.2 在拟线性环境下，社会选择函数 $f(\cdot)=(k(\cdot),t_1(\cdot),\cdots,t_n(\cdot))$ 有事后效率，当且仅当 $f(\cdot)$ 有配置效率而且是预算平衡的。

证明： 假设 $f(\cdot)=(k(\cdot),t_1(\cdot),\cdots,t_n(\cdot))$ 有配置效率而且是预算平衡的。这意味着对于任何 $\theta\in\Theta$，我们有

$$\begin{aligned}\sum_{i=1}^{n}u_i(f(\theta),\theta_i)&=\sum_{i=1}^{n}v_i(k(\theta),\theta_i)+\sum_{i=1}^{n}t_i(\theta)\\&=\sum_{i=1}^{n}v_i(k(\theta),\theta_i)+0\\&\geqslant\sum_{i=1}^{n}v_i(k,\theta_i)+\sum_{i=1}^{n}t_i;\ \forall x=(k,t_1,\cdots,t_n)\in X\\&=\sum_{i=1}^{n}u_i(x,\theta_i);\ \forall x=(k,t_1,\cdots,t_n)\in X\end{aligned}$$

也就是说，如果社会选择函数有配置效率而且是预算平衡的，那么对于智能体的任何类

型组 $\theta \in \Theta$，社会选择函数选定的结果将是使所有智能体在任何配置下的总效用最大的那个结果。这自动意味着社会选择函数有事后效率（参见命题 16.1）。

为了证明另外一个方向上的结论，我们分两步走。第一步，证明如果 $f(\cdot)$ 没有配置效率，那么它不可能有事后效率；第二步，证明如果 $f(\cdot)$ 不是预算平衡的，那么它不可能有事后效率。这两个事实一起意味着如果 $f(\cdot)$ 有事后效率，那么它必定有配置效率而且是预算平衡的，这样我们就完成了该引理的证明。

第一步，假设 $f(\cdot)$ 没有配置效率。这意味着存在 $\theta \in \Theta$ 与 $k' \in K$ 使得

$$\sum_{i=1}^{n} v_i(k',\theta_i) > \sum_{i=1}^{n} v_i(k(\theta),\theta_i)$$

这意味着至少存在一个智能体 j 使得 $v_j(k', \theta_i) > v_j(k(\theta), \theta_i)$。现在考虑备选方案 x：

$$(k',(t_i = t_i(\theta) + v_i(k(\theta),\theta_i) - v_i(k',\theta_i))_{i \neq j}, t_j = t_j(\theta) + v_j(k(\theta),\theta_j) - v_j(k',\theta_j) + \varepsilon)$$

其中 $\varepsilon > 0$。容易验证我们有 $u_i(x, \theta_i) = u_i(f(\theta), \theta_i)$，$\forall i \neq j$ 以及 $u_j(x, \theta_j) > u_j(f(\theta), \theta_j)$，这意味着 $f(\cdot)$ 没有事后效率。

第二步，假设 $f(\cdot)$ 不是预算平衡的。这表示存在着至少一个智能体 j 使得 $t_j(\theta) < 0$。我们考虑下面的备选方案 x：

$$x = (k',(t_i = t_i(\theta))_{i \neq j}, t_j = t_j(\theta) + \varepsilon)$$

容易验证对于上面的备选方案 x，我们有

$$u_i(x,\theta_i) = u_i(f(\theta),\theta_i), \forall i \neq j \text{ 以及 } u_j(x,\theta_j) > u_j(f(\theta),\theta_j)$$

这意味着 $f(\cdot)$ 没有事后效率。这样，我们就完成了该引理的证明。■

根据引理 18.1 可知，社会计划者不需要担心拟线性环境下社会选择函数存在独裁者问题，他只需要考察是否存在同时满足事后效率（EPE）与优势策略激励相容（DSIC）的社会选择函数即可。另外，根据引理 18.2 可知，社会计划者可寻找满足配置效率（AE）、强预算平衡（SBB）和优势策略激励相容（DSIC）的社会选择函数。再一次地，问题出现了：是否存在同时满足 AE、SBB 和 DSIC 的社会选择函数？我们在下面几节讨论这个问题以及其他相关问题。

威廉·维克瑞（William Vickrey）是著名的**维克瑞拍卖**的创造者，它被视为拍卖设计的重大突破。维克瑞在他的经典论文《反投机、拍卖与竞争性的密封投标》（Counterspeculation, Auctions, and Competitive Sealed Tenders；载于《金融学》期刊，1961 年）中证明：第二价格密封拍卖是优势策略激励相容的。这个结果第一次说明博弈论在拍卖设计中的价值。除了维克瑞拍卖之外，他还发现了收入等价理论的早期版本，这是拍卖理论的一个重要结果。

维克瑞对拥挤定价也做出了开创性贡献，他将道路和服务的定价视为对过度需求的一种自然管制方法。他的这一思想后来被运用到伦敦市的交

通实践中。维克瑞与詹姆斯·A. 莫里斯（James A. Mirrlees）一起获得了1996年诺贝尔经济学奖，因为他们对信息不对称下的激励理论作出了基础性的贡献。然而，在诺贝尔奖公布三天之后，即1996年10月11日，维克瑞去世了。

维克瑞1914年6月21日出生于加拿大维多利亚市。他于1948年获得哥伦比亚大学博士学位。他的博士论文《论累进税》（Agenda for Progressive Taxation）被视为该领域的开创性成果。维克瑞从1946年起就任教于哥伦比亚大学直到1982年退休。

爱德华·克拉克（Edward Clarke）是美联邦行政管理和预算局（信息与管制事务局）的一名杰出的高级经济师，这些部门主要从事交通管制事务。克拉克本科毕业于普林斯顿大学，在芝加哥大学获得硕士（MBA）和博士（1978年）学位。他先后在市/区（芝加哥）、州、联邦和国际部门从事公共政策研究工作。

在公共经济学领域，他提出了公共项目选择的需求显示机制；诺贝尔奖委员会在给维克瑞颁发诺奖时指出了这一点。克拉克的论文《公共物品的多部分定价》（Multi-part Pricing of Public Goods，载于《公共选择》期刊，1971年）是机制设计领域的一篇经典之作。在VCG机制中，克拉克机制是一种自然而流行的方法。

在著名的VCG机制中，西奥多·格罗夫斯（Theodore Groves）机制最具一般性。在经典论文《团队激励》（Incentives in Teams，载于《计量经济学》期刊，1973年）中，他提出了一类满足配置效率和优势策略相容性的机制。

格罗夫斯机制推广了克拉克机制（1971年提出），这又推广了维克瑞拍卖（1961年提出）。格罗夫斯获得了加州大学伯克利分校的经济学博士学位，他目前任教于加州大学圣地亚哥分校。

18.2 格罗夫斯机制

本节的主要结果是在拟线性环境下存在着同时满足配置效率和优势策略激励相容的社会选择函数。它们一般被称为维克瑞-克拉克-格罗夫斯（VCG）机制。

VCG机制是以他们的发现者威廉姆·维克瑞（William Vickrey）、爱德华·克拉克（Edward Clarke）以及西奥多·格罗夫斯（Theodore Groves）的名字命名的。维克瑞于 1961 年首先引入了著名的维克瑞拍卖（第二价格密封拍卖）[1]。直到今天，维克瑞拍卖在机制设计中仍有特殊位置。克拉克[2]与格罗夫斯[3]将维克瑞拍卖一般化，并且在拟线性环境下定义了一大类优势策略激励相容机制。在拟线性机制中，迄今为止，VCG 机制的使用最为广泛。原因不仅在于它们在数学上很优雅，更在于它们满足了现实应用环境要求的很强的性质。

□ 格罗夫斯定理

在拟线性环境下，有配置效率的社会选择函数何时是优势策略相容的？下列著名结果为这个问题提供了充分条件。我们将这个定理称为格罗夫斯定理。这个定理是机制设计理论的里程碑之一。

定理 18.1 （格罗夫斯定理） 令社会选择函数 $f(\cdot)=(k^*(\cdot), t_1(\cdot), \cdots, t_n(\cdot))$ 有配置效率，如果它满足下列支付结构［格罗夫斯支付（激励）规则］：

$$t_i(\theta_i,\theta_{-i}) = \Big[\sum_{j\neq i} v_j(k^*(\theta),\theta_j)\Big]+h_i(\theta_{-i}) \quad \forall i=1,\cdots,n \tag{18.2}$$

其中 $h_i:\Theta_{-i}\to\mathbb{R}$ 是任意函数。那么 $f(\cdot)$ 是优势策略激励相容的。

证明： 反证法。假设 $f(\cdot)$ 满足配置效率和格罗夫斯支付结构，但不是优势策略激励相容的（DSIC）。这意味着 $f(\cdot)$ 不满足 DSIC 的下列必要充分条件：

$$u_i(f(\theta_i,\theta_{-i}),\theta_i)\geqslant u_i(f(\theta_i',\theta_{-i}),\theta_i) \quad \forall \theta_i'\in\Theta_i, \forall\theta\in\Theta, \forall\theta_{-i}\in\Theta_{-i}, \forall i\in N$$

这意味着至少存在一个智能体使得对他来说上式不成立。令这个智能体为 i。也就是说，对于智能体 i，对于某个 $\theta_i\in\Theta_i$、$\theta_{-i}\in\Theta_{-i}$以及某个 $\theta_i'\in\Theta_i$，

$$u_i(f(\theta_i',\theta_{-i}),\theta_i)>u_i(f(\theta_i,\theta_{-i}),\theta_i)$$

将上面的 u_i 表达式展开，可知：对于智能体 i，存在着 $\theta_i\in\Theta_i$、$\theta_i'\in\Theta_i$、$\theta_{-i}\in\Theta_{-i}$使得

$$v_i(k^*(\theta_i',\theta_{-i}),\theta_i)+t_i(\theta_i',\theta_{-i})+m_i>v_i(k^*(\theta_i,\theta_{-i}),\theta_i)+t_i(\theta_i,\theta_{-i})+m_i$$

记住格罗夫斯支付结构：

$$t_i(\theta_i,\theta_{-i}) = \Big[\sum_{j\neq i} v_j(k^*(\theta_i,\theta_{-i}),\theta_j)\Big]+h_i(\theta_{-i})$$
$$t_i(\theta'_i,\theta_{-i}) = \Big[\sum_{j\neq i} v_j(k^*(\theta'_i,\theta_{-i}),\theta_j)\Big]+h_i(\theta_{-i})$$

代入前面的展开式，可得

$$v_i(k^*(\theta_i',\theta_{-i}),\theta_i)+\sum_{j\neq i}v_j(k^*(\theta_i',\theta_{-i}),\theta_j) > v_i(k^*(\theta_i,\theta_{-i}),\theta_i)+\sum_{j\neq i}v_j(k^*(\theta_i,\theta_{-i}),\theta_j)$$

这意味着

$$\sum_{i=1}^{n} v_i(k^*(\theta'_i,\theta_{-i}),\theta_i) > \sum_{i=1}^{n} v_i(k^*(\theta_i,\theta_{-i}),\theta_i)$$

上式与 $f(\cdot)$ 有配置效率相矛盾。这样，我们就完成了证明。■

下面是格罗夫斯定理的一些直接且有趣的含义。

注释 给定智能体 $j \neq i$ 报告的类型 θ_{-i}，转移给智能体 i 的钱数仅取决于他通过项目选择 $k^*(\theta_i, \theta_{-i})$ 报告的类型 θ_i。

注释 当智能体 i 的类型从 θ_i 变为 θ'_i时，他的货币转移的变化（即 $t_i(\theta_i, \theta_{-i}) - t_i(\theta'_i, \theta_{-i})$）等于相应项目选择变化对所有其他智能体的总评价的影响。也就是说，

$$t_i(\theta_i,\theta_{-i}) - t_i(\theta'_i,\theta_{-i}) = \sum_{j \neq i} [v_j(k^*(\theta_i,\theta_{-i}),\theta_j) - v_j(k^*(\theta'_i,\theta_{-i}),\theta_j)]$$

换句话说，转移给智能体 i 钱数的变化反映了他施加在其他智能体身上的**外部性**（externality）。*

下面我们介绍**格罗夫斯机制**（Groves Mechanism），它源于格罗夫斯定理。所谓格罗夫斯机制是一种直接显示机制，此时被实施的社会选择函数有配置效率而且满足格罗夫斯支付规则。正式定义如下。

定义 18.3 （格罗夫斯机制） 给定直接显示机制 $\mathscr{D}=((\Theta_i)_{i \in N}, f(\cdot))$，若该机制中的 $f(\cdot)=(k(\cdot), t_1(\cdot), \cdots, t_n(\cdot))$ 满足配置效率式（18.1）以及格罗夫斯支付规则式（18.2），则 $\mathscr{D}$ 称为一个格罗夫斯机制。

在机制设计领域，格罗夫斯机制通常指维克瑞-克拉克-格罗夫斯（VCG）机制，这是因为克拉克机制是格罗夫斯机制的一种特殊情形，而维克瑞机制又是克拉克机制的一种特殊情形。稍后我们将讨论这个关系。

格罗夫斯定理为下列问题提供了充分条件：有配置效率的社会选择函数何时是优势策略激励相容的（DSIC）。我们也对这个问题的必要条件感兴趣。下列定理，即格林-拉丰第一特征定理（first characterization theorem of Green-Laffont）为此提供了必要条件（Green and Laffont[4]）。在这个定理中，我们令 $\mathscr{F}$ 表示所有可能函数 $f: K \to \mathbb{R}$ 组成的集合。

定理 18.2 （格林-拉丰第一特征定理） 假设对于每个智能体 $i \in N$ 都有 $\{v_i(\cdot, \theta_i): \theta_i \in \Theta_i\} = \mathscr{F}$，也就是说，每个可能的评价函数 $f: K \to \mathbb{R}$ 都对应着某个 $\theta_i \in \Theta_i$。于是，任何有配置效率的社会选择函数 $f(\cdot)$ 是优势策略激励相容的，当且仅当 $f(\cdot)$ 满足格罗夫斯支付规则（18.2）。

注意，在上面的定理中，每个可能的函数 $f: K \to \mathbb{R}$ 都对应着某个 $\theta_i \in \Theta_i$。在下列特征定理（Green and Laffont[4]）中，$\mathscr{F}$ 被换为 $\mathscr{F}_c$，其中 $\mathscr{F}_c$ 表示所有可能的**连续**函数 $f: K \to \mathbb{R}$ 组成的集合。

定理 18.3 （格林-拉丰第二特征定理） 假设对于每个智能体 $i \in N$ 都有 $\{v_i(\cdot, \theta_i): \theta_i \in \Theta_i\} = \mathscr{F}_c$，也就是说，每个可能的连续评价函数 $f: K \to \mathbb{R}$ 都对应着某个 $\theta_i \in \Theta_i$。于是，任何有配置效率的社会选择函数 $f(\cdot)$ 是优势策略激励相容的，当且仅当 $f(\cdot)$ 满足格罗夫斯支付规则式（18.2）。

---

* 注意，本书对 t_i 用了多种称呼，比如"智能体 i 得到的钱数""转移给智能体 i 的钱数""智能体 i 的货币转移"等，但它们的意思是一样的，读者记住下面一点即可：$x \in X$ 可正可负，$t_i > 0$ 表示智能体 i 得到的钱数，$t_i < 0$ 表示智能体 i 支付的钱数。——译者注

18.3 克拉克机制（关键人机制）

格罗夫斯机制出现于 1973 年。[3] 格罗夫斯机制的一种特殊情形是克拉克于 1971 年提出的机制[2]，后者被称为克拉克机制（Clarke mechanism）或称**关键人机制**（pivotal mechanism）。克拉克机制在下列意义上是格罗夫斯机制的一种特殊情形：前者使用了一种特殊形式的函数 $h_i(\cdot)$。在克拉克机制中，函数 $h_i(\cdot)$ 由下列关系给出：

$$h_i(\theta_{-i}) = -\sum_{j\neq i} v_j(k_{-i}^*(\theta_{-i}),\theta_j) \quad \forall\, \theta_{-i} \in \Theta_{-i}, \forall i = 1,\cdots,n \tag{18.3}$$

其中 $k_{-i}^*(\theta_{-i})\in K_{-i}$ 是一个项目选择，当智能体 i 不出现时（即对于除了智能体 i 之外的所有其他智能体来说），它是一个有配置效率的选择。这里，集合 K_{-i} 是智能体 i 不出现时的所有可及项目选择构成的集合。正式地，$k_{-i}^*(\theta_{-i})$ 必定满足下列条件：

$$\sum_{j\neq i} v_j(k_{-i}^*(\theta_{-i}),\theta_j) \geqslant \sum_{j\neq i} v_j(k,\theta_j) \quad \forall k \in K_{-i} \tag{18.4}$$

将式（18.3）中 $h_i(\cdot)$ 的值代入式（18.2），可得到克拉克机制下智能体 i 的货币转移：

$$t_i(\theta) = \left[\sum_{j\neq i} v_j(k^*(\theta),\theta_j)\right] - \left[\sum_{j\neq i} v_j(k_{-i}^*(\theta_{-i}),\theta_j)\right] \quad \forall i = 1,\cdots,n \tag{18.5}$$

上面的支付规则有合意的解释：给定类型组 $\theta=(\theta_1, \cdots, \theta_n)$，转移给智能体 i 的钱数 $t_i(\theta)$ 等于智能体 i 出现时所有其他智能体在某个有效率的配置中的总价值减去智能体 i 不出现时所有其他智能体在该有效率的配置中的总价值。克拉克支付规则的另外一种合意解释如下。我们把 $t_i(\theta)$ 写为

$$\begin{aligned} t_i(\theta_i,\theta_{-i}) &= \sum_{j\in N} v_j(k^*(\theta),\theta_j) - v_i(k^*(\theta),\theta_i) - \sum_{j\neq i} v_j(k_{-i}^*(\theta_{-i}),\theta_j) \\ &= \sum_{j\in N} v_j(k^*(\theta),\theta_j) - \sum_{j\neq i} v_j(k_{-i}^*(\theta_{-i}),\theta_j) - v_i(k^*(\theta),\theta_i) \end{aligned}$$

考察上式最后一行，前两项之差代表智能体 i 对系统的边际贡献。因此，克拉克机制为每个参与分配的智能体提供了一个额外的激励，即该智能体对机制的边际贡献。这个额外激励是（在优势策略意义上）诱导智能体如实报告的关键所在。

克拉克机制也称为关键人机制，这是因为每个**参与分配的**智能体在决定所有其他智能体所得价值时扮演了**关键人**角色。

18.4 VCG 机制的例子

VCG 机制比较流行，原因在于它们在数学上很漂亮，而且有着合意的经济性质；不仅如此，VCG 还为社会计划者在设计机制的过程中提供了直观的视角。因此，机制设计研究者的第一选择总是从 VCG 机制入手。然而，VCG 机制也有很多局限。Ausubel and Milgrom[5]描述了 VCG 的优点和局限性，Rothkopf[6]总结了 VCG 机制在现实应用中的局限性。在本节，我们提供若干例子，用来说明 VCG 机制的一些细节。

例 18.3 **（一件不可分割商品的维克瑞拍卖）**有 5 个竞标人（智能体）参与一件不可分割商品的密封拍卖，$N=\{1, 2, 3, 4, 5\}$；他们对商品的评价分别为 $v_1=20$，$v_2=15$，$v_3=12$，$v_4=10$，$v_5=6$。如果使用维克瑞拍卖，那么智能体的优势策略是如实报价，即报价等于自己的评价。由于智能体 1 的报价最高，智能体 1 获胜，此时转移给智能体 1 的钱数 $t_1(\theta)$

$$
\begin{aligned}
&= \sum_{j\neq 1} v_j(k^*(\theta),\theta_j) - \sum_{j\neq 1} v_j(k^*_{-1}(\theta_{-1}),\theta_j) \\
&= 0-15=-15
\end{aligned}
$$

这表示智能体 1 需要支付 15 元，这正好是第二高的报价（在这种情形下，为第二高的评价）。注意，15 元是当智能体 1 从出现变为不出现时所有其他智能体的总价值的变化。这是智能体 1 对所有其他智能体施加的外部性。当智能体 1 在拍卖中获胜时，这个外部性变为智能体 1 支付的钱数。

计算智能体 1 支付钱数的另外一种方法是，计算他对系统的边际贡献（参见上一节的讨论）。智能体 1 出现时的总价值为 20，而智能体 1 不出现时的总价值为 15。因此，智能体 1 的边际贡献为 5。在维克瑞支付机制下，这个边际贡献是智能体 1 得到的折扣，因此智能体 1 支付的钱数为 20－5＝15。这个折扣称为**维克瑞折扣**（Vickrey discount）。□

例 18.4 **（多件相同商品的维克瑞拍卖）**与前面的例子一样，有 5 个竞标人（智能体）参与密封拍卖，$N=\{1, 2, 3, 4, 5\}$。他们对商品的评价分别为 $v_1=20$，$v_2=15$，$v_3=12$，$v_4=10$，$v_5=6$。但现在拍卖物是三件相同的商品。每个竞标人只想买一件。如果使用克拉克机制，那么竞标人 1、2 和 3 获胜。转移给竞标人 1 的钱数

$$
\begin{aligned}
&= \sum_{j\neq 1} v_j(k^*(\theta),\theta_j) - \sum_{j\neq 1} v_j(k^*_{-1}(\theta_{-1}),\theta_j) \\
&= (15+12)-(15+12+10) \\
&= -10
\end{aligned}
$$

因此竞标人 1 支付的钱数等于**未获胜者**中给出的最高报价。类似地，读者可以验证另外两个获胜者（智能体 2 和 3）支付的钱数也分别等于 10。

这与按照智能体边际贡献来计算他支付的钱数是一样的。例如：

智能体 1 的边际贡献＝(20＋15＋12)－(15＋12＋10)＝10

我们在前面说过智能体 i 的边际贡献是他得到的折扣（称为维克瑞折扣），因此，智能体 1 支付的钱数等于他的评价（20 元）减去他的边际贡献（10 元），即他需要支付 10 元。

类似地，

智能体 2 的边际贡献＝(20＋15＋12)－(20＋12＋10)＝5

智能体 3 的边际贡献＝(20＋15＋12)－(20＋15＋10)＝2

因此，智能体 2 支付的钱数为 15－5＝10，智能体 3 支付的钱数为 12－2＝10。

对于上面的例子，现在假设智能体 1 需要 2 件商品，其余智能体每人需要一件。现在我们要将 2 件商品配置给智能体 1，将 1 件商品配置给智能体 2。

$$\text{转移给智能体 1 的钱数}=15-(15+12+10)=-22$$
$$\text{转移给智能体 2 的钱数}=40-(40+12)=-12$$

这是因为智能体 1 的边际贡献为 55－37＝18，智能体 2 的边际贡献为 55－52＝3。□

例 18.5 （公共项目问题的 VCG 机制） 考虑例 18.1 讨论的公共项目问题。为了方便参考，我们将这个问题复制于此。公共项目的成本为 50 元。两个智能体 1 和 2 的类型集为 $\Theta_1=\Theta_2=\{20, 60\}$。每个智能体要么有低的支付意愿（20 元），要么有高的支付意愿（60 元）。令项目选择集为 $K=\{0, 1\}$，其中 1 表示项目上马，0 表示项目不上马。如果 $K=1$，那么这两个智能体均摊项目成本，即每个人支付 25 元。如果 $K=0$，由于项目流产，智能体不需要支付钱。考虑评价函数（价值函数）

$$v_i(k,\theta_i)=k(\theta_i-25)$$

这表示，若 $k=0$，智能体 i 得到零价值；若 $k=1$，那么智能体 i 得到的价值是他的支付意愿减去 25。定义下列配置函数：

$$\begin{aligned} k(\theta_1,\theta_2)&=0 \quad \text{若 } \theta_1=\theta_2=20 \\ &=1 \quad \text{其他情形} \end{aligned}$$

这表示项目上马仅当至少其中一个智能体有高支付意愿。

对于这个公共项目问题，我们计算每个智能体在每个类型组下的克拉克支付。我们还将计算效用。首先考虑类型组（20，20）。由于 $k(20, 20)=0$，因此每个智能体得到的价值为零。因此，每个智能体的克拉克支付为零，效用也为零。

接下来考虑类型组（60，20）。注意到，$k(60, 20)=1$。智能体 1 得到的价值为 35，智能体 2 得到的价值为－5（这是因为两人平摊项目成本，即每人支付 25 元）。如果智能体 1 不出现，那么智能体 2 独自面对公共项目，此时 $k=0$，这是因为他的支付意愿为 20。因此，当智能体 1 不出现时智能体 2 得到的价值为零。这表示

$$t_1(60,20)=-5-0=-5$$

这意味着智能体 1 除了支付（平摊成本）25 元之外还要支付 5 元，这是他对公共项目成本的贡献。上面这个支付（25＋5＝30 元），与边际贡献法计算的结果是一样的。注意到，智能体 1 的边际贡献为 (60－25)＋(20－25)－0＝35－5＝30。

现在我们可以计算智能体 1 的效用了，它等于

$$u_1(60,20)=v_1(60,20)+t_1(60,20)=35-5=30$$

为了计算 $t_2(60, 20)$，我们首先注意到当智能体 2 不出现时，智能体 1 得到的价值为 (60－50)。因此，

$$t_2(60,20)=35-10=25$$

这表示智能体得到了 25 元；当然，这是他支付 25 元项目成本之外的事情。现在

$$u_2(60,20)=v_2(60,20)+t_2(60,20)=-5+25=20$$

类似地，我们可以计算所有类型组下智能体支付的钱数和效用。参见表 18—3。□

表 18—3　　不同类型组下转移给智能体的钱数和智能体得到的效用

$(\theta_1,\ \theta_2)$	$t_1(\theta_1,\ \theta_2)$	$t_2(\theta_1,\ \theta_2)$	$u_1(\theta_1,\ \theta_2)$	$u_2(\theta_1,\ \theta_2)$
(20，20)	0	0	0	0
(60，20)	−5	25	30	20
(20，60)	25	−5	20	30
(60，60)	25	25	60	60

例 18.6　［防策略的网络构成（strategy proof network formation）］考虑图 18—1 所示的供应链构成问题。节点 S 代表起点，T 代表终点；A 和 B 是两个中点。SP_1，SP_2，SP_3，SP_4 代表 4 个不同的服务商（智能体）。

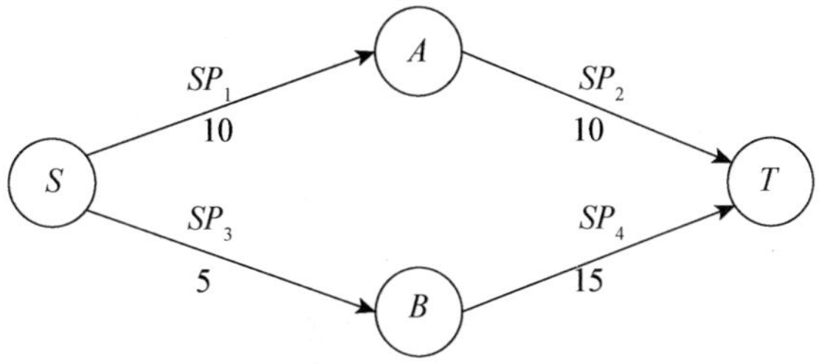

图 18—1　网络构成问题（情形 1）

在此图中，服务商由各条边的拥有者表示。服务成本（销售意愿）已标注在每条边上。买者的问题是找到一条从 S 到 T 的路径使得成本最小。令（y_1，y_2，y_3，y_4）表示配置向量。可行配置向量为

$$K=\{(1,1,0,0),(0,0,1,1)\}$$

其中配置（1，1，0，0）有配置效率，这是因为它使得配置成本最小。我们定义价值如下

$$v_i((y_1,y_2,y_3,y_4),\theta_i)=-y_i\theta_i$$

上面定义价值的方式说明成本最小化问题等价于价值最大化问题。使用克拉克支付规则，可得

$$t_1(\theta)=-10-(-25)=15$$
$$t_2(\theta)=-10-(-25)=15$$

如果计算边际贡献，我们发现每个智能体的边际贡献都为 5；在确定智能体得到的钱数时，这个边际贡献要加到价值上。这两个智能体的效用分别为

$$u_1(\theta)=-10+15=5$$
$$u_2(\theta)=-10+15=5$$

对于 SP_3 和 SP_4，智能体得到的钱数与效用都为零。下面我们考察 SP_4 的销售意愿发生变化带来的影响。令 SP_4 的销售意愿为 15。于是，我们发现配置（1，1，0，0），

（0，0，1，1）都有配置效率。如果我们选择配置（1，1，0，0），我们得到

$$t_1(\theta)=10;\ t_2(\theta)=10;\ u_1(\theta)=0;\ u_2(\theta)=0$$

这表示，买者支付给服务商的钱数等于服务成本。获胜的智能体没有得到额外支付。在这种情形下，这个机制对买者有利，对卖者不利。

如果 SP_4 的销售意愿为 95，那么配置（1，1，0，0）是有效率的，由此可得

$$t_1(\theta)=90;\ t_2(\theta)=90;\ u_1(\theta)=80;\ u_2(\theta)=80$$

在这种情形下，机制对买者极其不利，对卖者非常有利。

现在我们打通路径 BA，从而引入一个新的服务商（智能体）SP_5。如图 18—2 所示。

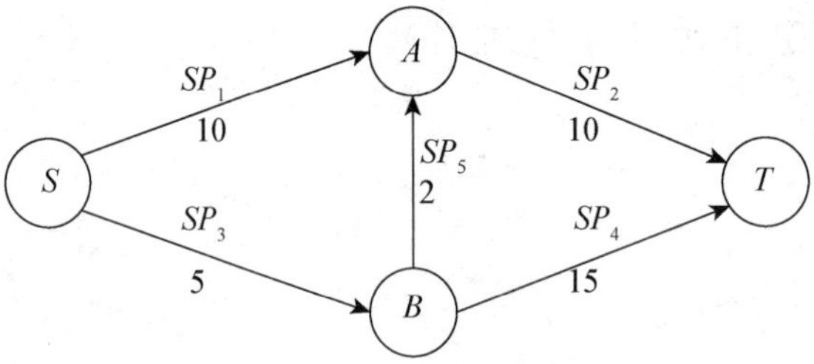

图 18—2 网络构成问题（情形 2）

此时有效率的配置为（0，1，1，0，1）。这种情形下，

$$t_2(\theta)=13;t_3(\theta)=8;t_5(\theta)=5$$
$$u_2(\theta)=3;u_3(\theta)=3;u_5(\theta)=3$$

这表示买者总的支付钱数为 26，而当 SP_5 不出现时，这个数字为 20。因此，尽管增加了一个智能体，买者支付的钱数却增加了。在这里，克拉克支付规则展现出了非单调性。□

上面这些例子说明了当 VCG 机制用于现实问题时，它们表现出了什么样的特性。

18.5 小结与参考文献

维克瑞-克拉克-格罗夫斯机制代表着一类在拟线性环境下满足优势策略激励相容和配置效率的机制。下列知识点值得注意。

- 在拟线性环境下，给定任一社会选择函数，它的每个结果都可以分解为两个部分：一是配置部分，一是支付部分。效用线性地取决于价值和支付，其中价值是配置和私人类型的函数（可能为非线性函数）。
- 拟线性环境下的社会选择函数具有一个显著性质，即它们都不是独裁的。另外一个别致的性质是事后效率，它等价于伴随严格预算平衡的配置效率。配置效率表示在每个结果中，配置的价值之和（该配置的社会福利）达到最大。严格预算平衡是指在每个结果中，智能体的总支出等于智能体的总收入。

● 维克瑞拍卖机制是克拉克机制的一种特殊情形，而克拉克机制又是格罗夫斯机制的一种特殊情形。格罗夫斯定理表明伴随格罗夫斯支付规则且有配置效率的社会选择函数，将满足极其合意的优势策略激励相容性。格罗夫斯支付表达式基于下列原理：转移给智能体 i 的钱数 t_i 可以任意方式取决于其他智能体的类型 θ_{-i}，t_i 还取决于智能体 i 自身类型 θ_i，但这种"取决于"不是任意的，具体地说，t_i 取决于 θ_i 对配置的影响。

● 克拉克机制是格罗夫斯机制的一种特殊情形；换句话说，在格罗夫斯机制中，令转移给智能体的钱数取决于该智能体不出现时所有其他智能体的价值，就可以得到克拉克机制。克拉克机制表明当智能体自己的边际贡献被当作一种额外激励时，每个智能体都会如实报告自己的类型。

● 维克瑞拍卖是克拉克机制的一种特殊情形；换句话说，如果我们把克拉克机制应用到多个相同商品被拍卖的情形，我们就得到了维克瑞拍卖。当克拉克机制被用于组合拍卖（combinatorial auction）时，我们将这种机制称为广义维克瑞拍卖（generalized Vickrey auction，GVA）；我们将在第 20 章介绍这种机制。

维克瑞拍卖是威廉·维克瑞的开创性贡献[1]，著名的关键人（pivotal）机制是由克拉克提出的[2]，克拉克机制的一般化则要归功于格罗夫斯[3]。这些经典论文是机制设计研究者的必读之物。

□ 参考文献

[1] William Vickrey. "Counterspeculation, auctions, and competitive sealed tenders". In: *Journal of Finance* 16 (1) (1961), pp. 8-37.

[2] E. Clarke. "Multi-part pricing of public goods". In: *Public Choice* 11 (1971), pp. 17-23.

[3] T. Groves. "Incentives in teams". In: *Econometrica* 41 (1973), pp. 617-631.

[4] J. R. Green and J. J. Laffont. *Incentives in Public Decision Making*. North-Holland, Amsterdam, 1979.

[5] L. M. Ausubel and P. Milgrom. "The lovely but lonely Vickrey auction". In: *Combinatorial Auctions*. Ed. by P. Cramton, Y. Shoham, and R. Steinberg. The MIT Press, Cambridge, Massachusetts, 2006, pp. 17-40.

[6] M. Rothkopf. "Thirteen reasons why the Vickrey-Clarke-Groves process is not practical". In: *Operations Research* 55 (2) (2007), pp. 191-197.

18.6 习　题

(1) 某个买者试图通过密封拍卖形式采购一件不可分割的商品，有五个卖者（智能体）{1, 2, 3, 4, 5} 竞标，他们的评价分别为 $v_1=20$，$v_2=15$，$v_3=12$，$v_4=10$，$v_5=6$。这些评价自然可以解释为销售意愿。如果拍卖使用维克瑞拍卖机制，请计算配置以及智能体得到的钱数。如果买者希望购买三件而不是一件商品，而且每个卖者至多只能提供一件，请计算配置以及智能体得到的钱数。最后，如果买者希望购买六件商品，每个卖者至多提供两件，请计算配置以及智能体得到的钱数。

(2) 在某个交易系统中，每人只能买（卖）一单位商品。有 4 个卖者 S_1，S_2，S_3 和 S_4 以及 3 个买者 B_1，B_2，B_3。下面给出了买者对一单位商品的报价和卖者的要价。我们的目标是使得这个交易系统的剩余最大。

S_1:10,S_2:12,S_3:14,S_4:16,
B_1:8, B_2:12,B_3:18。

(a) 将交易系统的剩余定义为买者支付的总钱数减去卖者得到的总钱数。如果某个配置使得这个剩余最大，我们将其称为配置剩余最大化。求这个交易系统的这种配置。

(b) 假设使用维克瑞拍卖机制，应该怎样支付?

(c) 这个机制满足预算平衡吗?

(3) 在某个拍卖中，有 m 件相同的商品待售。令买者（竞标人）有 n 个，其中 $n>m$。买者对商品的评价分别为 v_1，…，v_n。每个买者至多购买一件商品。对于这个拍卖情形，写出配置规则使其有配置效率。在这种情形下，克拉克支付是怎样的? 你能看到任何麻烦之处吗? 如果有，你应该如何克服它们?

(4) 在某个拍卖中，只有一件不可分割的待售商品。报价最高者获胜，获胜者支付的钱数等于对商品评价最低的落败者报价的 2 倍。作为一个例子，考虑 5 个买者，他们对商品的评价分别为 20、15、12、10 和 8。伴随评价 20 的买者获胜，他支付的钱数等于 16（8 的 2 倍）。另一方面，如果只有三个买者，他们对商品的评价分别为 20、15 和 12，此时第一个买者获胜，他需要支付 24。这个机制是一个克拉克机制吗? 它是一个格罗夫斯机制吗? 它是激励相容的吗?

(5)（编程题）实施克拉克机制。仔细识别程序的输入。输出必须是针对任何给定类型组的有效率配置和支付向量。这个实施也可以推广到格罗夫斯机制。

第 19 章 拟线性环境中的机制设计空间

我们已经看到机制设计涉及制度或规则的设计，以使得私人信息和自利导致的经济损失最小。在设计伴随诸如激励相容、配置效率和预算平衡等合意性质的机制时，我们面对着非常复杂的权衡；大量文献考察了各种可能结果和不可能结果。本章研究一些这样的权衡。本章介绍了一种重要的机制，即所谓的**dAGVA 机制**，这种机制通过将优势策略激励相容放松为贝叶斯激励相容而实现了配置效率和预算平衡。本章还介绍了另外一个重要性质，即，**个体理性**（individual rationality），也称为**自愿参与**（voluntary participation）；然后，我们研究这个性质引起的权衡。在讨论中，我们假设智能体的偏好为拟线性的。最后，我们讨论了一种特殊的拟线性环境，即**线性环境**（linear environment）。在线性环境下，我们给出了迈尔森对贝叶斯社会选择函数的刻画。

19.1 格罗夫斯机制与严格预算平衡

在第 18 章，我们隐含地假设那里讨论的所有机制都满足弱预算平衡性质。然而，一般来说，这不成立。注意到，格罗夫斯机制（我们在上一章详细讨论了这种机制）总是满足配置效率和优势策略激励相容。因此，如果格罗夫斯机制是严格预算平衡的，那么它将解决社会计划者的问题，这是因为它有事后效率而且是优势策略激励相容的。通过考察格罗夫斯机制的定义，可以发现函数 $h_i(\cdot)$（其中 $i=1, \cdots, n$）决定了格罗夫斯机制是否预算平衡。这里自然产生了一个问题：是否存在着函数 $h_i(\cdot)$（其中 $i=1, \cdots, n$）使得格罗夫斯机制是预算平衡的？下面，我们首先给出格林-拉丰定理，它说明在一般环境下，格罗夫斯机制不可能是严格预算平衡的。接下来，我们证明存在着一种与现实相关的特殊环境使得格罗夫斯机制是严格预算平衡的。

□ 预算平衡的可能结果和不可能结果

格林和拉丰（Green and Laffont[1]）证明在拟线性环境下，如果每个智能体的可能类型集充分丰富，那么事后效率与优势策略激励相容不能共存。这个结果的正式阐述参见下列定理。记住，符号 $\mathscr{F}$ 表示从项目选择集 K 映到 $\mathbb{R}$ 的所有函数组成的集合。

定理 19.1 （格林-拉丰不可能定理） 假设对于每个智能体 $i\in N$，都有 $\mathscr{F}=\{v_i(\cdot,\theta_i):\theta_i\in\Theta_i\}$，也就是说，每个从 K 映到 $\mathbb{R}$ 的评价函数都对应着某个 $\theta_i\in\Theta_i$。于是，不存在同时满足事后效率和优势策略激励相容的社会选择函数。

因此，上面的定理表明如果每个智能体的可能类型集充分丰富，那么我们不可能找到定义格罗夫斯支付规则中的函数 $h_i(\cdot)$ 的方法，使得 $\sum_{i=1}^{n}t_i(\theta)=0$。然而，在特殊情形，这样的结果是可能的。这就是下面的定理。

定理 19.2 （格罗夫斯机制的预算平衡） 如果存在着至少一个智能体使得他的偏好已知（也就是说，他的类型集是一个单点集），那么存在着找到满足 $\sum_{i=1}^{n}t_i(\theta)=0$ 的函数 $h_i(\cdot)$ 的可能。

证明： 令智能体 i 的偏好已知，即 $\Theta_i=\{\theta_i\}$。根据这个条件，可知对于任何一个有配置效率的社会选择函数 $f(\cdot)=(k^*(\cdot),t_1(\cdot),\cdots,t_n(\cdot))$，配置 $k^*(\cdot)$ 仅取决于其他智能体的类型 Θ_{-i}。也就是说，配置 $k^*(\cdot)$ 是一个从 Θ_{-i} 映到 K 的映射。我们将函数 $h_j(\cdot)$ 定义为：

$$h_j(\theta_{-j})=\begin{cases}h_j(\theta_{-j}):j\neq i\\ -\sum_{r\neq i}h_r(\theta_{-r})-(n-1)\sum_{r=1}^{n}v_r(k^*(\theta),\theta_r):j=i\end{cases}$$

容易看到，在上面的定义下，我们有 $t_i(\theta)=-\sum_{j\neq i}t_j(\theta)$，因此实现了严格预算平衡。■

19.2 克拉克机制与弱预算平衡

根据格罗夫斯机制的定义可知，对于弱预算平衡，我们应该选择函数 $h_i(\theta_{-i})$（其中 $i=1,\cdots,n$）使得弱预算平衡条件 $\sum_{i=1}^{n}t_i(\theta)\leqslant 0$ 得以满足。在这个意义上，克拉克机制是一种有用的特殊情形，因为它在比较一般的环境下实现了弱预算平衡。为了理解这些一般充分条件，我们定义两个量：

$$B^*(\theta)=\left\{k\in K:k\in\underset{k\in K}{\operatorname{argmax}}\sum_{j=1}^{n}v_j(k,\theta_j)\right\}$$

$$B^*(\theta_{-i})=\left\{k\in K_{-i}:k\in\underset{k\in K_{-i}}{\operatorname{argmax}}\sum_{j\neq i}v_j(k,\theta_j)\right\}$$

在上述两式中，$B^*(\theta)$ 是当所有智能体都出现时的有配置效率的项目选择集；类似地，$B^*(\theta_{-i})$ 是除了智能体 i 之外所有其他智能体都出现时的有配置效率的项目选择集。

使用上面的两个量，我们定义拟线性环境下的直接显示机制的下列性质。

定义 19.1 （无单个智能体效应） 给定机制 $\mathscr{M}$，如果对于每个智能体 i，对于每个 $\theta\in\Theta$，以及对于每个 $k^*(\theta)\in B^*(\theta)$，我们都有一个 $k\in K_{-i}$，使得

$$\sum_{j\neq i}v_j(k,\theta_j)\geqslant\sum_{j\neq i}v_j(k^*(\theta),\theta_j)$$

那么，我们说机制 $\mathscr{M}$ **无单个智能体效应**（no single agent effect）。

上面的性质是说，不存在任何一个智能体 i，使得当智能体 i 出现时所有其他智能体在某个有效率配置下的价值之和严格大于当智能体 i 不出现时所有其他智能体在该有效率配置下的价值之和。如果存在这样的智能体 i，那么他的出现将给其他智能体造成严重的外部性。

克拉克机制何时是弱预算平衡的？下列命题给出了这个问题的充分条件。

命题 19.1 如果克拉克机制没有单个智能体效应，那么转移给每个智能体的钱数将是非正的，即 $t_i(\theta)\leqslant 0$，$\forall\theta\in\Theta$；$\forall i=1$，…，n。在这种情形下，克拉克机制满足弱预算平衡性质。

证明： 由于不存在单个智能体效应，因此，对于每个智能体 i、每个 $\theta\in\Theta$ 以及每个 $k^*(\theta)\in B^*(\theta)$，存在着 $k\in K_{-i}$，使得

$$\sum_{j\neq i}v_j(k,\theta_j)\geqslant\sum_{j\neq i}v_j(k^*(\theta),\theta_j)$$

然而，根据 $k^*_{-i}(\theta_{-i})$ 的定义式（18.4），我们有

$$\sum_{j\neq i}v_j(k^*_{-i}(\theta_{-i}),\theta_j)\geqslant\sum_{j\neq i}v_j(k,\theta_j)\quad\forall k\in K_{-i}$$

结合以上两个事实，我们有

$$\sum_{j\neq i}v_j(k^*(\theta),\theta_j)-\sum_{j\neq i}v_j(k^*_{-i}(\theta_{-i}),\theta_j)\leqslant 0\quad\forall i\in N$$

也就是说，$t_i(\theta)\leqslant 0$，$\forall i\in N$。这立即意味着

$$\sum_{i=1}^{n}t_i(\theta)\leqslant 0$$

这说明如果不存在单个智能体效应，那么克拉克机制是弱预算平衡的。■

□ 再分配机制

再分配机制（redistribution mechanism）是弱预算平衡的格罗夫斯机制，而且它们试图在保留配置效率和优势策略激励相容性的前提下尽可能使得预算不平衡最小。这里的思想是以明显包含有效率配置的克拉克机制作为起点，并且使用克拉克支付规则来确定智能体的货币转移。然后，将这些货币转移再分配给智能体，使得预算不平衡减小而且又不牺牲配置效率或优势策略激励相容性。这是一类重要机制，称为再分配机制。这些机制的例子可以参见文献[2，3，4，5]。

19.3 个体理性

个体理性也称为自愿参与性质。社会选择函数的个体理性，在本质上意味着每个智能体得到的效用，不小于他不参与实施社会选择函数的机制而得到的效用。个体理性约束（也称为参与约束）可能涉及机制设计的三个阶段。假设 $\bar{u}_i(\theta_i)$ 是智能体 i 的类型为 θ_i 时，他因**退出**机制而得到的效用。

□ 事后个体理性

当任何智能体 i 有机会在**事后阶段**（ex-post stage）退出时，自愿参与约束变得重要。这里的事后阶段是指所有智能体已报告他们的类型而且结果 X 被选定之后。于是，为了保证智能体 i 参与，我们必须满足下列**事后参与约束**（ex-post participation constraints）（或称**事后个体理性约束**（ex-post individual rationality constraints））：

$$u_i(f(\theta_i,\theta_{-i}),\theta_i)\geqslant\bar{u}_i(\theta_i)\ \forall(\theta_i,\theta_{-i})\in\Theta$$

□ 事中个体理性

令智能体 i 有机会在**事中阶段**（interim stage）退出；事中阶段是指智能体已经知道他们的类型，但还未选择策略。在这样的情形下，仅当智能体 i 在他的类型为 θ_i 时，他从社会选择函数 $f(\cdot)$ 得到的事中期望效用 $E_{\theta_{-i}}[u_i(f(\theta_i,\ \theta_{-i}),\ \theta_i)|\theta_i]$ 不小于$\bar{u}_i(\theta_i)$，他才会继续参与机制。因此，智能体 i 的**事中参与约束**（interim participation constraints）（或称**事中个体理性约束**（interim individual rationality constraints））要求

$$E_{\theta_{-i}}[u_i(f(\theta_i,\theta_{-i}),\theta_i)|\theta_i]\geqslant\bar{u}_i(\theta_i)\ \ \forall\theta_i\in\Theta_i$$

□ 事前个体理性

令智能体 i 有机会在**事前阶段**（ex-ante stage）退出机制；事前阶段指智能体知道他们的类型之前。在这种情形下，智能体 i 将自愿参与机制仅当他从社会选择函数 $f(\cdot)$ 得到的事前期望效用 $E_\theta[u_i(f(\theta_i,\ \theta_{-i}),\ \theta_i)]$ 不小于 $E_{\theta_i}[\bar{u}_i(\theta_i)]$。注意，$E_\theta$ 表示智能体 i 的期望不仅取决于所有其他智能体的类型，也取决于他自己的类型。因此，智能体 i 的**事前参与约束**（ex-ante participation constraints）（或称**事前个体理性约束**（ex-ante individual rationality constraints））要求

$$E_\theta[u_i(f(\theta_i,\theta_{-i}),\theta_i)]\geqslant E_{\theta_i}[\bar{u}_i(\theta_i)]$$

下列命题给出了上述三种不同参与约束之间的关系。这个命题的证明比较直观，我们留作习题。

命题 19.2 对于任何社会选择函数 $f(\cdot)$，我们有

$f(\cdot)$ 是事后个体理性的$\Rightarrow f(\cdot)$ 是事中个体理性的$\Rightarrow f(\cdot)$ 是事前个体理性的。

19.4 VCG 机制与个体理性

我们用例子说明个体理性性质的重要性。

例 19.1 （公共项目问题） 在某个公共项目问题中，

$$N=\{1,2\};K=\{0,1\};\Theta_1=\Theta_2=\{20,60\}$$

假设项目的成本为 50，因此，可行结果组成的集合为：

$$X=\{(k,t_1,t_2):k\in\{0,1\};t_1,t_2\in\mathbb{R};-(t_1+t_2)\leqslant 50\}$$

考虑下列配置函数：

$$\begin{aligned}k^*(\theta_1,\theta_2)&=0 \quad 若\ \theta_1=\theta_2=20\\&=1 \quad 其他情形\end{aligned}$$

将评价函数定义为：

$$v_i(k^*(\theta_1,\theta_2),\theta_i)=k^*(\theta_1,\theta_2)(\theta_i-25)\quad \forall\,\theta_1\in\Theta_1;\forall\,\theta_2\in\Theta_2$$

我们在第 18 章已经看到，上面的配置函数有配置效率。因此，我们可以使用格罗夫斯支付规则，并且使得下列社会选择函数为优势策略激励相容的：

$$f(\theta)=(k^*(\theta),t_1(\theta),t_2(\theta))$$

其中 $t_1(\theta)$ 和 $t_2(\theta)$ 满足格罗夫斯支付规则。假设上面的机制是事后个人理性的，其中 $\bar{u}_i(\theta_i)=0$，$\forall\,\theta_i\in\Theta_i$；$i=1$，2。这意味着

$$u_i(f(\theta_1,\theta_2),\theta_i)\geqslant 0\quad \forall\,\theta_1\in\Theta_1;\forall\,\theta_2\in\Theta_2$$

特别地，我们有 $u_1(f(20,\ 60),\ 20)\geqslant 0$，这等价于：

$$v_1(k^*(20,60),20)+t_1(20,60)\geqslant 0$$

由于 $v_1(k^*(20,\ 60),\ 20)=-5$，我们有 $-t_1(20,\ 60)\leqslant -5$。现在考虑 $t_1(60,\ 60)$。由于社会选择函数是优势策略激励相容的，我们有

$$u_1(f(60,60),60)\geqslant u_1(f(20,60),60)$$

这意味着

$$v_1(k^*(60,60),60)+t_1(60,60)\geqslant v_1(k^*(20,60),60)+t_1(20,60)$$

由于 $v_1(k^*(60,\ 60),\ 60)=35$ 而且 $v_1(k^*(20,\ 60),\ 60)=35$，上式意味着 $-t_1(60,\ 60)\leqslant -5$。类似地（因为智能体 1 和 2 是对称的），我们有 $-t_2(60,\ 60)\leqslant -5$，这表示

$$-t_1(60,60)-t_2(60,60)\leqslant -10$$

上式表明两个智能体的支付之和小于或等于 −10。由于项目的成本为 50，因此，上式导致了不可行的结果。注意，这个结果是我们在社会选择函数满足事后个体理性这个假设下得到的。因此，上面的机制不满足个体理性。这显然表示智能体不会自愿参与这个机制。□

□ 克拉克机制与个体理性

下列命题考察了克拉克机制的个体理性。首先，我们提供两个定义。

定义 19.2 （选择集的单调性） 给定机制 $\mathcal{M}$，如果可行结果集 X 随着额外智能体进入系统而（弱）增大，那么我们说机制 $\mathcal{M}$ 是**选择集单调的**（choice set monotone）。这个性质意味着 $K_{-i}\subseteq K$，$\forall i=1, \cdots, n$。

在直觉上，结果集的单调性意味着当更多智能体进入系统时，可行结果变得更丰富。

定义 19.3 （不存在负的外部性） 给定满足选择集单调性的机制 $\mathcal{M}$。如果对于每个智能体 i、每个 $\theta\in\Theta$、每个 $k^*_{-i}(\theta_{-i})\in B^*(\theta_{-i})$，我们有

$$v_i(k^*_{-i}(\theta_{-i}),\theta_i)\geqslant 0$$

那么，我们说机制 $\mathcal{M}$ **没有负的外部性**（no negative externality）。

在直觉上，上面的性质表示智能体 i 不出现时的任何有配置效率的项目带给智能体 i 的价值大于或等于零。也就是说，当智能体 i 不出现时，其他智能体不会损害他的利益。

我们现在给出一个命题，它为克拉克机制的事后个体理性提供了充分条件。记住，19.3 节引入的符号 $\bar{u}_i(\theta_i)$ 表示智能体因从机制退出而得到的效用。

命题 19.3 （克拉克机制的事后个体理性） 在给定的克拉克机制中，如果

（1）$\bar{u}_i(\theta_i)=0$，$\forall\theta_i\in\Theta_i$，$\forall i=1, \cdots, n$；

而且该机制满足

（2）选择集单调性；

（3）不存在负的外部性；

那么，这个克拉克机制是事后个体理性的。

证明： 回忆一下，在克拉克机制中，智能体 i 的效用 $u_i(f(\theta), \theta_i)$ 为

$$\begin{aligned}u_i(f(\theta),\theta_i) &= v_i(k^*(\theta),\theta_i)+\Big[\sum_{j\neq i}v_j(k^*(\theta),\theta_j)\Big]-\Big[\sum_{j\neq i}v_j(k^*_{-i}(\theta_{-i}),\theta_j)\Big]\\ &=\Big[\sum_{j}v_j(k^*(\theta),\theta_j)\Big]-\Big[\sum_{j\neq i}v_j(k^*_{-i}(\theta_{-i}),\theta_j)\Big]\end{aligned}$$

由于选择集的单调性，我们有 $k^*_{-i}(\theta_{-i})\in K$。因此，

$$\begin{aligned}u_i(f(\theta),\theta_i) &\geqslant\Big[\sum_{j}v_j(k^*_{-i}(\theta_{-i}),\theta_j)\Big]-\Big[\sum_{j\neq i}v_j(k^*_{-i}(\theta_{-i}),\theta_j)\Big]\\ &= v_i(k^*_{-i}(\theta_{-i}),\theta_i)\\ &\geqslant 0=\bar{u}_i(\theta_i)\end{aligned}$$

最后一步成立的原因在于这个机制没有负的外部性。■

例 19.2 （密封拍卖中的个体理性） 我们首先考虑第一价格密封拍卖的例子。如果对于每个可能类型 θ_i，智能体 i 因不参与拍卖而得到的效用 $\bar{u}_i(\theta_i)$ 为零，那么容易看到社会选择函数是事后个体理性的。

接下来考察第二价格密封拍卖的例子。如果对于每个可能类型 θ_i，智能体 i 因不参与拍卖而得到的效用 $\bar{u}_i(\theta_i)$ 为零，那么容易看到社会选择函数为事后个体理性的。而且，这个拍卖机制的事后个体理性也可直接从命题 19.3 推出，因为这种机制是满足命

题所有条件的克拉克机制的一种特殊情形。□

19.5 dAGVA 机制

拟线性环境提供了一种绕开吉伯德-萨特思韦特定理的道路，从而让我们能够构建满足配置效率和优势策略激励相容的机制。然而，这些机制不能实现预算平衡（参见定理 19.1）。我们寻求同时满足配置效率和预算平衡（二者合起来等价于事后效率）机制的努力，让我们意识到要把优势策略激励相容放松为贝叶斯激励相容。这样，我们就得到了所谓的 dAGVA（d'Aspremont，Gérard-Varet，and Arrow）机制。这个机制也称为 AVG 机制。

下列定理（d'Aspremont，Gerard-Varet[6] and Arrow[7]）说明，在拟线性环境下，存在着同时满足事后效率和贝叶斯激励相容的社会选择函数。

定理 19.3 （dAGVA 定理） 令社会选择函数 $f(\cdot)=(k^*(\cdot), t_1(\cdot), \cdots, t_n(\cdot))$ 有配置效率，而且智能体的类型在统计上彼此独立（也就是说，智能体类型的联合密度等于边缘密度的乘积）。如果智能体的支付满足

$$t_i(\theta_i,\theta_{-i})=\xi_i(\theta_i)+h_i(\theta_{-i}) \quad \forall\,\theta_i\in\Theta_i;\forall\,\theta_{-i}\in\Theta_{-i};\forall i\in N$$

$$\text{其中 } \xi_i(\theta_i)=E_{\tau_{-i}}\Big[\sum_{j\neq i}v_j(k^*(\theta_i,\tau_{-i}),\tau_j)\Big] \tag{19.1}$$

$h_i:\Theta_{-i}\rightarrow\mathbb{R}$ 是任意函数（这与格罗夫斯支付机制情形一样），那么，这个社会选择函数是贝叶斯激励相容的。

证明： 我们已知的条件有：社会选择函数 $f(\cdot)=(k^*(\cdot), t_1(\cdot), \cdots, t_n(\cdot))$ 有配置效率，也就是说，它满足条件式（18.1）；智能体的类型在统计上彼此独立；支付根据 dAGVA 支付规则式（19.1）确定。我们需要证明社会选择函数 $f(\cdot)$ 成为贝叶斯激励相容的必要和充分条件：

$$E_{\theta_{-i}}[u_i(f(\theta_i,\theta_{-i}),\theta_i)\,|\,\theta_i]\geqslant E_{\theta_{-i}}[u_i(f(\theta_i',\theta_{-i}),\theta_i)\,|\,\theta_i]$$
$$\forall\,\theta_i'\in\Theta_i,\forall\,\theta_i\in\Theta_i,\forall i\in N$$

我们首先注意到

$$E_{\theta_{-i}}[u_i(f(\theta_i,\theta_{-i}),\theta_i)\,|\,\theta_i]=E_{\theta_{-i}}[v_i(k^*(\theta_i,\theta_{-i}),\theta_i)+t_i(\theta_i,\theta_{-i})\,|\,\theta_i]$$

由于 θ_i 与 θ_{-i} 在统计上独立，因此，取期望时可不以 θ_i 为条件。利用式（19.1），$E_{\theta_{-i}}[u_i(f(\theta_i, \theta_{-i}), \theta_i)\,|\,\theta_i]$ 这一项可以写为

$$E_{\theta_{-i}}\Big[v_i(k^*(\theta_i,\theta_{-i}),\theta_i)+h_i(\theta_{-i})+E_{\tau_{-i}}\Big[\sum_{j\neq i}v_j(k^*(\theta_i,\tau_{-i}),\tau_j)\Big]\Big]$$

上面的式子可以简化为

$$E_{\theta_{-i}}\Big[\sum_{j=1}^{n}v_j(k^*(\theta_i,\theta_{-i}),\theta_j)\Big]+E_{\theta_{-i}}[h_i(\theta_{-i})]$$

由于 $k^*(\cdot)$ 是有效率的配置，因此它满足式（18.1），由此可得

$$\sum_{j=1}^{n} v_j(k^*(\theta_i,\theta_{-i}),\theta_j) \geqslant \sum_{j=1}^{n} v_j(k^*(\theta_i',\theta_{-i}),\theta_j), \forall \theta_i' \in \Theta_i$$

因此，对于$\forall \theta_i' \in \Theta_i$，$\forall \theta_i \in \Theta_i$以及$\forall i \in N$，我们有

$$E_{\theta_{-i}}\Big[\sum_{j=1}^{n} v_j(k^*(\theta_i,\theta_{-i}),\theta_j)\Big] + E_{\theta_{-i}}[h_i(\theta_{-i})]$$
$$\geqslant E_{\theta_{-i}}\Big[\sum_{j=1}^{n} v_j(k^*(\theta_i',\theta_{-i}),\theta_j)\Big] + E_{\theta_{-i}}[h_i(\theta_{-i})]$$

再次使用智能体类型的统计独立性，我们可以将上面的式子写为

$$E_{\theta_{-i}}[u_i(f(\theta_i,\theta_{-i}),\theta_i)\mid\theta_i] \geqslant E_{\theta_{-i}}[u_i(f(\theta_i',\theta_{-i}),\theta_i)\mid\theta_i],$$
$$\forall \theta_i' \in \Theta_i, \forall \theta_i \in \Theta_i, \forall i \in N$$

这样，我们就证明了$f(\cdot)$是贝叶斯激励相容的。■

注释 注意，当智能体$j \neq i$报告他们的真实类型时，如果智能体i能预期到其他智能体的类型组，那么他（智能体i）的最优反应是报告自己的真实类型。

由于 d'Aspremont，Gérard-Varet[6]和 Arrow[7]发现了这一结果，因此，对于给定的直接显示机制，如果其中的社会选择函数有配置效率且满足 dAGVA 支付规则式(19.1)，那么这个直接机制称为**dAGVA 机制**或**dAGVA 期望外部性机制**（dAGVA expected externality mechanism）或**dAGVA 期望格罗夫斯机制**（dAGVA expected Groves mechanism）。

定义 19.4 **（dAGVA 机制）** 给定直接显示机制$\mathscr{D}=((\Theta_i)_{i\in N}, f(\cdot))$，如果其中的社会选择函数$f(\cdot)=(k^*(\cdot), t_1(\cdot), \cdots, t_n(\cdot))$有配置效率且满足 dAGVA 支付规则式(19.1)，那么这个直接机制称为 dAGVA 机制或 dAGVA 期望外部性机制或 dAGVA 期望格罗夫斯机制。

□ dAGVA 机制与严格预算平衡

现在证明我们可以选择上面的函数$h_i(\cdot)$使得$\sum_{i=1}^{n} t_i(\theta) = 0$。考虑

$$\xi_j(\theta_j) = E_{\tau_{-j}}\Big[\sum_{l\neq j} v_l(k^*(\theta_j,\tau_{-j}),\tau_l)\Big], \forall i = 1,\cdots,n$$

我们选择

$$h_i(\theta_{-i}) = -\left(\frac{1}{n-1}\right)\sum_{j\neq i}\xi_j(\theta_j), \forall i = 1,\cdots,n$$

根据上面的定义，我们注意到

$$t_i(\theta) = \xi_i(\theta_i) - \left(\frac{1}{n-1}\right)\sum_{j\neq i}\xi_j(\theta_j)$$

这意味着

$$\sum_{i=1}^{n} t_i(\theta) = \sum_{i=1}^{n}\xi_i(\theta_i) - \left(\frac{1}{n-1}\right)\sum_{i=1}^{n}\sum_{j\neq i}\xi_j(\theta_j)$$

化简，可得

$$\sum_{i=1}^{n} t_i(\theta) = \sum_{i=1}^{n} \xi_i(\theta_i) - \left(\frac{1}{n-1}\right)\sum_{i=1}^{n}(n-1)\xi_i(\theta_i)$$

展开上式右侧的所有项，化简，可得

$$\sum_{i=1}^{n} t_i(\theta) = 0$$

这表明通过谨慎地选择函数 $h_i(\cdot)$，可以使得 dAGVA 机制满足严格预算平衡性。

例 19.3　在某个 dAGVA 机制中，假设有三个智能体，即 $N=\{1, 2, 3\}$。他们的支付分别为

$$t_1(\theta)=\xi_1(\theta_1)-\frac{1}{2}[\xi_2(\theta_2)+\xi_3(\theta_3)]$$

$$t_2(\theta)=\xi_2(\theta_2)-\frac{1}{2}[\xi_1(\theta_1)+\xi_3(\theta_3)]$$

$$t_3(\theta)=\xi_3(\theta_3)-\frac{1}{2}[\xi_1(\theta_1)+\xi_2(\theta_2)]$$

显然，$t_1(\theta)+t_2(\theta)+t_3(\theta)=0$。这种情形可以借助图 19—1 理解，此图画出了上面的支付函数。□

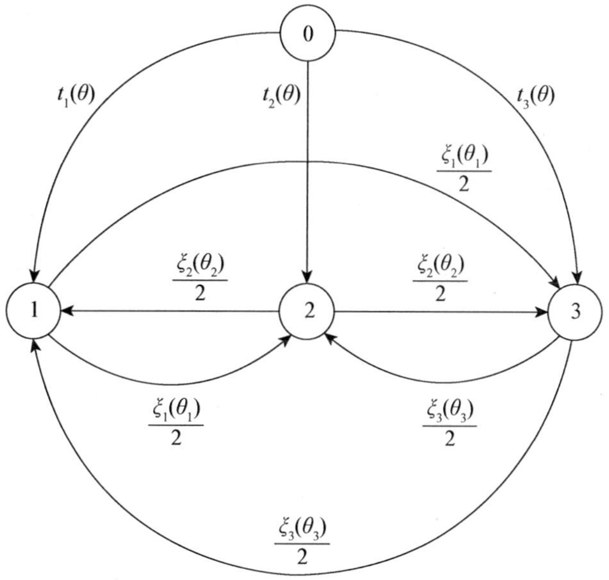

图 19—1　一个支付结构，它表明了 dAGVA 机制的预算平衡性

如图 19—1 所示，在 dAGVA 机制中，智能体的支付结构的平衡性可用图形进行解释。考虑有向图 $G=(V, A)$，其中 V 是由节点 0，1，…，n（一共 $n+1$ 个节点）组成的集合，A 是 $[n+n(n-1)]$ 个有向弧组成的集合。节点 1 到 n 对应着该系统含有的 n 个智能体，节点 0 对应着社会计划者。集合 A 含有两类有向弧：(1) 弧 $0\to i$，$\forall i=1, \cdots, n$；(2) 弧 $i\to j$，$\forall i, j=\{1, \cdots, n\}$；$i\neq j$。

每条 $0 \rightarrow i$ 弧伴随着现金流 $t_i(\theta)$，每条 $i \rightarrow j$ 弧伴随着现金流$\frac{\xi_i(\theta_i)}{n-1}$。因此，从节点 $i \in \{1, 2, \cdots, n\}$ 流出的总现金量为 $\xi_i(\theta_i)$，从节点 $j \in \{1, 2, \cdots, n\}$ 流入节点 i 的总现金量为 $-h_i(\theta_{-i}) = \left(\frac{1}{n-1}\right)\sum_{j \neq i} \xi_j(\theta_j)$。因此，对于节点 i，$t_i(\theta) - h_i(\theta_{-i})$ 是为了满足现金流保留（conservation）约束而从节点 0 得到的净流入量。因此，如果 $t_i(\cdot)$ 为正，那么社会计划者支付钱给智能体 i；如果 $t_i(\cdot)$ 为负，那么智能体 i 支付钱给社会计划者。考察节点 0 的现金流保留约束式，可知智能体支付给社会计划者的钱数与社会计划者支付给智能体的钱数之和为零。从节点 i 流向节点 j 的现金流可以做如下解释。每个智能体 i 首先评估所有其他智能体在智能体 i 不出现时能产生的期望总价值，这正好就是 $\xi_i(\theta_i)$。现在，智能体 i 将 $\xi_i(\theta_i)$ 除以所有其他智能体人数，得到一个平均额，然后他向每个其他智能体支付这个平均额。注意到，这个配置本身明确考虑了智能体 i 出现的情形。

例 19.4 （双边交易市场） 有两个参与人，参与人 1（卖者）和 2（买者）。参与人 1 希望卖一件不可分割的商品给参与人 2。参与人 1 的类型是销售意愿（他能忍受的最低价格），它有两个可能值 {10，20}。参与人 2 的类型是支付意愿（他能忍受的最高价格），它也有两个可能值 {10，20}。对于每个参与人来说，每个类型的发生概率都为 0.5。如果买者的类型大于或等于卖者报告的类型，那么交易发生；否则，交易不发生。因此，给定配置函数 $k(\theta_1, \theta_2)$，如果 $\theta_1 \leqslant \theta_2$，那么该函数将商品配置给买者（参与人 2），如果 $\theta_1 > \theta_2$，那么卖者（参与人 1）将保留商品。可以证明，这个配置函数有配置效率（参见习题）。我们现在用 k^* 取代 k，用来强调 k 有配置效率。

参与人在不同类型组中的价值可按下列方法求得。注意到，当交易发生时，卖者的价值是他的销售意愿的相反数，而买者的价值是他的购买意愿。当交易不发生时，卖者的价值是他的销售意愿，而买者的价值为零。首先，我们考虑 $v_1(k^*(10, 10), 10)$。在类型组（10，10）下，交易发生，卖者（智能体 1）失去了商品，买者（智能体 2）得到了该商品。智能体 1 的支付意愿为 10，因此在这个配置中他的价值为 −10。类似地，考虑 $v_1(k^*(20, 10), 20)$。在类型组（20，10）下，交易不发生，因此商品保留在卖者手中。由于销售意愿为 20，因此在这个配置中，卖者（智能体 1）的价值为 20。类似地，我们可以计算两个智能体在所有类型组下的价值。枚举如下：

$$v_1(k^*(10,10),10) = -10; v_1(k^*(20,10),20) = 20$$

$$v_1(k^*(10,20),10) = -10; v_1(k^*(20,20),20) = -20$$

$$v_2(k^*(10,10),10) = 10; v_2(k^*(20,10),10) = 0$$

$$v_2(k^*(10,20),20) = 20; v_2(k^*(20,20),20) = 20$$

现在我们计算 ξ 值（参见前面满足严格预算平衡的 dAGVA 支付规则的定义）。计算，可得：

$$\xi_1(10) = \frac{1}{2}v_2(k^*(10,10),10) + \frac{1}{2}v_2(k^*(10,20),20) = \frac{1}{2}(10+20) = 15$$

$$\xi_1(20) = \frac{1}{2}v_2(k^*(20,10),10) + \frac{1}{2}v_2(k^*(20,20),20) = \frac{1}{2}(0+20) = 10$$

$$\xi_2(10)=\frac{1}{2}v_1(k^*(10,10),10)+\frac{1}{2}v_1(k^*(20,10),20)=\frac{1}{2}(-10+20)=5$$

$$\xi_2(20)=\frac{1}{2}v_1(k^*(10,20),10)+\frac{1}{2}v_1(k^*(20,20),20)=\frac{1}{2}(-10-20)=-15$$

因此，卖者（智能体 1）得到的转移为：

$$t_1(10,10)=\xi_1(10)-\xi_2(10)=15-5=10$$
$$t_1(10,20)=\xi_1(10)-\xi_2(20)=15-(-15)=30$$
$$t_1(20,10)=\xi_1(20)-\xi_2(10)=10-5=5$$
$$t_1(20,20)=\xi_1(20)-\xi_2(20)=10-(-15)=25$$

买者得到的转移正好是卖者的相反数。容易看到，对于买者来说，这不是个体理性的。□

□ dAGVA 机制与个体理性

我们已经看到 dAGVA 机制满足分配效率（AE）、严格预算平衡（SBB）和贝叶斯激励相容（BIC）。读者可能想知道它是否也满足个体理性。遗憾的是，下列定理至少在双边交易环境下排除了这种可能性。

□ 迈尔森-萨特思韦特定理

迈尔森-萨特思韦特定理（Myerson-Satterthwaite theorem）是一个不可能结果，它断言在双边交易环境下，不存在满足 AE、SBB、BIC 和事中个体理性的社会选择函数。这个定理的正式表达如下。

定理 19.4 （迈尔森-萨特思韦特不可能定理） 在双边交易环境下，假设买者和卖者都是风险中性的，价值 θ_1 与 θ_2 独立地以正概率密度抽自区间 $[\underline{\theta}_1, \bar{\theta}_1]\subset\mathbb{R}$ 与 $[\underline{\theta}_2, \bar{\theta}_2]\subset\mathbb{R}$，而且 $[\underline{\theta}_1, \bar{\theta}_1]\cap[\underline{\theta}_2, \bar{\theta}_2]\neq\varnothing$。于是，不存在贝叶斯激励相容且有事后效率的社会选择函数，使得每个买者和每个卖者能通过参与交易得到非负期望效用。

风险中性这个术语可以参见第 8 章（8.6 节）。对于上述定理的证明，读者可以参见 Mas-Colell，Whinston and Green[8] 命题 23. E. 1。

19.6 拟线性环境中的机制设计空间

图 19—2 画出了我们目前为止讨论的所有结果涉及的机制空间。这个图总结了我们在上一章和本章看到的所有结果。仔细考察这个图可知，为什么设计满足多个性质的机制是一件非常微妙的事情。

设计者试图在拟线性环境下设计（涉及货币的）机制，当他在选择针对当前情形的特定机制时，必须谨慎地权衡。这时可能定理和不可能定理变得重要。聪明的社会计划设计者总是首先找出特定情形要求的重要性质，并且考察这些性质是否都位于可能区域。如果答案为否，那么他必须去掉一个或多个性质，并最终提出适合特定情形要求的机制。随着互联网时代新应用的出现，新性质变得重要，机制设计研究者当前的任务就是考察如何设计最合适的机制来满足最合意的一组性质。

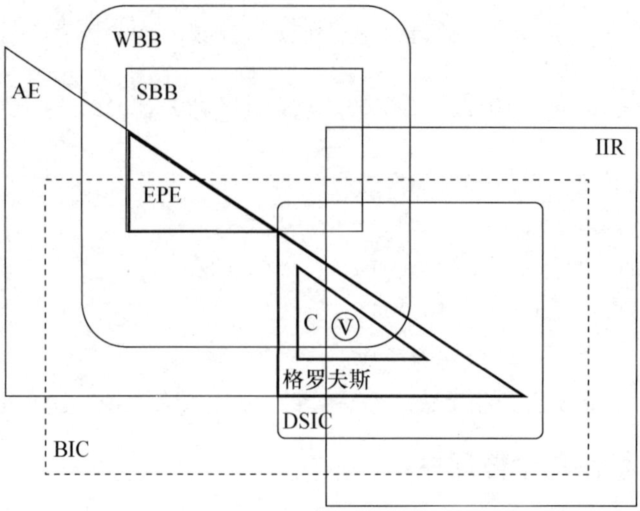

图 19—2 拟线性环境下的机制设计空间

AE：配置效率；EPE：事后效率；SBB：严格预算平衡；IIR：事中个体理性；BIC：贝叶斯激励相容；C：克拉克机制；DSIC：优势策略激励相容；V：维克瑞拍卖。

19.7 线性环境

线性环境是拟线性环境的一种特殊情形，在文献中经常能遇到这种环境。线性环境是拟线性环境的加强版，原因如下：

（1）每个智能体 i 的类型位于区间 $\Theta_i=[\underline{\theta}_i,\ \bar{\theta}_i]\subset\mathbb{R}$，其中 $\underline{\theta}_i<\bar{\theta}_i$。

（2）智能体的类型在统计上彼此独立，也就是说，密度 $\phi(\cdot)$ 等于 $\phi_1(\cdot)\times\cdots\times\phi_n(\cdot)$。

（3）$\phi_i(\theta_i)>0$，$\forall\,\theta_i\in[\underline{\theta}_i,\ \bar{\theta}_i]$，$\forall i=1,\ \cdots,\ n$。

（4）每个智能体 i 的效用函数取下列形式：

$$u_i(x,\theta_i)=\theta_i v_i(k)+m_i+t_i$$

线性环境有比较有趣的性质，因为我们能够得到贝叶斯激励相容社会选择函数的特征。在介绍线性环境下的贝叶斯激励相容社会选择函数的迈尔森特征定理之前，我们定义该环境下与任何社会选择函数 $f(\cdot)=(k(\cdot),\ t_1(\cdot),\ \cdots,\ t_n(\cdot))$ 有关的量：

- 令 $\bar{t}_i(\hat{\theta}_i)=E_{\theta_{-i}}[t_i(\hat{\theta}_i,\ \theta_{-i})]$ 表示当智能体 i 报告自己的类型 $\hat{\theta}_i$ 且所有智能体 $j\neq i$ 如实报告他们的类型时智能体 i 的期望转移。
- 令 $\bar{v}_i(\hat{\theta}_i)=E_{\theta_{-i}}[v_i(\hat{\theta}_i,\ \theta_{-i})]$ 表示当智能体 i 报告自己的类型 $\hat{\theta}_i$ 且所有智能体 $j\neq i$ 如实报告他们的类型时智能体 i 的期望“收益”。
- 令 $U_i(\hat{\theta}_i|\theta_i)=E_{\theta_{-i}}[u_i(f(\hat{\theta}_i,\ \theta_{-i}),\ \theta_i)|\theta_i]$ 表示当智能体 i 的类型为 θ_i 但报告 $\hat{\theta}_i$ 且所有智能体 $j\neq i$ 如实报告他们的类型时智能体 i 的期望效用。根据上面的两个定

义，容易验证 $U_i(\hat{\theta}_i|\theta_i)=\theta_i\bar{v}_i(\hat{\theta}_i)+\bar{t}_i(\hat{\theta}_i)$。

● 令 $U_i(\theta_i)=U_i(\theta_i|\theta_i)$ 表示当智能体 i 以及所有其他智能体如实报告自己的类型时智能体 i 的条件期望效用。容易验证

$$U_i(\theta_i)=\theta_i\bar{v}_i(\theta_i)+\bar{t}_i(\theta_i)$$

□ 迈尔森特征定理

有了上面的那些定义之后，我们现在给出迈尔森特征定理，它刻画了线性环境下的贝叶斯激励相容社会选择函数的特征。[9]

定理 19.5 **（迈尔森特征定理）** 在线性环境下，社会选择函数 $f(\cdot)=(k(\cdot), t_1(\cdot), \cdots, t_n(\cdot))$ 是贝叶斯激励相容的当且仅当对于所有 $i=1, \cdots, n$,

(1) $\bar{v}_i(\cdot)$ 为非递减的，

(2) $U_i(\theta_i)=U_i(\underline{\theta}_i)+\int_{\underline{\theta}_i}^{\theta_i}\bar{v}_i(s)ds, \forall\theta_i\in\Theta_i$。

对于这个定理的证明，读者可以参考 Mas-Colell，Whinston，and Green[8] 的命题 23. D. 2。这个定理表明为了找到线性环境下所有的贝叶斯激励相容社会选择，我们可以采取以下方法：首先，找到函数 $k(\cdot)$ 使得每个智能体期望收益函数 $\bar{v}_i(\cdot)$ 非减。然后，对于每个这样的函数，找到满足定理第二个条件的转移函数 $\bar{t}_1(\cdot), \cdots, \bar{t}_n(\cdot)$。

将前面得到的 $U_i(\theta_i)=\theta_i\bar{v}_i(\theta_i)+\bar{t}_i(\theta_i)$（特别地，$U_i(\underline{\theta}_i)=\underline{\theta}_i\bar{v}_i(\underline{\theta}_i)+\bar{t}_i(\underline{\theta}_i)$）分别代替条件（2）中的 $U_i(\theta_i)$ 和 $U_i(\underline{\theta}_i)$，可知期望转移函数正好是满足下列条件的函数：对于 $i=1, \cdots, n$，对于某个常数 $\bar{t}_i(\underline{\theta}_i)$，

$$\bar{t}_i(\theta_i)=\bar{t}_i(\underline{\theta}_i)+\underline{\theta}_i\bar{v}_i(\underline{\theta}_{ii})-\theta_i\bar{v}_i(\theta_i)+\int_{\underline{\theta}_i}^{\theta_i}\bar{v}_i(s)ds$$

最后，选择任何一组转移函数 $t_1(\cdot), \cdots, t_n(\cdot)$，使得对于所有 θ_i，都有 $E_{\theta_{-i}}[t_i(\theta_i, \theta_{-i})]=\bar{t}_i(\theta_i)$。一般来说，这样的函数 $t_i(\cdot, \cdot)$ 有很多；例如，$t_i(\theta_i, \theta_{-i})=\bar{t}_i(\theta_i)$ 就是其中一个。

19.8 小结与参考文献

在本章，我们考察了拟线性偏好环境下机制的若干可能性和不可能性。

● 首先，我们考察了格罗夫斯机制（它们满足配置效率与优势策略激励相容）以及预算平衡。格林-拉丰定理排除了格罗夫斯机制满足严格预算平衡的可能性。一条绕开这种情形的方法是令其中一个智能体的类型集为共同知识。

● 然后，我们考察了克拉克机制以及弱预算平衡。我们证明在一个充分条件（称为不存在单个智能体效应）下，克拉克机制是弱预算平衡的。再分配机制是指使得预算不平衡最小而又保留配置效率与优势策略激励相容。

● 接下来，我们定义了个体理性这个重要性质，它保证了每个智能体将自愿参与机

制。这个性质涉及博弈的三个阶段：事前、事中和事后。我们证明 VCG 机制未必满足个体理性，而且证明了如果选择集单调性与不存在负的外部性这两个条件得以满足，那么克拉克机制是个体理性的。

• 然后，我们讨论了 dAGVA 机制，也称为期望格罗夫斯机制。dAGVA 机制满足贝叶斯激励相容、配置效率以及严格预算平衡，但不满足个体理性。我们以双边市场环境比如双边交易说明了 dAGVA 机制。

• 我们回顾了在拟线性环境下考察的所有机制设计结果，图 19—3 描述了各种可能性和不可能性。

• 最后，我们讨论了拟线性环境的一种重要特殊情形，即线性环境；对此，我们给出了迈尔森特征定理，它描述了线性环境下的贝叶斯激励相容机制的特征。这个结果将贝叶斯激励相容与单调性联系在一起，这在证明（单件商品拍卖情形下的）收入等价定理以及建立最优拍卖结果时非常有用，这些内容以后介绍。

□ 参考文献

[1] J. R. Green and J. J. Laffont. *Incentives in Public Decision Making*. North-Holland，Amsterdam，1979.

[2] R. Cavallo. "Optimal decision making with minimal waste：strategy-proof redistribution of VCG payments". In：*Proceedings of the Fifth International Joint Conference on Autonomous Agents and Multiagent Systems，AAMAS-2006. 2006*，pp. 882-889.

[3] H. Moulin. "Almost budget balanced VCG mechanisms to assign multiple objects". In：*Journal of Economic Theory* 144（2009），pp. 96-119.

[4] M. Guo and V. Conitzer. "Worst-case optimal redistribution of VCG payments in multiunit auctions". In：*Games and Economic Behavior* 67（2010），pp. 69-98.

[5] Sujit Gujar and Y. Narahari. "Redistribution mechanisms for assignment of heterogeneous objects". In：*Journal of Artificial Intelligence Research* 41（2011），pp. 131-154.

[6] C. d'Aspremont and L. A. Gérard-Varet. "Incentives and incomplete information". In：*Journal of Public Economics* 11（1979），pp. 25-45.

[7] K. Arrow. "The property rights doctrine and demand revelation under incomplete information". In：*Economics and Human Welfare*. Ed. by M. Boskin. Academic Press，New York，1979.

[8] Andreu Mas-Colell，Michael D. Whinston，and Jerry R. Green. *Microeconomic Theory*. Oxford University Press，1995.

[9] Roger B. Myerson. "Optimal auction design". In：*Mathematics of Operations Research* 6（1）（1981），pp. 58-73.

19.9 习　题

（1）有两个智能体 1 和 2，每个智能体都有一件不可分割的商品。假设 $\Theta_1=\{1,$

2}，$\Theta_2=\{2, 3\}$。考虑下列直接机制。两个智能体报告他们的类型。如果智能体 1 报告的类型大于或等于 2 报告的，那么智能体 1 获胜；否则，智能体 2 获胜。获胜者变为卖者，落败者变为买者。落败者购买获胜者持有的商品。对这个问题设计一个（严格）预算平衡的 dAGVA 机制。

（2）有两个智能体 1 和 2，他们的类型集分别为 $\Theta_1=\{1, 2, 3\}$，$\Theta_2=\{2, 3\}$。每个智能体都有一件不可分割的商品想卖给对方。dAGVA 机制将决定谁变为卖者。如果智能体 1 的报价小于或等于智能体 2 的，智能体 1 作为卖者。此时智能体 2 作为买者，购买智能体 1 的商品。如果智能体 1 的报价大于智能体 2 的，那么智能体 2 作为卖者。此时智能体 1 作为买者，购买智能体 2 的商品。智能体转移的钱数由 dAGVA 机制决定。请对这个问题设计一个严格预算平衡的 dAGVA 机制。

（3）有一个卖者（智能体 0）和两个买者（智能体 1 和 2）。买者递交密封报价来购买一件不可分割的商品。令 θ_1 和 θ_2 分别表示两个买者的支付意愿。和以前一样，我们定义配置函数如下：

$$\begin{aligned} y_1(\theta_1,\theta_2) &= 1 \quad 若\ \theta_1 \geqslant \theta_2 \\ &= 0 \quad 其他情形 \\ y_2(\theta_1,\theta_2) &= 1 \quad 若\ \theta_1 < \theta_2 \\ &= 0 \quad 其他情形 \end{aligned}$$

令 $\Theta_1=\Theta_2=[0, 1]$，假设两个竞标人（买者）的报价是 $[0, 1]$ 上的均匀分布，而且是独立同分布的。假设 $\Theta_0=\{0\}$。如果这个问题使用 dAGVA 机制，计算支付。

（4）在某个密封拍卖中，有一个买者和两个卖者（智能体 1 和 2）。买者想买一件不可分割的商品。竞标人是对称的，它们的私人价值在 $[0, 1]$ 上均匀分布且是独立的。报价低者获胜，卖出商品。假设这个问题使用 dAGVA 支付规则。计算获胜者得到的支付以及落败者的支付。

（5）在某个双边交易环境下，每个 $\theta_i(i=1, 2)$ 都独立地抽自 $[0, 1]$ 上的均匀分布。计算 dAGVA 机制中的支付。验证如实报告是一个贝叶斯纳什均衡。

（6）在某个双边交易环境下，每个 $\theta_i(i=1, 2)$ 都独立地抽自 $[0, 1]$ 上的均匀分布。现在假设通过拒绝参与该机制，伴随价值 θ_1 的卖者得到期望效用 θ_1（他把商品消费了），而伴随价值 θ_2 的买者得到期望效用零。证明在 dAGVA 机制中，存在着一类买者或卖者使得他严格不愿意参与这个机制。

（7）举例说明在双边交易环境中当买者和卖者都有离散的评价集时，可能存在着满足贝叶斯激励相容、事后效率和个体理性的社会选择函数（提示：考虑每个智能体有两个可能类型就足够了）。

（8）（编程题）实施 dAGVA 机制。仔细识别这个编程问题的输入。输出必须为针对任何给定类型组的有效率配置以及支付向量。

第 20 章 拍　卖

在当前现实世界电子商务以及其他数不清的网络应用中，拍卖无处不在。拍卖为**伴随货币的机制**（mechanisms with money）提供了一个自然例子。机制设计理论为拍卖的设计提供了一种原则性的方法，来保证合意性质得以满足。在本章，我们讨论几种不同的拍卖以及重要机制设计议题。特别地，我们讨论四种基本拍卖类型（买或卖一件不可分割的商品）：英国式拍卖、荷兰式拍卖、第一价格密封拍卖、第二价格密封拍卖（维克瑞拍卖）。我们讨论了一个关于上述四类拍卖的重要结果，即**收入等价定理**（revenue equivalence theorem）。我们还介绍了**组合拍卖**（combinatorial auctions）。

拍卖是一种将一组商品配置给一组竞标人的机制，配置依据是竞标人的报价。拍卖已有几千年历史。近年来，在基于网络的应用中，拍卖急剧增长。这些拍卖包括传统商品例如油画和纪念品的拍卖，也包括互联网广告空间、搜索引擎网站上的关键词、企业采购、频谱分配、机场时隙分配等的拍卖。因此，拍卖既有理论价值也有现实应用价值。

目前已有很多关于拍卖的优秀文献，例如书籍［1，2，3］和综述文章［4，5，6］。近年来，一些综述主要集中于组合拍卖。[7,8,9,10]

20.1　拍卖类型与合意性质

□ 拍卖分类

Kalagnanam and Parkes[9]建议按照以下六个标准对拍卖进行分类。

（1）**资源**：资源是被拍卖物。资源可以是一种商品也可以是多种商品（每种商品可以只有一单位，也可以有多个单位）。多种商品的拍卖称为组合拍卖（combinatorial auctions）。

（2）**市场结构**：有三类拍卖市场结构。一是**前向拍卖**（forward auction），一个卖者把商品卖给多个买者；二是**后向拍卖**（reverse auction），一个买者向多个卖者购买商品，比如采购；三是**双向拍卖**或**交易**，这是指伴随多个买者和多个卖者的拍卖。

（3）**偏好结构**：偏好定义了不同拍卖结果带给智能体的效用。例如，当拍卖物涉及一种商品的多个单位时，智能体对于额外一单位商品的边际效用可能是递减的。如果一件商品有多个属性，例如成本、前置时间（从订货到交换的时间）、质量、可靠性等，那么智能体的偏好结构应该能够描述他对这些属性的重要程度评价。

（4）**报价结构**：报价结构定义了智能体对拍卖物的要求。对于一件不可分割商品的拍卖，报价就是购买意愿或销售意愿。对于多个单位的相同商品拍卖，报价需要说明价格和数量。这引入了折扣优惠的可能性。在多种商品拍卖情形下，报价可能说明智能体对商品束（即商品组）的偏好。

（5）**确定获胜者**：其他文献也将获胜者的确定称为**市场出清**（market clearing）、**评标**（bid evaluation）、**标的物配置**（bid allocation）或仅称**配置**（allocation）。在前向拍卖中，确定获胜者是指选择一个最优买者子集，商品配置给这些买者。在后向拍卖中，确定获胜者是指选择一个最优卖者子集，他们有资格卖掉商品。在交易（双向拍卖）中，确定获胜者是指确定买者和卖者的最优匹配。获胜者确定问题的计算复杂性，是设计者在设计拍卖时考虑的一个重要议题。

（6）**信息反馈**：拍卖规则可能伴随信息反馈，也可能不伴随信息反馈。在只有一轮的拍卖中，智能体递交报价但得不到拍卖的信息反馈（例如价格信号）。在多轮拍卖中，智能体可根据信息反馈调整报价。关于拍卖状态的反馈通常用**价格信号**（price signal）或**暂定配置**（tentative allocation）进行刻画，反馈提供了智能体们的报价信息，从而帮助智能体修改自己的报价。

□ 拍卖：合意性质

我们现在考察拍卖设计者想要的合意性质。正如我们在上一章看到的，并非所有这些性质能同时实现。根据具体环境，拍卖设计者必须仔细选择这些性质的一个最大子集，使得这个子集中的所有性质能同时得以满足。

□ 解均衡

给定智能体 i 关于其他智能体的信息，如果任何一个智能体 i 都不希望改变自己的报价，那么机制的解处于均衡状态。给定关于智能体（买者和卖者）的偏好假设、个体理性以及信息可得性，很多类型的均衡都能计算出。我们已经了解了一些均衡类型：**贝叶斯纳什均衡**、**事后纳什均衡**、**强（弱、极弱）优势策略均衡**。

□ 激励相容

给定一个拍卖，如果智能体通过报告他们对拍卖物的真实评价来使得自己的期望效用最优，那么我们说该拍卖是激励相容的。根据如实报价实现的均衡性质，激励相容拍卖可以是贝叶斯激励相容的，也可以是优势策略激励相容的。如果某个机制是优势策略激励相容的（DSIC），那么每个智能体的决策仅取决于自己的信息，他不需要模拟或计算其他智能体的策略。在贝叶斯激励相容（BIC）情形下，计算均衡策略要求先验概率分布的信息。事后激励相容（ex-post incentive compatibility，EPIC）是另外一种激励相容，EPIC 比 BIC 强，但比 DSIC 弱。我们将在第 23 章讨论这个性质。

□ 配置效率

当所有获胜者的社会效用（这些获胜者的效用之和）最大时，配置效率得以实现。配置效率保证了拍卖物配置给评价最高者。

□ 个体理性

在拍卖中，如果配置没有使得任何智能体的状况比他不参与拍卖时更差，那么拍卖是个体理性的（或称有自愿参与性质）。这意味着，每个智能体通过参与拍卖能得到非负效用。

□ 预算平衡

在某个拍卖的所有可行结果中，如果买者的支出大于或等于卖者得到的收入，那么这个拍卖是弱预算平衡的；如果净货币转移为零（买者的支出等于卖者的收入），那么这个拍卖是强预算平衡的。换句话说，预算平衡保证了拍卖机构或机制设计者不会亏损。

□ 收入最大化或成本最小化

在前向拍卖中，卖者有一组商品要卖，他希望使得自己的总收入最大。另一方面，在后向拍卖（采购拍卖）中，买者希望成本最小。通常，卖者的目标不是收入最大化而是利润最大化，其中利润等于收入减去成本。在交易环境（双向拍卖）中，有多个买者和多个卖者。我们的目标是剩余最大化，其中剩余是总收入减去总支出。

□ 公平性

用于确定获胜者的算法，尤其是基于启发式的算法，可能导致不同时点出现不同获胜者集。由于可能存在着多个最优解，因此不同算法将产生不同的获胜者集。这让竞标人感到不公平，从而影响他们参与拍卖的意愿。落败的竞标人由于在另外一种算法下可能是获胜者，会感觉到被暗算了。

□ 防欺诈

防欺诈（cheatproofness）的意思是拍卖应是稳健的，也就是说它应该能防御竞标人用假名字攻击或者花样百出的操纵。

20.2 经典机制：一件不可分割的商品的拍卖

当拍卖物为一件不可分割的商品时，有四种基本拍卖类型。我们在这里讨论前向拍卖（销售）。这四种拍卖也可用于后向拍卖（采购）情形。

□ 英国式拍卖

英国式拍卖（English auction）也称为公开喊价拍卖或递增报价拍卖。在这里，价格从低逐渐升高直到只剩下一个竞标人。这种拍卖可以采取以下方式：（a）拍卖师报价；（b）竞标人自己报价；（c）通过电子方式报价。在任何时点上，每个竞标人都知道当前最高报价水平。获胜者按最终胜出价格进行支付。

□ 荷兰式拍卖

荷兰式拍卖（Dutch auction）也称为递减报价拍卖。在这里，拍卖师一开始报出高价，然后持续降低，直到有人接受当前的价格。获胜者按当前价格支付。

□ 第一价格密封拍卖

在这种情形下，每个潜在买者递交密封好的报价，报价最高者获胜。如果出现了多个最高报价，则用事前规定好的规则决定谁是获胜者。获胜者按自己的报价支付。

□ 第二价格密封拍卖

这是经典的维克瑞（Vickrey）拍卖。与第一价格密封拍卖一样，每个潜在买者递交密封报价，报价最高者获胜。然而，现在获胜者按第二高的报价支付（这也是落败者中的最高报价）。

例 20.1 ［**经典拍卖（Canonical Auction）**］考虑下列情形。有个卖者想卖掉一件商品。有两个潜在买者 1 和 2。买者 1 的支付意愿为 10，买者 2 的支付意愿为 15。每个竞标人（买者）不知道另外一个竞标人的支付意愿。□

英国式拍卖

典型英国式拍卖按下列方式进行。买者 1 报价 5，然后买者 2 报价 6。现在买者 1 可能将报价增加到 8。于是，买者 2 可能将报价增加到 9。买者 1 再一次将报价提高到 9.5。买者 2 也再一次修改报价，他报价 10。假设买者 1 不再提高自己的报价。因此，买者 2 胜出，他得到了拍卖物并支付 10。

荷兰式拍卖

典型荷兰式拍卖如下。卖者报价 20。两个买者都不愿意按该价格购买。卖者将价格降低到 18，仍然没有人愿意购买。卖者持续降价，比如，降低到 16、14、12、11。假设在 11 这个价格水平上，买者 2 想买，因为（尽管他不知道买者 1 对拍卖物的评价）他可能认为买者 1 先于他表达购买愿望。注意，11 小于买者 2 的支付意愿（为 15）。

第一价格密封拍卖

假设买者 1 报价 9，买者 2 报价 11。于是买者 2 获胜，他向卖者支付 11。

第二价格密封拍卖（维克瑞拍卖）

每个买者知道如果他自己获胜，他必须支付另外一个买者的报价。在这里，如实报价是一个弱优势策略。因此，买者 1 将报价 10，买者 2 将报价 15。买者 2 获胜，他向卖者支付 10，注意 10 是第二高报价。□

20.3 第一价格密封拍卖和第二价格密封拍卖的收入等价性

在本节，我们证明在一些条件下，卖者在第一价格密封拍卖和第二价格密封拍卖下的期望收入相等。事实上，在两种拍卖的收入等价性上，我们证明了一个更一般的结果，这里的两种拍卖是第一价格密封拍卖和第二价格密封拍卖的自然推广。

假设一个卖者希望卖掉一件不可分割的商品，有 n 个潜在买者。假设 θ_i 是买者智能体 i（$i=1$，…，n）的类型，θ_i 自然可以解释为智能体 i 的支付意愿。假设 $y_i(\theta)$ 指当智能体报告类型组 $\theta=(\theta_1$，…，$\theta_n)$ 时，智能体 i 得到拍卖物的概率。买者（智能体）i 在类型组为 $\theta=(\theta_1$，…，$\theta_n)$ 时的期望收益为 $y_i(\theta)\theta_i+t_i(\theta)$，其中 $t_i(\theta)$ 是当类型组为 θ 时转移给买者 i 的钱数。注意，这种期望收益的表达式意味着我们处于线性环境（参见 19.7 节）。配置集为

$$K=\left\{(y_1,\cdots,y_n):y_i\in[0,1],\forall i=1,\cdots,n;\sum_{i=1}^{n}y_i\leqslant 1\right\}$$

与以前一样，令 $\bar{y}_i(\hat{\theta}_i)=E_{\theta_{-i}}[y_i(\hat{\theta}_i,\theta_{-i})]$ 为当智能体 i 报告类型 $\hat{\theta}_i$ 且所有其他智能体如实报告类型时智能体 i 得到拍卖物的期望概率。类似地，$\bar{t}_i(\hat{\theta}_i)=E_{\theta_{-i}}[t_i(\hat{\theta}_i,\theta_{-i})]$ 表示当智能体 i 报告类型 $\hat{\theta}_i$ 且所有其他智能体如实报告类型时智能体 i 得到的期望支付。于是，

$$U_i(\theta_i)=\bar{y}_i(\theta_i)\theta_i+\bar{t}(\theta_i)$$

表示当所有智能体如实报告类型时智能体 i 的期望效用。我们现在给出和证明一个重要命题。

定理 20.1 考虑伴随下列条件的拍卖情形：

（1）n 个风险中性的竞标人（买者）1，2，…，n。

（2）竞标人 i 的类型（即他对拍卖物的评价）位于区间 $\Theta_i=[\underline{\theta}_i,\bar{\theta}_i]\subset\mathbb{R}$，其中 $\underline{\theta}_i<\bar{\theta}_i$。

（3）竞标人 i（$i=1$，2，…，n）对拍卖物的评价以严格正密度 $\phi_i(\cdot)>0$ 抽自区间 $[\underline{\theta}_i,\bar{\theta}_i]$。令 $\Phi_i(\cdot)$ 为累积分布函数。

（4）竞标人 i 的类型在统计上互相独立。

假设给定与两个不同拍卖机制相对应的贝叶斯纳什均衡，使得：

- 对于每个竞标人 i，对于 $(\theta_1$，…，$\theta_n)$ 的每个可能实现值，竞标人 i 在这两个拍卖下得到拍卖物的概率相等。
- 当竞标人 i（$i=1$，2，…，n）对拍卖物的评价位于最低可能水平时，他在这两个拍卖下得到的期望收益相等。

那么卖者从这两个拍卖中得到的期望收入相等。

在证明这个定理之前，我们稍微说一下上述定理中的第一个假设，即风险中性。我们已经在第 8 章（8.6 节）讨论了参与人的三种风险态度：风险厌恶、风险中性以及风

险喜好。至于风险中性，简单地说，是指参与人的效用是他持有货币的线性函数。

证明：根据显示原理，在这个拍卖环境下，我们只要考察两个贝叶斯激励相容（BIC）的社会选择函数就足够了。我们需要证明这两个贝叶斯激励相容的社会选择函数（a）有相同的配置函数（$y_1(\theta)$，…，$y_n(\theta)$），$\forall\theta\in\Theta$；（b）$U_1(\underline{\theta}_1)$，…，$U_n(\underline{\theta}_n)$ 的相同值将对卖者产生相同的期望收入。

给定任何贝叶斯激励相容机制，我们首先确定卖者的期望收入表达式

$$\text{卖者的期望收入}=\sum_{i=1}^{n}E_\theta[-t_i(\theta)] \tag{20.1}$$

现在，我们有

$$\begin{aligned}E_\theta[-t_i(\theta)]&=E_{\theta_i}[-E_{\theta_{-i}}[t_i(\theta)]]\\&=\int_{\underline{\theta}_i}^{\overline{\theta}_i}[\overline{y}_i(\theta_i)\theta_i-U_i(\theta_i)]\phi_i(\theta_i)d\theta_i\\&=\int_{\underline{\theta}_i}^{\overline{\theta}_i}\left[[\overline{y}_i(\theta_i)\theta_i-U_i(\underline{\theta}_i)]-\int_{\underline{\theta}_i}^{\theta_i}\overline{y}_i(s)ds\right]\phi_i(\theta_i)d\theta_i\end{aligned}$$

最后一步成立的原因在于线性环境下贝叶斯激励相容函数的迈尔森特征（参见 19.7 节）。现在，上面的表达式等于

$$\left[\int_{\underline{\theta}_i}^{\overline{\theta}_i}\left(\overline{y}_i(\theta_i)\theta_i-\int_{\underline{\theta}_i}^{\theta_i}\overline{y}_i(s)ds\right)\phi_i(\theta_i)d\theta_i\right]-U_i(\underline{\theta}_i)$$

我们首先化简

$$\int_{\underline{\theta}_i}^{\overline{\theta}_i}\left(\int_{\underline{\theta}_i}^{\theta_i}\overline{y}_i(s)ds\right)\phi_i(\theta_i)d\theta_i$$

化简方法是使用分部积分，其中 $\int_{\underline{\theta}_i}^{\theta_i}\overline{y}_i(s)ds$ 作为第一个函数。化简，可得

$$\int_{\underline{\theta}_i}^{\overline{\theta}_i}\overline{y}_i(\theta_i)d\theta_i-\int_{\underline{\theta}_i}^{\overline{\theta}_i}\overline{y}_i(\theta_i)\Phi_i(\theta_i)d\theta_i=\int_{\underline{\theta}_i}^{\overline{\theta}_i}\overline{y}_i(\theta_i)[1-\Phi_i(\theta_i)]d\theta_i$$

因此，我们得到

$$\begin{aligned}E_{\theta_i}[-t_i(\theta_i)]&=-U_i(\underline{\theta}_i)+\left[\int_{\underline{\theta}_i}^{\overline{\theta}_i}\overline{y}_i(\theta_i)\left(\theta_i-\frac{1-\Phi_i(\theta_i)}{\phi_i(\theta_i)}\right)\phi_i(\theta_i)d\theta_i\right]\\&=-U_i(\underline{\theta}_i)+\left[\int_{\underline{\theta}_i}^{\overline{\theta}_i}\cdots\int_{\underline{\theta}_n}^{\overline{\theta}_n}y_i(\theta_1,\cdots,\theta_n)\left(\theta_i-\frac{1-\Phi_i(\theta_i)}{\phi_i(\theta_i)}\right)\left(\prod_{j=1}^{n}\phi_j(\theta_j)\right)d\theta_n\cdots d\theta_1\right]\end{aligned}$$

原因是

$$\overline{y}_i(\theta_i)=\int_{\underline{\theta}_1}^{\overline{\theta}_1}\cdots\int_{\underline{\theta}_n}^{\overline{\theta}_n}y_i(\theta_1,\cdots,\theta_n)\left(\prod_{j=1}^{n}\phi_j(\theta_j)\right)\underbrace{d\theta_n\cdots d\theta_1}_{\text{不含}d\theta_i}$$

因此，卖者的期望收入

$$=\int_{\underline{\theta}_1}^{\overline{\theta}_1}\cdots\int_{\underline{\theta}_n}^{\overline{\theta}_n}\sum_{i=1}^{n}y_i(\theta_1,\cdots,\theta_n)\left(\theta_i-\frac{1-\Phi_i(\theta_i)}{\phi_i(\theta_i)}\right)\left(\prod_{j=1}^{n}\phi_j(\theta_j)\right)d\theta_n\cdots d\theta_1-\sum_{i=1}^{n}U_i(\underline{\theta}_i)$$

通过考察上面的表达式，我们可以看到：给定任何两个贝叶斯激励相容的社会选择函数，如果它们产生相同的函数（$y_1(\theta)$，…，$y_n(\theta)$）而且产生 $U_1(\underline{\theta}_1)$，…，$U_n(\underline{\theta}_n)$ 的相同值，那么它们带给卖者的期望收入是相等的。■

注释　第一价格密封拍卖和第二价格密封拍卖满足上述定理的条件：

- 在这两种拍卖中，评价最高的竞标人获胜。
- 在这两种拍卖中，竞标人的评价抽自某个实区间 $[\underline{\theta}_i, \overline{\theta}_i]$，而且给定任何竞标人，只要他的评价等于 $\underline{\theta}_i$，那么他的收益为零。

因此，这个定理可用于上述两种拍卖的均衡：注意，在第一价格密封拍卖情形下，它是一个贝叶斯纳什均衡，而在第二价格密封拍卖下，它是一个弱优势策略均衡。因此，这两种拍卖带给卖者的期望收入相等。

现在我们终于可以给出一个重要结果了，这就是一件不可分割的商品拍卖情形下的收入等价定理（revenue equivalence theorem）。对于这个定理，我们将给出非正式证明。这个主题上的更多内容可以参考 McAfee and McMillan[4] 以及 Vijay Krishna[1]，本节材料就来自这两份文献。

20.4　收入等价定理

这个重要定理表明，在基准模型下，对于一件不可分割的商品的情形，四种经典拍卖带给卖者的收入是相等的。

□ 基准模型

收入等价定理有四个重要假设：(1) 竞标人都是风险中性的；(2) 竞标人有独立的私人价值；(3) 竞标人之间是对称的；(4) 支付仅取决于竞标人自己的报价。分别介绍如下。

(1) 竞标人的风险中性。

基准模型假设所有竞标人都是风险中性的。这立即意味着每个竞标人的效用函数关于自己持有的货币都是线性的。更多细节可参考 8.6 节。

(2) 独立私人价值模型。

在独立私人价值模型中，每个竞标人准确知道他自己对拍卖物的评价。然而，每个竞标人可能不知道其他竞标人的评价。每个竞标人认为任何其他竞标人的评价都抽自某个已知的概率分布。另外，每个竞标人 i 知道其他竞标人和卖者将他（竞标人 i）的评价视为抽自某个已知的概率分布。正式地，与以前一样，令 $N=\{1, 2, \cdots, n\}$ 为竞标人集合。独立私人价值这个假设事先设定了概率分布 Φ_i，竞标人 i（$i\in N$）从 Φ_i 中抽取他的评价 v_i。竞标人 i 知道自己的评价 v_i，但所有其他竞标人和卖者仅知道概率分布

Φ_i。各个竞标人的概率分布互相独立。

这个假设的一个适当例子是一幅罕见油画的拍卖，竞标人是消费者，他们购买油画的目的是欣赏而不是转售。

与上面模型不同的另外一种常见模型是**共同价值模型**（common value model）。在这里，如果 V 是拍卖物的**未被观知的**真实价值，那么竞标人的感知价值 $v_i(i=1, \cdots, n)$ 独立抽自某个概率分布 $H(v_i|V)$。所有竞标人知道概率分布 H。这里的一个例子是一幅罕见油画的拍卖，竞标人购买的目的是转售。这幅画有一个目标价值，即它的市场价格。然而，没人知道它真实的市场价格。如果不同的竞标人对此获知的信息不同，那么他们对油画的实际价值就有不同的猜测。

假设竞标人 1 设法知道了某个竞标人对油画的评价。在共同价值模型情形下，这为竞标人 1 了解拍卖物的潜在真实价值提供了有用信息，因此竞标人 1 有可能改变自己的评价。在独立私人价值模型下，竞标人对油画有准确评价，即使他知道了其他投标人的评价，他也不会改变自己的评价。然而，出于策略上的考虑，他可能会改变自己的报价。

现实拍卖情形可能含有独立私人价值模型的某些方面，也含有共同价值模型的某些方面。然而，在我们的基准模型中，我们使用独立私人价值模型。

（3）对称性。

对称性假设意味着所有投标人的评价集都是相同的，而且他们的评价抽自相同的概率分布函数 Φ。也就是说，$\Phi_1=\Phi_2=\cdots=\Phi_n=\Phi$。

（4）支付仅取决于报价。

基准模型假设获胜者支付的钱数仅取决于报价。

定理 20.2 （收入等价定理） 某个卖者想通过拍卖卖掉一件不可分割的商品，有 n 个竞标人（买者）。在基准模型（竞标人都是风险中性的；竞标人有独立私人价值；竞标人之间是对称的；获胜者支付的钱数仅取决于报价）下，所有四种基本拍卖类型（英国式拍卖、荷兰式拍卖、第一价格密封拍卖、第二价格密封拍卖）带给卖者的期望收入相等。

注释 这个结果似乎有些不符合直觉。例如，在第一价格密封拍卖下，卖者得到的钱数等于最高报价，而在第二价格密封拍卖下，卖者得到的钱数等于第二高的报价，这难道不意味着第一价格密封拍卖带来的收入比第二价格密封拍卖更大吗？然而，注意，在不同拍卖情形下，竞标人的行动也不同。特别地，与第一价格密封拍卖相比，在第二价格密封拍卖下，竞标人的报价更加激进。

证明： 证明分为三个部分。在第一部分，我们证明第一价格密封拍卖均衡和第二价格密封拍卖均衡带给卖者的收入相等。在第二部分，我们证明荷兰式拍卖和第一价格密封拍卖带给卖者的收入相等。在第三部分，我们证明英国式拍卖和第二价格密封拍卖带给卖者的收入相等。我们提醒读者注意，我们的证明基于直觉但不是正式的；这个结果的严格证明，读者可以参考文献[1]。

□ 第一部分：第一价格密封拍卖与第二价格密封拍卖的收入等价性

我们已经证明第一价格密封拍卖和第二价格密封拍卖满足定理 20.1 的条件。显然，这两种拍卖带给卖者的收入相等。事实上，可以证明，在任何**对称**拍卖环境下（各个竞标人的评价独立地抽自相同分布），第一价格密封拍卖的任何贝叶斯纳什均衡以及第二价格密封拍卖的弱优势策略均衡都满足定理 20.1 的条件。

□ 第二部分：荷兰式拍卖与第一价格密封拍卖的收入等价性

为了看清这一点，假设一个竞标人面对着这两种拍卖。在每种情形下，他必须在不知道其他竞标人的评价条件下选择自己的报价。如果他获胜，他支付的钱数等于他自己的报价。不管我们使用基准模型中的哪个假设，这个结果都为真。我们指出，在这两种拍卖情形下，潜在的贝叶斯博弈均衡是一个贝叶斯纳什均衡。

□ 第三部分：英国式拍卖与第二价格密封拍卖的收入等价性

英国式拍卖和第二价密封格拍卖的结果都满足弱优势策略均衡。也就是说，每个竞标人有明确定义的最优反应（最优报价），无论他认为其他竞标人报价有多高。在第二价格密封拍卖下，弱优势策略是报告自己的真实评价。在英国式拍卖下，弱优势策略是持续竞价直到价格等于竞标人自己的评价。

首先分析英国式拍卖。注意，如果当前价格大于竞标人 i 的评价，那么竞标人不会继续竞价而是选择退出。随着价格不断抬高，竞标人不断退出，直到市场中只剩下两个竞标人（不妨称为 1 和 2）。当价格大于竞标人 2 的评价时，他退出。这样，市场中只剩下竞标人 1，竞标人 1 获胜。注意，获胜者的评价在所有竞标人中是最高的，而且尽管卖者有垄断势力，获胜者仍然得到了一些收益。只有获胜者自己知道他得到了多少收益，这是因为只有他知道自己的评价。假设 n 个竞标人的评价分别为 $v_{(1)}$，$v_{(2)}$，…，$v_{(n)}$。由于竞标人是对称的，这些评价独立抽自相同的概率分布；不失一般性，假设这些评价按降序排列，即 $v_{(1)}>v_{(2)}>\cdots>v_{(n)}$。这样，获胜者（竞标人 1）得到的收益为 $v_{(1)}-v_{(2)}$。

接下来，我们分析第二价格密封拍卖。在第二价格拍密封卖下，竞标人对报价的选择决定了他是否能获胜；如果他获胜，他支付的钱数不受他自己的控制。我们已经证明，每个竞标人的均衡策略是如实报告自己的评价。获胜者支付的钱数等于第二高的报价（也是第二高的评价，因为每个人都如实报价）。因此，英国式拍卖与第二价格密封拍卖带给卖者的收入相等。

综合以上三个部分，可知四种基本拍卖类型（英国式拍卖、荷兰式拍卖、第一价格密封拍卖、第二价格密封拍卖）带给卖者的期望收入相等。■

□ 一些观察

我们现在对收入等价定理做出一些重要观察。

□ 期望收入相等

这个定理不意味着四种拍卖的结果总是相同的。它们仅在期望意义上相等。注意，在英国式拍卖或第二价格密封拍卖中，价格正好等于伴随第二高评价的竞标人对拍卖物的评价。在荷兰式拍卖或第一价格密封拍卖中，价格是第二高评价的条件期望（以获胜者自己的评价为条件）。上面两个价格仅在偶然情形下相等，然而，它们的期望相等。

□ 收入的方差

收入等价定理没有规定在什么环境下应该使用这四种拍卖中的哪一种。当我们放松基准模型的假设时，特定拍卖形式将胜出。

文献已经证明，与荷兰式拍卖或第一价格密封拍卖相比，英国式拍卖或第二价格密封拍卖的收入方差更小。因此，如果卖者是厌恶风险的，他应该选择英国式拍卖或第二价格密封拍卖，而不是荷兰式拍卖或第一价格密封拍卖。

□ 报价复杂性

在英国式拍卖和第二价格密封拍卖中，报价策略非常简单。在英国式拍卖中，竞标人持续竞价直到价格等于自己的评价。在第二价格密封拍卖中，他递交的密封报价等于他自己的评价。另一方面，在荷兰式拍卖与第一价格密封拍卖中，报价逻辑非常复杂。在这里，竞标人的报价稍微小于自己的真实评价。至于小多少，这取决于其他竞标人评价的概率分布以及参与竞标的人数。找到纳什均衡报价不是一个简单的计算问题。

20.5 组合拍卖

组合拍卖是指报价对应由不同种商品组成的商品束（bundles）。在**前向组合拍卖**（forward combinatorial auction）中，卖者销售一组不同商品；买者想买其中若干种商品。在**后向组合拍卖**（reverse combinatorial auction）中，买者采购一组不同商品；卖者提供其中若干种商品。目前已有大量关于组合拍卖的文献，例如 Cramton，Shoham and Steinberg[3]。

我们用例子说明一个简单的组合拍卖。

□ 广义维克瑞拍卖

广义维克瑞拍卖（generalized Vickrey auction）指将克拉克机制应用到组合拍卖的情形。令一个卖者想卖商品 A 和 B。假设有三个买者（智能体）{1，2，3}。我们用 A、B 和 AB 分别表示子集 $\{A\}$、$\{B\}$ 以及 $\{A，B\}$，尽管这么做有些滥用符号。这些子集称为商品组合或商品束。假设智能体对商品束的**评价**如表 20—1 所示。

表 20—1　　智能体对商品束的评价：情形 1

	A	B	AB
智能体 1	*	*	10
智能体 2	5	*	*
智能体 3	*	5	*

在表 20—1 中，每个星号元素表示智能体对此商品束不感兴趣。由该表可知，智能体 1 对商品束 AB 的评价为 10，对商品束 A 与商品束 B 没有任何评价。智能体 2 仅对商品束 A 感兴趣，他对此的评价为 5。智能体 3 仅对商品束 B 感兴趣，他对该商品束的

评价为 5。

如果对此情形使用克拉克机制，那么智能体的报价将与其评价相同，原因在于克拉克机制的优势策略激励相容性。在这里，两个配置有配置效率：(1) 将商品束 AB 配置给智能体 1；(2) 将商品束 A 配置给智能体 2，并且将商品束 B 配置给智能体 3。对于这两个配置，每个配置的总价值都为 10。假设我们选择配置 (2)，即将 A 配置给智能体 2，将 B 配置给智能体 3。为了计算智能体 2 与 3 支付的钱数，我们需要使用克拉克支付规则。对此，我们考察当智能体 2 与 3 各自不出现时的后果。如果智能体 2 不出现，那么配置将把商品束 AB 给智能体 1，此时总价值为 10。因此，智能体 2 得到的维克瑞折扣为$10-10=0$（关于维克瑞折扣的定义，请参见 18.4 节例 18.3)，这意味着智能体 2 支付的钱数为 $5+0=5$。类似地，智能体 3 得到的维克瑞折扣也为零，智能体 3 支付的钱数也为 5。卖者得到的收入为 $5+5=10$。即使我们选择上面的配置 (1)（即将商品束 AB 配置给智能体 1)，卖者得到的总收入仍然为 10。在这种情形下，卖者能够攫取所有消费者剩余。

作为对照，我们考察当智能体的评价如表 20—2 所示时的结果。在这种情形下，获胜配置为：把商品束 A 给智能体 2，而且把商品束 B 给智能体 3。这个配置产生的总价值为 20。如果智能体 2 不出现，那么配置将为把商品束 AB 给智能体 1，该配置的总价值为 10。类似地，如果智能体 3 不出现，那么配置将是把商品束 AB 给智能体 1，该配置产生的总价值为 10。这意味着智能体 2 与 3 得到的维克瑞折扣分别为 10，这又意味着智能体 2 与 3 支付的钱数分别为 0！这种情形代表着为了保证配置效率与优势策略激励相容，卖者最终得到的收入为零。情形还可以更糟：如果智能体 2 与 3 都是同一个智能体使用的假名字，那么这个拍卖本身被严重操纵了！

表 20—2　　智能体对商品束的评价：情形 2

	A	B	AB
智能体 1	*	*	10
智能体 2	10	*	*
智能体 3	*	10	*

我们现在考察第三种情形，此时智能体的评价如表 20—3 所示。在这里，配置为把商品束 AB 给智能体 1，从而产生的总价值为 10。如果智能体 1 不出现，配置将是把商品束 A 给智能体 2 而且把商品束 B 给智能体 3，这导致了总价值为 4。因此，智能体 1 得到的维克瑞折扣为 $10-4=6$，智能体 1 支付的钱数为 4。卖者的收入也为 4。将这个情形与情形 2 相比，在情形 2 下，竞标人 2 与 3 的评价都更高，但他们能以零代价获得商品束。这表明广义维克瑞机制不能防御竞标人合谋（在这种情形下，竞标人 2 与 3 可以合谋，从而阻止将商品束给智能体 1，也将卖者的收入锐减为零）。

表 20—3　　智能体对商品束的评价：情形 3

	A	B	AB
智能体 1	*	*	10
智能体 2	2	*	*
智能体 3	*	2	*

可以证明广义维克瑞拍卖有下列合意性质：优势策略激励相容、配置效率、弱预算平衡以及个体理性。然而，一般来说，将克拉克机制运用到组合拍卖，这涉及求解 $(n+1)$ 个获胜者确定问题，其中 n 是智能体个数。这些问题通常是$\mathbb{NP}$-hard 类。

□ 组合拍卖：进一步考察

组合拍卖已被广泛应用到很多网络经济情形。关于组合拍卖比较全面的信息，读者可以参考 Cramton，Shoham，and Steinbery[3]。组合拍卖领域也有很多综述文章，例如 de Vries and Vohra[7]，Pekec and Rothkopf[8]，Narahari and Dayama[10]，以及 Blumrosen and Nisan[11]。

20.6 小结与参考文献

在本章，我们考察了拍卖和拍卖设计的各个层面。具体地说，我们讨论了以下主题。

- 拍卖的合意性质，包括：激励相容、配置效率或福利最大化、预算平衡、个体理性、收入最大化（或成本最小化）等。
- 拍卖类型众多，例如拍卖物可以为：一种商品且只有一个单位（数量）；一种商品且有多个单位；多种商品且每种商品只有一个单位；多种商品且每种商品有多个单位；多个属性，等等。
- 对于拍卖一件不可分割的商品，有四种经典拍卖可供考虑：英国式拍卖、荷兰式拍卖、第一价格密封拍卖、第二价格密封拍卖（维克瑞拍卖）。收入等价定理表明在基准模型中，这四种拍卖带给卖者的期望收入相等。对于收入等价定理的更多细节，读者可以参考 Myerson[12]、McAfee and McMillan[4]、Klemperer[13] 等论文，以及 Milgrom[2]、Krishna[1] 等书籍。
- 在组合拍卖中，拍卖物为不同种商品组成的商品束。广义维克瑞拍卖在本质上就是将克拉克机制运用于组合拍卖。

在这里，我们必须指出本章仅讨论了关于拍卖的少数几个重要结果。事实上，我们仅介绍了有限几种拍卖。对于拍卖的更多细节，已有很优秀的综述文章 [4，5，6] 和书籍 [1，2，3]。近期综述文章主要关注组合拍卖。[7,8,9,10] 采购拍卖在企业环境下非常流行，这方面的综述文章和案例研究可参考文献 [14]。

在下一章（第 21 章），我们讨论最优拍卖，它在激励相容与个体理性约束条件下，使得收入最大化或成本最小化。在第 22 章，我们将给出网络赞助搜索拍卖的案例研究，并且考察机制设计在其中扮演的角色。

□ 参考文献

[1] Vijay Krishna. *Auction Theory*. Academic Press，San Diego，California，USA，2002.

[2] Paul Milgrom. *Putting Auction Theory to Work*. Cambridge University

Press, Cambridge, UK, 2004.

[3] P. Cramton, Y. Shoham, and R. Steinberg (Editors). *Combinatorial Auctions*. The MIT Press, Cambridge, Massachusetts, 2005.

[4] R. P. McAfee and J. McMillan. "Auctions and bidding". In: *Journal of Economic Literature* 25 (2) (1987), pp. 699-738.

[5] P. Milgrom. "Auctions and bidding: A primer". In: *Journal of Economic Perspectives* 3 (3) (1989), pp. 3-22.

[6] E. Wolfstetter. "Auctions: An introduction". In: *Economic Surveys* 10 (1996), pp. 367-421.

[7] S. de Vries and R. V. Vohra. "Combinatorial auctions: A survey". In: *INFORMS Journal of Computing* 15 (1) (2003), pp. 284-309.

[8] A. Pekec and M. H. Rothkopf. "Combinatorial auction design". In: *Management Science* 49 (2003), pp. 1485-1503.

[9] J. R. Kalagnanam and D. C. Parkes. "Auctions, bidding, and exchange design". In: *Handbook of Quantitative Supply Chain Analysis: Modeling in the E-Business Era*. Ed. by D. Simchi Levi, S. D. Wu, and Z. J. Shen. Kluwer Academic Publishers, New York, 2005.

[10] Y. Narahari and P. Dayama. "Combinatorial auctions for electronic business". In: *Sadhana-Indian Academy Proceedings in Engineering Sciences* 30 (3) (2003), pp. 179-212.

[11] L. Blumrosen and N. Nisan. "Combinatorial auctions". In: *Algorithmic Game Theory*. Ed. by Noam Nisan, Tim Roughgarden, Eva Tardos, and Vijay Vazirani. Cambridge University Press, 2007, pp. 267-300.

[12] Roger B. Myerson. "Optimal auction design". In: *Mathematics of Operations Research* 6 (1) (1981), pp. 58-73.

[13] P. Klemperer. "Why every economist should learn some auction theory". In: *Advances in Economics and Econometrics: Invited Lectures to 8th World Congress of the Econometric Society*. Ed. by M. Dewatripont, L. Hansen, and S. Turnovsky. Cambridge University Press, Cambridge, UK, 2003.

[14] Charles H. Rosa Devadatta Kulkarni Pankaj Dayama T. S. Chandrashekar Y. Narahari and Jeffrey D. Tew. "Auction based mechanisms for electronic procurement". In: *IEEE Transactions on Automation Science and Engineering* 4(3) (2006), pp. 297-321.

20.7 习　题

(1)(伴随预算的第二价格密封拍卖)假设卖者打算使用第二价格密封拍卖卖掉一件不可分割的商品。假设每个竞标人 i 对拍卖物的评价为 $v_i>0$,预算为 $c_i>0$。如果某个竞标人获胜而且他支付的钱数大于他的预算,那么他可以选择退出,但要为此支付罚

金 $\varepsilon>0$。计算每个竞标人 i 的报价使其成为他的弱优势策略。

（2）对于多个单位（数量）的一种商品，有两个卖者智能体和两个买者智能体。卖者制定了边际递减的分段常数型**要价**，买者制定了边际递增的分段常数型**报价**。我们的目标是使得总剩余（总收入减去总支出）最大。两个卖者的要价分别为

卖者 1 的要价：((1—50,10),(51—150,8),(151—200,6))。

（它们的意思是，对于 50 单位以内的商品，每单位 10 元；对于 51～150 单位的商品，每单位 8 元；对于 151～200 单位的商品，每单位 6 元。以下数字的意思类推。）

卖者 2 的要价：((1—50,12),(51—100,10),(101—200,6))。

两个买者的报价分别为

买者 1 的报价：((1—50,12),(51—100,11),(101—150,10))；

买者 2 的报价：((1—75,12),(76—150,10))。

假设这个交易使用克拉克机制。对于这个交易问题：

- 对于给定的报价，求一个剩余最大化的配置，并计算剩余。
- 两个买者的支付分别为多少？
- 两个卖者的收入分别为多少？

（3）某个买者使用广义维克瑞机制采购商品束 $\{A, B, C, D, E\}$。下列是 5 个卖者的报价：

- 卖者 1：$(A, 20)$，$(B, 30)$，$(AB, 45)$；
- 卖者 2：$(B, 25)$，$(C, 35)$，$(BC, 50)$；
- 卖者 3：$(C, 30)$，$(D, 40)$，$(CD, 60)$；
- 卖者 4：$(D, 35)$，$(E, 45)$，$(DE, 70)$；
- 卖者 5：$(E, 40)$，$(A, 15)$，$(EA, 50)$。

假设这里使用 XOR 报价（也就是说，任何卖者都至少有一个报价被选中）。计算配置以及获胜竞标人的收入。这个计算是个体理性的吗？为什么？

（4）将广义维克瑞机制运用到下列组合拍卖情形。这里有三个竞标人和两种商品。评价矩阵如下：

	{1}	{2}	{1，2}
竞标人 1	6	10	10
竞标人 2	8	5	8
竞标人 3	8	0	9

（5）（编程题）建立基于网络的拍卖所来实施各种拍卖。这样的平台能够进行各种拍卖机制的实验。

第 21 章 最优机制与迈尔森拍卖

在本章，我们介绍**最优机制**（optimal mechanism）概念，并且以一件不可分割的商品为例详细讨论了最优拍卖。**迈尔森拍卖**（Myerson auction）是最优拍卖领域的著名机制。这种拍卖提出了使卖者期望收入最大的配置政策与支付规则，与此同时它还保证激励相容与个体理性得以满足。

21.1 最优机制

给定社会计划者想要解决的问题，他面对的一个关键议题是确定哪种直接显示机制（或等价地，社会选择函数）是**最优的**（optimal）。我们现在试图将社会选择函数的最优性和最优机制形式化。

□ 社会效用函数

我们首先定义社会效用函数的概念。

定义 21.1 （社会效用函数） 社会效用函数是一个映射 $w: \mathbb{R}^n \to \mathbb{R}$，它将每个效用组 $(u_1, \cdots, u_n) \in \mathbb{R}^n$ 加总为一个社会效用函数，其中 $u_1, \cdots, u_n$ 分别表示智能体 $1, \cdots, n$ 的效用值。

考虑某个机制设计问题以及对此提出的直接显示机制 $\mathscr{D}=((\Theta_i)_{i\in N}, f(\cdot))$。令 $(\theta_1, \cdots, \theta_n)$ 为智能体的类型组，暂时假设当社会计划者要求他们报告类型时，他们会如实报告。在这种情形下，给定类型组 $\theta=(\theta_1, \cdots, \theta_n)$，社会计划者实现的社会效用为：

$$w(u_1(f(\theta),\theta_1),\cdots,u_n(f(\theta),\theta_n)) \tag{21.1}$$

然而，作为策略型智能体，他们可能不会如实报告自己的类型，除非这是最优策略。一般来说，智能体的理性意味着智能体根据贝叶斯博弈的均衡 $s^*(\cdot)=(s_1^*(\cdot),\cdots,s_n^*(\cdot))$ 建议的策略来报告自己的类型；这个贝叶斯博弈是机制诱导出的。在这种情形下，给定智能体的类型组 $\theta=(\theta_1,\cdots,\theta_n)$，社会计划者实现的社会效用为

$$w(u_1(f(s^*(\theta)),\theta_1),\cdots,u_n(f(s^*(\theta)),\theta_n)) \tag{21.2}$$

在一些情形下，上面的均衡（若存在）可能是优势策略均衡。然而，一般来说，它是一个贝叶斯纳什均衡。如果其中的某个均衡对应着所有智能体如实报告情形，那就太完美了。

□ 最优机制设计问题

根据上面给出的社会效用函数的定义可知，社会计划者的目标是找到社会选择函数 $f(\cdot)$ 使得在既定自然和合理约束条件下，针对给定社会效用函数 $w(\cdot)$ 的期望社会效用最大。合意约束条件可能包括我们以前考察过的社会选择函数的一些性质，例如事后效率、激励相容以及个体理性。这个由社会选择函数组成的集合，称为**可行社会选择函数集**（set of feasible social choice functions），记为 F。因此，我们现在可将社会计划者的问题视为一个最优化问题，其中目标是使得期望社会效用最大，约束条件是社会选择函数必须来自可行集 F。这个问题称为**最优机制设计**（optimal mechanism design）问题，该问题的解是一个社会选择函数 $f^*(\cdot)\in F$；社会选择函数 $f^*(\cdot)$ 被用于定义当前研究问题的最优机制 $\mathscr{D}^*=((\Theta_i)_{i\in N},\ f^*(\cdot))$。

根据智能体是诚实的还是理性的，最优机制问题可以采取下列两种形式中的一种：

$$\max_{f(\cdot)\in F} E_\theta[w(u_1(f(\theta),\theta_1),\cdots,u_n(f(\theta),\theta_n))] \tag{21.3}$$

$$\max_{f(\cdot)\in F} E_\theta[w(u_1(f(s^*(\theta)),\theta_1),\cdots,u_n(f(s^*(\theta)),\theta_n))] \tag{21.4}$$

当智能体是诚实的从而总是显示自己的真实类型时，最优机制问题使用式（21.3）的形式。当智能体是策略型的时，最优机制问题使用式（21.4）的形式。读者可能想知道如何定义可行社会选择函数集 F。这个集合没有唯一定义，它通常基于社会计划者的主观判断以及被形式化的问题。集合 F 的选择取决于社会计划者希望最优社会选择函数 $f^*(\cdot)$ 拥有的合意性质。这些选择包括：

$F_{\mathrm{DSIC}}=\{f:\Theta\to X\mid f(\cdot)$是优势策略激励相容的$\}$；

$F_{\mathrm{BIC}}=\{f:\Theta\to X\mid f(\cdot)$是贝叶斯激励相容的$\}$；

$F_{\mathrm{EPIR}}=\{f:\Theta\to X\mid f(\cdot)$是事后个体理性的$\}$；

$F_{\mathrm{IIR}}=\{f:\Theta\to X\mid f(\cdot)$是事中个体理性的$\}$；

$F_{\mathrm{EAIR}}=\{f:\Theta\to X\mid f(\cdot)$是事前个体理性的$\}$；

$F_{\mathrm{EPE}}=\{f:\Theta\to X\mid f(\cdot)$有事后效率$\}$。

可行社会选择函数集 F 可以为上面的任何一个集合，也可以为其中若干集合的交。

21.2 迈尔森最优拍卖

迈尔森最优拍卖是机制设计理论领域的一个里程碑式的结果（Myerson[1]）。迈尔

森选择 $F=F_{BIC}\cap F_{IIR}$ 作为可行社会选择函数集。在文献中，这个特别的可行集称为**激励可行集**（incentive feasible set），这源于 Myerson[1]。注意，如果智能体都是诚实的，那么集合 F_{DSIC} 与集合 F_{BIC} 将等于整个社会选择函数集。如果智能体是策略型的，那么集合 $F=F_{BIC}\cap F_{IIR}$ 是可行集的一个适当选择。贝叶斯激励相容（BIC）保证了激励相容性，这个性质比较容易满足，因此是合理的。事中个体理性（IIR）假设智能体知道自己的类型，但不知道其他智能体的类型（这符合现实）；另外，IIR 保证了每个智能体的自愿参与性。

在本节，我们主要考察一个卖者的问题，他希望将一件不可分割的商品拍卖给 n 个买者（竞标人），因此，$N=\{1, \cdots, n\}$。假设不存在保留价格（保留价格是使得卖者在卖与不卖之间无差异的价格，若低于这个价格，卖者不会卖）。这里的目标是使得卖者的期望收入最大。对于这个问题，我们讨论迈尔森发展出的最优机制（Myerson[1]）。

我们假设竞标人 $i(i=1, \cdots, n)$ 的类型（对拍卖物的评价）位于区间 $\Theta_i=[\underline{\theta}_i, \overline{\theta}_i]$。另外，我们还施加下列条件：

（1）卖者和竞标人（买者）都是风险中性的（更多细节可参见 8.6 节）；

（2）竞标人的类型在统计上是独立的，也就是说，联合密度 $\phi(\cdot)$ 等于 $\phi_1(\cdot)\times\cdots\times\phi_n(\cdot)$；

（3）$\phi_i(\cdot)>0$，$\forall i=1, \cdots, n$；

（4）我们允许随机配置拍卖物，这样，结果集 X 具有一般形式。我们将 $y_i(\theta)$ 视为当买者报告的类型组为 $\theta=(\theta_1, \cdots, \theta_n)$ 时买者 i 得到拍卖物的概率。因此，新的结果集为

$$X=\Big\{(y_0,\cdots,y_n,t_0,\cdots,t_n)\mid y_0\in[0,1],t_0\geqslant 0,y_i\in[0,1],t_i\leqslant 0,\\ \forall i=1,\cdots,n,\sum_{i=1}^{n}y_i\leqslant 1;\sum_{i=0}^{n}t_i=0\Big\}$$

注意，条件 $\sum_{i=1}^{n}y_i<1$ 意味着交易不发生。智能体 $i=1, \cdots, n$ 的效用函数为

$$u_i(f(\theta),\theta_i)=u_i((y_0(\theta),\cdots,y_n(\theta),t_0(\theta),\cdots,t_n(\theta)),\theta_i)=\theta_i y_i(\theta)+t_i(\theta)$$

将 $y_i(\theta)$ 视为 $v_i(k(\theta))$，即令 $y_i(\theta)=v_i(k(\theta))$（其中 $k(\theta)$ 是对应于类型组 θ 的项目选择），并且将其与上面的条件（2）和（3）放在一起，即可知道这里涉及的是线性环境（线性环境的定义请参考 19.7 节）。

在上面的例子中，卖者是社会计划者，他寻找最优直接显示机制来卖掉他的商品。迈尔森的思想是卖者使用的社会选择函数必须是贝叶斯激励相容和事中个体理性的，而且必须能带给卖者最大期望收入（Myerson[1]）。因此，在这个问题中，可行社会选择函数集为 $F=F_{BIC}\cap F_{IIR}$。卖者的目标是使得总期望收入最大，在这里，总期望收入为

$$E_\theta[w(u_1(f(\theta),\theta_1),\cdots,u_n(f(\theta),\theta_n))]=-E_\theta\Big[\sum_{i=1}^{n}t_i(\theta)\Big]$$

注意，在上面的目标函数中，我们使用了 $f(\theta)$ 而不是 $f(s^*(\theta))$。这是因为在可行社会

选择函数集中，我们仅考虑贝叶斯激励相容的社会选择函数，对于这些函数，$s^*(\theta)=\theta$，$\forall\theta\in\Theta$。因此，迈尔森最优拍卖设计问题可以形式化为下列最优化问题。

$$\max_{f(\cdot)\in F} -E_\theta\left[\sum_{i=1}^{n} t_i(\theta)\right] \tag{21.5}$$

其中

$$F=\{f(\cdot)=(y_1(\cdot),\cdots,y_n(\cdot),t_1(\cdot),\cdots,t_n(\cdot))\mid f(\cdot)\ \text{是贝叶斯激励相容的和事中个体理性的}\}$$

我们现在将迈尔森特征定理（参见 19.7 节）应用到上面的情形。首先，我们回顾下列符号：

- 令 $\bar{t}_i(\hat{\theta}_i)=E_{\theta_{-i}}[t_i(\hat{\theta}_i, \theta_{-i})]$ 表示当竞标人 i 报告自己的类型 $\hat{\theta}_i$ 且所有竞标人 $j\neq i$ 如实报告他们的类型时竞标人 i 的期望转移。
- 令 $\bar{y}_i(\hat{\theta}_i)=E_{\theta_{-i}}[y_i(\hat{\theta}_i, \theta_{-i})]$ 表示当竞标人 i 报告自己的类型 $\hat{\theta}_i$ 且所有竞标人 $j\neq i$ 如实报告他们的类型时竞标人 i 得到拍卖物的期望概率。
- $U_i(\theta_i)=\theta_i\bar{y}_i(\theta_i)+\bar{t}_i(\theta_i)$（我们可以取非条件期望，这是因为竞标人的类型彼此独立）。

我们说上面环境中的社会选择函数 $f(\cdot)$ 是贝叶斯激励相容的，当且仅当它满足下列两组条件：

(1) $\bar{y}_i(\cdot)$ 关于 θ_i 非递减，其中 $i=1$，…，n。

(2) $U_i(\theta_i)=U_i(\underline{\theta_i})+\int_{\underline{\theta_i}}^{\theta_i}\bar{y}_i(s)ds \quad \forall\theta_i\in\Theta_i;\forall i=1,\cdots,n$。

另外，我们也可以根据事中个体理性定义断言：这里的 $f(\cdot)$ 是事中个体理性的当且仅当它满足下列条件

$$U_i(\theta_i)\geqslant 0 \quad \forall\theta_i\in\Theta_i;\forall i=1,\cdots,n。$$

在上式中，我们假设竞标人不参与机制的期望效用为 0。

根据上面的架构，最优拍卖机制问题式（21.5）可以改写为

$$\max_{(y_i(\cdot),U_i(\cdot))_{i\in N}} \sum_{i=1}^{n}\int_{\underline{\theta_i}}^{\overline{\theta_i}}(\theta_i\bar{y}_i(\theta_i)-U_i(\theta_i))\phi_i(\theta_i)d\theta_i$$

s. t.

(i) $y_i(\cdot)$ 关于 θ_i 非递减，$\forall i=1,\cdots,n$。

(ii) $y_i(\theta)\in[0,1],\sum_{i=1}^{n}y_i(\theta)\leqslant 1$，$\forall i=1,\cdots,n,\forall\theta\in\Theta$。

(iii) $U_i(\theta_i)=U_i(\underline{\theta_i})+\int_{\underline{\theta_i}}^{\theta_i}\bar{y}_i(s)ds$，$\forall\theta_i\in\Theta_i;\forall i=1,\cdots,n$。

(iv) $U_i(\theta_i)\geqslant 0$，$\forall\theta_i\in\Theta_i;\forall i=1,\cdots,n$。 (21.6)

我们首先注意到如果约束条件（iii）得以满足，那么（iv）也将得以满足当且仅当 $U_i(\underline{\theta_i})\geqslant 0$，$\forall i=1$，…，$n$。因此，我们可以将约束条件（iv）换为

(iv′) $U_i(\underline{\theta_i})\geqslant 0$，$\forall i=1,\cdots,n$。

接下来，将约束条件（iii）代入目标函数，可得

$$\sum_{i=1}^{n}\int_{\underline{\theta_i}}^{\overline{\theta_i}}\left(\theta_i\overline{y}_i(\theta_i)-U_i(\underline{\theta_i})-\int_{\underline{\theta_i}}^{\theta_i}\overline{y}_i(s)ds\right)\phi_i(\theta_i)d\theta_i$$

对上式进行分部积分可知，卖者最优化问题可以视为在约束条件（i）、（ii）和（iv′）下，选择函数 $y_i(\cdot)$ 以及效用值 $U_1(\underline{\theta_1})$，…，$U_n(\underline{\theta_n})$ 使得

$$\int_{\underline{\theta_1}}^{\overline{\theta_1}}\cdots\int_{\underline{\theta_n}}^{\overline{\theta_n}}\left[\sum_{i=1}^{n}y_i(\theta_i)J_i(\theta_i)\right]\left[\prod_{i=1}^{n}\phi_i(\theta_i)\right]d\theta_n\cdots d\theta_1-\sum_{i=1}^{n}U_i(\underline{\theta_i})$$

最大。其中，

$$J_i(\theta_i)=\left(\theta_i-\frac{1-\Phi_i(\theta_i)}{\phi_i(\theta_i)}\right)=\left(\theta_i-\frac{\overline{\Phi}_i(\theta_i)}{\phi_i(\theta_i)}\right)$$

在上式中，$\Phi_i(\cdot)$ 是对应于密度 $\phi_i(\cdot)$ 的累积分布函数，而且我们记 $\overline{\Phi}_i(\theta_i)=1-\Phi_i(\theta_i)$。$J_i(\theta_i)$ 这样的量称为**实际评价**（virtual valuations）。

显然，前面的最大化问题的解必定满足 $U_i(\underline{\theta_i})=0$，$\forall i=1$，…，$n$。因此，卖者的问题简化为下列问题：在约束条件（i）和（ii）下，选择函数 $y_i(\cdot)$ 使得

$$\int_{\underline{\theta_1}}^{\overline{\theta_1}}\cdots\int_{\underline{\theta_n}}^{\overline{\theta_n}}\left[\sum_{i=1}^{n}y_i(\theta_i)J_i(\theta_i)\right]\left[\prod_{i=1}^{n}\phi_i(\theta_i)\right]d\theta_n\cdots d\theta_1$$

最大。

我们暂时忽略约束条件（i）。考察上面的表达式，可知，$y_i(\cdot)$ 是这个放松约束后问题的一个解当且仅当对于所有 $i=1$，…，n，我们有

$$y_i(\theta)=\begin{cases}0\text{：若 } J_i(\theta_i)<\max\{0,\max_{h\neq i}J_h(\theta_h)\}\\1\text{：若 } J_i(\theta_i)>\max\{0,\max_{h\neq i}J_h(\theta_h)\}\end{cases}\qquad(21.7)$$

注意，$J_i(\theta_i)=\max\{0,\max_{h\neq i}J_h(\theta_h)\}$ 是一个零概率事件，它不会发生。

换句话说，如果我们忽略约束条件（i），那么 $y_i(\cdot)$ 是这个放松约束后问题的一个解当且仅当拍卖物配置给拥有最高非负评价 $J_i(\theta_i)$ 的竞标人。现在，回顾 $\overline{y}_i(\cdot)$ 的定义，可知

$$\overline{y}_i(\theta_i)=E_{\theta_{-i}}[y_i(\theta_i,\theta_{-i})]\qquad(21.8)$$

现在，如果我们假设 $J_i(\cdot)$ 关于 θ_i 为非递减的，那么容易看出式（21.7）给出的解 $y_i(\cdot)$关于 θ_i 也为非递减的，这意味着 $\overline{y}_i(\cdot)$ 关于 θ_i 为非递减的（考察式（21.8）即可知道这一点）。因此，在 $J_i(\cdot)$ 为非递减的这个假设下，该放松约束后问题的解事实上满足约束条件（i）。假设 $J_i(\cdot)$ 为非递减的，式（21.7）给出的解似乎是我们最优机制设计问题的解。$J_i(\cdot)$ 关于 θ_i 为非递减的这个条件容易实现，事实上，很多常见的分布函数，例如均匀分布和指数分布，都能满足这个条件。

到此，我们已计算了最优机制的配置规则。现在我们转向支付规则。支付规则

$t_i(\cdot)$ 必须满足 $\forall i \in N$，

$$\bar{t}_i(\theta_i) = E_{\theta_{-i}}[t_i(\theta_i, \theta_{-i})] = U_i(\theta_i) - \theta_i \bar{y}_i(\theta_i) = \int_{\underline{\theta_i}}^{\theta_i} \bar{y}_i(s) ds - \theta_i \bar{y}_i(\theta_i) \qquad (21.9)$$

考察上式以及下面的式（21.10）可知，如果支付规则 $t_i(\cdot)$ 满足式（21.10），那么它也满足式（21.9）。

$$t_i(\theta_i, \theta_{-i}) = \int_{\underline{\theta_i}}^{\theta_i} y_i(s, \theta_{-i}) ds - \theta_i y_i(\theta_i, \theta_{-i}) \quad \forall \theta \in \Theta \qquad (21.10)$$

上式可以改写成更符合直觉的形式，我们现在做此事。对于任何向量 θ_{-i}，我们定义

$$z_i(\theta_{-i}) = \inf\{\theta_i \mid J_i(\theta_i) > 0 \text{ 且 } J_i(\theta_i) \geqslant J_j(\theta_j),\ \forall j \neq i\}$$

于是，$z_i(\theta_{-i})$ 是当其他竞标人类型为 θ_{-i} 时，竞标人 i 的所有获胜报价的下确界，因此

$$y_i(\theta_i, \theta_{-i}) = \begin{cases} 1: \text{若 } \theta_i > z_i(\theta_{-i}) \\ 0: \text{若 } \theta_i < z_i(\theta_{-i}) \end{cases}$$

这样，我们有

$$\int_{\underline{\theta_i}}^{\theta_i} y_i(s, \theta_{-i}) ds = \begin{cases} \theta_i - z_i(\theta_{-i}): \text{若 } \theta_i \geqslant z_i(\theta_{-i}) \\ 0 \qquad\qquad\quad : \text{若 } \theta_i < z_i(\theta_{-i}) \end{cases}$$

到此，我们终于可以改写式（21.10）了。将上面的两个表达式，即 $\int_{\underline{\theta_i}}^{\theta_i} y_i(s, \theta_{-i}) ds$ 以及 $y_i(\theta_i, \theta_{-i})$ 代入式（21.10），可得

$$t_i(\theta_i, \theta_{-i}) = \begin{cases} -z_i(\theta_{-i}): \text{若 } \theta_i \geqslant z_i(\theta_{-i}) \\ 0 \qquad\qquad : \text{若 } \theta_i < z_i(\theta_{-i}) \end{cases}$$

这是当竞标人 i 获得拍卖物时必须支付的钱数，而且他支付的钱数等于他最低可能的获胜报价。这样，我们就完成了对支付规则的描述。

□ 对迈尔森拍卖的一些观察

实际评价的单调性假设

我们假设实际评价函数 $J_i(\cdot)$ 关于 θ_i（$i=1, \cdots, n$）为单调非递减的。如果每个分布 $\phi_i(\cdot)$ 使得它的失败率（hazard rate）

$$\frac{\phi_i}{1-\Phi_i}$$

为单调递增的，那么这个假设条件得以满足。很多常见的分布，例如均匀分布和指数分布，都能满足这个条件。如果这个假设不能得到满足，我们可以使用所谓的**熨平**（ironing）方法来应急；这个方法源于 Myerson[1]，它的思想是使用实际评价函数的最近的单调变换来替代实际评价。

迈尔森拍卖为优势策略激励相容的

尽管在形式化最优拍卖问题时，我们仅要求激励相容性满足贝叶斯激励相容。然而，可以证明，迈尔森拍卖事实上是优势策略激励相容的（Myerson[1]），这是我们按迈尔森方法设计拍卖时意外得到的一个合意结果。

迈尔森拍卖未必有配置效率

如果各个竞标人有不同的分布函数 $\Phi_i(\cdot)$，那么拥有最大 $J_i(\theta_i)$ 值的竞标人**未必**是报价最高的竞标人。因此，迈尔森最优拍卖未必有配置效率，从而未必有事后效率。

竞标人的对称性

如果竞标人是对称的，即 $\Theta_1=\cdots=\Theta_n=\Theta$ 而且 $\Phi_1(\cdot)=\cdots=\Phi_n(\cdot)=\Phi(\cdot)$，那么迈尔森拍卖的配置规则正好与第一价格密封拍卖和第二价格密封拍卖中的配置规则相同。在这种情形下，拍卖物将配置给报价最高的竞标人。在这种情形下，最优拍卖也变得有配置效率。另外，注意，在这种情形下，我们在上面描述的支付规则将与第二价格拍卖的支付规则相同。换句话说，如果竞标人是对称的，那么第二价格密封拍卖（维克瑞拍卖）是最优拍卖。因此，很多时候，最优拍卖也称为**改进的维克瑞拍卖**（modified Vickrey auction）。

21.3 有效率的最优拍卖

Krishna and Perry[2] 认为拍卖应在满足配置效率（AE）、优势策略激励相容（DSIC）和事中个体理性（IIR）约束下使得卖者收入最大。格林-拉丰定理（第 18 章）告诉我们，任何满足 DSIC 和 AE 的机制必然是一个维克瑞-克拉克-格罗夫斯（VCG）机制。因此，我们必须寻找一个 VCG 机制使得卖者收入最大。Krishna and Perry[2] 将**社会效用**（social utility）定义为有效率的配置的价值：

$$SW(\theta) = \sum_{j=1}^{n} v_j(k^*(\theta),\theta_j)$$

$$SW_{-i}(\theta) = \sum_{j\neq i} v_j(k^*(\theta),\theta_j)$$

有了这些函数之后，我们可以将克拉克机制（关键人机制）的支付规则写为

$$t_i(\theta)=SW_{-i}(0,\theta_{-i})-SW_{-i}(\theta)$$

也就是说，智能体 i 支付的钱数等于他因报告他的类型为 θ_i 而不是 0 而造成的外部性。Krishna and Perry[2] 将其一般化。固定一个向量 θ，$s=(s_1, s_2, \cdots, s_n)\in\Theta$ 称为**基**（basis），这是因为它定义了支付规则。**伴随基 s 的 VCG 机制**（VCG mechanism with basis）的定义为

$$t_i(\theta|s_i)=SW(s_i,\theta_{-i})-SW_{-i}(\theta)$$

可以看到，这个新机制也是优势策略激励相容的。现在选择一个合适的基，我们总可以在 VCG 机制类中找到一个最优拍卖。Krishna and Perry[2] 已证明，对于一件不可分割

的商品来说，经典的维克瑞拍卖是一个最优且有效率的拍卖。他们还证明了，当所有其他竞标人的需求曲线都向下倾斜时，对于同一种商品多单位（数量）拍卖情形，维克瑞拍卖是 VCG 机制中的一个最优机制。

21.4 小结与参考文献

在本章，我们描述了迈尔森拍卖，它是机制设计理论中的一个重要结果。对于一个卖者将一件不可分割的商品在一组竞标人中拍卖的情形，维克瑞拍卖在贝叶斯激励相容与事中个体理性的约束条件下，使得卖者的期望收入最大。事实上，可以证明迈尔森拍卖也是优势策略激励相容的，尽管它未必有配置效率。如果竞标人是对称的，那么迈尔森拍卖有配置效率，而且它事实上与维克瑞拍卖相同。迈尔森拍卖也适用于购买一件不可分割的商品的情形。

在描述迈尔森拍卖之前，我们构建了最优机制设计问题。用于确定最优机制的一个适当机制可行集是所谓的激励可行集，这个集合由所有同时满足贝叶斯激励相容和事中个体理性的社会选择函数组成。

在描述了迈尔森拍卖之后，我们简要介绍了有效率的最优拍卖，它们是在配置效率、优势策略激励相容以及事中个体理性的约束条件下，使得卖者收入最大的拍卖。对于一件不可分割的商品的拍卖来说，维克瑞拍卖是有效率的最优拍卖。

对于迈尔森拍卖的详细处理，读者可以参考 Myerson[1] 这篇经典论文，或者 Vijay Krishna[2] 这本优秀教材。

Riley and Samuelson[3] 也独立地研究了一件不可分割的商品情形下的最优拍卖设计问题。他们假设竞标人是对称的。

对于后向拍卖（采购拍卖）情形下的迈尔森最优机制，读者可以参考 Narahari，Garg，Narayanam，and Prakash[4]。

很多学者已从多个方面扩展和改进了迈尔森拍卖，以使其适用各种不同的具体环境。下一章（第 22 章）讨论迈尔森拍卖在赞助搜索拍卖中的应用和扩展问题。

□ 参考文献

[1] Roger B. Myerson. "Optimal auction design". In：*Mathematics of Operations Research* 6（1）（1981），pp. 58−73.

[2] Vijay Krishna. *Auction Theory*. Academic Press，San Diego，California，USA，2002.

[3] J. G. Riley and W. F. Samuelson. "Optimal auctions". In：*American Economic Review* 71（3）（1981），pp. 383−392.

[4] Y. Narahari，Dinesh Garg，Ramasuri Narayanam，and Hastagiri Prakash. *Game Theoretic Problems in Network Economics and Mechanism Design Solutions*. Springer，London，2009.

21.5 习　题

(1) 考虑含有一个卖者和两个买者（智能体）的密封拍卖。卖者想卖掉一件不可分割的商品。竞标人（买者）是对称的，他们的私人价值独立抽自 [0，1] 上的均匀分布。报价最高者获胜。对于这个问题：

- 若使用第一价格密封拍卖，求竞标人的均衡报价策略。
- 若使用第一价格密封拍卖，求卖者的期望收入。
- 若使用第二价格密封拍卖，求卖者的期望收入。
- 若使用迈尔森拍卖，求卖者的期望收入。

(2) 迈尔森拍卖显然是贝叶斯激励相容的（因为贝叶斯激励相容是迈尔森拍卖的约束条件之一）。我们还指出，迈尔森拍卖也是优势策略激励相容的。请证明这一点。

(3) 在后向拍卖（采购拍卖）中，买者希望购买一件不可分割的商品，他的问题是在贝叶斯激励相容与事中个体理性约束条件下使得期望成本最小。请对此构建迈尔森拍卖。（提示：参见参考文献 [4]）

(4) 考察当拍卖物是多件相同商品而不是只有一件不可分割的商品时，使用迈尔森拍卖可能遇到的难题。特别地，考察拍卖物为两件相同商品的情形。

第 22 章 赞助搜索拍卖的机制设计

作为一个例子，我们在第 1 章提到了赞助搜索拍卖问题。在本章，我们详细研究这个问题来说明机制设计的迷人应用。我们首先给出了这个问题的机制设计表达形式。使用这个表达形式，我们描述了赞助搜索拍卖领域的两个著名机制：一是**广义第二价格**（generalized second price，GSP）拍卖；二是**维克瑞-克拉克-格罗夫斯**（VCG）拍卖。然后，我们给出了**最优拍卖机制**（optimal auction mechanism，OPT），它是上一章的迈尔森最优拍卖的推广。最优拍卖机制（OPT）使得搜索引擎的期望收入最大，这里的约束条件为贝叶斯激励相容与个体理性。接下来，我们比较了 GSP、VCG 以及 OPT 机制。本章基于参考文献［1］，也基于参考文献［2］中的第 3 章。

广告赞助网站是网络版图中的一种成功的商业模式。各个行业的广告客户和营销商在很短的时间内就接受了在互联网上做广告的做法。对于任何搜索引擎公司来说，赞助搜索或称付费搜索已成为它收入业绩的关键决定因素之一。本章的兴趣在于将基于广告的赞助搜索作为机制设计问题进行研究。

22.1 赞助搜索拍卖

当互联网用户（下文有时简称用户）在搜索引擎中输入一个关键词（即搜索短语）时，用户就看到了一个网页，这个网页含有与上述关键词最相关的链接，也含有赞助链接（付费广告）。当用户点击赞助链接时，他就被引导到广告客户（我们有时也简称为客户）的网页。对此引导结果，广告客户向搜索引擎支付一定的费用。图 22—1 描述了我们在谷歌上使用关键词 camera（照相机）进行搜索的结果。这个网页有两个不同的栈，左侧的栈含有与关键词最相关的链接，右侧的栈含有赞助链接。通常，一些赞助链接被放在搜索结果的上方。这些赞助链接明显和实际搜索结果不同。然而，赞助链接的醒目程度取决于它在结果网页上的位置（slot）。一般来说，一些广告客户希望他们的广告与搜索结果并排呈现。然而，用于展示赞助链接的位置有限。因此，对于互联网用户的每次搜索，搜索引擎面临将广告与位置进行匹配的问题。另外，搜索引擎还需要确定对每个广告客户收取的费用。广告客户自然偏好醒目程度高的位置。因此，为了配置位置并且确定相应要价，搜索引擎需要一个系统。由于客户对广告空间的需求不断增加，大多数搜索引擎使用拍卖机制作为应对之道。这些拍卖称为赞助搜索拍卖（sponsored search auction)。在典型的赞助搜索拍卖中，广告客户受邀对关键词报价，也就是说，对于广告的每次点击，客户表达他愿意支付的最大钱数。这通常称为**每次点击费用**(cost-per-click，CPC)。根据广告客户对特定关键词递交的报价，搜索引擎（我们有时称为拍卖商或卖者）选择一组广告以及它们呈现的顺序。搜索引擎的实际要价也取决于客户递交的报价。

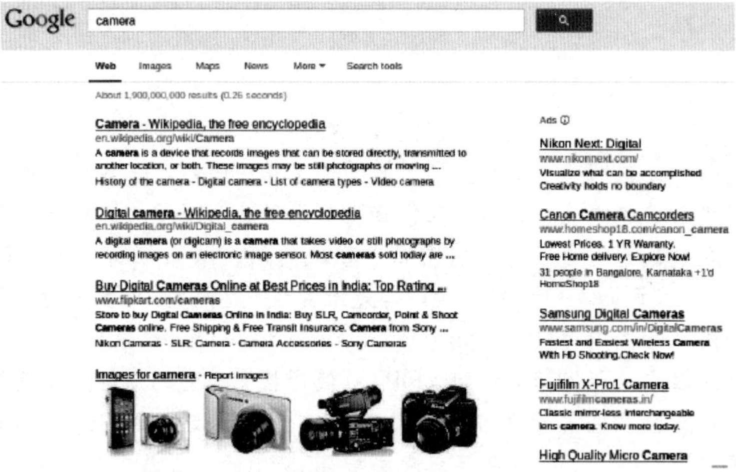

图 22—1　在谷歌上搜索 camera 时出现的结果

22.2　作为机制设计问题的赞助搜索拍卖

假设某搜索引擎收到了互联网用户的关键词搜索，它立即面临将与该特定关键词相关联的广告空间拍卖出去的问题。假设：

(1) 有 n 个广告客户对这个特定关键词感兴趣，$N=\{1, 2, \cdots, n\}$ 代表这些广告客户构成的集合。另外，搜索引擎有 m 个广告位置，$M=\{1, 2, \cdots, m\}$ 表示这些广告位构成的集合。

(2) α_{ij} 是当广告客户 i 在广告位置 j 时得到互联网用户点击的概率，其中位置 1 表示最高位置（最醒目位置）。我们假设 α_{ij} 满足下列条件：

$$1\geqslant\alpha_{i1}\geqslant\alpha_{i2}\geqslant\cdots\geqslant\alpha_{im}\geqslant 0, \forall i\in N \tag{22.1}$$

注意，在这里，我们假设点击概率 α_{ij} 不取决于其他广告客户分配到了其他什么位置。我们将这个假设称为客户彼此之间**不存在配置外部性**（absence of allocative externality）。

（3）每个广告客户准确知道当任何互联网用户点击一次他的广告时，他能得到多少价值。我们假设这个价值与广告位置无关，而且这个价值仅取决于用户是否点击他的广告。然而，广告客户 i 不知道其他客户从互联网用户的一次点击中得到的价值。正式地，我们假设广告客户 i 观察到参数或信号 θ_i，其中 θ_i 代表他从用户的每次点击中得到的价值。参数 θ_i 称为广告客户 i 的**类型**，此人的各种可能类型构成的集合记为 Θ_i。

（4）每个广告客户认为任何其他广告客户的评价抽自某个概率分布。类似地，每个广告客户知道其他客户认为他的评价抽自某个概率分布。更准确地说，对于广告客户 i（$i=1, 2, \cdots, n$），存在某个累积分布函数 $\Phi_i(\cdot)$，他的评价 θ_i 抽自 $\Phi_i(\cdot)$。令 $\phi_i(\cdot)$ 是对应于 $\Phi_i(\cdot)$ 的概率密度函数。我们假设 θ_i 在闭的实区间 $[\underline{\theta}_i, \bar{\theta}_i]$ 内取值。也就是说，$\Phi_i=[\underline{\theta}_i, \bar{\theta}_i]$。我们还假设各个广告客户的评价在统计上彼此独立。也就是说，$\Phi_i(\cdot)$（$i=1, 2, \cdots, n$）彼此独立。我们将这个假设称为**私人价值的独立性**（independent private values assumption）。

（5）每个广告客户 i 是理性的和智能的，也就是说，他追求效用函数 $u_i: X\times\Theta_i\rightarrow\mathbb{R}$ 的期望值最大，其中 X 是结果集，我们稍后给出定义。

（6）概率分布函数 $\Phi_i(\cdot)$，类型集 $\Theta_1, \cdots, \Theta_n$ 以及效用函数 $u_i(\cdot)$ 都是广告客户的共同知识。注意，广告客户 i 的效用函数 $u_i(\cdot)$ 取决于结果 x 与类型 θ_i。尽管类型 θ_i 不是共同知识，但我们前面已假设 $u_i(\cdot)$ 是共同知识，这意味着对于任何给定的类型 θ_i，拍卖商（在这种情形下，为搜索引擎，也就是卖者）以及每个其他广告客户都可以估计客户 i 的效用函数。

根据上面的模型假设，赞助搜索拍卖问题可以准确阐述如下。对于任何搜索关键词，每个感兴趣的广告客户 i 报价 $b_i\geqslant 0$，这里 b_i 仅取决于他的实际类型 θ_i。现在，每当搜索引擎收到这个搜索关键词，搜索引擎根据报价组（$b_1, \cdots, b_n$）确定：(a) 哪些客户获胜以及他们的广告呈现的顺序；(b)（互联网用户点击他们的广告时）每个客户应该支付的钱数。前者称为**配置规则**，后者称为**支付规则**。赞助搜索拍卖可以视为一个**间接机制** $\mathcal{M}=((B_i)_{i\in N}, g(\cdot))$，其中 $B_i\subset\mathbb{R}_+$ 是广告客户 i 的可能报价集，$g(\cdot)$ 是配置与支付规则。注意，如果我们假设对于每个客户 i，报价集 B_i 与类型集 Θ_i 相同，那么间接机制 $\mathcal{M}=((B_i)_{i\in N}, g(\cdot))$ 变成了直接机制 $\mathcal{D}=((\Theta_i)_{i\in N}, f(\cdot))$，其中 $f(\cdot)$ 变成了配置与支付规则。在本章余下的内容中，我们假设 $B_i=\Theta_i$，$\forall i=1, \cdots, n$。因此，根据这个假设，我们可以将赞助搜索拍卖视为一个直接显示机制。

我们将典型的赞助搜索机制设计问题的构成成分列举如下。

□ 结果集 X

赞助搜索拍卖中的一个结果就是一个向量 $x=(y_{ij}, p_i)_{i\in N, j\in M}$，其中 y_{ij} 是广告客户 i 被分配到位置 j 的概率，p_i 是广告客户 i 向搜索引擎支付的每次点击的费用。于是，可行结果集

$$X=\left\{(y_{ij},p_i)_{i\in N,j\in M}\,\middle|\, y_{ij}\in[0,1]\quad \forall i\in N,\forall j\in M;\sum_{i=1}^{n}y_{ij}\leqslant 1\quad \forall j\in M,\right.$$

$$\left.\sum_{j=1}^{m}y_{ij}\leqslant 1\quad \forall i\in N, p_i\geqslant 0\quad \forall i\in N\right\}$$

注意，随机结果也包含在上面的结果集中。这意味着随机机制也是机制空间的一部分。

□ 广告客户的效用函数 $u_i(\cdot)$

给定 $x=(y_{ij},\ p_i)_{i\in N,j\in M}$，广告客户 i 的效用函数为

$$u_i(x,\theta_i)=\Big(\sum_{j=1}^{m}y_{ij}\alpha_{ij}\Big)(\theta_i-p_i)$$

□ 社会选择函数 $f(\cdot)$（配置与支付规则）

这种情形的配置与支付规则的一般结构为

$$f(b)=(y_{ij}(b),p_i(b))_{i\in N,j\in M}$$

其中 $b=(b_1,\ \cdots,\ b_n)$ 是广告客户的一个报价向量。函数 $y_{ij}(\cdot)$ 构成了配置规则，函数 $p_i(\cdot)$ 构成了支付规则。

□ 线性环境

稍微修改一下配置规则、支付规则以及效用函数的定义，我们可以证明赞助搜索拍卖事实上是线性环境下的直接显示机制（参见 19.7 节）。为了将潜在环境转化为线性环境，我们将配置与支付规则重新定义如下：

$$f(b)=(y(b),t_i(b))_{i\in N,j\in M}$$

其中 $y(b)=(y_{ij}(b))_{i\in N,j\in M}$，$t_i(b)=\Big(\sum_{j=1}^{m}y_{ij}(b)\alpha_{ij}\Big)p_i(b)$。$t_i(b)$ 这个量可以视为对于搜索引擎收到的每个关键词搜索，当广告客户的报价向量为 $b=(b_1,\ \cdots,\ b_n)$ 时，广告客户 i 预期向搜索引擎支付的费用。

现在，我们可以将效用函数改写为下列形式：

$$u_i(f(b),\theta_i)=\theta_i v_i(y(b))-t_i(b)$$

其中 $v_i(y(b))=\Big(\sum_{j=1}^{m}y_{ij}(b)\alpha_{ij}\Big)$。$v_i(y(b))$ 这个量可以视为当搜索引擎收到搜索关键词且广告客户的报价向量为 $b=(b_1,\ \cdots,\ b_n)$ 时，广告客户 i 的广告被互联网用户点击的概率。现在，容易验证这里涉及的环境是**线性的**。

对于上面的模型，我们将用赞助搜索拍卖的三种基本机制进行说明：

- 广义第一价格（generalized first price，GFP）机制；
- 广义第二价格（GSP）机制；
- 维克瑞-克拉克-格罗夫斯（VCG）机制。

对于上面的每种机制，我们都将描述它的配置规则 $y_{ij}(\cdot)$ 与支付规则 $p_i(\cdot)$。

22.3 广义第一价格（GFP）机制

在广义第一价格（GFP）机制下，配置规则与支付规则如下。[3]

□ GFP：配置规则

在这种机制下，m 个广告位置根据广告客户们的报价高低，按**降序**配置给他们。令 $b^{(k)}$ 表示（b_1，…，b_n）中第 k 大（高）的元素。类似地，令 $(b_{-i})^{(k)}$ 表示（b_1，…，b_{i-1}，b_{i+1}，…，b_n）中第 k 大的元素。根据这些定义，我们可以说如果 $b=(b_1, \cdots, b_n)$ 是 n 个客户的一个报价组，那么位置 1 分配给报价为 $b^{(1)}$ 的客户。类似地，位置 2 分配给报价为 $b^{(2)}$ 的客户，以此类推。也就是说，对于所有 $i \in N$ 和所有 $j \in M$，

$$y_{ij}(b)=\begin{cases}1\text{：若 } b_i=b^{(j)}\\0\text{：其他情形}\end{cases} \tag{22.2}$$

如果两个广告客户有相同的报价，可用适当规则确定谁获胜。

□ GFP：支付规则

每当互联网用户点击赞助链接时，广告客户支付的钱数等于他的报价。也就是说，如果 $b=(b_1, \cdots, b_n)$ 是广告客户们的一个报价组，那么对于所有 $i \in N$，

$$p_i(b)=\begin{cases}b_i\text{：若客户 } i \text{ 的广告被呈现}\\0\text{：其他情形}\end{cases} \tag{22.3}$$

22.4 广义第二价格（GSP）机制

使用这种拍卖机制的主要动因源于广义第一价格（GFP）机制的不稳定性。特别地，Edelman，Ostrovsky，and Schwarz[3]已证明，在广义第一价格机制下，如实报价不是广告客户的均衡报价策略，这个事实导致了系统不稳定，这又导致了广告客户无效率的投资。广义第一价格机制也导致价格容易变化，这又使得配置无效率。

□ GSP：配置规则

GSP：配置规则 1

这种规则与广义第一价格（GFP）机制中的配置规则相同，也就是说，广告位置按照客户们的报价高低以降序分配给他们。

GSP：配置规则 2

在这种规则下，位置 1 的配置规则为：若客户 $i \in N$ 的 $\alpha_{i1} b_i$ 比其他客户的大（即若客户 i 的 $\alpha_{i1} b_i$ 最大），则位置 1 分配给他。如果出现了平局，则用适当规则确定谁获胜。现在，客户集 N 已不含客户 i（因为他已拿到了位置 1）；搜索引擎要在剩下的客户中选

择 $\alpha_{j2}b_j$（其中 $j\in N\setminus\{i\}$）最大的客户，位置 2 分配给这个客户。其他位置的分配方法类似。

GSP：配置规则 3

在这种规则下，对于每个客户，需要估算他的广告的**点击率**（click-through-rate，CTR）。点击率是指广告被点击的次数除以广告被呈现的次数。例如，对于某个特定关键词搜索，如果结果页面上的广告（链接）被看了 100 次，但只有 1 次点击，那么点击率为 1%。现在，搜索引擎根据客户的**排序分**（ranking scores）以降序形式排列客户。其中客户的排序分是指他的报价乘以估计的点击率。在本章余下的内容中，我们假设点击概率仅取决于广告位置，与广告客户身份无关。也就是说，$\alpha_{1j}=\alpha_{2j}=\cdots=\alpha_{nj}=\alpha_j$，$\forall j\in M$。我们还假设 GSP 机制中的配置规则与配置规则 2 相同，也与配置规则 1 相同，原因在于上面指出的广告客户身份无关性假设。

□ GSP：支付规则

在这种拍卖机制中，每当互联网用户点击赞助链接时，广告客户支付给搜索引擎的钱数等于排位仅次于他的客户的报价再加上一个最小增量（minimum increment）。比如，假设对于广告位置 1，客户 10 的报价最高，客户 1 的报价仅次之，那么客户 10 得到位置 1，客户 10 为此支付的钱数等于客户 1 的报价加上一个既定最小增量，比如多少元钱。对于位置最低的广告位，获胜客户支付的钱数等于落败客户最高报价加上最小增量；如果没有这样的报价，那么获胜客户支付的钱数为零。如果 $b=(b_1,\cdots,b_n)$ 是 n 个客户的一组报价，那么根据我们前面关于 GSP 机制配置规则的假设可知，客户 i 支付的每次点击价格为

$$p_i(b)=\begin{cases}\sum_{j=1}^{m}(b^{(j+1)}y_{ij}(b)) & \text{:若 } m<n \text{ 或 } n\leqslant m \text{ 但 } b_i\neq b^{(n)}\\ 0 & \text{:其他情形}\end{cases}$$

其中 $b^{(j+1)}$ 是第 $j+1$ 高的报价，这也是广告被分配到位置为 $j+1$ 的客户的报价。我们忽略了最小增量，因为所有未来分析和结果对它都不敏感。

22.5 维克瑞-克拉克-格罗夫斯（VCG）机制

表面上，GSP 机制似乎是用于拍卖一件不可分割的商品的维克瑞机制的一种推广。然而，正如 Edelman，Ostrovsky，and Schwarz[3] 已经证明的，GSP 机制不是将维克瑞拍卖推广到拍卖物为一组排序商品的情形，本章后面部分也会说明这一点。在本节，我们的任务是发展赞助搜索拍卖的克拉克机制。按照惯例，我们将其称为 VCG 机制。

□ VCG：配置规则

根据定义，VCG 机制有配置效率。因此，在赞助搜索拍卖情形下，VCG 机制中的

配置规则 $y^*(\cdot)$ 为

$$y^*(\cdot)=\underset{y(\cdot)}{\operatorname{argmax}}\sum_{i=1}^{n}b_iv_i(y(b))=\underset{y_{ij}(\cdot)}{\operatorname{argmax}}\sum_{i=1}^{n}\sum_{j=1}^{m}(b_i\alpha_{ij})y_{ij}(b) \tag{22.4}$$

在上一节，我们已经看到贪婪配置规则是式（22.4）的一个解。另外，在点击概率与客户身份无关假设下，配置 $y^*(\cdot)$ 按照降序的客户报价分配广告位置。也就是说，如果 $b=(b_1, \cdots, b_n)$ 是 n 个客户的一组报价，那么 $y^*(\cdot)$ 必定满足下列条件：

$$y_{ij}^*(b)=\begin{cases}1: 若\ b_i=b^{(j)}\\0: 其他情形\end{cases} \tag{22.5}$$

根据以上观察，我们给出下面关于广义第一价格（GFP）与广义第二价格（GSP）机制的有趣结论。

命题 22.1 如果点击概率仅取决于广告位置而与广告客户的身份无关，那么

（1）GFP 机制有配置效率。

（2）如果 GSP 机制使用配置规则 2（这与配置规则 3 相同），那么 GSP 有配置效率。

（3）VCG 机制的配置规则式（22.5）有配置效率。而且，这个配置规则正好与 GFP 配置规则以及 GSP 的配置规则 3 相同。

□ VCG：支付规则

根据 VCG 机制的定义，当广告客户的报价组为 $b=(b_1, \cdots, b_n)$ 时，客户 i 的期望支付 $t_i(b)$ 必须按照下列克拉克支付规则计算：

$$t_i(b)=\left[\sum_{j\neq i}b_jv_j(y^*(b))\right]-\left[\sum_{j\neq i}b_jv_j(y_{-i}^*(b))\right] \tag{22.6}$$

其中 $y_{-i}^*(\cdot)$ 是一个有效率的配置，它将不同广告位置分配给客户 i 之外的其他客户（即客户 i 不出现时的有效率的配置）。将式（22.5）中的 $y^*(\cdot)$ 代入式（22.6）并且使用 $v_i(y^*(b))=\sum_{j=i}^{m}y_{ij}^*(b)\alpha_j$ 这个事实，我们可将式（22.6）写为下列形式：

情形 1（$m<n$）

$$t^{(j)}(b)=\alpha_jp^{(j)}(b)=\begin{cases}\beta_jb^{(j+1)}+t^{(j+1)}(b): 若\ 1\leqslant j\leqslant m-1\\ \alpha_mb^{(m+1)}: 若\ j=m\\ 0: 若\ m<j\leqslant n\end{cases} \tag{22.7}$$

其中

- $t^{(j)}(b)$ 是对于搜索引擎收到的每个搜索关键词，当客户报价组为 $b=(b_1, \cdots, b_n)$ 时，广告被放在位置 j 的客户的期望支付。
- $p^{(j)}(b)$ 是对于互联网用户的每次点击，当客户报价组为 $b=(b_1, \cdots, b_n)$ 时，广告被放在位置 j 的客户的支付。
- $\beta_j=\alpha_j-\alpha_{j+1}$。
- $b^{(j)}$ 的意思与以前相同，即 $(b_1, \cdots, b_n)$ 中第 j 大的元素。

情形 2 ($n \leqslant m$)

$$t^{(j)}(b)=\alpha_j p^{(j)}(b)=\begin{cases}\beta_j b^{(j+1)}+t^{(j+1)}(b) & :若\ 1\leqslant j\leqslant n-1\\ 0 & :若\ j=n\end{cases} \tag{22.8}$$

展开式 (22.7) 和式 (22.8)，可得到下列支付表达式：

情形 1 ($m<n$)

$$p^{(j)}(b)=\frac{1}{\alpha_j}t^{(j)}(b)=\begin{cases}\dfrac{1}{\alpha_j}\Big[\sum\limits_{k=j}^{m-1}\beta_k b^{(k+1)}\Big]+\dfrac{\alpha_m}{\alpha_j}b^{(m+1)} & :若\ 1\leqslant j\leqslant m-1\\ b^{(m+1)} & :若\ j=m\\ 0 & :若\ m<j\leqslant n\end{cases} \tag{22.9}$$

情形 2 ($n \leqslant m$)

$$p^{(j)}(b)=\frac{1}{\alpha_j}t^{(j)}(b)=\begin{cases}\dfrac{1}{\alpha_j}\sum\limits_{k=j}^{n-1}\beta_k b^{(k+1)} & :若\ 1\leqslant j\leqslant n-1\\ 0 & :若\ j=n\end{cases} \tag{22.10}$$

因此，我们可以说式 (22.5) 描述了 VCG 配置规则，而式 (22.9) 与式 (22.10) 描述了 VCG 机制的支付规则。

22.6 最优 (OPT) 机制

在本节，我们的目的是计算能产生最优搜索拍卖的最优机制的配置与支付规则 $f(\cdot)$。这要求我们将迈尔森最优拍卖扩展到赞助搜索拍卖情形。做此事时，我们沿着与 Myerson[4] 相似的思想。回忆一下，我们将赞助搜索拍卖形式化为线性环境下的直接显示机制 $\mathscr{D}=((\Theta_i)_{i\in N}, f(\cdot))$，其中广告客户 i 的效用函数为

$$\begin{aligned}u_i(f(b),\theta_i)&=\Big(\sum_{j=1}^{m}y_{ij}(b)\alpha_j\Big)(\theta_i-p_i(b))\\&=v_i(y(b))(\theta_i-p_i(b))\\&=\theta_i v_i(y(b))+t_i(b)\end{aligned}$$

其中

- $v_i(y(b))=\sum\limits_{j=1}^{m}y_{ij}(b)\alpha_j$ 是广告客户 i 的评价函数，这可以解释为当搜索引擎收到搜索关键词并且客户的报价组为 b 时，客户 i 的广告被互联网用户点击的概率。
- $t_i(b)=v_i(y(b))p_i(b)$ 可以解释为当搜索引擎收到搜索关键词并且客户的报价组为 b 时，客户 i 的期望支付。

□ OPT：配置规则

我们首先定义

- $\bar{t}_i(b_i)=E_{\theta_{-i}}[t_i(b_i,\ \theta_{-i})]$是当客户 i 报价 b_i 且所有客户 $j\neq i$ 报告自己的真实类型

时，客户 i 的期望支付。

● $\bar{v}_i(b_i)=E_{\theta_{-i}}[v_i(y(b_i, \theta_{-i}))]$是当客户 i 报价 b_i 且所有客户 $j\neq i$ 报告自己的真实类型时，客户 i 的广告被互联网用户点击的概率。

● $U_i(\theta_i)=\theta_i\bar{v}_i(\theta_i)-\bar{t}_i(\theta_i)$ 是当所有客户 $j\neq i$ 报告自己的真实类型，客户 i 也报告自己的真实类型 θ_i 时，客户 i 得到的期望效用。

现在，赞助搜索拍卖最优机制设计问题可以视为下列最优化问题：选择函数 $y_{ij}(\cdot)$ 与$U_i(\cdot)$，使得

$$\max_{(y_{ij}(\cdot),U_i(\cdot))_{i\in N,j\in M}}\sum_{i=1}^{n}\int_{\underline{\theta_i}}^{\overline{\theta_i}}(\theta_i\bar{v}_i(\theta_i)-U_i(\theta_i))\phi_i(\theta_i)d\theta_i$$

s. t.

(i)$v_i(\cdot)$ 非递减，$\forall i\in N$。

(ii)$y_{ij}(\theta)\in[0,1],\sum_{j=1}^{m}y_{ij}(\theta)\leqslant 1,\sum_{i=1}^{n}y_{ij}(\theta)\leqslant 1,\ \forall i\in N,\forall j\in M,\forall\theta\in\Theta$。

(iii)$U_i(\theta_i)=U_i(\underline{\theta_i})+\int_{\underline{\theta_i}}^{\theta_i}\bar{v}_i(s)ds,\forall i\in N,\forall\theta_i\in\Theta_i$。

(iv)$U_i(\theta_i)\geqslant 0,\forall i\in N,\forall\theta_i\in\Theta_i$ 。 (22.11)

在上面的表达式中，目标函数是搜索引擎从所有广告客户身上得到的总期望支付。注意，约束条件（iv）是客户们的事中个体理性约束，而约束条件（ii）是可行性约束。约束条件（i）和（ii）是配置和支付规则 $f(\cdot)=(y_{ij}(\cdot),\ t_i(\cdot))_{i\in N,j\in M}$成为贝叶斯激励相容的必要充分条件（迈尔森特征定理，参见 19.7 节）。这些约束条件取自文献[4]，我们已在第 21 章做了介绍。

在这里，我们可以做出一个重要观察。注意，在上面的最优化问题中，我们用实际类型 θ_i 替换了报价 b_i。这是因为我们对配置和支付规则施加了贝叶斯激励相容约束，因此，每个客户都将如实报价。因此，尽管我们考察的是 OPT 机制，但对于任何 $i\in N$，我们可以放心地互换 θ_i 与 b_i。

注意，如果约束条件（iii）得以满足，那么（iv）也将得以满足当且仅当 $U_i(\underline{\theta_i})\geqslant 0$，$\forall i\in N$。因此，我们可以将约束条件（iv）替换为

(iv′) $U_i(\underline{\theta_i})\geqslant 0$，$\forall i\in N$。

接下来，将约束条件（iii）代入目标函数，可得

$$\sum_{i=1}^{n}\int_{\underline{\theta_i}}^{\overline{\theta_i}}\left(\bar{v}_i(\theta_i)\theta_i-U_i(\underline{\theta_i})-\int_{\underline{\theta_i}}^{\theta_i}\bar{v}_i(s)ds\right)\phi_i(\theta_i)d\theta_i$$

对上式进行分部积分，可知卖者最优化问题可以视为在约束条件（i）、（ii）和（iv′）下，选择函数 $y_{ij}(\cdot)$ 以及效用值 $U_1(\underline{\theta_1})$，…，$U_n(\underline{\theta_n})$，使得

$$\int_{\underline{\theta_1}}^{\overline{\theta_1}}\cdots\int_{\underline{\theta_n}}^{\overline{\theta_n}}\Big[\sum_{i=1}^{n}v_i(y(\theta_i,\theta_{-i}))J_i(\theta_i)\Big]\Big[\prod_{i=1}^{n}\phi_i(\theta_i)\Big]d\theta_n\cdots d\theta_1-\sum_{i=1}^{n}U_i(\underline{\theta_i})$$

最大。其中：

$$J_i(\theta_i)=\theta_i-\frac{1-\Phi_i(\theta_i)}{\phi_i(\theta_i)}$$

显然，前面的最大化问题的解必定满足 $U_i(\underline{\theta}_i)=0$，$\forall i=1$，…，$n$。因此，搜索引擎的问题简化为下列问题：在约束条件（i）和（ii）下，选择函数 $y_{ij}(\cdot)$ 使得

$$\int_{\underline{\theta}_1}^{\overline{\theta}_1}\cdots\int_{\underline{\theta}_n}^{\overline{\theta}_n}\Big[\sum_{i=1}^{n}v_i(y(\theta_i,\theta_{-i}))J_i(\theta_i)\Big]\Big[\prod_{i=1}^{n}\phi_i(\theta_i)\Big]d\theta_n\cdots d\theta_1$$

最大。

我们暂时忽略约束条件（i）。考察上面的表达式，可知，$y_{ij}(\cdot)$ 是这个放松约束后问题的一个解当且仅当对于所有 $i=1$，…，n，我们有

$$y_{ij}(\theta)=\begin{cases}0 & \forall j=1,2,\cdots,m\text{：若 } J_i(\theta_i)<0\\ 1 & \forall j=1,2,\cdots,m<n\text{：若 } J_i(\theta_i)=J^{(j)}\\ 1 & \forall j=1,2,\cdots,n\leqslant m\text{：若 } J_i(\theta_i)=J^{(j)}\\ 0 & \text{：其他情形}\end{cases} \tag{22.12}$$

其中 $J^{(j)}$ 是 $J_i(\theta_i)$ 中第 j 高的评价。

换句话说，如果我们忽略约束条件（i），那么 $y_{ij}(\cdot)$ 是这个放松约束后问题的一个解当且仅当：任何伴随负的 $J_i(\theta_i)$ 的客户都得不到广告位置，而且其他客户的广告排序与他们的 $J_i(\theta_i)$ 值的排序相同。也就是说，广告位置 1 分配给伴随最大非负 $J_i(\theta_i)$ 的客户，位置 2 分配给伴随第二高的非负 $J_i(\theta_i)$ 的客户，以此类推。

现在，回顾 $\overline{v}_i(\cdot)$ 的定义，容易写出下列表达式：

$$\overline{v}_i(\theta_i)=E_{\theta_{-i}}[v_i(y(\theta_i,\theta_{-i}))] \tag{22.13}$$

$$=E_{\theta_{-i}}\Big[\sum_{j=1}^{m}y_{ij}(\theta_i,\theta_{-i})\alpha_j\Big] \tag{22.14}$$

现在，如果我们假设 $J_i(\cdot)$ 关于 θ_i 为非递减的，那么容易看出式（22.12）给出的解 $y_{ij}(\cdot)$ 关于 θ_i 也为非递减的，这意味着 $\overline{v}_i(\cdot)$ 关于 θ_i 为非递减的（考察式（22.14）即可知道这一点）。因此，在 $J_i(\cdot)$ 为非递减的这个假设下，这个放松约束后问题的解事实上满足约束条件（i）。假设 $J_i(\cdot)$ 为非递减的，式（22.12）给出的解似乎是赞助搜索拍卖最优机制设计问题的解。注意，在式（22.12）中，我们将配置规则 $J_i(\cdot)$ 写为一个关于客户实际类型组 θ 的函数，而不是写为关于报价组 b 的函数。这是因为在 OPT 机制中，每个客户如实报价，因此我们有 $b_i=\theta_i$，$\forall i=1$，…，n。

$J_i(\cdot)$ 关于 θ_i 为非递减的这个条件容易实现，事实上，很多常见分布函数，例如均匀分布和指数分布，都能满足这个条件。在本章余下的内容中，我们都假设对于每个客户 i，$J_i(\cdot)$ 关于 θ_i 都为非递减的。

注意，在上面的配置规则中，用于刻画客户有资格展现他的广告的条件 $J_i(\cdot)>0$，在下列意义上，可以方便地用保留价格形式表达。对于每个客户 i，我们首先计算使得 $J_i(\theta_i)=0$ 的 θ_i 值。我们将这个值称为客户 i 的**保留价格**（reserve price）。现在，配置规则表明，我们可以去掉报价小于自己保留价格的那些客户。对于剩下的客户，我们按照他们的 $J_i(\theta_i)$ 值降序排列，然后分配相应的广告位置。另外，如果客户是对称的，

那么所有客户的保留价格都相同，而且如果 $J_i(\cdot)$ 关于 θ_i 非递减，那么这里的配置规则将与广义第一价格（GFP）机制的配置规则相同。这种对配置规则的解释类似于文献［5］对相似情形的解释。这个观察让我们得到了下列命题。

命题 22.2 如果广告客户有不同的分布函数 $\Phi_i(\cdot)$，那么 $J_i(b_i)$ 值为第 k 大的广告客户未必是报价为第 k 大的广告客户。因此，OPT 机制未必有配置效率，从而未必有事后效率。

命题 22.3 如果客户是对称的，即如果

- $\Theta_1=\cdots=\Theta_n=\Theta$,
- $\Phi_1(\cdot)=\cdots=\Phi_n(\cdot)=\Phi(\cdot)$,

而且如果对于每个客户 i，我们都有 $J_i(\cdot)>0$ 以及 $J_i(\cdot)$ 为非递减的，那么：

- $J_1(\cdot)=\cdots=J_n(\cdot)=J(\cdot)$。
- 客户在降序序列 $J_1(b_1)$，…，$J_n(b_n)$ 中的位置，与他在降序序列 b_1，…，b_n 中的位置正好相同。
- 对于给定的报价组 b，OPT 机制得到的配置与 GFP、GSP、VCG 机制得到的配置相同。
- OPT 机制有配置效率。

□ OPT：支付规则

现在我们计算 OPT 的支付规则。再一次地，按照与迈尔森类似的思维，最优期望支付规则 $t_i(\cdot)$ 必须满足 $\forall i\in N$,

$$\bar{t}_i(\theta_i)=E_{\theta_{-i}}[t_i(\theta_i,\theta_{-i})]=\theta_i\overline{v}_i(\theta_i)-U_i(\theta_i)=\theta_i\overline{v}_i(\theta_i)-\int_{\underline{\theta_i}}^{\theta_i}\overline{v}_i(s)ds \tag{22.15}$$

考察上式以及式（22.16）可知，如果支付规则 $t_i(\cdot)$ 满足式（22.16），那么它也满足式（22.15）。

$$t_i(\theta_i,\theta_{-i})=\theta_i v_i(y(\theta_i,\theta_{-i}))-\int_{\underline{\theta_i}}^{\theta_i}v_i(y(s,\theta_{-i}))ds\quad \forall\,\theta\in\Theta \tag{22.16}$$

上式可以改写成更符合直觉的形式，我们现在做此事。首先，对于任何向量 θ_{-i}，我们定义下列各个量。

情形 1（$m<n$）：

$$\begin{aligned}
z_{i1}(\theta_{-i})&=\inf\{\theta_i \mid J_i(\theta_i)>0\ \text{且}\ J_i(\theta_i)\geqslant J_{-i}^{(1)}\}\\
z_{i2}(\theta_{-i})&=\inf\{\theta_i \mid J_i(\theta_i)>0\ \text{且}\ J_{-i}^{(1)}>J_i(\theta_i)\geqslant J_{-i}^{(2)}\}\\
\vdots&=\vdots\\
z_{im}(\theta_{-i})&=\inf\{\theta_i \mid J_i(\theta_i)>0\ \text{且}\ J_{-i}^{(m-1)}>J_i(\theta_i)\geqslant J_{-i}^{(m)}\}
\end{aligned}$$

情形 2（$n\leqslant m$）：

$$\begin{aligned}
z_{i1}(\theta_{-i})&=\inf\{\theta_i \mid J_i(\theta_i)>0\ \text{且}\ J_i(\theta_i)\geqslant J_{-i}^{(1)}\}\\
z_{i2}(\theta_{-i})&=\inf\{\theta_i \mid J_i(\theta_i)>0\ \text{且}\ J_{-i}^{(1)}>J_i(\theta_i)\geqslant J_{-i}^{(2)}\}\\
\vdots&=\vdots\\
z_{in}(\theta_{-i})&=\inf\{\theta_i \mid J_i(\theta_i)>0\ \text{且}\ J_{-i}^{(n-1)}>J_i(\theta_i)\}
\end{aligned}$$

在上面这些定义中，$J_{-i}^{(k)}$是下列$n-1$个值中第k大的值：

$$J_1(\theta_1),\cdots,J_{i-1}(\theta_{i-1}),J_{i+1}(\theta_{i+1}),\cdots,J_n(\theta_n)$$

$z_{ik}(\theta_{-i})$ 是当其他客户的报价为θ_{-i}时，客户i针对广告位置k的所有获胜报价的下确界。根据上面这些定义，我们有：

情形 1（$m<n$）：

$$v_i(y(\theta_i,\theta_{-i}))=\begin{cases}\alpha_1 &:\text{若 } \theta_i\geqslant z_{i1}(\theta_{-i})\\ \alpha_2 &:\text{若 } z_{i1}(\theta_{-i})>\theta_i\geqslant z_{i2}(\theta_{-i})\\ \vdots & \\ \alpha_m &:\text{若 } z_{i(m-1)}(\theta_{-i})>\theta_i\geqslant z_{im}(\theta_{-i})\\ 0 &:\text{若 } z_{im}(\theta_{-i})>\theta_i\end{cases}$$

情形 2（$n\leqslant m$）：

$$v_i(y(\theta_i,\theta_{-i}))=\begin{cases}\alpha_1 &:\text{若 } \theta_i\geqslant z_{i1}(\theta_{-i})\\ \alpha_2 &:\text{若 } z_{i1}(\theta_{-i})>\theta_i\geqslant z_{i2}(\theta_{-i})\\ \vdots & \\ \alpha_n &:\text{若 } z_{i(n-1)}(\theta_{-i})>\theta_i\end{cases}$$

这样我们就得到了$\int_{\underline{\theta_i}}^{\theta_i}v_i(y(s,\theta_{-i}))ds$ 的下列表达式。在这些式子中，r是客户i的广告所在的位置。

情形 1（$m<n$）：

$$\int_{\underline{\theta_i}}^{\theta_i}v_i(y(s,\theta_{-i}))ds$$

$$=\begin{cases}\alpha_r(\theta_i-z_{ir}(\theta_{-i}))+\sum_{j=r+1}^{m}\alpha_j(z_{i(j-1)}(\theta_{-i})-z_{ij}(\theta_{-i})) &:\text{若 } 1\leqslant r\leqslant m-1\\ \alpha_m(\theta_i-z_{im}(\theta_{-i})) &:\text{若 } r=m\\ 0 &:\text{其他情形}\end{cases}$$

情形 2（$n\leqslant m$）：

$$\int_{\underline{\theta_i}}^{\theta_i}v_i(y(s,\theta_{-i}))ds$$

$$=\begin{cases}\alpha_r(\theta_i-z_{ir}(\theta_{-i}))+\sum_{j=r+1}^{n}\alpha_j(z_{i(j-1)}(\theta_{-i})-z_{ij}(\theta_{-i})) &:\text{若 } 1\leqslant r\leqslant n-1\\ \alpha_n(\theta_i-z_{in}(\theta_{-i})) &:\text{若 } r=n\end{cases}$$

将上面的$\int_{\underline{\theta_i}}^{\theta_i}v_i(y(s,\theta_{-i}))ds$ 的值代入式（22.16），可得

情形 1（$m<n$）：

$$p_i(\theta_i,\theta_{-i})=\frac{1}{\alpha_r}t_i(\theta_i,\theta_{-i})$$

$$
= \begin{cases} \dfrac{\alpha_m}{\alpha_r} z_{im}(\theta_{-i}) + \dfrac{1}{\alpha_r}\sum_{j=r}^{m-1}\beta_j z_{ij}(\theta_{-i}) & : 若\ 1 \leqslant r \leqslant m-1 \\ z_{im}(\theta_{-i}) & : 若\ r = m \\ 0 & : 其他情形 \end{cases} \tag{22.17}
$$

情形 2（$n \leqslant m$）：

$$
p_i(\theta_i, \theta_{-i}) = \frac{1}{\alpha_r} t_i(\theta_i, \theta_{-i})
$$

$$
= \begin{cases} \dfrac{\alpha_n}{\alpha_r} z_{in}(\theta_{-i}) + \dfrac{1}{\alpha_r}\sum_{j=r}^{n-1}\beta_j z_{ij}(\theta_{-i}) & : 若\ 1 \leqslant r \leqslant n-1 \\ z_{in}(\theta_{-i}) & : 若\ r = n \\ 0 & : 其他情形 \end{cases} \tag{22.18}
$$

上面的这些关系表明，客户 i 仅在他的广告被点击时才必须支付，他的支付等于 $p_i(\theta)$。注意，在上面的这些关系中，我们将支付规则 $p_i(\cdot)$ 表达为一个关于客户实际类型组 θ 的函数，而不是关于报价组 b 的函数。这是因为在 OPT 机制中，每个客户如实报告自己的类型，因此我们有 $b_i = \theta_i$，$\forall i = 1, \cdots, n$。

因此，我们可以说式（22.12）描述了 OPT 机制的配置规则，式（22.17）和式（22.18）描述了 OPT 机制的支付规则。

在下面，我们讨论 OPT 机制的一种重要的特殊情形，即当广告客户为对称的情形。

□ OPT 机制与对称客户

令广告客户在下列意义上对称：

- $\Theta_1 = \cdots = \Theta_n = \Theta = [L, U] \subset \mathbb{R}$；
- $\Phi_1(\cdot) = \cdots = \Phi_n(\cdot) = \Phi(\cdot)$。

另外，我们假设

- $J(\cdot)$ 在区间 $[L, U]$ 上为非递减的；
- $J(x) > 0$，$\forall x \in [L, U]$。

注意，如果 $J(L) > 0$，那么我们必定有 $L > 0$。

命题 22.3 表明如果广告客户是对称的，那么 OPT 机制的配置规则与 GFP、GSP、VCG 的配置规则相同。至于支付规则，容易验证如果当报价组为 (θ_i, θ_{-i}) 时客户 i 得到了广告位置 r，那么我们应该有

情形 1（$m < n$）：

$$
z_{ij}(\theta_{-i}) = \begin{cases} \theta^{(j)} & : 若\ 1 \leqslant j \leqslant r-1 \\ \theta^{(j+1)} & : 若\ r \leqslant j \leqslant m \end{cases} \tag{22.19}
$$

情形 2（$n \leqslant m$）：

$$
z_{ij}(\theta_{-i}) = \begin{cases} \theta^{(j)} & : 若\ 1 \leqslant j \leqslant r-1 \\ \theta^{(j+1)} & : 若\ r \leqslant j \leqslant n-1 \\ L & : 若\ j = n \end{cases} \tag{22.20}
$$

如果将式（22.19）代入式（22.17），将式（22.20）代入式（22.18），那么我们得到了客户为对称情形下的 OPT 机制的支付规则：

情形 1（$m<n$）：

$$p_i(\theta_i,\theta_{-i})=\frac{1}{\alpha_r}t_i(\theta_i,\theta_{-i})$$

$$=\begin{cases}\dfrac{\alpha_m}{\alpha_r}\theta^{(m+1)}+\dfrac{1}{\alpha_r}\sum_{j=r}^{m-1}\beta_j\theta^{(j+1)} & \text{:若 } 1\leqslant r\leqslant m-1\\ \theta^{(m+1)} & \text{:若 } r=m\\ 0 & \text{:其他情形}\end{cases} \tag{22.21}$$

情形 2（$n\leqslant m$）：

$$p_i(\theta_i,\theta_{-i})=\frac{1}{\alpha_r}t_i(\theta_i,\theta_{-i})$$

$$=\begin{cases}\dfrac{\alpha_n}{\alpha_r}L+\dfrac{1}{\alpha_r}\sum_{j=r}^{n-1}\beta_j\theta^{(j+1)} & \text{:若 } 1\leqslant r\leqslant n-1\\ L & \text{:若 } r=n\\ 0 & \text{:其他情形}\end{cases} \tag{22.22}$$

将上面的这两个式子与 VCG 机制的支付规则［式（22.9）和式（22.10）］进行比较，可得到下列命题：

命题 22.4 如果广告客户在下列意义上对称：

- $\Theta_1=\cdots=\Theta_n=\Theta=[L, U]$；
- $\Phi_1(\cdot)=\cdots=\Phi_n(\cdot)=\Phi(\cdot)$。

另外，假设对于每个客户 i，在区间 $[L, U]$ 上我们有 $J_i(\cdot)>0$ 而且 $J_i(\cdot)$ 为非递减的，那么：

- 情形 1 的支付规则与 VCG 机制相应的支付规则相同；
- 情形 2 的支付规则与 VCG 机制相应的支付规则不同，但仅相差一个常数 L。

注意，L 不可能为零，因为我们假设 $J(L)>0$。

22.7 小结与参考文献

本章旨在将机制设计运用到当前流行的赞助搜索拍卖问题。这个讨论让我们思考如何在现实世界中使用机制设计。本章讨论的主要议题有：

- 我们将赞助搜索拍卖问题表达为拟线性环境下的机制设计问题。事实上，这个拟线性环境是线性环境。
- 在上面的机制设计架构上，我们推导出了广义第一价格（GFP）机制的配置规则和支付规则。
- 接下来，我们推导出了广义第二价格（GSP）机制的配置规则和支付规则。搜索引擎通常使用 GSP 机制或它的变种。我们还推导出了克拉克机制的配置规则和支付规则。

● 我们提出了一种新的机制，即 OPT；它将迈尔森拍卖推广到赞助搜索拍卖情形。OPT 使用赞助搜索拍卖的内在结构来推广迈尔森定义的实际评价函数。

赞助搜索拍卖的机制设计问题是近年来的主要研究议题之一。ACM 电子商务年会（现在改名为 ACM 经济学与计算会议）是这一领域最前沿的信息来源。

□ 参考文献

[1] Dinesh Garg and Y. Narahari. "An optimal mechanism for sponsored search auctions and comparison with other mechanisms". In: *IEEE Transactions on Automation Science and Engineering* 6 (4) (2009), pp. 641-657.

[2] Y. Narahari, Dinesh Garg, Ramasuri Narayanam, and Hastagiri Prakash. *Game Theoretic Problems in Network Economics and Mechanism Design Solutions*. Springer, London, 2009.

[3] B. Edelman, M. Ostrovsky, and M. Schwarz. "Internet advertising and the generalized second price auction: Selling billions of dollars worth of keywords". In: *American Economic Review* 97 (1) (2007), pp. 242-259.

[4] Roger B. Myerson. "Optimal auction design". In: *Mathematics of Operations Research* 6 (1) (1981), pp. 58-73.

[5] Juan Feng. "Optimal mechanism for selling a set of commonly ranked objects". In: *Marketing Science* 27 (3) (2008), pp. 501-512.

22.8 习　题

(1) 某赞助搜索拍卖有 3 个广告位置。有 5 个竞标人 {1, 2, 3, 4, 5}，他们的评价分别为 $v_1=20$，$v_2=15$，$v_3=12$，$v_4=10$，$v_5=6$。对于这个问题，如果使用 GSP、VCG 和 OPT 机制，这些机制的结果分别是什么？

(2) 在上面的问题中，假设拍卖物不是 3 个广告位置，而是 3 件相同的商品。令智能体 1 的需求为 2 单位，其他每个智能体的需求都是 1 单位。如果使用 GSP 和 VCG，这些机制的结果分别是什么？

(3) 在某赞助搜索拍卖中，有 3 个广告位置。给定任何一个竞标人，他对这三个位置的评价相同。另外，假设这三个广告位的点击概率相同。假设有 5 个竞标人 {1, 2, 3, 4, 5}，他们的评价分别为 $v_1=15$，$v_2=14$，$v_3=12$，$v_4=10$，$v_5=8$。若使用 GSP、VCG 以及 OPT，这些机制的结果分别是什么？

第23章 在事后纳什均衡中实施社会选择函数

到目前为止，我们已研究了在优势策略均衡或贝叶斯纳什均衡中实施社会选择函数的情形。本章讨论在**事后纳什均衡**（ex-post Nash equilibrum）中实施社会选择函数问题，这适用于**完全信息环境**（complete information setting）。我们将建立事后纳什实施与单调性这个重要概念之间的关系，后者是由埃里克·马斯金（2007年诺贝尔经济学奖获得者）发展出的。

23.1 社会选择函数的实施：多个均衡的情形

在定义机制 $\mathscr{M}=(S_1，\cdots，S_n；g(\cdot))$ 实施社会选择函数 $f:\Theta\to X$ 时，我们谨慎地指出，对于每个 $\theta\in\Theta$，存在着 $\mathscr{M}$ 诱导出的博弈的一个均衡，这个均衡产生了社会选择函数结果 $f(\theta)$。我们没有解决下列问题：对于给定的 $\theta\in\Theta$，如果诱导博弈有多个均衡，我们应该怎么办？注意，在其他均衡中，结果可能不是 $f(\theta)$。因此，如果存在两个或多个均衡，我们隐含地假设参与人将选择社会计划者想要的均衡。我们用例子说明。

例 23.1 （多个均衡问题） 这个例子源自 Mas-Colell，Whinston，and Green[1]。某个公共项目问题中有两个参与人 $N=\{1，2\}$（参见14.4节）。社会计划者必须决定是否上马这个项目。配置 $k=0$ 表示不上马，$k=1$ 表示上马。假设每个参与人的类型集为

$$\Theta_1=\Theta_2=\{\theta_L,\theta_H\}$$

其中类型表示智能体对项目的评价。在这里，θ_H 和 θ_L 分别表示高评价和低评价。假设 $\theta_H>0>\theta_L$ 而且 $\theta_H+\theta_L>0$。根据标准惯例，智能体的类型在统计上是独立的，假设

$$\mathbb{P}(\theta_1=\theta_L)=\mathbb{P}(\theta_2=\theta_L)=\lambda\in(0,1)$$

下列项目选择函数有配置效率：

$$k^*(\theta_1,\theta_2)=0 \quad 若\ \theta_1=\theta_2=\theta_L$$
$$=1 \quad 其他情形$$

对于这个问题，我们可以使用 dAGVA 机制（参见第 19 章），对于每个类型组（θ_1，θ_2）$\in \Theta_1\times\Theta_2$，两人如实报告的类型构成了（机制诱导出的）博弈的一个贝叶斯纳什均衡。回忆一下，转移给智能体 i 的钱数为

$$t_i(\theta_i,\theta_{-i})=E_{\theta'_{-i}}[\theta'_{-i}k^*(\theta_i,\theta'_{-i})]+h_i(\theta_{-i})$$

然而，对于这个问题，两人如实报告类型不是唯一的贝叶斯纳什均衡。特别地，我们在下面说明两人都报告 θ_H 也构成了一个贝叶斯纳什均衡。

假设智能体 2 总是报告 θ_H。于是，不管智能体 1 报告什么类型（θ_L 或 θ_H），项目选择都将为 $k=1$，即项目上马。对于智能体 1 来说，如果他的类型为 θ_L，那么他的直接收益为 θ_L；如果他的类型为 θ_H，那么他的直接收益为 θ_H。因此，智能体 1 的最优反应策略就是报告能使他得到的期望转移（即转移给他的钱数）最大的类型。如果智能体 1 报告 θ_L，则他的期望转移为 $(1-\lambda)\theta_H+h_i(\theta_H)$；如果智能体 1 报告 θ_H，则他的期望转移为 $\lambda\theta_L+(1-\lambda)\theta_H+h_i(\theta_H)$。因此，如果智能体 2 报告 θ_H，那么智能体 1 偏好报告 θ_H，不管他（智能体 1）的真实类型是什么。类似地，当智能体 1 报告 θ_H 时，智能体 2 的最优反应策略也是报告 θ_H。因此，（θ_H，θ_H）构成了另外一个贝叶斯纳什均衡。□

□ 强实施

上面的例子表明，想实施社会选择函数的社会计划者，必须保证（机制诱导出的）博弈实现的均衡正是他想要的。这并不是一个简单问题。然而，有个叫做强实施(strong implementation）的概念能保证社会选择函数被诱导博弈的所有均衡所实施。在这种情形下，机制必定能实施合意的社会选择函数，社会计划者对此有充分把握。我们现在给出强实施的定义。

定义 23.1 （强实施） 给定机制 $\mathscr{M}=(S_1, \cdots, S_n; g(\cdot))$ 以及社会选择函数 $f:\Theta_1\times\cdots\times\Theta_n\to X$，如果 $\mathscr{M}$ 诱导出的博弈的每个均衡策略组（$s_1^*(\cdot)$，$\cdots$，$s_n^*(\cdot)$）都能使得

$$g(s_1^*(\theta_1),\cdots,s_n^*(\theta_n))=f(\theta_1,\cdots,\theta_n) \quad \forall(\theta_1,\cdots,\theta_n)\in\Theta$$

那么我们说社会选择函数 f 被 $\mathscr{M}$ **强实施**。

如果社会选择函数是在强优势策略中实施，那么强实施自动得以实现。如果是在弱优势策略均衡中实施，那么强实施比较困难。在贝叶斯纳什均衡中实现强实施，无疑是最困难的。

23.2 在纳什均衡中实施社会选择函数

假设每个智能体，除了能观察到自己的类型之外，也能观察到其他职能体的类型。

这样的情形事实上已变成了完全信息环境。尽管智能体能观察到整个类型组 θ，但社会计划者可能不知道该类型组。因此，为了实施社会选择函数，社会计划者必须提出一种机制使得：该机制在智能体之间引入博弈，博弈产生了纳什均衡 $s^*(\theta)$，这个均衡产生了对应于类型组 θ 的结果 $f(\theta)$。Maskin[2,3] 在这个议题上做出了开创性的基础工作，我们将用例子[4]进行讨论。

例 23.2 （在纳什均衡中实施社会选择函数） 假设 $N=\{1, 2\}$，$X=\{x, y, z, w\}$。参与人的状态有两个：θ_A 和 θ_B。状态集（类似于由类型组构成的集合）为

$$\Theta=\{\theta_A,\theta_B\}$$

注意，我们没有分别提及每个智能体的类型，这是因为我们研究的是完全信息情形，此时每个智能体能观察到整个类型组。在 θ_A 和 θ_B 这两个状态下，假设智能体对结果集 $X=\{x, y, z, w\}$ 中的元素有下列偏好。在状态 $\theta=\theta_A$ 下，智能体 1 和 2 的偏好分别为

智能体 1：$x\succ y\succ z\succ w$；
智能体 2：$w\succ y\succ z\succ x$。

在状态 $\theta=\theta_B$ 下，他们的偏好分别为

智能体 1：$w\succ x\succ z\succ y$；
智能体 2：$y\succ x\succ z\succ w$。

注意，在这里，我们使用结果上的偏好序，而不是实际效用值。当然，使用效用值也是完全可行的。

上面的例子改编自马斯金领取诺贝尔奖时的演讲。[4]两个参与人代表着两个消费能源的消费者。社会计划者是能源当局。结果 x，y，z，w 分别指四种能源来源，即气、油、煤与核。参与人 1 侧重消费的方便性，参与人 2 侧重消费的安全性。状态 θ_A 表示能源消费者不过多关心未来需求和未来可能性，而 θ_B 则代表相反情形，即消费者仔细权衡未来的选择和可能性。在这两个状态下，两个消费者对于上述四种能源有自己的偏好。能源当局的目标是把两个消费者的偏好加总，并且实施合意且让消费者接受的社会选择函数。假设能源当局希望实施下列社会选择函数

$$f(\theta_A)=y; f(\theta_B)=x$$

我们可以立即看出上面的社会选择函数有事后效率。而且，它的结果要么是两个消费者的第一偏好备选项，要么是第二偏好备选项。□

例 23.3 （社会选择函数的可实施性：直接机制） 我们现在考察上面的社会选择函数能否被直接机制实施。社会计划者可以要求参与人报告他们的状态，并且

- 如果两人都报告 θ_A，那么社会计划者选择 y；
- 如果两人都报告 θ_B，那么社会计划者选择 x；
- 如果两人报告的状态不同，那么社会计划者以 0.5 的概率选择 y，以 0.5 的概率选择 x。

注意，智能体 1 的最优反应是报告 θ_B，无论智能体 2 如何报告，也无论他的状态是

怎样的。这是因为在这两种状态下，智能体 1 都偏好 x 胜于 y。显然，通过报告 θ_B，智能体 1 能增加实现他（智能体 1）偏好结果的概率：

- 若智能体 2 报告 θ_A，从 0.5 增加到 1；
- 若智能体 2 报告 θ_B，从 0 增加到 0.5。

类似地，智能体 2 的最优反应是报告 θ_A，无论智能体 1 如何报告，也无论他的状态是怎样的。这是因为智能体 2 偏好 y 胜于 x。因此，智能体 1 和 2 的理性行为意味着，在每个状态下，结果是以等概率将 x 与 y 随机化。因此，在这种情形下，结果为 $f(\theta)$ 的概率只有 0.5。□

例 23.4 （社会选择函数的可实施性：间接机制） 我们现在考察间接机制实施社会选择函数的可能性。假设 $S_1=\{U, D\}$，$S_2=\{L, R\}$，而且结果规则 $g(\cdot)$ 的定义为下列矩阵：

1	2	
	L	R
U	y	z
D	w	x

我们首先分析状态为 $\theta=\theta_A$ 的情形。智能体 2 必须在 L 和 R 之间做出选择，容易看出 L 是智能体 2 的优势策略。这是因为当智能体 2 选择 L 时，

- 如果智能体 1 选择 U，那么结果为 y（注意，在 $\theta=\theta_A$ 的情形下，智能体 2 偏好 y 胜于 z，参见例 23.2 中的偏好序；下同）；
- 如果智能体 1 选择 D，那么结果为 w（注意，在 $\theta=\theta_A$ 的情形下，智能体 2 偏好 w 胜于 x）。

当智能体 2 选择他的优势策略 L 时，智能体 1 的最优反应是选择 U，这是因为当 $\theta=\theta_A$ 时，对于智能体 1 来说，结果 y 比 w 好。因此，当 $\theta=\theta_A$ 时，(U, L) 为最优反应策略组，事实上，这是唯一纳什均衡。更重要的是，这个纳什均衡实现的结果为 y；由于 $f(\theta_A)=y$，我们可以在状态 θ_A 下实施社会选择函数的结果。

在 $\theta=\theta_B$ 的情形下分析类似，可以证明在这种情形下，(D, R) 是唯一纳什均衡，它产生的结果 x 正好是 $f(\theta_B)$。因此，在这两种状态下，尽管社会计划者不知道具体状态，但社会选择函数仍能得以实施。而且，这两个智能体只关注自己的偏好，而不关心社会选择函数是怎样的。我们说，间接机制在纳什均衡中实施了社会选择函数。需要记住，这是一个完全信息环境，在这个环境中，所有智能体都知道整个类型组或完全的状态信息。□

□ 与单调性的关系

Maskin[2,3] 考察了在什么条件下，社会选择函数可在纳什均衡中实施。对此，马斯金提出了**单调性**概念，这通常称为**马斯金单调性**（Maskin monotonicity）。他证明了单调性是上述问题的一个必要条件，他还证明了单调性与另外一个性质即**无否决权**（no veto power）一起构成了这个问题的充分条件。我们已在第 17 章正式给出了单调性的定义。现在我们将这个概念运用到当前讨论的例子中。我们首先将单调性以下列符合直

觉的形式表达。[4]假设 $f(\theta)=x$，其中 θ 是某个状态（或类型组），x 是某个结果。考虑另外一个状态 θ'。在状态 θ 和 θ' 下，智能体在结果上有自己的偏好。如果当状态从 θ 变为 θ'，结果 x 在任何智能体的偏好序中的相对位置（相对于任何其他结果来说）都不下降，那么单调性要求 θ' 产生的结果与 θ 的结果相同，也就是 $f(\theta')=x$。如果当状态从 θ 变为 θ'，结果 x 在某个智能体的偏好序中的相对位置（相对于某个结果来说）下降了，那么单调性对结果 $f(\theta')$ 不施加任何限制。

例 23.5 （单调性的应用） 回顾我们当前讨论例子中的偏好。在状态 $\theta=\theta_A$ 下，两个智能体的偏好分别为

智能体 1：$x \succ y \succ z \succ w$；
智能体 2：$w \succ y \succ z \succ x$。

在状态 $\theta=\theta_B$ 下，他们的偏好分别为

智能体 1：$w \succ x \succ z \succ y$；
智能体 2：$y \succ x \succ z \succ w$。

社会选择函数为：$f(\theta_A)=y$，$f(\theta_B)=x$。当状态从 θ_A 变为 θ_B 时，在智能体 1 的偏好序中，结果 y 相对于 z 和 w 的位置下降了。因此，$f(\theta_B)\neq y$ 没有违背单调性。类似地，当状态从 θ_B 变为 θ_A 时，在智能体 2 的偏好序中，结果 x 相对于 z 和 w 的位置下降了。因此，$f(\theta_A)\neq x$ 没有违背单调性。

现在假设智能体在状态 $\theta=\theta_A$ 下的偏好不变，但在状态 $\theta=\theta_B$ 下的偏好变为

智能体 1：$x \succ y \succ z \succ w$；
智能体 2：$y \succ x \succ z \succ w$。

令社会选择函数为：$f(\theta_A)=y$，$f(\theta_B)=w$。当状态从 θ_A 变为 θ_B 时，注意，在这两个智能体的偏好序中，结果 $f(\theta_A)=y$ 的相对位置没有下降。因此，为了使单调性成立，$f(\theta_B)$ 必须与 $f(\theta_A)$ 相同；这显然不成立，因为 $f(\theta_B)=w\neq y=f(\theta_A)$。因此，这违背了单调性或说单调性不成立。根据马斯金结果，这个社会选择函数不能在纳什均衡中实施。我们将这个结果的验证留作习题。□

23.3 社会选择函数的可实施性：完全信息环境

正如我们在前面那些例子中看到的，在完全信息环境下，每个智能体完全知道整个类型组（或状态）。然而，社会计划者不能观察到这些状态；为了实施社会选择函数，社会计划者让智能体参与博弈从而希望博弈均衡将产生社会选择函数的合意结果。完全信息环境是我们在所有以前章节研究的一般机制设计环境的一种特殊情形。它特殊在所有智能体都能收到关于其他智能体类型的信号，这些类型完全相关。我们的目的是使用纳什均衡概念来定义这种环境下的可实施性和激励相容性。

定义 23.2 给定机制 $\mathcal{M}=(S_1, \cdots, S_n; g(\cdot))$ 以及社会选择函数 $f:\Theta_1\times\cdots\times\Theta_n\rightarrow X$，如果 $\forall\theta\in\Theta$，存在着纳什均衡 $s^*(\theta)=(s_1^*(\theta), \cdots, s_n^*(\theta))$ 使得 $g(s^*(\theta))=f(\theta)$，

那么我们说 $\mathscr{M}$ 在纳什均衡中**实施**了社会选择函数 $f(\cdot)$。如果 $\forall\theta\in\Theta$，每个纳什均衡产生了结果 $f(\theta)$，那么我们说 $\mathscr{M}$ 在纳什均衡中**强实施**了社会选择函数 $f(\cdot)$。

文献也经常将其称为**在事后纳什均衡中实施**（implementation in ex-post Nash equilibrium）。我们做出的第一个观察是，如果社会选择函数是优势策略可实施的，那么它必定可在纳什均衡中实施，这是因为优势策略均衡也是纳什均衡。另外，信息由不完全变为完全，这不会对优势策略实施造成任何影响，因为智能体关于其他智能体类型的信念不会影响智能体的优势策略。我们做出的第二个观察是，社会选择函数若可在纳什均衡中实施，那么它也可在贝叶斯纳什均衡中实施，因为纳什均衡是（退化的）贝叶斯纳什均衡。

定义 23.3 （事后纳什激励相容） 给定社会选择函数 $f:\Theta\to X$，如果由直接显示机制 $\mathscr{D}=(\Theta, f(\cdot))$ 诱导出的完全信息博弈，有满足 $s_i^*(\theta)=\theta$，$\forall\theta\in\Theta$，$\forall i\in N$ 的纳什均衡 $s^*(\cdot)=(s_1^*(\cdot), \cdots, s_n^*(\cdot))$，那么我们说社会选择函数 $f(\cdot)$ 是**事后纳什激励相容的**（ex-post Nash incentive compatible，EPIC）。如果 $\forall\theta\in\Theta$，每个纳什均衡产生了结果 $f(\theta)$，那么我们说 $f(\cdot)$ 是**强事后纳什激励相容的**。

注释 显然，事后纳什激励相容（EPIC）比贝叶斯激励相容（BIC）强，但比优势策略激励相容（DSIC）弱得多。给定社会选择函数，如果对于所有参与人 $i\in N$ 以及对于所有类型组 $(\theta_i, \theta_{-i})\in\Theta$，每当所有其他参与人报告他们的真实类型时，参与人 i 的最优反应也是报告真实类型，那么这个社会选择函数是事后纳什激励相容的（EPIC）。在贝叶斯激励相容（BIC）情形下，对于每个参与人 $i\in N$ 以及每个 $\theta_i\in\Theta_i$，报告真实类型在期望上是最优的，在这里，期望是指对信念分布 $p_i(\theta_i)\in\Delta(\Theta_{-i})$ 取期望。

事实上，如果 $n\geqslant 3$，那么任何社会选择函数 $f(\cdot)$ 都可在纳什均衡中实施，下面的讨论说明了这一点。假设在某个机制中，每个智能体 i $(i=1, \cdots, n)$ 同时报告一个类型组（或状态）$\theta^i\in\Theta$。如果至少 $(n-1)$ 个智能体报告了相同的类型组，不妨称为 θ^*，那么我们选择结果 $f(\theta^*)$，否则，我们选择一个固定的任意结果 $x_0\in X$。假设当前的状态为 θ，考虑报告类型组 $(\theta, \theta, \cdots, \theta)$。这个类型组是一个纳什均衡，这是因为当任何一个智能体单方面偏离这个类型组时，我们仍能保证结果为 $f(\theta)$。

□ 单调性：社会选择函数在纳什均衡中的可实施性的必要条件

尽管从技术上说，每个社会选择函数都可按照上面的方法实施，然而这种实施多少有些勉强。如果实施是一个强实施，那么这个情形就被避开了。这自然提出了一个问题：在完全信息情形下，什么社会选择函数可在纳什均衡中强实施。这个问题的部分答案由下列强大命题（归功于 Maskin[2]）给出，这个命题表明单调性是一个必要条件。

命题 23.1 如果社会选择函数 $f(\cdot)$ 可在纳什均衡中强实施，那么 $f(\cdot)$ 必定单调。

证明： 我们首先回顾下**轮廓集**（lower contour set）与单调性的定义。给定结果 $x\in X$、智能体 $i\in N$ 以及智能体 i 的类型 $\theta_i\in\Theta_i$，下轮廓集 $L_i(x, \theta_i)$ 的定义为

$$L_i(x,\theta_i)=\{y\in X: u_i(x,\theta_i)\geqslant u_i(y,\theta_i)\}$$

给定社会选择函数 $f:\Theta\to X$，如果 $\forall\theta\in\Theta$，$\forall\theta'\in\Theta$ $(\theta'\neq\theta)$，我们有

$$L_i(f(\theta),\theta_i)\subset L_i(f(\theta),\theta_i') \quad \forall i\in N \Rightarrow f(\theta')=f(\theta)$$

那么我们说 $f(\cdot)$ 是单调的。

假设机制 $\mathcal{M}=(S_1,\cdots,S_n;g(\cdot))$ 强实施了社会选择函数 $f(\cdot)$。这表示当类型组为 θ 时，每个纳什均衡产生了结果 $f(\theta)$。也就是说，必定存在着一个策略组 $s^*(\cdot)=(s_1^*(\cdot),\cdots,s_n^*(\cdot))$ 使得

$$g(s^*(\theta))=f(\theta) \text{ 而且 } g(s_i',s_{-i}^*)\in L_i(f(\theta),\theta_i) \quad \forall s_i'\in S_i \quad \forall i\in N$$

现在用反证法。假设 $f(\cdot)$ 不是单调的。于是，存在着 $\theta'\in\Theta$ 使得

$$L_i(f(\theta),\theta_i)\subset L_i(f(\theta),\theta_i') \quad \forall i\in N \text{ 但 } f(\theta')\neq f(\theta)$$

然而，$s^*(\cdot)$ 也是 θ' 下的纳什均衡，这是因为

$$g(s_i',s_{-i}^*)\in L_i(f(\theta),\theta_i') \quad \forall s_i'\in S_i \quad \forall i\in N$$

因此 $\mathcal{M}$ 未强实施 $f(\cdot)$，这与我们前面的假设（$f(\cdot)$ 不单调）矛盾。这样，我们就完成了这个命题的证明。■

□ 社会选择函数在纳什均衡中的可实施性的充分条件

Maskin[2,4]还证明了，只要系统内存在着至少三个智能体，那么单调性与无否决权（马斯金说这是一个无害的性质）一起构成了社会选择函数在纳什均衡中的可实施性的充分条件。详见下列定义和命题。

定义 23.4 （无否决权） 给定社会选择函数 $f(\cdot)$，如果对于所有 $\theta\in\Theta$，若所有智能体将 θ 对应的某个特定结果 $x\in X$ 排在第一位（可能有一个智能体例外），则 $f(\theta)=x$，那么我们说社会选择函数 $f(\cdot)$ 满足**无否决权**性质。

注意，在上面的定义中，“可能有一个智能体例外”是指这个智能体不将 x 排在第一位。换句话说，给定 n 个智能体，这个定义要求至少有 $(n-1)$ 个智能体将 x 排在第一位。

命题 23.2 如果 $n\geqslant 3$，$f(\cdot)$ 是单调的，而且 $f(\cdot)$ 满足无否决权性质，那么 $f(\cdot)$ 可在纳什均衡中强实施。

23.4 小结与参考文献

本章简要介绍了在完全信息环境下实施社会选择函数的议题，这是 Maskin[4] 的开创性工作。我们的讨论围绕着社会选择函数在事后纳什均衡中的实施展开，这自动意味着我们的环境是完全信息环境。与本章形成对比的是，以前各章涉及的环境是不完全信息环境。

本章给出的主要结果表明，单调性是社会选择函数在事后纳什均衡中的可实施性的必要条件。另外，单调性与无否决权性质一起为社会选择函数在事后纳什均衡中的可实施性提供了充分条件。

本章的多数内容基于 Mas-Colell，Whinston，and Green[1]一书的第 23 章，以及马斯金在领取诺贝尔奖时的演讲（Maskin[4]）。

□ 参考文献

［1］Andreu Mas-Colell，Michael D. Whinston，and Jerry R. Green. *Microeconomic Theory*. Oxford University Press，1995.

［2］Eric Maskin. "Nash equilibrium and welfare optimality". In：*Review of Economic Studies* 66（1999），pp. 23－38.

［3］Eric Maskin. "The theory of implementation in Nash equilibrium：A survey". In：*Social Goals and Social Organization*：*Essays in Honor of Elishs Pazner*. Ed. by L. Hurwicz，D. Schmeidler，and H. Sonnenschein. Cambridge University Press，Cambridge，UK，1985.

［4］Eric Maskin. *Mechanism design*：*How to implement social goals*. Tech. rep. Prize Lecture，The Nobel Foundation，Stockholm，Sweden，December 2007.

第 24 章

机制设计的其他议题

机制设计领域博大精深，内容丰富。在本书中，我们讨论了机制设计的一些基本层面和重要结果。我们现在简单介绍机制设计领域的其他重要议题。注意，本章的讨论没有特定的逻辑顺序。我们还提醒读者，本章的处理宛如蜻蜓点水，浮于表面。因此，在有必要时，读者应该阅读我们提供的参考文献。本章列举的主题不可能是穷尽的。

24.1 优势策略激励相容的特征

我们已经看到，直接显示机制被形式化为 $\mathcal{D}=((\Theta_i)_{i\in N}, f(\cdot))$，其中 f 是潜在的社会选择函数，Θ_i 是智能体 i 的类型集。每个智能体 i 的评价函数 $v_i(\cdot, \cdot)$ 将 f 选择的配置的一个值指定给 i。优势策略激励相容（DSIC）社会选择函数的漂亮刻画是由 Roberts[1] 完成的。罗伯茨（Roberts）的工作将格林-拉丰特征定理（定理 18.2 和定理 18.3）一般化，他的方法如下。我们已经知道，格林-拉丰定理断言：在上面无约束的环境下，有配置效率且为 DSIC 的社会选择函数必定是格罗夫斯机制。罗伯茨的工作断言，所有 *DSIC* 机制都是维克瑞-克拉克-格罗夫斯（*VCG*）机制的变种。这些变种通常称为**加权 VCG 机制**（weighted VCG mechanisms）。在加权 VCG 机制中，权重被指定给智能体，也被指定给结果。相应的社会选择函数称为**仿射最大化算子**（affine maximizer）。我们首先定义仿射最大化算子的概念，然后给出罗伯茨定理。

定义 24.1 给定社会选择函数 f，如果对于某个子集 $A'\subset X$，对于某个关于智能体的权重 $w_1, w_2, \cdots, w_n \in \mathbb{R}^+$，对于某个关于结果的权重 $c_x \in \mathbb{R}$，以及对于每个 $x\in A'$，我们有

$$f(\theta_1, \theta_2, \cdots, \theta_n) \in \underset{x \in A'}{\operatorname{argmax}} \left\{ c_x + \sum_i w_i v_i(x) \right\}$$

那么我们将 f 称为一个**仿射最大化算子**。

定理 24.1 （罗伯茨定理） 如果 $|X| \geqslant 3$ 而且对于每个智能体 $i \in N$，Θ_i 都不受约束，那么任何 DSIC 社会选择函数 f 有非负且不全为零的权重 w_1，w_2，…，$w_n \in \mathbb{R}_+$ 以及常数 $\{c_x\}_{x \in X}$，使得对于所有 $\theta \in \Theta$，

$$f(\theta) \in \underset{x \in X}{\operatorname{argmax}} \left\{ \sum_{i=1}^{n} w_i v_i(x) + c_x \right\}$$

对于这个重要定理的证明，读者可以参考 Roberts[1]。Lavi，Mu'alem，and Nisan[2] 对此也提供了另外两种证明方法。

罗伯茨的结果断言在不受约束的环境下，所有 DSIC 机制都是 VCG 机制的变种。注意，这些变种未必有配置效率（AE）。因此，在不受约束的环境下，如果我们同时需要 DSIC 和 AE，我们必须使用 VCG 机制。即使我们愿意放弃 AE，我们仍需要使用加权 VCG 机制来实现 DSIC。

24.2 BIC 规则的优势策略实施

显然，与贝叶斯激励相容（BIC）比较，优势策略激励相容（DSIC）更强，但也更加合意。最主要的原因在于任何贝叶斯实施都假设私人信息结构是共同知识。它还假设社会计划者知道共同先验分布。在很多情形下，这个要求可能过于严格。另外，共同先验分布稍微有一丝误设（mis-specification）就会导致均衡剧烈变动。这可能导致不可预测的效应；例如，它可能导致拍卖严重偏离最优化行为。

优势策略实施将这些问题轻松化解，这是因为均衡策略不取决于共同先验分布。因此，我们希望得到 DSIC 实施。由于 BIC 社会选择函数比 DSIC 社会选择函数丰富的多，有人可能会问：给定 BIC 社会选择函数，我们能否将其视为一个伴随每个参与人有相同期望事中效用的 DSIC 规则？Mookherjee and Stefan[3] 回答了这个问题：他们刻画了 BIC 规则何时可以等价地在优势策略中实施。当一定充分条件得以满足时，BIC 社会选择函数能被实施，而不必担心共同先验分布。更多细节可以参考 Mookherjee and Stefan[3]。

24.3 相互依赖的价值

到现在为止，我们一直假设智能体观察到的私人价值或信号彼此独立。在一些情形下，这是一个合理的假设。然而，在现实世界的一些情形下，智能体的评价可能彼此依赖，也就是说，智能体自己的评价取决于其他智能体得到或观察到的信息。我们考察两个例子。

例 24.1 在某幅油画的拍卖中，无法保证油画是真迹还是赝品。如果每个智能体知道油画为赝品，那么他对此的评价很低，而且他们的评价彼此独立。另一方面，如果油画为真迹，那么每个智能体对此有很高的评价。假设智能体无法知道该油画的真假。在这种情形下，如果某个智能体偶然得到了关于该油画真假的信息，那么所有其他智能体的评价自然取决于这个智能体观察到的上述信号（指明了油画的真假）。□

例 24.2 考虑采油权的拍卖。在拍卖时，各个潜在买者通常已完成实地勘探，他们的私人评价取决于这些勘探结果。如果某个潜在买者知道了其他买者的勘探结果，那么该买者会根据他得到的信息适当调整他对采油权的支付意愿。□

机制设计领域的很多文献已对相互依赖的私人价值模型进行了研究。例如，文献中有一种常见的模型，即**共同价值模型**（common value model，我们已在 20.4 节看到过这种模型）。作为另外一个例子，考虑某个卖者试图出售一件不可分割的商品的情形。每个智能体对拍卖物的评价取决于其他智能体的私人信号。另外，智能体观察到的私人信号是彼此依赖的。在这种环境下，Cremer and McLean[4] 设计了一种拍卖，使得卖者的收入等于当智能体实际信号为已知情形下的卖者收入。在这种拍卖中，每个智能体报告自己的真实类型，是一个事后纳什均衡。这种拍卖是事中个体理性的，但可能不是事后个体理性的。McAfee and Reny[5] 对智能体信息相互依赖情形下的机制设计的研究给出了更为一般的结果。Mezzetti[6] 设计了一种两阶段机制，它保证了配置效率和事后激励相容性。

24.4 其他形式的实施

我们已讨论了三类实施：优势策略实施，贝叶斯实施，以及事后纳什实施。很多文献考察了关于社会选择函数实施的其他一些概念。它们包括（对于每种情形我们都提供了主要的参考文献）：

- 子博弈完美均衡[7]；
- 非劣势（undominated）纳什均衡[8]；
- 优（劣）势的可解性[9]（dominance solvability）；
- 颤抖手完美均衡[10]；
- 强均衡[11]。

24.5 当前重要议题

机制设计是当前活跃的研究领域之一，很多主题不断涌现。比较重要的主题包括：不伴随货币的机制设计[12]，动态机制设计[13]，伴随学习的机制[14]，计算型社会选择（包括计算型投票理论）[15]，以及众包机制[16]等。在这里，我们仅列举了少数几个主题，读者要想知道这个领域的前沿在哪里，必须阅读最新文献。

24.6 机制设计中的计算议题

我们已讨论了机制设计领域中的一些可能性结果和不可能性结果。尽管每个可能性结果都意味着好消息，然而在实际实施这种机制时仍会遇到挑战。例如，我们已在第20章看到，对于组合拍卖来说，广义维克瑞拍卖（GVA）机制有配置效率而且是优势策略激励相容的。GVA的主要挑战在于确定配置和支付规则时涉及的计算复杂性。无论在加权集合打包（set packing）问题情形下（前向拍卖即销售拍卖），还是在加权集合覆盖（set covering）问题情形下（后向拍卖即采购拍卖）下，配置和支付规则问题都是$\mathbb{NP}$-hard问题。事实上，如果有n个智能体，那么在最差情形下，支付规则的确定问题涉及n个$\mathbb{NP}$-hard问题，因此，为了实施GVA机制，我们需要求解（$n+1$）个$\mathbb{NP}$-hard问题。另外，近似求解这些问题中的任一问题时，我们都必须权衡效率性和（或）激励相容性的取舍问题。

在机制设计中，计算涉及两个层面：一是智能体层面，二是机制层面。[17,18]智能体层面的复杂性涉及策略复杂性（计算优势策略的复杂性）和评价复杂性（为机制提供偏好信息涉及的计算）。机制层面的复杂性包括通信复杂性（为了计算结果，智能体与机制之间需要多少通信）以及确定获胜者涉及的复杂性（为确定与智能体策略组相伴的结果而进行的计算）。一般来说，不充分的计算产生的近似解不是机制设计的一个备选解，因为激励相容、配置效率、个体理性等性质可能被折中。

关于机制设计计算复杂性的详细描述，读者可以参见相关综述文章[17,18]。

24.7 小结与参考文献

机制设计博大精深，结果丰富。我们用十章篇幅介绍了下列一些基本而且重要的结果：

（1）机制设计的构成模块；

（2）社会选择函数与机制；

（3）激励相容与显示原理；

（4）吉伯德-萨特思韦特定理及其含义；

（5）拟线性环境与维克瑞-克拉克-格罗夫斯机制；

（6）拟线性环境下的贝叶斯机制与机制设计空间；

（7）拍卖与收入等价定理；

（8）最优机制与迈尔森拍卖；

（9）将机制设计运用到赞助搜索拍卖中；

（10）在事后纳什均衡中实施社会选择函数。

我们谨慎地指出，上述这些主题对于机制设计领域来说，简直就是管中窥豹。在本章，我们列举了一些其他重要议题并提供了相关参考文献。如果读者在学习了这些章节之后，能投入到机制设计研究领域中，那就再好不过了。

对于机制设计的微观经济学视角上的处理，读者可以参考下列教材：Mas-Colell，Whinston，and Green[19]（第 23 章）；Green and Laffont[20]；Laffont[21]。Nisan[22]提供了一篇优秀的综述文章，它面对的是计算机科学的读者。另外，一些综述文章也提供了有用的信息，例如 Myerson[23]，Serrano[24]，Jackson[25,26]。诺贝尔奖网站对机制设计理论进行了技术上的总结。[27] Nisan，Roughgarden，Tardos，and Vazirani[28]主编的《算法博弈论》(*Algorithmic Game Theory*）也有很多关于机制设计的有趣综述。

□ 参考文献

[1] K. Roberts. "The characterization of implementable choice rules". In：*Aggregation and Revelation of Preferences*. Ed. by J. J. Laffont. North-Holland，Amsterdam，1979，pp. 321－349.

[2] R. Lavi，A. Mu'alem，and N. Nisan. *Two simplified proofs for Roberts' theorem*. Tech. rep. School of Computer Science and Engineering，The Hebrew University of Jerusalem，Israel，2004.

[3] D. Mookherjee and S. Reichelstein. "Dominant strategy implementation of Bayesian incentive compatible allocation rules". In：*Journal of Economic Theory* 56（2）（1992），pp. 378－399.

[4] J. Cremer and R. P McLean. "Optimal selling strategies under uncertainty for a discriminating monopolist when demands are interdependent". In：*Econometrica* 53（2）（1985），pp. 345－361.

[5] R. Preston McAfee and Philip J. Reny. "Correlated information and mechanism design". In：*Econometrica* 60（2）（1992），pp. 395－421.

[6] Claudio Mezzetti. "Mechanism design with interdependent valuations：Efficiency". In：*Econometrica* 72（5）（2004），pp. 1617－1626.

[7] J. Moore and R. Repullo. "Subgame perfect implementation". In：*Econometrica* 56（1988），pp. 1191－1220.

[8] T. Palfrey and S. Srivastava. "Nash implementation using undominated strategies". In：*Econometrica* 59（1991），pp. 479－501.

[9] Herve Moulin. "Dominance solvable voting schemes". In：*Econometrica* 47（1979），pp. 1337－1351.

[10] Tomas Sjostrom. "Implementation in perfect equilibria". In：*Social Choice and Welfare* 10（1993），pp. 97－106.

[11] Bhaskar Dutta and Arunava Sen. "Implementation under strong equilibrium：A complete characterization". In：*Journal of Mathematical Economics* 20（1991），pp. 46－67.

[12] James Schummer and Rakesh Vohra. "Mechanim design without money". In：*Algorithmic Game Theory*. Ed. by Noam Nisan，Tim Roughgarden，Eva Tardos，and Vijay Vazirani. Cambridge University Press，2007，pp. 243－266.

[13] Dirk Bergemann and Juuso Vlimki. "The dynamic pivot mechanism". In：

Econometrica 78 (2) (2010), pp. 771—789.

[14] Akash Das Sharma, Sujit Gujar, and Y. Narahari. "Truthful multi-armed bandit mechanisms for multi-slot sponsored search auctions". In: *Current Science* 103 (9) (2012), pp. 1064—1077.

[15] Vincent Conitzer Felix Brandt and Ulle Endriss. "Computational social choice". In: *Multiagent Systems*. Ed. by G. Weiss. MIT Press, 2013.

[16] Swaprava Nath et al. "Mechanism design for time critical and cost critical task execution via crowdsourcing". In: *Proceedings of the 8th International Workshop on Internet and Network Economics (WINE-2012)*. Springer Lecture Notes in Computer Science. 2012.

[17] J. R. Kalagnanam and D. C. Parkes. "Auctions, bidding, and exchange design". In: *Handbook of Quantitative Supply Chain Analysis: Modeling in the E-Business Era*. Ed. by D. SimchiLevi, S. D. Wu, and Z. J. Shen. Kluwer Academic Publishers, New York, 2005.

[18] T. Sandholm. "Computing in mechanism design". In: *The New Palgrave Dictionary of Economics*. Second Edition, Palgrave Macmillan, 2008.

[19] Andreu Mas-Colell, Michael D. Whinston, and Jerry R. Green. *Microeconomic Theory*. Oxford University Press, 1995.

[20] J. R. Green and J. J. Laffont. *Incentives in Public Decision Making*. North-Holland, Amsterdam, 1979.

[21] J. J. Laffont. *Fundamentals of Public Economics*. The MIT Press, Cambridge, Massachusetts, 1988.

[22] Noam Nisan, Tim Roughgarden, Eva Tardos, and Vijay Vazirani (Editors). *Algorithmic Game Theory*. Cambridge University Press, 2007.

[23] Roger B. Myerson. "Mechanism design". In: *The New Palgrave Dictionary of Economics*. Ed. by J. Eatwell, M. Milgate, and P. Newman. Norton, New York, 1989, pp. 191—206.

[24] R. Serrano. "The theory of implementation of social choice rules". In: *SIAM Review* 46 (2004), pp. 377—414.

[25] M. O. Jackson. "A crash course in implementation theory". In: *Social Choice and Welfare* 18 (2001), pp. 655—708.

[26] M. O. Jackson. "Mechanism theory". In: *Encyclopedia of Life Support Systems*. Ed. by U. Derigs. EOLSS Publishers, 2003.

[27] The Nobel Foundation. *The Sveriges Riksbank Prize in Economic Sciences in Memory of Alfred Nobel 2007: Scientific Background*. Tech. rep. The Nobel Foundation-Stockholm, Sweden, 2007.

[28] N. Nisan. "Introduction to mechanism design (for computer scientists)". In: *Algorithmic Game Theory*. Ed. by Noam Nisan, Tim Roughgarden, Eva Tardos, and Vijay Vazirani. Cambridge University Press, 2007, pp. 209—242.

第3部分

合作博弈论

在这一部分，我们研究合作博弈，我们首先讨论**相关策略**（correlated strategies）与**相关均衡**（correlated equilibrium）（第 25 章）。**纳什议价问题**（Nash bargaining problem）代表合作博弈论的一个早期也是最有影响力的结果。第 26 章描述纳什议价问题并且证明了纳什议价结果。第 27 章介绍**多人联盟博弈**（multiplayer coalitional）或**特征型博弈**（characteristic form games）。特别地，我们用几个例子介绍了**伴随可转移效用的博弈**（transferable utility games）。在第 28 章，我们研究**核**（core），这是合作博弈论的中心概念。第 29 章研究**夏普利值**（Shapley value），这个解概念很流行。我们还介绍了夏普利-舒比克权力指数（Shapley-Shubik power index）和班茨哈夫（Banzhaf）权力指数。在第 30 章，我们简要介绍了合作博弈论的五种其他的重要解概念：**稳定集**（stable sets）、**议价集**（bargaing sets）、**内核**（kernel）、**核仁**（nucleolus）、**盖特利点**（gately point）。第 31 章考察匹配算法这个有趣议题。

第 25 章 相关策略与相关均衡

从本章开始，我们研究合作博弈论。我们从解概念的讨论入手，因为它们让我们能描述参与人之间的合作。本章首先讨论**伴随合同的博弈**（games with contracts），然后讨论**伴随沟通的博弈**（games with communication）。我们介绍了**相关策略**概念，说明这些策略如何描述参与人的合作行动。然后，我们定义和说明**相关均衡**这个概念，并考察它与纳什均衡的关系。

考察合作博弈的动机在于下列事实：在很多博弈中，与某些非均衡结果相比，纳什均衡的收益不是最优的。下面我们考察囚徒困境问题[1]的修改版本，它的收益矩阵如图 25—1 所示。

1	2	
	x_2	y_2
x_1	2，2	0，6
y_1	6，0	1，1

图 25—1　囚徒困境博弈的收益矩阵

注意，在上面的博弈中，唯一均衡（它正好也是一个严格优势策略均衡）为（y_1，y_2），该均衡产生的收益为（1，1）。非均衡结果（x_1，x_2）产生了更高的收益（2，2）。在这种情形下，参与人可能希望转换（transform）博弈，使其均衡集包括更好的结果。实现这种转换的方法有下列几种：

- 参与人做出承诺，保证协调他们的行动；
- 参与人以合同形式表达约定；
- 参与人可能进行重复博弈。

25.1 伴随合同的博弈

在伴随合同的博弈中，签订合同的参与人必须按照指定的策略行动，这样的策略称为相关策略。合同将伴随较少合意均衡的博弈转换为伴随更多合意均衡的博弈。我们用例子说明合同以及相关策略。

例 25.1 （伴随合同的囚徒困境博弈） 在图 25—1 所示的博弈中，令两个参与人签署下列合同（称为合同 1）。

（1）如果两个参与人都签署合同，那么参与人 1 选择策略 x_1，参与人 2 选择 x_2。

（2）如果只有参与人 1 签署合同，那么参与人 1 将选择 y_1。

（3）如果只有参与人 2 签署合同，那么参与人 2 将选择 y_2.

将参与人 i（$i=1$，2）签署合同的行动称为 a_i。现在我们可以将两个参与人的策略集分别扩展为 $S_1=\{x_1, y_1, a_1\}$ 和 $S_2=\{x_2, y_2, a_2\}$。转换后的博弈有图 25—2 所示的收益矩阵。

1	2		
	x_2	y_2	a_2
x_1	2, 2	0, 6	0, 6
y_1	6, 0	1, 1	1, 1
a_1	6, 0	1, 1	2, 2

图 25—2 伴随合同的囚徒困境博弈的收益矩阵

这个转换后的博弈有新的均衡（a_1，a_2），这是一个弱优势策略均衡，它产生的收益为（2，2）。策略组（y_1，y_2）构成了一个均衡，但它不是优势策略均衡。□

例 25.2 （伴随额外合同的囚徒困境博弈） 如果对于上面的博弈，我们除了引入合同 1 之外，再引进一个新的合同（称为合同 2），那么收益能进一步改进。这个额外合同让参与人承诺选择相关策略。这个合同（合同 2）如下：

- 如果两个参与人都签署合同 2，那么策略组以掷硬币决定。如果硬币正面向上，则选择策略组（x_1，y_2）；如果反面向上，则选择（y_1，x_2）。
- 如果只有参与人 1 签署合同 2，那么参与人 1 选择 y_1。
- 如果只有参与人 2 签署合同 2，那么参与人 2 选择 y_2。

如果 b_1 和 b_2 分别表示参与人 1 和参与人 2 签署合同 2 的行动，那么扩展后的收益矩阵将如图 25—3 所示。这个新博弈有下列均衡：

1	2			
	x_2	y_2	a_2	b_2
x_1	2, 2	0, 6	0, 6	0, 6
y_1	6, 0	1, 1	1, 1	1, 1
a_1	6, 0	1, 1	2, 2	1, 1
b_1	6, 0	1, 1	1, 1	3, 3

图 25—3 伴随合同 1 和合同 2 的囚徒困境博弈

- (y_1, y_2)，均衡收益为（1，1）；
- (a_1, a_2)，均衡收益为（2，2）；
- (b_1, b_2)，均衡收益为（3，3）；
- $\left(\left(0, 0, \frac{2}{3}, \frac{1}{3}\right), \left(0, 0, \frac{2}{3}, \frac{1}{3}\right)\right)$，其中：参与人 1 的混合策略$\left(0, 0, \frac{2}{3}, \frac{1}{3}\right)$

表示他以$\frac{2}{3}$的概率选择 a_1，以$\frac{1}{3}$的概率选择 b_1；参与人 2 的混合策略$\left(0, 0, \frac{2}{3}, \frac{1}{3}\right)$意思类似。这个均衡带给参与人 1 和 2 的收益都为$\frac{5}{3}$。

可以验证，上面的均衡都不是优势策略均衡。□

25.2 相关策略

在博弈中，参与人的纯策略选择可能彼此相关，原因可能在于参与人在做出自己的选择之前观察到了相同或相关随机事件。相关策略描述了上面这个特征。另外，正如前面那些例子说明的，相关策略也描述了参与人通过组建联盟进行合作的行为。

定义 25.1 （相关策略） 令 $\Gamma=\langle N, (S_i), (u_i)\rangle$ 是一个策略型博弈。参与人集 N 的非空子集 C（也称为一个联盟）的一个**相关策略**是一个概率分布，具体地说，是参与人纯策略组集合上的任一概率分布。

换句话说，给定联盟 C，它的一个相关策略 τ_C 属于 $\Delta(S_C)$，其中

$$S_C=\times_{i\in C}S_i$$

N 称为**大联盟**（grand coalition），符号 τ_N 表示大联盟的一个相关策略。

例 25.3 （相关策略） 令 $N=\{1, 2, 3\}$；$S_1=\{x_1, y_1\}$；$S_2=\{x_2, y_2\}$；$S_3=\{x_3, y_3, z_3\}$。如果 $C=\{2, 3\}$，那么

$$S_C=S_2\times S_3=\{(x_2,x_3),(x_2,y_3),(x_2,z_3),(y_2,x_3),(y_2,y_3),(y_2,z_3)\}$$

联盟 C 的一个相关策略是 S_C 上的一个概率分布。例如，$\left(\frac{1}{4}, \frac{1}{4}, \frac{1}{4}, \frac{1}{12}, \frac{1}{12}, \frac{1}{12}\right)$对应着以概率$\frac{1}{4}$选择 (x_2, x_3)，并且以概率$\frac{1}{4}$选择 (x_2, y_3)，…，并且以概率$\frac{1}{12}$选择 (y_2, z_3)。□

注释 相关策略 $\tau_C\in\Delta(\times_{i\in C}S_i)$ 可以按照下列方法实施。某个可信赖的中介或者裁判根据 τ_C 这个分布，在 S_C 中随机选择一个纯策略组。裁判要求每个参与人执行这个纯策略组中的策略。

注释 与以前一样，令 S 表示

$$S=S_N=\times_{i\in N}S_i$$

假设 $\alpha\in\Delta(S)$ 是所有参与人的任一相关策略。令 $U_i(\alpha)$ 表示当 α 被实施时参与人 i 的期望收益。容易看到

$$U_i(\alpha) = \sum_{s \in S} \alpha(s) u_i(s)$$

令 $U(\alpha)=(U_1(\alpha), \cdots, U_n(\alpha))$ 表示当参与人执行 α 时的**期望收益配置**（expected payoff allocation），即他们得到的期望收益。

注释 给定集合 $\{U(\alpha): \alpha \in \Delta(S)\}$ 中的任一配置（参见上一个注释），存在着一个合同使得如果所有参与人签署这个合同，那么他们将得到这个期望收益配置。

注释 可以证明由各个可能的期望收益配置组成的集合 $\{U(\alpha): \alpha \in \Delta(S)\}$ 是 $\mathbb{R}^n$ 中的一个闭且凸的子集。在不至于混淆的情形下，我们将用 $u(\alpha)$ 取代 $U(\alpha)$。

□ 相关策略与混合策略

理解相关策略与混合策略组的区别很重要。大联盟 N 的相关策略是 $\Delta(\times(S_i))$ 的元素；混合策略组是 $\times(\Delta(S_i))$ 的元素。给定所有参与人的任一混合策略组 σ，我们总能找到所有参与人的一个相关策略 α 使得 $u_i(\alpha)=u_i(\sigma)$，$\forall i \in N$。然而，给定所有参与人的一个相关策略 α，我们未必总能找到混合策略组 σ 使得 $u_i(\sigma)=u_i(\alpha)$，$\forall i \in N$。

□ 合同信号博弈

由所有可能联盟的相关策略构成的向量，称为**合同**（contract）。更正式的定义如下。

定义 25.2 （合同） 考虑向量 $\tau=(\tau_C)_{C \subseteq N}$。注意，

$$\tau \in \times_{C \subseteq N}(\Delta(\times_{i \in C} S_i))$$

所有联盟的相关策略构成的向量 τ 是一个**合同**。

注意，联盟 $C \subseteq N$ 的相关策略 τ_C 是说，如果联盟 C 是由签署合同的那些参与人组成的，那么相关策略 τ_C 将被联盟 C 中的成员实施。显然，合同定义了（事实上，诱导出了）一个扩展博弈，这个扩展博弈称为**合同信号博弈**（contract signing game）。

例 25.4 （以相关策略表达合同） 前面，我们以囚徒困境博弈的修改版本讨论了两个合同。注意，合同 1 可以写为 $(\tau_1, \tau_2, \tau_{\{1,2\}})$，其中 $\tau_1=(x_1: 0, y_1: 1)$；$\tau_2=(x_2: 0, y_2: 1)$；$\tau_{\{1,2\}}=((x_1, x_2): 1;\ (x_1, y_2): 0;\ (y_1, x_2): 0;\ (y_1, y_2): 0)$。图 25—2 中的收益矩阵定义了合同 1 诱导出的合同信号博弈。类似地，合同 2 可以写为 $(\tau_1, \tau_2, \tau_{\{1,2\}})$，其中 $\tau_1=(x_1: 0, y_1: 1)$；$\tau_2=(x_2: 0, y_2: 1)$；$\tau_{\{1,2\}}=((x_1, x_2): 0;$ $(x_1, y_2): \frac{1}{2};\ (y_1, x_2): \frac{1}{2};\ (y_1, y_2): 0)$。图 25—3 中的收益矩阵定义了合同 1 和 2 一起诱导出的合同信号博弈。□

□ 个体理性概念

显然，参与人可能不愿意签署裁判提出的任何合同。例如，在图 25—1 所示的修改版本的囚徒困境博弈中，参与人 1 不愿意签署要求他们实施策略组 (x_1, y_2) 的合同，因为这个策略组带给参与人 1 的收益为零。通过不签署任何合同而仅单纯地选择 y_1，参与人 1 总能保证自己的收益为 1。我们现在考察参与人对什么合同感兴趣。在第 6 章和第 7 章，我们已经考察了参与人的**安全水平**（security level）或**最大最小值**（maxmin value）概念，它的意思是：给定任一参与人 i，当其他参与人可自由选择任何策略时，参与人 i 能保证自己得到的最小收益。下式给出了安全水平的自然定义：

$$v_i=\max_{\tau_i\in\Delta(S_i)}\min_{s_{N-i}\in S_{N-i}}u_i(\tau_i,s_{N-i})$$

其中：$S_{N-i}=S_{N\setminus\{i\}}$，$s_{N-i}\in S_{N-i}$，$u_i(\tau_i,\ s_{N-i})$ 为期望效用，它的表达式为

$$u_i(\tau_i,s_{N-i})=\sum_{s_i\in S_i}\tau_i(s_i)u_i(s_i,s_{N-i})$$

例如，在图 25—1 所示的囚徒困境博弈中，参与人 1 和 2 的安全水平为 $v_1=v_2=1$。

□ 个体理性的相关策略

参与人 i 愿意签署合同从而选择相关策略 α 仅当 $u_i(\alpha)\geqslant v_i$。这称为参与人 i 的个体理性或参与约束。由此可得到下列定义。

定义 25.3 （个体理性的相关策略） 给定 N 中所有参与人的一个相关策略 $\alpha\in\Delta(S_1\times\cdots\times S_n)$，如果

$$u_i(\alpha)\geqslant v_i\quad\forall i\in N$$

那么我们说该相关策略 α 是**个体理性的**（individually rational）。

使用两人零和博弈对上述情形进行解释，可以证明，安全水平 v_i 也满足

$$v_i=\min_{\tau_{N-i}\in\Delta(S_{N-i})}\max_{s_i\in S_i}u_i(s_i,\tau_{N-i})$$

其中：$\tau_{N-i}=\tau_{N\setminus\{i\}}\in\Delta(S_{N-i})$；期望效用 $u_i(s_i,\ \tau_{N-i})$ 为

$$u_i(s_i,\tau_{N-i})=\sum_{s_{N-i}\in S_{N-i}}\tau_{N-i}(s_{N-i})u_i(s_i,s_{N-i})$$

安全水平 v_i 是当其他参与人使用任何相关策略来对付参与人 i 时，参与人 i 能保证自己得到的最大期望收益。其他参与人（用来对付参与人 i）的一个**最小最大相关策略**（minmax correlated strategy），是使得参与人 i 的收益等于他（参与人 i）的最小最大值 v_i 的任一相关策略 $\tau_{N-i}\in\Delta(S_{N-i})$。

□ 合同信号博弈的均衡

假设参与人独立地决定签署哪个合同。于是，下列命题成立。

命题 25.1 给定任何个体理性相关策略 α，存在着伴随 $\tau_N=\alpha$ 的合同 τ，使得所有参与人签署合同 τ 是合同信号博弈的一个纳什均衡。

证明： 令 $\alpha\in\Delta(S)$ 为一个个体理性的相关策略。也就是说，

$$u_i(\alpha)\geqslant v_i\quad\forall i\in N$$

考虑合同 $\tau=(\tau_C)_{C\subseteq N}$ 使得 $\tau_N=\alpha$ 以及 τ_{N-i} 是其他参与人针对参与人 i 的最小最大策略。所有其他联盟（即除了 N，$N-1$，…，$N-n$ 之外的联盟）的 τ_C 可以任意选择。令（a_1，…，a_n）为这个合同的合同信号策略组。注意，这个合同信号策略组对应着当所有参与人签署该合同时的情形。现在，

$$u_i(a_1,\cdots,a_n)=u_i(\alpha) \quad (因为\ \tau_N=\alpha)$$

因此，对于所有 $i\in N$，我们有

$$u_i(a_1,\cdots,a_n)\geqslant v_i$$

对于任何 $s_i\in S_i$（其中 $s_i\neq a_i$），注意策略组（s_i，a_{-i}）对应着参与人选择 s_i 而且所有其他参与人签署合同的情形。我们有

$$u_i(s_i,a_{-i})=u_i(s_i,\tau_{N-i})\leqslant v_i$$

因为 τ_{N-i}是其他参与人对付参与人 i 的最小最大策略。因此，

$$u_i(a_i,a_{-i})\geqslant u_i(s_i,a_{-i}) \quad \forall s_i\in S_i \quad \forall i\in N$$

因此，（a_1，…，a_n）是合同信号博弈的一个纳什均衡。■

因此，任何个体理性的相关策略 $\alpha\in\Delta(S)$ 将产生一个合同，使得所有参与人签署这个合同是合同信号博弈的一个纳什均衡。它还说明在合同信号博弈的任何纳什均衡中，参与人的期望收益不会小于各自的安全水平。这是下一个命题的内容。

命题 25.2 考虑由相关策略 α 诱导出的合同信号博弈，在它的任何纳什均衡（s_i^*，s_{-i}^*）中都有 $u_i(s_i^*, s_{-i}^*)\geqslant v_i$，$\forall i\in N$。

证明： 反证法。考虑合同信号博弈的任一纳什均衡（s_i^*，s_{-i}^*），假设对于某个参与人 i，我们有 $u_i(s_i^*, s_{-i}^*)<v_i$。现在参与人 i 可以决定不签署这个合同，而是选择能保证他得到最小最大值 v_i 的策略。这就产生了矛盾。证毕。■

根据上面的两个命题可知

$$\{u(\alpha):\alpha\in\Delta(S)\text{而且}\ u_i(\alpha)\geqslant v_i \quad \forall i\in N\}$$

正好是当每个参与人有权不签署任何合同而仅选择 S_i 中的策略时，能在合同信号博弈中实现的收益配置集。这个集合也是一个期望收益配置集，它对应于满足个体理性的相关策略。可以证明，这个集合是闭且凸的。

例 25.5 （囚徒困境的收益配置） 考虑图 25—1 所示的囚徒困境博弈。任一相关策略中的期望收益都是不同策略组中收益的一个凸组合，因此，由这个博弈的所有收益配置构成的集合是一个凸集，该凸集的极值点为（0，6），（6，0），以及（1，1）。参见图 25—4。注意，这个集合也是一个闭集，点（2，2）位于这个集合的内部。满足个体理性的期望收益配置集是以（1，1），（5，1）与（1，5）作为顶点的三角形。这是因为对于这个例子来说，$v_1=1$，$v_2=1$。注意，这个集合也是闭且凸的。

25.3 伴随沟通的博弈

我们已经看到，合同如何将伴随较少合意均衡的博弈转化为伴随较多合意均衡的博弈。然而，在很多情形下，参与人可能不承诺遵守合同。可能的原因有[1]：

- 对合同实施者来说，参与人的策略可能不可观知。
- 没有足够的约束力来保证参与人遵守合同。

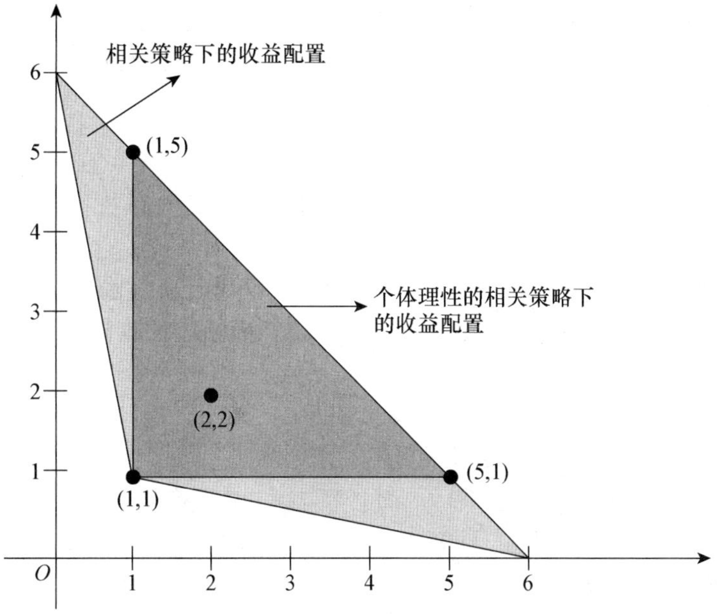

图 25—4 （囚徒困境问题的）相关策略下的收益配置向量

- 参与人的策略可能涉及不可转让的权利（也就是说，参与人可能不能转移他们的权利）。

另一方面，在上述这些情形下，参与人可能仍然能够进行沟通以及协作，从而达到一个伴随合意收益结构的自我实施的均衡。这样的博弈称为**伴随沟通的博弈**（games with communication）。在伴随沟通的博弈中，参与人的策略选择是明确规定的，这与以前一样；然而现在，参与人能在一定程度上选择相互沟通。伴随沟通的博弈未必存在任何合同。尽管没有合同约束，这样的博弈仍能实现有趣的结果。

例 25.6 （伴随沟通的博弈） 某两人博弈有图 25—5 所示的收益矩阵。显然，这个博弈有 3 个纳什均衡。

- （x_1，x_2），它对应的收入为（5，1）；
- （y_1，y_2），它对应的收入为（1，5）；
- 混合策略纳什均衡$\left(\left(\frac{1}{2},\frac{1}{2}\right),\left(\frac{1}{2},\frac{1}{2}\right)\right)$，它对应的收入为（2.5，2.5）。

1	2	
	x_2	y_2
x_1	5，1	0，0
y_1	4，4	1，5

图 25—5 伴随沟通的博弈：一个两人博弈的例子

注意，（y_1，x_2）不是一个纳什均衡，尽管它明显有合意结果（4，4）。这个结果可以凭借有约束力的合同而实现。然而，如果不能使用合同，我们就不能肯定我们能实现结果（4，4），也不能肯定能实现比（2.5，2.5）更好的结果。可以证明，这里存在着相关策略使我们得到比（2.5，2.5）更好的结果，如下例所示。□

例 25.7 **（相关策略 1）** 令参与人通过掷硬币进行策略选择：他们以 1/2 的概率选择（x_1，x_2），以 1/2 的概率选择（y_1，y_2）。这指的是下列相关策略

$$\alpha=\left((x_1,x_2):\frac{1}{2};(x_1,y_2):0;(y_1,x_2):0;(y_1,y_2):\frac{1}{2}\right)$$

注意，$u_1(\alpha)=u_2(\alpha)=3$。为了实施这个相关策略，参与人可以投掷硬币，当硬币正面向上时选择结果（x_1，x_2），当硬币反面向上时选择结果（y_1，y_2）。为了做到这一点，参与人需要沟通和协作。这个相关策略对应的结果是**自我实施的**（self-enforcing），这是因为任何一个参与人单方面偏离这个结果都不会改善自己的收益。

上面相关策略还有一种实施方法，即引入一位公正的裁判。裁判帮助参与人交流和分享信息：他以概率 0.5 和 0.5 随机推荐策略组（x_1，x_2）和（y_1，y_2）。假设每个参与人仅能通过裁判知道裁判推荐给他的策略。

- 如果裁判推荐参与人 1 选择 x_1，而且参与人 1 认为裁判推荐参与人 2 选择 x_2，那么由于参与人 1 相信参与人 2 选择 x_2，参与人 1 发现他自己的最优反应是选择 x_1，因此，他接受裁判的推荐。
- 如果裁判推荐参与人 1 选择 y_1，而且参与人 1 认为裁判推荐参与人 2 选择 y_2，那么由于参与人 1 相信参与人 2 选择 y_2，参与人 1 发现他自己的最优反应是选择 y_1，因此，他接受裁判的推荐。
- 如果裁判推荐参与人 2 选择 x_2，而且参与人 2 认为裁判推荐参与人 1 选择 x_1，那么由于参与人 2 相信参与人 1 选择 x_1，参与人 2 发现他自己的最优反应是选择 x_2，因此，他接受裁判的推荐。
- 如果裁判推荐参与人 2 选择 y_2，而且参与人 2 认为裁判推荐参与人 1 选择 y_1，那么由于参与人 2 相信参与人 1 选择 y_1，参与人 2 发现他自己的最优反应是选择 y_2，因此，他接受裁判的推荐。

综上可知，我们的确可以使用裁判机制来实施上面的相关策略。□

例 25.8 **（相关策略 2）** 我们现在考察可用裁判机制实施的另外一个相关策略。考虑下列相关策略

$$\alpha=\left((x_1,x_2):\frac{1}{3};(x_1,y_2):0;(y_1,x_2):\frac{1}{3};(y_1,y_2):\frac{1}{3}\right)$$

注意，$u_1(\alpha)=u_2(\alpha)=10/3$。为了实施这个相关策略，裁判分别以概率 1/3 随机推荐下列策略组：（x_1，x_2），（y_1，x_2），（y_1，y_2）。再一次假设每个参与人仅能通过裁判知道裁判推荐给他的策略。

- 假设裁判推荐参与人 1 选择 x_1。于是，参与人 1 知道裁判推荐参与人 2 选择 x_2。当参与人 2（按照裁判的推荐）执行 x_2 时，参与人 1 的最优反应是执行 x_1，因此他愿意执行 x_1，从而接受裁判的推荐。
- 假设裁判推荐参与人 1 选择 y_1。于是，参与人 1 知道裁判向参与人 2 推荐混合策略（x_2：0.5；y_2：0.5）。当参与人 2（按照裁判的推荐）执行该混合策略时：若参与人 1 执行 x_1，他得到的收益为 2.5；若参与人 1 执行 y_1，他得到的收益为 2.5。因此，参与人 1 对 x_1 与 y_1 无差异，他也会接受裁判的推荐（因为这没有使他的收益变小）。

上面的分析表明，如果参与人 1 预期参与人 2 接受裁判的推荐，那么参与人 1 也愿意接受裁判的推荐。

类似地，可以证明，如果参与人 2 预期参与人 1 接受裁判的推荐，那么参与人 2 也愿意接受裁判的推荐。

上面的分析说明，如果裁判推荐相关策略

$$\left((x_1,x_2):\frac{1}{3};(x_1,y_2):0;(y_1,x_2):\frac{1}{3};(y_1,y_2):\frac{1}{3}\right)$$

那么两个参与人可以达成自我实施的约定：接受裁判的建议。

换句话说，尽管裁判的推荐对这两个参与人没有约束力，但他们发现接受建议符合他们自己的最大利益。因此，即使不存在合同，伴随沟通的博弈也存在着纳什均衡。这正是下一节介绍的**相关均衡**背后的思想。□

25.4 相关均衡

考虑下列伴随沟通的博弈的架构。令 $\Gamma=\langle N,(S_i),(u_i)\rangle$ 为任何有限策略型博弈。假设裁判根据概率分布 $\alpha\in\Delta(S)$ 选择了一个纯策略组 $(s_1,\cdots,s_n)$，在这里，概率分布 α 是参与人的共同知识。裁判向参与人 i（$i=1,\cdots,n$）推荐纯策略 s_i，但不会向参与人 i 报告其他人的策略 s_{-i}。参与人 i 可以接受这个推荐，也可以选择策略集 S_i 中的任何其他策略。令 $\delta_i:S_i\to S_i$ 描述了裁判机制下参与人 i 的策略选择。也就是说，当裁判向参与人 i 推荐策略 s_i 时，参与人选择的策略为 $\delta_i(s_i)$。注意，$\delta_i(s_i)=s_i$ 的意思是说，当裁判向参与人 i 推荐策略 s_i 时，他接受这个策略。

定义 25.4 （相关均衡） 给定有限策略型博弈 $\Gamma=\langle N,(S_i),(u_i)\rangle$，以及裁判推荐的相关策略 $\alpha\in\Delta(S)$，如果

$$u_i(\alpha)\geqslant\sum_{(s_i,s_{-i})\in S}\alpha(s_i,s_{-i})u_i(\delta_i(s_i),s_{-i})\quad\forall\,\delta_i:S_i\to S_i\quad\forall i\in N\tag{25.1}$$

那么我们说相关策略 α 是一个**相关均衡**（correlated equilibrium）。

注意，当裁判推荐相关均衡时，每个参与人发现他自己的最优反应就是接受裁判推荐的策略。因此，相关均衡是参与人的任一相关策略，在裁判的帮助下，这个相关策略可以自我实施，尽管裁判的推荐没有约束力。

□ 计算相关均衡

可以证明，不等式（25.1）等价于下列不等式

$$\sum_{s_{-i}\in S_{-i}}\alpha(s)[u_i(s_i,s_{-i})-u_i(s_i',s_{-i})]\geqslant 0\quad\forall s_i\in S_i;\forall s_i'\in S_i;\forall i\in N\tag{25.2}$$

上述等价性的证明方法为：固定 s_i，展开式（25.1）。我们将其留作习题。式（25.2）断言，对于任何参与人 i，当裁判向他推荐策略 s_i 时，他无法期望通过使用其他策略（比如 s_i'）来增加自己的期望收益。约束条件式（25.2）称为策略激励约束（strategic incentive constraints)。也就是说，为了保证所有参与人（理性地）接受裁判的建议，裁判推荐的相关策略必须满足式（25.2）。我们还能注意到

$$\alpha(s) \geqslant 0, \forall s \in S$$
$$\sum_{s \in S} \alpha(s) = 1$$

注释 可以证明，在有限博弈的相关均衡下，由所有收益配置（即收益组）构成的集合是一个紧且凸的集合。回忆一下，在相关策略下，由所有收益配置构成的集合也是一个紧且凸的集合；在个体理性的相关策略下，由所有收益配置构成的集合也是一个紧且凸的集合。

我们考察下列线性规划问题：

$$\max \sum_{i \in N} u_i(\alpha)$$

s. t.

$$\sum_{s_{-i} \in S_{-i}} \alpha(s)[u_i(s_i, s_{-i}) - u_i(s_i', s_{-i})] \geqslant 0 \quad \forall i \in N; \forall s_i \in S_i; \forall s_i' \in S_i$$
$$\alpha(s) \geqslant 0, \forall s \in S$$
$$\sum_{s \in S} \alpha(s) = 1$$

这个线性规划的任何可行解都给出了一个相关均衡。这个线性规划的最优解将给出一个使得社会福利最大的相关均衡。

例 25.9 （计算相关均衡） 考虑图 25—5 所示的博弈。在这里，相应的线性规划问题为

$$\max\ 6\alpha(x_1, x_2) + 0\alpha(x_1, y_2) + 8\alpha(y_1, x_2) + 6\alpha(y_1, y_2)$$

s. t.

$$(5-4)\alpha(x_1, x_2) + (0-1)\alpha(x_1, y_2) \geqslant 0$$
$$(4-5)\alpha(y_1, x_2) + (1-0)\alpha(y_1, y_2) \geqslant 0$$
$$(1-0)\alpha(x_1, x_2) + (4-5)\alpha(y_1, x_2) \geqslant 0$$
$$(0-1)\alpha(x_1, y_2) + (5-4)\alpha(y_1, y_2) \geqslant 0$$
$$\alpha(x_1, x_2) + \alpha(x_1, y_2) + \alpha(y_1, x_2) + \alpha(y_1, y_2) = 1$$

它的解为

$$\alpha(x_1, x_2) = \frac{1}{3}; \alpha(x_1, y_2) = 0; \alpha(y_1, x_2) = \frac{1}{3}; \alpha(y_1, y_2) = \frac{1}{3}$$

这表明，上面的相关策略带给两个参与人的总收益最大。这也表明，在没有约束力的裁判沟通情形下，期望收益之和不可能大于 $6\frac{2}{3}$。

对于这个例子，图 25—6 分别画出了下列三种情形下的所有收益组（即收益配置）构成的集合：一是在相关策略下，由所有收益组构成的集合是顶点在（0，0），（1，5），（5，1），（4，4）的凸包；二是在个体理性的相关策略下，这个集合是顶点在（1，1），

(1，5)，(5，1)，(4，4) 的凸包；三是在相关均衡下，这个集合是顶点在 (1，5)，(5，1)，(3，3)，$\left(\frac{10}{3}, \frac{10}{3}\right)$的凸包。□

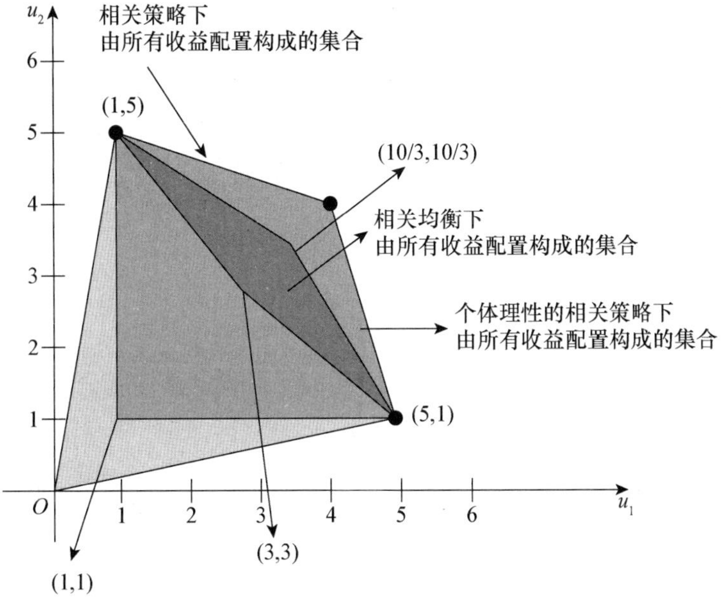

图 25—6　相关策略下的收益配置以及相关均衡下的收益配置

我们现在可以问个问题：在上面的那些集合中，我们能否选择若干个（可能一个）合意的或最优的结果？对于两人博弈，这个问题的答案是肯定的，当我们在下一章（即第 26 章）讨论纳什议价定理时就能看清这一点。对于多人博弈（含两人博弈），学者们发展出了多种解概念：核、夏普利值、议价集、核仁等。我们将在以后章节学习这些内容。

25.5　小结与参考文献

本章的主要知识点有：

- 伴随合同的博弈以及伴随沟通的博弈，对参与人之间的合作提供了两种不同的模拟方法。合同与沟通将伴随较少合意均衡的博弈转换为伴随较多合意均衡的博弈。相关策略为伴随合同的博弈与伴随沟通的博弈提供了架构。
- 给定参与人组成的联盟，这个联盟的一个相关策略是该联盟成员策略组（strategy profiles）空间上的概率分布。相关策略描述了联盟成员之间的合作。相关策略也表明，参与人对纯策略的选择可能彼此相关，这是因为他们在决定选择哪些纯策略时可能观察到相同或类似随机事件。
- 给定大联盟的相关策略，如果在这个相关策略下，每个参与人的期望收益不小于他的安全水平（即最小最大值），那么我们说这个相关策略是个体理性的。在合同信号博弈中，个体理性的相关策略诱导出了纳什均衡。

● 相关均衡是大联盟的一个相关策略，我们可以将这个相关策略视为裁判向参与人推荐策略，而且每个参与人自我实施该策略。

● 由所有相关均衡组成的集合可以视为线性规划的可行解。利用这个线性规划，我们也可以计算使得社会福利最大的相关均衡。

● 下列情形下的收益配置集都是凸且闭的：(1) 相关策略下的所有收益配置构成的集合；(2) 个体理性的相关策略下的所有收益配置构成的集合，这个集合与合同信号博弈的纳什均衡下的收益配置集相同；(3) 相关均衡下的所有收益配置构成的集合。

本章讨论的材料基本来自 Myerson[1]。相关均衡的概念归功于 Robert Aumann[2]。近期涌现了很多关于相关均衡计算的有效率的算法。读者可以参考 Chalkiadakis，Elkind，and Wooldridge[3]。至于相关策略和相关均衡的详细处理，读者可以参考 Peleg and Sudholter[4]，Maschler，Solan，and Zamir[5]。

□ 参考文献

[1] Roger B. Myerson. *Game Theory: Analysis of Conflict*. Harvard University Press，Cambridge，Massachusetts，USA，1997.

[2] Robert J. Aumann. "Subjectivity and correlation in randomized strategies". In: *Journal of Mathematical Economics* 1 (1974)，pp. 67-95.

[3] Georgios Chalkiadakis，Edith Elkind，and Michael Wooldridge. *Computational Aspects of Cooperative Game Theory*. Morgan & Claypool，2011.

[4] B. Peleg and P. Sudholter. *Introduction to the Theory of Cooperative Games*. Kluwer Academic，Boston，USA，2003.

[5] Michael Maschler，Eilon Solan，and Shmuel Zamir. *Game Theory*. Cambridge University Press，2013.

25.6 习　题

(1) 给定策略型博弈以及混合策略组 σ，求满足 $u_i(\alpha)=u_i(\sigma)$，$\forall i\in N$ 的相关策略。

(2) 假设 $(\sigma_1^*, \cdots, \sigma_n^*)$ 是策略型博弈 $\Gamma=\langle N, (S_i), (u_i)\rangle$ 的一个混合策略纳什均衡。将这个均衡诱导出的相关策略定义为

$$\alpha(s_1,\cdots,s_n)=\sigma_1^*(s_1)\cdots\sigma_n^*(s_n);\ \forall s_i\in S_i;\ \forall i=1,\cdots,n$$

证明这样的相关策略是一个相关均衡。

(3) 如果 α 是策略型博弈的一个相关均衡，证明对于每个参与人 $i=1, \cdots, n$，$u_i(\alpha)$ 等于参与人 i 的最大最小值。

(4) 如果 α 是矩阵博弈的一个相关均衡，证明 $u_1(\alpha)$ 等于该博弈的混合策略中的值。

(5)（举例说明）给出一个策略型博弈，使得混合策略组下的所有收益组构成的集合与相关策略下所有收益组构成的集合相同。

(6)（举例说明）给出一个策略型博弈，使得混合策略组下的所有收益组构成的集

合是相关策略下所有收益组构成的集合的一个严格真子集。

（7）给定策略型博弈，将相关策略下的最小最大值定义为

$$v_i = \min_{\tau_{N-i} \in \Delta(S_{N-i})} \max_{s_i \in S_i} u_i(s_i, \tau_{N-i})$$

利用两人零和博弈情形证明 v_i 值也满足

$$v_i = \max_{\tau_i \in \Delta(S_i)} \min_{s_{N-i} \in S_{N-i}} u_i(\tau_i, s_{N-i})$$

其中

$$u_i(\tau_i, s_{N-i}) = \sum_{s_i \in S_i} \tau_i(s_i) u_i(s_i, s_{N-i})$$

（8）给定一个有限策略型博弈，证明下列集合是闭且凸的。

- 相关策略下的所有收益配置构成的集合；
- 个体理性的相关策略下的所有收益配置构成的集合；
- 相关均衡下的所有收益配置构成的集合。

（9）证明式（25.2）中的不等式等价于式（25.1）中的不等式。

（10）计算下列博弈的所有相关均衡。

1	2	
	x_2	y_2
x_1	2，2	0，6
y_1	6，0	1，1

1	2	
	x_2	y_2
x_1	2，2	0，0
y_1	0，0	1，1

（11）考虑下列两人博弈。

	A	B
A	5，5	1，1
B	1，1	3，3

- 分别计算下列两种情形下的所有收益组：（a）相关策略；（b）个体理性的相关策略。
- 计算使得两人效用之和最大的所有相关均衡。

（12）考虑下列两人博弈。

	A	B
A	4，1	0，0
B	3，3	1，4

计算：

- 混合策略组下所有收益配置构成的集合；
- 混合策略纳什均衡下所有收益配置构成的集合；
- 相关策略下所有收益配置构成的集合；
- 个体理性的相关策略下所有收益配置构成的集合；

- 相关均衡下所有收益配置构成的集合。

(13) 假设 $\sigma^* = (\sigma_1^*, \cdots, \sigma_n^*)$ 是策略型博弈的一个混合策略纳什均衡。考虑由

$$\alpha_{\sigma^*}(s_1, \cdots, s_n) = \sigma_1^*(s_1) \times \cdots \times \sigma_n^*(s_n)$$

定义的相关策略 $\alpha_{\sigma^*} \in \Delta(S)$。证明这个相关策略是一个相关均衡。

(14)(编程题) 计算有限策略型博弈的相关均衡是一个重要的计算问题。我们已经证明了这些均衡可以视为线性规划的可行解。编程计算相关均衡以及使得福利最大的相关均衡。另外，分别计算相关策略下所有收益配置构成的集合、个体理性的相关策略下所有收益配置构成的集合以及相关均衡下所有收益配置构成的集合。

第 26 章 两人议价问题

纳什议价（讨价还价）理论归功于约翰·纳什，它是合作博弈论中最早期也是最有影响的结果之一。给定两个理性且智能的参与人以及一组可行配置，参与人要从中选择唯一配置。对此，纳什议价理论提出了漂亮的公理化解决方法。本章构建了这个问题，给出了纳什议价理论的公理，并且提供了纳什议价结果的证明。

26.1 纳什规划

合作（cooperation）指同一联盟中的两个或多个成员的脑海里有共同的特定目标，并且联合行动。由于理性与智能是博弈论的两个基本假设，因此参与人之间的任何合作必须考虑参与人个体收益最大化的目标。正如我们在前面章节看到的，我们可以发展出合作概念（这个概念与相关策略密切相关），而不用放弃潜在的非合作博弈论架构。John Nash[1,2]强调了这一点。在纳什看来，合作行动可以视为参与人议价过程的完成，因此，参与人之间的合作可用非合作博弈论的核心概念来研究。在这个议价过程中，我们可以预期每个参与人按照某个议价策略行动，这个议价策略满足标准非合作博弈论中的效用最大化标准。

纳什天才般的思想在于定义了一个**合作转换**（cooperative transformation），它将策略型博弈转换为另外一个策略型博弈，使得在后面这个博弈中，每个参与人的策略空间（策略集）都被扩展了。每个参与人的扩展集不仅包含原来博弈的所有策略，也包括一些额外的策略，这些额外策略描述了他与其他参与人的讨价还价来共同制定合作策略。这与伴随合同的博弈以及伴随沟通的博弈（参见第 25 章）的思想是一样的。我们将用标准版本的囚徒困境问题来说明合作的好处。

	NC	C
NC	−2，−2	−10，−1
C	−1，−10	−5，−5

显然，参与人的理性意味着博弈的均衡为（C，C），这显然不是参与人联盟的最优选择。在这种情形下，每个参与人都有动机与对方议价或签署合同来将这个博弈转换为另外一个博弈，使得后者的均衡对参与人联盟更好。合作博弈论的**纳什规划**（Nash program）的概念思想在于，设法定义合作解的概念，使得这个合作解是原来非合作博弈转换成的合作博弈的一个纳什均衡。纳什规划概念是由纳什在他的经典论文[2]中提出的。如果我们细致描述了参与人议价或签署合同时的所有可行可能性，那么我们将得到一个有很多均衡的博弈。这表明纳什规划未必产生唯一合作解。这意味着最好存在着某种理论指导我们选择合适的均衡。这正是纳什议价理论所要做的事情，这个理论有公理化的严谨性，又富有直觉。

26.2 两人议价问题

在纳什看来，**议价**（bargaining）指下列情形：

- 两人有达成互利协议的可能性；
- 在达成哪个协议的问题上，这两个人存在着利益冲突；
- 对于每个人，除非他本人同意，否则不能对他施加任何协议。

上述议价情形隐含着下列假设：当两个人协商或者使用裁判机制时，两人的收益配置仅取决于：

- 协商或仲裁未能达成协议时两人的期望收益；以及
- 协商或仲裁过程中对两人联合可行的收益配置集。

两人议价问题被应用到很多重要环境，包括：

- 劳动仲裁：管理方与工会协商劳动合同。
- 国际关系：两国或两组国家协商诸如核武器的裁减、军事合作、反恐策略、关于双边排放控制的提议等。
- 双头市场博弈：两大竞争企业协商产量来实现它们的利润总和最大。
- 双边贸易：买者和卖者对商品讨价还价。
- 供应链合同：买者和卖者协商互利的合同来促进二者的长期关系。
- 协商规则：多智能体系统中的协商规则。
- 财产权争议的解决：公司或个人间的财产纠纷问题的解决。

□ 议价问题

两人议价问题是一个二元组（F，v），其中 F 称为可行集，v 称为争议点（disagreement point）。

- 可行配置集 F 是 $\mathbb{R}^2$ 的一个闭且凸的子集。

● 争议点 $v=(v_1, v_2)\in\mathbb{R}^2$ 代表两个参与人未达成协议的情形下的收益配置。争议点也称为**现状点**（status-quo point，或 de facto point）或**违约点**（default point）。注意，v 总是可行集 F 的元素。

● 集合 $F\cap\{(x_1, x_2)\in\mathbb{R}^2: x_1\geqslant v_1;\ x_2\geqslant v_2\}$ 被假设为非空且有界的。

注意，这里涉及的假设有：F 是闭且凸的；集合 $F\cap\{(x_1, x_2)\in\mathbb{R}^2: x_1\geqslant v_1;\ x_2\geqslant v_2\}$ 非空且有界。

□ 假设背后的合理性

● F 是凸的：我们有下列依据。两人有达成相关策略（相关策略的定义参见上一章）的激励。因此，如果效用配置 $x=(x_1, x_2)$ 与 $y=(y_1, y_2)$ 都可行而且 $0\leqslant\lambda\leqslant 1$，那么期望效用配置 $\lambda x+(1-\lambda)y$ 可用下列相关策略实现：对 $x=(x_1, x_2)$ 指定概率 λ，对 $y=(y_1, y_2)$ 指定概率 $(1-\lambda)$。

● F 是闭的：这表示 F 中的任何收敛序列将收敛到 F 中的点。设想一下，如果我们有一个属于 F 的配置序列，但极限配置不属于 F，这很奇怪，从而不合理。事实上，如果没有 F 是闭的这个假设，议价问题可能没有解，这是因为序列的极限可能不在 F 之中。因此，F 是闭的，这是一个自然的拓扑要求。

● 集合 $F\cap\{(x_1, x_2)\in\mathbb{R}^2: x_1\geqslant v_1;\ x_2\geqslant v_2\}$ 非空且有界。非空意味着存在着某个可行配置，使得两个参与人的收益不会比争议点差；有界意味着上述可行配置带给两个参与人的收益不比争议点无限好。这两个假设显然是合理的。

□ 与两人非合作博弈的关系

假设 $\Gamma=\langle\{1, 2\}, S_1, S_2, u_1, u_2\rangle$ 是一个两人策略型博弈。如果这两个参与人的策略可用合同约束，那么可行集 F 的一种可能是相关策略下的所有配置构成的集合：

$$F=\{(u_1(\alpha),u_2(\alpha)):\alpha\in\Delta(S_1\times S_2)\}$$

其中

$$u_i(\alpha)=\sum_{s\in S}\alpha(S)u_i(s)$$

我们也可以选择个体理性的相关策略下的配置集（回忆一下，个体理性的相关策略下个体的收益不小于他的最小最大值）。如果参与人的策略不能用合同约束，那么可行集 F 的一种可能是相关均衡下的所有配置构成的集合：

$$F=\{(u_1(\alpha),u_2(\alpha)):\alpha\text{ 是 }\Gamma\text{ 的一个相关均衡}\}$$

争议点 v 有几种可能性。第一种可能是令 v_i 为参与人 i 的最小最大值。

$$v_1=\min_{\sigma_2\in\Delta(S_2)}\max_{\sigma_1\in\Delta(S_1)}u_1(\sigma_1,\sigma_2)$$

$$v_2=\min_{\sigma_1\in\Delta(S_1)}\max_{\sigma_2\in\Delta(S_2)}u_2(\sigma_1,\sigma_2)$$

上面的选择非常合理和科学，这是因为参与人的最小最大值是参与人在其他参与人总是试图尽可能地伤害他这种最差情形下，能保证自己得到的最小收益。

第二种可能是选择 Γ 的某个焦点纳什均衡（σ_1^*，σ_2^*），并且令

$$v_1=u_1(\sigma_1^*,\sigma_2^*);v_2=u_2(\sigma_1^*,\sigma_2^*)$$

焦点纳什均衡（focal Nash equilibrium）是指某个纳什均衡因受外部影响而成为参与人的自然选择的均衡。

第三种可能是根据**理性威胁**（rational threats）理论求 $v=(v_1,\ v_2)$。理性威胁理论使用基于理性的论据进行论证，对于这方面的更多细节，读者可以参考 Myerson[3]。

合理议价或仲裁理论必须做到：给定任何议价问题（F，v），我们能从 $\mathbb{R}^2$ 的可行集中选择唯一的配置向量，使其成为议价或仲裁的结果。令这个唯一配置为 $f(F,\ v)$。因此，议价问题涉及找到从两人议价问题集合映到 $\mathbb{R}^2$ 的合理的解函数 $f(\cdot)$。

26.3 纳什公理

约翰·纳什聪明地使用了公理化方法来求这个问题的解。纳什首先提出了合意议价解函数应该满足的一组性质，然后证明了存在着能满足所有这些性质的唯一解。纳什提出的五个公理为：

（1）强效率；

（2）个体理性；

（3）协变；

（4）不相关方案的独立性（IIA）；

（5）对称性。

我们用符号 $f(F,\ v)=(f_1(F,\ v),\ f_2(F,\ v))$ 表示议价问题（F，v）的纳什议价解。

□ 公理 1：强效率

给定可行集 F，我们说配置 $x=(x_1,\ x_2)\in F$ 是**强帕累托有效率的**（strongly Pareto efficient）或（简称）**强有效率的**，当且仅当不存在其他点 $y=(y_1,\ y_2)\in F$ 使得 $y_1\geqslant x_1$；$y_2\geqslant x_2$ 且 $y_i>x_i$ 对于至少一个参与人 $i\in\{1,\ 2\}$ 成立。配置 $x=(x_1,\ x_2)\in F$ 是**弱帕累托有效率的**（weakly Pareto efficient）或（简称）**弱有效率的**当且仅当不存在任何其他点 $y=(y_1,\ y_2)\in F$ 使得 $y_1>x_1$；$y_2>x_2$。

强效率公理断言，任何两人议价问题的解应该可行且有强帕累托效率。更正式地，$f(F,\ v)\in F$ 而且不存在任何 $x=(x_1,\ x_2)\in F$ 使得 $x_1\geqslant f_1(F,\ v)$；$x_2\geqslant f_2(F,\ v)$ 且 $x_i>f_i(F,\ v)$ 对于至少一个参与人 $i\in\{1,\ 2\}$ 成立。这意味着不存在任何其他可行配置 $x=(x_1,\ x_2)\in F$ 使得 x 优于一个参与人的解且不劣于另外一个参与人的解。

□ 公理 2：个体理性

这个公理表明 $f(F,\ v)\geqslant v$，这意味着 $f_1(F,\ v)\geqslant v_1$；$f_2(F,\ v)\geqslant v_2$。这个公理的意思是说，任何一个参与人在议价解中的收益不小于他在争议点中的收益。图 26—1 说明了公理 1 和公理 2。

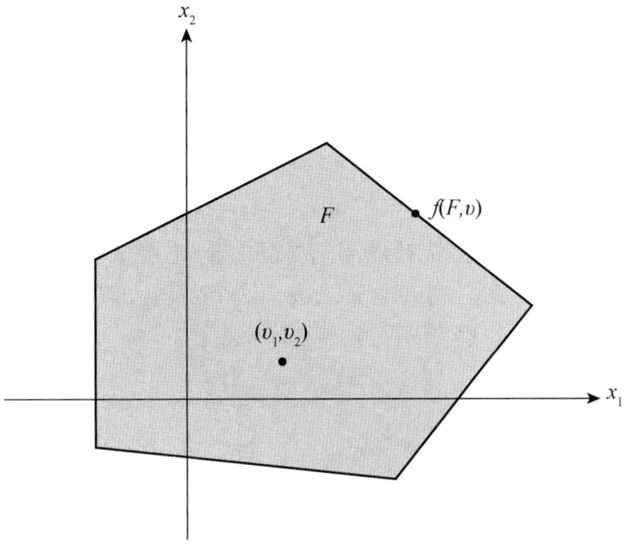

图 26—1　强效率与个体理性

□ 公理 3：协变

协变（scale covariance）公理的内容如下。对于任意数 λ_1，λ_2，μ_1，μ_2（其中 $\lambda_1>0$，$\lambda_2>0$），定义集合 $G=\{(\lambda_1x_1+\mu_1,\ \lambda_2x_2+\mu_2):(x_1,\ x_2)\in F\}$，并且定义点 $w=(\lambda_1v_1+\mu_1,\ \lambda_2v_2+\mu_2)$。于是，问题（$G$，$w$）的解 $f(G,\ w)$ 为

$$f(G,w)=(\lambda_1f_1(F,v)+\mu_1,\lambda_2f_2(F,v)+\mu_2)$$

上面对集合 G 与点 w 的定义意味着，对议价问题（F，v）进行仿射变换即可得到议价问题（G，w），而我们已经知道仿射变换不会改变效用函数的性质。协变公理意味着，对问题（F，v）的解进行上述（相同的）仿射变换，就得到了问题（G，w）的解。图 26—2 说明了这个公理。

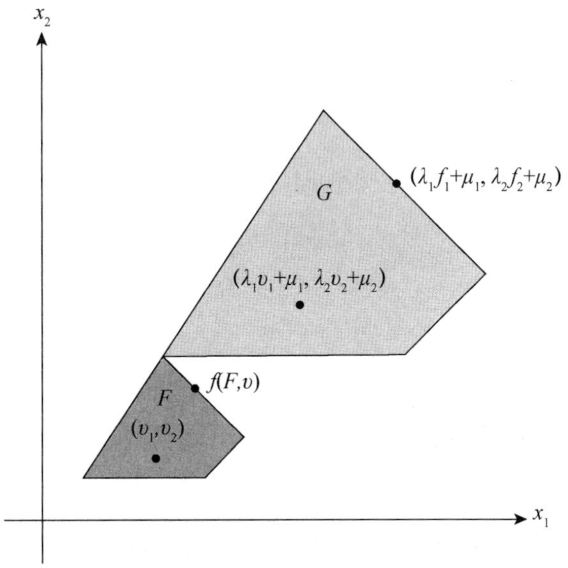

图 26—2　协变公理

□ 公理 4：不相关方案的独立性

不相关方案的独立性（independence of irrelevant alternatives，IIA）表明，对于任何闭的凸集 G，

$$G \subseteq F \text{ 且 } f(F,v) \in G \Rightarrow f(G,v) = f(F,v)$$

这个公理断言，去掉参与人不会选择的可行方案（但不能去掉争议点），不会影响解。被去掉的方案称为不相关方案。图 26—3 描述了这个公理。如果使用裁判机制，让裁判选择使得社会福利最大的解，即

$$f(F,v) = \max_{x \in F} M(x,v)$$

那么，可以证明公理 4 总能得以满足。在这里，$M(x, v)$ 衡量裁判选择 x 而不是 v 时产生的社会福利。

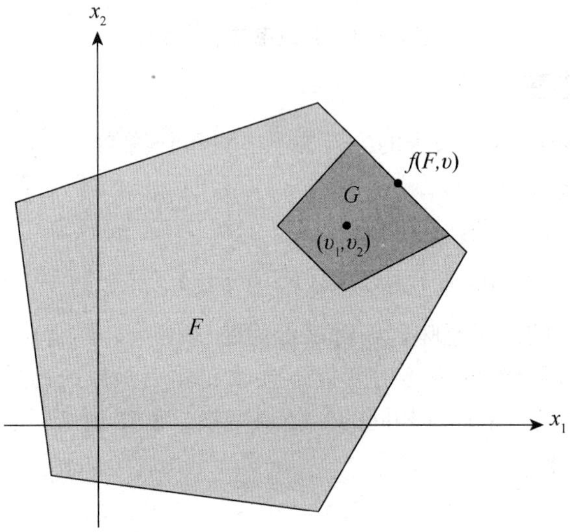

图 26—3　不相关方案的独立性

□ 公理 5：对称性

这个公理断言，如果参与人 1 和 2 在议价问题中的地位是完全对称的，那么我们也应该对称地处理解。更正式地，

$$v_1 = v_2 \text{ 且} \{(x_2,x_1):(x_1,x_2) \in F\} = F \Rightarrow f_1(F,v) = f_2(F,v)$$

图 26—4 描述了这个公理。

26.4　纳什议价解

纳什使用天才般的论证，证明了存在着满足上述全部五个性质的唯一解。下列定理提供了解。

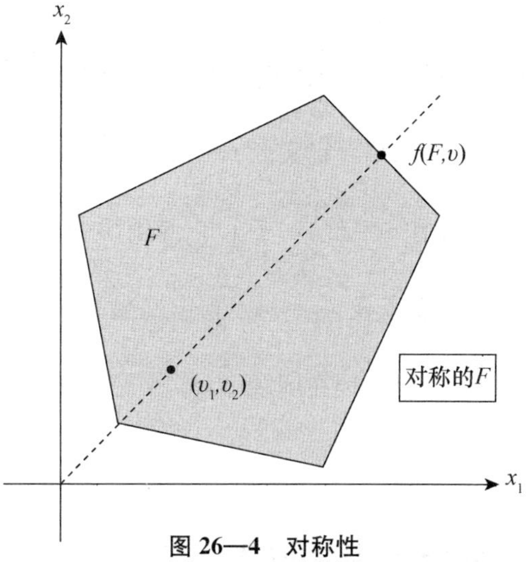

图 26—4　对称性

定理 26.1　给定一个两人议价问题（F，v），存在着满足公理（1）到（5）的唯一解函数 $f(\cdot, \cdot)$。对于每个两人议价问题（F，v），这个解函数满足：

$$f(F,v) \in \text{argmax}((x_1 - v_1)(x_2 - v_2))$$
$$(x_1, x_2) \in F$$
$$x_1 \geqslant v_1; x_2 \geqslant v_2$$

□ 一个说明性的例子

图 26—5 画出了一个闭的凸集 F，事实上，它是一个围绕点（4，0）、（1，1）和（0，4）的凸包。

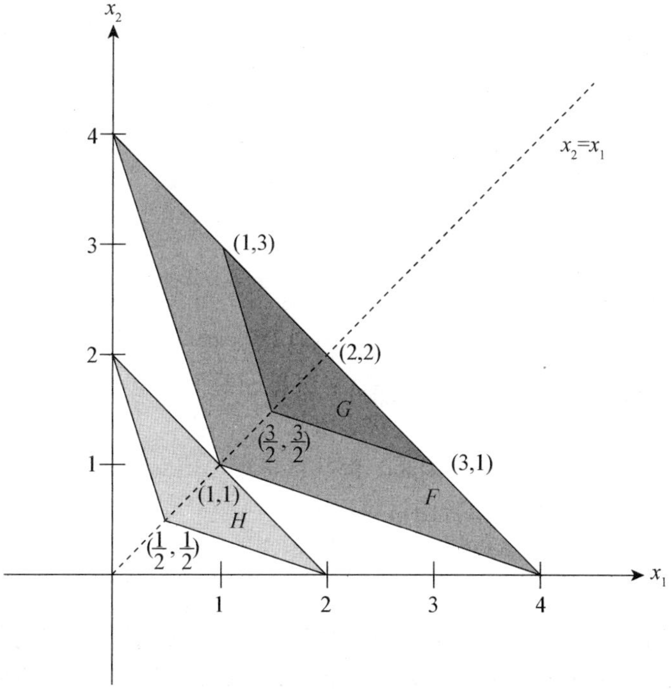

图 26—5　用例子说明纳什公理

第26章　两人议价问题

假设 F 是一个可行集，而且（1，1）是违约点（即争议点）。可以证明，纳什议价解为（2，2）。这说明了帕累托效率、个体理性以及对称性。我们用 $\lambda_1=\lambda_2=\frac{1}{2}$ 以及 $\mu_1=\mu_2=1$ 定义一个新的可行空间 G。定义点 $w=(\lambda_1 v_1+\mu_1,\ \lambda_2 v_2+\mu_2)=\left(\frac{3}{2},\ \frac{3}{2}\right)$。现在考虑议价问题（$G$，$w$）（其中 $w=\left(\frac{3}{2},\ \frac{3}{2}\right)$）。使用协变公理可知，纳什议价解变为（2，2）。如果我们用 $\lambda_1=\lambda_2=\frac{1}{2}$ 以及 $\mu_1=\mu_2=0$ 定义另外一个可行空间 H，此时 $w=(\lambda_1 v_1+\mu_1,\ \lambda_2 v_2+\mu_2)=\left(\frac{1}{2},\ \frac{1}{2}\right)$。现在问题（$H$，$w$）（其中 $w=\left(\frac{1}{2},\ \frac{1}{2}\right)$）也说明了协变性。

26.5 纳什议价定理的证明

我们首先用一类特殊的两人议价问题即**基本**（essential）议价问题作为背景，证明纳什议价定理，然后我们将其推广到一般两人议价问题。给定两人议价问题（F，v），如果存在着至少一个配置 $y\in F$ 使得对于这两人来说，y 严格优于争议点 v，即 $y_1>v_1$ 且 $y_2>v_2$，那么我们说这个议价问题是基本的。

□ 基本议价问题的证明

给定一个两人议价问题（F，v）。显然，存在着某个 $y=(y_1,\ y_2)\in F$ 使得 $y_1>v_1$ 且 $y_2>v_2$。

回顾第 10 章给出的拟凹函数的定义：给定函数 $f:S\to\mathbb{R}$（其中 S 为非空且凸的），如果

$$f(\lambda x+(1-\lambda)y)\geqslant\min(f(x),f(y))\quad\forall x,y\in S;\ \forall\lambda\in[0,1]$$

那么函数 f 为拟凹的。

如果

$$f(\lambda x+(1-\lambda)y)>\min(f(x),f(y))\quad\forall x,y\in S,x\neq y;\ \forall\lambda\in(0,1)$$

那么函数 f 为严格拟凹的。

严格拟凹函数有唯一最优解（最大值），这是我们在微积分课程学过的结论。考虑最优化问题：

$$\max((x_1-v_1)(x_2-v_2))$$
$$(x_1,x_2)\in F$$
$$x_1\geqslant v_1;x_2\geqslant v_2$$

其中（v_1，v_2）$\in F$。函数（x_1-v_1）（x_2-v_2）是严格拟凹的（这是因为我们处理的是基本议价问题），因此它有唯一的最大化点。因此，上面的最大化问题有唯一最优解。将

这个解记为（x_1^*，x_2^*）。

令 $F\subset\mathbb{R}^2$ 为凸且闭的。假设 $v=(v_1, v_2)\in F$，而且集合 $F\cap\{(x_1, x_2)\in\mathbb{R}^2: x_1\geqslant v_1; x_2\geqslant v_2\}$ 非空且有界。假设函数 $f(F, v)$ 满足以下五个公理：(1) 强效率；(2) 个体理性；(3) 协变；(4) 不相关方案的独立性；(5) 对称性。那么纳什议价定理表明 $f(F, v)=(x_1^*, x_2^*)$，而且这正好是上述最优化问题的唯一解。

纳什议价定理的证明分为两个部分。第一部分证明最优化问题的解（x_1^*，x_2^*）满足上述所有五个公理。第二部分证明：如果 $f(F, v)$ 满足上述所有五个公理，那么 $f(F, v)=(x_1^*, x_2^*)$。在这个证明中，我们将目标函数记为

$$N(x_1, x_2)=(x_1-v_1)(x_2-v_2)$$

我们可以将这个目标函数称为**纳什乘积**（Nash product）。

□ 第一部分的证明

我们需要证明上面最优化问题的最优解（x_1^*，x_2^*）满足所有五个公理。我们依次证明它们。

- **强效率。**

我们必须证明：不存在（$\hat{x}_1$，$\hat{x}_2$）$\in F$ 使得 $\hat{x}_1\geqslant x_1^*$ 以及 $\hat{x}_2\geqslant x_2^*$ 而且这两个不等式至少有一个为严格不等式（即 $\hat{x}_i>x_i^*$ 对于至少一个参与人 $i\in\{1, 2\}$ 成立）。反证法。假设存在着这样的（$\hat{x}_1$，$\hat{x}_2$）。由于存在着（y_1，y_2）$\in F$ 使得 $y_1>v_1$ 以及 $y_2>v_2$，因此，在这个最优化问题中，纳什乘积 $N(x_1, x_2)=(x_1-v_1)(x_2-v_2)$ 的最大值严格大于零。由于目标函数 $N(x_1, x_2)$ 关于 x_1 与 x_2 都递增，因此我们有

$$N(\hat{x}_1, \hat{x}_2)>N(x_1^*, x_2^*)$$

这是不可能的，因为在这个最优化问题中，$N(x_1^*, x_2^*)$ 是 $N(x_1, x_2)$ 的最大值。

- **个体理性。**

这显然满足，因为它是我们最优化问题的约束条件之一。

- **协变。**

对于 $\lambda_1>0$，$\lambda_2>0$，μ_1，μ_2，定义

$$G=\{(\lambda_1x_1+\mu_1, \lambda_2x_2+\mu_2):(x_1, x_2)\in F\}$$

考虑问题

$$\max_{(y_1, y_2)\in G}(y_1-(\lambda_1v_1+\mu_1))(y_2-(\lambda_2v_2+\mu_2))$$

利用 $y_1=\lambda_1x_1+\mu_1$ 以及 $y_2=\lambda_2x_2+\mu_2$，我们可以将上面的问题写为

$$\max_{(x_1, x_2)\in G}(\lambda_1x_1+\mu_1-(\lambda_1v_1+\mu_1))(\lambda_2x_2+\mu_2-(\lambda_2v_2+\mu_2))$$

化简，可知这个问题等价于

$$\max_{(x_1, x_2)\in G}\lambda_1\lambda_2(x_1-v_1)(x_2-v_2)$$

它在（x_1^*，x_2^*）处实现了最大值。因此，问题

$$\max_{(y_1,y_2)\in G}(y_1-(\lambda_1 v_1+\mu_1))(y_2-(\lambda_2 v_2+\mu_2))$$

在（$\lambda_1 x_1^*+\mu_1$，$\lambda_2 x_2^*+\mu_2$）处取得了最大值。

- **不相关方案的独立性（IIA）。**

给定 $G\subseteq F$，其中 G 是闭且凸的。令（x_1^*，x_2^*）是问题（F，v）的最优解，令（y_1^*，y_2^*）是问题（G，v）的最优解。另外，（x_1^*，x_2^*）$\in G$ 已给定。

（1）由于（x_1^*，x_2^*）对于 F 是最优的，而 F 是 G 的真父集（superset），因此我们有

$$N(x_1^*,x_2^*)\geqslant N(y_1^*,y_2^*)$$

（2）由于（y_1^*，y_2^*）对于 G 是最优的，而且（x_1^*，x_2^*）$\in G$，因此我们有

$$N(y_1^*,y_2^*)\geqslant N(x_1^*,x_2^*)$$

因此我们有

$$N(x_1^*,x_2^*)=N(y_1^*,y_2^*)$$

由于最优解是唯一的，于是我们立即可得

$$(x_1^*,x_2^*)=(y_1^*,y_2^*)$$

- **对称性。**

假设我们有 $\{(x_2,x_1):(x_1,x_2)\in F\}=F$ 而且 $v_1=v_2$。由于 $v_1=v_2$，我们交替使用 v_1 和 v_2。因此，我们说（x_1^*，x_2^*）使得（x_1-v_2）（x_2-v_1）最大化。由于最优解是唯一的，我们应该有（x_1^*，x_2^*）=（x_2^*，x_1^*），由此立即可得 $x_1^*=x_2^*$。

□ 第二部分的证明

给定 $f(F, v)$ 是一个满足所有五个公理的议价解。我们必须证明 $f(F, v)$ 与下列最优化问题的唯一解（x_1^*，x_2^*）相同：

$$\max((x_1-v_1)(x_2-v_2))$$
$$(x_1,x_2)\in F$$
$$x_1\geqslant v_1;x_2\geqslant v_2$$

我们有 $x_1^*>v_1$，$x_2^*>v_2$。考虑下列变换

$$L(x_1,x_2)=(\lambda_1 x_1+\mu_1,\lambda_2 x_2+\mu_2)$$

其中

$$\lambda_1=\frac{1}{x_1^*-v_1};\ \lambda_2=\frac{1}{x_2^*-v_2};\ \mu_1=\frac{-v_1}{x_1^*-v_1};\ \mu_2=\frac{-v_2}{x_2^*-v_2}$$

换句话说，我们有

$$L(x_1,x_2)=\left(\frac{x_1-v_1}{x_1^*-v_1},\frac{x_2-v_2}{x_2^*-v_2}\right)$$

注意，$L(v_1, v_2)=(0, 0)$ 且 $L(x_1^*, x_2^*)=(1, 1)$。定义

$$G=\{L(x_1,x_2):(x_1,x_2)\in F\}$$

因此，我们将问题（F，（v_1，v_2））转换为问题（G，（0，0））。事实上，由于$L(x_1^*，x_2^*)=(1，1)$，因此问题（G，（0，0））在（1，1）处有解。参见图26—6。另外，注意，问题（G，（0，0））的目标函数为$(x_1-0)(x_2-0)=x_1x_2$。

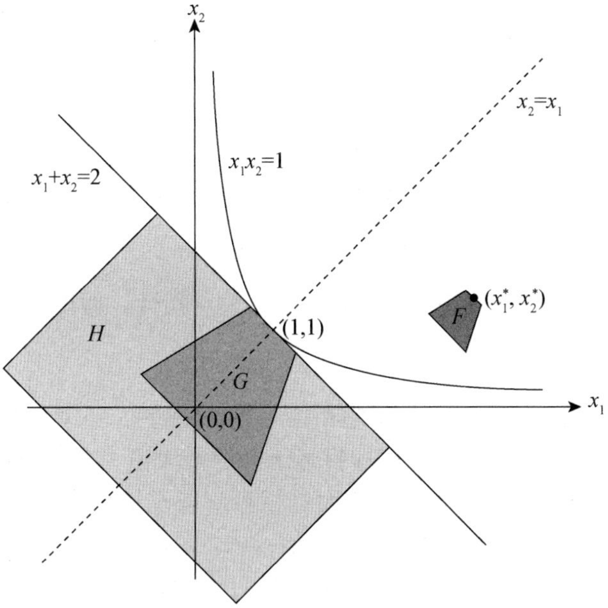

图26—6　证明纳什议价定理时用到的集合F、G与H

可以证明

$$x_1+x_2\leqslant 2\quad\forall(x_1,x_2)\in G$$

此处可使用反证法，假设$x_1+x_2>2$，从而得到矛盾。我们将这个问题的证明留作习题。

G是有界的，因此我们总可以找到一个关于直线$x_1=x_2$对称的矩形H，使得$G\subseteq H$而且H也是凸且有界的。另外，我们选择的这个H要使得点（1，1）$\in G$在H的边界上。

强效率与对称性一起意味着

$$f(H,(0,0))=(1,1)$$

现在使用不相关方案的独立性，可得

$$f(G,(0,0))=(1,1)$$

我们知道G是通过重新定标（scaling）得到的。根据协变性可知

$$f(G,(0,0))=L(f(F,v))$$

这意味着

$$L(f(F,v))=(1,1)$$

由于我们知道 $L(x_1^*, x_2^*)=(1, 1)$，我们最终得到了

$$f(F,v)=(x_1^*,x_2^*)$$

□ 非基本议价问题的证明

对于议价问题 (F, v)，如果不存在任何 $(y_1, y_2)\in F$ 使得 $y_1>v_1$ 以及 $y_2>v_2$，那么我们说这个议价问题为非基本的（inessential）。由于 F 是凸的，上面的陈述意味着至少存在着一个参与人 i 使得

$$y_1\geqslant v_1 \text{ 且 } y_2\geqslant v_2\Rightarrow y_i=v_i \quad \forall (y_1,y_2)\in F$$

原因在于如果我们能找到 $(y_1, y_2)\in F$ 以及 $(z_1, z_2)\in F$ 使得 $(y_1, y_2)\geqslant(z_1, z_2)$，$y_1>v_1$，$z_2>v_2$，那么 $\frac{1}{2}(y_1, y_2)+\frac{1}{2}(z_1, z_2)$ 是 F 中的点，而且该点带给两个参与人的收益严格优于 (v_1, v_2)。在下面的讨论中，不失一般性，假设

$$y_1\geqslant v_1 \text{ 且 } y_2\geqslant v_2\Rightarrow y_1=v_1 \quad \forall (y_1,y_2)\in F$$

假设 x^* 是 F 中的一个配置，使得它在约束条件 $x_1=v_1$ 下对参与人 2 最优（注意，在 $x_1=v_1$ 这个约束条件下，纳什乘积即目标函数的最大值为零)。这意味着向量 (x_1^*, x_2^*) 是 F 中的唯一点，使得它有强效率而且相对 v 来说是个体理性的。这意味着，为了满足公理 1 和公理 2，我们必须有 $f(F, v)=(x_1^*, x_2^*)$。容易看到，(x_1^*, x_2^*) 使得纳什乘积 $(x_1-v_1)(x_2-v_2)$ 实现了最大值；对于所有个体理性的配置，这个最大值正好为零。■

注释 对于基本议价问题，我们可用下列弱效率公理替换强效率公理：

公理 1′ （弱效率） $f(F, v)\in F$ 而且不存在任何 $y\in F$ 使得

$$y>f(F,v)$$

另外，容易看到，基本议价问题不要求个体理性假设。因此，在两人基本议价问题中，任何同时满足公理 1′、公理 3、公理 4 和公理 5 的解，必定与纳什议价解相同。

26.6 平等主义解和效用主义解

我们现在讨论议价问题的其他两个著名解，即平等主义解（egalitarian solution）和效用主义解（utilitarian solution）。在典型议价情形下，个人效用间的比较有两种不同方法。

- **平等收益原理**（principle of equal gains）：如果有人说，你应该为我做此事，因为我为你做得更多，那么这种解称为平等主义解。
- **最大好处原理**（principle of the greatest good）：如果有人说，你应该为我做此事，因为它带给我的好处大于坏处，那么这种解称为效用主义解。

对于两人议价问题 (F, v)，平等主义解是 F 中的唯一点 $(x_1, x_2)\in F$，使得 (x_1, x_2) 有弱效率而且满足平等收益条件：

$$x_1 - v_1 = x_2 - v_2$$

回忆一下弱效率的定义：给定 $(x_1, x_2) \in F$，如果不存在任何 $(y_1, y_2) \in F$ 使得 $y_1 > x_1$ 以及 $y_2 > x_2$，那么我们说 (x_1, x_2) 有弱效率。

对于每个两人议价问题 (F, v)，效用主义解是任何解函数，该解函数选择配置 $(x_1, x_2) \in F$ 使得

$$x_1 + x_2 = \max_{(y_1, y_2) \in F} (y_1 + y_2)$$

如果参与人的议价或仲裁是根据平等收益原理进行的，那么自然的结果就是平等主义解。如果这是根据最大好处原理进行的，那么自然结果是一个效用主义解。

可以证明，平等主义解和效用主义解违背了协变公理。

□ λ 平等主义解

考虑两人议价问题 (F, v)。给定数 λ_1，λ_2，μ_1，μ_2（其中 $\lambda_1 > 0$，$\lambda_2 > 0$），令

$$L(y) = (\lambda_1 y_1 + \mu_1, \lambda_2 y_2 + \mu_2) \text{对于 } y \in \mathbb{R}^2$$

给定问题 (F, v)，定义

$$L(F) = \{L(y): y \in F\}$$

于是，$(L(F), L(v))$ 的平等主义解是 $L(x)$，其中 x 是 F 中的唯一弱效率点，使得

$$\lambda_1 (x_1 - v_1) = \lambda_2 (x_2 - v_2)$$

这称为 (F, v) 的一个 λ 平等主义解（λ-egalitarian solution）。如果 $\lambda = (1, 1)$，这称为简单平等主义解。平等主义解不满足协变性，因为 λ 平等主义解通常不是简单平等主义解。

□ λ 效用主义解

问题 $(L(F), L(v))$ 的效用主义解是一个点 $L(z)$，其中 $z = (z_1, z_2)$ 是 F 中的一个点，使得

$$\lambda_1 z_1 + \lambda_2 z_2 = \max_{(y_1, y_2) \in F} (\lambda_1 y_1 + \lambda_2 y_2)$$

点 $z = (z_1, z_2)$ 称为 (F, v) 的一个 λ 效用主义解（λ-utilitarian solution）。效用主义解不满足协变性，因为 λ 效用主义解通常不是简单的效用主义解。

□ 与纳什议价解的关系

注意，平等收益原理建议使用平等主义解，最大好处原理建议使用效用主义解。当收益用 λ 加权效用尺度衡量时，这些解对应着这些原理的应用。

随着 λ_1 增加与 λ_2 降低，λ 平等主义解提供了一个满足个体理性和弱效率的边界，这个边界沿着参与人 1 收益递减的方向移动。另外，随着 λ_1 增加与 λ_2 降低，λ 效用主义解提供了一个满足弱效率的边界，这个边界沿着参与人 1 收益增加的方向移动。

可以证明，对于基本议价问题 (F, v)，存在着向量 $\lambda = (\lambda_1, \lambda_2)$ 使得 $\lambda > (0, 0)$

而且 (F,v) 的 λ 平等主义解也是 (F,v) 的 λ 效用主义解。满足这个性质的 λ_1 和 λ_2 称为**自然缩放因子**（natural scale factors）。

显然，给定 F 中的配置，如果用自然缩放因子衡量，它既是 λ 平等主义的又是 λ 效用主义的，那么它是纳什议价解。因此，纳什议价解可以视为平等收益原理和最大好处原理的一个自然合成。下列命题说明了这个事实。

命题 26.1 令 (F,v) 是一个基本两人议价问题。假设 x 是一个配置向量，使得 $x^*\in F$ 以及 $x^*\geqslant v$。那么 x^* 是 (F,v) 的纳什议价解当且仅当存在着严格正数 $\lambda_1>0$ 与 $\lambda_2>0$，使得

$$\lambda_1 x_1^* - \lambda_1 v_1 = \lambda_2 x_2^* - \lambda_2 v_2$$

$$\lambda_1 x_1^* + \lambda_2 x_2^* = \max_{y\in F}(\lambda_1 y_1 + \lambda_2 y_2)$$

对于这个结果的证明，读者可以参考 Myerson[3]。

26.7 小结与参考文献

我们将本章的主要结果简要总结如下。

- 两人议价问题 $(F,(v_1,v_2))$ 可以表达为：给定由可能收益配置组成的集合 F 而且假设 F 是闭且凸的，并且给定争议点 (v_1,v_2)（即争议配置，这是两人未达成协议时执行的配置），找到两人的最优收益配置。我们还假设收益是有界的，也就是说，任何其他可行配置带给两个参与人的收益不比争议点无限好。
- 对于上述议价问题，纳什用公理化方法给出了解，这种方法要求任何解都满足以下五个公理：(1) 帕累托效率；(2) 个体理性；(3) 协变；(4) 不相关方案的独立性；(5) 对称性。纳什证明正好存在满足上述五个公理的唯一解，而且它是下列简单约束最优化问题的唯一解：

$$\max((x_1-v_1)(x_2-v_2))$$

$$(x_1,x_2)\in F$$

$$x_1\geqslant v_1;x_2\geqslant v_2$$

- 两人议价问题还存在其他求解方法。本章讨论了两种其他方法：(a) 平等主义方法；(b) 效用主义方法。如果适当选择缩放因子 λ，可知这两种方法产生的解与纳什议价解相同。

纳什议价问题及其解的原始讨论可以参见纳什的经典论文。[1]本章的讨论以及给出的方法参考了 Myerson[3]。以下两本书深入讨论了议价问题：Muthoo[4]的主题几乎全部是议价问题；Osborne and Rubinstein[5]深入讨论了议价问题，并且考察了它在市场情形下的应用。对于纳什议价问题的更多材料，读者可以参考 Maschler，Solan，and Zamir[6]。另外，Straffin[7]提供了两个关于两人议价问题的现实应用：(1) 管理者与工会之间的协商；(2) 双头模型：两个竞争企业试图使得它们的收入最大。纳什规划概念及其讨论来自 Nash[2]。

纳什议价解并未推广到三人或多人情形。我们将在下一章说明这个事实，并且开始研究合作博弈论中的其他解概念。

□ 参考文献

［1］John F. Nash Jr. “The bargaining problem”. In：*Econometrica* 18（1950），pp. 155－162.

［2］John F. Nash Jr. “Two person cooperative games”. In：*Econometrica* 21（1953），pp. 128－140.

［3］Roger B. Myerson. *Game Theory：Analysis of Conflict*. Harvard University Press，Cambridge，Massachusetts，USA，1997.

［4］Abhinay Muthoo. *Bargaining Theory with Applications*. Cambridge University Press，1999.

［5］Martin J. Osborne and Ariel Rubinstein. *Bargaining and Markets*. Academic Press，1990.

［6］Michael Maschler，Eilon Solan，and Shmuel Zamir. *Game Theory*. Cambridge University Press，2013.

［7］Philip D. Straffin Jr. *Game Theory and Strategy*. The Mathematical Association of America，1993.

26.8 习　题

（1）根据不相关方案的独立性公理，证明下列性质：给定纳什议价问题（F，v），如果裁判打算选择使得社会福利最大的解，即选择

$$f(F,v)=\max_{x\in F}M(x,v)$$

那么公理 4 总成立。在这里，$M(x, v)$ 是参与人选择 x 而不是 v 时产生的社会福利。

（2）假设 F 是一个包含点 $A=(1, 8)$、$B=(6, 7)$、$C=(8, 6)$、$D=(9, 5)$、$E=(10, 3)$、$F=(11, -1)$ 以及 $G=(-1, -1)$ 的凸包。假设争议点（即违约点或称现状点）为（2，1）。计算这个情形下的纳什议价解。画图会有所帮助。

（3）在上面的问题中，当你分别将 A、B、C、D、E、F、G 作为争议点时，纳什议价解将有什么变化？

（4）（举例说明）给出一个两人议价问题，使得无论我们如何选择争议点，纳什议价解都不会变化。

（5）在纳什议价定理的证明过程（第二部分的证明）中，证明下列结果：

$$x_1+x_2\leqslant 2\quad \forall (x_1,x_2)\in G$$

提示：反证法。假设 $x_1+x_2>2$。

（6）考虑下列两人博弈：

	A	B
A	5，5	2，2
B	2，2	3，3

- 分别计算以下情形下的所有收益组构成的集合：(a) 在相关策略下；(b) 在个体理性的相关策略下。
- 将最小最大值视为争议点，在上述两种情形下，纳什议价解分别是什么？

第 27 章 伴随可转移效用的联盟博弈

上一章研究了两人议价问题，在那里，我们考察了两人合作产生的效应。在本章，我们介绍多人联盟博弈。特别地，我们讨论**伴随可转移效用的博弈**［transferable utility (TU) games］，也称为特征型博弈。我们用一些例子说明如何利用可转移效用的博弈来描述理性且智能的参与人之间的合作。

27.1 多人合作博弈

与以前一样，令 $N=\{1, \cdots, n\}$ 为参与人集。我们已经考察了两人博弈的纳什议价解。现在我们对 n 人博弈（其中 $n>2$）的纳什议价解感兴趣。令 F 是参与人联合起来得到的可行配置集。假设 F 是 $\mathbb{R}^n$ 的一个闭的凸子集。假设 $(v_1, \cdots, v_n)$ 是争议点（即争议收益配置或违约收益配置，指他们不合作时得到的期望收益）。另外，假设集合 $\{(y_1, \cdots, y_n)\in F: y_i\geqslant v_i, \forall i\in N\}$ 非空且有界。二元组 $(F, (v_1, \cdots, v_n))$ 称为一个 **n 人议价问题**。如果存在 $y\in F$ 使得 $y_i>v_i, \forall i\in N$，那么我们说议价问题 $(F, (v_1, \cdots, v_n))$ 是一个**基本**（essential）议价问题。

假设问题 $(F, (v_1, \cdots, v_n))$ 是基本的。于是，它的纳什议价解可以定义为唯一有强效率的配置向量 $x^*=(x_1^*, \cdots, x_n^*)$；对于所有满足 $x_i\geqslant v_i, \forall i\in N$ 的向量 $x\in F$，x^* 使得乘积 $(x_1-v_1)\times\cdots\times(x_n-v_n)$ 最大。然而，正如下面例子表明的，这个纳什议价解可能忽略了某些参与人进行合作的可能性。因此，对于 $n>2$，纳什议价解可能不是一个合意解。因此，我们必须寻找更合适的解概念。

□ 分钱问题

例 27.1 （分钱博弈（版本 1）） 在这个问题中，$N=\{1, 2, 3\}$。这三个人希望分 300 元钱。每个人都可以提出一个分配方案，使得任何参与人的收益（所得钱数）不为负，而且所有参与人的收益之和不大于 300。因此，策略集可以定义为：

$$S_1=S_2=S_3=\{(x_1,x_2,x_3)\in\mathbb{R}^3: x_1+x_2+x_3\leqslant 300; x_1\geqslant 0; x_2\geqslant 0; x_3\geqslant 0\}$$

假设除非所有三个人提出相同的分配方案，否则每个参与人的收益都为零。也就是说，对于 $i=1, 2, 3$，

$$\begin{aligned} u_i(s_1,s_2,s_3) &= x_i \quad 若\ s_1=s_2=s_3=(x_1,x_2,x_3) \\ &= 0 \quad 其他情形 \end{aligned}$$

注意，参与人可以实现任何下列这样的分配方案：他们的收益非负而且收益之和不大于 300。每个人的最低收益为零。因此，上面的博弈可以描述为一个三人议价问题 (F, v)，其中：

$$F=\{(x_1,x_2,x_3)\in\mathbb{R}^3: x_1+x_2+x_3\leqslant 300; x_1\geqslant 0; x_2\geqslant 0; x_3\geqslant 0\}$$
$$v=(v_1,v_2,v_3)=(0,0,0)$$

这个问题的纳什议价解为 $x=(100, 100, 100)$，这显然是一个合理结果。□

例 27.2 （分钱博弈（版本 2）） 这是分钱博弈（版本 1）的变种，现在每个参与人的收益为零，除非参与人 1 和 2 提出了相同的分配方案；在这种情形下，参与人 1 和 2 提出的方案得到实施。也就是说，对于 $i=1, 2, 3$，

$$\begin{aligned} u_i(s_1,s_2,s_3) &= x_i \quad 若\ s_1=s_2=(x_1,x_2,x_3) \\ &= 0 \quad 其他情形 \end{aligned}$$

分钱博弈版本 1 中的议价问题 (F, v)，在这里也可行，因此这个问题的纳什议价解为 $x=(100, 100, 100)$。这个解看起来不合意，因为参与人 1 和 2 联合决定分钱方案，参与人 3 未参与决策。因此，我们可以预期参与人 1 和 2 将均分 300 元，从而得到配置 (150, 150, 0)。另外一种支持这种论证的观点是下面这样的。设想参与人 1 和 2 忽略 3，进行两人合作博弈。在这个两人博弈的纳什议价解中，参与人 1 和 2 将各得 150 元。

然而，(100, 100, 100) 这个解也并非不可能，原因如下：

- 如果参与人同时选择他们的分钱方案，那么在这种情形下，(100, 100, 100) 与 (150, 150, 0) 都是纳什均衡，因为任何参与人单方面偏离这个均衡，都会使得自己的收益为零。
- 如果参与人 3 有一定影响力，那么作为理性人，参与人 3 显然将试图影响参与人 1 和 2，从而得到均衡 (100, 100, 100)。

现在，如果增加一个假设，我们就可以使 (100, 100, 100) 变得不可信。这个假设就是**有效协商**（effective negotiation）假设，这是一个自然假设，正如 Myerson[1] 指出的。□

迈尔森[1]定义了有效协商概念，并且断言有效协商是将合作博弈论与非合作博弈论区分开的关键假设。

定义 27.1 （有效协商） 假设一些参与人组成联盟，如果这些参与人认识到他们的策略存在着对他们都有好处的可行变化，将一致同意做出这个变化，除非该变化违背了联盟成员与联盟外的参与人的约定（这意味着还可能存在其他有效联盟），那么我们说联盟成员是**有效协商的**（negotiate effectively）而且说他们组成了一个**有效联盟**（effective coalition）。

n 人纳什议价解是重要的仅当能有效协商的唯一联盟是由所有 n 个参与人组成的**大联盟**（grand coalition）N。如果还存在着其他有效协商的联盟，那么纳什议价解变得不重要。这是因为这个解忽略了多人联盟的权力信息，仅强调大联盟 N 的权力信息。在分钱博弈（版本 1）中，任何小于 {1，2，3} 的联盟都不能保证它的成员收益大于零。在分钱博弈（版本 2）中，联盟 {1，2} 可以保证其成员的收益不会小于联盟 {1，2，3} 情形。

例 27.3 （分钱博弈（版本 3）） 这是分钱博弈（版本 2）的变种。现在每个参与人得到的收益为零，除非参与人 1 和 2 提出相同分钱方案或者参与人 1 和 3 提出相同方案（若事实如此，按这个分钱方案实施）。也就是说，对于 $i=1, 2, 3$，

$$
\begin{aligned}
u_i(s_1, s_2, s_3) &= x_i \quad \text{若 } s_1 = s_2 = (x_1, x_2, x_3) \text{ 或 } s_1 = s_3 = (x_1, x_2, x_3) \\
&= 0 \quad \text{其他情形}
\end{aligned}
$$

分钱博弈（版本 1）和分钱博弈（版本 2）中的议价问题（F，v）也能描述这里的情形，因此，这个问题的纳什议价解也为 $x=(100, 100, 100)$。与版本 2 情形非常类似，这个解也不合意，因为参与人 1 和 2 一起或参与人 1 和 3 一起决定了分钱方案。注意，对于上面两种情形（分钱方案决策），参与人 1 必定都参与。因此，我们可以预期分钱结果为参与人 2 和 3 的收益相同，但小于参与人 1 的收益（因为非零分钱方案必然要经过参与人 1 同意）。这导致了无穷多个可能性，例如（120，90，90），（150，75，75），（200，50，50），（280，10，10）等。甚至（300，0，0）也是可能的，因为参与人 1 必须参与非零分配方案决策。□

例 27.4 （分钱博弈（版本 4）：多数同意规则下的投票博弈） 在这个版本中，每个参与人的收益为零，除非存在着一对参与人 {1，2}、{2，3} 或 {1，3} 提出相同的分钱方案（在这种情形下，他们按该方案分钱）。也就是说，

$$
\begin{aligned}
u_i(s_1, s_2, s_3) &= x_i \quad \text{若对于某个 } j \neq k, s_j = s_k = (x_1, x_2, x_3) \\
&= 0 \quad \text{其他情形}
\end{aligned}
$$

这里，再一次地，纳什议价解为（100，100，100）。注意，对于版本 4 的博弈，这个解是合理的，原因在于参与人地位的对称性以及相同的议价权力。注意到，这个配置是一个纳什均衡。如果我们假设每个联盟能有效协商，那么分析过程比较有趣（Myerson[1]）：

- 如果参与人 1 和 2 在联盟 {1，2} 中有效协商，那么他们将同意配置（150，150，0），这个配置对他们两人都有吸引力。注意到，该配置显然是一个纳什均衡。
- 如果（150，150，0）是一个预期结果，那么参与人 3 将竭力说服参与人 1 或 2 与他（参与人 3）构建有效联盟。例如，参与人 3 与 2 协商，提出配置（0，225，75）或者（0，200，100）等等。注意到，这些配置也是纳什均衡。
- 如果（0，225，75）是一个预期结果，那么参与人 1 将尽力与参与人 3 构建联

盟，提出让他们两人状况都更好的配置，比如，(100，0，200)。该配置也是一个纳什均衡。

- 在这个博弈的任何均衡中，总存在着一对参与人，他们用有效联盟形式提出的方案对联盟成员更好，从而使当前均衡移动到另外一个均衡。

上面的联盟协商可一直进行下去。终止协商有两种可能的方法。第一种方法如下。假设某个参与人进入某个联盟（意味着一个协议），而且该联盟不是另外一个联盟的真子集，那么后来该参与人不能进入后面这个联盟（意味着另外一个不同的协议）。例如，如果在任何两人联盟单独协商之前，大联盟 {1，2，3} 已达成协议(100，100，100)，那么任何两人联盟不能否决这个结果。再举一个例子。假设参与人 1 和 2 已经先行达成协议（150，150，0），那么参与人 3 不能通过与参与人 1 或 2 单独协商来提高自己的收益。显然，在这种情形下，联盟协商顺序决定了博弈结果。先协商的联盟有先发制人的优势。

现在来看第二种方法。假设协商达成的协议是实验性质的，没有约束力。因此，某个参与人可以先后进入一系列联盟，从而意味着一系列协议，但后面的协议将前面的协议废除。在这里，协商顺序对最终结果有影响。例如，假设协商顺序为 {1，2}、{2，3}、{1，3} 以及 {1，2，3}。在这里，{1，2} 和 {2，3} 先后达成的使得参与人 2 的收益不为零的分钱方案都会被联盟 {1，3} 推翻，比如，联盟 {1，3} 提出方案（150，0，150）。在这种情形下，当轮到联盟 {1，2，3} 出现时，参与人 2 已经无能为力：他无法让参与人 1 和 3 同意任何其他方案。再举一个例子。假设参与人 1 认为，他与参与人 2 协商达成的任何协议都会被参与人 3 推翻。在这种情形下，参与人 1 可能首先提出方案（100，100，100）并且一直坚持下去，这意味着他当然也会拒绝方案（150，150，0）。这种做法能让参与人 1 保证自己的收益不为零。一般来说，在这种方法下，后协商的联盟具有优势。□

在现实世界中，人们可以组成各种不同联盟，当参与人数众多时，协商方法可能接近无穷多，从而使系统分析所有情形变得不可行。当参与人为 n 人时，可能涉及 2^n-1 个联盟，因此，如果合作博弈论能够指明各个联盟权力的平衡结果就好了。这种与协商顺序无关的理论极其有用，但不容易合理解释，因为顺序通常自然而重要。[1]

27.2 伴随可转移效用的博弈

可转移效用（transferable utility，TU）假设使合作博弈变得容易分析和处理。可转移效用意味着存在参与人之间可自由转移的一种商品，即货币，使得当任一参与人每得到一单位货币时，他的收益也增加一单位。在可转移效用假设下，博弈的合作可能性可用**特征函数**（characteristic function）$v: 2^N \to \mathbb{R}$ 描述，这个函数将数 $v(C)$ 指定给相应联盟 $C \subseteq N$。$v(\varnothing)$ 总是取零值。$v(C)$ 称为联盟 C 的**价值**（value 或 worth），它描述联盟 C 的成员在没有外人（非该联盟的成员）帮助时得到的可转移效用总量。

定义 27.2 （伴随可转移效用的博弈） **伴随可转移效用的博弈**是一个二元组（N，v），其中 $N=\{1, \cdots, n\}$ 是参与人集合，$v: 2^N \to \mathbb{R}$ 是一个特征函数，其中 $v(\varnothing)=0$。我们也将这样的博弈称为特征型博弈、联盟型博弈、联盟博弈或 TU 博弈。

注释 在可转移效用假设下，对每个联盟指定一个数的做法足以描述联盟成员得到的效用。

□ 伴随不可转移效用的博弈

不含可转移效用的博弈［也称为 NTU（non-transferable utility）联盟博弈，或 NTU 联盟型博弈］的定义如下。

定义 27.3 （NTU 博弈） NTU 联盟博弈是一个二元组（N，V），其中 $N=\{1, \cdots, n\}$ 是参与人集合，$V(\cdot)$ 是一个定义在 2^N 上的映射，使得对于每个联盟 $C\subset N$，

- $V(C)$ 是 $\mathbb{R}^{|C|}$ 的一个非空、闭且凸的子集；而且
- 集合 $\{x: x\in V(C)$ 且 $x_i\geqslant v_i, \ \forall i\in C\}$ 是 $\mathbb{R}^{|C|}$ 的一个有界子集，其中

$$v_i=\max\{y_i: y\in V(\{i\})\}<\infty, \forall i\in N$$

在上面的定义中，$V(C)$ 是联盟 C 的成员在合作情形下可以保证他们得到的期望收益配置集。伴随不可转移效用的博弈（NTU 博弈）是伴随可转移效用的博弈（TU 博弈）的推广。在下面的讨论中，我们仅考虑 TU 博弈。

□ 伴随可转移效用的博弈的例子

例 27.5 （分钱博弈） 对于例 27.1 讨论的分钱博弈（版本 1），特征函数为

$$v(\{1,2,3\})=300$$
$$v(\{1,2\})=v(\{1,3\})=v(\{2,3\})=0$$
$$v(\{1\})=v(\{2\})=v(\{3\})=0$$

对于例 27.2 讨论的分钱博弈（版本 2），特征函数为

$$v(\{1,2,3\})=v(\{1,2\})=300$$
$$v(\{2,3\})=v(\{1,3\})=0$$
$$v(\{1\})=v(\{2\})=v(\{3\})=0$$

对于例 27.3 讨论的分钱博弈（版本 3），特征函数为

$$v(\{1,2,3\})=v(\{1,2\})=v(\{1,3\})=300$$
$$v(\{1\})=v(\{2\})=v(\{3\})=v(\{2,3\})=0$$

对于例 27.4 讨论的分钱博弈（版本 4）：多数同意规则下的投票博弈，特征函数为

$$v(\{1,2,3\})=v(\{1,2\})=v(\{2,3\})=v(\{1,3\})=300$$
$$v(\{1\})=v(\{2\})=v(\{3\})=0$$ □

注释 后面，当表达特征函数 $v(\cdot)$ 的变量时，我们稍微滥用一下符号：在不至于混淆的情形下，我们去掉集合变量的花括号与逗号；例如，我们将 $v(\{2, 3\})$ 记为 $v(23)$，以此类推。

例 27.6 （投票博弈） 这个例子来自文献[2]。假设某个国家的议会有四个政党，即政党 1、2、3、4，它们的成员数分别为 45、25、15 以及 12。为了通过给定的任何议案，至少需要 51 票。这个情形可以形式化为伴随可转移效用的博弈，其中：

$N=\{1,2,3,4\}$

$v(1)=v(2)=v(3)=v(4)=0$

$v(12)=v(13)=v(14)=v(123)=v(124)=v(134)=v(234)=v(1234)=1$

$v(23)=v(24)=v(34)=0$ □

例 27.7 ［**最小生成树博弈**（minimum spanning tree game）］假设多个用户要连接到某个共享资源（例如，发电厂、同步加速器、射电望远镜、集群计算、物流站、中央排水系统等）。为了使用这个资源，用户要么直接连接到设施上，要么连接到某个已连接到设施上的用户。图 27—1（a）画出了典型客户网络，它由三个参与人（客户 1、2 和 3）以及一个中央共享设施 F 组成。下面我们提供几个关于这种网络的典型例子。

- 参与人 1、2 和 3 为三个不同企业，设施 F 为发电厂。图中的边表示高负载电线，边上标注的权重表示配电成本。
- 参与人 1、2 和 3 为位于同一城市的三个不同公司，设施 F 为中央排水系统。边表示排水管道，边上的权重为维护和使用管道的成本。
- 参与人 1、2 和 3 为同一物流网络中的三个分拣点，设施 F 为物流站。边表示该物流网中的道路，边上的权重表示路程。

假设当参与人直接或间接连接到 F 上时，他得到了 10 单位收益。注意，给定联盟 $C\subseteq\{1,2,3\}$，联盟 C 成员因连接到设施 F 而产生的最小成本等于（对应设施 F 和联盟 C 成员的）最小生成树中各边权重的和。例如，假设 $C=\{2,3\}$。于是，对应于 C 的最小成本等于涉及顶点 2、3 和 F 的最小生成树各边的成本之和。这个最小生成树由边（2，F）与边（2，3）组成，因此，最小总成本为 3。再例如，如果 $C=\{1,2,3\}$，那么最小成本将是涉及顶点 1、2、3 和 F 的最小生成树各边成本之和，容易看出它等于 7，即最小总成本为 7。图 27—1（b）用粗线描述了涉及 1、2、3 和 F 的最小生成树。

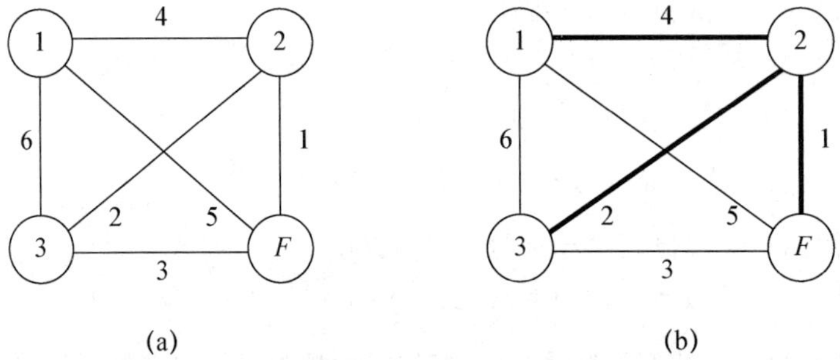

图 27—1　连接到中央设施 F 的客户网络

我们可以将每个联盟的价值自然地定义为，联盟成员得到的总收益减去该联盟所有成员连接到设施 F 而产生的最小成本。例如，$v(23)$ 等于 20－3，这是因为 20 是参与人 2 和 3 得到的总收益，而 3 是涉及节点 2、3 以及 F 的最小生成树的成本。我们可以将上述情形形式化为伴随可转移效用的博弈，其中特征函数为

$v(\varnothing)=0;v(1)=10-5=5;v(2)=10-1=9;v(3)=10-3=7$

$v(12)=20-5=15;v(13)=20-8=12;v(23)=20-3=17;v(123)=30-7=23$

在确定相关参与人的成本和收益时，这样的博弈表达法非常有用。□

例 27.8 （物流博弈） 图 27—2 画出了一个物流网络，它连接了两个重要城市 S 和 T。该网络中有五个物流站 A、B、C、D 和 E，它们是 S 到 T 的中间点。服务商 1、2、3 和 4 提供运输服务。网络中的每条边标注了两个数字，它们分别表示服务提供商和服务成本。例如，AB 边上的数字（3，15）表示服务商 3 提供从 A 到 B 的运输服务，成本为 15 单位。假设从 S 到 T 的物流产生的收益为 100 单位。我们的目标是选择从 S 到 T 的最优路径，使得利润最大。我们可以将这个问题形式化为合作博弈，其中：

$$\text{参与人集为 } N=\{1,2,3,4\}$$

特征函数为：

$$v(1)=v(2)=v(3)=v(4)=0$$
$$v(12)=v(13)=v(14)=v(23)=v(24)=v(34)=v(234)=v(123)=0$$
$$v(134)=100-60=40$$
$$v(124)=100-55=45$$
$$v(1234)=100-35=65$$

在确定服务商利润分享规则时，上面的博弈非常有用。□

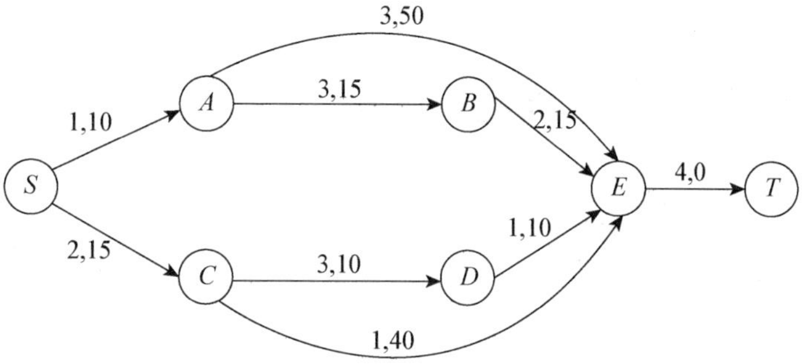

图 27—2 一个物流网络

□ 将策略型博弈转换为伴随可转移效用的博弈

如果我们有了模拟参与人之间互动行为的策略型博弈，而且希望模拟这些参与人的合作行为，那么我们有几种定义伴随可转移效用的博弈（TU 博弈）的特征函数的方法。达成此事的常见方法有三种：(1) 最小最大值表达法；(2) 防御均衡表达法；(3) 理性威胁表达法。对于这方面的更多细节，读者可以参考 Myerson[1] 以及 Maschler，Solan，and Zamir[3]。

□ 转归

定义 27.4 （转归） 给定 TU 博弈（N，v），**转归**（imputation）是一个满足下列两个性质的配置 $x=(x_1，\cdots，x_n)\in\mathbb{R}^n$：

- 个体理性：$x_i\geqslant v(\{i\})$，$\forall i\in N$；
- 集体理性：$\sum_{i\in N}x_i = v(N)$ 。

转归使得每个参与人的状况都变好，而且将大联盟的总价值在参与人之间分配（帕累托效率）。

定义 （优势转归） 给定 TU 博弈（N，v）的一个转归 $x=(x_1，\cdots，x_n)$ 以及另外一个转归 $y=(y_1，\cdots，y_n)$，如果存在联盟 C 使得

$$\sum_{i\in C} x_i \leqslant v(C) \text{ 且 } x_i > y_i \quad ,\forall i \in C$$

那么我们说 x **优于**（dominate）y。

例 27.9 （转归与优势转归） 我们对转归概念做出一些观察。考虑多数同意规则下的投票博弈。

（1）配置（150，150，0）以及配置（100，0，200）都是转归，但配置（0，0，0）以及（100，50，50）不是转归。转归（150，150，0）优于转归（100，0，200），这是因为联盟｛1，2｝使得 150>100 以及 150>0。

（2）给定两个转归 x 与 y，它们可能都不是优势转归。例如，在多数同意规则下的投票博弈中，$x=(150，150，0)$ 不优于也不劣于 $y=(0，150，150)$。

（3）优势关系不是传递的（transitive），可能出现循环。例如，在多数同意规则下的投票博弈中，转归（0，180，120）优于转归（150，150，0），转归（150，150，0）优于转归（90，0，210），转归（90，0，210）优于转归（0，180，120）。□

27.3 伴随特殊结构的 TU 博弈

在本节，我们定义几类特殊的 TU 博弈。

□ 单调博弈

在单调的 TU 博弈中，当我们向给定的联盟增加成员时，该联盟的价值不会降低。

定义 27.6 （单调博弈） 给定 TU 博弈（N，v），如果

$$v(C)\leqslant v(D) \quad \forall C\subseteq D\subseteq N$$

那么我们说这个博弈是**单调的**（monotonic）。

例 27.10 可以验证，例 27.7 中的最小生成树博弈以及例 27.8 中的物流博弈都是单调的。事实上，到目前为止，本章讨论的所有例子都是单调的。举个非单调博弈的例子：在 TU 博弈（N，v）中，$N=\{1，2\}$，$v(1)=10$，$v(2)=20$，$v(12)=15$。根据单调博弈的定义可知，这个博弈不是单调的。□

□ 超可加博弈

在超可加的 TU 博弈中，任何两个不相交联盟的并的价值不小于这两个联盟的价值之和。也就是说，两个不相交的联盟在合并之后能产生超出个体价值之和的非负的额外价值。

定义 27.7 （超可加博弈） 给定 TU 博弈（N，v），如果

$$v(C\cup D)\geqslant v(C)+v(D) \quad \forall C,D\subseteq N \text{ 且 } C\cap D=\varnothing$$

那么我们说这个博弈是**超可加的**（superadditive）。

例 27.11 给定下列多数同意规则下的投票博弈：$N=\{1,2,3\}$，$v(1)=v(2)=v(3)=0$，$v(12)=v(13)=v(23)=v(123)=300$。这个博弈是超可加的。另外，例 27.7 讨论的最小生成树博弈也是超可加的。□

例 27.12 （非超可加博弈） 下列三人博弈不是超可加的：

$$v(1)=10, v(2)=15, v(3)=20, v(12)=20$$
$$v(13)=30, v(23)=35, v(123)=40$$

□

注释 注意，单调博弈未必是超可加的，超可加博弈未必是单调的。读者可以构建以下情形的例子：(a) 单调且超可加；(b) 单调但不超可加；(c) 不单调但超可加；(d) 不单调也不超可加。

□ 基本博弈与非基本博弈

定义 27.8 （基本超可加博弈） 给定超可加博弈 (N, v)，如果

$$\sum_{i \in N} v(i) = v(N)$$

那么我们说这个博弈为**非基本的**（inessential）；否则，我们说它是**基本的**（essential）。

如果 (N, v) 为非基本的，那么

$$\sum_{i \in C} v(i) = v(C) \quad \forall C \subseteq N$$

因此，对于非基本博弈，$(v(1), v(2), \cdots, v(n))$ 是唯一可能的转归。另一方面，对于基本博弈，可能有无穷多个转归。

□ 策略上等价的 TU 博弈

定义 27.9 给定两个 TU 博弈 (N, v) 与 (N, w)，如果存在常数 $c_1, c_2, \cdots, c_n$ 以及 $b>0$ 使得

$$w(C) = b\Big(v(C) + \sum_{i \in C} c_i\Big), \ \forall C \subseteq N$$

那么我们说这两个博弈在**策略上等价**（strategically equivalent）。

在直觉上，两个博弈在策略上的等价性意味着其中一个博弈的参与人的“动态”与另外一个博弈的参与人的“动态”是相同的。

在策略等价层面上有一个重要结果：任何超可加且基本的 n 人特征型博弈 G 在策略上等价于下列唯一博弈：

$$N=\{1,2,\cdots,n\}$$
$$v(1)=v(2)=\cdots=v(n)=0; v(N)=1$$
$$0 \leqslant v(C) \leqslant 1 \quad \forall C \subseteq N$$

这个唯一博弈称为原博弈的 **0—1 标准化**（0—1 normalization）。

□ 三人超可加博弈的三角表示法

给定任何三人博弈，其中 $v(1)=v(2)=v(3)=0$，$v(N)=1$。这种博弈的转归可用

三角法表示。这种表示法利用了下列性质：假设 P 是等边三角形内的任何一点，而且这个等边三角形的高为 h。于是，从 P 到该三角形三条边的垂直距离之和等于 h。参见图 27—3。

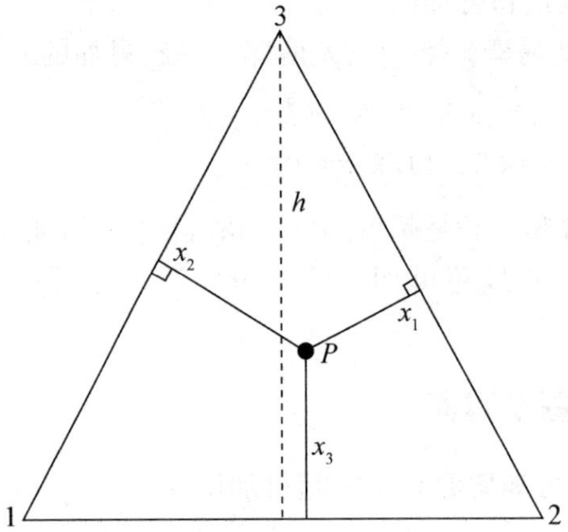

图 27—3　等边三角形及其性质 $x_1+x_2+x_3=h$

例 27.13　给定多数同意规则下的投票博弈，其中 $v(1)=v(2)=v(3)=0$，$v(12)=v(13)=v(23)=v(123)=1$。于是，等边三角形内的任何一点 $\rho=(x_1，x_2，x_3)$ 都代表一个转归，这是因为：$x_1\geqslant 0$；$x_2\geqslant 0$；$x_3\geqslant 0$；$x_1+x_2+x_3=1$。图 27—4 画出了几个具有代表性的转归。□

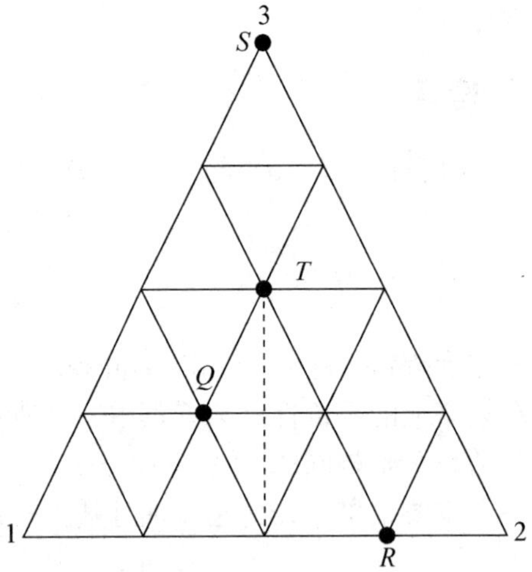

图 27—4　$Q=\left(\frac{1}{2}，\frac{1}{4}，\frac{1}{4}\right)$，$R=\left(\frac{1}{4}，\frac{3}{4}，0\right)$，$S=(0，0，1)$

以及 $T=\left(\frac{1}{4}，\frac{1}{4}，\frac{1}{2}\right)$都是转归

例 27.14　（多数同意规则下的投票博弈中的议价）给定多数同意规则下的投票博弈，其中 $N=\{1，2，3\}$，$v(1)=v(2)=v(3)=0$；$v(12)=v(13)=v(23)=v(123)=300$。假设我们从配置（150，150，0）出发，这个配置意味着参与人 1 和 2 组成了联盟。参与人 3 可以通过提出（180，0，120）这样的分配方案来诱惑参与人 1 构成新的联盟。现在，参与人 2 可以提出（0，120，180）这样的方案来吸引参与人 3 与他联盟。在这个特定博弈中，议价可以一直进行下去，无法达成一致同意的分配方案。图 27—5 说明了这种情形。□

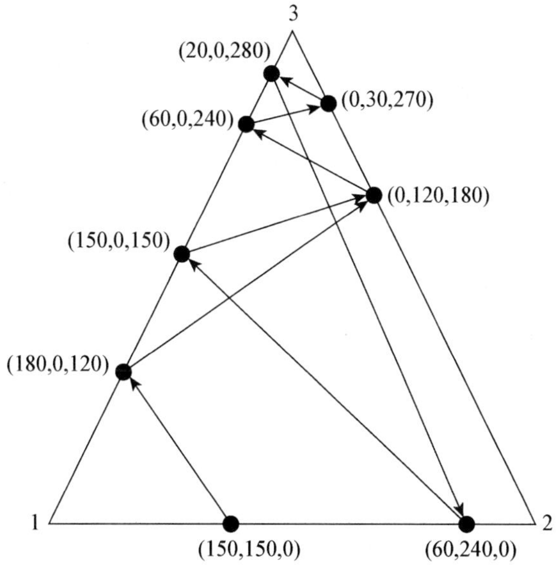

图 27—5　多数同意规则下的投票博弈中的议价

□ 凸博弈

在凸的 TU 博弈中，给定某个联盟，随着更多参与人加入该联盟，该联盟任一成员的边际贡献也增加。也就是说，参与人有激励加入大型联盟而不是小型联盟。凸博弈的正式定义如下。

定义 27.10　（凸博弈） 给定 TU 博弈，如果

$$v(C\cup D)+v(C\cap D)\geqslant v(C)+v(D)\quad \forall C,D\subseteq N$$

那么我们说这个博弈是**凸的**（convex）。

注释　在上面的定义中，假设 C 与 D 不相交。于是，我们有

$$v(C\cup D)\geqslant v(C)+v(D)\quad \forall C,D\subseteq N \text{ 且 } C\cap D=\varnothing$$

上式正好是超可加性的定义。因此，每个凸博弈都是超可加的。但超可加的博弈未必是凸的。

在下列命题中，我们提供凸博弈的两个等价定义。我们将这些命题的证明留作习题。

命题 27.1　TU 博弈（N，v）是凸的当且仅当

$$v(C\cup\{i\})-v(C)\leqslant v(D\cup\{i\})-v(D)\quad \forall C\subseteq D\subseteq N,\ \forall i\in N\backslash D$$

命题 27.2　TU 博弈（N，v）是凸的当且仅当

$$v(C\cup E)-v(C)\leqslant v(D\cup E)-v(D)\quad \forall C\subseteq D\subseteq N,\ \forall E\subseteq N\backslash D$$

27.4 成本博弈

到目前为止，我们讨论的 TU 博弈都是**利润博弈**（profit games），这是因为联盟 C 的价值 $v(C)$ 代表联盟成员在没有联盟外成员帮助的情形下得到的（最大）总价值。另一方面，如果联盟 C 的价值代表联盟成员必须支付的最低总价格，那么这个 TU 博弈称为**成本博弈**（cost game）。正如下面例子表明的，成本博弈是利润博弈的补。下面这个例子也说明，在一些情形下，成本博弈比利润博弈更自然。

例 27.15 （成本博弈） 考虑例 27.7 中的最小生成树博弈。在这里，我们将每个联盟的价值定义为联盟 C 的成员因连接到设施 F 上而产生的最小成本。回忆一下，给定联盟 $C\subseteq\{1, 2, 3\}$，上述最小成本等于对应于设施 F 和联盟 C 的成员的最小生成树各边权重之和。在这种情形下，成本博弈的特征函数为：

$$v(\varnothing)=0, v(1)=5, v(2)=1, v(3)=3$$
$$v(12)=5, v(13)=8, v(23)=3, v(123)=7$$

在确定相关参与人分担的成本时，这样的博弈非常有用。□

27.5 小结与参考文献

本章重要知识点如下：

• 纳什议价解不能自然推广到三人或多人合作博弈，这是因为纳什议价仅考虑了大联盟中参与人之间的议价。这一点可从各个版本的分钱博弈中看出来。

• 在合作博弈中，联盟的形成以及参与人之间的议价可能涉及非常复杂的分析，因为议价可能无休止地进行下去：在这种情形下，参与人总有激励离开某个联盟，然后加入新的联盟。合作博弈论提供了各种解概念，旨在为这些复杂议价提供可被接受且科学的结果。

• 伴随可转移效用的博弈（TU 博弈）或称特征型博弈，用特征函数 $v: 2^N\rightarrow\mathbb{R}$ 描述合作博弈，其中特征函数 v 对每个联盟指定一个值，这样的值称为联盟的价值。联盟的价值是联盟成员得到的总效用。一旦我们定义了特征函数，就可以按部就班地进行分析。

• TU 博弈的一个重要议题是如何得到能如实反映不同联盟合作效应的特征函数 $v(\cdot)$。通常，潜在问题的结构能指明如何计算不同联盟的特征函数。

• TU 博弈 (N, v) 中的每个转归都是如下收益配置：所有参与人的收益之和等于 $v(N)$，而且每个参与人 $i\in N$ 的收益至少为 $v(\{i\})$。

• 在超可加的 TU 博弈中，对任何不相交的联盟取并，这个并集的价值不小于这些个体联盟的价值之和。三人超可加的博弈通常可用三角法表示。

• 在凸博弈中，参与人对任何联盟的边际贡献小于或等于他对该联盟的任何真父集的边际贡献。在直觉上，随着更多参与人加入某个联盟，该联盟成员的边际贡献是单调递增的。凸博弈是超可加的，但超可加博弈未必是凸的。

● 在成本博弈中，联盟的价值用参与人承担的最小成本衡量，而不是用他们得到的最大利润衡量。我们通常研究的 TU 博弈是利润博弈，成本博弈是利润博弈的补充。

本章的材料主要来自 Myerson[1] 以及 Straffin[4]。另外，Maschler，Solan，and Zamir[3] 也是一本很好的书。接下来的三章将讨论 TU 博弈的各种解概念。

□ 参考文献

[1] Roger B. Myerson. *Game Theory: Analysis of Conflict*. Harvard University Press，Cambridge，Massachusetts，USA，1997.

[2] Yoam Shoham and Kevin Leyton-Brown. *Multiagent Systems: Algorithmic, Game—Theoretic, and Logical Foundations*. Cambridge University Press，New York，USA，2009，2009.

[3] Michael Maschler，Eilon Solan，and Shmuel Zamir. *Game Theory*. Cambridge University Press，2013.

[4] Philip D. Straffin Jr. *Game Theory and Strategy*. The Mathematical Association of America，1993

27.6 习　题

（1）给出如下 TU 博弈的例子：每个转归都劣于另外一个转归。

（2）对于下面每种情形，给出一个 TU 博弈的例子：

● 单调且超可加；

● 单调但不超可加；

● 超可加但不单调；

● 不超可加也不单调。

（3）给定下列博弈（称为通信卫星博弈）：

$$v(1)=3, v(2)=2, v(3)=1, v(12)=8, v(13)=6.5, v(23)=8.2, v(123)=11.2$$

证明这个博弈是超可加的。它是凸的吗？（资料来源：文献[3]。）

（4）给定下列 TU 博弈（N，v）：

$$N=\{1,2,3\}; v(1)=v(2)=1, v(3)=2, v(12)=v(23)=v(13)=4, v(123)=5$$

这个博弈是超可加的吗？是凸的吗？（资料来源：文献[3]。）

（5）给出一个 TU 博弈，它是超可加的但不是凸的。

（6）给定任何三人常和（constant sum）博弈（这是一种 TU 博弈，它的特征是对于每个联盟 $C\subseteq N$，$v(C)+v(N\setminus C)$ 是一个常数），将其进行 0－1 标准化，证明标准化后的博弈是一个多数同意规则下的投票博弈。

（7）给定两个 TU 博弈（N，v）与（N，w），给定数 $\lambda\in[0, 1]$，将这两个博弈的

凸组合定义为博弈（N，z），其中

$$z(C)=\lambda v(C)+(1-\lambda)w(C) \quad \forall C\subseteq N$$

如果（N，v）与（N，w）都是凸的，那么（N，z）也是凸的吗？证明你的结论。

（8）证明命题 27.1：TU 博弈（N，v）是凸的当且仅当

$$v(C\cup\{i\})-v(C)\leqslant v(D\cup\{i\})-v(D) \quad \forall C\subseteq D\subseteq N,\ \forall i\in N\backslash D$$

（9）证明命题 27.2 ：TU 博弈（N，v）是凸的当且仅当

$$v(C\cup E)-v(C)\leqslant v(D\cup E)-v(D) \quad \forall C\subseteq D\subseteq N,\ \forall E\subseteq N\backslash D$$

第 28 章

联盟博弈的核

给定伴随可转移效用的博弈 (N, v)，有两个重要问题需要研究：(1) 哪个（些）联盟将会出现？(2) 联盟如何将价值分配给成员？第二个问题的答案将影响第一个问题的答案。本章我们使用核这个概念来回答这些问题，核是合作博弈论的中心概念。我们用一些例子说明 TU 博弈的核的重要性，并且给出关于这个关键解概念的一些重要结果。

28.1 核：定义与例子

核（core）是一个解概念，它是一组收益配置，其中每个配置都可能是给定 TU 博弈的解。令 $N=\{1, \cdots, n\}$ 为参与人集；(N, v) 是一个伴随可转移效用的博弈，即 TU 博弈。收益配置 $x=(x_1, \cdots, x_n)$ 是 $\mathbb{R}^n$ 中的任意向量。x_i $(i\in N)$ 是参与人 i 的收益（效用）。我们首先定义可行配置、个体理性配置、联盟理性配置以及集体理性配置的概念。

定义 28.1 （可行配置） 给定联盟 C 以及配置 $x=(x_1, \cdots, x_n)\in\mathbb{R}^n$，如果

$$\sum_{i\in C} x_i \leqslant v(C)$$

那么我们说配置 x 对于联盟 C 是**可行的**（feasible）。

如果配置 x 对于联盟 C 是可行的，那么 C 的成员可以实现 x 中各自的配置，即瓜分联盟 C 的价值 $v(C)$。

定义 28.2 （理性配置） 给定收益配置 $x=(x_1, \cdots, x_n)$，如果

$$x_i \geqslant v(\{i\}) \quad \forall i\in N$$

那么我们说配置 x 是**个体理性的**（individually rational）。

如果

$$\sum_{i \in N} x_i = v(N)$$

那么我们说配置 x 是**集体理性的**（collectively rational）。

如果

$$\sum_{i \in C} x_i \geqslant v(C) \quad \forall C \subseteq N$$

那么我们说配置 x 是**联盟理性的**（coalitionally rational）。

注意，联盟理性意味着个体理性。在上一章，我们定义了**转归**（imputation）概念。可以看出，转归是一个满足个体理性和集体理性的收益配置。集体理性与（帕累托）效率相同。

定义 28.3 （核） TU 博弈的**核**（core），记为 $\mathbb{C}(N, v)$，是满足联盟理性和集体理性的所有收益配置组成的集合。

$$\mathbb{C}(N,v) = \left\{(x_1,\cdots,x_n) \in \mathbb{R}^n : \sum_{i=1}^{n} x_i = v(N); \sum_{i \in C} x_i \geqslant v(C), \forall C \subseteq N\right\}$$

换句话说，核是满足联盟理性的所有转归组成的集合。

定义 28.4 （阻止） 给定联盟 C 以及配置 $x=(x_1, \cdots, x_n) \in \mathbb{R}^n$，如果

$$v(C) > \sum_{i \in C} x_i$$

那么我们说联盟 C 能够**改进**（improve）配置 x，或者说，联盟 C 能够**阻止**（block）配置 x。

上面的定义意味着联盟 C 能改进配置 x，当且仅当存在着某个配置 y 使得 y 对于联盟 C 可行而且使得 C 的每个成员的状况严格变好（即 $y_i > x_i$，$\forall i \in C$）。

定义 28.5 （核：另外一个等价定义） TU 博弈（N，v）的**核**是所有下述配置 x 组成的集合：x 对于 N 可行，而且不存在能改进 x 的联盟 $C \subseteq N$。

对于核这个概念，我们可以做出下列一些重要观察。

注释 给定对 N 可行的配置 x，如果 x 不在核中，那么存在某个联盟 C，使得 C 中的成员可以通过瓜分联盟价值 $v(C)$ 来严格改善自己的状况，即使得自己的收益严格大于自己在 x 情形下的收益。

注释 如果配置 x 在核中，那么这意味着对于任一参与人，单方面偏离 x 的做法不会严格改善他的收益。这意味着 x 是相应的合同信号博弈的一个纳什均衡。

注释 核是一个让人喜欢的概念，原因在于下列假设：所有联盟都能有效协商。我们可以将核中的每个配置视为参与人有效协商的结果。

注释 TU 博弈的核可以是空集。如果核是空的，那么我们不能对博弈下任何结论。与此同时，如果核由大量元素组成，那么我们也很难选择核中的任何特定配置。

注释 可以证明，TU 博弈的核是凸且紧的。凸性和紧性是核满足的两个合意性质。对于这个结果的证明，读者可以参考 Maschler，Solan，and Zamir[1]。

□ 核：一些例子

例 28.1 （分钱博弈） 对于分钱博弈（版本 1），核$\mathbb{C}(N, v)$为

$$\{(x_1, x_2, x_3) \in \mathbb{R}^3 : x_1 + x_2 + x_3 = 300, x_1 \geqslant 0, x_2 \geqslant 0, x_3 \geqslant 0\}$$

核对称地处理这三个参与人，而且核包括所有满足个体理性和帕累托效率的配置。

对于分钱博弈（版本 2）（此时参与人 1 和 2 可以瓜分 300 元），核$\mathbb{C}(N, v)$为

$$\{(x_1, x_2, x_3) \in \mathbb{R}^3 : x_1 + x_2 = 300, x_1 \geqslant 0, x_2 \geqslant 0, x_3 = 0\}$$

对于分钱博弈（版本 3）（此时参与人 1 和 2 可以瓜分 300 元，或者参与人 1 和 3 可以瓜分 300 元），可以看出，核只有一个元素即（300，0，0）。

对于分钱博弈（版本 4）（此时当任意两个参与人提出相同的分钱方案时，参与人得到非零收益），可以看出，核是空的。下列两个观察说明了这种情形下空核为何是合理的。首先，当任一参与人 i 在任一可行配置得到正的收益时，另外两个参与人的收益之和必定小于 300。其次，不管最终配置是怎样的，总存在着一个联盟使得如果这是参与人最后一次议价，那么该联盟能严格改进上述配置。□

例 28.2 （三人 TU 博弈） 这个例子来自参考文献［2］。在这里，$N=\{1, 2, 3\}$，$v(1)=v(2)=v(3)=0$，$v(12)=0.25$，$v(13)=0.5$，$v(23)=0.75$，$v(123)=1$。注意，$(x_1, x_2, x_3) \in \mathbb{C}(N, v)$ 当且仅当

$$x_1 \geqslant 0, x_2 \geqslant 0, x_3 \geqslant 0;$$
$$x_1 + x_2 \geqslant 0.25, x_1 + x_3 \geqslant 0.5, x_2 + x_3 \geqslant 0.75;$$
$$x_1 + x_2 + x_3 = 1。$$

这意味着 $x_1 \leqslant 0.25$，$x_2 \leqslant 0.5$，$x_3 \leqslant 0.75$。图 28—1 画出了这个博弈的核，它正好是一个梯形，该梯形的顶点为（0，0.25，0.75）、（0，0.5，0.5）、（0.25，0，0.75）以及（0.25，0.5，0.25）。□

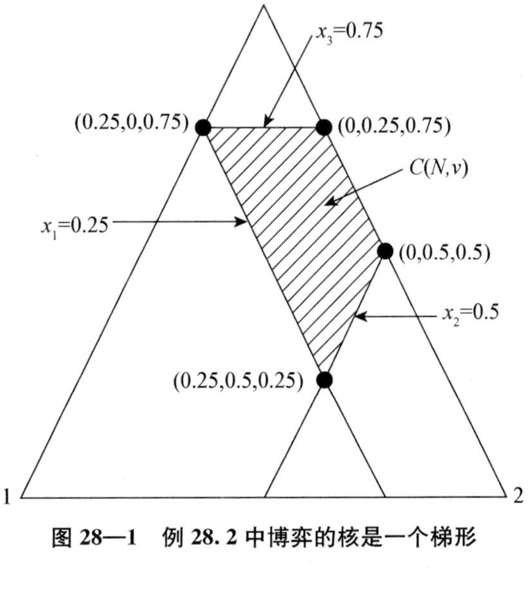

图 28—1 例 28.2 中博弈的核是一个梯形

例 28.3 (房屋配置) 这个例子来自 von Neumann and Morgenstern[3]。参与人 1 有套房子要卖，他认为房子价值为 1。参与人 2 和 3 都认为房子价值为 2，他们（参与人 2 和 3）每人拥有的钱数也为 2。假设参与人 1 将房子以价格 p 卖给参与人 2，其中 $1\leqslant p\leqslant 2$。于是，参与人 1 的效用为 p，参与人 2 的效用为 $(2-p)+2=4-p$，参与人 3 的效用为 2。参与人 1 将房子以价格 p 卖给参与人 3（其中 $1\leqslant p\leqslant 2$）的情形类似。因此，我们得到了下列特征型博弈：

$$v(1)=1,v(2)=2,v(3)=2,v(12)=v(13)=v(23)=4,v(123)=6$$

配置 $(x_1, x_2, x_3)\in \mathbb{C}(N, v)$ 当且仅当

$$x_1\geqslant 1,x_2\geqslant 2,x_3\geqslant 2$$
$$x_1+x_2\geqslant 4,x_2+x_3\geqslant 4,x_1+x_3\geqslant 4$$
$$x_1+x_2+x_3=6$$

满足上面所有式子的唯一配置是 (2，2，2)，这是核中的唯一元素。这对应着参与人 1 以最大可能的价格（为 2）卖掉房子。□

例 28.4 (最小生成树利润博弈的核) 考虑例 27.7 中的最小生成树博弈：

$$N=\{1,2,3\}$$
$$v(1)=5,v(2)=9,v(3)=7,v(12)=15,v(13)=12,v(23)=17,v(123)=23$$

配置 $(x_1, x_2, x_3)\in \mathbb{C}(N, v)$ 当且仅当

$$x_1\geqslant 5,x_2\geqslant 9,x_3\geqslant 7$$
$$x_1+x_2\geqslant 15,x_1+x_3\geqslant 12,x_2+x_3\geqslant 13$$
$$x_1+x_2+x_3=23$$

上面这些式子意味着核为

$$\{(x_1,x_2,x_3):5\leqslant x_1\leqslant 6,9\leqslant x_2\leqslant 11,7\leqslant x_3\leqslant 8,x_1+x_2+x_3=23\}$$

显然这是一个不可数的无穷集。注意，正如我们预期的，参与人 2 的核配置是最高的，而参与人 1 的核配置是最低的。□

例 28.5 (手套市场) 这个例子说明在一些病态情形下，核可能非空。我们首先考虑简单情形，然后将其推广。假设有 5 个手套供应商。参与人 1 和 2 每人供应一只左手套，参与人 3、4 和 5 每人供应一只右手套，因此 $N_L=\{1, 2\}$，$N_R=\{3, 4, 5\}$。假设每个联盟的价值等于联盟实现的配对数。例如，如果 $C=\{1, 3\}$，那么 C 的价值为 1；如果 $C=\{3, 4\}$，那么 C 的价值为 0。一般地，给定 $C\subseteq N$，

$$v(C)=\min\{|C\cap N_L|,|C\cap N_R|\}$$

可以看出，这个博弈的核是一个单点集 $\{(1, 1, 0, 0, 0)\}$。

另一方面，如果 $N_L=\{1, 2, 3\}$，$N_R=\{4, 5\}$，那么该博弈的核为单点集 $\{(0, 0, 0, 1, 1)\}$。如果集合 N_L 与 N_R 有相同的基数，那么核的形式将完全不同。例如，如果 $N_L=\{1, 2\}$，$N_R=\{3, 4\}$，那么博弈的核将含有很多元素，特别地，其中一个元素为 $\left(\frac{1}{2}, \frac{1}{2}, \frac{1}{2}, \frac{1}{2}\right)$。

现在我们将这个例子推广到 $n=2\,000\,001$ 的情形。其中 1 000 000 个参与人每人可提供一只左手套，剩下的 1 000 001 个参与人每人可提供一只右手套。这个博弈的核将含有唯一的配置 x，使得

$$\begin{aligned} x_i &= 1 \quad 若\ i \in N_L \\ &= 0 \quad 若\ i \in N_R \end{aligned}$$

原因在于：

$$\sum_{i \in N_L} x_i + \sum_{j \in N_R \setminus \{k\}} x_j \geqslant 1\,000\,000 \qquad \forall k \in N_R$$

假设某个右手套供应商在某个可行配置中有正的收益。于是，其余 2 000 000 个参与人的总收益必定小于 1 000 000。然而，注意，这 2 000 000 个参与人本来可以组成联盟，从而配成 1 000 000 对，从而得到总收益 1 000 000。这个例子的经济学解释如下。由于右手套是超额供给的，因此市场价格为零。如果我们再增加两个左手套供应商，那么唯一的核配置将变为

$$\begin{aligned} x_i &= 0 \quad 若\ i \in N_L \\ &= 1 \quad 若\ i \in N_R \end{aligned}$$

在这个配置中，每个左手套供应商得到的收益为零，每个右手套供应商得到的收益为 1。现在假设左手套的供应商为 1 000 000 个，右手套的供应商也为 1 000 000 个，那么这个博弈的核比较有趣，请读者自行观察。□

□ ε 核

我们已经看到，大型博弈（例如上例中的手套市场）可能不稳定，这个问题在某种程度上可用 ε 核（ε-core）或 ε 近似核（ε-approximate core）概念解决。给定任意数 $\varepsilon \geqslant 0$，配置 x 位于联盟博弈（N，v）的 ε 核中当且仅当

$$\sum_{i \in N} x_i = v(N)$$
$$\sum_{i \in C} x_i \geqslant v(C) - \varepsilon |C| \qquad \forall C \subseteq N$$

如果配置 x 位于 ε 核中，那么任何联盟 C 都不能改进 x，这里的改进是 ε 意义上的改进。

例 28.6 （手套市场的 ε 核） 对于例 28.5 中的手套市场，配置 x 位于 ε 核中当且仅当

$$\min\{x_i : i \in N_L\} + \min\{x_j : j \in N_R\} \geqslant 1 - 2\varepsilon$$

这意味着左手套供应商和右手套供应商最差也要得到 $1-2\varepsilon$ 的总收益。当左手套供应商为 1 000 000 个且右手套供应商为 1 000 001 个时，如果 $\varepsilon > 0.000\,000\,5$，那么对于任意数 λ（其中 $0 \leqslant \lambda \leqslant 1$），配置 x

$$x_i = 1 - \lambda,\ \forall i \in N_L; \quad x_i = \frac{\lambda}{1.000\,001},\ \forall i \in N_R$$

是上述手套市场博弈的 ε 核。□

28.2 博弈何时有非空的核

经典论文 Shapley[4] 以及 Bondereva[5] 利用线性规划，各自独立发现了拥有非空核的博弈的特征。为了理解这个特征，我们首先考察与给定 TU 博弈 (N, v) 相伴的下列线性规划问题：

$$\min x_1 + x_2 + \cdots + x_n$$
$$\text{s.t.}$$
$$\sum_{i \in C} x_i \geqslant v(C), \ \forall C \subseteq N;$$
$$(x_1, \cdots, x_n) \in \mathbb{R}^n。$$

上面的线性规划是说，为了使得任何联盟都不能改进配置 $(x_1, \cdots, x_n)$，该配置的可转移效用至少应为多少。注意，如果这个线性规划是可行的，那么它必定有解。原因在于所有不等式都是大于或等于形式，而且在于这些不等式的结构。令 $(x_1^*, \cdots, x_n^*)$ 是这个线性规划的一个最优解。那么我们有

$$\sum_{i \in C} x_i^* \geqslant v(C) \quad \forall C \subseteq N$$

特别地，我们有 $x_1^* + \cdots + x_n^* \geqslant v(N)$。这里有两种可能性：

(1) $x_1^* + \cdots + x_n^* = v(N)$。在这种情形下，这个线性规划的所有解构成了核 $\mathbb{C}(N, v)$。事实上，核正是这个线性规划的解。

(2) $x_1^* + \cdots + x_n^* > v(N)$。在这种情形下，核 $\mathbb{C}(N, v)$ 显然是空的。

例 28.7 (分钱博弈) 在分钱博弈（版本 4）（多数同意规则下的投票博弈）中，$N = \{1, 2, 3\}$，$v(1) = v(2) = v(3) = 0$，$v(12) = v(23) = v(13) = v(123) = 300$。于是，线性规划为

$$\min x_1 + x_2 + x_3$$
$$\text{s.t.}$$
$$x_1, x_2, x_3 \geqslant 0$$
$$x_1 + x_2 \geqslant 300$$
$$x_2 + x_3 \geqslant 300$$
$$x_1 + x_3 \geqslant 300$$
$$x_1 + x_2 + x_3 \geqslant 300$$
$$x_1, x_2, x_3 \in \mathbb{R}$$

这个线性规划的唯一最优解为

$$x_1^* = x_2^* = x_3^* = 150$$

由于 $x_1^* + x_2^* + x_3^* = 450 > 300 = v(\{1, 2, 3\})$，因此核是空的。

在分钱博弈（版本 3）中，$N = \{1, 2, 3\}$，$v(1) = v(2) = v(3) = v(23) = 0$，$v(12) =$

$v(13)=v(123)=300$。于是，线性规划问题为

$$\begin{aligned}&\min\ x_1+x_2+x_3\\&\text{s.t.}\\&\quad x_1,x_2,x_3\geqslant 0\\&\quad x_1+x_2\geqslant 300\\&\quad x_1+x_3\geqslant 300\\&\quad x_2+x_3\geqslant 0\\&\quad x_1+x_2+x_3\geqslant 300\end{aligned}$$

这里的唯一最优解为

$$x_1^*=300,x_2^*=x_3^*=0$$

由于 $x_1^*+x_2^*+x_3^*=300=v(N)$，因此核的唯一元素为（300，0，0）。□

例 28.8 （分钱博弈的线性规划的对偶） 我们首先考察多数同意规则下的投票博弈的线性规划的对偶。对偶线性规划的目标函数为

$$\alpha(1)[v(1)]+\alpha(2)[v(2)]+\alpha(3)[v(3)]+\alpha(12)[v(12)]\\+\alpha(23)[v(23)]+\alpha(13)[v(13)]+\alpha(123)[v(123)]$$

对偶线性规划问题为

$$\begin{aligned}&\max\ 300[\alpha(12)+\alpha(23)+\alpha(13)+\alpha(123)]\\&\text{s.t.}\\&\quad \alpha(1)+\alpha(12)+\alpha(13)+\alpha(123)=1\\&\quad \alpha(2)+\alpha(12)+\alpha(23)+\alpha(123)=1\\&\quad \alpha(3)+\alpha(13)+\alpha(23)+\alpha(123)=1\\&\quad \alpha(1)\geqslant 0;\alpha(2)\geqslant 0;\cdots;\alpha(123)\geqslant 0\end{aligned}$$

该对偶线性规划的一个最优解为

$$\alpha(12)=\alpha(13)=\alpha(23)=\frac{1}{2}$$

$$\alpha(1)=\alpha(2)=\alpha(3)=\alpha(123)=0$$

在这里，核为空。

现在我们考察分钱博弈（版本 3）线性规划的对偶。这个对偶线性规划为

$$\begin{aligned}&\max\ 300[\alpha(12)+\alpha(13)+\alpha(123)]\\&\text{s.t.}\\&\quad \alpha(1)+\alpha(12)+\alpha(13)+\alpha(123)=1\\&\quad \alpha(2)+\alpha(12)+\alpha(23)+\alpha(123)=1\\&\quad \alpha(3)+\alpha(13)+\alpha(23)+\alpha(123)=1\\&\quad \alpha(1)\geqslant 0;\alpha(2)\geqslant 0;\cdots;\alpha(123)\geqslant 0\end{aligned}$$

这个对偶规划的最优值显然为 300。最优解为 $\alpha(12)=\alpha(13)=1/2$；所有其他 $\alpha(\cdot)=0$。□

□ 夏普利-邦德伊瓦（Shapley-Bondereva）特征

一般来说，原线性规划问题为

$$\min \sum_{i \in N} x_i$$
$$\text{s.t.}$$
$$\sum_{i \in C} x_i \geqslant v(C) \quad \forall C \subseteq N, x_i \in \mathbb{R}, \ \forall i \in N$$

对偶线性规划为

$$\max \sum_{C \subseteq N} \alpha(C) v(C)$$
$$\text{s.t.}$$
$$\sum_{C \supseteq \{i\}} \alpha(C) = 1 \quad \forall i \in N; \alpha(C) \geqslant 0 \quad \forall C \subseteq N$$

我们在这里使用**强对偶定理**（strong duality theorem）。这个定理指出：如果原规划（对偶规划）问题有最优解，那么对偶规划（原规划）也有最优解，而且它们的最优值相同。容易看出，上面的原问题有最优解。因此，根据强对偶定理可知，给定 TU 博弈（N，v），存在着配置 $x^* \in \mathbb{R}^n$ 以及向量 $\alpha^*(C)_{C \subseteq N}$，使得

$$\sum_{i \in C} x_i^* \geqslant v(C)$$
$$\alpha^*(C) \geqslant 0 \quad \forall C \subseteq N$$
$$\sum_{C \supseteq \{i\}} \alpha^*(C) = 1 \quad \forall i \in N$$

上面的例 28.7 与例 28.8 都能说明这一点。我们现在施加下列条件：

$$\sum_{C \supseteq \{i\}} \alpha(C) = 1 \quad \forall i \in N \Rightarrow \sum_{C \subseteq N} \alpha(C) v(C) \leqslant v(N)$$

也就是说，对偶问题的可行性意味着对偶问题的目标函数$\leqslant v(N)$。我们知道，原函数的最优值$\geqslant v(N)$。由于线性规划有解，因此，最优解的值$=v(N)$。这保证了核非空。这意味着我们有了核的非空性的必要充分条件。这个必要充分条件称为**平衡性**（balancedness）。

定义 28.6 **（平衡的 TU 博弈）** 给定 TU 博弈（N，v），如果

$$\sum_{C \supseteq \{i\}} \alpha(C) = 1 \quad \forall i \in N \Rightarrow \sum_{C \subseteq N} \alpha(C) v(C) \leqslant v(N)$$

那么我们说这个博弈是**平衡的**（balanced）。

现在，我们终于可以给出前面刚刚证明的重要定理了。

定理 28.1 TU 博弈（N，v）的核为非空的当且仅当这个博弈是平衡的。

上面最优化问题的任何最优解（x_1^*，x_2^*，…，x_n^*）称为参与人的**平衡的渴望**（balanced aspirations），其中 x_i^* 是参与人 i 的平衡的渴望。这个称谓是合适的，原因在于

$$\sum_{i \in C} x_i^* \geqslant v(C) \quad \forall C \subseteq N$$

参与人的渴望是平衡的，因为（$x_1+x_2+\cdots+x_n$）的值已最小。

28.3 凸博弈的核

在第 27 章，我们指出，在给定的 TU 博弈（N，v）中，如果对于每个参与人 $i \in N$，随着联盟变大，作为联盟成员的他的边际贡献也更大，那么这个博弈是凸的。下列关于凸博弈的结果说明了什么样的配置必定属于这个博弈的核。

命题 28.1 给定凸博弈（N，v），由

$$x_1 = v(\{1\})$$
$$x_2 = v(\{1,2\}) - v(\{1\})$$
$$\cdots$$
$$x_n = v(\{1,2,\cdots,n\}) - v(\{1,2,\cdots,n-1\})$$

定义的配置 $x=(x_1, \cdots, x_n)$ 位于这个博弈的核中。也就是说，$x \in \mathbb{C}(N, v)$。

证明： 容易验证上面定义的配置 $x=(x_1, \cdots, x_n)$ 满足 $x_1+\cdots+x_n=v(N)$，因此 X 是集体理性的。剩下的任务是证明配置 x 是联盟理性的。也就是说，我们必须证明

$$\sum_{i \in E} x_i \geqslant v(E) \quad \forall E \subseteq N$$

注意，$N=\{1, 2, \cdots, n\}$。假设 E 是 N 中的任一联盟。对于某个 $k \leqslant n$，我们可以将 E 写为$E=\{i_1, i_2, \cdots, i_k\}$。不失一般性，假设 $i_1<i_2<\cdots<i_k$。这让我们注意到

$$\{i_1, i_2, \cdots, i_{j-1}\} \subseteq \{1,2,\cdots,i_j-1\} \quad \forall j \in \{1,2,\cdots,k\}$$

在这里，我们回顾命题 27.1：TU 博弈（N，v）是凸的当且仅当

$$v(C \cup \{i\}) - v(C) \leqslant v(D \cup \{i\}) - v(D) \quad \forall C \subseteq D \subseteq N \quad \forall i \in N \backslash D$$

选择 $C=\{i_1, i_2, \cdots, i_{j-1}\}$，$D=\{1, 2, \cdots, i_j-1\}$ 以及 $i=i_j \in N \setminus D$，我们立即得到

$$v(\{i_1,i_2,\cdots,i_j\}) - v(\{i_1,i_2,\cdots,i_{j-1}\}) \leqslant v(\{1,2,\cdots,i_j\}) - v(\{1,2,\cdots,i_j-1\})$$

由此，可知

$$x_{i_1} = (v(\{1,2,\cdots,i_1\}) - v(\{1,2,\cdots,i_1-1\})) \geqslant (v(\{i_1\}) - v(\varnothing))$$
$$x_{i_2} = (v(\{1,2,\cdots,i_2\}) - v(\{1,2,\cdots,i_2-1\})) \geqslant (v(\{i_1,i_2\}) - v(\{i_1\}))$$
$$\cdots$$
$$x_{i_k} = (v(\{1,2,\cdots,i_k\}) - v(\{1,2,\cdots,i_k-1\})) \geqslant (v(\{i_1,i_2,\cdots,i_k\}) - v(\{i_1,i_2,\cdots,i_k-1\}))$$

将上面 k 个不等式相加，化简，可得

$$x_{i_1} + x_{i_2} + \cdots + x_{i_k} \geqslant v(\{i_1,i_2,\cdots,i_k\}) = v(E)$$

显然，上式对任何 $E \subseteq N$ 成立，这样，我们就证明了联盟理性。■

上面的命题让我们立即得到下述结果，这个结果说明了任何通过集合 N 的排列得到的配置也都可行。我们首先定义一些符号。令 $\Pi(N)$ 表示由 $N=\{1, 2, \cdots, n\}$ 的所有排列（permutation）组成的集合。假设 $\pi\in\Pi(N)$ 是任一排列。令 $P(\pi, i)$ 表示在排列 π 中位于参与人 i 之前的那些人组成的集合。也就是说，

$$P(\pi,i)=\{j\in N:\pi(j)<\pi(i)\}$$

定义参与人 i 对 $P(\pi, i)$ 的边际贡献为

$$m(P,i)=v(P(\pi,i)\cup\{i\})-v(P(\pi,i))$$

命题 28.2 假设 (N, v) 是一个凸博弈，$\pi\in\Pi(N)$ 是任一排列。于是，配置 $y^{\pi}\in(m(\pi, 1), m(\pi, 2), \cdots, m(\pi, n))$ 位于博弈 (N, v) 的核中。也就是说，$y^{\pi}\in\mathbb{C}(N, v)$。

在下一章，我们将利用这个定理证明任何凸博弈的夏普利值都位于该博弈的核中。

28.4 成本博弈的核

我们在第 27 章指出，给定 TU 博弈，如果联盟的价值是用联盟成员的总最小成本衡量，那么这样的博弈称为成本博弈。当我们面对的是成本博弈时，核的定义将涉及≤而不是≥：

$$\mathbb{C}(N,v)=\Big\{(x_1,\cdots,x_n)\in\mathbb{R}^n:\sum_{i\in C}x_i\leqslant v(C)\quad\forall C\subseteq N;\sum_{i\in N}x_i=v(N)\Big\}$$

例 28.9 （最小生成树成本博弈的核） 考虑最小生成树博弈对应的成本博弈：

$$N=\{1,2,3\};$$
$$v(1)=5,v(2)=1,v(3)=3,v(12)=5,v(13)=8,v(23)=3,v(123)=7$$

配置 $(x_1, x_2, x_3)\in\mathbb{C}(N, v)$ 当且仅当

$$x_1\leqslant5,x_2\leqslant1,x_3\leqslant3,x_1+x_2\leqslant5,x_1+x_3\leqslant8,x_2+x_3\leqslant7,x_1+x_2+x_3=7$$

上面这些式子意味着核 $\mathbb{C}(N, v)$ 为

$$\{(x_1,x_2,x_3):4\leqslant x_1\leqslant5;-1\leqslant x_2\leqslant1;2\leqslant x_3\leqslant3;x_1+x_2+x_3=7\}$$

注意，参与人 2 的核配置甚至可能为负，这意味着参与人 2 实际上得到了钱。读者可以试着将这个核与例 28.4 中最小生成树利润博弈的核进行比较。□

28.5 小结与参考文献

这里总结了本章讨论的一些重要概念。

- 给定特征型博弈或称 TU 博弈 (N, v)，这个博弈的核由所有满足联盟理性与集体理性的配置组成。给定核中的配置 $x=(x_1, \cdots, x_n)$，任何联盟 C 都无法阻止配置

x，这是因为联盟的价值 $v(C)$ 小于或等于联盟 C 的成员在配置 x 中的收益之和。核的元素可以解释为合同信号博弈的纳什均衡。

- TU 博弈的核可能为空集，可能为可数集，甚至可能为不可数集。核为空集的博弈（例如多数同意规则下的投票博弈）意味着参与人之间的议价可能永无休止。TU 博弈的核总是凸且紧的。
- 如果核有大量元素，那么我们很难从中选择合适的元素。此时，合作博弈论的其他解概念可能变得有用。
- 夏普利（Shapley）与邦德伊瓦（Bondereva）描述了 TU 博弈何时有非空的核。他们利用线性规划对偶，各自独立地证明了 TU 博弈有非空的核当且仅当它是平衡的。
- 我们可以利用适当的线性规划表达式来确定给定的 TU 博弈是否有非空的核。我们可用线性规划计算核的元素。
- 为了计算成本博弈的核，我们需要将核表达式中的$\geqslant$变为$\leqslant$。
- 凸博弈的核是非空的。

本章的讨论参考了 Myerson[6] 以及 Straffin[2]。博弈核议题上的重要结果的基础是由经典论文 Gerard Debreu and Herbert Scarf[7] 以及 Herbert Scarf[8] 打下的。Bondereva[4] 和 Shapley[5] 刻画了核的平衡性特征。关于核以及相关重要结果的详细讨论，读者可参考 Peleg and Sudholter[9] 以及 Maschler，Solan，and Zamir[1]。在下一章，我们将讨论夏普利值。

□ 参考文献

[1] Michael Maschler，Eilon Solan，and Shmuel Zamir. *Game Theory*. Cambridge University Press，2013.

[2] Philip D. Straffin Jr. *Game Theory and Strategy*. The Mathematical Association of America，1993.

[3] John von Neumann and Oskar Morgenstern. *Theory of Games and Economic Behavior*. Princeton University Press，1944.

[4] O. N. Bondereva. "Some applications of linear programming methods to the theory of cooperative games". In：(*In Russian*)(1963).

[5] Lloyd S. Shapley. "On balanced sets and the core". In：*Naval Research Logistics Quarterly* 14 (1967)，pp. 435-460.

[6] Roger B. Myerson. *Game Theory*：*Analysis of Conflict*. Harvard University Press，Cambridge，Massachusetts，USA，1997.

[7] Gerard Debreu and Herbert Scarf. "A limit theorem on the core of an economy". In：*International Economic Review* 4 (1963)，pp. 235-246.

[8] Herbert E. Scarf. "The core of an *n*-person game". In：*Econometrica* 35 (1967)，pp. 50-69.

[9] B. Peleg and P. Sudholter. *Introduction to the Theory of Cooperative Games*. Kluwer Academic，Boston，USA，2003.

28.6 习　题

（1）常和 TU 博弈（N，v）是指满足

$$v(C)+v(N\backslash C)=c$$

的博弈；其中 C 代表联盟，c 表示某个常数。证明任何基本的、常和博弈的核是非空的。（资料来源：参考文献［2］。）

（2）考虑手套市场例子。如果左手套的供应商为 1 000 000 个，右手套的供应商也为1 000 000 个，求这个博弈的核。

（3）考虑房屋配置例子的下列变种。对于房子，参与人 1、2 和 3 分别认为它的价值为 1、2 和 3。参与人 2 和 3 每人拥有的现金数为 3。构造合适的 TU 博弈并计算核。（资料来源：参考文献［2］。）

（4）考虑三人超可加博弈，其中 $v(1)=v(2)=v(3)=0$，$v(12)=a$，$v(13)=b$，$v(23)=c$，$v(123)=d$。在这里，$0\leqslant a$，b，$c\leqslant d$。计算这个博弈的核。该博弈的核何时为非空的？（资料来源：参考文献［2］。）

（5）通信卫星博弈的定义如下：

$$v(1)=v(2)=v(3)=0,$$
$$v(12)=5.2, v(13)=2.5, v(23)=3, v(123)=5.2。$$

求这个博弈的核。（资料来源：参考文献［2］。）

（6）给定下列 TU 博弈（N，v）：

$$N=\{1,2,3\};$$
$$v(1)=v(2)=1, v(3)=2, v(12)=v(23)=v(13)=4, v(123)=5。$$

求这个博弈的核。（资料来源：参考文献［1］。）

（7）在第 27 章讨论的物流博弈中：

$$N=\{1,2,3,4\};$$
$$v(1)=v(2)=v(3)=v(4)=0,$$
$$v(12)=v(13)=v(14)=v(23)=v(24)=v(34)=v(234)=v(123)=0,$$
$$v(134)=40, v(124)=45, v(1234)=65。$$

求这个博弈的核。

（8）某个博弈有五个参与人，其中参与人 1 称为大参与人，其余四个称为小参与人。对于大参与人 1 与一个或多个小参与人组成的联盟，价值为 1；对于四个小参与人组成的联盟，价值也为 1。令

$$N=\{1,2,3,4,5\};$$
$$\begin{aligned} v(C)&=1 \quad 若 1\in C 且 |C|\geqslant 2 \\ &=1 \quad 若 |C|\geqslant 4 \end{aligned}$$

$=0$　其他。

求这个博弈的核。(资料来源：参考文献［1］。)

(9) 考虑分钱博弈的下列变种。现在有 4 个参与人，总价值为 400。假设任何含有三个或更多个参与人的联盟都能实现上述总价值。另外，含有两个参与人的联盟也能实现这个总价值仅当参与人 1 是该联盟的成员。构建这个 TU 博弈的特征函数并计算核。

(10) 考虑分钱博弈的下列变种。现在有 4 个参与人，总价值为 400。任何至少含有两个参与人的联盟仅当参与人 1 是该联盟的成员时能够实现这个总价值 400。类似地，任何至少含有三个参与人的联盟仅当参与人 2 是该联盟的成员时也能够实现这个总价值 400。为此构建特征型博弈并计算核。

(11) 证明 TU 博弈的核是凸且紧的。

(12) 某个市场博弈是一个 TU 博弈，它含有买者集 B 以及卖者集 S，而且 $N=B\cup S$，$B\cap S=\varnothing$，以及

$$v(C)=\min(|C\cap B|,|C\cap S|)\ \forall C\subseteq N$$

计算这个博弈的核。(资料来源：参考文献［1］。)

(13) 给定下列 TU 博弈：$N=\{1,2,3,4\}$；对于基数（参与人个数）为 1 或 3 的每个联盟，$v(C)=0$；对于基数为 2 的每个联盟，$v(C)=30$；对于基数为 4 的每个联盟，$v(C)=50$。计算这个博弈的核。(资料来源：参考文献［1］。)

(14)（编程题）对于给定的 TU 博弈编程，使得程序提出适当的线性规划并自动报告这个博弈的核是空的或有限的（非空）或无限的（非空）。而且，在核为有限的（非空）情形下，程序将给出核的元素。

第 29 章 夏普利值

夏普利值是合作博弈论中的一个流行解概念，它为联盟博弈的参与人提供了唯一配置。与纳什议价解类似，夏普利值也是基于一组公理之上，这些公理确定了如何对参与人进行分配。夏普利值如实描述了参与人的边际贡献。在工程领域，夏普利值有广泛的应用。本章介绍夏普利公理，并且证明了夏普利值的存在性与唯一性。我们用一些例子进行说明，也证明了一些重要结果。

给定联盟博弈，核可能是空的，也可能非常大，甚至是不可数无穷的。这当然对博弈结果的预测带来了挑战。**夏普利值**（Shapley value）是一个解概念，它基于下列思想：对于任何给定的联盟博弈，什么解能给出唯一期望收益配置。劳埃德·夏普利（Lloyd Shapley）于 1953 年使用公理化方法提出了夏普利值的概念，这也是他在普林斯顿大学博士论文的一部分。给定联盟型博弈 (N, v)，我们将夏普利值记为 $\phi(N, v)=(\phi_1(N, v), \cdots, \phi_n(N, v))$，其中 $\phi_i(N, v)$ 是参与人 i 的期望收益。在不至于混淆的情形下，我们分别把 $\phi(N, v)$ 与 $\phi_i(N, v)$ 简记为 $\phi(v)$ 与 $\phi_i(v)$。另外，注意，$v\in \mathbb{R}^{2^n-1}$，在这里我们去掉了 $v(\varnothing)$，因为它显然等于零。

夏普利值试图描述联盟竞争力量如何影响博弈的可能结果。给定特征函数刻画的策略现实，夏普利值描述了一种分配联盟价值的合理或公平方法。这种方法的分配依据在于参与人的边际贡献。

注释 在本章，与以前类似，我们稍微滥用一下符号：为方便起见，我们将集合 $\{1\}$，$\{2\}$，$\{3\}$，$\{1, 2\}$，$\{1, 2, 3\}$ 分别简记为 1，2，3，12，123。

劳埃德·夏普利（Lloyd Shapley）是有史以来最有影响力的博弈论学家之一。特别地，他对合作博弈论做出的贡献比任何其他人都多。夏普利做出了很多原创工作，开启了博弈论的新纪元。夏普利与埃尔文·罗斯（Alvin Roth）一起获得了2012年诺贝尔经济学奖。博弈论中的很多概念、引理和定理都以夏普利命名，其中最为重要的是夏普利值，这是合作博弈论中的一个流行解概念。

夏普利的开创性贡献包括：

- 邦德伊瓦-夏普利定理（Bondareva-Shapley theorem），它为联盟博弈的核的非空性提供了必要充分条件，这个定理也意味着凸博弈有非空的核；我们在上一章已讨论了该定理。
- 盖尔-夏普利算法[1]（Gale-Shapley algorithm），它为稳定的婚姻问题提供了第一个而且也许是最常用的解。
- 奥曼-夏普利定价法（Aumann-Shapley pricing），它开创性地指出了如何对使用共享资源的产品定价。
- 夏普利-福克曼引理（Shapley-Folkmann lemma），它解决了集合加法的凸性问题。
- 夏普利-舒比克权力指数[2]（Shapley-Shubik power index），它被用于确定投票权力。
- 另外，夏普利早在1953年首先提出了随机博弈的概念。[3]1996年，夏普利与孟德尔（Monderer）提出了潜在博弈（potential games）的概念，现在这种博弈已被研究者广泛使用。[4]夏普利与马希勒（Maschler）、皮莱格（Peleg）一起在内核（kernel）以及核仁（nucleolus）等概念上做出了开创性的贡献；夏普利与奥曼一起在非原子博弈、长期竞争方面的贡献也是开创性的。

夏普利于1923年出生于马萨诸塞州剑桥市，从小他就是一个数学天才。1948年大学毕业后，夏普利进入哈佛大学。1943—1945年，他效力于美国陆军，1943年成为教官，当时他破译了苏联天气密码，在20岁时被授予青铜勋章。1949年，他开始在普林斯顿大学追随阿尔伯特·塔克（Albert Tucker）教授攻读博士，1953年获得博士学位。大名鼎鼎的夏普利值就是在这一时期完成的。夏普利博士的论文题目为《可加与不可加的集合函数》(Additive and Nonadditive Set Function)。那时，约翰·纳什与夏普利都是塔克教授的博士生。1954—1981年，夏普利作为数学家效力于兰德公司，在这个时期他取得了很多开创性的结果。自1981年起，他任教于加利福尼亚大学（洛杉矶）经济系和数学系。

29.1 夏普利公理

令(N, v)为联盟型博弈。令π为集合N上的一个排列（permutation）。令

（N，πv）为伴随排列值函数

$$\pi v(\{\pi(i): i\in C\})=v(C)\quad \forall C\subseteq N$$

的联盟博弈。这意味着任何参与人 $i\in N$ 在博弈（N，v）中的作用，与参与人 $\pi(i)$ 在博弈（N，πv）中的作用是相同的。

例 29.1 假设 $N=\{1, 2, 3\}$。考虑集合 N 上的下列排列 π：

$$\pi(1)=3; \pi(2)=1; \pi(3)=2$$

于是博弈（N，πv）为

$$\pi v(1)=v(2); \pi v(2)=v(3); \pi v(3)=v(1); \pi v(12)=v(23);$$
$$\pi v(23)=v(13); \pi v(13)=v(12); \pi v(123)=v(123) \quad \square$$

夏普利认为好的解概念应该满足一些合意性质，他将其凝练为三个公理：(1) 公理1：对称性；(2) 公理 2：线性；(3) 公理 3：载体。

□ 公理 1：对称性

对于任何 $v\in \mathbb{R}^{2^n-1}$、N 上的任意排列以及任意 $i\in N$，对称公理表明

$$\phi_{\pi(i)}(\pi v)=\phi_i(v)$$

大致地说，这个公理表明，给定任一参与人，利用排列值函数对其重新标号，此时他的夏普利值等于他在原来值函数下的夏普利值。这个公理意味着真正重要的是参与人在博弈中的作用。他在 N 中的标号或名字不重要。

□ 公理 2：线性

令（N，v）与（N，w）为任意两个联盟博弈。假设 $p\in[0, 1]$。定义一个新的联盟博弈（N，$pv+(1-p)w$）如下：

$$(pv+(1-p)w)(C)=pv(C)+(1-p)w(C)\quad \forall C\subseteq N$$

公理 2 表明，给定任意两个联盟博弈（N，v）与（N，w）、任何数 $p\in[0, 1]$ 以及任意参与人 $i\in N$，

$$\phi_i(pv+(1-p)w)=p\phi_i(v)+(1-p)\phi_i(w)$$

换句话说，对给定的两个联盟博弈取凸组合，形成一个新的博弈，参与人在该新博弈中的夏普利值等于他在上述原联盟博弈中夏普利值的凸组合。这个公理断言，每个参与人在不确定性消失之前与消失之后的期望收益是相等的。

□ 公理 3：载体

定义 29.1 （载体） 给定联盟博弈（N，v）以及联盟 D，如果

$$v(C\cap D)=v(C)\quad \forall C\subseteq N$$

那么我们说联盟 D 是博弈（N，v）的一个**载体**（carrier）。

如果联盟 D 是博弈（N，v）的一个载体而且 $i\notin D$，那么

$$v(\{i\})=v(\{i\}\cap D)=v(\varnothing)=0$$

如果 D 是博弈（N，v）的一个载体，那么所有参与人 $j\in N\setminus D$ 称为**哑巴**或**傀儡**（dummies），这是因为他们加入任何联盟后，联盟的价值不会发生变化；也就是说，他们对联盟的价值没有影响。另外，对于任何 $C\subseteq N$ 以及 $i\notin D$，

$$v(C\cup\{i\})=v((C\cup\{i\})\cap D)=v(C\cap D)=v(C)$$

在直觉上，D 包含所有有影响力的参与人［它也可能包括傀儡（即没有影响力的参与人），但它不会将任何有影响力的参与人排除在外］。如果 D 是一个载体而且 $i\in N$，那么对于任何 $C\subseteq N$，

$$v(C)=v(C\cap D)=v(C\cap(D\cup\{i\}))$$

因此，对于任何 $i\in N$，$D\cup\{i\}$ 也是一个载体。事实上，集合 N 总是一个载体。这意味着 $v(D)=v(N)$。这也可以从下式看出

$$v(D)=v(D\cap N)=v(N)$$

然而，下列情形也是有可能的：N 的任何真子集都不是载体。

载体公理（carrier axiom，公理 3）表明，对于任意 $v\in\mathbb{R}^{2^n-1}$ 以及对于作为博弈（N，v）载体的任意联盟 D，

$$\sum_{i\in D}\phi_i(v)=v(D)=v(N)$$

载体公理立即意味着

$$\phi_i(v)=0\quad\forall i\notin D$$
$$\sum_{i\in N}\phi_i(v)=v(N)$$

这个公理断言载体集内的参与人应该瓜分他们的联合价值（这等于大联盟 N 的价值）。这意味着傀儡什么也没分到。上面的表达式也说明了一个重要事实：夏普利值总将大联盟的价值在博弈参与人之间分配。这意味着夏普利值隐含地假设参与人构成了大联盟（然而，一些参与人可以为傀儡，傀儡什么也分不到）。

注释　在本章剩下的内容中，为简单起见，我们将集合 $N\setminus\{i\}$ 记为 $N-i$。

29.2　夏普利定理与例子

有了上面三个公理之后，我们现在可以阐述著名的夏普利定理了。[5]

定理 29.1　恰好存在一个满足公理 1、2 和 3 的映射 $\phi:\mathbb{R}^{2^n-1}\to\mathbb{R}^n$。这个映射满足：$\forall i\in N$，$\forall v\in\mathbb{R}^{2^n-1}$，

$$\phi_i(v)=\sum_{C\subseteq N-i}\frac{|C|!(n-|C|-1)!}{n!}\{v(C\cup\{i\})-v(C)\}$$

其中，$\frac{|C|!(n-|C|-1)!}{n!}$项可以解释为在任意排列中 C 的成员（位置）排在重要参与人 i 之前的概率；$v(C\cup\{i\})-v(C)$ 项是参与人 i 对联盟 C 价值的边际贡献。因此，上面关于 $\phi_i(v)$ 的表达式给出了参与人 i 对任意联盟的价值的期望贡献。

我们用下列情形解释 $\phi_i(v)$。

假设有一组 n 个资源，每个资源都对某种服务有自己的贡献。假设 $v(N)$ 是所有这些资源用于生产该服务时所产生的总价值。我们来关注某个特定资源，比如资源 i。现在，当这个资源被包含在集合 C 中时，它对集合（$N-i$）的每个子集 C 都会做出边际贡献。我们选择集合 C 的方法一共有 $|C|!(n-|C|-1)!$ 种；用 $|C|!(n-|C|-1)!$ 除以 $n!$，我们就得到了某个特定子集 C 被选中的概率。因此，资源 i 的夏普利值是资源 i 对任何作为集合（$N-i$）的子集（即联盟）的平均边际贡献。

或者，设想某个会议室正在开重要会议，每次只允许一人进入会议室。假设当前正在开会的人都是某个联盟 C 的成员；非成员在会议室外等候。进入会议室的个人 $i\notin C$，将以某种方式对会议做出贡献。个人 i 的贡献主要取决于他的影响力和表达能力。如果集合（$N-i$）的任何子集（联盟）在会议室的概率相等，那么个人 i 对任何这种联盟的平均贡献就是他的夏普利值 $\phi_i(v)$。

例 29.2 （分钱博弈） 我们首先考察分钱博弈（版本 3）（例 27.3）。在这个博弈中，$N=\{1,2,3\}$；$v(1)=v(2)=v(3)=v(23)=0$，$v(12)=v(13)=v(123)=300$。参与人 1的夏普利值 $\phi_1(v)$ 的表达式为：

$$\phi_1(v)=\frac{2}{6}(v(1)-v(\varnothing))+\frac{1}{6}(v(12)-v(2))+\frac{1}{6}(v(13)-v(3))+\frac{2}{6}(v(123)-v(23))$$

类似地，

$$\phi_2(v)=\frac{2}{6}(v(2)-v(\varnothing))+\frac{1}{6}(v(12)-v(1))+\frac{1}{6}(v(23)-v(3))+\frac{2}{6}(v(123)-v(13))$$

$$\phi_3(v)=\frac{2}{6}(v(3)-v(\varnothing))+\frac{1}{6}(v(13)-v(1))+\frac{1}{6}(v(23)-v(2))+\frac{2}{6}(v(123)-v(12))$$

容易看出

$$\phi_1(v)=200;\phi_2(v)=50;\phi_3(v)=50$$

由此可以验证

$$\phi_1(v)+\phi_2(v)+\phi_3(v)=v(123)$$

类似地，对于分钱博弈（版本 1）（例 27.1）以及对于分钱博弈（版本 4）（例 27.4），容易得到 $\phi=(100,100,100)$；对于分钱博弈（版本 2）（例 27.2），$\phi=(150,150,0)$。□

例 29.3 （最小生成树博弈） 考虑例 27.7 中的最小生成树博弈。在这个博弈中，$N=\{1, 2, 3\}$；

$$v(\varnothing)=0, v(1)=5, v(2)=9, v(3)=7$$
$$v(12)=15, v(13)=12, v(23)=17, v(123)=23$$

根据例 29.2 中的表达式，可知

$$\phi_1(v)=5.5; \phi_2(v)=10; \phi_3(v)=7.5$$

注意，分给参与人 2 的收益是最高的，这显然合理。另外，分给参与人 1 的收益最小，分给参与人 3 的收益大于参与人 1 的，这些显然也都符合逻辑。另外，注意，这个配置属于博弈的核。□

例 29.4 （手套市场） 考虑例 28.4 中的手套市场博弈，这个博弈有 2 000 001 个参与人，其中 1 000 000 个为左手套供应商，1 000 001 个为右手套供应商。我们已经看到，这个博弈的核为单点集。在这里，任何右手套供应商的夏普利值是他发现任何联盟中左手套供应商比右手套供应商多的概率。在这里，每个右手套供应商的夏普利值为 0.499 557，每个左手套供应商的夏普利值为 0.500 443。注意，夏普利值比核能更好地描述联盟力量的效应。另外，也要注意到，夏普利值不属于核。□

例 29.5 ［顶峰（apex）博弈］ 在这个博弈中，有五个参与人：$N=\{1, 2, 3, 4, 5\}$。参与人 1 是大参与人，其余四个为小参与人。大参与人若与一个或多个小参与人组成联盟，则该联盟的价值为 1。四个小参与人组成联盟，联盟价值也为 1。

$$\begin{aligned} v(C) &= 1 \quad 若\ 1\in C\ 且\ |C|\geqslant 2 \\ &= 1 \quad 若\ |C|\geqslant 4 \\ &= 0 \quad 其他 \end{aligned}$$

夏普利值为

$$\phi(v)=\left(\frac{3}{5}, \frac{1}{10}, \frac{1}{10}, \frac{1}{10}, \frac{1}{10}\right)$$

注意，这个博弈的核是空的。□

例 29.6 （物流博弈） 图 29—1 画出了一个物流网络，它将两个重要城市 S 和 T 连接在一起。该物流网络中有五个物流中转站 A、B、C、D 和 E，它们是 S 和 T 之间的中间点。运输服务商有四个，1、2、3 和 4。

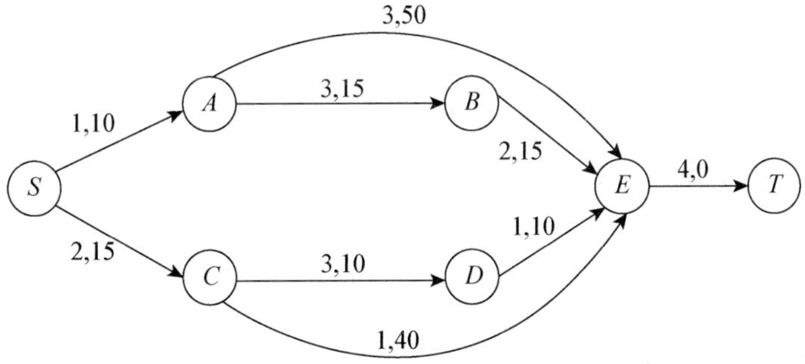

图 29—1　物流网络

我们已在第 27 章讨论过这个例子，在那里，我们将其形式化为一个伴随可转移效用的博弈，其中：$N=\{1, 2, 3, 4\}$；特征函数为

$$v(1)=v(2)=v(3)=v(4)=0$$
$$v(12)=v(13)=v(14)=v(23)=v(24)=v(34)=v(234)=v(123)=0$$
$$v(134)=40, v(124)=45, v(1234)=65$$

可以证明，夏普利值为 $\phi(v)=(20, 20, 5, 20)$。可以证明，夏普利值属于这个博弈的核。□

29.3 夏普利定理的证明

证明分两部分。在第一部分，我们证明 $\phi_i(v)$ 的表达式满足所有三个公理。在第二部分，我们证明存在满足所有三个公理的唯一映射 ϕ。

□ 第一部分的证明

对称性

注意，在 $\phi_i(v)$ 的表达式中，对任何联盟来说，真正重要的是它是否包含参与人 i 以及它包含的参与人数量。因此，对参与人重新标号对夏普利值没有任何影响。这显然表明对称性（公理 1）成立。

线性

为了证明线性成立，我们必须证明

$$\phi_i(pv+(1-p)w)=p\phi_i(v)+(1-p)\phi_i(w)$$

现在我们就证明此事。根据定义可知，对于任何 $p\in[0, 1]$，我们有

$$(pv+(1-p)w)(C)=pv(C)+(1-p)w(C) \quad \forall C\subseteq N \tag{29.1}$$

注意，$\phi_i(pv+(1-p)w)$等于

$$\sum_{C\subseteq N-i}\frac{|C|!(n-|C|-1)!}{n!}((pv+(1-p)w)(C\cup\{i\})-(pv+(1-p)w)(C))$$

展开上面的式子并且利用式（29.1），可知线性成立。

载体公理

假设 D 是博弈 (N, v) 的一个载体。于是，根据定义

$$v(C\cap D)=v(C) \quad \forall C\subseteq N$$

我们还可以看到

$$v(\{i\})=0 \quad \forall i\in N\backslash D$$
$$v(D)=v(N)$$

考察夏普利值表达式，容易看到

$$\phi_i(v)=0 \quad \forall i \in N \backslash D$$

原因是

$$v(C \cup \{i\})=v((C \cup \{i\}) \cap D)=v(C \cap D)=v(C)$$

因此，我们必须证明：对于所有载体 D，

$$\sum_{i \in D} \phi_i(v) = v(D)$$

这事不难证明。将夏普利定理中的 $\phi_i(v)$ 表达式代入，化简，可得

$$\sum_{i \in N} \phi_i(v) = v(N)$$

由于 D 是一个载体，所以 $v(D)=v(N)$，因此，载体公理成立。

□ 第二部分的证明

我们必须证明存在满足所有三个公理的唯一映射 ϕ。我们首先证明映射 ϕ 是一个线性变换（linear transformation）。为此，我们注意到：

- 令（N，z）是一个联盟博弈，而且该博弈对每个联盟的赋值为零，即 $z(C)=0$，$\forall C \subseteq N$。于是，载体公理（公理 3）意味着

$$\phi_i(z)=0 \quad \forall i \in N \tag{29.2}$$

- 根据线性公理（公理 2），我们有

$$\phi_i(pv+(1-p)w)=p\phi_i(v)+(1-p)\phi_i(w)$$

在上式中令 $w=z$，可得

$$\phi_i(pv)=p\phi_i(v) \quad \forall i \in N \tag{29.3}$$

式（29.2）、式（29.3）与线性公理一起意味着 ϕ 是一个线性变换。

假设 $L(N)$ 是由 N 的所有非空子集组成的集合。显然，$|L(N)|=2^n-1$，因此 $\mathbb{R}^{|L(N)|}$ 是一个 2^n-1 维向量空间。令 $D \subseteq N$ 为任一联盟。对这个 D 定义一个联盟博弈（N，w_D）：

$$\begin{aligned} w_D(C) &= 1 \quad \text{若 } D \subseteq C \\ &= 0 \quad \text{其他} \end{aligned}$$

这意味着如果联盟 C 包含 D 的所有成员，那么 C 的价值 $w_D(C)$ 为 1；否则，等于零。博弈（N，w_D）称为简单的 D 载体博弈。为了感受一下这种博弈，我们先讨论一个例子，然后再继续我们的证明过程。

例 29.7 （D 载体博弈） 令 $N=\{1, 2, 3\}$。令 w_1，w_2，w_3，w_{12}，w_{13}，w_{23}，w_{123} 分别表示 D 载体博弈的特征函数，它们分别对应着联盟 $\{1\}$，$\{2\}$，$\{3\}$，$\{1, 2\}$，$\{1, 3\}$，$\{2, 3\}$，$\{1, 2, 3\}$。例如，w_{12} 为

$$w_{12}(1)=0, w_{12}(2)=0, w_{12}(3)=0$$
$$w_{12}(12)=1, w_{12}(13)=0, w_{12}(23)=0, w_{12}(123)=1$$

我们可以将所有 w 值如下写出。注意，每个 w 值都是一个 7 元组。

$$w_1=(1,0,0,1,1,0,1)$$
$$w_2=(0,1,0,1,0,1,1)$$
$$w_3=(0,0,1,0,1,1,1)$$
$$w_{12}=(0,0,0,1,0,0,1)$$
$$w_{13}=(0,0,0,0,1,0,1)$$
$$w_{23}=(0,0,0,0,0,1,1)$$
$$w_{123}=(0,0,0,0,0,0,1)$$

稍后我们将证明这 7 个向量是 $\mathbb{R}^7$ 的一个基（basis）。□

现在，我们继续第二部分的证明工作。注意，D 是博弈（N，w_D）的一个载体，这是因为

$$w_D(C)=w_D(C\cap D)\quad \forall C\subseteq N$$

事实上，对于 $\forall j\in N$，$D\cup\{j\}$ 也是一个载体。另外，

$$w_D(N)=1, \text{这是因为 } D\subseteq N$$
$$w_D(D)=1, \text{这是因为 } D\subseteq D$$

利用载体公理，可得

$$\sum_{i\in D}\phi_i(w_D)=1=w_D(D)=w_D(N)$$

以及

$$\phi_j(w_D)=0\quad \forall j\notin D$$

上式成立的原因在于 D 与 $D\cup\{j\}$ 都是 w_D 的载体。

现在，根据对称性公理可知，D 中的每个参与人都应该得到相同的收益。这是因为 D 中的每个参与人对特征函数 w_D 的贡献是相同的。因此，不存在将这些参与人区分开的方法，因此，我们可以对他们任意重新标号。这意味着

$$\phi_i(w_D)=\frac{1}{|D|}\quad \forall i\in D$$
$$\phi_j(w_D)=0\quad \forall j\notin D$$

对于每个联盟 $D\subseteq N$，都存在着一个博弈（N，w_D），因此，我们有 2^n-1 个这样的博弈。每个博弈都可用一个特征函数表示，而每个特征函数都是一个含有 2^n-1 个元素的向量。因此，我们有 2^n-1 个向量，每个向量都有 2^n-1 个元素。我们现在证明在 $\mathbb{R}^{2^n-1}$ 空间中，这些向量彼此线性无关。为了证明线性无关性，我们必须证明

$$\sum_{D\in L(N)}\lambda_D w_D=(0,0,\cdots,0)\Rightarrow\lambda_D=0\quad \forall D\in L(N)$$

反证法。假设上面的蕴含关系不成立。现在

$$\sum_{D \in L(N)} \lambda_D w_D = (0,0,\cdots,0) \Rightarrow \sum_{D \in L(N)} \lambda_D w_D(C) = 0 \quad \forall C \subseteq N$$

令 $C \subseteq N$ 为任何满足 $\lambda_C \neq 0$ 的最小联盟。由于 D 要么是 C 的子集要么不是，因此，我们有：

$$\sum_{D \subseteq C} \lambda_D w_D(C) + \sum_{D \nsubseteq C} \lambda_D w_D(C) = 0 \Rightarrow \sum_{D \in L(N)} \lambda_D w_D(C) = 0 \quad \forall C \subseteq N$$

我们知道 $w_D(C)=1$，$\forall D \subseteq C$ 以及 $w_D(C)=0$，$\forall D \subsetneq C$。因此，上面的式子意味着

$$\sum_{D \subseteq C} \lambda_D = 0$$

由于 $C \subseteq N$ 是满足 $\lambda_C \neq 0$ 的最小子集，因此对于所有子集 $D \subset C$，我们有 $\lambda_D = 0$。因此，上面的加和等于 λ_C。这意味着 $\lambda_C = 0$。矛盾！因此，集合 $\{w_D : D \in L(N)\}$ 是空间 $\mathbb{R}^{2^n-1}$ 的一个基。由于线性变换完全取决于向量空间的基，因此，映射 ϕ 是唯一的。■

29.4 夏普利值的其他发展方法

我们现在描述夏普利值的其他几种发展方法。每种方法都对夏普利值这个解概念提供了有趣的解释。

□ 方法 1

给定伴随可转移效用的博弈（N，v），夏普利值可以写为

$$\phi_i(v) = \sum_{C \subseteq N-i} \frac{|C|!(n-|C|-1)!}{n!} \{v(N \backslash C) - v(C)\}$$

这是因为 $\{v(N \setminus C) - v(C)\}$ 与 $\{v(C \cup \{i\}) - v(C)\}$ 相同。因此，上面这个式子与定理 29.1 中的表达式相同。这个式子表明，每个参与人的价值仅取决于互补联盟 $(N \setminus C)$ 与 C 的价值之差。对于每一对互补联盟 $(N \setminus C)$ 与 C，$(N \setminus C)$ 的成员价值随着 $(v(N \setminus C) - v(C))$ 的增大而增大，而 C 的成员的价值随着 $(v(C) - v(N \setminus C))$ 的增大而增大。

□ 方法 2

夏普利值的另外一个表达式为

$$\phi_i(v) = \sum_{\substack{C \subseteq N \\ i \in C}} \frac{(|C|-1)!(n-|C|)!}{n!} \{v(N) - v(N \backslash \{i\})\}$$

注意，

$$\frac{(|C|-1)!(n-|C|)!}{n!}$$

是指在随机排列中，联盟 C 以 $\{i\}$ 与所有排在 i 前的参与人组成的集合的并（union）的形式出现的概率。

□ 方法3

令 $C\subseteq N$ 以及 $i\notin C$。参与人 i 对 C 的边际贡献记为 $m(C, i)$，由下式给出：

$$m(C,i)=v(C\cup\{i\})-v(C)$$

给定任何排列 $\pi\in\Pi(N)$，在排列 π 中排在参与人 i 之前的那些参与人组成的集合 $P(\pi, i)$ 为：

$$P(\pi,i)=\{j:\pi(j)<\pi(i)\}$$

我们已经看到，$\phi_i(v)$ 是在假设所有排序的概率都相等的情形下参与人 i 对 N 的任何联盟的平均边际贡献。另外一种解释为，$\phi_i(v)$ 是参与人 i 对排在他前面的参与人组成的集合所做的平均边际贡献，其中均值是对排列而取的（这里假设每个排列出现的概率相同）。因此，我们有

$$\phi_i(v)=\frac{1}{n!}\sum_{\pi\in\prod(N)}m(P(\pi,i),i)\quad\forall i\in N \tag{29.4}$$

类似地，如果

$$S(\pi,i)=\{j:\pi(i)<\pi(j)\}$$

表示在排列 π 中排在参与人 i 之后的所有参与人组成的集合，那么我们也可得到

$$\phi_i(v)=\frac{1}{n!}\sum_{\pi\in\prod(N)}m(S(\pi,i),i)\quad\forall i\in N \tag{29.5}$$

读者可以验证，式（29.4）与式（29.5）都满足夏普利值表达式。

29.5 凸博弈的夏普利值

我们在第27章定义了凸博弈，在第28章证明了任何凸博弈的核都非空。我们现在证明凸博弈的夏普利值属于该博弈的核。注意，一般来说，即使核非空，夏普利值也未必属于核。

定理 29.2 令博弈 (N, v) 是一个凸博弈，那么 $\phi(v)\in\mathbb{C}(N, v)$。

证明：与以前一样，令 $\Pi(N)$ 表示由集合 N 的所有排列组成的集合。假设 $\pi\in\Pi(N)$ 是任一排列。定义配置 $y^\pi\in\mathbb{R}^n$ 如下。

$$y^\pi=(m(\pi,1),m(\pi,2),\cdots,m(\pi,n))$$

我们已在第28章命题28.2看到

$$y^\pi\in\mathbb{C}(N,v)\ \ \forall\pi\in\Pi(N)$$

而且，我们已经看到（参见式（29.4））

$$\phi_i(v)=\frac{1}{n!}\sum_{\pi\in\prod(N)} m(P(\pi,i),i) \quad \forall i\in N$$

因此，$\phi(v)$ 是所有向量 y^{π} 的一个凸组合；$\pi\in\prod(N)$。由于核 $\mathbb{C}(N, v)$ 是一个凸集，因此我们立即可知 $\phi(v)\in\mathbb{C}(N, v)$。■

上面的结果比较有用。如果我们能用凸博弈描述我们所要研究的现实情形，那么夏普利值有额外特征：它也是一个稳定配置，因为它属于核。因此，对于凸博弈，夏普利值是一个很好的解概念。

例 29.8 （最小生成树利润博弈的夏普利值） 考虑例 27.7 中的最小生成树利润博弈：

$$N=\{1,2,3\}$$
$$v(1)=5, v(2)=9, v(3)=7$$
$$v(12)=15, v(13)=12, v(23)=17, v(123)=23$$

这是一个凸博弈，我们已经证明它的核为

$$\{(x_1, x_2, x_3): 5\leqslant x_1\leqslant 6; 9\leqslant x_2\leqslant 11; 7\leqslant x_3\leqslant 8; x_1+x_2+x_3=23\}$$

经过计算，可知夏普利值为（5.5，10，7.5），它显然属于核。可以看到，在夏普利值中，参与人 2 得到的收益最大，参与人 1 得到的收益最小。这样的分配是合理的。□

29.6 夏普利-舒比克权力指数

夏普利-舒比克权力指数（Shapley-Shubik power index）是一个解概念，主要用于确定每个参与人在决策过程中的权力。参与人集 $N=\{1, \cdots, n\}$ 的决策过程可用简单且单调的 TU 博弈模拟。回忆单调博弈与简单博弈的定义：给定伴随可转移效用的博弈（TU 博弈）(N, v)，如果

$$v(C)\leqslant v(D) \quad \forall C\subseteq D\subseteq N$$

那么这个 TU 博弈是**单调的**。如果对于任何联盟 $C\subseteq N$，$v(C)$ 要么为 0 要么为 1，那么这个 TU 博弈是**简单的**（simple）。简单且单调的 TU 博弈的夏普利-舒比克权力指数，就是这个博弈的夏普利值。给定参与人 $i\in N$，定义集合

$$Q_i(N, v)=\{C\subseteq N: v(C\cup\{i\})=1 \text{ 与 } v(C)=0\}$$

也就是说，$Q_i(N, v)$ 中的每个联盟都具有下列特征：当参与人 i 加入联盟后，这个联盟从落败联盟变为获胜联盟。可以证明，简单且单调博弈的夏普利值（即夏普利-舒比克权力指数）为

$$\phi_i(v)=\sum_{C\in Q_i(N,v)}\frac{|C|!(n-|C|-1)!}{n!}$$

例 29.9 （夏普利-舒比克权力指数） 考虑下列三人 TU 博弈：

$$v(1)=1, v(2)=v(3)=0, v(12)=v(13)=v(23)=v(123)=1$$

容易看到这个博弈是简单且单调的。

注意，对于这个博弈，我们有

$$Q_1(N,v)=\{\varnothing,\{2\},\{3\}\};\quad Q_2(N,v)=\{\{3\}\};\quad Q_3(N,v)=\{\{2\}\}$$

利用前面的表达式，我们可以计算出夏普利-舒比克权力指数$\left(\frac{2}{3},\ \frac{1}{6},\ \frac{1}{6}\right)$。事实上，这就是这个博弈的夏普利值。注意，由于对称性，参与人 2 和 3 有相同的指数。参与人 1 的权力是参与人 2（或参与人 3）的 4 倍。□

29.7 班茨哈夫指数

与夏普利-舒比克权力指数类似，班茨哈夫（Banzhaf）指数（通常称为班茨哈夫权力指数）也衡量参与人在联盟博弈中的权力。假设博弈（N，v）是一个 TU 博弈，并且回顾夏普利值的计算式［式(29.4)］：

$$\phi_i(N,v)=\frac{1}{n!}\sum_{\pi\in\prod(N)}(vP(\pi,i)\cup\{i\})-v(P(\pi,i))\quad\forall i\in N$$

在上式中，均值是对所有排列而取（这里假设所有排列发生的概率相同）。另一方面，考虑下式

$$\psi_i(N,v)=\frac{1}{2^{n-1}}\sum_{C\subseteq N-i}(v(C\cup\{i\})-v(C))\quad\forall i\in N$$

在上式中，均值是对所有排列而取（这里假设所有联盟发生的概率相同）。指数 $\psi_i(N,v)$ 称为参与人 i 的**班茨哈夫指数**（Banzhaf Index）。它给出了在所有联盟发生概率相同的情形下参与人 i 对任何联盟的平均边际贡献。下面的例子说明班茨哈夫指数与夏普利值不相同。

例 29.10 （班茨哈夫指数） 考虑所谓的一致同意博弈（unanimity game），这是一类 TU 博弈（N，v），它满足 $v(N)=1$ 以及 $v(C)=0$，$\forall C\subset N$。容易算出，这个博弈的夏普利值为

$$\phi_i(N,v)=\frac{1}{n}\quad\forall i\in N$$

这个博弈的班茨哈夫指数为

$$\psi_i(N,v)=\frac{1}{2^{n-1}}\quad\forall i\in N$$

根据上式可知，所有参与人的班茨哈夫指数之和不等于 $v(N)=1$。因此，班茨哈夫指数不满足帕累托效率，而夏普利值满足。事实上，除了帕累托效率之外，班茨哈夫指数满足夏普利值的所有其他公理性质。□

一些文献发展出了班茨哈夫指数的若干变种。更多细节可参考 Dubey and Shapley[6]。

29.8 小结与参考文献

TU 博弈的夏普利值是一个满足夏普利三个公理，即满足（1）对称性，（2）线性，以及（3）载体性质的唯一配置向量。

● （超可加博弈的）夏普利值将大联盟的值分配给各个成员，而且这种分配方法反映了每个参与人对博弈的平均边际贡献。在这个意义上，夏普利值描述了一种公平分配方法。然而，夏普利值隐含地假设大联盟能够形成。载体性质保证了每个没有影响力的参与人（傀儡）的收益为零，而其他参与人的收益不为零。

● 夏普利值有若干等价的表达方法，本章给出了几种不同的发展方法。

● 夏普利值可能属于核也可能不属于核（若核非空）。这意味着虽然夏普利值是一种公平分配方法，但与属于核的任何其他配置不同，它不是一个可持续的配置。

● 凸博弈的核非空，而且凸博弈的夏普利值总是属于核。

● 夏普利-舒比克权力指数适用于简单且单调的博弈，它试图确定参与人在决策过程中的权力。这个指数就是该博弈的夏普利值。夏普利-舒比克权力指数描述了不同参与人在决策过程中的权力，这个指数可以有效计算出，原因在于博弈拥有的特殊结构（简单且单调）。

● 班茨哈夫指数是指在所有联盟发生概率相等的情形下，参与人 i 对任何联盟所做的平均边际贡献。在计算时，夏普利值假设所有排列发生概率相等，而班茨哈夫指数假设所有联盟发生概率相等。班茨哈夫指数不满足帕累托效率，但满足夏普利值的所有其他公理性质。

本章讨论的材料主要来自 Myerson[7]。近期著作 Maschler，Solan，and Zamir[8] 是一本优秀的参考文献。Roth[9] 综述了夏普利值的研究进展（截止到 1988 年）。

夏普利值的计算是一个 $\mathbb{NP}$-hard 问题；显然，它有指数时间复杂性。Chalkiadakis，Elkind，and Wooldridge[10] 给出了这个重要议题的一些参考文献。在一些特殊情形下，比如凸博弈情形下，夏普利值的计算相对简单（在凸博弈情形下，夏普利值是核的重心）。

夏普利值在现实应用中非常有用。例如，集群（clustering）的有效率的算法[11] 以及确定社会网络中最有影响力的节点[12] 就是这方面的两个典型例子。

文献 [2] 提出了夏普利-舒比克权力指数，文献 [13] 讨论了班茨哈夫指数。关于班茨哈夫指数的更多细节，读者可以参考 Dubey and Shapley[6]。

□ 参考文献

[1] D. Gale and L. S. Shapley. “College admissions and the stability of marriage”. In：*The American Mathematical Monthly* 69（1）（1962），pp. 9-15.

[2] Lloyd S. Shapley and Martin Shubik. “A method for evaluating the distribution of power in a committee system”. In：*American Political Science Review* 48（1954），pp. 787-792.

第 29 章 夏普利值

[3] Lloyd S. Shapley. "Stochastic games". In: *Proceedings of the National Academy of Sciences* 39 (10) (1953), pp. 1095−1100.

[4] D. Monderer and L. S. Shapley. "Potential games". In: *Games and Economic Behavior* 14 (1996), pp. 124−143.

[5] Lloyd S. Shapley. "A value for *n*-person games". In: *Contributions to the Theory of Games*. Ed. by Robert Kuhn and Albert Tucker. Princeton University Press, 1953, pp. 307−317.

[6] Pradeep Dubey and Lloyd S. Shapley. "Mathematical properties of the Banzhaf power index". In: *Mathematics of Operations Research* 4 (2) (1979), pp. 99−131.

[7] Roger B. Myerson. *Game Theory: Analysis of Conflict*. Harvard University Press, Cambridge, Massachusetts, USA, 1997.

[8] Michael Maschler, Eilon Solan, and Shmuel Zamir. *Game Theory*. Cambridge University Press, 2013.

[9] Alvin E. Roth (Editor). *The Shapley Value: Essays in Honor of Lloyd S. Shapley*. Cambridge University Press, Cambridge, UK, 1988.

[10] Georgios Chalkiadakis, Edith Elkind, and Michael Wooldridge. *Computational Aspects of Cooperative Game Theory*. Morgan & Claypool, 2011.

[11] Vikas K. Garg, Y. Narahari, and M. Narasimha Murty. "Novel biobjective clustering (BiGC) based on cooperative game theory". In: *IEEE Transactions on Knowledge and Data Engineering* 25 (5) (2013), pp. 1070−1082.

[12] Ramasuri Narayanam and Y. Narahari. "A Shapley value approach to discovering influential nodes in social networks". In: *IEEE Transactions on Automation Science and Engineering* 8 (1) (2011), pp. 130−147.

[13] John Banzhaf. "Weighted voting does not work: A mathematical analysis". In: *Rutgers Law Review* 19 (1965), pp. 317−343.

29.9 习　题

(1) 利用夏普利值表达式证明所有参与人的夏普利值之和等于大联盟的值。

(2) 假设博弈 (N, v) 是一个 TU 博弈，并且定义下列唯一转归（转归概念可参见定义 27.4）。

$$\xi_i(N,v)=v(\{i\})\quad \forall i\in N$$

上式满足哪个（些）夏普利公理？不满足哪个（些）？

(3) 假设博弈 (N, v) 是一个 TU 博弈，我们定义如下唯一转归。

$$\xi_i(N,v)=v(\{1,\cdots,i-1,i\})-v(\{1,\cdots,i-1\})\quad \forall i\in N$$

上式满足哪个（些）夏普利公理？不满足哪个（些）？

(4) 考虑下列三人超可加博弈：$v(1)=v(2)=v(3)=0$，$v(12)=a$，$v(13)=b$，

$v(23)=c$，$v(123)=d$，其中 $0\leqslant a, b, c\leqslant d$。计算该博弈的夏普利值。

(5) 考虑下列三人特征型博弈：$v(1)=v(2)=v(3)=0$，$v(12)=a$，$v(13)=b$，$v(23)=c$，$v(123)=1$。假设 $0\leqslant a, b, c\leqslant 1$。

(a) 在什么条件下核非空？

(b) 计算夏普利值。

(c) 假设核非空，夏普利值属于该博弈的核吗？在什么条件下，夏普利值属于核？

(6) 考虑分钱博弈的变种，现在有四个参与人 $\{1, 2, 3, 4\}$，总价值为 400。假设含有三个或更多参与人的任何联盟都能实现这个总价值。另外，含有两个参与人的联盟也能实现该总价值仅当参与人 1 是该联盟的成员。对这个 TU 博弈构建特征函数并计算夏普利值。

(7) 考虑分钱博弈的变种，现在有四个参与人 $\{1, 2, 3, 4\}$，总价值为 400。任何含有至少两个参与人的联盟仅当参与人 1 是该联盟的成员时都能实现这个总价值 400。类似地，任何含有至少三个参与人的联盟仅当参与人 2 是该联盟的成员时也能实现这个总价值 400。对这个 TU 博弈构建特征函数并计算夏普利值。

(8) 对于下列每种情形，分别给出二人博弈的例子：

- 核为空而且纳什议价解（NBS）与夏普利值（SV）相同；
- 核为空而且 NBS 与 SV 不同；
- 核非空而且 NBS 与 SV 相同；
- 核非空而且 NBS 与 SV 不同。

(9) 对于下列每种情形，分别给出一个 TU 博弈的例子：

- 核非空而且夏普利值属于核；
- 核非空而且夏普利值不属于核。

(10) 给定 TU 博弈 (N, v)，如果

$$v(C)=\sum_{i\in C}v(\{i\})\quad \forall C\subseteq N$$

那么我们说这个博弈是可加的。确定这个博弈的夏普利值的闭形式（即解析式）。

(11) 给定 TU 博弈 (N, v)，定义对偶博弈 (N, w) 如下：

$$w(C)=v(N)-v(N\backslash C)\quad \forall C\subseteq N$$

证明对偶博弈的对偶是原博弈本身。另外，证明原博弈的夏普利值与对偶博弈的夏普利值相同。

(12) 考虑下列三人 TU 博弈：

$$v(1)=v(2)=v(3)=v(23)=0, v(12)=v(13)=v(123)=1$$

容易看到这个博弈是简单且单调的。事实上，这个博弈类似分钱博弈（版本 3）。确定这个博弈的夏普利-舒比克权力指数。

(13) 考虑如下四人 TU 博弈：

$$v(12)=v(13)=v(123)=v(134)=v(124)=v(234)=v(1234)=1$$

对于其他联盟，特征函数的值为零。

这个博弈是单调的吗？如果是，计算它的夏普利-舒比克权力指数。

(14) 考察第 27 章例 27.6 讨论的投票博弈，它是单调的吗？如果是，计算它的夏普利-舒比克权力指数。

(15) 本章讨论的顶峰（apex）博弈是单调的吗？如果是，计算它的夏普利-舒比克权力指数。

(16)（编程题）考察夏普利值的各种计算方法。实施计算夏普利值的有效率的算法。

(17)（编程题）编程判断给定的 TU 博弈是否为凸博弈。实施计算凸博弈的夏普利值的有效率的算法。

第 30 章

合作博弈论中的其他解概念

到目前为止，我们已研究了合作博弈论中的两个重要解概念：核与夏普利值。核是一个集合解概念，而夏普利值是一个单点解概念。合作博弈论学者还提出了很多其他解概念。在本章，我们简要讨论下列五个解概念：(1) 稳定集；(2) 议价集；(3) 内核 (kernel)；(4) 核仁 (nucleolus) 以及 (5) 盖特利点 (Gately point)。前面三个是集合解概念，后面两个是单点解概念。

30.1 稳定集

在介绍稳定集定义之前，我们先引入几个概念。

定义 30.1 (超额) 给定伴随可转移效用的博弈（即 TU 博弈）(N, v)、联盟 C 以及配置 $x=(x_1, \cdots, x_n)$，联盟 C 在 x 点的**超额** (excess) $e(C, x)$ 是指：

$$e(C,x) = v(C) - \sum_{i \in C} x_i$$

超额 $e(C, x)$ 是联盟 C 在向每个参与人 $i \in C$ 分配 x_i 之后剩下的**净可转移效用** (net transferable utility)。如果 $e(C, x) \geqslant 0$，这意味着联盟本身能实现它在配置 x 中的份额。联盟 C 在配置 x 处的超额衡量的是联盟 C 对该配置的不满意程度。

例 30.1 (分钱博弈 (版本 3)) 回忆一下，在这个博弈中：$N=\{1, 2, 3\}$；$v(1)=v(2)=v(3)=v(23)=0$；$v(12)=v(13)=v(123)=300$。考虑配置 $x=(100, 100, 100)$。根据超额的定义，可知

$$e(1,x) = -100, e(2,x) = -100, e(3,x) = -100$$

$$e(23,x)=-200, e(12,x)=100, e(13,x)=100, e(123,x)=0$$

假设 $y=(200, 50, 50)$，那么，

$$e(1,y)=-200,\quad e(2,y)=e(3,y)=-50$$
$$e(23,y)=-100, e(13,y)=e(12,y)=50, e(123,y)=0$$

假设 $z=(300, 0, 0)$，那么，

$$e(1,z)=-300,\ e(2,z)=e(3,z)=0$$
$$e(23,z)=e(12,z)=e(13,z)=0,\ e(123,z)=0 \quad \square$$

我们现在回顾优势转归的定义（参见第 27 章），并且使用超额概念重新表达之。

定义 30.2 （优势转归） 给定转归 $x=(x_1, \cdots, x_n)$ 与转归 $y=(y_1, \cdots, y_n)$，如果存在某个联盟 $C \subseteq N$ 使得

（1）$e(C, x) \geqslant 0$，

（2）$x_i > y_i$，$\forall i \in C$，

那么我们说转归 x **优于**（dominate）转归 y。

定义 30.3 （非劣势转归） 给定转归 $x=(x_1, \cdots, x_n)$，如果其他转归都不优于 x，那么 x 称为**非劣势转归**（undominated imputation）。

我们可以立即注意到，TU 博弈的核就是所有非劣势转归组成的集合。

定义 30.4 （内部稳定性） 给定 TU 博弈 (N, v) 以及转归集 Z，如果

$$\forall x,y \in Z, \forall C \subseteq N, x_i > y_i,\ \forall i \in C \Rightarrow e(C,x) < 0$$

那么我们说转归集 Z 是**内部稳定的**（internally stable）。

这个性质是说 Z 中的任一转归都不劣于 Z 中的任何其他转归。内部稳定性意味着如果参与人提议 Z 中的任一转归 y，那么任何联盟 C 都不能阻止 y，这是因为对于联盟 C 的成员来说，Z 中不存在比 y 严格更好且可行的配置。

定义 30.5 （外部稳定性） 给定 TU 博弈 (N, v) 以及转归集 Z，如果每个不属于 Z 的转归劣于 Z 中的某个转归，那么我们说转归集 Z 是**外部稳定的**（externally stable）。

外部稳定性可以按照下列方式描述：对于博弈 (N, v) 的每个转归 y（其中 $y \notin Z$），存在着转归 $x \in Z$ 使得对于至少一个联盟 $C \subseteq N$，

$$x_i > y_i,\ \forall i \in C \Rightarrow e(C,x) \geqslant 0$$

外部稳定性意味着如果参与人提议一个不属于 Z 的转归 y，那么至少存在着一个能阻止 y 的联盟 C，该联盟的成员宣称他们在 Z 中的某个配置比 y 严格好。

□ 稳定集

这个解概念由冯·诺依曼与摩根斯坦在 1944 年首次提出。**稳定集**也称为冯·诺依曼-摩根斯坦解。

定义 30.6 （稳定集） TU 博弈的**稳定集**（stable set）是一个满足内部稳定性与外部稳定性的转归集 Z。

例 30.2 （多数同意规则下的投票博弈） 回忆一下，在这个博弈中，$N=\{1, 2, 3\}$；

特征函数为

$$v(1)=v(2)=v(3)=0,\quad v(12)=v(23)=v(13)=v(123)=300$$

这个博弈的一个可能的稳定集为 $Z=\{(150,150,0),(150,0,150),(0,150,150)\}$。转归集为

$$\{(x_1,x_2,x_3)\in\mathbb{R}^3: x_1\geqslant 0; x_2\geqslant 0; x_3\geqslant 0; x_1+x_2+x_3=300\}$$

为了感受一下稳定集的定义，我们试着检验下列情形。

- 假设参与人提议转归 $(300, 0, 0)\notin Z$。现在，转归 $(0, 150, 150)\in Z$ 意味着联盟 $\{2, 3\}$ 将阻止 $(300, 0, 0)$。
- 现在考察转归 $x=(100, 100, 100)\notin Z$。转归 $(150, 150, 0)\in Z$ 意味着联盟 $\{1, 2\}$ 将阻止 x。转归 $(150, 0, 150)\in Z$ 意味着联盟 $\{1, 3\}$ 将阻止 x。转归 $(0, 150, 150)\in Z$ 意味着联盟 $\{2, 3\}$ 将阻止 x。

另一方面，我们注意到 $(150, 150, 0)\in Z$ 不劣于 $(150, 0, 150)$，也不劣于 $(0, 150, 150)$。□

给定 TU 博弈，稳定集可能存在，也可能不存在。学者们在稳定集的存在性问题上争论了很长一段时间，直到威廉·卢卡斯（William Lucas）于 1968 年构建了一个不存在稳定集的十人博弈。这个反例受到了研究者的欢迎。稳定集提供了关于联盟动态的有价值的观察，然而稳定集也有局限性，原因在于：

- 可能有很多稳定集；
- 可能不存在稳定集；
- 稳定集的结构可能非常复杂。

30.2 议价集

Aumann and Maschler[1] 于 1964 年首次提出了议价集解概念。这个解概念背后的直觉如下。当参与人对总价值如何分配进行议价并且提出某个分配方案（配置）时，可能有人对该方案不满意，从而反对该方案。但是，这个反对可能遭受另外一些参与人（既得利益者）的反对，这称为反反对。给定一个反对，如果不存在任何反反对，那么它就是一个合理反对。议价集中的每个转归都具有下列性质：任何参与人都没有对任何其他参与人的合理反对。我们首先给出反对与反反对的定义。

定义 30.7 （反对） 参与人 i 对参与人 j 与收益配置 x 的**反对**（objection）是一个二元组 (y, C)，其中，y 是另外一个收益配置，C 是一个联盟，而且 y 与 C 满足

$$i\in C, j\notin C$$
$$e(C,y)=0$$
$$y_k>x_k,\ \forall k\in C$$

例 30.3 （多数同意规则下的投票博弈） 再次考察三人投票博弈。令 $i=1$，$j=2$，$x=(50, 100, 150)$。参与人 1 对参与人 2 与收益配置 x 的反对，是一个二元组 $(y,$

C)，其中

$$y=(125,0,175), \quad C=\{1,3\}$$

注意，$i\in C$，$j\notin C$；$e(C, y)=0$；$y_1>x_1$，$y_3>x_3$□

定义 30.8 （反反对） 给定参与人 i 对参与人 j 与收益配置 x 的反对（y，C)，参与人 j 的**反反对**（counter objection）是一个任意二元组（z，D)，其中，z 是另外一个收益配置，D 是一个联盟，而且 z 与 D 满足

$$j\in D, i\notin D$$
$$C\cap D\neq\varnothing$$
$$e(D,z)=0$$
$$z_k\geqslant x_k, \ \forall k\in D$$
$$z_k\geqslant y_k, \ \forall k\in C\cap D$$

例 30.4 （多数同意规则下的投票博弈） 对于例 30.3 描述的反对，参与人 2 的反反对是二元组（z，D)，其中

$$z=(0,125,175);D=\{2,3\};C\cap D=\{3\};e(D,z)=0;$$
$$z_2\geqslant x_2;z_3\geqslant x_3;z_3\geqslant y_3$$

这个例子让我们得到了议价集的定义。□

在给出议价集的定义之前，我们引入一些符号。令博弈（N，v）是一个 TU 博弈，假设 Q 是 N 的一个划分（partition)。我们定义

$$I(Q)=\left\{x\in\mathbb{R}^n: x_i\geqslant v(\{i\}) \ \ \forall i\in N, \sum_{i\in C}x_i=v(C) \ \ \forall C\in Q\right\}$$

我们可以立即注意到，如果 $Q=\{N\}$，那么这个划分只有一个部分，即整个集合 N；于是 $I(Q)$ 正好就是博弈（N，v）的所有转归组成的集合。

定义 30.9 （议价集） 给定 TU 博弈（N，v）以及 N 的一个划分 Q，**议价集**（bargaining set）是一个满足下列条件的收益配置集 $x\in\mathbb{R}^n$：

（1）$x\in I(Q)$；

（2）对于 Q 中的任意联盟，以及对于任意两个参与人 i，$j\in D$，存在着针对参与人 i 对参与人 j 与配置 x 的任意反对的反反对。

例 30.5 （顶峰博弈） 回顾我们以前讨论的顶峰博弈：

$$N=\{1,2,3,4,5\}$$
$$\begin{aligned} v(C)&=1 \quad 若 1\in C 且 |C|\geqslant 2 \\ &=1 \quad 若 |C|\geqslant 4 \\ &=0 \quad 其他情形 \end{aligned}$$

我们已经看到核与夏普利值分别为

$$\mathbb{C}(N,v)=\varnothing; \quad \phi(N,v)=\left(\frac{6}{10},\frac{1}{10},\frac{1}{10},\frac{1}{10},\frac{1}{10}\right)$$

考虑划分 $Q=\{N\}$。对于这个划分，可以证明议价集为

$$\left\{(1-4\lambda,\lambda,\lambda,\lambda,\lambda):\frac{1}{13}\leqslant\lambda\leqslant\frac{1}{7}\right\}$$

我们可以立即观察到，这个博弈的夏普利值属于议价集。为了验证上面的集合是议价集，我们需要考察以下三种典型情形：

- 情形 1：假设各个小参与人得到的收益不完全相同。在这种情形下，小参与人 i 得到的收益严格小于参与人 j 的。于是，参与人 i 将与大参与人 1 联合起来提出反对；对这个反对，参与人 j 无法实施反反对。
- 情形 2：假设所有小参与人设法使自己获得的收益大于$\frac{1}{7}$。于是，参与人 1 提出的反对（例如）为$\left(\left(\frac{3}{7},\ \frac{4}{7},\ 0,\ 0,\ 0\right),\ \{1,\ 2\}\right)$，对这个反对，参与人 3 或 4 或 5 无法提出反反对。
- 情形 3：如果每个小参与人得到的收益小于$\frac{1}{13}$，那么参与人 1 得到的收益将大于$\frac{9}{13}$。于是，每个小参与人可立即提出反对。例如，参与人 2 提出的反对为$\left(\left(0,\ \frac{1}{13},\ \frac{4}{13},\ \frac{4}{13},\ \frac{4}{13}\right),\ \{2,\ 3,\ 4,\ 5\}\right)$，对这个反对，参与人 1 无法提出反反对。

对于这个顶峰博弈，如果 $Q=\{\{1,\ 2\},\ \{3\},\ \{4\},\ \{5\}\}$，那么集合

$$\left\{(1-\alpha,\alpha,0,0,0):\frac{1}{4}\leqslant\alpha\leqslant\frac{1}{2}\right\}$$

将是议价集。□

例 30.6 这个例子来自参考文献［2］。考虑下列三人博弈：$N=\{1,\ 2,\ 3\}$；特征函数为

$$v(1)=v(2)=v(3)=0,\ v(12)=60,v(13)=80,v(23)=100,v(123)=105$$

可以证明：这个博弈的核为空的；夏普利值为

$$\phi_1(N,v)=25;\quad \phi_2(N,v)=35;\quad \phi_3(N,v)=45$$

考虑如果参与人 2 与 3 组成联盟 $\{2,\ 3\}$ 需要面对的情形。注意，$v(23)=100$ 而 $v(123)=105$，因此如果参与人 2 与 3 将参与人 1 纳入联盟，那么参与人 2 和 3 的收益很有可能变小。另外，联盟变大后，交易成本（议价花费的时间和精力）增加，因此参与人 2 和 3 可能不邀请参与人 1 加入联盟。这样，我们就得到了下列划分：$\{\{1\},\ \{2,\ 3\}\}$。可以证明，对于这个划分，(0，40，60）是唯一稳定配置。事实上，在上面五种划分（联盟结构）中，每个划分正好对应着议价集中的一个配置，如表 30—1 所示。

表 30—1　　（例 30.6 中）对应不同划分的议价集

联盟结构（划分）	议价集
$\{\{1\},\ \{2\},\ \{3\}\}$	$\{(0,\ 0,\ 0)\}$
$\{\{1,\ 2\},\ \{3\}\}$	$\{(20,\ 40,\ 0)\}$

续前表

联盟结构（划分）	议价集
{{1，3}，{2}}	{(20，0，60)}
{{1}，{2，3}}	{(0，40，60)}
{{1，2，3}}	{(15，35，55)}

如果大联盟的价值变为 135 而不再是 105，那么对于{{1，2，3}}这个划分，议价集正好等于核：

$$\{(x_1,x_2,x_3)\in\mathbb{R}^3:x_1\geqslant0,x_2\geqslant0,x_3\geqslant0,x_1\leqslant35,x_2\leqslant55,x_3\leqslant75,x_1+x_2+x_3=135\}$$

其他联盟结构的议价集与以前相同。□

□ 关于议价集的一些观察

- 核是博弈（N，v）的对应于划分 $Q=\{N\}$ 的议价集的一个子集（可能为空集）。
- 给定划分 Q，如果 $I(Q)$ 非空，那么对应于 Q 的议价集也非空。
- 如果博弈（N，v）是超可加的，那么对于任何划分 Q，集合 $I(Q)$ 非空，因此对应于 Q 的议价集也非空。[回顾超可加博弈的概念：给定 TU 博弈（N，v），如果对于所有联盟 C，$D\subseteq N$，

$$C\cap D=\varnothing\Rightarrow v(C\cup D)\geqslant v(C)+v(D)$$

那么博弈（N，v）是超可加的（superadditive）。]

- 夏普利值未必属于（对应于任何给定划分的）议价集。因此，在夏普利值意义上，议价集给出的配置未必是公平的。

30.3 内　　核

这个解概念是由 Davis and Maschler[3] 提出的。TU 博弈（N，v）的内核（kernel）是关于 N 的划分 Q 而定义的（这一点与议价集的定义类似）。事实上，与议价集一样，内核也是 $I(Q)$ 的子集。内核背后的直觉在于，如果两个参与人 i 与 j 属于 Q 中的同一个联盟，那么参与人 i 在不含 j 的联盟中得到的最大超额，应该等于参与人 j 在不含 i 的联盟中得到的最大超额。在定义内核时，我们的重点放在参与人能得到的最大超额方面。

定义 30.10 （内核） 给定 TU 博弈（N，v）以及 N 的划分 Q，**内核**（kernel）是满足下列两个条件的配置集 $x\in\mathbb{R}^n$：

（1）$x\in I(Q)$；

（2）对于每个联盟 $C\in Q$ 以及每对参与人 i，$j\in C$，

$$\max_{\substack{D\subseteq N-j\\ i\in D}} e(D,x)=\max_{\substack{E\subseteq N-i\\ j\in E}} e(E,x)。$$

例 30.7 （四人博弈） 考虑下列四人博弈：

$$N=\{1,2,3,4\};\quad Q=\{\{1,2\},\{3,4\}\};\quad i=1,j=2$$

$$I(Q)=\{(x_1,x_2,x_3,x_4):x_1\geqslant 0,x_2\geqslant 0,x_3\geqslant 0,x_4\geqslant 0,x_1+x_2=v(12),x_3+x_4=v(34)\}$$

博弈（N，v）对应于Q的内核是$I(Q)$中所有满足下列条件的配置（x_1，x_2，x_3，x_4）：

$$\max_{\substack{D\subseteq\{1,3,4\}\\ 1\in D}} e(D,x)=\max_{\substack{E\subseteq\{2,3,4\}\\ 2\in E}} e(E,x)$$

$$\max_{\substack{D\subseteq\{1,2,3\}\\ 3\in D}} e(D,x)=\max_{\substack{E\subseteq\{1,2,4\}\\ 4\in E}} e(E,x)$$ □

例 30.8 （顶峰博弈） 对于例 30.5 中的顶峰博弈，对应于划分 $\{\{1,2,3,4,5\}\}$ 的内核为$\left\{\left(\frac{3}{7},\frac{1}{7},\frac{1}{7},\frac{1}{7},\frac{1}{7}\right)\right\}$；对应于划分$\{\{1,2\},\{3\},\{4\},\{5\}\}$的内核为$\left\{\left(\frac{1}{2},\frac{1}{2},0,0,0\right)\right\}$。□

30.4 核　仁

TU 博弈的夏普利值是一个主要基于某种分配公平性意义上的解概念。核仁（nucleolus）是一个单点解概念，在这个角度上，它类似夏普利值。核仁主要基于议价方面的考虑。这个解概念是由 David Schmeidler[4] 于 1970 年提出的。

回忆一下，联盟C关于配置x的超额衡量的是C在配置x上的不满意程度。假设我们找到了一个满足 minmax $e(C,x)$ 的转归。这是什么意思？这表示我们选定的转归能使最不满意联盟的不满意程度尽可能小。这正是核仁背后的思想，不仅如此，核仁不仅使最不满意联盟的不满意程度最小，也使第二不满意联盟的不满意程度最小，第三不满意联盟的不满意程度最小，以此类推。

例 30.9 考虑下列三人博弈，这个博弈来自文献 [2]。在这个博弈中，$N=\{1,2,3\}$；特征函数为

$$v(1)=v(2)=v(3)=0,\ v(12)=60,\ v(13)=80,\ v(23)=100,\ v(123)=105$$

给定配置$x=(20,35,50)$，各个联盟的超额值如下。

$$e(1,x)=-20,e(2,x)=-35,e(3,x)=-50$$
$$e(12,x)=5,e(13,x)=10,e(23,x)=15$$
$$e(123,x)=0。$$

在上面各个联盟的超额值中，最大的为$e(23,x)=15$。假设我们试图通过使用（比如）配置$y=(15,35,55)$来降低这个超额值。现在，我们注意到，

$$e(12,y)=10,e(13,y)=10,e(23,y)=10$$

如果我们试图进一步降低这个等于 10 的超额值，那么至少有另外一个超额值变得大于 10。因此，配置y实现了任何联盟的最小超额。一般来说，可能有多个转归能使第二大的超额最小，这样我们就得到了上述转归集的一个子集。接下来，我们最小化第三大的

超额，最小化第四大的超额，以此类推，直到正如文献［4］所示的，我们最终得到唯一转归。这个唯一转归称为**核仁**。

□ 核仁的定义

考虑任意配置 $x=(x_1, \cdots, x_n)$，令 $e_k(x)$ 为任意联盟在配置 x 产生的第 k 大的超额。这意味着下列集合的基数（cardinalities）满足：

$$|\{C\subseteq N: e(C,x)\geqslant e_k(x)\}|\geqslant k$$
$$|\{C\subseteq N: e(C,x)> e_k(x)\}|< k$$

现在，配置 x 属于核 $\mathbb{C}(N, v)$ 意味着 $e_1(x)\leqslant 0$。假设我们用 $J(k)$ 表示所有使得 e_k 最小的转归组成的集合，其中 e_k 是第 k 大的超额，用 $I(N, v)$ 表示博弈 (N, v) 的所有转归组成的集合。于是，

$$J(1)=\underset{x\in I(N,v)}{\operatorname{argmin}}\, e_1(x)$$

如果核非空，那么 $J(1)\subseteq \mathbb{C}(N, v)$。我们将 $J(2)$，$J(3)$，…，$J(2^{|N|}-1)$ 定义如下：

$$J(k)=\underset{x\in J(k-1)}{\operatorname{argmin}} e_k(x) \quad \text{对于 } k=2,3,\cdots,2^{|N|}-1$$

Schmeidler[4]证明集合 $J(2^{|N|}-1)$ 是一个单点集，这个点称为 TU 博弈 (N, v) 的核仁。

注意，当核非空时，对于核中的任何转归，所有超额都为零或负。为了找到核仁，我们在核中选择的转归，要能使（负）超额的绝对值尽可能地大。在几何上，核仁是核中的一点，它离核壁（类比一下细胞壁）的距离尽可能地大。在直觉上，核仁是核最深处的点。我们还可以观察到这个解概念的其他方面（更多细节，读者可以参考文献［2］）。

- 核仁总存在且唯一。
- 如果核非空，核仁属于核。
- 核仁总属于大联盟的议价集。另外，它总属于内核。
- 核仁未必总等于夏普利值。
- 核仁可以通过求一系列线性规划的解计算出来。

30.5 盖特利点

这个解概念是由 Dermot Gately[5]于 1974 年提出的。类似核仁，盖特利点也是基于参与人的议价能力。假设我们有一个 TU 博弈 (N, v)，其中 $N=\{1, 2, \cdots, n\}$。我们主要关注参与人 i。如果参与人 i 退出大联盟，这可能导致参与人遭受损失（或获得收益）。假设 $x=(x_1, \cdots, x_n)$ 是大联盟的原配置。于是，参与人 i 退出大联盟导致他的损失为 $x_i-v(\{i\})$。其余参与人的联合损失为

$$\sum_{j\neq i} x_j - v(N\backslash\{i\})$$

参与人 i 造成的破坏可用所谓的**破坏倾向**（propensity to disrupt）$d_i(x)$ 衡量；$d_i(x)$ 的定义为

$$d_i(x) = \frac{\sum_{j\neq i} x_j - v(N\backslash\{i\})}{x_i - v(\{i\})}$$

盖特利点是一个转归，它使得最大破坏倾向最小化。可以证明，当所有参与人的破坏倾向相等时，我们就得到了盖特利点。

例 30.10 考虑下列三人博弈：$N=\{1, 2, 3\}$；

$$v(1)=v(2)=v(3)=0, \ v(12)=4, \ v(13)=0, \ v(23)=3, \ v(123)=6$$

对于配置 $x=(2, 3, 1)$，参与人的破坏倾向分别为

$$d_1(x)=\frac{1}{2}, \ d_2(x)=1, \ d_3(x)=1$$

如果我们令参与人的破坏倾向相等，那么就得到了配置 $y=\left(\frac{18}{11}, \frac{36}{11}, \frac{12}{11}\right)$，它产生的破坏倾向为

$$d_1(y)=d_2(y)=d_3(y)=\frac{5}{6}$$

可以证明，上面的配置 y 是盖特利点。□

我们现在给出一些关于盖特利点的观察。

- 如果核非空，盖特利点未必属于核。
- 通过考察联盟的破坏倾向而不是参与人个体破坏倾向，我们可以推广盖特利点这个概念。由此得到的解概念称为**破坏性的核仁**（disruptive nucleolus）；可以证明，如果核非空，那么破坏性的核仁属于核。

30.6 小结与参考文献

合作博弈论有多种解概念。本章研究了五种解概念。这些解概念基于下列名词：

- **转归**：TU 博弈的转归是一个配置 $x=(x_1, \cdots, x_n)$，它使得各个 x_i 之和等于大联盟的价值 $v(N)$，而且每个 x_i 不小于 $v(\{i\})$。
- **超额**：联盟 C 在配置 x 处的超额等于 $v(C)-\sum_{i\in C} x_i$。这可以描述为联盟 C 的不满意程度。
- **优势转归**：给定两个转归 $x=(x_1, \cdots, x_n)$ 与 $y=(y_1, \cdots, y_n)$，如果存在着联盟 C，使得 C 在 x 处的超额为非负，而且使得 $x_i>y_i$，$\forall i\in C$，那么我们说转归 x 优于转归 y。

本章研究的解概念有：

● **稳定集**：TU 博弈的稳定集是一个满足内部稳定性与外部稳定性的配置集（事实上，该配置集为转归集）。内部稳定性表示 Z 中的任一转归都不劣于 Z 中的任何其他转归。外部稳定性表示每个不在 Z 中的转归，劣于 Z 中的某个转归。

● **议价集**：给定参与人集 N 的某个划分 Q，对应于 Q 的议价集是一个转归集，这个转归集中的每个转归都有下列性质：任何参与人都不会反对这个转归，因为如果他反对，其他参与人会提出反反对。

● **内核**：给定参与人集 N 的某个划分 Q，内核包含的收益配置满足下列条件：如果参与人 i，j 属于 Q 中的同一个联盟，那么参与人 i 在不含 j 的联盟中得到的最大超额等于参与人 j 在不含 i 的联盟中得到的最大超额。

● **核仁**：核仁总属于内核，而且是使得最不满意联盟的不满意程度最小化的唯一转归，不仅如此，这个转归还使得第二不满意联盟的不满意程度最小化，第三不满意联盟的不满意程度最小化，以此类推。

● **盖特利点**：盖特利点是使得参与人最大破坏倾向最小化的转归，这里的破坏是指参与人退出大联盟。

对于这些解概念，何时使用哪一种要根据具体情况具体分析。解概念的计算通常比较难，特殊情形除外。

本章内容主要来自以下教材：Myerson[6]，Straffin[2]，以及 Maschler，Solan，and Zamir[7]。更多细节也可以参考上述文献。Straffin[2]对于本章五种解概念都给出了说明性的例子。本章讨论的解概念也可以参考下列原始文献：稳定集[8]，议价集[1]，内核[3]，核仁[4]，盖特利点[5]。

解概念的计算是一个重要议题。Chalkiadakis，Elkind，and Wooldridge[9]详细讨论了这个重要主题。

□ 参考文献

[1] R. Aumann and M. Maschler. “The bargaining set for cooperative games”. In: *Advances in Game Theory*. Princeton University Press，1964，pp. 443-476.

[2] Philip D. Straffin Jr. *Game Theory and Strategy*. The Mathematical Association of America，1993.

[3] M. Davis and M. Maschler. “The kernel of a cooperative game”. In: *Naval Research Logistics Quarterly* 12（1965），pp. 223-259.

[4] David Schmeidler. “The nucleolus of a characteristic function game”. In: *SIAM Journal on Applied Mathematics* 17（1969），pp. 1163-1170.

[5] Dermot Gately. “Sharing the gains from regional cooperation: A game theoretic application to planning investment in electric power”. In: *International Economic Review* 15（1974），pp. 195-208.

[6] Roger B. Myerson. *Game Theory: Analysis of Conflict*. Harvard University Press，Cambridge，Massachusetts，USA，1997.

[7] Michael Maschler，Eilon Solan，and Shmuel Zamir. *Game Theory*. Cam-

bridge University Press, 2013.

[8] John von Neumann and Oskar Morgenstern. *Theory of Games and Economic Behavior*. Princeton University Press, 1944.

[9] Georgios Chalkiadakis, Edith Elkind, and Michael Wooldridge. *Computational Aspects of Cooperative Game Theory*. Morgan & Claypool, 2011.

30.7 习　题

(1) 对于多数同意规则下的投票博弈（例 30.2），计算其他稳定集（若存在）。

(2) 对于五人顶峰博弈，证明：与划分 $\{\{1, 2, 3, 4, 5\}\}$ 对应的内核为 $\left\{\left(\frac{3}{7}, \frac{1}{7}, \frac{1}{7}, \frac{1}{7}, \frac{1}{7}\right)\right\}$，与划分 $\{\{1, 2\}, \{3\}, \{4\}, \{5\}\}$ 对应的内核为 $\left\{\left(\frac{1}{2}, \frac{1}{2}, 0, 0, 0\right)\right\}$。计算与划分 $\{\{1\}, \{2, 3, 4, 5\}\}$ 对应的内核。

(3) 证明五人顶峰博弈的核仁为 $\left(\frac{3}{7}, \frac{1}{7}, \frac{1}{7}, \frac{1}{7}, \frac{1}{7}\right)$。

(4) 考虑下列三人超可加博弈：$N=\{1, 2, 3\}$；$v(1)=v(2)=v(3)=0$，$v(12)=a$，$v(13)=b$，$v(23)=c$，$v(123)=d$，其中 $0\leqslant a, b, c\leqslant d$。计算这个博弈的核仁与盖特利点。

(5) 给定下列三人博弈：$N=\{1, 2, 3\}$；$v(1)=v(2)=v(3)=0$，$v(12)=4$，$v(13)=0$，$v(23)=3$，$v(123)=6$。计算这个博弈的核、夏普利值、内核、核仁、盖特利点。

(6)（编程题）考察计算解概念时涉及的计算议题。试着构建有效率的算法来确定解概念。

第31章 稳定匹配

2012年诺贝尔经济学奖授予了两位经济学家：劳埃德·夏普利，埃尔文·罗斯(Alvin E. Roth)；因为他们在稳定配置理论以及匹配市场设计实践方面做出了开创性的贡献。匹配理论与匹配算法涉及使用非合作博弈论、合作博弈论以及机制设计中的等量(equal measure)概念。在本章，我们介绍匹配算法，并且讨论它们与博弈论的联系。

31.1 匹配问题

匹配问题是现实生活中的一类常见问题，它将一组资源（个体）配置给另外一组资源（个体）。常见的例子有：市场中买者与卖者的匹配；资源与任务的匹配；买房人与房子的匹配；医学毕业生与医院的匹配；学生与学校的匹配；工程类毕业生与公司的匹配；广告客户与搜索引擎网页上广告位的匹配等。有些匹配问题甚至具有深远的社会影响，例如肾脏（人体器官）与贫困患者的匹配。匹配的实现方式要能满足以下条件：一是尊重个体的偏好；二是（以某种合理方法衡量的）社会福利最大。乍一看，这个问题似乎很简单，其实不然。当匹配问题涉及的资源（个体）数量众多，而且存在着一些必须满足的现实约束条件时，这个问题变得很复杂，以至于找到可行解都很困难，更不用说找到最优解了。

匹配问题的任何解都必须满足一个关键要求，这就是**稳定性**(stability)。稳定解的粗略定义如下：给定一个解，如果我们已无法通过再分配或继续交易来改进它，那么这个解就是稳定的。夏普利与罗斯在匹配问题的研究和应用上做出了杰出的开创性贡献，他们的工作相互补充：1960年代，夏普利考察了匹配理论背后的深层次的问题，并且提出了极其漂亮的理论解决方法；1980年代，罗斯发现了将抽象的夏普利理论应用到实践问题的机会，并且对一些实践问题给出了巧妙的更优的解决方法。1990 年代以来，罗斯以及其他研究者扩展了匹配理论，使其包含诸如匹配市场用户的策略型操纵行为等现实议题。当前，匹配理论与匹配市场不仅是经济学的活跃的研究议题，也是计算机科学、互联网广告和社会计算的活跃的研究议题。

埃尔文·埃廖伊·罗斯（Alvin Elliot Roth）生于 1951 年 12 月 19 日。他的第一个学位是哥伦比亚大学的运筹学学士学位。1973 年和 1974 年，罗斯在斯坦福大学分别获得运筹学硕士学位和博士学位。1975—1982 年，他任教于伊利诺伊大学；1982—1998 年，他效力于匹兹堡大学。1988 年，罗斯进入哈佛大学，担任经济学讲席教授以及商业管理荣誉退休教授。2013 年后，他担任斯坦福大学经济学讲席教授。

罗斯获奖无数，包括斯隆（Alfred P. Sloan）奖、古根海姆（Guggenheim）奖、美国艺术与科学院院士、美国国家经济研究局和计量社会协会成员。除了匹配市场[1]，罗斯对博弈论与实验经济学也做出了开创性的贡献。其中一个重要贡献为把夏普利值刻画为合作博弈空间中的风险中性效用函数。罗斯对实验经济学的贡献，得到诺贝尔奖委员会的认可，并且被作为科学背景予以介绍。[2] 罗斯的工作在本质上说明了，通过谨慎且熟练地设计实验，人们能大幅提高博弈论的解释能力和预测能力。

31.2 匹配算法

在本节，我们主要讨论大学录取新生问题，对此，Gale and Shapley[3] 设计了他们的著名算法。

□ 大学录取新生问题

假设有 m 所大学，n 个新生，其中 $n \geqslant m$。每所大学录取的新生数量有上限或配额。每所大学对学生也有严格排序（也称为偏好序）。类似地，每个学生对大学也有严格排序。这里的问题是根据一定明确定义的标准（例如稳定性、最优性、激励相容性等），将学生配置给大学。在本章，我们交替使用配置、指派、匹配，即将它们作为同义词。

□ 例子

假设有五个学生 1，2，3，4，5，两所大学 A 和 B。假设学生对大学的偏好序如下：

$$1:B \succ A;2:A \succ B; 3:A \succ B;4:B \succ A;5:B \succ A$$

令大学对学生的偏好序如下：

$A:1\succ 2\succ 3\succ 4\succ 5$；$B:1\succ 5\succ 4\succ 3\succ 2$

假设每所大学最多能录取 3 个学生。配置可用二元组集合表示，例如配置 α_1 可以为

$$\alpha_1=\{(1,A),(2,B),(3,A),(4,B),(5,A)\}$$

另外一个配置可能为

$$\alpha_2=\{(1,B),(2,A),(3,A),(4,B),(5,B)\}$$

第三个配置可能为

$$\alpha_3=\{(1,A),(2,A),(3,A),(4,B),(5,B)\}$$

□ 稳定性、最优性以及激励相容性

我们现在讨论大学录取新生匹配算法需要满足的三个重要性质：稳定性、最优性以及激励相容性。

定义 31.1 （稳定配置） 给定一个配置，如果即使学生 1 偏好大学 B 胜于 A 且大学 B 偏好学生 1 胜于 2，它仍含有二元组（1，A）以及（2，B），那么我们说这个配置为**不稳定的**（unstable）。如果一个配置不是不稳定的，那么它是**稳定的**（stable）。

注意，在上面的定义中，如果我们将学生 1 配置给大学 B，那么 1 和 B 的状况都严格变好。用合作博弈论语言表达，两元素联盟（1，B）**阻止**了原来的配置。稳定配置不能被任何两元素联盟所阻止。所有稳定配置组成的集合是潜在配置博弈的**核**。这里的配置博弈实际上是一个伴随不可转移效用（NTU）的博弈。

我们关注的稳定配置具有下列特征：在这个配置下，每个学生和每所大学的状况，与他（它）在任何其他稳定配置下的状况一样好。也就是说，我们寻找的稳定配置，要能使每个学生匹配的大学至少与任何其他配置下该学生匹配的大学一样好，而且使每个大学匹配的学生至少与任何其他配置下该大学匹配的学生一样好。这里的“至少一样好”是指偏好序意义上的好，即$\succeq$。根据稳定配置，我们得到下列定义。

定义 31.2 （最优配置） 给定一个稳定配置，如果在这个配置下，每个学生的状况至少与他在任何其他稳定配置下的状况一样好，那么我们说这个稳定配置是**对学生最优的**（student optimal）；如果在这个配置下，每所大学的状况至少与它在任何其他稳定配置下的状况一样好，那么我们说这个稳定配置是**对大学最优的**（college optimal）。

对学生最优的配置，未必对大学最优；对大学最优的配置，未必对学生最优。可以证明，如果存在着对学生（大学）最优的配置，那么它是唯一的。

定义 31.3 （激励相容配置） 给定一个稳定配置，如果每个学生（大学）报告他（它）对大学（学生）的真实排序是他（它）的一个最优反应，那么这个稳定配置是**对学生（大学）激励相容的**。

回顾一下激励相容性的更强版本，即优势策略激励相容性（DSIC），在这里表示每个学生（大学）如实报告是一个最优反应，不管其他学生（大学）如何报告。

□ 婚姻问题

婚姻问题是大学录取新生问题的一种特殊情形，在这里学生数等于大学数，即

$n=m$。为简单起见，我们研究婚姻问题，因为这个问题的很多结果可以自然推广到大学录取新生问题。在本节的余下部分，我们假设有 n 个学生和 n 所大学，每个学生必须匹配给一所大学；每所大学至多匹配给一个学生。我们用数字 1，2，…表示学生，用大写字母 A，B，…表示大学。

例 31.1 **（婚姻问题）**这个例子改编自 Gale and Shapley[3]。考虑三个学生（1，2 和 3）以及三所大学（A，B 和 C），他（它）们的偏好如下：

$$1:A\succ B\succ C;2:B\succ C\succ A;\ 3:C\succ A\succ B$$
$$A:2\succ 3\succ 1;\ B:3\succ 1\succ 2;\ C:1\succ 2\succ 3$$

对于这个情形，显然有六个匹配（配置），它们分别是：

$$\{(1,A),(2,B),(3,C)\},\{(1,A),(2,C),(3,B)\},\{(1,B),(2,A),(3,C)\}$$
$$\{(1,B),(2,C),(3,A)\},\{(1,C),(2,A),(3,B)\},\{(1,C),(2,B),(3,A)\}$$

可以看出，在上述六个配置中，稳定的配置有：

$$\{(1,A),(2,B),(3,C)\},\{(1,B),(2,C),(3,A)\},\{(1,C),(2,A),(3,B)\}$$

容易验证，配置 $\{(1,A),(2,B),(3,C)\}$ 对学生最优，而配置 $\{(1,C),(2,A),(3,B)\}$ 对大学最优，配置 $\{(1,B),(2,C),(3,A)\}$ 不是对学生最优的，也不是对大学最优的。

另外，在前面的六个配置中，下列配置是不稳定的：

$$\{(1,A),(2,C),(3,B)\},\{(1,B),(2,A),(3,C)\},\{(1,C),(2,B),(3,A)\}$$

为了看清配置 $\{(1,A),(2,C),(3,B)\}$ 是不稳定的，注意到联盟 $\{3,A\}$ 能阻止这个配置：(a) 对于学生 3 来说，$(3,A)$ 比 $(3,B)$ 更好，因为他偏好 A 胜于 B；(b) 对于大学 A 来说，$(3,A)$ 比 $(1,A)$ 更好，因为大学 A 偏好学生 3 胜于 1。类似地，读者可以验证联盟 $\{2,C\}$ 能阻止 $\{(1,B),(2,A),(3,C)\}$，联盟 $\{1,B\}$ 能阻止 $\{(1,C),(2,B),(3,A)\}$。□

□ 婚姻问题的延迟接受算法

我们现在终于可以介绍 Gale and Shapley[3] 提出的婚姻问题算法了。这个算法称为**延迟接受**（deferred acceptance）算法，原因稍后就会明朗。这个算法有两种版本：

- 学生“求婚”版本；
- 大学“求婚”版本。

我们仅介绍学生“求婚”版本算法。这个算法关于阶段（stage）迭代。

（1）在阶段 1，每个学生向他最喜欢的大学提出申请。一些大学可能收不到任何申请；另外一些大学可能收到一个或多个申请。如果某所大学收到两个或更多申请，那么它仅留下它最偏好的学生，并且拒绝所有其他申请该校的学生。这个被留下的学生仍需要排队等候（大学延迟录取（接受）该学生，因为它预期可能会有它更喜欢的学生出现）。

（2）在阶段 2，每个被拒绝的学生向他第二喜欢的大学提出申请。再一次地，如果某所大学收到两个或更多申请（包括任何已被它纳入排队等候名单的学生对它的申请），那么它仅留下它最偏好的学生，并且拒绝所有其他申请该校的学生。注意，在这个阶段，大学在挑选学生时，需要考虑已列入其排队等候名单的学生。

(3) 在阶段 3、阶段 4 等，按照阶段 2 的方式进行。

这个算法在每所大学都收到申请时终止。大学"求婚"版本算法与学生"求婚"版本算法相同，只不过学生与大学的角色互换了。

例 31.2 (延迟接受算法) 这个例子来自文献[2]。考虑四个学生（1、2、3 和 4）和四所大学（A、B、C 和 D），他（它）们的偏好如下：

$1:A\succ B\succ C\succ D$；　$2:A\succ C\succ B\succ D$

$3:A\succ B\succ D\succ C$；　$4:C\succ D\succ B\succ A$

$A:4\succ 3\succ 2\succ 1$；　$B:4\succ 1\succ 3\succ 2$

$C:1\succ 2\succ 4\succ 3$；　$D:2\succ 1\succ 4\succ 3$

假设学生"求婚"。于是：

- 在阶段 1，学生 1、2 和 3 向大学 A 提出申请，因为他们都最喜欢大学 A，而学生 4 则向大学 C 提出申请，于是大学 C 将学生 4 纳入排队等候名单。大学 A 拒绝学生 1 和 2，而将学生 3 纳入排队等候名单。

- 在阶段 2，被拒绝的学生 1 和 2 分别向大学 B 和 C 提出申请，因为大学 B 和 C 在学生 1 和 2 的偏好序上排在第二位。现在，大学 C 面对两个申请者：一是学生 2；二是已被它列入排队等候名单的学生 4。于是，大学 C 拒绝学生 4 而将 2 纳入排队等候名单。另外，大学 B 将学生 1 纳入排队等候名单。

- 在阶段 3，学生 4 向大学 D 提出申请。现在，大学 A、B、C 和 D 各自都有一个申请，因此算法终止，由此得到的配置为 $\{(1,B),(2,C),(3,A),(4,D)\}$。可以验证，这个配置对学生最优。

在大学求婚版本算法中，容易看到它给出的配置为 $\{(1,C),(2,D),(3,A),(4,B)\}$。可以验证，这个配置对大学最优。

假设学生和大学都是策略型的，因此他（它）们可能不如实报告自己的偏好。作为一个说明性的例子，假设学生 4 是策略型的，而其他学生和所有大学都如实报告。假设学生 4 将自己的偏好谎报为 $C\succ D\succ A\succ B$，而不是报告他的真实偏好 $C\succ D\succ B\succ A$。如果我们使用大学"求婚"版本算法，那么我们只需要改变学生 4 的偏好即可。我们由此得到的配置为 $\{(1,B),(2,C),(3,A),(4,D)\}$，这与所有学生如实报告情形下得到的配置 $\{(1,C),(2,D),(3,A),(4,B)\}$ 差别很大。事实上，学生 4 的谎报行为将对大学最优的配置转变为对学生最优的配置！这说明大学"求婚"版本算法对学生不是激励相容的。然而，可以证明，大学"求婚"版本算法对大学是优势策略激励相容的（DSIC）。类似地，学生"求婚"版本算法对学生是 DSIC 的，对大学不是激励相容的。□

□ 延迟接受算法的重要性质

我们现在不加证明地给出延迟接受算法的一些重要性质。

- 在学生"求婚"（大学"求婚"）版本算法中，任一学生（大学）向同一个大学

（学生）“求婚”的次数不超过一次。

- 学生“求婚”版本和大学“求婚”版本算法都能得到唯一的稳定配置。学生“求婚”（大学“求婚”）版本算法得到的是对学生（大学）的最优配置。配置最优性的证明可以参考 Gale and Shapley[3]。
- 算法终止前的最大阶段数为 n^2-2n+2。因此，盖尔-夏普利（Gale - Shapley）算法有最坏情形二次（quadratic）时间复杂性。
- 学生“求婚”（大学“求婚”）版本算法对学生（大学）是优势策略激励相容的，但对大学（学生）不是激励相容的。
- 盖尔-夏普利算法可以自然地推广到大学录取新生问题。
- 可以证明，配置博弈（大学录取新生问题背后的伴随不可转移效用的博弈）的核非空（参见 Shapley and Shubik[4]）。这个结果保证了稳定配置在一般环境中的存在性。

□ 房屋配置问题

延迟接受算法是双边匹配问题领域中的开创性贡献，这里的“双边”强调每一边对对方都有偏好，例如在大学录取新生问题中，大学对学生有偏好，学生对大学也有偏好。现实生活中还存在着另外一类重要问题，这就是所谓的**房屋配置**（house allocation）问题。在这类问题中，一组参与人互相交换不可分割的物品，这里的交换是单纯以物易物，不涉及旁支付（side payments），即不涉及货币等形态的补偿。参与人对物品有偏好，而且有自己的物品。一个直接的例子是一组租房者在寻找房屋，他们对房屋有自己的偏好。但房屋对租房人没有任何偏好。Shapley and Scarf[5]在理查德·盖尔（Richard Gale）工作的基础上，设计了所谓的**首位交易循环**（top trading cycle）算法，用来求这类问题的解。这个算法及其变种已被用到一系列问题上，其中就包括肾脏交换问题。

31.3 市场匹配

延迟接受算法与首位交易循环算法是匹配领域的两个关键算法；它们已被广泛研究，并且已被应用到很多现实问题。学者已针对各种匹配问题设计了多种算法，与此同时学者还对这些算法进行了分析，目的在于得到它们理论上的性质（例如，稳定性、最优性和激励相容性）。夏普利在 1950 年代和 1960 年代的工作是合作博弈论的基石；夏普利与其他博弈论学者使用合作博弈论解决了匹配领域中的若干中心问题。[1]

罗斯在 1980 年代发现夏普利的理论可以应用到现有市场，例如美国国民匹配项目（National Residents Matching Program，NRMP），这是一个将医学毕业生与医院进行匹配的市场。罗斯和他的同事通过一系列实证研究和实验室实验，发现稳定性是任何匹配市场成功和存续的最关键的要求。在研究过程中，罗斯及其同事能够对现存匹配市场再设计，并且改进它们的绩效。1990 年代，罗斯及其同事使用包括博弈论在内的新理论工具，研究了匹配市场可能存在的策略型操纵行为。纽约和波士顿等城市使用这种方法来匹配学生和学校。更加荣耀的时刻到来了，1990 年代和 21 世纪初，这种方法被成功地应用于人体器官（尤其是肾脏）供体与受体之间的匹配。

31.4 小结与参考文献

本章仅考察了匹配算法的一些基本但重要的层面，而且我们考察的仅是非策略型参与人的情形（即未涉及市场操纵等议题）。匹配议题涉及非合作博弈论、合作博弈论以及机制设计。本章主要内容如下：

- 我们简单介绍了大学录取新生问题、婚姻问题以及房屋配置问题。在大学录取新生问题中，我们有 m 所大学和 n 个学生（通常 $n \geqslant m$），而且大学和学生对对方都有偏好。婚姻问题是大学录取新生问题的特殊情形，此时 $n=m$。在房屋配置问题中，偏好是单方面的。
- 我们讨论了大学录取新生问题的著名的盖尔-夏普利（Gale-Shapley）算法，并且介绍了这个算法满足的一些有趣的性质。

2012 年的诺贝尔经济学奖引发了人们对匹配理论与匹配市场的兴趣。诺贝尔奖官方网站对此做了科学背景介绍。[2] Roth and Sotomayor[1] 是这方面的权威著作，它收录了截至 1990 年的重要结果。关于延迟接受算法，读者一定要参考 Gale and Shapley[3] 这篇原始文献。

□ 参考文献

[1] A. E. Roth and M. Sotomayor. *Two Sided Matching: A Study in Game Theoretic Modeling and Analysis*. Econometric Society Monograph Series, Cambridge University Press, 1990.

[2] The Economic Sciences Prize Committee. *Stable Matching: Theory, Evidence, and Practical Design—The Sveriges Riksbank Prize in Economic Sciences in Memory of Alfred Nobel 2012: Scientifc Background*. Tech. rep. The Nobel Foundation, Stockholm, Sweden, 2012.

[3] D. Gale and L. S. Shapley. "College admissions and the stability of marriage". In: *The American Mathematical Monthly* 69 (1) (1962), pp. 9-15.

[4] Lloyd S. Shapley and Martin Shubik. "The assignment game I: the core". In: *International Journal of Game Theory* 1 (1) (1971), pp. 111-130.

[5] Lloyd S. Shapley and Herbert Scarf. "On cores and indivisibility". In: *Journal of Mathematical Economics* 1 (1974), pp. 23-37.

31.5 习　题

(1) 证明在大学录取新生问题中，对学生最优的配置（对大学最优的配置）如果存在，必定唯一。

(2) 在大学录取新生问题的例子中，分别考察配置 α_1，α_2 与 α_3 的稳定性、最优性以及激励相容性。

（3）在例 31.1（三个学生和三所大学匹配的问题）中，证明配置 $\{(1, A), (2, B), (3, C)\}$，$\{(1, B), (2, C), (3, A)\}$，$\{(1, C), (2, A), (3, B)\}$ 是稳定的，而配置 $\{(1, B), (2, A), (3, C)\}$，$\{(1, C), (2, B), (3, A)\}$ 是不稳定的。

（4）对例 31.1 分别使用学生“求婚”版本延迟接受算法以及大学“求婚”版本延迟接受算法。

（5）在例 31.2 中，对学生 4 谎报他的偏好序的情形使用延迟接受算法。

（6）证明在延迟接受算法中，最大阶段数为 n^2-2n+2，其中 n 是学生数（也是大学数）。（提示：考察最差情形环境。）

（7）考虑下列婚姻问题，这里有四个学生（1、2、3 和 4）以及四所大学（A、B、C 和 D），他（它）们的偏好为：

$1: A \succ B \succ C \succ D$； $2: A \succ B \succ C \succ D$

$3: B \succ C \succ A \succ D$； $4: C \succ A \succ B \succ D$

$A: 3 \succ 4 \succ 1 \succ 2$； $B: 4 \succ 1 \succ 2 \succ 3$

$C: 1 \succ 2 \succ 3 \succ 4$； $D: 4 \succ 3 \succ 1 \succ 2$

对这个问题应用盖尔-夏普利算法。你能观察到什么结果？

（8）如何将婚姻问题的盖尔-夏普利算法推广到大学录取新生问题？

（9）（编程题）实施盖尔-夏普利算法、首位交易循环算法以及文献报道的其他匹配算法。

第 32 章 结束语

在本章，我们简要回顾本书的重要内容，以及本书的重要概念和结果。我们也列举了一些本书未能包括的重要主题。我们还提供了一些参考文献供读者进一步学习。

博弈论帮助我们分析决策者的互动均衡行为，而机制设计能够让我们设计博弈，从而让策略个体遵循合意均衡行为。本书试图对博弈论和机制设计提供比较充分的处理。

32.1 本书目的

在通读本书之后，读者应该能比较熟练地使用博弈论和机制设计解决计算机科学、通信、网络、电子工程、管理科学、微观经济学以及工业工程中的相关问题。下面列举了不同类型的读者从本书可能得到的好处。

- 本书可以作为本科生和研究生博弈论课程的教科书或参考书。
- 计算机科学和工程的学生将能涉足算法博弈论、算法机制设计、计算社会选择、拍卖和市场设计、电子商务、互联网货币化以及多智能体系统的机制设计等领域。
- 计算机科学、电子学、电子工程专业的学生将能够从事诸如网络协议设计、网络中的动态资源配置、多智能体电网以及网络科学等方面的研究。
- 工业工程或管理科学专业的学生能够从事供应链网络设计、物流工程、电子商务中的拍卖、电子商务中的动态定价等方面的研究。
- 一些重要的跨学科领域的学者，例如信息物理系统、智能交通、多智能体协作（例如多计算机系统）、公共政策、绿色供应链、服务科学以及社会网络分析等领域的学者，将发现本书有助于他们提出和解决问题。

博弈论和机制设计与最优化、机器学习以及算法的有机组合，为我们提供了一幅壮观的当代问题的画面（包括跨学科问题），这些问题等待有识之士探索和解决。

本书的目的在于帮助读者比较系统地学习和理解博弈论和机制设计的知识，让读者有能力回答一些基本问题，并且能够使用本书知识解决问题。

32.2 进一步探索

鉴于本书有自己的着重点和目的，它不可能完全包括博弈论的方方面面。另外，本书提供的主题在细节和处理深度上差别很大。因此，本书未能纳入博弈论和机制设计的很多重要方面。例如，我们未纳入：

- 算法博弈论（诸如无政府主义的代价、稳定的代价、计算均衡所用的算法、计算均衡的复杂性、网络博弈等）。
- 网络构型博弈。
- 展开型博弈（完美信息、不完美信息），子博弈完美均衡等。
- 行为策略的概念，以及完美均衡、序贯均衡解概念等。
- 用于分析或设计的近似概念，例如 ε 纳什均衡、ε 核、ε 激励相容等。
- 斯坦克尔伯格（Stackelberg）博弈。
- 重复博弈。
- 动态博弈。
- 博弈中的学习。
- 进化博弈。
- 随机博弈。
- 潜博弈（potential games）。
- 效用不可转移的博弈。
- 动态机制。
- 在线机制。
- 不使用货币的机制。
- 投票机制和计算投票理论。
- 计算社会选择。
- 图形博弈。
- 安全博弈。
- ……

幸运的是，很多优秀教材包含了上面的主题。首先，我们推荐读者参考一本近期出版的非常全面的博弈论教科书，即 Maschler，Solan，and Zamir[1]。下面的每本书包含了上面的一些主题，各有侧重：Easley and Kleinberg[2]；Goyal[3]；Jackson[4]；Mas-Colell，Whinston，and Green[5]；Myerson[6]；Narahari，Garg，Narayanam，and Prakash[7]；Nisan，Roughgarden，Tardos，and Vazirani[8]；Osborne[9]；Shoham and Leyton-Brown[10]；Straffin[11]。博弈论经典论文合集[12]出版于 1997 年，感兴趣的读者不可错过。

□ 当前研究趋势

正如我们以前说过的，随着近年来的技术进步，博弈论和机制设计已成为众多问题的中心所在。博弈论和机制设计在拍卖、电子商务、市场匹配、采购市场、服务市场、网络协议设计、社会网络货币化、众包、人力计算平台、多智能体系统、电网中的资源配置、关键基础设施的保护、碳足迹最优化等领域起着核心作用。自然地，关于这些主题的文献近来呈现爆炸性的增长。除了经济学和博弈论学科的经典杂志之外，还有很多发表论文的论坛平台能够公开发表这方面的论文。

一些学术会议（其中一些是近期举办的）也报告了博弈论和机制设计的应用。这些会议有 ACM 电子商务会议（现改名为 ACM 经济学与计算会议，ACM EC），网络与网络经济学国际会议（WINE），自主智能体与多智能体系统（AAMAS），国际万维网大会（WWW），国际人工智能联合会议（IJCAI），美国人工智能协会国际会议（AAAI），人工智能中的不确定性会议（UAI）等。另外，IEEE 计算机科学基础会议（FOCS），ACM 计算理论研讨会（STOC），ACM-SIAM 离散算法研讨会（SODA），ACM 通信会议（SIGCOMM），ACM 分布式计算原理研讨会（PODC），国际机器学习大会（ICML），神经信息处理系统国际会议（NIPS）等偶尔也会发表博弈论和机制设计方面的论文。这些会议是非常宝贵的信息来源，你可以了解相关领域的当前工作。会议论文刊登在杂志上，这也被本书列为参考文献。博客“图灵的看不见的手：计算、经济学与博弈论”（Turing's Invisible Hand：Computation，Economics，and Game Theory，http://agtb. wordpress. com）及时更新博弈论相关事件和文章，这也是一个重要的文献库。

32.3 小结与参考文献

现在问一个中肯的问题：如果不使用博弈论和机制设计，将会出现什么情形？在引言（第 1 章）以及本书其他章节，我们指出了很多当前和未来问题，在这些问题中，交易是由自利人的行动决定的。我们不能假设这些智能人遵守既定算法——他们宁愿追随自己的利益。如果现代基于互联网和多智能体系统的设计者，希望保证诚实行为符合智能体的最大利益，那么博弈论分析和机制设计原理对于这些系统的成功至关重要。因此，博弈论和机制设计现在已成为工程科学很多活跃的研究领域的有机组成部分。另一方面，它们提供的丰富理论已显著影响工程领域的很多应用问题，而且工程领域的很多难题也促生了博弈论和机制设计中的新理论问题。现代应用问题要求人们使用种类繁多的数学工具和方法；博弈论和机制设计，与机器学习、统计学、算法、最优化等一起为新生事物的出现提供了数学保障。

我们相信本书提供了博弈论和机制设计的核心内容。在本书即将结尾时，我们真心希望本书能带领读者迈进博弈论和机制设计在其中起着重要作用的那些现代学科。

□ 参考文献

[1] Michael Maschler, Eilon Solan, and Shmuel Zamir. *Game Theory*. Cambridge University Press, 2013.

[2] David Easley and Jon Kleinberg. *Networks, Crowds, and Markets: Reasoning About a Highly Connected World*. Cambridge University Press, 2010.

[3] Sanjeev Goyal. *Connections: An Introduction to the Economics of Networks*. Princeton University Press, Princeton, NJ, USA, 2007.

[4] Mathew O. Jackson. *Social and Economic Networks*. Princeton University Press, Princeton, NJ, USA, 2007.

[5] Andreu Mas-Colell, Michael D. Whinston, and Jerry R. Green. *Microeconomic Theory*. Oxford University Press, 1995.

[6] Roger B. Myerson. *Game Theory: Analysis of Conflict*. Harvard University Press, Cambridge, Massachusetts, USA, 1997.

[7] Y. Narahari, Dinesh Garg, Ramasuri Narayanam, and Hastagiri Prakash. *Game Theoretic Problems in Network Economics and Mechanism Design Solutions*. Springer, London, 2009.

[8] Noam Nisan, Tim Roughgarden, Eva Tardos, and Vijay Vazirani (Editors). *Algorithmic Game Theory*. Cambridge University Press, 2007.

[9] Martin J. Osborne. *An Introduction to Game Theory*. The MIT Press, 2003.

[10] Yoam Shoham and Kevin Leyton-Brown. *Multiagent Systems: Algorithmic, Game—Theoretic, and Logical Foundations*. Cambridge University Press, New York, USA, 2009, 2009.

[11] Philip D. Straffin Jr. *Game Theory and Strategy*. The Mathematical Association of America, 1993.

[12] Harold W. Kuhn (Editor). *Classics in Game Theory*. Princeton University Press, 1997.

第 33 章 数学知识准备

在本章，我们提供本书相关章节使用的基本定义和重要结果。我们还提供了一些参考文献，读者可以据此查找更多细节内容或证明。本章的主题包括：概率论，线性代数，线性规划，数学分析，以及计算复杂性。在这里，我们仅提供重要定义和结果；对于严格的技术细节，读者需要查询章末列出的参考文献。

33.1 概率论

一个概率模型是一个三元组（Ω，$\mathbb{F}$，$\mathbb{P}$），其中

- Ω 是实验的结果集，称为样本空间。
- $\mathbb{F}\subseteq 2^{\Omega}$ 在补运算下是闭的，在可列并之下也是闭的，而且$\mathbb{F}$包含 Ω；$\mathbb{F}$ 称为 Ω 上的 σ 代数，$\mathbb{F}$ 的元素称为事件。
- $\mathbb{P}:\mathbb{F}\rightarrow[0, 1]$ 是一个概率映射，它满足

(a) $\mathbb{P}(\varnothing)=0\leqslant\mathbb{P}(A)\leqslant\mathbb{P}(\Omega)=1$，$\forall A\in\mathbb{F}$。

(b)（可列可加性）：给定 Ω 的可列无限多个不相交的子集 $A_i(i=1, 2, \cdots)$，

$$\mathbb{P}(A_1\cup A_2\cup\cdots)=\mathbb{P}(A_1)+\mathbb{P}(A_2)+\cdots$$

上面的两个性质也称为概率公理。随机变量 X 是一个映射 $X:\Omega\rightarrow\mathbb{R}$ 使得概率$\mathbb{P}\{X\leqslant x\}$，$\forall x\in\mathbb{R}$ 有明确定义而且能够计算。

随机变量 X 的累积分布函数是一个映射 $F_X:\mathbb{R}\rightarrow[0, 1]$，它的定义为

$$F_X(x)=\mathbb{P}\{X\leqslant x\}$$

累积分布函数是单调非增的，是右连续的，而且满足

$$\lim_{x \to -\infty} F_X(x) = 0$$

$$\lim_{x \to \infty} F_X(x) = 1$$

给定随机变量，若它的值域为至多可列的，则称其为离散随机变量；给定随机变量，若它的累积分布函数为连续的，则称其为连续随机变量。显然，连续随机变量的值域是不可列无限的。

如果 X 是一个值域为 {1，2，…} 的离散随机变量，我们将它的概率质量函数定义为

$$\mathbb{P}\{X=i\}, \quad i=1,2,\cdots$$

容易证明 $\sum_i \mathbb{P}\{X=i\}=1$。如果 X 是一个连续随机变量，那么我们将它的概率密度函数（若存在）定义为

$$f_X(x)=\frac{dF_X(x)}{dx}; \forall x \in \mathrm{range}(X)$$

容易证明

$$\int_{-\infty}^{\infty} f_X(x) dx = 1$$

给定两个事件 E 和 F，若

$$E \cap F = \varnothing$$

则称 E 和 F 互不包含（或说，互斥），这意味着

$$\mathbb{P}(E \cup F) = \mathbb{P}(E) + \mathbb{P}(F)$$

若事件 E 的发生概率不取决于事件 F 的发生概率，则称 E 和 F 独立。在这种情形下，可以证明，事件 E 和 F 的独立性等价于：

$$\mathbb{P}(E \cap F) = \mathbb{P}(E)\mathbb{P}(F)$$

若 E_1，E_2，…，E_n 是互不相交的事件，使得 $E_1 \cup E_2 \cup \cdots \cup E_n = \Omega$ 而且 $\mathbb{P}(E_i)>0$，$\forall i$，则对于任何事件 $F \in \mathbb{F}$，都有

$$\mathbb{F}(F) = \sum_{i=1}^{n} \mathbb{P}(F | E_i)\mathbb{P}(E_i)$$

贝叶斯法则是条件概率的一个重要结果，它表明对于任意两个事件 E，$F \in \mathbb{F}$，使得 $\mathbb{P}(E)>0$ 与 $\mathbb{P}(F)>0$，则

$$\mathbb{P}(E | F) = \frac{\mathbb{P}(F | E)\mathbb{P}(E)}{\mathbb{P}(F)}$$

$\mathbb{P}(E)$ 称为先验概率，$\mathbb{P}(E|F)$ 称为后验概率；$\mathbb{P}(F|E)\mathbb{P}(E)$ 表示 F 提供给 E 的支撑。

贝叶斯法则的一个简单推广是推广到当 E_1，E_2，…，E_n 互斥使得 $\cup_{i=1}^{n} E_i = \Omega$ 而且

$\mathbb{P}(E_i)>0$，$\forall i$ 时。在这种情形下，对于 $i=1$，…，n，我们有：

$$\mathbb{P}(E_i|F)=\frac{\mathbb{P}(F|E_i)\mathbb{P}(E_i)}{\sum_{i=1}^{n}\mathbb{P}(F|E_i)\mathbb{P}(E_i)}$$

假设我们有一个随机向量 X_1，X_2，…，X_n。将随机变量 X 定义为：

$$\mathbb{P}\{X=(s_1,\cdots,s_n)\}=\mathbb{P}\{X_1=s_1;\cdots;X_n=s_n\}$$

这称为联合概率分布。如果 X_1，X_2，…，X_n 是相互独立的，那么 $\forall(s_1$，…，$s_n)$，我们有：

$$\mathbb{P}\{X=(s_1,\cdots,s_n)\}=\mathbb{P}\{X_1=s_1\}\cdots\mathbb{P}\{X_n=s_n\}$$

概率 $\mathbb{P}\{X_i=s_i\}$ 称为边缘概率。另外，假设 X_1，…，X_n 是互相独立的随机变量，我们可以利用概率质量函数定义下列联合分布：

- $\mathbb{P}\{X_1=x_1\}\mathbb{P}\{X_2=x_2\}$；
- $\mathbb{P}\{X_1=x_1\}\mathbb{P}\{X_2=x_2\}\mathbb{P}\{X_3=x_3\}$；
- …
- $\mathbb{P}\{X_1=x_1\}\cdots\mathbb{P}\{X_n=x_n\}$。

33.2 线性代数

我们在这里提供几个重要概念。为了简单起见，我们没有定义向量空间。更多细节可参考书籍[1，2]。

假设 $V=\{v_1$，v_2，…} 是一个向量集，$I=\{1$，2，…} 是 V 的指标集。若存在不全为零的实数 $\lambda_i(i\in I)$ 使得

$$x=\sum_{i\in I}\lambda_i v_i$$

则我们说向量 x 可以表示为 V 中向量的线性组合（linear combination）。

给定向量集，如果其中的每个向量都可以表示为 V 中向量的线性组合，则将该向量集称为 V 的张成集，记为 span(V)。

□ 线性相关与线性无关

给定有限向量集 $V=\{v_1$，v_2，…，$v_n\}$，如果存在不全为零的实数 $\lambda_i(i\in I)$ 使得

$$\sum_{i\in I}\lambda_i v_i=0$$

则称 V 线性相关。若 V 不是线性相关的，则称其线性无关或线性独立。

例 33.1 集合 {(1，0，0)，(0，1，0)，(0，0，1)} 是线性无关的。集合 {(5，0，0)，(0，1，0)，(0，0，10)} 是线性无关的。集合 {(1，0，0)，(0，1，0)，(1，1，0)} 是线性相关的。集合 {(1，0，0)，(0，1，0)，(5，6，0)} 也是线性相关的。□

□ 秩

向量集 V 的秩（rank），是 V 的最大线性无关子集的基数（cardinality），即该最大线性无关子集所含向量的个数。

□ 基

令 V 是一个向量集，B 是 V 的一个有限线性无关子集。若

$$B\cup\{x\}\text{是线性相关的}, \forall x\in V\backslash B$$

则称 B 是一个最大线性无关集。

V 的基（basis）是 V 的一个最大线性无关子集。可以证明，每个向量空间 $V\subseteq\mathbb{R}^n$ 都有基，而且如果 B 是 V 的一个基，那么 $\text{span}(V)=\text{span}(B)$。另外，如果 B 和 B' 是 V 的两个基，那么 $|B|=|B'|=\text{rank}(V)$。集合 B 的基数（cardinality）称为 V 的维数。

33.3 线性规划与对偶

一个线性规划（linear program，LP）包含

- 一组变量 x_1，x_2，…，$x_n\in\mathbb{R}$；
- 一个线性目标函数

$$\sum_{i=1}^{n} c_i x_i$$

其中 c_1，c_2，…，$c_n\in\mathbb{R}$ 是已知实数（称为权重）；

- 一组线性约束，变量的加权和必须满足这些约束。

规范型（canonical form）或称对称型的线性规划如下所示（以最小化为例）*：

$$\begin{aligned}&\min\ cx\\&\text{s.t. } Ax\geqslant b\\&\qquad x\geqslant 0\end{aligned}$$

其中 $c=[c_1\ \cdots\ c_n]$，$x=[x_1\ \cdots\ x_n]^T$，$A=[a_{ij}]_{m\times n}$，$b=[b_1\ \cdots\ b_m]^T$。

标准型（standard form）的线性规划如下所示：

$$\begin{aligned}&\min\ cx\\&\text{s.t. } Ax=b\\&\qquad x\geqslant 0\end{aligned}$$

下面是线性规划典型的最大化问题的版本：

---

* 式中 min 是 minimize（最小化）的缩写；s. t. 是 subject to（受约束于）的缩写。由于这样的表达在中文书籍中已很常见，因此我们保留了这样的写法而不再翻译成中文。——译者注

$$\max\ cx$$
$$\text{s. t. } Ax \leqslant b$$
$$x \geqslant 0$$

不含目标函数的线性规划，称为可行性问题。满足约束条件的向量 $x=(x_1\ \cdots\ x_n)^T$ 称为可行解。使得目标函数达到最优值的可行解 x，称为最优解，通常记为向量 $x^*=(x_1^*,\ \cdots,\ x_n^*)^T$。

给定一个线性规划，它的所有可行解组成的集合对应着 n 维空间中的一个凸多面体。线性约束条件对应着 n 维空间的超平面。

由于目标函数是线性的，可行空间的任何局部最优解也是全局最优解。而且，它至少存在着一个最优解，这样的最优解位于凸多面体的某个（些）顶点上。

在求线性规划问题时，单纯形算法比较著名，它的做法如下。单纯形算法从凸多面体的某个顶点处出发，移动到使目标函数值有所改进的相邻顶点（有所改进，在最小化问题中是指目标函数值变小，在最大化问题中是指目标函数值变大），迭代下去，直至找到最优点。单纯形算法的最坏情形——时间复杂度，关于变量和约束条件的个数成指数增长。

线性规划的另外一种求解方法，称为内点法。这种方法考察多面体的内部区域而不是顶点。伴随最坏情形——时间复杂度的内点法，也已经被发展出来。

□ 线性规划中的对偶

例 33.2 首先我们考察一个对称型线性规划问题

$$\min\ 6x_1+8x_2-10x_3$$
$$\text{s. t. } 3x_1+x_2-x_3 \geqslant 4$$
$$5x_1+2x_2-7x_3 \geqslant 7$$
$$x_1, x_2, x_3 \geqslant 0$$

这个线性规划的对偶问题为

$$\max\ 4w_1+7w_2$$
$$\text{s. t. } 3w_1+5w_2 \leqslant 6$$
$$w_1+2w_2 \leqslant 8$$
$$-w_1-7w_2 \leqslant -10$$
$$w_1, w_2 \geqslant 0$$

在下面的讨论中，我们将推广这个例子。□

给定

$$c=[c_1\ \cdots\ c_n];x=[x_1\ \cdots\ x_n]^T$$
$$A=[a_{ij}]_{m\times n};b=[b_1\ \cdots\ b_m]^T$$
$$w=[w_1\ \cdots\ w_m]$$

对称型线性规划的原问题为

$$\min\ cx$$
$$\text{s. t. } Ax \geqslant b$$
$$x \geqslant 0$$

它的对偶问题为

$$\begin{aligned}&\max\ wb\\&\text{s. t. } wA\leqslant c\\&\qquad w\geqslant 0\end{aligned}$$

标准型线性规划的原问题为

$$\begin{aligned}&\min\ cx\\&\text{s. t. } Ax=b\\&\qquad x\geqslant 0\end{aligned}$$

它的对偶问题为

$$\begin{aligned}&\max\ wb\\&\text{s. t. } wA\leqslant c\\&\qquad w\ \text{不受限制}\end{aligned}$$

上面的线性规划形式出现在矩阵博弈的最大最小化问题以及最小最大化问题中（第9章）。容易证明，给定原问题，则它的对偶问题的对偶是这个原问题本身。下面列出关于对偶的一些重要结果，我们要用到这些结论。

□ 弱对偶定理

如果原问题是一个最大化问题，那么任何可行原解的值小于或等于任何可行对偶解的值。如果原问题是一个最小化问题，那么任何可行原解的值大于或等于任何可行对偶解的值。

□ 强对偶定理

给定原问题和它的对偶问题，如果其中一个问题有最优解，那么另外一个问题也有最优解，而且它们最优解的值相同。注意，这是我们证明最小最大定理时用到的重要结果。

□ 基本对偶定理

给定原问题和它的对偶问题，下列论断恰有一个为真。

（1）两个问题都有最优解（比如 x^* 和 w^*），而且 $cx^*=w^*b$。

（2）其中一个问题有无界目标函数值，在这种情形下，另外一个问题必定不可行。

（3）两个问题都不可行。

33.4 数学分析

□ 度量空间

一个度量空间（V，d）包含一个集合 V 和一个映射 $d: V\times V\rightarrow\mathbb{R}$，使得 $\forall x$，y，

$z\in V$，下列各项成立。

(1) $d(x, y)\geqslant 0$；

(2) $d(x, y)=0$ 当且仅当 $x=y$；

(3) $d(x, y)=d(y, x)$；

(4) $d(x, z)\leqslant d(x, y)+d(y, z)$。

映射 d 称为一个**度量**（metric）或**距离**（distance）函数。注意，上面的条件（1）可从其他三个条件推出。

□ 开球

给定度量空间（V，d），中心在 $x\in V$ 且半径为 $r>0$ 的开球是集合 $B(x, r)=\{y\in V: d(x, y)<r\}$。

□ 开集

度量空间（V，d）中的开集 X 是 V 的一个子集，使得我们在每个 $x\in X$ 点上都能找到一个开球，而且该开球包含于 X。

□ 有界集

给定度量空间（V，d）及其一个子集 X，如果 X 完全包含于某个中心在 0 且半径为有限的开球内，则 X 是有界的。

□ 闭集

给定度量空间（V，d）及其一个子集 X，X 称为闭集当且仅当 X 中的每个收敛序列收敛到 X 中的点。也就是说，对于 X 中的所有序列 $\{x_k\}$ 使得对于某个 $x\in V$，$x_k\to x$，则 $x\in X$。值得注意的是，集合 X 为闭的当且仅当它的补 $X^c=V\setminus X$ 是一个开集。

□ 紧集

给定度量空间（V，d）及其一个子集 X，如果 X 中的每个点序列都有收敛子序列，则称 X 是紧的。一个重要结果是，如果度量空间为 $\mathbb{R}^n$（在欧几里得度量下），那么 X 为紧的当且仅当 X 为闭且有界的。

例 33.3（紧集） 闭区间 $[0, 1]$ 是紧的。集合 $[0, \infty)$，$(0, 1)$，$(0, 1]$，$[0, 1)$，$(-\infty, \infty)$ 都不是紧的。注意，集合 $[0, \infty)$ 和 $(-\infty, \infty)$ 都是闭的，但都不是有界的。$\mathbb{R}$ 的任何有限子集都是紧的。□

□ 一个有用的结果

令 $X\subset\mathbb{R}^n$，令 $f: X\to\mathbb{R}^k$ 是一个连续函数。于是，紧集在 f 下的像（image）也是紧的。

□ 魏尔斯特拉斯（Weierstrass）定理

令 $X\subset\mathbb{R}^n$，以及 $f: X\to\mathbb{R}$ 是一个连续函数。如果 X 是紧的，那么 f 在 X 中有最大

值和最小值。

□ 凸理论

凸组合

给定 x_1，…，$x_m \in \mathbb{R}^n$，若存在数 λ_1，…，$\lambda_m \in \mathbb{R}$ 使得

（1）$\lambda_i \geqslant 0$，$i=1$，…，m，

（2）$\sum_{i=1}^{m} \lambda_i = 1$，

（3）$y = \sum_{i=1}^{m} \lambda_i x_i$，

则称点 $y \in \mathbb{R}^n$ 为 x_1，…，x_m 的一个凸组合（convex combination）。

凸集

给定集合 $X \subset \mathbb{R}^n$，如果 X 内的任何两点的凸组合也在 X 内，则称 X 是凸的。这个定义立即意味着含有两个或多个元素的有限集不可能是凸集。在直觉上，如果 X 内的任意两点连成的直线段完全包含在 X 内，则 X 是凸集。

例 33.4 （凸集） 单点集总是凸的。区间 $(0, 1)$，$(0, 1]$，$[0, 1)$，$[0, 1]$ 都是凸的。集合 $X=\{x \in \mathbb{R}^2 : \|x\| < 1\}$ 是凸的。集合 $X=\{x \in \mathbb{R}^2 : \|x\| = 1\}$ 不是凸的。□

凹函数与凸函数

令 $X \subset \mathbb{R}^n$ 是一个凸集。函数 $f: X \rightarrow \mathbb{R}$ 是凹的当且仅当 $\forall x$，$y \in X$ 以及 $\forall \lambda \in (0, 1)$，

$$f[\lambda x+(1-\lambda) y] \geqslant \lambda f(x)+(1-\lambda) f(y)$$

f 是凸的当且仅当 $\forall x$，$y \in X$ 以及 $\forall \lambda \in (0, 1)$，

$$f[\lambda x+(1-\lambda) y] \leqslant \lambda f(x)+(1-\lambda) f(y)$$

凸函数和凹函数的另外一种定义方法如下。

若 $X \subset \mathbb{R}^n$ 是一个凸集，$f: X \rightarrow \mathbb{R}$ 是一个函数，定义

$$\operatorname{sub} f=\{(x, y): x \in X, y \in \mathbb{R}, f(x) \geqslant y\}$$
$$\operatorname{epi} f=\{(x, y): x \in X, y \in \mathbb{R}, f(x) \leqslant y\}$$

若 sub$f$ 为凸，则 f 为凹；若 epi$f$ 为凸，则 f 为凸。

例 33.5 （凸函数与凹函数） 函数 $f_1(x)=x^3$（其中 $x \in \mathbb{R}$）不是凸的，也不是凹的。函数 $f_2(x)=ax+b$（其中 $x \in \mathbb{R}^n$，a，$b \in \mathbb{R}$）既是凸的又是凹的。给定由 $f_3(x)=x^\alpha$ 定义的函数 $f_3: \mathbb{R}^+ \rightarrow \mathbb{R}$（其中 $\mathbb{R}^+$ 是所有正实数组成的集合），当 $0<\alpha<1$ 时，f_3 是凹的；当 $\alpha>1$ 时，f_3 是凸的。当 $\alpha=1$ 时，f_3 既是凹的又是凸的。□

关于凸理论的一些结果

假设 $X \subset \mathbb{R}^n$ 是一个凸集。则：

（1） 函数 $f: X \rightarrow \mathbb{R}$ 是凹的当且仅当函数 $-f$ 是凸的。

（2） 令 $f: X \rightarrow \mathbb{R}$ 是凹的或凸的。若 X 是一个开集，则函数 f 在 X 上连续。若 X 不是开集，则函数 f 在 X 内部连续。

拟凹与拟凸

令 $X\subset\mathbb{R}^n$ 是一个凸集，$f:X\rightarrow\mathbb{R}$ 是一个函数。函数 f 在 $a\in\mathbb{R}$ 点的**上轮廓集**（upper contour set）的定义为

$$U_f(a)=\{x\in X:f(x)\geqslant a\}$$

f 在 $a\in\mathbb{R}$ 点的**下轮廓集**（lower contour set）的定义为

$$L_f(a)=\{x\in X:f(x)\leqslant a\}$$

给定函数 $f:X\rightarrow\mathbb{R}$，若 $U_f(a)$ 对于所有 $a\in\mathbb{R}$ 都为凸，则称函数 f 为**拟凹的**（quasi-concave），若 $L_f(a)$ 对于所有 $a\in\mathbb{R}$ 都为凸，则称 f 为**拟凸的**（quasi-convex）。

拟凹和拟凸函数的另外一种定义方式如下。

给定函数 $f:X\rightarrow\mathbb{R}$，则 f 在 X 上为**拟凹的**当且仅当 $\forall x$，$y\in X$ 以及 $\forall\lambda\in(0,1)$，

$$f[\lambda x+(1-\lambda)y]\geqslant\min(f(x),f(y))$$

f 在 X 上为**拟凸的**当且仅当 $\forall x$，$y\in X$ 以及 $\forall\lambda\in(0,1)$，

$$f[\lambda x+(1-\lambda)y]\leqslant\max(f(x),f(y))$$

立即可以注意，每个凸函数都是拟凸的，每个凹函数都是拟凹的。

例 33.6 （拟凹函数与拟凸函数） 函数 $f(x)=x^3$ 在 $\mathbb{R}$ 上是拟凸的也是拟凹的，但它在 $\mathbb{R}$ 上既不是凸的也不是凹的。注意，上轮廓集与下轮廓集都是凸的，因此，这个函数既是拟凸的也是拟凹的。另外，对于任何一对点 x_1 和 x_2，这个函数在介于 x_1 和 x_2 之间的点上的函数值，介于 $\min(f(x_1), f(x_2))$ 和 $\max(f(x_1), f(x_2))$ 之间，因此该函数既是拟凸的也是拟凹的。任何非减函数 f: $\mathbb{R}\rightarrow\mathbb{R}$ 都是拟凸的，也是拟凹的，但它未必为凸，也未必为凹。□

33.5 计算复杂类

□ ℙ，ℕℙ 与 ℕℙℂ

ℕℙ 完全性（ℕℙ-completeness）这个概念是在决策问题的架构内研究的。我们关注的大多数问题通常是最优化问题。为了使用 ℕℙ 完全性，我们必须将最优化问题视为决策问题。

例 33.7 考虑 SPATH 问题。即给定一个无权重、无方向的图 $G=(V,E)$ 以及两个顶点 u，$v\in V$，请找到 u 和 v 之间的最短路径。SPATH 问题通常由一个特定的图以及此图的两个顶点组成。与最优化问题 SPATH 相关的决策问题 PATH 是：给定图 $G=(V,E)$ 及其两个顶点 u，$v\in V$，以及一个非负整数 k，那么 u 和 v 之间存在着长度至多为 k 的路径吗？决策问题 PATH 仅是将原最优化问题转变为决策问题的一种方法。□

如果给定的最优化问题比较简单，那么与它相关的决策问题也比较简单。类似地，如果有证据表明决策问题比较难，那么与它相关的最优化问题也比较难。

□ $\mathbb{P}$类与$\mathbb{NP}$类

给定一种算法，若它的最坏情形复杂性以输入规模（input size）的多项式函数为界，则称该算法的复杂性为多项式有界的。这里常用的基准模型为确定型图灵机。$\mathbb{P}$是由所有那些可以由确定型图灵机在多项式时间内解决的问题组成的集合。

$\mathbb{NP}$代表可由非确定型图灵机在多项式时间内解决的决策问题类。非确定型图灵机在每一步都能做出正确猜测，而且比确定型图灵机更快地逼近解。$\mathbb{NP}$的一个等价定义是：$\mathbb{NP}$是所有那些可在多项式时间内验证解的决策问题组成的集合。更具体地说，给定问题的一个备选解（称其为资格），你可以（用确定型图灵机）在多项式时间内验证决策问题的答案为 YES 或 NO。

显然，$\mathbb{P}\subseteq\mathbb{NP}$。然而，$\mathbb{NP}=\mathbb{P}$吗？答案未知。这是当前计算机科学中最著名的待解决问题。

□ 问题的可归约性

假设我们有一个用于求解问题Y的算法。给定问题X，假设存在函数T，当我们输入x时得到$T(x)$，而$T(x)$是Y的一个输入，使得X在x上的正确答案为 YES 当且仅当Y在$T(x)$上的正确答案为 YES。于是，通过使用函数T以及用于求Y的算法，我们得到了用于求X的算法。如果函数T可（用确定型图灵机）在多项式有界时间内计算，我们就说X能多项式归约到Y，记为

$$X\leqslant_P Y$$

如果$X\leqslant_P Y$，这意味着Y的求解难度至少与X的一样。也就是说，X不比Y难求解。显然，

$$X\leqslant_P Y \text{ 且 } Y\in\mathbb{P}\Rightarrow X\in\mathbb{P}$$

□ $\mathbb{NP}$-hard 问题以及$\mathbb{NP}$-complete 问题

给定决策问题Y，若$X\leqslant_P Y$，$\forall X\in\mathbb{NP}$，则称Y为$\mathbb{NP}$-hard 问题。给定$\mathbb{NP}$-hard 问题Y，若$Y\in\mathbb{NP}$，则称Y为$\mathbb{NP}$-complete 问题。由所有$\mathbb{NP}$-complete 问题组成的集合，记为$\mathbb{NP}\mathbb{C}$。

注释　大致地说，一个$\mathbb{NP}$-hard 问题至少与$\mathbb{NP}$中的任何问题一样难。另外，如果该问题属于$\mathbb{NP}$，那么它称为一个$\mathbb{NP}$-complete 问题。

注释　为了证明给定决策问题Y是$\mathbb{NP}$-complete 的，只要我们找到决策问题$X\in\mathbb{NP}\mathbb{C}$使得$X\leqslant_P Y$而且$Y\in\mathbb{NP}$就足够了。

注释　如果能够证明$\mathbb{NP}\mathbb{C}$中的任何一个问题也是$\mathbb{P}$中的问题，那么$\mathbb{NP}=\mathbb{P}$。

注释　$\mathbb{NP}\mathbb{C}$的另外一种刻画方法是，它是由所有下述决策问题Y组成的集合——$Y\in\mathbb{NP}$使得$X\leqslant_P Y$，其中X是任一$\mathbb{NP}$-complete 问题。

$\mathbb{NP}$-complete 问题举例

对于下面列举的这些常见问题，它们的决策问题版本都是$\mathbb{NP}$-complete 的。

(1) 3-SAT (每个句子中恰好含有三个变量的布尔表达式);
(2) 背包问题;
(3) 旅行商问题;
(4) 顶点覆盖问题;
(5) 图形染色问题;
(6) 斯坦纳 (Steiner) 树问题;
(7) 加权集合打包 (set packing) 问题;
(8) 加权集合覆盖 (set covering) 问题。

33.6 小结与参考文献

在本章，我们提供了概率论、线性代数、线性规划、数学分析以及计算复杂性中的重要定义和结果。尽管这些定义和结果方便参考，但我们建议读者查阅这些领域的学术教科书。在这里我们仅提供少数几本:

- 概率论[3];
- 线性代数[1,2];
- 线性规划[4];
- 数学分析[5];
- 计算复杂性[6,7]。

以下教科书也是很好的参考文献: Vohra[8], Sundaram[9], Mas-Colell, Whinston, and Green[10]。这些书也提供了很多数学知识。

□ 参考文献

[1] Kenneth M. Hoffman and Ray Kunze. *Linear Algebra*. Prentice Hall, Second Edition, 1971.

[2] Gilbert Strang. *Introduction to Linear Algebra*. Wellesley-Cambridge Publishers, Fourth Edition, 2009.

[3] Sheldon M. Ross. *A First Course in Probability*. Pearson, Eighth Edition, 2010.

[4] Vasek Chvatal. *Linear Programming*. W. H. Freeman & Company, 1983.

[5] Walter Rudin. *Principles of Mathematical Analysis*. McGraw-Hill International Edition, Third Edition, 1976.

[6] Michael R. Garey and David S. Johnson. *Computers and Intractability: A Guide to the Theory of NP-Completeness*. W. H. Freeman and Company, 1979.

[7] Thomas H. Cormen, Charles E. Leiserson, Ronald L. Rivest, and Clifford Stein. *Introduction to Algorithms*. The MIT Press and McGraw-Hill, Third Edition, 2009.

[8] Rakesh Vohra. *Advanced Mathematical Economics*. Cambridge University Press, 2009.

[9] Rangarajan K. Sundaram. *A First Course in Optimization Theory*. Cambridge University Press, 1996.

[10] Andreu Mas-Colell, Michael D. Whinston, and Jerry R. Green. *Microeconomic Theory*. Oxford University Press, 1995. *

第33章 数学知识准备

* 书后的索引请登录中国人民大学出版社网站 www. crup. com. cn/jingji 下载并查阅。

经济科学译丛						
序号	书名	作者	Author	单价	出版年份	ISBN
1	发展宏观经济学(第四版)	皮埃尔・理查德・阿根诺等	Pierre-Richard Agénor	79.00	2020	978-7-300-27425-6
2	微观经济学(第四版)	保罗・克鲁格曼等	Paul Krugman	86.00	2020	978-7-300-28321-0
3	平狄克《微观经济学》(第九版)学习指导	乔纳森・汉密尔顿等	Jonathan Hamilton	42.00	2020	978-7-300-28281-7
4	经济地理学：区域和国家一体化	皮埃尔-菲利普・库姆斯等	Pierre-Philippe Combes	56.00	2020	978-7-300-28276-3
5	公共部门经济学(第四版)	约瑟夫・E. 斯蒂格利茨等	Joseph E. Stiglitz	96.00	2020	978-7-300-28218-3
6	递归宏观经济理论(第三版)	拉尔斯・扬奎斯特等	Lars Ljungqvist	128.00	2020	978-7-300-28058-5
7	策略博弈(第四版)	阿维纳什・迪克西特等	Avinash Dixit	85.00	2020	978-7-300-28005-9
8	劳动关系(第10版)	小威廉・H. 霍利等	William H. Holley, Jr.	83.00	2020	978-7-300-25582-8
9	微观经济学(第九版)	罗伯特・S. 平狄克等	Robert S. Pindyck	93.00	2020	978-7-300-26640-4
10	宏观经济学(第十版)	N. 格里高利・曼昆	N. Gregory Mankiw	79.00	2020	978-7-300-27631-1
11	宏观经济学(第九版)	安德鲁・B. 亚伯等	Andrew B. Abel	95.00	2020	978-7-300-27382-2
12	商务经济学(第二版)	克里斯・马尔赫恩等	Chris Mulhearn	56.00	2019	978-7-300-24491-4
13	管理经济学:基于战略的视角(第二版)	蒂莫西・费希尔等	Timothy Fisher	58.00	2019	978-7-300-23886-9
14	投入产出分析:基础与扩展(第二版)	罗纳德・E. 米勒等	Ronald E. Miller	98.00	2019	978-7-300-26845-3
15	宏观经济学:政策与实践(第二版)	弗雷德里克・S. 米什金	Frederic S. Mishkin	89.00	2019	978-7-300-26809-5
16	国际商务:亚洲视角	查尔斯・W. L. 希尔等	Charles W. L. Hill	108.00	2019	978-7-300-26791-3
17	统计学:在经济和管理中的应用(第10版)	杰拉德・凯勒	Gerald Keller	158.00	2019	978-7-300-26771-5
18	经济学精要(第五版)	R. 格伦・哈伯德等	R. Glenn Hubbard	99.00	2019	978-7-300-26561-2
19	环境经济学(第七版)	埃班・古德斯坦等	Eban Goodstein	78.00	2019	978-7-300-23867-8
20	管理者微观经济学	戴维・M. 克雷普斯	David M. Kreps	88.00	2019	978-7-300-22914-0
21	税收与企业经营战略:筹划方法(第五版)	迈伦・S. 斯科尔斯等	Myron S. Scholes	78.00	2018	978-7-300-25999-4
22	美国经济史(第12版)	加里・M. 沃尔顿等	Gary M. Walton	98.00	2018	978-7-300-26473-8
23	组织经济学:经济学分析方法在组织管理上的应用(第五版)	塞特斯・杜玛等	Sytse Douma	62.00	2018	978-7-300-25545-3
24	经济理论的回顾(第五版)	马克・布劳格	Mark Blaug	88.00	2018	978-7-300-26252-9
25	实地实验:设计、分析与解释	艾伦・伯格等	Alan S. Gerber	69.80	2018	978-7-300-26319-9
26	金融学(第二版)	兹维・博迪等	Zvi Bodie	75.00	2018	978-7-300-26134-8
27	空间数据分析:模型、方法与技术	曼弗雷德・M. 费希尔等	Manfred M. Fischer	36.00	2018	978-7-300-25304-6
28	《宏观经济学》(第十二版)学习指导书	鲁迪格・多恩布什等	Rudiger Dornbusch	38.00	2018	978-7-300-26063-1
29	宏观经济学(第四版)	保罗・克鲁格曼等	Paul Krugman	68.00	2018	978-7-300-26068-6
30	计量经济学导论:现代观点(第六版)	杰弗里・M. 伍德里奇	Jeffrey M. Wooldridge	109.00	2018	978-7-300-25914-7
31	经济思想史:伦敦经济学院讲演录	莱昂内尔・罗宾斯	Lionel Robbins	59.80	2018	978-7-300-25258-2
32	空间计量经济学入门——在R中的应用	朱塞佩・阿尔比亚	Giuseppe Arbia	45.00	2018	978-7-300-25458-6
33	克鲁格曼经济学原理(第四版)	保罗・克鲁格曼等	Paul Krugman	88.00	2018	978-7-300-25639-9
34	发展经济学(第七版)	德怀特・H. 波金斯等	Dwight H. Perkins	98.00	2018	978-7-300-25506-4
35	线性与非线性规划(第四版)	戴维・G. 卢恩伯格等	David G. Luenberger	79.80	2018	978-7-300-25391-6
36	产业组织理论	让・梯若尔	Jean Tirole	110.00	2018	978-7-300-25170-7
37	经济学精要(第六版)	巴德、帕金	Bade, Parkin	89.00	2018	978-7-300-24749-6
38	空间计量经济学——空间数据的分位数回归	丹尼尔・P. 麦克米伦	Daniel P. McMillen	30.00	2018	978-7-300-23949-1
39	高级宏观经济学基础(第二版)	本・J. 海德拉	Ben J. Heijdra	88.00	2018	978-7-300-25147-9
40	税收经济学(第二版)	伯纳德・萨拉尼耶	Bernard Salanié	42.00	2018	978-7-300-23866-1
41	国际贸易(第三版)	罗伯特・C. 芬斯特拉	Robert C. Feenstra	73.00	2017	978-7-300-25327-5
42	国际宏观经济学(第三版)	罗伯特・C. 芬斯特拉	Robert C. Feenstra	79.00	2017	978-7-300-25326-8
43	公司治理(第五版)	罗伯特・A. G. 蒙克斯	Robert A. G. Monks	69.80	2017	978-7-300-24972-8
44	国际经济学(第15版)	罗伯特・J. 凯伯	Robert J. Carbaugh	78.00	2017	978-7-300-24844-8
45	经济理论和方法史(第五版)	小罗伯特・B. 埃克伦德等	Robert B. Ekelund. Jr.	88.00	2017	978-7-300-22497-8
46	经济地理学	威廉・P. 安德森	William P. Anderson	59.80	2017	978-7-300-24544-7
47	博弈与信息:博弈论概论(第四版)	艾里克・拉斯穆森	Eric Rasmusen	79.80	2017	978-7-300-24546-1
48	MBA宏观经济学	莫里斯・A. 戴维斯	Morris A. Davis	38.00	2017	978-7-300-24268-2
49	经济学基础(第十六版)	弗兰克・V. 马斯切纳	Frank V. Mastrianna	42.00	2017	978-7-300-22607-1
50	高级微观经济学:选择与竞争性市场	戴维・M. 克雷普斯	David M. Kreps	79.80	2017	978-7-300-23674-2
51	博弈论与机制设计	Y. 内拉哈里	Y. Narahari	69.80	2017	978-7-300-24209-5
52	宏观经济学精要:理解新闻中的经济学(第三版)	彼得・肯尼迪	Peter Kennedy	45.00	2017	978-7-300-21617-1
53	宏观经济学(第十二版)	鲁迪格・多恩布什等	Rudiger Dornbusch	69.00	2017	978-7-300-23772-5
54	国际金融与开放宏观经济学:理论、历史与政策	亨德里克・范登伯格	Hendrik Van den Berg	68.00	2016	978-7-300-23380-2

经济科学译丛						
序号	书名	作者	Author	单价	出版年份	ISBN
55	经济学(微观部分)	达龙・阿西莫格鲁等	Daron Acemoglu	59.00	2016	978-7-300-21786-4
56	经济学(宏观部分)	达龙・阿西莫格鲁等	Daron Acemoglu	45.00	2016	978-7-300-21886-1
57	发展经济学	热若尔・罗兰	Gérard Roland	79.00	2016	978-7-300-23379-6
58	中级微观经济学——直觉思维与数理方法(上下册)	托马斯・J. 内契巴	Thomas J. Nechyba	128.00	2016	978-7-300-22363-6
59	环境与自然资源经济学(第十版)	汤姆・蒂坦伯格等	Tom Tietenberg	72.00	2016	978-7-300-22900-3
60	劳动经济学基础(第二版)	托马斯・海克拉克等	Thomas Hyclak	65.00	2016	978-7-300-23146-4
61	货币金融学(第十一版)	弗雷德里克・S. 米什金	Frederic S. Mishkin	85.00	2016	978-7-300-23001-6
62	动态优化——经济学和管理学中的变分法和最优控制(第二版)	莫顿・I. 凯曼等	Morton I. Kamien	48.00	2016	978-7-300-23167-9
63	用 Excel 学习中级微观经济学	温贝托・巴雷托	Humberto Barreto	65.00	2016	978-7-300-21628-7
64	国际经济学:理论与政策(第十版)	保罗・R. 克鲁格曼等	Paul R. Krugman	89.00	2016	978-7-300-22710-8
65	国际金融(第十版)	保罗・R. 克鲁格曼等	Paul R. Krugman	55.00	2016	978-7-300-22089-5
66	国际贸易(第十版)	保罗・R. 克鲁格曼等	Paul R. Krugman	42.00	2016	978-7-300-22088-8
67	经济学精要(第3版)	斯坦利・L. 布鲁伊等	Stanley L. Brue	58.00	2016	978-7-300-22301-8
68	投资学精要(第九版)	兹维・博迪等	Zvi Bodie	108.00	2016	978-7-300-22236-3
69	环境经济学(第二版)	查尔斯・D. 科尔斯塔德	Charles D. Kolstad	68.00	2016	978-7-300-22255-4
70	MWG《微观经济理论》习题解答	原千晶等	Chiaki Hara	75.00	2016	978-7-300-22306-3
71	横截面与面板数据的计量经济分析(第二版)	杰弗里・M. 伍德里奇	Jeffrey M. Wooldridge	128.00	2016	978-7-300-21938-7
72	宏观经济学(第十二版)	罗伯特・J. 戈登	Robert J. Gordon	75.00	2016	978-7-300-21978-3
73	动态最优化基础	蒋中一	Alpha C. Chiang	42.00	2015	978-7-300-22068-0
74	城市经济学	布伦丹・奥弗莱厄蒂	Brendan O'Flaherty	69.80	2015	978-7-300-22067-3
75	管理经济学:理论、应用与案例(第八版)	布鲁斯・艾伦等	Bruce Allen	79.80	2015	978-7-300-21991-2
76	微观经济分析(第三版)	哈尔・R. 范里安	Hal R. Varian	68.00	2015	978-7-300-21536-5
77	财政学(第十版)	哈维・S. 罗森等	Harvey S. Rosen	68.00	2015	978-7-300-21754-3
78	经济数学(第三版)	迈克尔・霍伊等	Michael Hoy	88.00	2015	978-7-300-21674-4
79	发展经济学(第九版)	A. P. 瑟尔沃	A. P. Thirlwall	69.80	2015	978-7-300-21193-0
80	宏观经济学(第五版)	斯蒂芬・D. 威廉森	Stephen D. Williamson	69.00	2015	978-7-300-21169-5
81	资源经济学(第三版)	约翰・C. 伯格斯特罗姆等	John C. Bergstrom	58.00	2015	978-7-300-20742-1
82	应用中级宏观经济学	凯文・D. 胡佛	Kevin D. Hoover	78.00	2015	978-7-300-21000-1
83	现代时间序列分析导论(第二版)	约根・沃特斯等	Jürgen Wolters	39.80	2015	978-7-300-20625-7
84	空间计量经济学——从横截面数据到空间面板	J. 保罗・埃尔霍斯特	J. Paul Elhorst	32.00	2015	978-7-300-21024-7
85	国际经济学原理	肯尼思・A. 赖纳特	Kenneth A. Reinert	58.00	2015	978-7-300-20830-5
86	经济写作(第二版)	迪尔德丽・N. 麦克洛斯基	Deirdre N. McCloskey	39.80	2015	978-7-300-20914-2
87	计量经济学方法与应用(第五版)	巴蒂・H. 巴尔塔基	Badi H. Baltagi	58.00	2015	978-7-300-20584-7
88	战略经济学(第五版)	戴维・贝赞可等	David Besanko	78.00	2015	978-7-300-20679-0
89	博弈论导论	史蒂文・泰迪里斯	Steven Tadelis	58.00	2015	978-7-300-19993-1
90	社会问题经济学(第二十版)	安塞尔・M. 夏普等	Ansel M. Sharp	49.00	2015	978-7-300-20279-2
91	博弈论:矛盾冲突分析	罗杰・B. 迈尔森	Roger B. Myerson	58.00	2015	978-7-300-20212-9
92	时间序列分析	詹姆斯・D. 汉密尔顿	James D. Hamilton	118.00	2015	978-7-300-20213-6
93	经济问题与政策(第五版)	杰奎琳・默里・布鲁克斯	Jacqueline Murray Brux	58.00	2014	978-7-300-17799-1
94	微观经济理论	安德鲁・马斯-克莱尔等	Andreu Mas-Collel	148.00	2014	978-7-300-19986-3
95	产业组织:理论与实践(第四版)	唐・E. 瓦尔德曼等	Don E. Waldman	75.00	2014	978-7-300-19722-7
96	公司金融理论	让・梯若尔	Jean Tirole	128.00	2014	978-7-300-20178-8
97	公共部门经济学	理查德・W. 特里西	Richard W. Tresch	49.00	2014	978-7-300-18442-5
98	统计学:在经济中的应用	玛格丽特・刘易斯	Margaret Lewis	45.00	2014	978-7-300-19082-2
99	计量经济学导论(第三版)	詹姆斯・H. 斯托克等	James H. Stock	69.00	2014	978-7-300-18467-8
100	发展经济学导论(第四版)	秋山裕	秋山裕	39.80	2014	978-7-300-19127-0
101	中级微观经济学(第六版)	杰弗里・M. 佩罗夫	Jeffrey M. Perloff	89.00	2014	978-7-300-18441-8
102	微观银行经济学(第二版)	哈维尔・弗雷克斯等	Xavier Freixas	48.00	2014	978-7-300-18940-6
103	施米托夫论出口贸易——国际贸易法律与实务(第11版)	克利夫・M. 施米托夫等	Clive M. Schmitthoff	168.00	2014	978-7-300-18425-8
104	计量经济学原理与实践	达摩达尔・N. 古扎拉蒂	Damodar N. Gujarati	49.80	2013	978-7-300-18169-1
105	高级国际贸易:理论与实证	罗伯特・C. 芬斯特拉	Robert C. Feenstra	59.00	2013	978-7-300-17157-9

经济科学译丛

序号	书名	作者	Author	单价	出版年份	ISBN
106	经济学简史——处理沉闷科学的巧妙方法(第二版)	E. 雷·坎特伯里	E. Ray Canterbery	58.00	2013	978-7-300-17571-3
107	微观经济学原理(第五版)	巴德、帕金	Bade, Parkin	65.00	2013	978-7-300-16930-9
108	宏观经济学原理(第五版)	巴德、帕金	Bade, Parkin	63.00	2013	978-7-300-16929-3
109	环境经济学	彼得·伯克等	Peter Berck	55.00	2013	978-7-300-16538-7
110	高级微观经济理论	杰弗里·杰里	Geoffrey A. Jehle	69.00	2012	978-7-300-16613-1
111	高级宏观经济学导论:增长与经济周期(第二版)	彼得·伯奇·索伦森等	Peter Birch Sørensen	95.00	2012	978-7-300-15871-6
112	卫生经济学(第六版)	舍曼·富兰德等	Sherman Folland	79.00	2011	978-7-300-14645-4
113	现代劳动经济学:理论与公共政策(第十版)	罗纳德·G. 伊兰伯格等	Ronald G. Ehrenberg	69.00	2011	978-7-300-14482-5
114	经济学原理(第四版)	威廉·博伊斯等	William Boyes	59.00	2011	978-7-300-13518-2
115	计量经济学基础(第五版)(上下册)	达摩达尔·N. 古扎拉蒂	Damodar N. Gujarati	99.00	2011	978-7-300-13693-6
116	《计量经济学基础》(第五版)学生习题解答手册	达摩达尔·N. 古扎拉蒂等	Damodar N. Gujarati	23.00	2012	978-7-300-15080-8

金融学译丛

序号	书名	作者	Author	单价	出版年份	ISBN
1	金融市场与金融机构(第12版)	杰夫·马杜拉	Jeff Madura	99.00	2020	978-7-300-27836-0
2	个人理财(第11版)	E. 托马斯·加曼等	E. Thomas Garman	108.00	2020	978-7-300-25653-5
3	银行学(第二版)	芭芭拉·卡苏等	Barbara Casu	99.00	2020	978-7-300-28034-9
4	金融衍生工具与风险管理(第十版)	唐·M. 钱斯	Don M. Chance	98.00	2020	978-7-300-27651-9
5	投资学导论(第十二版)	赫伯特·B. 梅奥	Herbert B. Mayo	89.00	2020	978-7-300-27653-3
6	金融几何学	阿尔文·库鲁克	Alvin Kuruc	58.00	2020	978-7-300-14104-6
7	银行风险管理(第四版)	若埃尔·贝西	Joël Bessis	56.00	2019	978-7-300-26496-7
8	金融学原理(第八版)	阿瑟·J. 基翁等	Arthur J. Keown	79.00	2018	978-7-300-25638-2
9	财务管理基础(第七版)	劳伦斯·J. 吉特曼等	Lawrence J. Gitman	89.00	2018	978-7-300-25339-8
10	利率互换及其他衍生品	霍华德·科伯	Howard Corb	69.00	2018	978-7-300-25294-0
11	固定收益证券手册(第八版)	弗兰克·J. 法博齐	Frank J. Fabozzi	228.00	2017	978-7-300-24227-9
12	金融市场与金融机构(第8版)	弗雷德里克·S. 米什金等	Frederic S. Mishkin	86.00	2017	978-7-300-24731-1
13	兼并、收购和公司重组(第六版)	帕特里克·A. 高根	Patrick A. Gaughan	89.00	2017	978-7-300-24231-6
14	债券市场:分析与策略(第九版)	弗兰克·J. 法博齐	Frank J. Fabozzi	98.00	2016	978-7-300-23495-3
15	财务报表分析(第四版)	马丁·弗里德森	Martin Fridson	46.00	2016	978-7-300-23037-5
16	国际金融学	约瑟夫·P. 丹尼尔斯等	Joseph P. Daniels	65.00	2016	978-7-300-23037-1
17	国际金融	阿德里安·巴克利	Adrian Buckley	88.00	2016	978-7-300-22668-2
18	个人理财(第六版)	阿瑟·J. 基翁	Arthur J. Keown	85.00	2016	978-7-300-22711-5
19	投资学基础(第三版)	戈登·J. 亚历山大等	Gordon J. Alexander	79.00	2015	978-7-300-20274-7
20	金融风险管理(第二版)	彼德·F. 克里斯托弗森	Peter F. Christoffersen	46.00	2015	978-7-300-21210-4
21	风险管理与保险管理(第十二版)	乔治·E. 瑞达等	George E. Rejda	95.00	2015	978-7-300-21486-3
22	个人理财(第五版)	杰夫·马杜拉	Jeff Madura	69.00	2015	978-7-300-20583-0
23	企业价值评估	罗伯特·A.G. 蒙克斯等	Robert A. G. Monks	58.00	2015	978-7-300-20582-3
24	基于Excel的金融学原理(第二版)	西蒙·本尼卡	Simon Benninga	79.00	2014	978-7-300-18899-7
25	金融工程学原理(第二版)	萨利赫·N. 内夫特奇	Salih N. Neftci	88.00	2014	978-7-300-19348-9
26	国际金融市场导论(第六版)	斯蒂芬·瓦尔德斯等	Stephen Valdez	59.80	2014	978-7-300-18896-6
27	金融数学:金融工程引论(第二版)	马雷克·凯宾斯基等	Marek Capinski	42.00	2014	978-7-300-17650-5
28	财务管理(第二版)	雷蒙德·布鲁克斯	Raymond Brooks	69.00	2014	978-7-300-19085-3
29	期货与期权市场导论(第七版)	约翰·C. 赫尔	John C. Hull	69.00	2014	978-7-300-18994-2
30	国际金融:理论与实务	皮特·塞尔居	Piet Sercu	88.00	2014	978-7-300-18413-5
31	货币、银行和金融体系	R. 格伦·哈伯德等	R. Glenn Hubbard	75.00	2013	978-7-300-17856-1
32	并购创造价值(第二版)	萨德·苏达斯纳	Sudi Sudarsanam	89.00	2013	978-7-300-17473-0
33	个人理财——理财技能培养方法(第三版)	杰克·R. 卡普尔等	Jack R. Kapoor	66.00	2013	978-7-300-16687-2
34	国际财务管理	吉尔特·贝克特	Geert Bekaert	95.00	2012	978-7-300-16031-3
35	应用公司财务(第三版)	阿斯沃思·达摩达兰	Aswath Damodaran	88.00	2012	978-7-300-16034-4
36	资本市场:机构与工具(第四版)	弗兰克·J. 法博齐	Frank J. Fabozzi	85.00	2011	978-7-300-13828-2

Game Theory and Mechanism Design by Y. Narahari

ISBN: 9789814525046

图书在版编目（CIP）数据

博弈论与机制设计/（印度）内拉哈里著；曹乾译．—北京：中国人民大学出版社，2017.4
（经济科学译丛）
ISBN 978-7-300-24209-5

Ⅰ.①博… Ⅱ.①内…②曹… Ⅲ.①博弈论-应用-经济学-高等学校-教材 Ⅳ.①F224.32

中国版本图书馆 CIP 数据核字（2017）第 037752 号

"十三五"国家重点出版物出版规划项目
经济科学译丛
博弈论与机制设计
Y. 内拉哈里　著
曹乾　译
Boyilun yu Jizhi Sheji

出版发行	中国人民大学出版社		
社　　址	北京中关村大街 31 号	**邮政编码**	100080
电　　话	010－62511242（总编室）		010－62511770（质管部）
	010－82501766（邮购部）		010－62514148（门市部）
	010－62515195（发行公司）		010－62515275（盗版举报）
网　　址	http://www.crup.com.cn		
经　　销	新华书店		
印　　刷	涿州市星河印刷有限公司		
规　　格	185 mm×260 mm　16 开本	**版　　次**	2017 年 4 月第 1 版
印　　张	29 插页 2	**印　　次**	2023 年 1 月第 3 次印刷
字　　数	655 000	**定　　价**	69.80 元